LÉGISLATION MILITAIRE.

MILITAIRE.

SUPPLÉMENT--TOME PREMIER.

VOLUME CINQUIÈME DU RECUEIL.

SE VEND A PARIS.

CHEZ { JARRYWIITTERHEIM, rue de l'Arbre-sec, N.º 22 (*).
A. EYMERY, rue Mazarine, N.º 30.

A STRASBOURG,

CHEZ LEVRAULT, imprimeur-libraire.

A GRENOBLE,

CHEZ BARATIER, libraire.

PRIX

15 fr. et 18 fr. 50 cent. franc de port.

(*) On trouve chez le même et chez M. TASTU, à Perpignan, et
BARATIER, à Grenoble, les 5 premiers volumes du recueil, prix
séparément 27 fr. et 34 fr. par la poste. — Prix des 7 volumes
38 fr. et 45 fr. par la poste.

LÉGISLATION MILITAIRE

OU

RECUEIL

MÉTHODIQUE ET RAISONNÉ

DES

LOIS, ORDONNANCES, ARRÊTÉS, RÉGLEMENS ET INSTRUCTIONS

ACTUELLEMENT EN VIGUEUR

SUR TOUTES LES BRANCHES DE L'ÉTAT MILITAIRE.

PAR H. BERRIAT,

Sous-Inspecteur aux Revues.

SUPPLÉMENT — TOM. I.er
Volume V.e du Recueil.

A PERPIGNAN,

Chez TASTU Père et Fils, Imprimeur du ROI, de S. A. R. M.gr
LE DUC D'ANGOULÈME et de la Préfecture.

AN 1817.

INTRODUCTION.

Nous avons annoncé, dans le prospectus de cet ouvrage, qu'il serait suivi de supplémens, par le moyen desquels nous ferions successivement connaître les changemens survenus dans la législation de l'armée. C'est avec le but de remplir cet engagement, que nous publions, comme une suite des cinq premiers livres dont se compose le Recueil imprimé sur la fin de 1812, deux volumes contenant les dispositions qui ont paru sur la même matière depuis ce temps jusqu'au mois de septembre 1817.

Ces dispositions sont très-importantes, et par leur nombre et par les changemens qu'elles apportent dans la plupart des branches de l'administration du personnel et du matériel de l'armée. Un grand nombre de créations nouvelles; d'anciennes institutions remises en vigueur; quelques-uns des systèmes modernes abandonnés; la suppression de plusieurs grandes charges ou dignités, et entr'autres celles du ministère de l'administration de la guerre, de la direction générale des revues et de la conscription, des premières inspections générales de l'artillerie, du génie et de la gendarmerie, etc...., signalent cette période remarquable. Voici le résumé sommaire des changemens survenus, et de l'état actuel de la législation des troupes.

Le système que l'on avait adopté en 1798 pour le recrutement (loi du 18 fructidor an VI, num. 1), a été abrogé par la charte constitutionnelle : on n'a point encore déterminé celui qui le remplacera. En attendant que l'on ait posé de nouvelles bases pour cette partie de la législation militaire, l'armée doit se compléter par le moyen d'enrôlemens volontaires, à raison desquels chaque enrôlé reçoit une prime d'engagement ; et au moyen d'appels faits parmi ceux des hommes de l'ancienne armée, qui ont été renvoyés provisoirement dans leurs foyers.

L'armée en général, les états-majors et les corps en particulier, ont subi, dans leur organisation, des modifications importantes. La maison militaire du Roi, la garde royale, la formation des légions départementales, celle des troupes du génie en régimens, la réduction, à une seule compagnie, des escadrons de cavalerie (1), l'institution des majors (2), différentes dénominations données à plusieurs classes d'officiers ; tous ces changemens forment une nouvelle époque dans l'état militaire de la France.

Les lois sur l'avancement ont éprouvé peu de variations, ou plutôt les principes fondamentaux de ce point important de la carrière des armes, ne sont pas encore arrêtés.

Les dispositions sur le service, la police et la discipline des troupes, dans l'intérieur et en campagne, sont à peu près les mêmes que celles qui étaient précédemment en vigueur : seulement en 1816, le ministère a publié deux actes très-importans, dans lesquels on développe avec beaucoup d'étendue toutes les règles qui se trouvaient éparses sur la première de ces deux branches du service militaire, et où l'on fixe avec plus de précision les devoirs et les attributions de chaque officier et de chaque homme en grade. Ces actes n'ont point été insérés dans l'ouvrage que nous publions, parce que le gouvernement a manifesté l'intention de les soumettre à l'épreuve de l'usage, avant d'en consacrer définitivement l'adoption.

L'administration de la justice est toujours dirigée d'après les règles fondamentales qui se trouvent dans le Recueil. L'institution des cours prévôtales, à la juri-

---

(1) La formation des escadrons en une seule compagnie avait déjà eu lieu sous le ministère du maréchal de Ségur. (*Ordonnance* du 25 juillet 1784.)

(2) L'institution des majors remonte au ministère de Louvois ; ils ont existé avec des attributions différentes jusques au commencement de la révolution. On les avait réunis en 1803 avec le grade qu'ont aujourd'hui les lieutenans-colonels

diction desquelles les militaires ont été soumis, pour la répression des délits dont la connaissance est réservée à ces cours, a seulement apporté quelques changemens à la compétence des conseils de guerre.

Les tribunaux spécialement institués, quant à la poursuite de la désertion, ont été supprimés, et la punition de ce crime se trouve de nouveau dans la juridiction de ces derniers conseils, qui doivent appliquer aux coupables les peines précédemment ordonnées; sauf celle de l'amende que l'on a abrogée.

Les anciennes institutions honorifiques de la Monarchie ont repris leur place dans le code législatif de l'armée, et sont consacrés à la récompense des services et des actions d'éclat, concurremment avec les institutions modernes qui, elles-mêmes, ont subi quelques modifications.

Les récompenses pécuniaires ont éprouvé quelques changemens dans les règles fondamentales qui en assuraient la jouissance; les droits des militaires, de leurs veuves et orphelins, sont fixés par de nouveaux actes : des dispositions paternelles de S. M. admettent à ces récompenses les employés de l'administration. Enfin, le mode d'après lequel cette dette de la patrie est acquittée a subi des modifications essentielles.

Le personnel administratif de l'hôtel des invalides a été l'objet d'une nouvelle organisation; et la dotation qui doit assurer le sort des victimes de la guerre, a été augmentée de nouveaux produits.

On a fixé, relativement au rang des troupes, divers points de la législation, qui, jusques à ce jour, n'avaient point été décidés.

La direction du matériel de l'artillerie a éprouvé peu de changemens importans. Quelques dispositions nouvelles sur la comptabilité des arsenaux, sur les armes de guerre, et sur le régime des poudres et salpêtres, ont seulement été ajoutées aux dispositions anciennes.

Il en est de même quant au régime administratif des places fortes et des établissemens; sauf que le concours des ingénieurs civils, avec les ingénieurs militaires, a généralement cessé pour tout ce qui a trait aux travaux d'entretien et d'augmentation du casernement.

Par suite de la suppression des premiers inspecteurs-généraux de l'artillerie et du génie, on a étendu les limites des attributions du comité central de chacun de ces deux corps.

Les écoles militaires, dont le but est de donner la première éducation aux jeunes français qui se destinent à la carrière des armes, ont été réorganisées d'après de nouveaux principes et sous de nouvelles dénominations.

Le service de la garde nationale, dans l'intérieur, a pris une plus grande extension. Cette branche de la force publique a été l'objet d'un grand nombre de mesures réglementaires qui ont modifié quelques-unes des bases de son institution.

Les changemens qui se sont introduits à l'égard du traitement et de l'administration de l'armée, ne sont pas moins importans.

D'abord la création de plusieurs grades et emplois a nécessité des changemens sur les anciens tarifs; ensuite la réduction considérable et subite que la paix a amenée dans le personnel des officiers et de l'armée, a fait admettre une classe de traitement, qui, sans être nouvelle dans son principe, est devenue plus générale dans son application.

Des retenues ont été ordonnées en faveur de la caisse des invalides, sur toutes les dépenses du matériel de la guerre, et par des dispositions qui ne doivent être que momentanées, sur la solde et les accessoires de la solde de tous les officiers et des employés militaires.

La fourniture des vivres était l'objet d'une régie intéressée; elle a été faite par entreprise depuis le mois de septembre 1814 : elle est administrée aujourd'hui par le moyen d'une régie simple, aux attributions de laquelle on a réuni le service important des fourrages et plusieurs autres branches de fournitures accessoires des subsistances militaires.

Le chauffage, les transports et convois à la suite des troupes, et dont les corps devaient se pourvoir dans l'intérieur par leurs soins immédiats, sont, depuis 1814, l'objet d'entreprises particulières.

On a adopté un nouveau mode pour le transport aux armées de la caisse et des objets de premiers secours pour les blessés.

L'uniforme des officiers d'état-major a été l'objet de plusieurs actes réglementaires, celui des troupes a été renouvelé en entier; et les effets dont se compose l'habillement et ses accessoires, ainsi que l'armement, ont subi quelques modifications.

La masse générale doit être désormais régie simultanément par le ministère et par les conseils d'administration; mais les points fondamentaux de cette division ont été seulement arrêtés en principes, et les règles particulières à ce nouveau mode n'ont point encore été publiées. On a imposé aux inspecteurs des manufactures de nouvelles obligations, qui doivent avoir pour effet d'assurer la bonne qualité des étoffes que l'on fournit aux corps : et il a paru sur l'habillement un grand nombre de dispositions ministérielles, qui sont une suite des changemens multipliés qui se sont introduits dans cette partie du traitement des troupes.

On a remis en vigueur le régime administratif de la masse de linge et chaussure, tel qu'il était déterminé par l'arrêté du 8 floréal. (N.° 535.)

Les autres masses et fournitures sont toujours régies d'après les règles précédentes.

Dans le service de santé, on a supprimé le directoire central dont les attributions ont été réunies au ministère, et l'inspection générale qui a été remplacée par un conseil. On a recréé les hôpitaux d'instruction et l'on a ordonné la reprise du journal de médecine. Quant à l'administration, elle a subi peu de changemens essentiels dans ses bases; quelques dispositions de détail ont été seulement ajoutées aux actes anciens, et l'on a publié tout récemment, sur le mobilier qui tient à ce service, une instruction très-étendue et très-importante, qui réunit dans un seul cadre toutes les dispositions relatives à cette branche essentielle de l'administration, qui se trouvaient éparses dans un grand nombre de circulaires et de réglemens antérieurs.

Les revues d'inspections générales sont l'objet d'une instruction très-étendue récemment donnée par S. M.

Enfin, les bases du mode de paiement et de liquidation des dépenses de l'armée, de l'administration et de la comptabilité des corps, sont toujours celles qui existaient précédemment, sauf quelques changemens dans la composition des conseils, ainsi que plusieurs simplifications apportées dans la rédaction des états qui doivent être ordonnancés, et quelques règles particulières à la solde de non-activité.

Tels sont les principaux changemens qui se sont introduits sur la législation de l'armée, dans la période de temps qu'embrasse ce supplément. On trouvera, en outre, à la tête de quelques-unes de ses principales subdivisions, qui sont les mêmes que celles du Recueil, des détails plus particuliers sur les actes nouveaux et sur les modifications qu'ils apportent aux actes anciens.

Nous avons observé, dans l'introduction du Recueil, que le nombre prodigieux de lois, de réglemens, d'instructions, etc. etc...., dont se compose la législation des troupes, en rendait l'étude extrêmement difficile et l'application très-épineuse ; les changemens qui sont survenus depuis, et dont nous venons de donner un exposé sommaire, ont nécessairement ajouté des difficultés à cette étude, et fait naître de nouveaux embarras pour les militaires et les administrateurs chargés de veiller à l'exécution des lois. Ce qui nous ramène naturellement au vœu que nous avons exprimé dans cette même introduction, de voir reprendre le projet du code militaire, universellement demandé et attendu; si souvent entrepris et toujours abandonné par suite des circonstances dans lesquelles la France s'est trouvée.

Cependant, si l'on refléchit mûrement aux matières qui doivent entrer dans ce code, et à l'état actuel de la législation, on sera porté à penser qu'il n'est guère possible de s'occuper aujourd'hui d'un travail d'une si haute importance ; qu'il doit être ajourné à d'autres temps ; et l'on pourrait même douter que l'exécution en devienne praticable.

Nous entendons par code militaire, un corps de lois qui contienne toutes les dispositions fondamentales et constitutives de la force publique active ; qui fixe invariablement, en quelque sorte, tous les points de la législation des troupes ; le mode d'après lequel l'armée sera *formée et complétée* ; son *organisation générale* et la *constitution particulière des corps* qui doivent faire partie de cette organisation, dans les rapports qui sont reconnus les plus convenables au système actuel de la guerre ; les principes généraux des *exercices* gymnastiques et de l'*instruction* des officiers et des hommes, à raison des services différens auxquels ils sont destinés ; les règles du *service et de la discipline* dans l'intérieur, en campagne et dans les siéges ; l'*avancement* aux grades militaires et les *récompenses honorifiques* ; les lois sur l'*administration de la justice* et les *dispositions répressives*, qui doivent concourir à l'affermissement de la discipline, en ajoutant à l'espoir des récompenses la crainte du déshonneur ; les *rapports de l'autorité militaire* avec l'autorité civile, considérés sous les divers états de paix, de guerre ou de siége ; ses *attributions* à l'égard de la force armée non-active ou garde nationale......

Le traitement des officiers et des hommes de tous grades dans l'intérieur, aux armées et dans les hôpitaux, d'où découle la nécessité de l'administration et des comptes qui doivent en être la suite.

Enfin, les *droits des militaires* à raison des services qu'ils ont rendus à l'état, lorsque l'âge et les infirmités leur ferment la carrière des armes.

Un examen particulier des variations sans cesse renaissantes, que la plupart des actes relatifs aux diverses parties des institutions de l'armée ont éprouvé sous les derniers règnes et pendant le cours de la révolution, et de leur état actuel, ainsi que des causes d'instabilité qui nous paraissent intimément liées aux différens services que ces actes doivent régler, prouverait, nous en sommes persuadé, combien il est difficile de s'occuper avec fruit de la rédaction d'un code, ou tout au moins, qu'il est nécessaire de différer ce travail jusques à ce que toutes les bases de la formation et de la constitution de l'armée aient été invariablement arrêtées, et que la marche de l'administration ait été observée dans un état plus calme que celui dont nous venons de sortir.

Ce n'est pas le lieu, et nous n'avons pas d'ailleurs les moyens de nous livrer aux recherches qu'exigerait un pareil examen; nous nous bornerons seulement à quelques aperçus et à quelques faits généraux qui viennent à l'appui de nos observations. Puisse une main plus habile s'emparer de cette faible et légère ébauche, et lui donner tout le développement et toute la perfection que l'importance du sujet paraît exiger!

D'abord, le mode de la formation de l'armée se rattache essentiellement aux bases de l'économie politique ou à la constitution de l'état; il est ensuite subordonné à celui qu'adoptent les puissances étrangères; il se lie aux progrès de l'agriculture, du commerce et des arts, et doit se co-ordonner avec les secours que réclament ces premières sources de la prospérité nationale; il doit enfin être gradué sur la situation des finances et sur les évènemens de la guerre : par conséquent, il paraît difficile, surtout aujourd'hui, de donner des règles permanentes sur ce point fondamental de la force publique qui se trouve liée à tant de causes variables de leur nature. Malheureusement, il est vrai, le développement de la force armée a pris un tel accroissement depuis un siècle environ, et surtout dans les dernières guerres, que l'on ne s'arrête point aujourd'hui à toutes ces considérations, et qu'il ne s'agit plus d'armer seulement les bras disponibles

pour la guerre, mais encore tout ce qui est en état
de servir, et que les puissances belligérantes semblent,
en quelque sorte, jouer à qui conduira le plus de
soldats aux combats.

L'organisation générale de l'armée et la constitution
particulière des corps, ont éprouvé des changemens
tellement multipliés dans la période de temps dont
nous nous occupons, qu'il est difficile même d'en
suivre la trace. En voyant ces variations sans cesse
renaissantes, et qui se sont reproduites sous des formes
toujours différentes à tous les renouvellemens de ministère, il est permis de douter (vu surtout que de
nouvelles considérations peuvent se présenter et de
nouveaux systèmes être proposés) si l'on s'en tiendra
aux principes généraux actuellement consacrés pour la
formation de l'armée. D'ailleurs, si l'on consulte les
ouvrages de plusieurs hommes éclairés qui ont écrit
sur l'art militaire, les différens modes d'organisation
qui ont été adoptés jusqu'à ce jour sont loin d'être
appropriés au système de la guerre, fondé sur l'usage
des armes à feu.

Cependant, il est indispensable que ce point fondamental des institutions militaires soit invariablement
arrêté, avant que l'on ne s'occupe de la rédaction
d'un code, car toutes les innovations que l'on y in-
troduira en nécessiteront sur la plupart des autres
branches de ces institutions, ainsi qu'on le verra ci-
après (1).

Les dispositions relatives au service et à la discipline des troupes, dans l'intérieur des casernes et
dans les places, devraient être moins sujettes aux changemens, puisqu'elles n'ont d'autre but que celui de

(1) Nous citerons, *comme un exemple seulement*, de l'effet que peuvent produire sur la plus grande partie des institutions de l'armée,
les variations qui viennent à s'introduire dans l'organisation; le
plan que l'on trouve sur cette matière dans l'excellent ouvrage intitulé
considérations sur l'art de la guerre (Chap. 2, 3 et 4); et dont
l'adoption nécessiterait une refonte totale ou partielle de toutes les
lois de l'instruction, du service et de la discipline, de l'avancement
et de l'administration, et même des tribunaux.

régler les attributions et les devoirs de chaque militaire suivant son grade ; les détails et la distribution du service, ainsi que l'ordre d'après lequel il s'accomplit. Les diverses causes qui tendent à produire de l'instabilité dans les autres parties de la législation de l'armée ne devraient point avoir ici la même influence. Aussi remarque-t-on que les actes qui contiennent ces dispositions sont ceux de notre code qui remontent à la date la plus reculée. Néanmoins comme elles sont subordonnées à l'organisation particulière des corps et de l'état-major de l'armée, tous les changemens qui surviennent dans cette organisation les rendent incomplettes et y répandent de la confusion et de l'obscurité. C'est pour cela que l'ordonnance de 1768, qui sert aujourd'hui à régler le service des places, est bien souvent inintelligible. Les nouveaux rapports qui se sont introduits entre les commandans militaires et les magistrats civils ; les principes qui sont aujourd'hui consacrés, quant aux attributions respectives de ces autorités ; enfin la création de nouveaux grades et les changemens de dénomination de plusieurs emplois, ajoutent encore à cette obscurité, que le décret du 24 décembre 1811 n'a point fait cesser.

D'un autre côté, dans les attributions et les devoirs respectifs des officiers et des hommes en grade, dont les réglemens du service intérieur doivent fixer les limites et poser les principes, on a pensé, depuis peu, qu'il était indispensable de faire entrer les premiers détails de l'administration ; ce qui rendra ces réglemens susceptibles de subir toutes les vicissitudes qui sont attachées à cette dernière branche des institutions.

On peut faire de semblables remarques sur le service des troupes en campagne, dont les dispositions ne sont pas moins soumises à l'influence de toutes les variations qui surviennent dans les actes constitutifs de l'armée en général et des corps en particulier ; et qui sont, en outre, subordonnés aux modifications fréquentes et nombreuses que l'on introduit dans l'art et la direction de la guerre. C'est par suite de ces causes que le réglement de 1788, sur la cavalerie, et celui de 1792, sur l'infanterie, sont également inintelligibles et absolument inexécutables. On déploie aujourd'hui une plus grande célérité dans les opérations militaires ; les divisions et les subdivisions de l'armée ; celles des corps et des compagnies ne sont plus les mêmes ; la composition des états-majors, le système de la direction du service, l'ordre de marche, les dispositions d'attaque, de défense, de poursuite ; tout a changé.

Le réglement de 1809, quoiqu'il ait été publié après que la plupart de ces innovations se sont introduites à la guerre, n'est pas moins inexécutable. On remarque, il est vrai, que la dernière rédaction de cet acte ayant été faite à l'armée et avec beaucoup de précipitation, on a peu médité sur les changemens survenus, et que l'on y a reproduit, par inadvertance, un grand nombre de dispositions qui, depuis long-temps, ne peuvent plus être suivies : mais, à supposer même qu'on eût apporté à cette rédaction tout le soin que son importance exige, et que ce réglement eût acquis toute la perfection désirable, il n'en serait pas moins aujourd'hui dans le cas d'éprouver un grand nombre de modifications, par suite de celles qui ont été faites aux actes constitutifs de l'organisation des corps, et dans plusieurs autres branches du service militaire et administratif.

Les actes relatifs à l'avancement aux grades militaires et aux récompenses honorifiques, ces bases importantes de la discipline, presque toujours abandonnées aux caprices de la fortune, et dont une distribution équitable peut seule donner cette énergie et entretenir cette émulation qui font la force des armées, semblent reposer sur des principes d'un ordre plus constant ; néanmoins, il est encore plusieurs causes qui tendent également à les soumettre à l'influence des variations. En premier lieu, ils se lient à la marche du gouvernement et sont subordonnés au degré du développement des lumières dans les classes inférieures de la société : en second lieu, les évènemens de la guerre souvent obligent d'en modifier les dispositions, pour donner un plus grand mobile à l'émulation parmi les officiers, et principalement dans la classe des sous-officiers. Alors les connaissances théoriques cèdent le pas à l'instruction pratique et aux services rendus en campagne. D'autres fois des pertes extraordinaires obligent d'en mettre de côté les principes, ou du moins d'en adoucir la rigueur, pour faciliter des remplacemens devenus trop nombreux. Enfin, les modifications qui sont faites dans les bases constitutives de l'armée doivent aussi nécessairement en amener dans les lois de l'avancement.

La charte constitutionnelle en a fixé les points fondamentaux, mais l'art. 3 et l'art. 14 de cette charte, qui rendent tous les Français également admissibles aux emplois militaires, et d'un autre côté, réservent au Roi le droit de nommer à tous les emplois d'administration publique, sont susceptibles de développemens particuliers qui détermineront la portion de ces emplois dont S. M. se réserve la nomination immédiate : celle qui deviendra le partage de l'ancienneté et du choix des corps; celui des services rendus à la guerre, distinction qui n'a pas encore été faite, et qu'il est équitable et même utile d'établir; quel sera enfin le mode à suivre pour obtenir la composition la plus avantageuse des corps d'officiers, et pour décerner les récompenses acquises par des actions d'éclat.

Il paraît aussi indispensable qu'urgent de s'occuper de la rédaction de ces actes importans, et peut-être avant tout, de poser le principe de la garantie que doit trouver l'officier dans le brevet que ses services lui ont acquis, en déterminant les causes qui lui feront perdre son caractère : cependant, il est peu probable que ces bases essentielles des institutions puissent, dans l'état actuel de l'armée, être invariablement arrêtées; et l'on ne pourra sans doute donner que quelques règles préparatoires. Parmi plusieurs causes qui nous semblent s'y opposer, nous citerons les institutions récemment créées, et dont il paraît nécessaire d'observer le développement ; ensuite les dispositions transitoires que nécessitent les droits des officiers et des sous-officiers qui ne se trouvent pas dans les rangs de l'armée active, mais qui sont susceptibles d'y être appelés.

Les lois sur l'administration de la justice militaire devraient avoir, par leur nature, un caractère de durée qui ne paraît point appartenir aux autres branches des institutions militaires ; mais pour être moins sujettes aux vicissitudes inhérentes à tout ce qui tient à la guerre, elles sont loin d'être exemptes d'instabilité.

Les dispositions de compétence, combien de variations n'ont-elles pas éprouvées, soit quant aux personnes, soit quant aux délits, depuis un grand nombre d'années ! Combien de causes ou d'événemens peuvent en faire naître de nouvelles ! La désertion, ce fléau souvent plus funeste aux armées que les épidémies les plus dangereuses, n'est-elle pas de nature à produire les mêmes effets ? Enfin, les innovations que viennent à subir les actes de l'organisation, quoiqu'ils n'exercent pas la même influence sur ces lois que sur les actes relatifs au service des troupes, ne laissent pas d'y jeter de l'instabilité et du moins de l'incertitude dans leur application.

D'autre part, les dispositions pénales sont elles-mêmes sujettes à éprouver des modifications par la succession des temps ; soit parce que les délits qu'elles ont pour but de prévenir ou de punir, prennent un caractère plus ou moins grave, suivant la marche de l'administration ; soit parce que la recherche et la répression en deviennent plus ou moins faciles ; soit enfin, parce que des circonstances particulières exigent le développement d'une plus grande sévérité pour le raffermissement de la discipline (1).

_____

(1) C'est ainsi que nous voyons les gouvernemens anciens et modernes, et les généraux eux-mêmes, modifier leurs codes criminels militaires, suivant les circonstances particulières dans lesquelles ils se sont trouvés, et à raison de l'esprit qui se manifestait parmi les troupes. Quelquefois même un simple changement dans l'ordre et la direction du

Par exemple, le crime de la désertion, sans changer de nature, a été considéré comme plus ou moins grave, suivant que les hommes s'enrôlaient à prix d'argent, ou qu'ils étaient appelés sous les drapeaux par les lois de l'état, ou suivant que les besoins du recrutement étaient plus grands ou plus pressans, et on l'a soumis, par suite de ces circonstances particulières, à des peines plus ou moins rigoureuses (1).

L'infidélité dans les actes administratifs a été l'objet de peines plus ou moins sévères, suivant que la marche de l'administration a été plus ou moins ferme ou éclairée.

C'est pour cela qu'on trouve dans le code des délits et des peines un grand nombre de dispositions qui ont été soit expressément soit tacitement abrogées.

On s'accorde assez généralement à désirer la révision et même la refonte générale des actes relatifs à la jurisprudence et à l'organisation des tribunaux, à la procédure et à la punition des délits, en un mot de toute la législation criminelle militaire; ce travail paraît nécessaire : il a été l'objet de la réunion d'une commission spéciale en 1814 et en 1815, et tout récemment une nouvelle commission s'en est occupée. Si les vœux qu'on forme à cet égard sont accueillis, on pensera sans doute que des dispositions d'une semblable importance, qui intéressent aussi fortement la vie et l'honneur, ce seul bien des militaires, et qui doivent nécessairement avoir beaucoup d'influence sur le moral de l'armée, ne sauraient être irrévocablement

---

service militaire ou administratif, peut donner lieu à modifier les lois criminelles ou bien à l'établissement de nouvelles peines.

(1) Le crime de la désertion, soit à l'intérieur, soit à l'étranger, était puni de la peine capitale dans le 16.e siècle. L'ordonnance du 16 décembre 1684 commua cette peine en celle des galères perpétuelles, du nez et des oreilles coupés, et de deux fleurs-de-lis aux joues; celle du 2 juillet 1716 rétablit la peine capitale qui, de nouveau, a été remplacée par celle des galères, d'après l'ordonnance du 25 mars 1776. De nos jours, la législation c'est encore adoucie sur ce point, eu égard, sans doute, à ce que le recrutement ne se faisait plus à prix d'argent.

consacrées, si auparavant le flambeau de l'expérience ne vient en éclairer les effets.

Le caractère d'instabilité que nous observons être inhérent à la plupart des bases principales des institutions militaires dont nous venons de nous occuper, nous le trouverons encore dans la branche secondaire de ces institutions qui a pour objet le traitement de l'armée, et ce caractère y sera même bien plus prononcé.

Nous remarquerons, en effet, que tous les changemens qui s'introduisent sur le recrutement et l'organisation, en apportent, de toute nécessité, aux actes destinés à fixer les règles du traitement et de l'administration; que ceux qui surviennent dans le système de la guerre y exercent la même influence. Il en sera de même à l'égard du système de l'administration générale de l'état, de la situation des finances, des changemens qu'éprouve le prix des objets de première nécessité, et quant aux mesures extraordinaires qui sont la suite des événemens de la guerre; et en dernier lieu, nous retrouverons de nouvelles sources d'instabilité dans le caractère particulier et dans les différentes manières de voir des hommes placés à la tête des services de l'armée : et ces dernières causes ne seront pas les moins influentes.

Si l'on considère que le traitement militaire se compose :

1.º De rétributions en argent qui, outre la solde, se subdivisent en un nombre considérable d'allocations particulières, sous le titre de supplémens, d'indemnités, de gratifications, de frais extraordinaires, de primes, de hautes-paies, etc. etc.;

2.º D'une multitude prodigieuse de fournitures diverses livrées en nature;

Que ce traitement éprouve un nombre infini de modifications, selon que les troupes sont en station ou en route; en santé ou dans un état de maladie; sur le pied de paix ou sur le pied de guerre; en activité ou en non-activité; et suivant les diverses saisons de l'année;

Si l'on ajoute qu'il se présente mille manières diverses de le recevoir, de le gérer et d'en compter; on se persuadera difficilement que les hommes, qui sont successivement appelés à imprimer le mouvement à la machine administrative, puissent envisager des détails aussi multipliés et aussi variés sous le même point de vue; et l'on cessera d'être surpris des fluctuations continuelles qui se font remarquer dans les diverses branches de l'administration des troupes.

Peut-être observera-t-on que la rédaction du code militaire doit surtout avoir pour but de prévenir l'effet des changemens qui tiennent uniquement aux différentes manières de voir, et d'arrêter le cours des innovations qui ne sont pas commandées par une rigoureuse et indispensable nécessité. Nous pensons que tel serait en effet le résultat de ce travail important, en remarquant toutefois qu'il paraît difficile, et que souvent même il pourrait être nuisible aux services publics, d'enchaîner le zèle des hommes qui sont chargés d'en régler le mouvement, et d'empêcher qu'ils n'aient la faculté de donner à une administration, placée sous leur garantie personnelle, telle direction qu'ils jugeraient plus convenable aux intérêts de l'état et plus propre à assurer cette garantie, surtout lorsque des circonstances ou des cas imprévus viendront appuyer les changemens qu'ils auront à proposer.

Nous reviendrons actuellement sur les causes d'instabilité qui nous paraissent évidemment liées à la nature des matières de la partie du code qui doit embrasser la législation administrative, et sur la situation actuelle des diverses branches dont elle se compose, et nous jetterons un coup-d'œil : 1.º sur l'*administration de l'armée* en général; 2.º sur les *traitemens en particulier*; 3.º sur le *mode de paiement et de liquidation des dépenses*; 4.º sur l'*administration intérieure des corps* et sur les *traitemens fournis en nature* par l'état; 5.º sur les *opérations de la comptabilité* ou la justification des dépenses; 6.º enfin, sur les *pensions militaires.*

§ I.er L'administration de l'armée en général, ainsi que l'administration particulière des corps, est comme un vaste champ dont la culture a été l'objet de tous les systèmes, et dont les fouilles ont produit des matériaux immenses, parmi lesquels il s'en trouve un grand nombre d'excellens, et un plus grand nombre encore que l'expérience doit faire rejeter.

Entreprises, régies simples, régies intéressées, administration mixte par l'état et par les corps; administration pure et simple des commandans de compagnies, ensuite des régimens; division des détails entre les directoires et les conseils, entre les conseils et les capitaines: tous ces différens modes ont été tour-à-tour suivis et abandonnés pour être de nouveau mis en vigueur, et cela à des intervalles de temps très-rapprochés.

Cependant on balance encore sur celui qui doit être préféré pour telle ou telle branche du traitement des troupes; et, en général, on n'est pas fixé sur les avantages que présente le système des régies sur celui des entreprises. On discute encore la question de savoir s'il est plus avantageux, aux intérêts de l'état et à ceux des hommes, que la plupart de ces régies soient confiées aux soins immédiats des corps, ou s'il est plus conforme à l'esprit et à la nature des institutions militaires que le gouvernement en exerce lui-même la direction, afin de ne pas détourner les officiers du but vers lequel ils doivent être constamment dirigés.

Quelques auteurs pensent que certains détails, qui intéressent le bien-être et même l'existence du soldat, ne peuvent être confiés à des mains étrangères, et doivent être exclusivement réservés aux chefs militaires.

D'autres sont d'avis que « nulle administration ne » peut remplacer celle des corps, et que c'est moins » dans l'action d'une surveillance et d'une autorité » extérieure, que dans la sage combinaison du pouvoir, » en matière d'administration avec le pouvoir militaire » dans les corps, que l'on trouvera les élémens d'un » bon système administratif. »

Il en est enfin qui observent, peut-être avec raison, que l'administration exige des études préliminaires et une longue expérience, et qu'on ne peut en parcourir la carrière avec succès, si l'on ne s'est long-temps exercé à en suivre toutes les ramifications; et si ce n'est en se livrant, d'une manière en quelque sorte exclusive, aux détails nombreux qu'elle embrasse. Ils pensent, au contraire, que c'est dans l'action seule d'une autorité extérieure, forte et indépendante, qu'on peut trouver une garantie pour les intérêts de l'état. Enfin, il n'existe encore que très-peu de règles sur l'ordre du service des fonctionnaires près des armées, et même ces règles, pour la plupart, sont-elles totalement abandonnées.

Ces points fondamentaux paraîtraient donc, avant que l'on ne s'occupe de la rédaction d'un code administratif militaire, devoir être arrêtés à la suite d'un travail préalable et d'une discussion approfondie, pour lesquels on peut trouver des renseignemens utiles dans la comparaison du résultat de chaque système précédemment adopté; et il serait d'autant plus indispensable qu'ils fussent fixés avec quelque stabilité, qu'il est telle ou telle branche du traitement des troupes, dont les règles devront être développées dans le code, ou que l'on pourra se dispenser d'y placer, si ce n'est en termes généraux, selon le mode qui sera adopté pour leur régime.

Mais lorsqu'on aura reconnu ce qui peut être le plus avantageux au bien des hommes et de l'administration, et qu'on sera fixé sur le système à embrasser pour la gestion de chacune des portions du traitement et des nombreuses fournitures de l'armée; lorsqu'enfin les principes en auront été posés, peut-être verra-t-on s'élever tout à-coup des entraves, ou survenir des événemens qui s'opposeront à ce qu'ils soient consacrés, ou qui forceront le gouvernement à s'en éloigner. C'est ainsi que l'on retrouvera, dans tout ce qui tient à la guerre, la loi rigoureuse de la nécessité, bien souvent en opposition avec les principes.

Vient ensuite l'organisation du corps des fonctionnaires chargés de donner l'impulsion aux services de l'armée, d'en régler l'ordre et le mouvement, et d'en surveiller les agens. Ce point d'appui, sur lequel tout bon système administratif doit reposer, ne demande pas moins de développemens que les précédens. Toutefois, il est beaucoup moins facile d'en éclairer la discussion, en ce que ceux mêmes qui sont appelés à y prendre part se trouvent principalement intéressés au résultat qu'elle doit amener; et quelque dévouement que l'on ait pour son Prince et pour le bien de son pays, il est extrêmement difficile que l'esprit se dégage de toute prévention particulière, et que l'on fasse une entière abnégation de soi-même, lorsqu'on doit émettre une opinion à laquelle notre existence et tout ce que nous avons acquis par une longue suite de travaux, sont particulièrement attachés. C'est pour cela, sans doute, que les débats qui se sont élevés sur la question importante de la réunion des deux corps qui se partagent l'autorité administrative, n'ont encore produit aucun résultat satisfaisant.

Sans prétendre entrer dans la lice qui est ouverte depuis plusieurs années, nous nous contenterons d'observer qu'on ne saurait placer trop de gradations dans toute carrière quelconque, et particulièrement dans celle de l'administration, où il n'y a d'autres succès à obtenir que ceux de l'avancement. Il faut qu'avant d'arriver au terme le plus élevé de cette carrière, on ait à parcourir un grand espace, dans lequel des points de station, ménagés de distance en distance, puissent offrir de nouveaux mobiles, et donner de nouvelles forces pour arriver au but.

De même qu'on parvient à donner aux hommes la force et la vigueur par des exercices continuels, de même on entretient le mouvement et la vie dans toutes les institutions, si l'on sait développer une émulation salutaire parmi ceux que ces institutions doivent diriger.

On trouve l'application de ces principes dans les grades militaires, qui, par leur nombre et par les caractères divers qui les distinguent, offrent toujours de nouveaux alimens à l'ambition; mais ils sont loin d'être assez étendus dans la carrière administrative, tandis que c'est là surtout qu'ils devraient avoir un plus grand développement; car les fonctionnaires étant, par leur position, dans une indépendance entière des chefs militaires, ils se trouvent, pour ainsi dire, affranchis du joug de toute discipline : on ne peut donc les atteindre que par leur responsabilité. Mais s'ils se bornent uniquement à couvrir cette responsabilité, ils ne rempliront qu'une bien petite partie de leurs devoirs; et l'on perdra tout le fruit que l'on doit attendre de leur zèle et de leur dévouement. Il faut, par conséquent, qu'un intérêt plus puissant les anime, et l'on ne peut en trouver les sources que dans une perspective étendue, qui fasse continuellement entrevoir de nouveaux succès.

L'activité que les hommes déploient dans toutes leurs entreprises, n'est que la suite des avantages qu'ils espèrent retirer du fruit de leurs travaux; elle s'éteint là où cette perspective s'arrête.

C'est là ce qu'on doit principalement craindre d'une institution telle qu'on la propose, pour remplacer les deux corps d'administrateurs actuellement existans, et dans laquelle on ne trouverait qu'un seul ordre de fonctionnaires et pour ainsi dire qu'une seule gradation. Vainement le degré inférieur sera-t-il subdivisé en plusieurs classes, et même y eût-il plusieurs grades, dès que les attributions seront les mêmes, on n'aura mis qu'imparfaitement en pratique les principes que nous venons de rappeler et qui sont incontestables. Les subdivisions de classes dans le même grade n'offrent qu'un médiocre attrait, et ne doivent être employées que comme moyen secondaire d'émulation, et non comme moyen principal, en ce que l'on n'y attache point de nouvelles distinctions ni de nouveaux titres. Un capitaine dans l'armée n'est pas autrement considéré que comme capitaine, quelle que soit la classe dans laquelle il se trouve; et pour tout ce qui est attaché soit directement soit indirectement à la profession des armes., ce sont particulièrement les distinctions honorifiques qui doivent servir de prestiges, pour faire oublier les avantages de la vie privée que l'on ne saurait y rencontrer.

Les subdivisions de grades auxquels on n'attache pas des attributions différentes, n'auront de même qu'un faible résultat pour servir de stimulant; et ne peuvent produire le même effet que celles de grades auxquels sont liés des honneurs et des attributions d'un ordre plus élevé. C'est ce qui distingue aujourd'hui la séparation des fonctions administratives; ce sont deux sphères différentes à parcourir.

Un adjoint aux commissaires des guerres remplit les fonctions attribuées à ce dernier grade; il est traité comme tel dans ses relations particulières; il en reçoit les honneurs, il en porte les marques distinctives; car qui ne sait que, dans l'ordre administratif, rien n'est moins fidèlement observé que la distinction extérieure des rangs. Ainsi, il est à peine à l'aurore de son existence publique, et déjà il se trouve au but de ses désirs : par conséquent il n'y a, pour ainsi dire, qu'un seul degré dans cette carrière. Une fois parvenu à celui de commissaire en pied, il est beaucoup de fonctionnaires qui, n'ayant pas des idées d'ambition très-étendues, et qui mesurant l'intervalle trop considérable qui se trouve entre ce rang et celui d'ordonnateur, pourraient se considérer comme parvenus au terme de leur course : idée funeste dont on ne saurait étouffer le germe par trop de moyens, et qui ne peut que produire un relâchement pernicieux, et peut-être même quelquefois des effets plus dangereux encore.

Le corps de l'inspection aux revues ouvre un nouveau champ, c'est un nouvel espace à franchir; des distinctions plus élevées, de nouveaux honneurs à espérer. Ainsi, par le moyen de ces gradations diverses, on peut conduire un fonctionnaire jusques aux dernières années de son existence publique, sans qu'il éprouve le moindre refroidissement dans son zèle, et en le nourrissant de nouvelles espérances, en lui faisant apercevoir un nouveau but.

Mais pour ne pas rendre illusoires les avantages que l'on pourrait se promettre d'un semblable ordre de choses, il convient de fixer par un acte solennel, et les conditions de l'admission et celles de l'avancement, et d'arrêter le cours de la faveur dont les effets ne sont nulle part aussi pernicieux que dans la carrière administrative; parce que l'avancement y est nécessairement borné, et que le cadre des fonctionnaires n'a pas une étendue telle qu'ils ne puissent connaître et apprécier réciproquement leurs titres. Un seul passe-droit, une seule distinction non méritée, ne peuvent que produire un découragement funeste, et porter dans l'esprit la conviction que l'on obtiendra bien plus de succès à l'aide des sollicitations que par l'accomplissement de ses devoirs. Dès-lors, on mettra tout en œuvre pour se placer sous l'égide d'une protection puissante, et ce sera le principal soin dont on aura à s'occuper. Quelquefois même il peut arriver que par condescendance ou par faiblesse, on ne vienne à s'écarter de la ligne que les devoirs ont tracée, dans la crainte de trouver un ennemi chez celui dont on espère que l'appui serait de quelque utilité.

Dans une institution qui ne peut tirer ses plus grands succès que du zèle et du dévouement des membres qui la composent, le choix doit avoir, plus que l'ancienneté, part à la distribution des récompenses; mais ce choix doit être restreint à des limites qu'on ne puisse dépasser, et porter principalement sur ceux qui sont signalés au gouvernement par les chefs supérieurs et immédiats, comme pouvant seuls apprécier le zèle et la capacité des officiers qui coopèrent à leurs travaux, et qui sont journellement sous leurs yeux. Tels sont les moyens qui nous paraissent propres à constituer fortement un corps de fonctionnaires, et c'est là seulement qu'on pourra trouver le couronnement de l'édifice administratif.

Nous reviendrons à l'examen de la question qui nous occupe et dont cette digression nous a un peu éloigné.

§. II. *Des traitemens militaires.* — Les actes destinés à régler le traitement de l'armée, sont de nature à éprouver de continuels changemens, en ce qui tient aux proportions d'après lesquelles ce traitement doit être fourni ou payé ; et dont les bases, comme nous l'avons remarqué, sont nécessairement subordonnées aux variations que viennent à subir, par la succession des temps, le prix des denrées et des matières nécessaires à la vie et à l'entretien des militaires, ou à la situation plus ou moins prospère dans laquelle se trouvent les finances de l'état. Sous un tel rapport, ces actes ne peuvent faire partie d'un code militaire auquel on veut assurer quelque durée, et paraissent devoir être seulement l'objet de tarifs raisonnés. Ces tarifs, arrêtés par une loi ou ordonnance particulière, pourraient être renouvelés à mesure que les causes que nous venons d'exposer en feraient sentir le besoin ; ou que la situation du trésor permettrait de traiter les militaires plus favorablement, sans que, pour cela, on fût obligé de modifier les dispositions du code. On ne peut parvenir à donner quelque stabilité, caractère distinctif de toute bonne législation, aux actes réglémentaires, qu'en s'attachant particulièrement aux principes, et en s'abstenant de descendre aux détails, si ce n'est là où une nécessité indispensable en impose la loi.

Il conviendrait donc de se borner, quant à cette partie du code administratif, à poser les règles générales du droit des militaires et des corps, à telle ou telle portion de leur traitement, suivant les diverses catégories dans lesquelles ils viendront à se trouver.

Mais pour que ces droits soient déterminés avec quelque fixité, il est indispensable que les premières parties des institutions que nous venons de parcourir, ainsi que le mode administratif des fournitures et l'organisation du personnel des fonctionnaires soient invariablement arrêtés ; car il y a une telle connexité entre toutes les branches de la législation de l'armée, elles ont un si grand nombre de points de contact, elles sont liées par tant de rapports, que tout changement survenu dans l'une de ces branches en amènera sur la plupart des autres.

C'est par suite de ces causes, qu'on éprouve aujourd'hui beaucoup de difficultés dans l'interprétation et l'application des principaux réglemens.

Nous ajouterons qu'il est même beaucoup de dispositions relatives aux droits des militaires, à telle ou telle partie de leur traitement, qui paraissent tellement subordonnées à l'état plus ou moins prospère des revenus publics, et, par conséquent, tellement variables par leur nature, qu'il semble impossible qu'elles puissent figurer dans un code militaire.

Et nous remarquerons, sur ce point, qu'on a fait paraître dans le courant de 1816, sur le traitement et la liquidation de toutes les dépenses de l'armée, un projet de réglement général, auquel on aurait déjà dû faire subir beaucoup de modifications, s'il eût été immédiatement mis en vigueur.

§. III. *Paiement et liquidation des dépenses et traitemens.* — Le mode du paiement des dépenses et traitemens a éprouvé de nombreuses variations sous le gouvernement précédent; il a été successivement l'objet des arrêtés, décrets et instructions des 26 ventôse an 8, 13 brumaire an 10, 25 germinal an 13, 24 juillet 1806, 31 décembre 1807, 12 avril 1808, 16 mai, 1.er septembre et 30 décembre 1810, et 4 mars 1811.

Sans nous arrêter à retracer le contenu de ces actes, ce qui nous entraînerait à des détails longs et fastidieux, nous nous bornerons à dire que, d'abord fixé sur des bases simples et uniformes, ce mode était ensuite devenu singulièrement compliqué, et on l'avait surchargé d'un nombre considérable d'écritures; on en était venu jusques à faire de chaque nature de dépense, l'objet d'un compte ouvert avec le ministère, qui, à l'exception de la solde, devait, pour chaque corps en particulier et pour chaque partie du service administratif, ordonnancer spécialement toutes les dépenses quelconques, telles que les masses, les indemnités, les gratifications, les frais de toute nature, etc., ce qui donnait lieu à une multitude d'opérations surabondantes, à des retards dans les paiemens, et par suite, à de continuelles réclamations des corps. Mode extrêmement vicieux, en ce que tous les paiemens, étant considérés comme de simples à-comptes, jusques à ce qu'ils aient été régularisés par les revues, qui forment seules les titres de créances des corps et des parties prenantes, il devient inutile de faire autant de liquidations particulières qu'il y a de sortes de dépenses, là où une seule liquidation centrale est suffisante.

Peu à peu on est enfin revenu à des idées plus conformes à l'ordre de l'administration, et de nos jours la marche relative au paiement de la plus grande partie des dépenses de l'armée a subi d'heureuses simplifications.

Tout ce qui revient aux corps et aux militaires, pris isolément, doit être fixé par les revues ; on est généralement d'accord sur ce principe administratif, dont l'application donne d'un côté la latitude d'apporter au mode du paiement la plus grande simplicité, puisque tout ce qui précède les revues n'est que provisoire; et rend, d'un autre côté, les fonctionnaires de l'administration nécessairement les premiers ordonnateurs et les seuls régulateurs des dépenses, sauf la vérification, dans les bureaux de la guerre, du droit des parties prenantes, et de l'observation des formes destinées à le justifier.

Le paiement des dépenses est suivi de leur liquidation; c'est l'objet des revues. Observons, en passant, que le mot revue ne désigne dans le fond que l'examen d'une troupe quelconque, et qu'on en fait une fausse application en le donnant au travail destiné à constater les droits des militaires, ou à la liquidation d'un grand nombre de dépenses pour lesquelles il n'y a point de revue; et que cette application est encore plus fautive à l'égard de ce qu'on appelle *extrait de revue.*

Ces opérations qu'on nomme revues générales de comptabilité ont acquis, depuis quelques années, beaucoup de perfection dans leur mécanisme, et ne laissent à désirer, surtout celles des corps de troupes, que quelques simplifications dans l'allocation des masses, et l'application du principe que nous avons indiqué dans le §. précédent, celui d'en faire l'objet d'une centralisation générale de toutes les dépenses quelconques.

Quant à celles des officiers sans troupe et des employés militaires, on peut souhaiter une réduction dans les écritures qu'elles occasionnent, à raison de la rédaction mensuelle que l'on a adoptée, au lieu de l'établissement trimestriel qui est consacré pour les corps.

De l'établissement des revues générales on passe à l'opération des décomptes, ou rapprochement entre les sommes ordonnancées par avance, et la liquidation arrêtée par les inspecteurs.

Par suite des dispositions du décret du 16 mai 1810, les décomptes doivent être consommés dans les bureaux du ministère; système qui donne lieu à beaucoup d'inconvéniens. En premier lieu, il expose le trésor à se trouver à découvert pendant long-temps pour des sommes importantes; en second lieu, les sommes dont le trésor se trouve à découvert peuvent être perdues pour l'état, par suite des erreurs ou doubles emplois qui seront commis dans la comptabilité des corps, ou par suite de la perte des caisses; enfin, il produit une très-grande obscurité dans la comptabilité de la solde et des accessoires qui se payent sur le même fonds; et ces difficultés seront d'autant plus grandes, que le retard dans la consommation des décomptes aura été plus long, ce qui arrivera toujours en temps de guerre.

Il paraît donc convenable de revenir au système consacré par les réglemens antérieurs, celui de la consommation des décomptes par le concours direct des corps et des payeurs; et si l'on tient à conserver le principe posé par le décret du 16 mai 1810, qui se lie à des considérations assez importantes pour la marche de l'administration générale, il est de toute nécessité que l'on fasse disparaître, ou tout au moins que l'on diminue, à l'aide d'opérations préparatoires qu'il est facile de concevoir, les inconvéniens que nous venons de signaler.

Nous observerons, en dernier lieu, que les dispositions relatives au paiement et à la liquidation des dépenses, ont un rapport nécessaire et immédiat avec celles qui embrassent les droits au traitement, et qu'abstraction faite des points fondamentaux sur lesquels reposent les revues, elles ne paraissent point devoir être fixées par le code, soit parce que leur importance n'est pas telle qu'on doive les considérer comme intimément liées aux institutions de l'armée, dont elles ne sont qu'un accessoire, soit parce que le nombre considérable de détails et d'opérations dont elles sont l'objet, ne paraît point d'une nature assez permanente. Enfin, le mode de paiement et de liquidation des dépenses sera toujours subordonné à la direction et à la situation du trésor de l'état, quels que soient les avantages que l'on pourrait se promettre du système le plus convenable à l'ordre de l'administration (1).

§. IV. *Administration particulière des corps et trai-*

(1) Nous n'avons fait mention dans ce §. que des dépenses qui tiennent à l'administration des corps, ou qui sont susceptibles d'être assujéties, quant à leur paiement et à leur liquidation, à un ordre constant et à une marche régulière et périodique. On ne doit pas oublier, d'ailleurs, que ce n'est ici qu'un simple aperçu sur les points principaux de la législation de l'armée. Ainsi nous ne parlons point 1.º de certains établissemens de la guerre, tels que ceux de l'artillerie et du génie, dont les dépenses sont subordonnées à l'étendue des travaux que le gouvernement juge devoir faire exécuter, et sont en grande partie l'objet d'adjudications publiques. Le paiement en est ordonnancé directement par le ministère, et la liquidation en est faite par les officiers chargés de la direction de ces travaux, et vérifiée d'abord par les commissaires des guerres, ensuite dans les bureaux ministériels.

2.º De toutes les dépenses qui tiennent aux services des subsistances, du chauffage des troupes, des transports et convois, des remontes, du campement, etc.

Ces diverses branches du traitement et de l'administration de l'armée ne nous paraissent point devoir figurer dans le code militaire (sauf les établissemens de l'artillerie et du génie), si ce n'est en termes généraux et seulement en ce qui touche aux droits des militaires. Leur régime est, d'ailleurs, également subordonné à une foule de causes qui tendent à jeter beaucoup d'instabilité dans ses bases. Voyez ci-après une indication sommaire des matières qui seules nous paraissent devoir être fixées par le code administratif.

temens fournis en nature par l'état. — Les actes relatifs à l'administration intérieure des corps offrent le même caractère d'instabilité et donnent lieu aux mêmes objections, quant aux difficultés que présente la rédaction du code administratif militaire.

Que l'on observe, en effet, la nature des élémens dont se compose cette administration; la quantité innombrable de détails qui en découlent; les causes diverses des changemens qu'elle a éprouvé et auxquels elle est subordonnée; l'état actuel de la législation relative aux services dont elle est l'objet; enfin la divergence des opinions sur le système à suivre pour sa direction, et sur les diverses parties du traitement militaire qu'elle doit embrasser, et l'on se persuadera avec peine qu'il soit possible de donner dès-à-présent, sur cette matière, des règles qui aient tout le degré de durée par lequel doit se distinguer un ouvrage de la nature d'un code.

Les conseils chargés de la direction supérieure de ces détails ont subi, depuis qu'ils sont institués, un grand nombre de changemens dans leur composition, dont le principe donne lieu à bien des opinions diverses, et doit varier suivant les modifications qu'éprouvent nécessairement les actes constitutifs des corps : on balance encore sur le choix des moyens propres à assurer leur indépendance dans les délibérations; sur le degré de leur responsabilité et de celle des agens intermédiaires qu'ils emploient; le cercle dans lequel doit se renfermer leur autorité n'est pas encore invariablement tracé; il en est de même quant à la marche des relations journalières de ces conseils avec les fonctionnaires chargés de la surveillance de leurs travaux.

La création des majors actuels est une institution qui deviendra sans doute très-utile, mais les limites de leurs attributions paraissent devoir être resserrées ou subir des changemens essentiels.

Si l'on se reporte ensuite aux élémens particuliers de cette administration, dans tous on retrouvera ce caractère d'instabilité plus ou moins fortement prononcé.

L'emploi du prêt et ce qui compose la nourriture

des hommes est soumis à l'influence des variations inhérentes au traitement en général : les détails prodigieux qui se rattachent à l'habillement, sont également subordonnés à une foule de causes qui, depuis un grand nombre d'années, ont fait donner à cette branche de service une face toujours nouvelle, et qui produiront vraisemblablement encore le même effet pour l'avenir. D'abord, quant à l'approvisionnement des matières à mettre en œuvre, approvisionnement lié à toute les fluctuations du commerce, et dont l'état se réserve quelquefois la direction première, dans l'objet de le faire servir à l'encouragement de telle ou telle branche de l'industrie nationale, et que d'autres fois il confie aux soins immédiats des corps. Ensuite quant à la nature des effets dont se compose le vêtement des hommes, et aux dimensions de ces effets à l'égard desquels la mode exerce aussi son empire, de même que les changemens qui s'introduisent à la guerre. Et enfin, quant aux dispositions excessivement multipliées que nécessitent leur confection, leur délivrance, leur entretien, leur remplacement, leur transport, les mesures particulières à la guerre, etc.....; la surveillance à exercer dans les magasins, dans les ateliers, etc....

On peut faire les mêmes réflexions sur le harnachement des chevaux de la cavalerie, dont les détails ne sont ni moins multipliés ni moins variés; sur le ferrage et les ustensiles d'écurie; et sur tout ce qui se rattache au service particulier de cette arme; et, en dernier lieu, sur l'administration de la masse du linge et chaussure; branche secondaire de celle de l'habillement, dont le principe, quant à sa formation, doit nécessairement être modifié à mesure que le prix des effets qui sont à sa charge éprouve des changemens, et dont le régime donne lieu à bien des opinions diverses.

La fabrication des armes est dirigée par des officiers à qui des études préliminaires et les traditions de l'expérience assurent les moyens d'en surveiller les détails avec fruit; aussi le degré de perfection auquel elle est parvenue de nos jours, porte à penser qu'on fera peu d'innovations dans cette branche du matériel; mais leur délivrance, leur conservation, leur entretien et leur transport, sont l'objet de dispositions nombreuses qui rentrent dans nos observations.

Leur emploi et celui du grand équipement des hommes sont, en outre, subordonnés à tous les changemens dont l'expérience acquise à la guerre, et l'adoption de nouvelles méthodes font reconnaître l'utilité: et les nations se montrent si ingénieuses dans les moyens de destruction qu'elles emploient, toutes leurs idées sont tellement fixées sur la nécessité d'attaquer ou de se défendre, que l'on ne peut assigner aucune borne aux variations que la science apportera dans cette base essentielle de l'art militaire.

Aux détails de l'administration intérieure des corps, il faut joindre ceux qui résultent des traitemens donnés en nature par l'état; au nombre desquels on remarque: 1.º les subsistances qui se composent d'un grand nombre de fournitures diverses applicables à l'état de paix, de guerre ou de siége; service d'une étendue et d'une importance extrême, et dont la marche exige les soins les plus multipliés et la surveillance la plus active; 2.º les effets de casernement dont l'entretien et le renouvellement donnent lieu à des dispositions excessivement nombreuses; 3.º les combustibles pour le chauffage des troupes et la cuisson de leurs alimens; 4.º les fournitures de transports et convois dans l'intérieur et aux armées; 5.º les remontes de la cavalerie; 6.º les fourrages, etc....

Toutes ces branches de fournitures ont éprouvé, sous les derniers règnes et pendant la révolution, de nombreuses vicissitudes dans leur mode d'administration, dont on a fait tour-à-tour l'objet d'entreprises, de régies pures et simples, de régies intéressées, ou qui a été confié aux soins des corps ou à la direction mixte des conseils et de commissions particulières. Toutes ou presque toutes se rattachent à une foule de causes d'instabilité qui ne permettent pas d'espérer qu'on puisse les assujétir à un régime constant et invariable.

Pour les subsistances, les remontes et les fourrages, c'est leur liaison intime avec les progrès de l'industrie, les fluctuations du commerce, les chances de l'agriculture; pour toutes ensemble ce sont, d'une part, les variations nombreuses inhérentes aux autres branches des institutions militaires, et en particulier les actes du recrutement et de l'organisation, celles que produisent les événemens de la guerre; et d'une autre part, les innovations qui surviennent dans le système de l'administration générale et de la direction des revenus de l'état.

Il faut encore joindre à ces diverses branches de fournitures, le traitement des militaires dans les hôpitaux, administration qui ne paraît susceptible, dans le principe de sa direction, que d'un seul mode, la régie par voie d'économie, et qui a acquis beaucoup de perfection dans ces derniers temps; mais qui, par l'immensité des détails qu'elle entraîne et par la nature même de ces détails, sera nécessairement l'objet de variations continuelles.

Comment donc parviendra-t-on à donner des règles fixes et durables sur les détails vraiment prodigieux qui se rattachent, soit à l'administration particulière des corps, soit à celle de toutes ces fournitures? Comment arrêter l'effet de tant de causes qui agissent continuellement sur toutes les parties du traitement militaire, et tendent à le modifier à chaque instant, soit dans ses principes, soit dans son emploi? Abstraction faite des événemens de la guerre, dont l'influence sur toutes les branches du service est aussi impossible à calculer que ces événemens eux-mêmes; par quel moyen empêchera-t-on l'effet de la divergence des opinions, sur des matières qui se présentent sous tant d'aspects différens, et qui peuvent être réglées par tant de modes souvent même opposés entr'eux? Comment prévoir, enfin, les fluctuations continuelles du commerce et de l'agriculture, et les changemens qui peuvent survenir dans l'administration générale de l'état, ainsi que leur influence sur le mode d'administration du traitement en nature ? Toutes ces questions nous paraissent bien difficiles à résoudre.

Les bases principales sur lesquelles repose l'administration des corps, ont éprouvé peu de changemens essentiels depuis quelques années, et cependant chaque jour on voit paraître, sur les détails dont elle est l'objet, de nouvelles instructions ou décisions relativement à des cas imprévus, ou pour l'adoption de nouvelles méthodes.

Nous observerons en passant qu'il n'en est pas des institutions militaires comme des institutions civiles. Dans celles-ci on n'a eu pour objet que de régler les relations des particuliers, soit entr'eux, soit avec la chose publique ; et on a dû laisser à la direction du chef de famille une multitude innombrable de détails intérieurs, qui, si l'on eût voulu pareillement les embrasser, auraient attaché à ces institutions le même défaut de permanence qui se fait remarquer dans les actes législatifs de l'armée.

Ces relations, quoique excessivement multipliées, surtout depuis que les progrès de la civilisation ont augmenté nos besoins à l'infini, en même temps qu'ils nous donnaient de nouveaux moyens de les satisfaire, sont, par leur nature, bien moins sujettes aux changemens que le temps introduit dans toutes choses, en ce que la propriété, qu'elles ont pour objet fondamental, repose sur des principes en quelque sorte invariables. Aussi remarque-t-on que les lois romaines, au bout de deux mille ans et même davantage, si l'on remonte à leur origine, sont encore le droit civil de plusieurs des nations de l'Europe ; et que la plupart de celles qui ne les suivent plus comme lois, les ont copiées dans leurs codes, ou s'en servent comme raison écrite pour l'interprétation de leur jurisprudence.

Dans les institutions militaires on a dû, au contraire, soit pour éviter les effets de l'arbitraire, qui seraient du plus grand danger quant à la direction de la force publique, soit pour établir ce centre et cette unité d'action qui font seuls la force des armées, fixer d'une manière uniforme, depuis l'acte le moins important de la vie intérieure, jusques au point le plus essentiel de l'éducation militaire; on a dû y descendre jusques aux détails les plus indifférens en apparence, quant aux personnes et quant aux choses à leur usage, ainsi que pour leur emploi; ce qui, joint aux nouvelles découvertes et aux changemens qui s'introduisent dans l'art de la guerre et dans tous les principes secondaires que nous avons fait remarquer, explique les causes pour lesquelles les institutions civiles, quoique bien autrement épineuses, ont été plutôt fixées que celles de l'armée.

§. V. Les *opérations de la comptabilité* succèdent aux détails relatifs à toutes ces parties d'administration ou de fournitures.

D'abord, la comptabilité des corps qui se divise en deux parties principales, dont l'une a pour but la justification des recettes en argent et de leur emploi, et la 2.ᵉ celle des recettes et consommations en nature; la première de ces deux branches du service administratif intérieur est établie sur des bases simples, et les résultats qu'elle présente sont faciles à saisir, parce qu'elle a pour appui les revues qui, ayant fixé ce qui revient à chacune des portions du corps, donne la mesure des dépenses qui peuvent être portées en ligne de compte. De sorte qu'après avoir constaté la légalité des pièces qui sont mises à l'appui de ces comptes, et après s'être assuré que chaque officier ou chaque partie du corps a reçu le montant de ce qui lui est alloué par les revues, un simple rapprochement entre ces revues et les chapitres de recette et de dépense donne sur-le-champ la preuve de la régularité des opérations. Par conséquent, cette partie de la comptabilité intérieure des corps ne laisse rien à désirer, si ce n'est la suppression de quelques détails inutiles dans la justification de l'emploi des fonds, et l'adoption de méthodes et de modèles plus uniformes pour la tenue des écritures; attendu que les divers systèmes d'administration et de comptabilité tour-à-tour employés, ensuite abandonnés, ont jeté quelque incertitude sur ce point.

Parmi les détails de la comptabilité en nature, ceux de l'habillement ne présentent pas la même clarté que ceux des comptes en deniers; en ce qu'ils n'ont pas, comme ces comptes, les revues pour point d'appui; ensuite les opérations en sont si multipliées, qu'il est très-difficile d'en saisir l'ensemble et les résultats. Nous croyons cependant qu'en appliquant au système sur lequel repose cette seconde branche de la comptabilité celui qui fait la base des comptes en deniers, on diminuerait l'obscurité qu'elle présente. Par exemple, l'établissement d'une revue spéciale ou contrôle général de liquidation, appuyé des feuilles d'appel particulières des compagnies, qui ferait connaître annuellement d'une manière positive l'époque de la délivrance de chacun des effets dont se compose l'habillement et l'équipement des hommes, celle du renouvellement, ainsi que toutes les mutations survenues parmi ces effets, aurait un tout autre résultat pour la clarté des comptes, que les états de trimestres qui sont aujourd'hui mis à l'appui des opérations. On pourrait encore exiger que l'état journalier des mutations survenues parmi les hommes, fît connaître celles qu'éprouve leur habillement, dispositions que l'on trouve dans le projet de réglement publié en 1816, et qui nous paraît très-propre à répandre de la clarté sur cette branche essentielle de la comptabilité des corps.

Nous nous arrêterons peu sur la comptabilité qui est une suite de la dépense des traitemens livrés en nature par l'état, et dont les règles sont nécessairement subordonnées à toutes les variations qui s'introduisent dans le régime des fournitures.

Quelques-uns de ces traitemens qui se consomment immédiatement après leur délivrance ou qui sont fournis par entreprise, tels que le pain, les effets de casernement, le chauffage, les fourrages, les transports, n'exigent d'ailleurs d'autres comptes que leur liquidation, qui s'établit par le moyen des revues ou par les soins des commissaires des guerres. Sous ces divers rapports, les actes qui sont relatifs à cette branche de l'administration rentrent dans la catégorie des observations que nous avons faites sur ceux qui ont trait au mode de paiement, et ne peuvent également être fixés par le code administratif de l'armée (1).

Mais si le régime venait à en être confié aux soins immédiats des corps, leur législation acquerrait une bien plus grande importance, et devrait, ainsi que tout ce qui a trait à l'administration intérieure, trouver une place dans les institutions militaires. Ces observations, qui s'appliquent aux autres allocations et à toutes les fournitures dont se compose le traitement de l'armée, d'un côté, démontrent la nécessité du travail préliminaire que nous avons indiqué à l'article de l'administration générale, comme étant indispensable pour fixer, sur des bases positives, les portions de ce traitement qui seront administrées par l'état, et celles dont les corps auront la direction : et d'un autre côté fait sentir de plus en plus combien la rédaction du code administratif militaire est épineuse, et combien il sera difficile d'en préserver les dispositions de toutes les vicissitudes qui sont intimément liées à la nature des matières qu'il doit embrasser; puisque le simple changement d'un principe dans le mode d'administration de telle ou telle partie du traitement, suffit pour y nécessiter des additions ou modifications nombreuses.

§. VI. *Pensions de retraite.* Pour cette branche des institutions de l'armée, comme pour toutes celles où il est question de traitement, c'est toujours le trésor et son état de pénurie ou de prospérité que nous retrouverons comme cause immédiate et indispensable d'instabilité.

Si l'on réfléchit cependant au but de l'institution de la force armée, et à ses effets sur la prospérité et même sur l'existence de la société toute entière; aux privations sans nombre que l'on impose aux militaires pendant qu'ils suivent la carrière des armes; à l'impos-

(1) Les observations que contient la note de la page XXXI, sont également applicables à cette partie de la comptabilité.

sibilité dans laquelle ils se trouvent, quels que soient les succès qu'ils obtiennent, d'assurer leur existence future ; puisque, pour les grades inférieurs, on a jugé que le traitement actif devait y être borné aux besoins de première nécessité, afin d'entretenir cette émulation qui importe essentiellement au succès des armées; et que dans les rangs supérieurs ce traitement ne donne d'autres avantages que ceux d'une aisance momentanée. Si l'on observe aussi que cette carrière ne se ferme, pour ceux qui la parcourent, qu'après que leurs forces sont totalement épuisées, ou lorsque des blessures ou des infirmités graves les contraignent d'en sortir, et que c'est de ce moment seul qu'ils ont acquis des droits à la pension de retraite.

De telles considérations porteront sans doute à penser que, s'il est une branche d'administration qui, par sa nature, dût être préservée de l'effet des vicissitudes qui surviennent dans la fortune publique, c'est bien celle des récompenses acquises par des services militaires ; et que l'état ne saurait faire trop d'efforts pour les mettre en proportion avec l'étendue et la nature de ces services, et pour en assurer la jouissance. Mais, comme nous l'avons déjà observé, la loi rigoureuse de la nécessité, dans tout ce qui tient à la guerre, est bien souvent là, pour réduire les principes à une pure spéculation.

Une seconde cause d'instabilité, relativement aux pensions de retraite, de même que pour les traitemens d'activité, résulte des changemens qu'éprouve le prix des denrées et des matières nécessaires à la vie et à l'entretien des hommes. Par conséquent, la quotité de ces pensions ne saurait pareillement être fixée que par des tarifs : c'est la marche que l'on a suivie dans les dernières lois ou ordonnances qui ont été rendues sur cette matière.

Enfin, les principes sur lesquels reposent les droits des hommes à en obtenir la jouissance, sont encore subordonnés au degré d'extension du service des armées, et au degré d'activité dont il exige le développement suivant les divers systèmes de guerre : causes qui contribuent à détruire les forces nécessaires au service militaire , dans un espace de temps plus ou moins circonscrit ; et dont l'effet doit, par conséquent, amener des changemens dans la fixation du nombre d'années qui donnent droit à obtenir cette récompense.

On a vu, par l'examen rapide auquel nous venons de nous livrer , que toutes les branches de la législation militaire paraissent offrir un caractère d'instabilité plus ou moins prononcé, et plus ou moins intimement lié à la nature des différens services que cette législation doit régler. Nous avons fait remarquer l'influence plus ou moins immédiate qu'exercent sur toutes ses branches, les variations qui surviennent dans les lois constitutives de l'état, dans les rapports politiques, dans l'administration générale et la situation du trésor. Nous avons également observé que ce caractère d'instabilité tenait non moins particulièrement encore aux innovations qui s'introduisent dans l'art de la guerre, et dont les effets réfléchissent sur l'organisation générale et particulière, sur le service et la discipline, sur le recrutement et sur l'avancement, et sur toutes les branches de l'administration militaire; et enfin, qu'il était une suite nécessaire de la multiplicité prodigieuse de détails qu'embrasse cette administration, et de la grande diversité d'aspects sous lesquels on peut l'envisager.

C'est la réunion de tant de causes différentes qui, sans doute, a rendu si difficile, dans tous les temps et chez tous les peuples, la composition d'une bonne constitution militaire; aussi nous ne connaissons aucune nation qui ait eu un code tel que nous l'avons envisagé (1),

_____

(1) En Espagne on s'est occupé, à diverses reprises, avec tout aussi peu de succès qu'en France, de la rédaction du code militaire. Il n'y en a point en Autriche, et les dispositions particulières à l'armée, peut-être moins multipliées, sont, de même qu'ici, contenues dans un grand nombre d'actes réglémentaires épars. Il en est de même

sans en excepter même les Romains (1) qui firent de l'art de la guerre leur unique étude et leur seul moyen d'accroissement et de prospérité. Il est vrai que chez cette nation, les combattans, ne formant point une classe particulière dans l'état, et chaque homme devant lui-même pourvoir à sa subsistance et à son entretien (2), on n'attacha pas sans doute la même importance à cette partie fondamentale de la profession des armes. Les lois particulières aux militaires durent être restreintes à un petit nombre de dispositions qui seraient aujourd'hui bien insuffisantes chez les nations modernes, depuis que la force armée y est permanente, et forme dans l'état une classe tout-à-fait distincte de celle des particuliers, gouvernée et administrée par des lois spéciales, dont l'action ne cesse qu'au moment où ils rentrent dans la vie privée. Les mêmes causes durent produire les mêmes effets parmi ces nations, jusques au temps où les armées ont pris une forme réglée et ont eu une existence particulière ; et ce n'est que

---

en Prusse ; la Russie s'empare de tous les règlemens qui sont publiés en France ; l'Angleterre, dans sa constitution, n'admet pas la permanence de l'armée.

(1) Les anciens auteurs qui ont traité de la milice et de l'organisation des armées romaines, et Végèce, lui-même, qui s'est occupé particulièrement de ces institutions, ne font nulle part mention de code militaire. Ce dernier cite (liv. II, chap. 1) la règle du droit militaire, *normam militaris juris* ; c'étaient les ordonnances des Empereurs qui formaient cette jurisprudence. Il paraît qu'elle était devenue très-compliquée vers les derniers temps de l'empire, puisque Végèce, dans la préface du même livre, loue Valentinien de ce qu'il possède parfaitement les ordonnances de l'ancienne milice.

(2) Pendant les premiers siècles de la république, les citoyens romains firent la guerre à leurs dépens ; chaque homme enrôlé se fournissait lui-même d'armes et de vivres ; et tous les soins du gouvernement se bornèrent sans doute à faire trouver sur les routes et dans les camps les choses nécessaires à la vie : ce qui était dans les attributions d'un magistrat militaire connu sous le nom de préfet des vivres.

Lors du siége de Veïes, on commença à donner une solde aux troupes (an de Rome 347) ; mais ce ne fut que long-temps après, et alors seulement, que les guerres s'étendirent au loin, qu'on leur fit des distributions de vivres ; encore ces distributions consistaient-elles principalement en grains que chaque homme préparait lui-même. On conçoit d'après cela combien devait être simple et circonscrite la législation administrative jusques au temps des Empereurs.

depuis qu'on a éprouvé le besoin d'avoir une constitution militaire.

Comme nous l'avons remarqué dans l'introduction du Recueil, on a formé cette entreprise en France à diverses époques, on y a même travaillé de nos jours. Toutefois, nous sommes persuadé que si on l'eût terminée, l'édifice qui en aurait été le résultat serait susceptible d'être renouvelé dans un grand nombre de ses parties.

On observera sans doute que, parmi les matières dont nous nous sommes occupé, il en est beaucoup qui ne sont point destinées à trouver leur place dans un code (1), et qu'un ouvrage de cette nature ne doit contenir que les points fondamentaux de la législation des troupes ; ce qui doit faire disparaître les principales difficultés qui semblent s'opposer à sa rédaction.

Nous pensons, en effet, que tout ce qui tient aux détails d'exécution purement mécanique ne paraît pas devoir figurer dans un tel ouvrage, et ne peut être que l'objet de dispositions réglémentaires additionnelles ; et même nous sommes porté à croire que pour en faire un monument qui eût quelque durée, il conviendrait de le séparer en deux parties, dont l'une entièrement consacrée à ce que l'on est convenu de nommer le personnel, serait intitulée : *constitution militaire* ; et la deuxième uniquement destinée à ce que l'on entend ordinairement par le matériel, serait intitulée : *code administratif de l'armée*.

La première partie contiendrait les lois organiques de la formation de l'armée, de la constitution particulière des corps, des états-majors et des fonctionnaires, comme faisant partie de l'état-major, et sans entrer dans le détail de leurs attributions ; les dispositions sur le service, la police et discipline des troupes

---

(1) Cependant M. de Guibert, dans le plan qu'il proposa pour la rédaction du code (voir la note ci-après), embrassait tous ces détails et dans toute leur étendue.

dans l'intérieur (1), aux armées, dans les siéges et les expéditions maritimes ; les règles relatives à l'instruction théorique et pratique des officiers et des hommes ; les rapports et attributions respectives des autorités militaires et des magistrats civils, en ce qui concerne la force militaire active et la force armée non-active ; les lois sur l'avancement et les récompenses honorifiques, sur l'administration de la justice, sur les écoles ; les dispositions relatives aux militaires en ce qui a trait à leurs relations civiles ; enfin, les bases principales des droits à obtenir la retraite, la vétérance ou les invalides.

Le *code administratif de l'armée* fixerait seulement les bases fondamentales des attributions et du service des fonctionnaires ; la nature du traitement militaire avec toutes ces subdivisions, et les droits des officiers et des hommes selon leurs diverses positions et leurs divers états ; les règles principales sur l'administration de l'armée en général, et sur celle des corps en particulier ; sur les revues et la comptabilité ; sur les adjudications et les travaux militaires, les établissemens de l'artillerie et du génie.

Enfin, tout ce qui constitue les dispositions de détail, la partie mécanique de l'administration, de la liquidation des dépenses et de la comptabilité serait l'objet d'un réglement général, à la suite duquel on porterait les tarifs de tous les traitemens.

Tel est l'ordre qu'il nous paraîtrait convenable de

---

(1) Si l'on adoptait pour la rédaction du code le principe de cette division, on ne devrait comprendre parmi les dispositions relatives au service, à la police et discipline, aucune de celles qui ont trait à l'administration, comme on vient de l'essayer dans le réglement qui a été publié en 1816. Ce n'est pas que nous prétendions par là faire la censure de ce réglement, bien au contraire ; mais confondre les détails administratifs avec les dispositions purement militaires, c'est, comme nous l'avons déjà dit, rendre celles-ci susceptibles de subir toutes les vicissitudes qui sont attachées à l'administration.

D'ailleurs, après la publication du code, rien n'empêcherait de réunir, dans un acte réglémentaire, tous ceux des articles à l'exécution desquels les hommes doivent concourir à raison de leurs grades : ce qui est très-avantageux pour faciliter à chacun la connaissance de ses devoirs.

suivre pour asseoir avec quelque stabilité les institutions de l'armée (1).

Quel que soit néanmoins le plan que l'on adopte et l'étendue des limites dans lesquelles on veuille se renfermer, la rédaction d'un code militaire nous paraît offrir de très-grandes difficultés, surtout dans l'état où se trouvent les institutions militaires et civiles de la France ; et il nous semble indispensable d'en différer l'entreprise jusques au moment où une salutaire expérience aura fait apprécier, et les changemens qui se préparent et ceux qui ont été faits depuis peu dans les lois sur la formation et sur l'organisation de l'armée, sur l'avancement et les tribunaux ; et où l'administration aura été observée dans un état plus calme que celui dont nous venons de sortir : afin que l'on puisse profiter d'une expérience douloureusement acquise pendant une guerre extrêmement féconde en événemens, et s'emparer des fruits que la paix doit faire croître autour de nous.

Alors, sans doute, on n'obtiendra pas encore un résultat tel que l'on voudrait en vain se le promettre d'un travail de cette nature et de cette importance, celui d'asseoir invariablement toutes les institutions de l'armée : outre qu'il n'est donné à aucun des travaux qui sont le fruit de la conception des hommes de résister aux atteintes insensibles du temps, la guerre est un état trop violent pour ne pas être nécessairement passager, et tout ce qui tient à la guerre ne peut être que passager comme elle ; mais, au moins, on se sera approché du but que l'on doit se proposer, en facilitant l'étude et l'application des lois militaires et en donnant aux institutions toute la perfection possible.

Nous avons pensé que cette question, d'une très-

_____

(1) M. de Guibert, dans son projet de code militaire, présenté au conseil de la guerre en 1788, n'avait point suivi une division de cette nature ; mais il est facile de juger, en examinant celle qu'il avait adoptée, qu'un grand nombre des parties de ce travail important aurait subi, peu de temps après qu'il eût été achevé, le sort de nos principaux réglemens administratifs.

grande importance par sa liaison intime à l'existence de l'armée, à la prospérité de l'état et à l'emploi de la plus grande partie de ses richesses, pourrait présenter quelque intérêt ; et que son examen, bien qu'il eût dû être plus approfondi et qu'il eût demandé de plus longs développemens, pourrait être de quelque utilité, en ce que l'attente où l'on est généralement du code militaire, et l'espérance d'y voir travailler de jour en jour (1), peut détourner de chercher les moyens à l'aide desquels on diminuerait les inconvéniens qui naissent de la multiplicité des lois dont se compose aujourd'hui la législation de l'armée, ainsi que les entraves qui peuvent en résulter pour la direction des différens services de la guerre.

Ces lois se distinguent, en général, par des principes sages et appropriés à l'état actuel de l'armée et de l'administration ; elles sont le fruit d'une longue expérience, et le seul défaut qu'on puisse y remarquer tient uniquement, comme nous venons de le dire, à ce qu'elles sont beaucoup trop nombreuses ; suite inévitable de l'état violent de révolution et de guerre où la France s'est trouvée pendant un si grand nombre d'années : il est inutile de revenir sur ces causes, et nous nous bornerons à dire que, pressé comme l'on était par les événemens qui se succédaient avec la plus grande rapidité, on s'est borné à modifier les réglemens qui avaient besoin de dispositions nouvelles au lieu de les refondre en entier.

La trop grande multiplicité des lois a pour effet de

_____

(1) Depuis un grand nombre d'années il n'est pas un auteur qui, écrivant sur la législation de l'armée, n'ait parlé de la rédaction du code militaire. M. l'ordonnateur V......, dans un mémoire publié en 1816, considère le moment où nous sommes arrivés comme éminemment favorable à l'accomplissement de ce dessein. On s'exprime à peu près de même dans un ouvrage remarquable publié en 1817, et ayant pour titre de *la constitution de l'administration militaire en France* ; et l'on y donne le plan de la formation d'un comité pour travailler à cette grande entreprise.

Nous persistons à croire que le moment n'est point aussi favorable qu'on le pense. Lorsque l'on a à construire un édifice sur un terrain mouvant, ce sont les fondations qui en deviennent la partie la plus difficile à élever et que l'on doit principalement assurer.

porter atteinte au respect qu'elles doivent inspirer et de nuire à leur exécution ; c'est donc moins de dispositions nouvelles qu'on doit s'occuper aujourd'hui, que de coordonner celles qui existent dans un meilleur ordre, et d'en élaguer tout ce qui est devenu inutile. On doit, en général, se défendre des innovations ; c'est le besoin seul plutôt que l'imagination qui doit les faire naître.

Les difficultés que présentent l'étude et l'application des lois, deviendront un jour moins grandes, sans doute ; mais jamais on ne parviendra à les applanir en entier, à supposer même que le code fût achevé, par suite des causes d'instabilité que nous avons fait remarquer et des détails prodigieux qui se rattachent aux institutions de l'armée : ce qui fera toujours éclore un grand nombre de décisions interprétatives et de dispositions additionnelles. Tout ce qu'on peut donc se promettre, c'est de diminuer l'étendue de ces difficultés, et c'est vers ce but qu'on doit principalement faire ensorte d'arriver. Un moyen qui nous paraîtrait propre à en faciliter les approches, serait celui de la création d'un bureau dans l'intérieur du ministère, avec les attributions spéciales de réunir et de publier périodiquement, sous la forme d'un journal officiel, tous les actes du gouvernement et tous les actes ministériels, en faisant connaître les modifications qu'ils apportent aux diverses branches de la législation de l'armée.

Les lois militaires sont, en général, rédigées avec assez de clarté pour prévenir les équivoques ; et si les détails nombreux qu'elles doivent nécessairement embrasser ont pour effet inévitable de les multiplier outre mesure, il en résulte d'un autre côté l'avantage qu'elles laissent peu de prise à la divergence des opinions sur leur contenu. Ce n'est donc pas l'interprétation de ces lois qui rend leur étude pénible, mais bien les difficultés que l'on éprouve, d'abord à se procurer tout ce qui a été publié sur telle ou telle partie de la législation, ensuite à reconnaître celles des dispositions qui n'ont point été abrogées par des décisions interprétatives ou autres actes postérieurs aux réglemens principaux, et dont la quantité, il faut l'avouer, est immense. En rendant les communications plus certaines et plus faciles, on parviendrait donc au but que nous faisons entrevoir, et la mesure que nous indiquons nous paraît très-propre à l'atteindre. Dans le bureau dont nous proposons la création, on pourrait également s'occuper de rédiger successivement des collections complètes de tous les actes qui sont en vigueur sur les différens services de la guerre, et dont on retrancherait, avec circonspection, toutes les dispositions qui ont été abrogées ou qui sont tombées en désuétude. On parviendrait ainsi, sans effort, à avoir un recueil général avoué par le ministère, qui pourrait tenir lieu du code dont l'entreprise peut être encore très-long-temps retardée.

Nous pensons même que, dans l'état où se trouvent actuellement et l'armée et ses institutions, un recueil de ce genre serait peut-être préférable à un code, en ce que l'on pourrait éprouver quelque hésitation à porter la main sur ce monument, pour opérer des changemens dont l'utilité serait reconnue, et lors même qu'une nécessité indispensable en imposerait la loi.

PLAN DU SUPPLÉMENT DE L'OUVRAGE.

On a exactement suivi, pour la subdivision des matières que contiennent les deux volumes supplémentaires, la même classification que l'on avait adoptée pour le Recueil. En conséquence, on répétera une partie des observations insérées à la suite de l'introduction des cinq premiers volumes de cet ouvrage (voy. la page XX), afin que ceux qui n'auraient pas ces premiers volumes, puissent comprendre les signes et les caractères dont on s'est servi, et la méthode que l'on a embrassée.

I. Le Supplément ainsi que le Recueil (voir le tableau

de division générale, introduct., pag. XXVIII), est divisé en 17 chapitres portant les titres suivans : 1.re PARTIE, 1.er VOLUME correspondant aux trois premiers du Recueil. 1.er *Recrutement et congés* ; 2.e *Instruction* ; 3.e *Avancement* ; 4.e *Dispositions générales sur le service, la police et la discipline* ; 5.e *Dispositions particulières aux différentes armes* ; 6.e *Prisonniers de guerre* ; 7.e *Crimes et délits militaires* ; 8.e *Récompenses* ; 9.e *Rangs et préséances* ; 10.e *Places de guerre, fortifications, travaux et bâtimens militaires, logement et casernement* ; 11.e *Objets divers.*

2.e PARTIE, 2.e VOLUME correspondant aux deux derniers du Recueil.

Chapitre 12.e *Fonctionnaires chargés de surveiller l'administration et la comptabilité* ; 13.e *De la solde et de ses accessoires, des gratifications et du remboursement des pertes, contributions et retenues* ; 14.e *Masses et fournitures* ; 15.e *Hôpitaux et service de santé* ; 16.e *Mode de paiement, administration, revues et comptabilité* ; 17.e *Objets divers* ; *Appendice.*

II. *Dispositions abrogées.* — En général, on a retranché la plus grande partie des dispositions abrogées et dont la connaissance était absolument inutile. Néanmoins il en est quelques-unes que l'on a dû conserver, soit parce qu'elles ne pouvaient être supprimées sans interrompre le sens des actes dans lesquels elles se trouvent, soit à cause de l'importance de ces actes. Dans ce cas, les mêmes dispositions abrogées ont été imprimées en *caractères italiques.*

III. Il faut néanmoins, quant aux *caractères italiques*, ne pas confondre ceux dont on s'est servi pour l'impression des dispositions abrogées avec ceux que l'on trouvera dans les notes.

L'emploi des caractères italiques dans les notes a pour objet de rendre les citations plus apparentes, afin d'en faciliter les recherches (1).

_____

(1) Il y a aussi dans le corps des lois quelques mots particuliers imprimés avec les mêmes caractères dans l'unique objet de les rendre

IV. *Ministères.* — On a distingué les ministères dont les décisions sont émanées, savoir ; par la lettre G, pour celui de la guerre ; par la lettre A , pour celui de l'administration de la guerre ; par la lettre C et R, pour celles qui ont été rendues par le directeur-général des revues et de la conscription. (Voyez les observations placées en tête de la table générale, pag. 369 du vol. VI.)

V. *Grades et emplois supprimés.* Ils sont également distingués par les caractères italiques. (Voy. l'introduct. du vol. I, p. 25.)

VI. *Tables par ordre chronologique.* — Les tables qui se trouvent en tête de chaque volume , feront connaître les subdivisions de chaque chapitre (1). Celle que l'on trouvera à la fin du volume VI , p. 369, comprend tous les actes qui se trouvent et dans le Recueil et dans le Supplément (2).

---

plus saillans. Il sera facile de les distinguer de ceux qui indiquent des dispositions abrogées.

On trouvera également dans le corps des lois ou réglemens plusieurs articles imprimés en mignonne : cette distinction n'a eu d'autre but que celui de diminuer l'étendue de nomenclatures quelquefois très-longues.

Enfin, il est peut-être inutile d'observer, à l'égard des notes de renvoi, que lorsqu'on n'indique ni le numéro, ni le volume ; le renvoi est relatif à l'un des articles du même numéro, ou bien à l'un des numéros du même volume.

(1) Voy. aussi le tableau synoptique , introduction au vol. 1.er du Recueil ; on observera qu'une nouvelle section portant le titre de *première subdivision* a été ajoutée au chapitre 5 , pour y placer les actes relatifs à la maison du Roi et à la garde royale.

(2) Le même tableau synoptique dont il est question dans la note précédente , fait connaître que nous avons placé dans l'*Appendice*, le précis de plusieurs réglemens , instructions , circulaires , etc., dont le texte n'a pas été inséré dans le Recueil, soit parce que les dispositions dont ils sont l'objet , n'ayant trait qu'à une seule classe d'employés , ou n'étant que d'un intérêt local, ils ne pouvaient figurer dans un recueil de la nature de celui-ci. D'une autre part, l'abondance des matières nous a contraint de laisser de côté quelques actes qui ne sont pas essentiels à connaître par tous les militaires ou fonctionnaires. Pour compléter cette partie de notre ouvrage, nous en donnons l'analise dans une table qui fait suite à celle dont il est question ci-dessus. (Voy. la page 410 du vol. VI). Cette *dernière table* très-importante , et que nous avons tâché de rendre aussi complète qu'il nous a été possible , jointe à la précédente , offre l'indication de tous les actes qu'il est essentiel de connaître sur toutes

VII. *Table par ordre alphabétique.* — Il est essentiel, pour l'intelligence de cette table, de se reporter aux observations qui la précèdent (pag. 421).

VIII. *Décisions ministérielles.* — Toutes les décisions ministérielles qui ont été rendues en interprétation des lois, sont placées par forme de notes à chacun des articles auxquels elles sont relatives; on s'est, par conséquent, dispensé de rapporter en entier les circulaires qui contiennent ces décisions, et dont le nombre prodigieux aurait inutilement grossi le Recueil. Ainsi les personnes qui ont dans la mémoire les dates de ces circulaires, devront les chercher à la table générale (pag. 369), où l'on a placé les plus importantes de celles dont on trouvera l'analise dans les notes.

IX. *Observations générales sur les actes que contiennent et le Recueil et le Supplément* — Tous les états, procès-verbaux, comptes, etc., qui, d'après les dispositions de ces actes, devaient être adressés au ministre *directeur de l'administration* de la guerre, au *directeur-général des revues* et de la *conscription*, aux *premiers inspecteurs-généraux de l'artillerie, du génie et de la gendarmerie*, doivent, depuis la suppression de ces ministères ou dignités (voyez la pag. 369 du vol VI) être transmis au ministère de la guerre.

Nous avons fait tous nos efforts pour réparer, au moyen de ces volumes supplémentaires, les lacunes, et pour rectifier les erreurs que peuvent offrir les cinq premiers livres du Recueil, afin que cet ouvrage fût entièrement complet, et qu'il pût servir de guide à toutes les classes des officiers de l'armée. Nous ne nous flattons point d'avoir atteint ce but important, mais nous avons fait du moins tous nos efforts pour y parvenir.

---

les branches de la législation militaire; et les officiers ainsi que les fonctionnaires et autres agens de la guerre, qui seraient chargés d'un service particulier, pourront, à son aide, se procurer les dispositions qu'ils ne trouveront pas dans le Recueil.

Nous avions compté , à cet effet, sur les avis des personnes qui auraient fait des remarques touchant les corrections et additions dont cet ouvrage peut être susceptible (1) : nous recevrons toujours avec reconnaissance les observations qu'on voudra bien nous communiquer.

---

(1) Dans le très-petit nombre de celles qui ont bien voulu nous prêter leur secours, nous nous plaisons à citer M Debois-Rozé, capitaine aide-de-camp de M. le maréchal-de-camp Stabenrath, qui a mis beaucoup d'empressement à nous faire remarquer plusieurs omissions ou erreurs sur la législation des tribunaux, dans laquelle il paraît très-versé.

TABLE DES MATIÈRES
DU SUPPLÉMENT VOL. V (1).

(*Nota.*) Cette table contient l'indication des actes dont le texte est rapporté dans le 1.er volume du supplément (1), ou qui sont rangés sous un *numéro* : quant à ceux qui sont simplement cités ou analisés dans les notes, on en trouvera la date classée par ordre chronologique, dans la table générale imprimée à la fin du 2.e vol. de ce supplément, p. 369. Voir l'observat. qui précède cette table.

[1] On y a placé également ceux des articles que contient l'appendice [p. 353 du vol. VI], et qui n'ont paru que lorsque le vol. V se trouvait imprimé, afin d'offrir dans un seul cadre tout ce qui tient au même chap. — Ces articles sont distingués par le num. du vol. entre deux parenthèses.

[*] Cette subdivision n'existait pas dans le Recueil. On a jugé convenable de l'ajouter à ce supplém., afin d'y placer les disposit. qui sont relativ. à la garde roy. et à la maison de S. M.

DATES des LOIS, DÉCRETS, RÉGLEM., etc.	*Suite du 4.e §. du chap. cinquième.*	NUMÉROS d'ordre.	de à page.
16 mars 1813.	DÉCR. Régie des dr. réunis chargée de surveill. la fabricat., la circul. et la vente des salpêtres.	746	203
5 avril.	Id. Commerce, circul. et exportat. des pierres à feu.	747	206
10 id.	Id. qui prohibe l'export. des arm. à feu.	748	207
16 juin.	Id. Bouches à feu, affûts, project. dont les négoc. ou armat. sont déposit. ou propriétaires.	749	207
16 déc.	Id. sur le même sujet	750	208
23 sept. 1814.	ORD. Prix des poudres et salpêtres. .	751	209
16 janv. 1815.	Id. Il ne sera plus délivré de sabres aux s.-off. qui se retirent, etc.	752	21 c
15 fév. 1816.	CIRC. Demand., entret. et remise des arm.	753	21 c
24 juill.	ORD. Armes de guerre.	753 b.	214
15 mars 1817.	CIRC. Munitions à délivrer aux corps. .	754	214
19 id.	ORD. Consommat. de poudres qui pourr. être faites pour les fêtes et honn. à rend.	754 b.	215
	5.e SECT. — *Corps du génie.*		
12 mai 1814.	ORD. Organisat. du corps r. du génie. .	755	216
2 sept.	Id. Brigade topographique du génie. . .	756	219
10 fév. 1815.	Id. Avancem. des sap. et min. dans les régim. du génie.	757	220
6 mars.	Id. concern. l'organ. du corps r. du génie.	758	220
6 sept.	Id. sur le licenciem. des troup. du génie et réorganisation.	759	223
19 id.	INSTR. — id. — id. (Tit.)	760	228
22 id.	ORD. Réorganisat. du corps r. du génie. .	761	228
10 janv. 1817.	RÉGL. sur l'uniforme et la dénominat. des gardes du génie.	762	231
	6.e SECT. — *Ingénieurs-géographes.*		
1 août 1814.	ORD. Dépôt de la guerre et corps des ingén.-géographes.	763	232
	7.e SECT. — *Gendarmerie.*		
5 flor. an 12.	ORDRE relat. à la masse de secours extraor.	763 b.	234
3 déc. 1808.	CIRC. G, sur la comptabil. des comp. de gendarmerie.	764	235
22 août 1810.	Id. Casernem. de la gendarmerie. . .	765	236
15 juin 1813.	INSTR. sur les fourrages de la gend. . .	766	237
11 juill. 1814.	ORD. Organis. de la gend. roy. (Tit.). .	767	246
14 août.	Id. id. de la garde de police de Paris. (Tit.)	768	246
10 sept. 1815.	ORD. concern. la gendarm.	769	247

LÉGISLATION MILITAIRE.

CHAPITRE PREMIER.

RECRUTEMENT ET CONGÉS.

N.º 666.

Résumé des actes qui ont paru sur la conscription, depuis le premier septembre 1812, jusques au premier avril 1814.

LA conscription ayant été abolie, et le mode de recrutement devant être déterminé par une loi (art. 12 de la charte constitutionnelle, bullet. n.º 17 de la 5.ᵉ série), on doit considérer comme abrogés à peu près en entier les différens actes que contient le chapitre 1.ᵉʳ du recueil.

SAVOIR :

La loi du 19 *fructidor an* 6, n.º 1.ᵉʳ; sauf les dispositions relatives à l'enrôlement volontaire, tit. 2. (Voyez l'art. 1. du n.º 673);

La loi du 17 *ventôse an* 8, n.º 3 ; à l'exception des articles relatifs aux remplacemens ;

La loi du 28 *floréal an* 10, n.º 5 ;

L'arrêté du 18 *thermidor an* 10, num. 6 ;

La loi du 6 *floréal an* 11, num. 7 ;

L'arrêté du 29 *fructidor an* 11, num. 8 ;

Le décret du 8 *nivôse an* 13, num. 10 ; { Sauf les art. 52 du 1.ᵉʳ, et 58 du 2.ᵉ,
Le décret du 8 *fructidor an* 13, num. 11 ; { en ce qui concerne les remplaçans déserteurs. V. la p. 506 du v. 2, note 1.

Le décret du 31 *juillet* 1806, num. 14 ;

Le décret du 6 *janvier* 1807, num. 16 ;

Le sénatus-consulte du 13 *décembre* 1810, num. 18 ;

L'instruction générale sur la conscription du 1.ᵉʳ *novembre* 1811, num. 19 ;

L'instruction du 2 *mars* 1807, num. 24.

On croit pouvoir, en conséquence, se dispenser de placer dans ce supplément, les différens actes qui ont paru depuis l'impression du recueil, sur cette branche de la législation des troupes, et qu'il suffira d'en donner l'indication.

SAVOIR :

Sénatus-consulte du 13 *mars* et décret du 14 *mars* 1812, qui mettent à la disposition du ministre de la guerre, cent des cohortes de la garde nationale du 1.er ban. Ces deux actes sont insérés au recueil sous les *num.* 384 et 385 ;

Sénat.-cons. du 1.er *sept.* 1812 ; appel de 120,000 hommes pris sur la conscription de 1813 ; (*Journal milit. vol.* 46, *pag.* 97.)

Circul. du 22 sept. 1812, *C*, sur les fonctions des majors appelés près des conseils de recrutement ; (*Journal milit.* , *vol.* 47, *pag.* 30.)

Avis du cons. d'état, du 22 sept. 1812, portant que les employés des armées compris dans le 1.er ban de la garde nationale doivent entrer, à leur choix, ou dans les corps de l'armée, ou dans les cohortes de leurs départemens respectifs ; (*Journal milit.* , *vol.* 47, *pag.* 30.)

Circul. du 30 *octobre* 1812, *C* ; taille prescrite pour le service des différentes armes ;

Décret du 22 décemb. 1812, portant peine d'emprisonnement contre ceux qui auront engagé des jeunes français à servir dans le royaume d'Italie, en qualité de remplaç. de conscrits, et réciproquement ; (*Journ. milit.* , *vol.* 46, *pag.* 217.)

Décret du 22 déc. 1812, relatif aux français engagés dans les troupes du royaume d'Italie, et aux sujets de ce royaume engagés dans les troupes françaises ; (*Journal milit.* , *vol.* 46, *pag.* 257.)

Sénatus-cons. du 11 *janvier* 1813, qui met 350,000 hommes à la disposition du ministre de la guerre, dont 150,000 ont été mis en activité par le décret du 20 janvier 1813, et 180,000 par celui du 3 avril suivant. Sur les hommes levés en vertu de ce dernier acte, il devait être formé 4 régimens de gardes d'honneur à cheval ; le traitement et l'administration de ce corps était l'objet du décret du 13 avril et de plusieurs instructions ministérielles, entr'autres de celle du 25 avril 1813 ; (*Journ. milit.* , pag. 182.)

Circul. du 11 *janv.* 1813, *G*, sur le traitement des militaires tirés des détachemens de recrutement pour être employés comme garnisaires. (*Journ. milit.* , *vol.* 47, *pag.* 14.)

Circul. du 16 *février* 1813, *C*, sur les remplacemens ; (*Journ. milit. vol.* 47, *pag.* 55.)

Décret du 28 *avril* 1813 ; relatif aux suppléans de conscrits qui seraient réformés dans les corps sur lesquels ils auraient été dirigés ; (*Journ. milit. vol.* 47, *pag.* 130.)

Sénatus-cons. du 24 *août* 1813, qui met à la disposition du ministre de la guerre 30,000 hommes levés dans les départemens du midi, sur les classes des années 1814, 1813 et 1812 et antérieures, pour être répartis entre les corps de l'armée d'Espagne ; (*Journ. mil.* , *v.* 48, *p.* 64.)

Sénatus-cons. du 9 *octobre* 1813, qui met à la disposition du ministre de la guerre 280,000 hommes, dont 120,000 pris sur la classe de 1814 et années antérieures, et 160,000 sur la conscription de 1815 ; (*Journ. milit.* , *vol.* 48, *pag.* 165.)

Circul. du 2 *nov.* 1813, *G*, relative au traitement des militaires réformés ou en retraite, chargés de la conduite des conscrits ; (*Journal milit.* , *vol* 48, *pag.* 219.)

Sénatus-consulte du 15 *novembre* 1813, qui met à la disposition du ministre de la guerre 300.000 hommes, pris sur les classes de conscription des ans XI, XII, XIII, XIV, 1806, 1807, et années suivantes jusques et y compris 1814. *Circul. du direct. génér.* de la conscription, du 21 nov. 1813, relative à cette levée. (*Journal. milit.* , *vol.* 48, *pag.* 295.)

Décret du 26 *mars* 1814, qui prescrit des mesures d'exécution pour la levée des conscrits de 1815, dans les départemens occupés en totalité ou en partie par l'ennemi. (*Bull. des lois* , *N.°* 566, 4.e série.)

Les actes que nous venons de citer complètent l'analyse des lois les plus importantes que l'on a publiées depuis le commencement de la révolution jusques au 1.er avril 1814, sur les diverses levées qui ont été faites ; analyse qui fait l'objet de la note 1.re, page 1.re du recueil et du *num.* 20, page 73, du vol. I.

Nous placerons ci-après le texte des dispositions publiées depuis cette époque sur la même matière et qui peuvent être utiles à connaître.

N.º 667.

Arrêté du gouvernement provisoire, portant libération des conscrits, ainsi que des bataillons de nouvelle levée et des levées en masse.

Du 4 avril 1814.

LES relations qui viennent de s'établir entre les puissances alliées et le gouvernement français, sont de nature à permettre immédiatement que la France soit considérée en état de paix avec elles. En conséquence, le gouvernement provisoire, par suite de la sécurité que ces relations inspirent,

Arrête :

Que tous les conscrits actuellement rassemblés sont libres de retourner chez eux, et que tous ceux qui n'ont point encore été enlevés de leur domicile, sont autorisés à y rester : la même faculté est applicable aux bataillons de nouvelle levée que chaque département a fournis, ainsi qu'à toutes les levées en masse (1).

N.º 668.

Arrêté du gouvernement provisoire, portant qu'il sera délivré des congés dans tous les corps de l'armée.

Du 13 avril 1814.

ART. 1.er IL sera délivré des congés dans tous les corps de l'armée, de manière que le nombre de ces congés n'excède pas le dixième pour l'infanterie, et le quinzième pour la cavalerie, l'artillerie et le génie.

2. Les hommes qui auraient quitté leur corps sans autorisation légale, ou qui n'y seraient pas rentrés dans le délai fixé par le *commissaire au département de la guerre,* ne pourront par-

(1) Voyez ci-après l'ordonnance du 15 mai 1814, *numéro* 669.

ticiper à la distribution des congés : il sera pris des mesures sévères pour leur faire rejoindre leurs drapeaux (1).

N.º 669.

Ordonnance du Roi relative aux conscrits de la classe de 1815 et aux autres militaires qui sont sous les drapeaux.

Du 15 mai 1814.

LOUIS, par la grâce de Dieu, etc.

Avons ordonné et ordonnons ce qui suit :

ART. 1.ᵉʳ Les conscrits de la classe de 1815 qui sont sous les drapeaux, sont autorisés à rentrer dans leurs familles : ceux qui y sont rentrés, y sont maintenus (2).

2. Tous les autres militaires en activité de service qui, par une fausse interprétation de l'arrêté du gouvernement provisoire du 4 avril 1814, ont quitté leurs drapeaux pour se rendre dans leurs familles, sans en avoir obtenu la permission légale, sont considérés comme étant en congé limité (3).

---

(1) Il résulte d'un ordre publié par le secrétaire d'état de la guerre, le 26 décembre 1814, que l'intention de S. M. est qu'il soit accordé tous les ans, un nombre de congés égal à celui des hommes nécessaires pour le renouvellement de l'armée : et que les corps étant au complet, il en soit expédié proportionnellement au nombre d'enrôlemens volontaires qui seront contractés.

Voy. l'ordonn. du 3 août 1815, *numéro* 724, relativement aux hommes qui doivent aussi recevoir leurs congés définitifs.

(2) En suite d'une ordonnance royale du 12 décembre 1814, on ne doit exiger aucune indemnité des conscrits de cette classe qui ont été réformés ; ceux des classes antérieures à 1815, ont dû continuer à payer les indemnités auxquelles ils ont été taxés, sauf les réductions à accorder sur la proposition des préfets : toutefois, l'ordonnance du 17 janvier 1816, affranchit les conscrits ou parens de conscrits, leurs enfans et héritiers expropriés, et adjudicataires de leurs propres biens, du paiement des sommes qui pourraient encore être dues sur le prix des adjudications de ces biens. (Art. 1.ᵉʳ)

Les sommes restant dues par les tiers-acquéreurs des mêmes biens, doivent être versées dans la caisse de l'administration des domaines, qui en fera la remise aux anciens propriétaires, etc.

(3) Les circulaires des 1.ᵉʳ et 8 juin 1814, adressées à MM. les préfets des départemens, portent que l'on doit suspendre toutes poursuites contre les hommes qui ont déserté avant le 4 avril, et qu'ils devront se présenter devant le maire de leur commune pour faire connaître leur position, et pour donner tous les renseignemens nécessaires sur le corps auquel ils appartenaient, ainsi que sur la date de leur désertion.

Un ordre du ministre de la guerre du 26 décembre 1814, porte

3. Notre ministre secrétaire d'état de la guerre se fera rendre compte du nombre des militaires de chaque corps qui sont dans cette position. Il fera délivrer des congés absolus à ceux qui y ont des droits ; et il fixera un terme aux autres, pour qu'ils aient à rejoindre leurs corps respectifs.

N.º 670.

Ordonnance du Roi concernant les congés absolus et les hautes payes.

Du 2 septembre 1814.

LOUIS, etc.

ART. 1.er Il sera accordé, chaque année, à l'époque des inspections générales, et à dater de l'an 1815, des congés absolus aux sous-officiers et soldats de toutes les armes, dans la proportion qui sera indiquée par une ordonnance particulière, et d'après la situation des corps.

2. Les hautes payes accordées à l'ancienneté des services seront maintenues d'après les règlemens qui existent.

N.º 671.

Ordonnance sur les enrôlemens.

Du 30 décembre 1814.

LOUIS, par la grâce de Dieu, etc.

Avons ordonné et ordonnons ce qui suit :

ART. 1.er Tout homme qui, réunissant les qualités requises, contractera l'obligation de servir pendant six ans dans l'un des corps de notre armée, recevra, comme prix d'engagement, une somme de cinquante francs.

Il ne sera fait, sur cette somme, aucune retenue.

La moitié des cinquante francs sera touchée au départ, l'autre moitié à l'arrivée aux drapeaux. (1).

2. Il sera en outre payé à l'enrôlé volontaire quinze cen-

---

qu'il sera délivré des congés aux hommes mariés ; les mêmes dispositions sont prescrites par l'ordonnance du 3 août 1815, *num.* 724.

(1) *Voy.* sur le mode de paiement de cette gratification, les *numéros* 673 et 1029.

times par lieue, pendant toute la route qu'il aura à parcourir pour se rendre au corps qu'il aura choisi, à compter du chef-lieu de l'arrondissement dans l'étendue duquel il aura contracté son enrôlement (1).

N.º 672.

Instruction arrêtée par le ministre secrét. d'ét. de la guerre, sur le mode de réception des enrô-lemens volontaires, contractés par les étrangers qui témoignent le désir de servir en France.

Du 16 février 1815.

LE ROI ayant consenti à ce que les dispositions de l'ordonnance du 30 décembre 1814 (2), relatives aux enrôlemens volontaires, soient appliquées aux étrangers qui se présenteront pour servir dans les régimens étrangers qui sont à la solde de la France, le ministre secrétaire d'état de la guerre a arrêté les dispositions suivantes, pour que les intentions de Sa Majesté soient remplies.

ART. 1.er Sur les cinquante francs accordés pour chaque enrôlement, 45 francs tourneront à l'avantage de l'enrôlé, et les cinq francs restans seront mis en réserve dans la caisse des corps, pour être employés à l'acquittement des frais que pourront occasionner le recrutement, la poursuite et l'arrestation des déserteurs.

Les 45 francs qui reviendront à chaque homme, seront partagés en trois portions·égales : la première portion sera payée à l'homme, à son arrivée sous les drapeaux, aussitôt qu'il aura contracté son engagement définitif ; la seconde portion, six mois après ; et la troisième portion sera versée à sa masse de linge et chaussure, pour l'achat des objets qui dépendent de cette masse. Ce versement n'aura d'autre objet que de bonifier cette masse, dès le principe, et sera en sus des 40 francs de première mise accordés pour la fourniture des effets de petit équipement.

2. Pour constater les opérations du recrutement, et obtenir le paiement des sommes qui seront dues pour engagement, les conseils d'administration de chaque régiment étranger feront

---

(1) Ces dispositions sont applicables, sauf quelques modifications, aux étrangers qui témoignent le désir de servir en France. V. le *num.* 672.

(2) Numéro 671.

passer au ministre, le 1.er de chaque mois, un état des hommes engagés et reçus sous les drapeaux pendant le mois précédent: cet état, qui sera conforme au modèle ci-joint, n.° 3, devra être certifié exact et véritable par l'inspecteur ou sous-inspecteur aux revues qui surveille la comptabilité. Le ministre fera ordonnancer, d'après l'examen de ces états, au profit des conseils d'administration, les sommes qui seront dues. Ces sommes seront versées à la masse de recrutement, en distinguant la portion qui doit appartenir aux hommes de celle qui est destinée à faire face aux dépenses de recrutement. Les sous-inspecteurs aux revues veilleront à ce que ces sommes reçoivent leur destination, et n'en puissent être détournées. Au moment des revues générales d'inspection, les inspecteurs généraux donneront une attention particulière à la masse de recrutement qu'ils arrêteront, et ils rendront compte de sa situation, en faisant connaître les sommes qui resteront en caisse, celles qui auront été dépensées, et l'emploi qui en aura été fait.

3. Lorsqu'un étranger se présentera dans une division pour obtenir du service, il sera renvoyé devant l'autorité militaire, pour être visité et enrôlé, s'il y a lieu ; cet étranger, d'après les instructions qui auront été données par le général commandant la division ou le département, devra être examiné par les hommes de l'art, pour s'assurer qu'il est exempt de toute infirmité, et qu'il réunit les qualités propres au service.

Pour être admis à s'enrôler, tout étranger devra avoir au moins la taille de cinq pieds un pouce, être âgé de dix-huit à trente ans, s'il n'a pas encore servi : on pourra le recevoir jusqu'à l'âge de trente-six ans, s'il a servi antérieurement.

Sur le vu du certificat de l'officier de santé, qui déclarera la validité de l'homme, on lui fera contracter un engagement pour le régiment étranger le plus à portée (1). Il sera fait mention sur cet engagement, qui sera dressé conformément au modèle ci-joint, n.° 1.er, qu'il est accordé à l'enrôlé un prix d'engagement de 45 francs ; que les premiers 15 francs lui seront payés à son arrivée au corps, 15 francs après qu'il aura été six mois sous les drapeaux, et que les 15 francs restans seront versés, à son profit, à sa masse de linge et chaussure (2).

---

(1) Ces enrôlemens ne peuvent être reçus que par l'autorité militaire, et les préfets doivent donner des ordres, afin que les étrangers qui se présenteront pour obtenir du service, soient envoyés devant le commandant du département ou de la division, ou de la place la plus voisine, qui, après leur avoir fait contracter un enrôlement provisoire, leur assignera une destination.

(2) Les étrangers ne peuvent contracter des enrôlemens que pour la légion royale étrangère ; et cependant, d'après l'art. 94 de l'instruction du 16 septembre 1816, sur les inspections générales, ces hommes

Cet engagement, qui contiendra le signalement exact de l'homme, et que l'enrôlé devra renouveler à son arrivée à sa destination, sera dressé en trois expéditions : l'une de ces expéditions sera remise à l'enrôlé, l'autre devra être adressée directement au conseil d'administration du régiment, qu'on préviendra de l'époque présumée de l'arrivée de l'homme, et la troisième sera transmise au ministre.

On fera délivrer de suite à l'étranger une feuille de route pour se rendre à sa destination ; on le fera conduire par la gendarmerie, si on a quelque motif de soupçonner ses intentions.

4. Arrivé au régiment pour lequel l'enrôlé aura été désigné, le conseil d'administration lui fera contracter un engagement définitif, conforme au modèle ci-joint, n.° 2, le fera inscrire sur le registre du corps, et remplira à son égard les obligations imposées par l'article 2.

5. Les étrangers, de quelque pays qu'ils soient originaires, pourront être indistinctement enrôlés pour les 1.er, 2.e et 3.e *régimens étrangers*, suivant que ces corps seront plus ou moins rapprochés (1). Les espagnols et les portugais devront toujours être engagés pour le régiment colonial étranger, qui est stationné à Lorient, 13.e division.

6. Lorsqu'un étranger qui se sera enrôlé, viendra à déserter, le corps auquel il appartiendra fera de suite les démarches prescrites par les réglemens militaires, pour qu'il soit poursuivi et arrêté. Ce corps enverra en même temps, aux autres régimens étrangers (1), les noms et le signalement exact du déserteur, afin que s'il s'y présentait pour contracter un autre engagement, on puisse facilement le reconnaître, pour être jugé conformément aux lois.

---

ne reçoivent pas de prix d'engagement. *Voy.* les observations que nous avons placées au §. 4 du *numéro* 771.

(1) Ces régimens ont été dissous; Voy. le *num.* 771, portant la création d'une légion royale étrangère, qui a été formée par un choix fait entre les militaires qui en faisaient partie.

N.° 673.

Instruction sur les enrôlemens volontaires.

Du 22 novembre 1815.

(*Nota.*) Le 10 août 1813, il a paru une instruction du directeur général de la conscription, sur les enrôlemens volontaires, instruction qui entre dans les plus grands détails de cette branche du recrutement. Cet acte se trouve abrogé, ainsi que les instructions des 3 septembre et 23 décembre 1814 et 12 janvier 1815, par celle du 22 novembre. (Voyez le journal militaire, vol. 48, p. 86.)

Le ministre secrétaire d'état au département de la guerre,

Dans la vue de remettre en vigueur l'ordonnance du 30 décembre 1814 sur les enrôlemens volontaires, dont l'exécution a été suspendue pendant le temps de l'usurpation, a jugé convenable de réunir dans la présente instruction les dispositions de celle du 3 septembre 1814, approuvée par le Roi, et des circulaires du 23 décembre même année et du 12 janvier 1815 ; en conséquence le ministre a arrêté ce qui suit (1) :

Art. 1.er Les enrôlemens se contractent pour six ans (2), les maires sont chargés de les recevoir ; ils sont tenus d'admettre à s'enrôler tous les hommes qui se présentent, lorsqu'ils réunissent les qualités requises pour le service.

2. Chaque enrôlé reçoit, comme prix d'engagement, une somme de cinquante francs (3).

Il n'est fait sur cette somme aucune retenue.

La moitié des cinquante francs est payée à l'enrôlé, à l'instant de son départ ; l'autre moitié lui est payée après qu'il a été reconnu propre au service, et qu'il a été incorporé.

3. Les enrôlemens volontaires pourront, lorsque le ministre

(1) *Une circulaire du 15 août 1816*, a fait connaître aux autorités militaires et civiles, que le recrutement serait provisoirement suspendu à partir du 1.er septembre : elle prescrit aux maires de ne recevoir aucun enrôlement, et aux sous-inspecteurs aux revues et commissaires des guerres de ne point faire payer la prime d'engagement, jusqu'à ce que cette suspension ait été levée.

(2) Suivant l'instruction du 3 septembre 1814, l'enrôlement se contractait pour quatre ans, conformément aux dispositions de la loi du 19 fructidor an 6, *numéro 1* ; mais l'ordonnance du 30 décembre en a prolongé la durée, par suite des avantages qu'elle accorde aux enrôlés.

(3) Voyez le *numéro 671.*

en aura donné l'ordre , être reçus pour les corps ci-après désignés , savoir :

1.º Pour les légions départementales ;

2.º —————— les compagnies départementales (1) ;

3.º —————— le régiment des carabiniers de Monsieur ;

4.º —————— les régimens de cuirassiers ;

5.º —————————— de d'agons ;

6.º —————————— de chasseurs à cheval ;

7.º —————————— de hussards ;

8.º —————————— d'artillerie à pied et à cheval ;

9.º —————— les compagnies d'ouvriers d'artillerie et du génie ;

10.º —————— les bataillons de pontonniers ;

11.º —————— les escadrons du train d'artillerie ; l'escadron du train du génie ; l'escadron du train des équipages militaires , et les compagnies d'ouvriers des mêmes équipages ;

12.º —————— Les régimens du génie.

4. Après la première formation de la garde royale, à laquelle, en exécution de l'art. 8 de l'ordonnance du 1.ᵉʳ septembre 1815, et conformément à la circulaire du ministre du 23 octobre , tous les français, militaires et autres, sont appelés à concourir, il ne sera plus reçu d'enrôlemens volontaires pour les corps de cette garde. Le recrutement de ces corps devra se faire sur l'armée, suivant le mode qui sera déterminé.

5. Les corps ci-après désignés ne reçoivent pas d'enrôlés volontaires :

1.º Régimens suisses. (*Ces Régimens se recrutent conformément à leurs usages et aux capitulations.*)

2.º Autres régimens étrangers. (2) (*On n'admet des français dans ces corps , que d'après une autorisation spéciale du ministre.*)

3.º Compagnies de vétérans. (*On n'y admet que des militaires blessés ou hors d'état de continuer le service actif.*)

4.º Compagnies de gendarmerie. (*Le recrutement de ces compagnies est soumis à des réglemens particuliers.*)

_____

(1) Le service des compagnies départementales étant placé sous la surveillance spéciale des préfets , les enrôlemens volontaires , pour ces compagnies , seront exclusivement reçus par eux ; ils rempliront, à ce sujet, les fonctions attribuées aux maires par la présente instruction. L'ordonnance du 9 janvier 1816 , *numéro 777* , n'accorde aucuns fonds pour prime d'enrôlement ; en conséquence , les préfets ne peuvent en promettre aucune aux hommes qu'ils admettront comme enrôlés volontaires. *Circulaire du 15 janvier* 1816 du ministre de l'intérieur.

(2) Les étrangers , qui contractent l'engagement de servir dans ces régimens , ont droit au prix d'engagement fixé par l'ordonnance du 30 décembre. (Voyez les observations de la *page 7.*) Des instructions particulières détermineront le mode de recrutement de ces corps.

6. Les jeunes gens qui demandent à s'enrôler volontairement, doivent être sains et robustes, et avoir, selon les armes, au moins la taille (1) indiquée ci-après :

1.° Pour les légions départementales, 1 mètre 597 millimètres (4 pieds 11 pouces);

2.° Pour les compagnies départementales, 1 mètre 597 millimètres (4 pieds 11 pouces);

3.° Les carabiniers de Monsieur, 1 mètre 785 millimètres (5 pieds 6 pouces);

4.° Les cuirassiers, 1 mètre 731 millimètres (5 pieds 4 pouces);

5.° Les dragons, 1 mètre 704 millimètres (5 pieds 3 pouces);

6.° Les chasseurs à cheval, 1 mètre 651 millimètres (5 pieds 1 pouce) ;

7.° Les hussards, 1 mètre 651 millimètres (5 pieds 1 pouce);

8.° L'artillerie à pied et à cheval, 1 mètre 731 millimètres (5 pieds 4 pouces);

9.° Les ouvriers d'artillerie et du génie, 1 mètre 731 millimètres (5 pieds 4 pouces);

10.° Les pontonniers, 1 mètre 678 millimètres (5 pieds 2 pouces);

11.° Les escadrons du train d'artillerie, l'escadron du train du génie, l'escadron du train des équipages militaires, et les compagnies d'ouvriers des mêmes équipages, 1 mètre 678 millimètres (5 pieds 2 pouces);

12.° Les troupes du génie (2), 1 mètre 704 millimètres (5 pieds trois pouces);

7. Les jeunes gens qui désirent s'enrôler volontairement, doivent être âgés de dix-huit à trente ans.

Les jeunes gens de seize à dix-huit ans peuvent aussi, s'ils ont la taille et les qualités requises, être admis à s'enrôler volontairement; mais ils doivent justifier du consentement de leur père ou de leur tuteur (3).

---

(1) Les maires ont souvent reçu pour certains corps, et notamment pour la cavalerie et l'artillerie, des hommes qui n'avaient pas la taille; MM. les préfets voudront bien les prévenir que, s'ils n'exécutaient pas strictement, à l'avenir, les dispositions du présent article, le ministre se trouverait dans la nécessité de les contraindre au remboursement des frais qu'ils auraient occasionnés à l'état.

(2) Pour les troupes de cette arme, on peut enrôler des hommes dont la taille n'est pas au-dessous de 5 pieds 2 pouces, pourvu qu'ils réunissent les autres qualités requises pour le service de cette arme. *Circulaire du* 22 *mai* 1816.

(3) Voyez le titre 2 du *numéro* 1.er, page 2 du vol. 1. On oublie souvent d'exiger la preuve de ce consentement, ce qui occasionne de fréquentes réclamations de la part des parens. Il serait convenable de limiter le temps dans lequel ces réclamations pourront être admises.

Les hommes qui ont déjà servi, et qui sont porteurs d'un congé absolu en bonne forme (1), sont admis à s'enrôler jusqu'à l'âge de quarante ans (2).

8. Nul ne peut être admis à s'enrôler, 1.º pour les compagnies d'ouvriers d'artillerie, du génie et des équipages militaires, s'il n'est ouvrier en fer ou en bois ; 2.º pour les escadrons du train d'artillerie, l'escadron du train du génie et l'escadron du train des équipages militaires, s'il n'est sellier ou maréchal ferrant, ou habitué à soigner les chevaux et à conduire les voitures ; 3.º pour les bataillons de pontonniers, s'il n'est charpentier de bateaux ou habitué à conduire les bateaux ; 4.º pour les régimens du génie, s'il n'est ouvrier en fer ou en bois (3), ouvrier de mines et carrières, tailleur de pierres ou ouvrier en maçonnerie.

9. Tout homme qui demandera à s'enrôler, devra justifier de son âge, par des pièces authentiques, produire un certificat du maire de sa commune, visé par le juge de paix du canton, constatant qu'il est de bonnes vie et mœurs, et qu'il est dévoué au Roi. S'il se présente comme ouvrier pour entrer dans l'un des corps indiqué dans l'article précédent, il devra être porteur d'un certificat de deux maîtres ouvriers, constatant qu'il est compagnon et hors d'apprentissage.

10. Les actes d'enrôlement seront conformes au modèle ci-joint, n.º 1.

Avant de recevoir un enrôlement, le maire fera constater, par un docteur médecin ou chirurgien, que l'individu qui demande à servir n'a aucune infirmité qui l'en empêche ; il lui donnera connaissance de l'article 11 de la loi du 19 fructidor

---

(1) Les militaires rentrés dans leurs départemens, et que les conseils d'examen, en exécution de l'ordonnance du Roi du 3 août 1815, sont déclarés susceptibles de concourir à la formation des légions départementales ou des autres corps de l'armée, ne seront pas admis à souscrire d'enrôlemens volontaires. Ceux de ces militaires qui auront obtenu du conseil d'examen un certificat provisoire de réforme ou d'exemption, pourront, s'ils réunissent d'ailleurs les qualités exigées par les articles 7 et 8 de la présente instruction, s'enrôler, en justifiant de leur certificat ou du *congé définitif* qui leur sera délivré en échange.

(2) Les hommes qui ont déjà servi, et que cet article admet à s'enrôler jusqu'à quarante ans, sont rarement, après trente ans, propres à reprendre le métier des armes. Il convient donc de ne recevoir leur enrôlement, qu'après s'être assuré de leur bonne constitution. Ils ne pourront souscrire d'enrôlemens que pour un corps de l'arme dont ils auront déjà fait partie.

(3) Les ouvriers en fer ou en bois sont plus particulièrement utiles aux régimens du génie. Les hommes exerçant la profession de marinier ou de terrassier, pourront aussi être reçus dans ces corps. *Circ. du 22 mai* 1816.

an 6 (1), portant que tout enrôlé volontaire qui n'aura pas rejoint ses drapeaux à l'époque qui lui sera fixée, sera poursuivi comme déserteur.

Les maires devront avoir la plus grande attention à n'admettre à s'enrôler volontairement que les jeunes gens qui réuniront toutes les qualités exigées pour l'arme dont ils auront fait choix.

11. Les maires remettront à chaque enrôlé volontaire, deux expéditions de son enrôlement destinées pour le commissaire des guerres, et un ordre de route provisoire pour se rendre jusqu'au lieu de la résidence de ce commissaire.

12. Lorsque l'enrôlé se présentera au commissaire des guerres, celui-ci l'enverra devant l'officier du grade le plus élevé dans la place; cet officier vérifiera si l'enrôlé a les qualités requises pour l'arme dont il aura fait choix; il en donnera son certificat sur les deux expéditions d'enrôlement, dont l'enrôlé sera porteur. S'il n'y a point d'officier dans la place, la vérification ci-dessus prescrite sera faite par un sous-officier de gendarmerie.

13. Dans le cas où l'enrôlé ne serait pas jugé propre au service, il n'aura pas droit à l'indemnité de route.

14. Le paiement des vingt-cinq francs formant la première moitié du prix d'engagement accordé par l'ordonnance du 30 décembre 1814, sera fait à l'enrôlé qui aura été reconnu propre au service, sans aucune retenue, de la manière et suivant les formes usitées pour le paiement de l'indemnité de route.

Le paiement du prix d'engagement sera effectué sur les fonds de la solde.

15. Le commissaire des guerres qui délivrera à l'enrôlé volontaire, reconnu propre au service, la feuille de route dont il aura besoin pour se rendre à sa destination, lui remettra, indépendamment du mandat d'indemnité de route, un bon de la somme de *vingt-cinq francs*, conforme au modèle ci-joint, n.° 2. Ce bon sera inscrit sur le registre de route, à l'article de l'enrôlé et dans la colonne à ce destinée; il sera fait mention de la délivrance de ce bon sur la feuille de route.

Avant de délivrer la feuille de route et le bon de vingt-cinq francs à l'enrôlé volontaire, le commissaire des guerres se fera remettre les deux expéditions de l'acte d'enrôlement dont il est fait mention à l'article 11 ci-dessus. Il enverra au corps, par la poste, l'une de ces expéditions, sur laquelle il indiquera l'époque présumée de l'arrivée de l'enrôlé au lieu de sa destination; la seconde expédition restera entre les mains du commissaire des guerres, comme pièce justificative du paiement de la première moitié du prix d'engagement.

_____

(1) *Numéro* 1, page 2 du vol. 1.

16. Lorsqu'un enrôlé volontaire sera trouvé par la gendarmerie hors de la route qu'il devra suivre, il sera arrêté et conduit de brigade en brigade à son corps.

17. Si un enrôlé volontaire tombe malade en route, il devra, pour être admis dans un hôpital, représenter la feuille de route dont il sera porteur.

L'économe de l'hôpital fera prendre copie de cette feuille, et la remettra au commissaire des guerres ayant la police de l'hôpital, ou au fonctionnaire chargé de le suppléer (1).

Le commissaire des guerres, ou le fonctionnaire qui le suppléera, fera connaître l'entrée de l'enrôlé volontaire à l'hôpital, au préfet du département d'où il sera parti, et au corps sur lequel il aura été dirigé.

Lorsque l'enrôlé volontaire sortira de l'hôpital pour rejoindre ses drapeaux, le commissaire des guerres en donnera avis au préfet et au chef du corps. Le même avis sera donné si l'enrôlé volontaire s'évade de l'hôpital.

Il sera fait mention sur la feuille de route de l'enrôlé volontaire sortant d'un hôpital, de la date de son entrée et de celle de sa sortie.

18. Si un enrôlé volontaire meurt en route, la feuille de route dont il aura été trouvé porteur et son acte de décès seront envoyés, par le maire du lieu où il sera mort, au préfet du département d'où il sera parti. Le maire devra aussi donner avis de ce décès au corps sur lequel l'enrôlé volontaire était dirigé. Le chef du corps en informera le ministre (*bureau du recrutement*), et lui fera connaître les nom et prénoms de l'enrôlé, la date de son enrôlement et le nom de la commune et du département où il aura été souscrit.

19. A l'arrivée d'un enrôlé volontaire au corps, le chef de ce corps le fera porter sur le registre-matricule, et adressera au ministre (*bureau du recrutement*) un certificat d'incorporation conforme au modèle ci-joint, n.° 3.

Si l'enrôlé volontaire, à son arrivée au corps, est jugé impropre au service, il n'en devra pas moins être reçu provisoirement par le chef du corps, qui pourra ne lui faire délivrer que les effets d'habillement et d'équipement absolument nécessaires (2), et il sera présenté, pour la réforme, à la prochaine revue d'inspection.

20 Si, quinze jours après celui où un enrôlé volontaire aura

---

(1) Le commissaire des guerres qui a la police d'un hôpital, ou le fonctionnaire qui a droit de le suppléer, retirera à chaque enrôlé qui y sera admis sa feuille de route et ses mandats d'indemnité ou de fourniture : il les conservera en dépôt, soit pour les lui remettre à sa sortie, s'il y a lieu, soit, en cas de décès, pour les adresser à qui de droit. *Circulaire du* 24 *avril* 1816.

(2) Voyez le *numéro* 920.

du arriver au corps, il ne s'y est pas rendu, et si le chef du corps n'a pas été informé de son entrée à l'hôpital, ou de son décès en route, cet enrôlé volontaire-sera considéré comme déserteur et poursuivi comme tel.

Le chef du corps informera le ministre (*bureau du recrutement*) de la non-arrivée de l'enrôlé volontaire, et il aura soin, en donnant cet avis, d'indiquer les nom et prénoms de cet enrôlé, la date de l'enrôlement, et le nom de la commune et du département où il aura été souscrit.

Le chef du corps adressera en outre au ministre (*bureau des déserteurs*) le signalement complet de l'enrôlé volontaire qui n'aura pas rejoint.

21. Lorsqu'un enrôlé volontaire, à son arrivée au corps, aura été jugé propre au service, il devra recevoir sur-le-champ, et sans aucune retenue, ainsi que le prescrit l'ordonnance du 3o décembre 1814 (1), la somme de vingt-cinq francs, formant la seconde moitié du prix d'engagement accordé par cette ordonnance.

Si l'enrôlé volontaire est jugé, par le chef du corps, impropre au service, et quoiqu'il n'en doive pas moins rester aux drapeaux jusqu'à la prochaine revue d'inspection, il n'aura droit à la seconde moitié du prix de son engagement que quand l'inspecteur général aura prononcé définitivement son admission.

Si l'inspecteur général juge que l'enrôlé volontaire est définitivement impropre au service, il le renverra dans ses foyers; et, non-seulement cet enrôlé n'aura droit ni à la seconde moitié du prix de son engagement, ni à l'indemnité de route, mais encore il sera tenu au remboursement de la première moitié d'engagement qu'il aura reçue à son départ. Le chef du corps informera le ministre (*bureau du recrutement*) du renvoi de l'enrôlé, et lui indiquera ses nom et prénoms, la date de son enrôlement, et le nom de la commune et du département où il aura été souscrit (2).

Si l'inspecteur général renvoie l'enrôlé dans un autre corps, c'est à ce corps qu'il devra toucher la seconde moitié du prix de son engagement : le conseil d'administration du corps pour lequel il s'était enrôlé, lui délivrera un certificat constatant qu'il n'a pas reçu cette indemnité.

22. Pour faire effectuer le paiement de la seconde moitié du

---

(1) *Numéro* 671, page 5.
(2) Ce § a été modifié ainsi qu'il suit, par la *circulaire du 24 avril* 1816 : Tout enrôlé volontaire que l'inspecteur général jugera définitivement impropre au service, sera privé de la moitié du prix de son engagement, et renvoyé dans son domicile. Une feuille de route avec indemnité de 15 centimes par lieue, lui sera délivrée pour ce voyage; sauf imputation de cette dépense sur qui de droit, si le ministre l'ordonne.

prix d'engagement accordé aux enrôlés volontaires, il sera dressé, en triple expédition, un état nominatif conforme au modèle ci-joint, sous le n.° 4. Ces trois expéditions seront certifiées par le conseil d'administration, et vérifiées par le sous-inspecteur aux revues ayant la surveillance de la comptabilité du corps.

L'une des expéditions, portant quittance, sera remise au payeur, qui en acquittera le montant sur les fonds de la solde, ainsi qu'il a été dit article 14 ci-dessus.

La seconde expédition, portant déclaration de quittance, restera entre les mains du conseil d'administration.

La troisième expédition sera remise au sous-inspecteur aux revues.

23. Les chefs de corps ne pourront, sous aucun prétexte, recevoir aux drapeaux, comme enrôlé volontaire, un homme qui n'aura pas souscrit d'enrôlement devant un maire (1). Tout individu qui, désirant prendre du service, se présenterait directement au corps, devra être envoyé devant le maire de la commune où le corps sera stationné, pour contracter son enrôlement.

24. Pour obvier, autant que possible, aux plaintes qui ont souvent été adressées au ministre sur la mauvaise espèce des enrôlés volontaires, à l'avenir, lorsque le corps dans lequel un enrôlé demandera à servir, tiendra garnison dans le département, l'enrôlement n'aura lieu que sur l'exhibition d'un certificat du chef du corps, attestant que l'enrôlé peut y être admis. L'enrôlement sera reçu par le maire de la commune où le corps tiendra garnison ; le maire de la commune du domicile de l'enrôlé se bornera, après s'être assuré de la régularité des pièces dont l'enrôlé devra justifier, à délivrer à cet enrôlé un ordre de route provisoire pour se rendre au lieu de la garnison du corps.

25. Dans les cas prévus par les articles 23 et 24 ci-dessus, le prix entier d'engagement accordé aux enrôlés volontaires leur sera payé au corps, en suivant les formalités prescrites par l'article 22.

26. A la fin de chaque mois, les préfets se feront adresser par les maires, un état conforme au modèle ci-joint, n.° 5,

---

(1) D'un autre côté, ils ne peuvent refuser aucun enrôlé volontaire sous quelque prétexte que ce soit, et lors même que leur corps serait au complet ; attendu que ces refus sont nuisibles au recrutement de l'armée : mais dans le cas où un corps, se trouvant à son complet, recevrait des enrôlés volontaires, l'inspecteur - général de l'arrondissement, ou à son défaut le lieutenant-général commandant la division, pourra faire verser l'excédent du complet de ce corps sur l'un de ceux qui se trouveraient le plus rapproché. *Circulaire du 23 décembre* 1814.

des enrôlemens qu'ils auront reçus pendant le cours du mois. L'état sera négatif pour les mairies dans lesquelles il n'aura pas été reçu d'enrôlemens pendant le mois.

Lorsque les préfets auront reçu les états de tous les maires de leur département, ils formeront, d'après le même modèle, un état général des enrôlemens et l'adresseront au ministre (*bureau du recrutement*) (1).

27. A la fin de chaque trimestre, le commissaire des guerres de chaque arrondissement adressera au commissaire ordonnateur de la division, avec les registres de route, les expéditions des enrôlemens volontaires restées entre ses mains, conformément au second paragraphe de l'article 15 ci-dessus.

Le commissaire ordonnateur, fera, d'après ces pièces, la vérification prescrite par la circulaire du 23 octobre 1815 (2); il adressera ensuite au ministre (*bureau du recrutement*), un état présentant le résultat de cette vérification : cet état, auquel le commissaire ordonnateur joindra les expéditions d'enrôlement, sera conforme au modèle ci-joint, sous le n.º 6.

28. Le sous-inspecteur aux revues adressera, chaque mois, à l'inspecteur divisionnaire, les états nominatifs des enrôlés volontaires qui lui auront été remis, en exécution de l'article 22 ci-dessus.

L'inspecteur divisionnaire régularisera les paiemens du prix d'engagement, ainsi que cela est prescrit par la circulaire du 23 octobre (2); il fera, chaque trimestre, au commissaire ordonnateur, les communications dont il est fait mention dans la même circulaire, et au ministre (*bureau des revues et décomptes*), l'envoi des bordereaux demandés par cette circulaire.

L'inspecteur divisionnaire enverra de même, chaque trimestre, au ministre (*bureau du recrutement*), un bordereau conforme au modèle ci-joint, n.º 7, et les états nominatifs dont il est fait mention au premier paragraphe du présent article.

_____

(1) L'état des enrôlemens que les préfets adressent chaque mois au ministre, devant servir à vérifier les paiemens de la première moitié du prix d'engagement qui auront été faits d'après les ordres des commissaires des guerres, il est indispensable qu'il contienne l'indication exacte de tous ceux qui auront été souscrits dans le cours du mois ; et c'est par ce motif que le ministre recommande aux préfets de ne former leur état que lorsqu'ils auront reçu tous les états *positifs* ou *négatifs* des maires.

(2) *Numéro* 1029.

N.° 674.

Instruction provisoire sur les remplacemens dans les corps.

Du 1.er février 1816.

(Nota.) Il a paru une instruction semblable sous la date du 28 janvier 1815 ; toutes les dispositions qu'elle contenait se trouvent reproduites dans celle du 1.er février. Les mesures qui sont consacrées par ce dernier acte, remplacent les dispositions du titre 4, du numéro 19, pag. 65, du vol. I.

Le ministre secrétaire d'état au département de la guerre, considérant que la faculté accordée aux soldats, de se faire remplacer dans les corps est une faveur dont l'emploi, sagement appliqué, peut être utile à la fois au service du Roi et à l'intérêt des familles ;

Que les remplacemens dans les corps, suspendus jusqu'à ce jour par suite du licenciement de l'armée, opéré en exécution de l'ordonnance du Roi du 23 mars 1815, peuvent être de nouveau autorisés, aujourd'hui que les corps se réorganisent successivement ;

Après avoir pris à ce sujet les ordres de Sa Majesté,

A fait réunir dans la présente instruction provisoire, toutes les dispositions relatives aux remplacemens dans les corps, lesquelles seront, dès à présent, remises en vigueur ainsi qu'il suit :

ART. 1.er Les remplacemens continueront à être autorisés dans les corps, conformément aux dispositions de l'art. 10 (titre 3) du réglement du 17 ventôse an 8 (1).

Les bataillons coloniaux et les corps étrangers au service du Roi, ne recevront pas de remplaçans.

2. Les militaires qui auront déserté des corps, formés en vertu des dernières ordonnances du Roi sur l'organisation de l'armée, seront privés, soit qu'ils se soient présentés d'eux-mêmes, soit qu'ils aient été arrêtés et reconduits à leur corps, de la faculté de se faire remplacer.

3. Les remplaçans devront être âgés de vingt à trente ans, et n'être pas mariés : s'ils ont servi, ils devront être porteurs d'un congé en bonne forme ; ils devront avoir, suivant l'arme

---

(1) Ce réglement n'a pas été imprimé dans le recueil : il ne fait, au reste, à l'égard des remplacemens, que rappeler les dispositions de la loi du 17 ventôse, *num.* 3, p. 10, du vol. I.

pour laquelle ils seront destinés, la taille et les qualités exigées par l'instruction du 22 novembre 1815, sur les enrôlemens volontaires (1) ; n'être pas déserteurs ; n'avoir pas été condamnés par les tribunaux correctionnels ou par les cours criminelles à une peine afflictive ou infamante, ni à un emprisonnement de plus d'un mois ; ils devront, en outre, justifier de leur moralité et de leur bonne conduite.

4. Les hommes porteurs d'un congé de réforme pour infirmités, ne pourront, sous quelque prétexte que ce soit, être admis comme remplaçans.

5. Les demandes de remplacement seront faites au ministre par les conseils d'administration des corps : chaque demande devra être accompagnée,

1.° De l'exposé des motifs qui peuvent donner lieu au remplacement (cet exposé sera certifié par le conseil d'administration);

2.° Du signalement du militaire à remplacer, tel qu'il est inscrit au registre matricule du corps, et indiquant la date de son entrée au service, son grade, et qu'il n'a pas déserté depuis la réorganisation du corps ;

3.° Du signalement du remplaçant proposé.

4.° Si le remplacement est motivé sur les infirmités du militaire à remplacer, d'un certificat de visite de ce militaire, délivré par le chirurgien-major du corps ;

5.° D'un certificat délivré de même par le chirurgien-major, et constatant que le remplaçant proposé est d'une bonne complexion, et qu'il est en état de bien servir ;

6.° D'un certificat de bonnes vie et mœurs du remplaçant, délivré par le maire de la commune qu'il habite, et visé par le juge de paix du canton ;

7.° Du congé du remplaçant, s'il a servi (2) ; dans le cas contraire, d'un certificat du maire de la commune, constatant qu'il n'est point à sa connaissance que le remplaçant ait servi ;

8.° De l'acte de naissance du remplaçant ;

9.° D'un certificat du maire de la commune qu'habite le remplaçant, visé par le sous-préfet, constatant que ce remplaçant n'est pas marié ;

10.° De l'avis motivé du conseil d'administration.

6. Toutes les demandes formées dans le cours d'un trimestre seront adressées ensemble au ministre, à la fin du trimestre, avec un état en double expédition, conforme au modèle ci-joint, n." 1.er

_____

(1) Voyez le *num.* 673, pag. 9.
(2) Les congés n'ayant pas encore été délivrés aux militaires qui y ont droit, en vertu de l'ordonnance du Roi du 3 août dernier, il suffira, jusqu'à nouvel ordre, qu'ils produisent le *certificat provisoire d'exemption* qu'ils ont dû recevoir du conseil d'examen de leur département.

7. Lorsque l'autorisation du remplacement aura été adressée par le ministre au conseil d'administration du corps, il en sera remis au militaire qui devra se faire remplacer, une copie certifiée, pour servir au versement qu'il est tenu de faire entre les mains du receveur général du département ou de l'un de ses préposés, d'une somme de cent francs (1), destinée à l'habillement et à l'équipement du remplaçant.

8. Au vu de la quittance de cent francs (1), le conseil d'administration du corps délivrera au militaire qui aura obtenu l'autorisation de se faire remplacer, un acte de remplacement conforme au modèle n.º 2.

L'acte de remplacement sera visé par l'inspecteur ou sous-inspecteur aux revues ayant la surveillance de l'administration du corps.

9. Le conseil d'administration fera rayer le militaire remplacé du registre matricule du corps, et fera inscrire, sur ce registre, les nom, prénoms et signalement du remplaçant. On indiquera, dans la colonne de mutations, à l'article du remplaçant, les nom et prénoms du militaire qu'il remplace, le numéro sous lequel ce militaire était compris au registre matricule, les commune, canton et département où il devra se retirer.

Le conseil d'administration enverra au préfet de ce département une expédition de l'acte de remplacement.

10. Si un remplaçant est réformé, dans les six mois de son incorporation, pour infirmités ou pour tout autre motif existant avant son admission, ou s'il déserte avant d'avoir servi deux ans entiers, le militaire remplacé sera tenu de fournir un autre remplaçant, ou de rejoindre lui-même le corps auquel il appartenait avant son remplacement.

Si le militaire remplacé a arrêté ou fait arrêter son remplaçant déserteur, dans les trois mois de la désertion, il

---

(1) D'après une ordonnance du 14 août 1816 (bullet. n.º 108), ce versement doit être de, savoir : dans l'*infanterie* 100 fr. ; dans l'*artillerie et le génie* 120 fr. ; *ouvriers du génie* 150 fr. ; *carabiniers et cuirassiers* 160 fr. ; *dragons* 140 fr. ; *chasseurs* 150 fr. ; *hussards* 200 fr. ; *artillerie à cheval* 150 fr. ; *train d'artillerie et des équipages* 160 fr. : indépendamment de cette somme, le *remplacé* est tenu de fournir à son *remplaçant* un sac ou porte-manteau garni d'effets de petit équipement, tel qu'il est prescrit par les réglemens , ou de verser la somme fixée pour chaque arme, par *l'ordonn.* du 8 nov. 1815 (*num.* 938), comme représentant la valeur de ces effets.

La somme due par le remplacé, en vertu de l'art. 7 , ne sera point versée dans la caisse du receveur général , mais dans celle du corps , qui sera considéré comme débiteur de ce versement, dont le montant lui sera imputé sur les fonds qui devront lui être faits pour fournitures d'effets d'habillement ou d'équipement. *Circul. du* 22 *août* 1816.

sera dispensé de marcher lui-même ou de fournir un nouveau remplaçant.

11. Un militaire remplacé, dont le remplaçant a été réformé ou a déserté, et qui fournit un second remplaçant, est tenu de verser une seconde somme de cent francs, pour l'habillement et l'équipement de ce remplaçant.

12. Lorsqu'un remplaçant sera mort en se rendant aux drapeaux ou après avoir été incorporé, le militaire remplacé sera dégagé de l'obligation de fournir un second remplaçant.

13. Si un frère se présente pour remplacer son frère, la responsabilité, en cas de désertion dans les deux ans, n'aura pas lieu, et le frère remplacé sera dispensé du versement des cent francs dans une caisse publique.

14. Les chefs de corps adresseront au ministre, dans les dix premiers jours de chaque trimestre, l'état nominatif des remplaçans qui auront déserté ou auront été réformés dans le cours du trimestre précédent : cet état ne devra comprendre que les remplaçans qui auront déserté avant d'avoir servi deux ans, et ceux qui auront été réformés dans les six mois de leur incorporation. Il sera conforme au modèle n.° 3 (1).

Si aucun remplaçant n'a été réformé et n'a déserté dans le cours du trimestre, l'état sera négatif.

15. Lorsque l'état adressé au ministre comprendra des remplaçans déserteurs ou réformés, les chefs de corps en enverront un extrait au préfet de chaque département dans lequel les militaires remplacés se seront retirés. Cet extrait sera conforme au modèle n.° 4.

16. Les préfets notifieront aux militaires remplacés l'ordre de fournir, dans le délai d'un mois, de nouveaux remplaçans ou de marcher eux-mêmes.

17. Si les militaires remplacés présentent de nouveaux remplaçans, ceux-ci ne seront admis par le préfet qu'après qu'ils auront été examinés par le général commandant le département, qui certifiera que le remplaçant proposé réunit toutes les qualités exigées par l'article 3 ci-dessus.

18. Les militaires remplacés, lorsqu'ils marcheront eux-mêmes, ou les nouveaux remplaçans qu'ils auront fournis, seront toujours dirigés sur le corps dont ces militaires faisaient partie avant leur remplacement.

_____

(1) Indépendamment de l'état dont l'envoi est prescrit par l'art. 14, les chefs des corps n'en devront pas moins adresser au ministre (bureau des déserteurs) le signalement en double expédition de chaque remplaçant déserteur, aussitôt qu'il aura été déclaré tel. (V. le *num.* 797.)

Le préfet à qui le ministre enverra le signalement, devra notifier sur le champ au remplacé la désertion de son remplaçant, afin que, conformément à l'article 10 de cette instruction, ce remplacé ait le temps qui y est indiqué, pour arrêter ou faire arrêter le remplaçant.

19. Si, depuis sa rentrée dans ses foyers, le militaire remplacé et rappelé était devenu impropre au service, son inaptitude serait constatée par le préfet et le général commandant le département ; le préfet en rendrait compte au ministre.

20. Lorsqu'un militaire remplacé et rappelé ne se présentera pas, dans le délai fixé, pour marcher lui-même, ou ne fournira pas un nouveau remplaçant dans ce délai, il sera poursuivi comme déserteur. Le préfet fera connaître la désobéissance de ce militaire au corps dont il aura fait partie, et le chef de ce corps adressera au ministre (bureau des déserteurs), le signalement de ce même individu, extrait du registre matricule du corps.

21. Les préfets formeront, pour chaque militaire remplacé qui marchera lui-même, ou pour le nouveau remplaçant qu'il aura fait admettre, une double feuille de départ, conforme au modèle n.° 5.

Les préfets enverront l'une de ces feuilles, par la poste, au chef du corps que le militaire remplacé, ou son nouveau remplaçant, devra rejoindre : la seconde feuille sera remise à l'individu partant, et il lui sera en outre délivré une feuille de route pour rejoindre.

Si le militaire remplacé marche lui-même, il aura droit à l'indemnité de route ; si c'est un remplaçant, il voyagera aux frais du remplacé.

22. Lorsqu'un militaire remplacé, ou le nouveau remplaçant qu'il aura fait admettre, sera trouvé par la gendarmerie hors de la route qu'il devra suivre, il sera arrêté, et conduit de brigade en brigade à son corps.

23. Si le militaire remplacé, ou son nouveau remplaçant, tombe malade en route, il devra, pour être admis à l'hôpital, représenter la feuille de départ dont il sera porteur.

L'économe de l'hôpital fera prendre une copie de cette feuille et la remettra au commissaire des guerres ayant la police de l'hôpital, ou au fonctionnaire chargé de le suppléer (1).

Le commissaire des guerres, ou le fonctionnaire qui le suppléera, fera connaître l'entrée à l'hôpital du militaire remplacé ou de son nouveau remplaçant, au préfet du département d'où il sera parti, et au corps sur lequel il sera dirigé.

Lorsque le militaire remplacé, ou son nouveau remplaçant, sortira de l'hôpital pour rejoindre ses drapeaux, le commissaire des guerres en donnera avis au préfet et aux chefs du

---

(1) Le commissaire des guerres qui a la police d'un hôpital, ou le fonctionnaire qui a le droit de le suppléer, retirera à chaque homme admis dans cet établissement, sa feuille de route et ses mandats d'indemnités ou de fournitures : il les conservera en dépôt, soit pour les lui remettre à sa sortie, soit, en cas de décès, pour les adresser à qui de droit. *Circul. du* 24 *avril* 1816.

corps. Le même avis sera donné, si le militaire s'évade de l'hôpital.

24. Si un militaire remplacé marchant lui-même, ou le nouveau remplaçant qu'il aura fait admettre, meurt en route, la feuille de départ dont il aura été trouvé porteur, et son acte de décès, seront envoyés par le maire du lieu où il sera mort, au préfet du département d'où il sera parti. Le maire devra aussi donner avis de ce décès au corps sur lequel le remplacé, ou le nouveau remplaçant, était dirigé.

25. A l'arrivée au corps d'un militaire remplacé qui aura marché lui-même, ou du nouveau remplaçant qu'il aura fait admettre, le chef du corps le fera porter sur le registre matricule, et renverra au préfet, après avoir fait remplir le certificat d'incorporation qui s'y trouve porté, la feuille de départ qui lui aura été adressée, conformément à l'art. 21.

26. Si le militaire remplacé, ou son nouveau remplaçant, est jugé impropre au service à son arrivée au corps, il n'en devra pas moins être reçu provisoirement par le chef du corps, qui pourra ne lui faire délivrer que les effets d'habillement et d'équipement absolument nécessaires (1) ; et il sera présenté pour la réforme, à la prochaine revue d'inspection générale.

27. Si un militaire remplacé marchant lui-même, ou son nouveau remplaçant, n'est pas arrivé au corps dans le délai qui aura été fixé et qu'indiquera la feuille de départ, le commandant du corps en informera le préfet du département, d'où ce militaire sera parti, en lui adressant une copie de la feuille de départ, sur laquelle il aura fait annoter la non-arrivée.

Il en informera aussi le ministre, en lui envoyant (bureau des déserteurs) le signalement du militaire remplacé, ou de son remplaçant, non-arrivé.

28. Le militaire remplacé, dont le nouveau remplaçant ne sera pas arrivé aux drapeaux, sera tenu d'en fournir un autre, sauf le cas d'exception prévu par l'article 10 ci-dessus. Le préfet lui en notifiera l'ordre, conformément à l'article 16.

29. Les militaires remplacés qui auront fourni de nouveaux remplaçans, en seront responsables dans les cas prévus par l'article 10.

30. Les remplaçans déserteurs des corps, et ceux qui, après avoir été admis par les préfets, ne rejoindront pas, seront arrêtés, conduits au corps qu'ils auront abandonné ou pour lequel ils étaient destinés (2).

31. Les inspecteurs-généraux d'armes, lors de leurs revues d'inspection, se feront représenter les autorisations de remplacement qui auront été accordées dans chaque corps par

(1) Voyez le num. 920.
(2) Voyez le numéro 795.

le ministre, depuis la précédente revue ; ils compareront ces autorisations avec le registre matricule, afin de s'assurer s'il n'a pas été reçu de remplaçans sans autorisation.

32. Les inspecteurs généraux examineront les remplaçans que les corps auront admis, et ceux qui leur auront été envoyés des départemens pour tenir lieu des remplaçans déserteurs ou réformés : s'ils jugent que quelques-uns d'entre eux sont impropres au service, ils en prononceront la réforme, comme ils prononcent celle des autres militaires incapables de servir.

33. Le résultat, pour chaque corps, de la vérification des remplacemens qui y auront été effectués, et de l'inspection des remplaçans, sera adressé au ministre, en même temps que le travail d'inspection du corps. Il sera formé, pour les remplacemens, un état conforme au modèle n.° 6, et timbré : *Bureau du recrutement*.

34. Le ministre décidera, d'après les observations de l'inspecteur général, si le chef du corps qui aura admis un remplaçant impropre au service, ne doit pas être rendu responsable des frais que ce remplacement aura occasionnés à l'état.

35. Les remplaçans qui auront été réformés par les inspecteurs généraux, ne recevront pas de congés de réforme : les conseils d'administration leur délivreront seulement un certificat conforme au modèle n.° 7, constatant qu'ils ont été reconnus impropres au service : il leur sera aussi délivré une feuille de route, *sans indemnité*, pour se rendre dans le lieu de leur domicile (1).

36. Le militaire remplacé qui aura marché lui-même et qui obtiendra sa réforme de l'inspecteur général, recevra un congé de réforme, et il lui sera délivré une feuille de route, avec indemnité, pour se rendre dans ses foyers.

37. Dans les dix premiers jours de chaque trimestre, les préfets formeront et adresseront au ministre un état des remplaçans dont la désertion ou la réforme leur aura été notifiée par les corps pendant le trimestre précédent. Cet état sera conforme au modèle n.° 8 ; il indiquera les mesures qui auront été prises pour astreindre les militaires remplacés à fournir de nouveaux remplaçans, ou à marcher eux-mêmes.

Si les corps n'ont notifié aux préfets la désertion ou la réforme d'aucun remplaçant pendant le trimestre, l'état sera négatif.

38. Lorsque l'incorporation des militaires remplacés marchant eux-mêmes, ou des nouveaux remplaçans qu'ils auront fait admettre, ne sera pas connue des préfets à l'instant de la formation de leur état de trimestre, ils laisseront en blanc,

---

(1) Ils doivent recevoir l'indemnité de 15 cent. par lieue, pour se rendre dans leurs foyers, sauf l'imputation de cette dépense sur qui de droit, si le ministre l'ordonne. *Circul. du 24 avril 1816.*

dans cet état, la colonne destinée à indiquer la date de cette incorporation, et reporteront le militaire remplacé, ou son nouveau remplaçant, en tête de l'état du trimestre suivant, et ainsi successivement jusqu'à ce qu'ils puissent en indiquer l'incorporation.

Les militaires remplacés ou leurs nouveaux remplaçans conserveront, sur les états successifs de trimestre dont ils feront partie, le numéro d'ordre qui leur aura été donné sur l'état primitif dans lequel ils auront été compris.

39. Lorsque, pour avoir arrêté ou fait arrêter son remplaçant dans les trois mois de sa désertion, le militaire remplacé se trouvera dispensé, conformément à l'article 10, de fournir un nouveau remplaçant, ou de marcher lui-même, le préfet en fera mention dans la colonne d'observations de l'état de trimestre, et joindra à cet état le procès-verbal de remise, à la gendarmerie, du remplaçant arrêté ; ou le procès-verbal d'arrestation, si elle a été effectuée par la gendarmerie, ou par tout autre agent de la force publique.

40. Lorsque, dans le cas prévu par l'art. 19, le ministre aura jugé qu'un militaire remplacé, dont le remplaçant aura déserté ou aura été réformé, est dispensé de marcher lui-même ou de fournir un nouveau remplaçant, il en sera également fait mention, à l'article de ce militaire, sur l'état de trimestre dressé par le préfet.

APPENDICE AU CHAPITRE 1.er

CONGÉS.

N.º 675.

Ordonnance du Roi qui accorde, pour 1816, des congés de semestre à la moitié des officiers des légions départementales, et des régimens de cavalerie de ligne.

Du 21 août 1816.

ART. 1.er IL sera accordé en 1816, des congés de semestre à la moitié des officiers de nos légions départementales et de nos régimens de cavalerie de ligne (1).

_____

(1) La distribution des semestres ne doit porter que sur le nombre d'of-

2. Les semestres commenceront le 15 septembre 1816, et se-ront terminés le 1.er avril 1817.

3. Notre ministre secrétaire d'état au département de la guerre déterminera par des instructions particulières le mode de répartition des congés, et les exceptions que les circons-tances pourraient commander (1).

4. Notre ministre secrétaire d'état au département de la guerre est chargé etc.

N.º 676.

Instruction pour l'exécution de l'ordonnance du Roi du 21 août, sur les semestres à accorder aux offi-ciers, en 1816.

Du 21 août 1816.

(*Nota.*) Cette instruction contient quelques dispositions qui n'avaient pas été prévues par l'arrêté du 21 messidor an 9, *numéro* 28, vol I.

ART. 1.er Aussitôt que l'ordonnance pour les semestres aura été notifiée, les officiers des corps qui devront en jouir, s'assembleront, avec l'autorisation du lieutenant-général com-mandant la division, chez ce général, s'il réside dans le même lieu, ou chez l'officier-général qu'il aura désigné, dans les au-tres lieux de garnison, pour procéder à la désignation de ceux d'entre eux qui pourront jouir du semestre. Le sous-inspecteur aux revues, présent dans la place, devra se trouver à cette assemblée ; à défaut, il sera suppléé par le comman-dant d'armes.

Si le lieutenant-général inspecteur ou le maréchal-de-camp adjoint à l'inspection, sont en fonctions, celui des deux qui sera présent, sera spécialement chargé de cette opération.

2. Le nombre des congés à accorder, sera réglé d'après celui des officiers de chaque grade, présens au corps au moment de l'opération, et dans la proportion déterminée par l'ordon-nance, de manière toutefois qu'il reste toujours dans les com-pagnies au moins un officier pour chacune d'elles (2). Les grades appelés à concourir sont :

---

ciers qui se trouveront en excédant de la moitié du complet fixé par les dernières instructions, de manière qu'il reste au corps la moitié de ce même complet. *Circulaire* du 5 septembre 1816.

(1) Voyez le *numéro* suivant.

(2) Article 3 de l'arrêté du 21 messidor an 9, *numéro* 28, vol. I.

Les chefs de bataillon ou d'escadron ; les capitaines ; les lieutenans ; les sous-lieutenans.

Les adjudans-majors et l'officier chargé de l'habillement concourront avec les capitaines ;

Le porte-drapeau avec les lieutenans ou sous-lieutenans, suivant le grade dont il sera pourvu.

Les officiers de ces divers grades conviendront entre eux du choix de ceux qui devront profiter du semestre, en se conformant, pour le nombre, à ce qui est prescrit par l'ordonnance.

S'il se trouvait des officiers en plus grand nombre que celui qui est indiqué par l'ordonnance, qui désirassent profiter du semestre, et qui en eussent le droit, ils pourront convenir d'un partage ; ils seront également libres d'user de ce droit, s'ils se trouvent en moindre nombre, et dans le cas où ils ne seraient pas dans l'intention de passer dans leur domicile le temps entier de la durée du semestre (1).

3. Les colonels, lieutenans-colonels, majors, quartiers-maîtres, officiers-payeurs, officiers de santé, ne pourront s'absenter que sur un congé particulier. Ceux qui obtiendront des congés pour leur tenir lieu de semestre, jouiront des mêmes avantages que les officiers qui s'absenteront en vertu de semestre (2).

4. Les sous-inspecteurs aux revues, et, en leur absence, les commandans d'armes, dresseront, en présence de l'officier général chargé de présider à cette opération, procès-verbal du résultat de l'assemblée tenue pour la désignation des officiers qui devront jouir du semestre, et de ceux qui devront rester au corps. Ce procès-verbal sera conforme au modèle annexé à la présente instruction.

Il y sera fait mention du lieu où chaque officier se proposera d'aller demeurer pendant la durée de son semestre.

Le procès-verbal sera signé par les officiers qui devront partir, par le commandant du corps, et par le sous-inspecteur aux revues, et, en son absence, par celui qui l'aura suppléé ; il sera de plus approuvé par l'officier-général qui aura présidé à l'opération. Le commandant du corps et le sous-inspecteur aux revues seront tenus de certifier toutes les signatures véritables. S'il arrive qu'un officier ait été compris sur l'état des semestres sans avoir été réellement présent à la rédaction du procès-verbal, et sans l'avoir signé lui-même, à moins qu'il ne fût absent pour le service ou malade à la chambre, il sera puni d'un mois de prison, et le commandant du corps, le sous-inspecteur aux revues et

_____

(1) Voyez la note 1.re de la page 92 du vol. I.
(2) Voyez la même page, note 3.

l'officier qui aura signé pour l'absent, subiront les arrêts pendant quinze jours (1).

5. Si, pendant l'assemblée, il s'élevait des discussions entre les officiers relativement à la désignation, et qu'ils ne fussent pas restés d'accord entre eux, l'officier-général président de l'assemblée prononcera en faveur de ceux qui lui paraîtront avoir le plus de droits, et, à droits égaux, en faveur du plus ancien (2). Il aura soin aussi de veiller aux intérêts de ceux qui seront absens momentanément pour le service, ou pour cause de maladie à la chambre, et il devra leur faire demander, par écrit, s'ils désirent participer aux semestres, et quels sont leurs motifs.

6. Les procès-verbaux seront signés à l'original en quadruple expédition. Le sous-inspecteur aux revues, après avoir rassemblé tous les procès-verbaux des corps de son arrondissement, en adressera trois expéditions originales au ministre secrétaire d'état de la guerre (3), gardera l'autre pardevers lui, en adressera une copie au lieutenant-général commandant la division, et remettra à chaque corps une copie du procès-verbal qui le concerne.

7. Les officiers qui devront jouir du semestre, ne pourront partir qu'après avoir obtenu la permission du lieutenant-général commandant la division, ou de l'officier-général délégué par lui pour suivre les opérations des congés. Les officiers qui partiraient sans avoir obtenu cette permission, ou qui s'absenteraient avant l'époque fixée pour le commencement des semestres, seront, par les ordres des commandans de division, ramenés à leurs corps, où il sera exercé une retenue de deux mois sur leurs appointemens.

8. Les officiers qui auront été désignés pour aller en semestre, seront payés de leurs appointemens jusqu'au moment de leur départ; à leur retour au corps, ils seront rappelés de la moitié

---

(1) Les dispositions que contient cet article paraissent avoir été tirées des anciennes ordonnances sur les congés de semestre. Celle du 9 octobre 1758 portait, en outre, la peine de destitution (voyez aussi le numéro 28, vol. I) contre l'officier qui aurait signé pour l'absent : quant à ce dernier, il semble qu'il serait contre les règles de l'équité de le punir, s'il avait été compris sur l'état des semestres sans sa participation.

(2) Si le nombre des officiers, qui demanderaient à jouir du semestre, était inférieur à celui qui a été déterminé, l'officier-général, chargé de présider à cette opération, devra désigner, pour arriver au nombre indiqué, ceux qui, par leur fortune, peuvent plus facilement soutenir leur rang dans leur pays, et, dans le cas où il y en aurait un plus grand nombre, il désignera les plus instruits pour jouir du semestre. *Circulaire* du 22 août 1816.

(3) A l'inspecteur aux revues de la division qui fait lui-même les envois généraux aux autorités supérieures.

de leur solde de présence proprement dite, pour le temps pendant lequel ils auront été absens (1).

9. Les officiers semestriers qui ont le droit d'être montés, pourront emmener avec eux leurs chevaux ; mais on les préviendra que, dans ce cas, ils devront pourvoir à la nourriture de ces chevaux, au moyen de l'indemnité de fourrages dont le rappel leur sera fait à leur retour, en même temps que celui de leur solde (2).

10. Ceux qui n'auront point rejoint le corps à l'expiration du semestre, seront mis aux arrêts forcés, pour autant de jours qu'ils l'auront outre-passé ; ils seront en outre privés de tout rappel pour le temps de leur absence.

11. Si un corps reçoit ordre de quitter sa garnison ou son quartier pendant la durée du semestre, et que les officiers qui en jouissent n'aient pu être avertis que le semestre cessait pour eux, ils ne seront tenus de rejoindre le corps qu'à sa nouvelle destination ; mais s'ils ne se trouvent pas présens à l'expiration de leurs congés, ou à la revue d'arrivée, si elle est postérieure à cette expiration, ils seront privés de tout rappel, et punis conformément à ce qui est prescrit par l'article 10 (3).

12. Aucun officier absent légalement pour un motif étranger au service, à l'époque où seront désignés les officiers qui devront jouir du semestre, ne pourra y participer.

13. Il sera délivré aux officiers qui se rendront en semestre, une feuille de route, mais sans aucune indemnité ; il en sera de même pour le retour au corps (4).

14. Les officiers qui tomberont malades pendant la durée

---

(1) Les officiers qui se rendront en semestre recevront dans leurs foyers, à l'expiration de chaque mois, la solde de semestre, à laquelle ils ont droit : ce paiement aura lieu sur des revues individuelles délivrées par les inspecteurs et sous-inspecteurs, conformément au mode adopté pour les officiers sans troupe, etc. *Voyez la circulaire du 26 septembre 1816*, journal militaire, page 207, qui indique les titres à produire, et le mode d'après lequel ces paiemens seront régularisés.

(2) Ces dispositions sont applicables aux officiers d'infanterie comme à ceux de la cavalerie. Voyez le *numéro 882*, chapitre 13 de ce *supplément*.

(3) La revue d'arrivée d'un corps, à l'époque de son changement de garnison, pourrait n'être postérieure, à l'expiration des semestres, que d'un petit nombre de jours, et, dans ce cas, on ne pourrait, avec équité, appliquer les dispositions de l'article 10 à l'officier qui, n'ayant pas été prévenu à temps, se serait d'abord rendu à son ancienne garnison, et ne serait ensuite arrivé qu'après cette revue.

(4) Il semble qu'il serait juste d'accorder au semestrier, qui se trouverait dans la position indiquée par la note précédente, l'indemnité de route pendant l'espace qu'il aurait à parcourir pour se rendre de son ancienne garnison à la nouvelle.

de leur semestre, seront admis dans les hôpitaux militaires, sur la présentation de leur feuille de route (1) : à leur retour, ils subiront, sur le rappel de la demi-solde, la retenue déterminée pour les journées d'hôpitaux sur le pied de la solde entière.

15. Les officiers en semestre qui recevraient l'ordre ou l'autorisation de passer à un autre corps, et qui s'y rendront à l'époque fixée, y seront rappelés, à leur arrivée, de la solde de semestre, comme s'ils avaient rejoint leur ancien corps.

CHAPITRE DEUXIÈME.

INSTRUCTION MILITAIRE.

N.° 677.

(*Nota.*) On se souviendra que ce chapitre, ainsi que nous en avons fait l'observation au tableau de division générale qui se trouve en tête du vol. I.er, a seulement pour objet d'indiquer les réglemens qui sont relatifs à cette branche de la profession des armes : *Voy. les notes de la pag.* 99 *du vol. I.*

Il faut ajouter aux réglemens indiqués dans cette note, l'instruction donnée par le ministre de la guerre, le ..... février 1812, pour le service des chevau-légers avec les cuirassiers, et sur la manière de se servir des carabines et des mousquetons donnés au corps de ces deux armes. Cette *instruct.* a été insérée au *journ. milit.*, v. 46, p. 3.

---

(1) Voyez le *numéro* 27, vol. 1, relativement à ceux qui, par suite de leur état, ne pourraient se transporter aux hôpitaux.

CHAPITRE TROISIÈME.

AVANCEMENT AUX GRADES MILITAIRES.

N.º 678.

Circulaire portant que les dispositions du décret du 2 août 1811, sont suspendues jusqu'à nouvel ordre, G.

Du 24 mars 1813.

MESSIEURS, par décision du 19 de ce mois, S. M. a suspendu les dispositions du décret du 2 août 1811 (1), relatives à l'avancement des sous-officiers, caporaux, brigadiers et soldats. Le temps de service n'entrera donc plus, jusqu'à nouvel ordre, comme condition essentielle dans les promotions : on doit cependant donner la préférence aux plus anciens, lorsque, d'ailleurs, ils réuniront les qualités (2) propres à chaque grade. Il sera pourvu, d'après ce principe, aux emplois actuellement vacans, que les réglemens laissent à la nomination des corps. Je vous engage à concourir, en ce qui vous concerne respectivement, à l'exécution de cette mesure.

N.º 679.

Ordonnance du Roi, portant que, d'ici au 1.er juillet 1816, il ne sera proposé à Sa Majesté aucune demande de nomination ou d'avancement de grade dans l'armée de terre.

Du 18 juillet 1815.

LOUIS, etc.

Nous avons ordonné et ordonnons ce qui suit :

(1) Voy. le num. 40, pag. 123 du vol. I.
(2) Voy. le numéro 39, pag. 122 du même vol. -- Le réglement sur le service intérieur de l'infanterie et de la cavalerie, dont l'exécution a été provisoirement ordonnée en 1816, contient (art. 295) des dispositions sur le choix des sous-officiers : Voy. aussi le numéro 683.

Aʀᴛ. 1.ᵉʳ Considérant le nombre d'officiers de tout grade qui sera disponible par suite de la nouvelle organisation de l'armée, et voulant qu'ils soient appelés le plus promptement possible à occuper des emplois titulaires au fur et à mesure des vacances, notre ministre de la guerre ne pourra nous faire, d'ici au 1.ᵉʳ juillet 1816, aucune proposition quelconque, soit pour des nominations à des emplois d'office, soit pour des avancemens de grade dans l'armée.

N.º 680.

Ordonnance du Roi qui contient, pour les armées de terre, la maison militaire de Sa Majesté et la garde royale, des dispositions relatives aux grades honoraires et honorifiques et aux brevets de grade sans emploi.

Du 18 septembre 1815.

Lᴏᴜɪꜱ, etc.

Sur le compte qui nous a été rendu par notre ministre secrétaire d'état au département de la guerre, etc. etc.

Voulant qu'à l'avenir il n'y ait pas de grades sans emploi, ni de brevets sans fonctions;

Sur le rapport de notre ministre secrétaire d'état au département de la guerre, etc...

Tɪᴛʀᴇ 1.ᵉʳ

Grades honoraires.

Aʀᴛ. 1.ᵉʳ Les officiers de tout grade employés au 20 mars 1815, soit dans les corps, soit dans l'état-major général de l'armée et des places, et ceux en demi-solde, pourvus à cette époque d'un grade immédiatement supérieur à celui dont ils exerçaient l'emploi, seront considérés comme titulaires du grade que nous ne leur avions accordé que comme grade honoraire.

2. Seront également considérés comme titulaires du grade dont ils sont pourvus comme honoraires, les officiers à qui nous en avons accordé depuis le 20 mars jusqu'au 18 juillet dernier, soit qu'ils aient exercé, exercent ou non, l'emploi du grade immédiatement inférieur.

3. Les officiers auquel les dispositions des deux articles précédens sont applicables, prendront rang comme titulaires, à

dater du 1.er juillet 1815, et seront classés entre eux dans leurs grades et armes respectifs, selon la priorité de leur nomination au grade honoraire, mais après tous ceux qui étaient titulaires à cette époque.

4. Cette disposition n'empêchera point l'effet de notre ordonnance du 1.er août (1) à l'égard de tous ceux de ces officiers qui doivent et peuvent être mis à la retraite; mais leurs pensions seront réglées sur le grade dont ils sont investis titulairement par la présente ordonnance.

5. Le traitement des officiers promus par la présente ordonnance aux grades dont ils n'avaient que le titre honoraire, ne sera payé que de la date de ce jour, et sans rappel pour le temps écoulé depuis l'époque où ces officiers auront pris rang desdits grades.

TITRE 2.

Grades honorifiques.

6. Les grades accordés, antérieurement à la présente ordonnance, aux officiers de tout rang et de toute arme qui ont été admis à la retraite, continueront d'être purement honorifiques, et ne donneront lieu à aucune augmentation de pension; les marques distinctives de ces grades ne pourront être portées qu'avec l'uniforme qui sera affecté aux officiers en retraite (2).

7. Les officiers-généraux, supérieurs et particuliers, à qui nous avons accordé des grades honorifiques, sans expectative d'emploi et de traitement, et qui, en conséquence, n'ont pas reçu jusqu'à ce jour des lettres de service, pourront porter l'uniforme desdits grades; mais, dans le cas où ils demanderaient du service, ils ne pourront y être admis comme titulaires que dans le grade dont ils justifieront avoir été pourvus pendant deux ans, conformément aux réglemens.

Sont exceptés de cette disposition les officiers qui nous ont accompagnés ou rejoints depuis le 20 mars dernier.

TITRE 3.

Brevets de grade sans emploi.

8. Les officiers de tout grade non employés, à qui nous avons accordé des brevets *pour remplir les fonctions, jouir des honneurs, prérogatives, émolumens, etc.*, prendront rang parmi les titulaires, conformément aux dispositions du tit. 1.er

9. Ceux à qui nous avons accordé des brevets *pour tenir*

(1) *Numéro* 815.
(2) Voy. le *num.* 935.

ou prendre rang à partir du . . . . . sans qu'il y soit exprimé
pour en remplir les fonctions, jouir des émolumens, etc., entre-
ront dans la catégorie des officiers désignés en l'article 7.

TITRE 4.

Dispositions relatives à notre maison militaire et à notre garde royale.

10. Les dispositions des articles précédens sont applicables
à tous les officiers de notre maison militaire dont les grades
ou brevets sont indépendans de leur position dans les compagnies conservées ou supprimées.

11. Ceux des officiers de notre maison qui devront entrer
dans les corps et états-majors de notre armée, seront susceptibles d'y être admis dans les grades dont ils ont les brevets,
en raison de leur position effective dans les compagnies de
notre maison.

12. Ceux qui entreront dans la garde royale, seront susceptibles d'y être admis dans le grade immédiatement inférieur,
attendu qu'ils y trouveront le rang dont ils sont pourvus par
brevet. Pourront néanmoins y être reçus avec le grade dont
ils ont le brevet,

1.º Ceux qui ont servi au moins un an comme officiers
avant leur entrée dans notre maison ;

2.º Ceux qui nous ont accompagnés ou rejoints depuis le
20 mars ;

3.º Les brigadiers, maréchaux-des-logis, etc., des diverses
compagnies, qui avaient, avant d'y entrer, le brevet du grade
dont ils sont actuellement pourvus, ou qui nous ont accompagnés ou rejoints à Gand.

13. Pour faciliter l'emploi d'un plus grand nombre d'officiers du grade de lieutenant dans notre maison, ceux desdits
officiers qui ne se trouveront pas remplir les deux premières
conditions ci-dessus énoncées, pourront, sur leur demande,
être admis comme sous-lieutenans dans les corps de la garde
royale ou de la ligne.

TITRE 5.

Dispositions générales.

14. A dater de la promulgation de la présente ordonnance,
il ne sera plus accordé ni grades ni brevets honoraires ou
honorifiques pour prendre ou tenir rang, et sous aucune autre
dénomination quelconque, voulant qu'à l'avenir tout grade
et tout avancement soient effectifs, et accordés seulement à
raison des vacances d'emplois dans les cadres constitutifs de
l'armée.

15. Néanmoins nous nous réservons, comme moyen de récompenser les bons services, d'accorder, quand nous le jugerons convenable, et sur la proposition de notre ministre de la guerre, le brevet honorifique du grade immédiatement supérieur, aux officiers qui seront admis à la retraite, et qui auront plus de dix ans de service dans le grade où ils sont admis à la pension, sans que la pension puisse être réglée sur le grade honorifique que nous pourrons accorder.

16. Toutefois il n'est point dérogé aux dispositions de notre ordonnance du 11 juillet 1814 (1), ni à celle de notre ordonnance du 27 août suivant (1), en ce qui est relatif aux retraites accordées aux officiers de gendarmerie, d'artillerie et du génie, ayant plus de dix ans de service dans leur grade.

17. Notre ministre secrétaire d'état au département de la guerre nous présentera, sous le plus bref délai, des états indiquant,

1.º Les officiers pourvus de grades honoraires, et qui deviennent titulaires desdits grades en vertu de la présente ordonnance;

2.º Ceux qui, ne jouissant ni d'une pension de retraite, ni d'aucun traitement militaire, sont pourvus de grades honorifiques sans emploi et sans expectative d'activité.

N.º 681.

Ordonnance du Roi qui considère comme non avenu le décret du 23 août 1811 (2), et porte que les officiers qui ont été ou seront remis en activité de service, reprendront le rang auquel leur ancienneté de grade leur donne droit de prétendre.

Du 21 février 1816.

LOUIS, par la grâce de Dieu, etc.

Nous étant fait représenter le décret du 23 août 1811, qui porte, etc.

Considérant que ce décret prive les officiers remis en activité du rang auxquels ils doivent prétendre par leurs services précédens;

Sur le rapport de notre ministre secrétaire d'état au département de la guerre, etc.

ART. 1.ᵉʳ Le décret du 23 août 1811, sera considéré comme

---

(1) *Numéros* 769 et 812.
(2) Voy. le n.º 41, vol. I, pag. 124.

nul et non avenu. Les officiers des corps, qui avaient quitté le service, et qui ont été ou qui seront remis en activité, reprendront, dans les corps où ils auront été ou seront admis, le rang auquel leur ancienneté de grade leur donne droit de prétendre.

Ce rang sera fixé, chaque année, à l'époque de la revue qui sera passée par l'inspecteur-général (1); cependant, s'il survenait des vacances d'emploi de capitaine ou de lieutenant, dans l'intervalle de deux revues, l'officier remis en activité pendant cet intervalle, qui aurait droit à l'emploi vacant par son ancienneté de grade, en serait de suite pourvu.

2. L'admission dans les régimens de notre garde royale, donnant le rang supérieur du grade dont on remplit les fonctions (2), les officiers qui y seront admis, quelle que soit d'ailleurs leur ancienneté de grade dans d'autres corps, ne prendront rang dans le régiment de la garde où ils seront admis, qu'à dater du jour de l'expédition de leurs lettres de service pour ce régiment.

N.º 682.

Ordonnance relat. à l'avancement des sous-officiers, qui aura lieu au mois de juillet prochain, dans chacun des corps de la garde et de la ligne.

Du 5 juin 1816.

D'APRÈS le compte qui nous a été rendu par notre ministre secrétaire d'état au département de la guerre, sur les sous-officiers admis dans les régimens nouvellement organisés de notre garde et de la ligne;

Considérant que ces militaires s'y sont rendus très-utiles pour la formation et pour l'instruction des jeunes soldats; que la plupart ont des services anciens, des talens qui les distinguent, et qu'ils ont fait preuve de zèle et de dévouement dans plusieurs circonstances;

Voulant leur donner un témoignage de notre satisfaction, et les faire participer à l'avancement que notre intention est d'accorder aux militaires de tout grade qui s'en seront rendus dignes,

Nous avons ordonné et ordonnons ce qui suit:

ART. 1.er Notre ministre secrétaire d'état au département

---

(1) *Voyez* l'art. 68 de l'instruct. du 16 septembre 1816.
(2) Voy. le *num.* 700., art. 6.

de la guerre, nous proposera, dans le courant du mois de juillet prochain, de nommer à des emplois de sous-lieutenant, dans chacun des corps de notre garde et de la ligne, le nombre de sous-officiers désigné ci-après ; savoir :

Dans chacun des régimens d'infanterie de la garde, trois ;

Dans chacune des légions départementales, deux ;

Dans chacun des régimens de cavalerie de la garde royale, trois ;

Dans chacun des régimens de cavalerie de ligne, deux.

2. Les emplois qui sont restés vacans dans chaque corps, seront conférés de suite à ces nouveaux officiers.

Les sous-lieutenans qui ne pourraient pas être placés immédiatement, jouiront des prérogatives et émolumens attribués à leur grade, en attendant les premières places vacantes (1).

3. Cet avancement particulier ne dérogera que pour cette fois à l'ordonnance du 1.er septembre 1815, qui crée la garde royale, et d'après laquelle les officiers et sous-officiers qui en font partie, ne doivent obtenir de l'avancement qu'en passant dans la ligne (2).

N.° 683.

AVANCEMENT DES SOUS-OFFICIERS ET SOLDATS ; *Circul. du* 19 *décembre* 1816. — S. M. dans l'intention de fournir aux régimens de son armée des sujets capables, en laissant cependant des moyens suffisans d'avancement aux militaires qui sont déjà sous les drapeaux, lorsque leurs services et leur conduite les en rendront dignes, a ordonné de réserver, jusqu'à nouvel ordre, la moitié des emplois d'adjudans-sous-officiers, de sergens-majors et de sergens ; de maréchaux-des-logis-chefs et de maréchaux-des-logis, de fourriers, de caporaux et de brigadiers, qui viendront à vaquer dans les régimens d'infanterie et de cavalerie de ligne, pour les sous-officiers de ces grades qui n'ont pu entrer dans la composition primitive des corps au moment de leur formation, et qui ont été envoyés en congés illimités.

En conséquence, il devra être établi à l'avenir, dans les régimens, deux tours pour les promotions aux emplois de sous-officiers de chaque grade : le premier tour appartiendra à un militaire du corps, s'il s'en trouve qui méritent d'occuper l'emploi ; le second tour sera pour un militaire du grade vacant, en congé illimité. Lorsqu'il y aura lieu à pourvoir à un emploi, au second tour, le chef du corps en donnera

---

(1) Voy. la pag. 189 du vol. IV, note 2.
(2) Voy. le *num.* 700.

avis au général commandant la division ; et cet officier-général, d'après les instructions du ministère, fera choix parmi les sous-officiers non libérés du service, d'un sujet expérimenté et recommandable, qu'il fera diriger sur le régiment, et qui sera installé dans son grade à son arrivée.

Si le général commandant la division n'était pas en mesure de fournir le sous-officier dont le corps aurait besoin, on pourra alors s'adresser à un des généraux commandant les divisions voisines.

Dans le cas néanmoins, où le chef du corps aurait la connaissance directe, de quelques sous-officiers retirés dans leurs foyers, qui lui paraîtraient convenir aux emplois vacans, il pourrait les demander individuellement aux généraux commandant les divisions dans lesquelles ils se trouvent.

Le ministre termine cette circulaire en recommandant aux chefs des corps de ne faire tomber leurs choix que sur des militaires dont la conduite et l'instruction leur paraîtront le mériter, et d'éviter d'y faire participer, et le soldat qui, n'ayant d'autre titre que son ancienneté, n'aurait pas d'ailleurs les qualités requises, et le militaire très-jeune qui, récemment arrivé sous les drapeaux, ne peut encore avoir acquis l'aplomb et l'instruction nécessaires pour commander.

CHAPITRE QUATRIÈME.

DISPOSITIONS GÉNÉRALES

SUR LE SERVICE, LA POLICE ET LA DISCIPLINE.

N.° 684.

Instruction sur la correspondance à entretenir par les officiers-généraux, les chefs d'états-majors, etc., avec le ministère.

Du 18 août 1793.

INDÉPENDAMMENT de la correspondance intime et journalière de chaque général d'armée avec le ministre de la guerre, il lui sera envoyé par les chefs des états-majors généraux, tous les 15 jours, le 1.er et le 16 de chaque mois :

1.° L'état général de situation et de mouvement de tous les corps composant l'armée active et les garnisons de tout l'arrondissement, aux ordres de chaque général en chef;

2.° La carte des cantonnemens, avec la légende qui indique le nombre et le nom des régimens et des bataillons qui ont occupé chaque lieu et le séjour qu'ils y ont fait;

3.° Le plan des camps et du terrain sur lequel ils sont établis; les abattis, les fortifications qui ont été ou qui y seront à l'avenir élevées pour leur défense, y seront exprimés ainsi que les grandes gardes qui y sont posées, et les redans faits pour leur sûreté;

4.° La carte de l'ouverture des marches et du nombre des colonnes par où l'armée a dû ou devra marcher : on y distinguera celle de la cavalerie, de l'artillerie et des *charrois*, d'avec celle de l'infanterie.

Si des causes puissantes empêchent de faire le plan des marches et d'en figurer le terrain, l'on dressera néanmoins un itinéraire des lieux de passage de chaque colonne;

5.° Le plan de chaque combat, bataille, avec les alentours, les débouchés et les passages que le général, avant ou pendant l'action, aura donné ordre de reconnaître, garnir ou garder, pour prévenir, surprendre ou tourner l'ennemi. Ce croquis figuratif du terrain présentera, autant que possible, les mouvemens successifs des différens corps, les évolutions qu'opposent les ennemis, les batteries tant de la France que celles contre qui elle combat, leurs directions, leurs déplacemens, l'heure à laquelle chacune d'elles commencera à tirer, celle où elles finiront.

Toutes les cartes et plans qui ont été ou qui seront levés ou figurés à l'armée, seront remis au chef de l'état-major qui, aussitôt en fera faire une copie sur papier huilé, pour être ensuite envoyée au ministre de la guerre, en y joignant les notes descriptives, avec l'attention d'écrire en tête ou à l'émargement de ces envois : dépôt de la guerre.

N.° 685.

Circulaire qui fixe les attributions de l'autorité militaire, à l'égard de la sortie ou de l'arrivée des étrangers dans les places de guerre.

Du 24 nivôse an 13.

JE vous préviens, Messieurs, que, pour assurer l'harmonie qui doit régner entre l'autorité civile et l'autorité militaire, dans l'exécution des différentes mesures de police qui exigent le concours de l'une et de l'autre, j'ai pris, de concert avec Son Excellence le ministre de la police générale, une décision qui règle la manière dont ces autorités doivent se communiquer les renseignemens relatifs à l'entrée et à la sortie des étrangers dans les différentes places de guerre.

Il est arrêté par cette décision, qu'à l'entrée de chaque voyageur ou étranger dans une place, *le commandant d'armes*, aussitôt qu'il en aura reçu avis, fera parvenir directement et de suite le même avis à l'autorité civile, avec les noms et qualités des individus arrivant, par l'intermédiaire des portiers-consignes placés à l'entrée de la ville (1).

Ce mode de communication remplacera à l'avenir celui qui était prescrit par l'arrêté du 20 pluviôse an 4, qui chargeait les *commandans amovibles* des places de se rendre chaque jour, à une heure réglée, chez le *commissaire du pouvoir exécutif*, pour lui faire part des renseignemens qu'ils avaient reçus.

N.º 686.

Lettre adressée à M. le génér. command. la 10.ᵐᵉ divis. mil., sur les rapports de serv. qui doivent exister entre les direct. des fortifi., les chefs du génie et les command. d'armes, G.

Du 3 décembre 1812.

Général, je suis informé qu'il s'est élevé une discussion sur des rapports de service, entre M. le *commandant d'armes* et M. le directeur des fortifications à Perpignan. Cette discussion provient de ce que M. le *commandant d'armes*, écrivant fréquemment à M. le directeur pour les détails du service de la place, cet officier supérieur lui a répondu qu'en suivant cette marche, le service pourrait éprouver des retards, parce que l'exercice de ses fonctions l'obligeait à faire souvent des absences, et qu'il était plus naturel, et dans l'ordre même de l'administration, que M. le *commandant d'armes* s'adressât directement au chef du génie de la place.

Mais, M. le commandant, sur cette objection, a fait connaître à M. le directeur, qu'il ne pouvait s'absenter de la place sans l'en prévenir, et il a cru pouvoir se fonder à

---

(1) Voy. la pag. 171 du vol. 1, art. 78, ainsi que les art. 56 à 58 du *num.* 46, même vol., pag. 418.

cet égard, sur l'article 9, titre 20 de l'ordonnance du 1.er mars 1768, concernant le service des places.

Je dois vous faire observer que M. le général, *commandant d'armes*, présumant sans doute qu'il devait ne s'attacher qu'à la disposition citée dans sa lettre à M. le directeur, s'est trompé sur l'application de cet article, qui est ainsi conçu (1).

Il est donc évident, comme l'observe M. le directeur, que cet article ne concerne que les officiers du génie employés dans les places, et même ceux qui s'y trouvent en chef, sans qu'il puisse s'appliquer, sous aucun rapport, aux directeurs des fortifications, qui ne sont attachés à aucune place en particulier, et n'ont, par cela même, aucun compte à rendre, sur le service de la direction, aux *commandans d'armes* des places où ils résident temporairement.

Ce résultat est démontré par la teneur même de l'article cité, qui comporte évidemment deux dispositions bien distinctes : l'une, purement d'ordre, oblige l'officier du génie, en chef ou non en chef, de prévenir seulement le *commandant d'armes* de son absence, sans même lui en expliquer les motifs ; tandis que l'autre disposition, le faisant rentrer, vis-à-vis de son supérieur immédiat, dans l'ordre de la discipline militaire, le soumet à une demande motivée en permission d'absence, qui peut être refusée ou accordée, selon le plus ou moins d'exigeance des besoins du service, quand ce même officier veut sortir du territoire assigné à l'exercice de ses fonctions.

Dans cet état de choses, j'ai jugé que, d'après les lois et réglemens qui s'appliquent spécialement au matériel du génie, MM. les *commandans d'armes*, lors même qu'ils sont généraux, ne doivent correspondre, pour les détails du service de leur place, qu'avec le chef du génie, parce que les relations des autorités militaires administratives ne s'établissent entre elles que par les fonctions respectives, et non par le grade ; d'où il suit, quant à MM les directeurs des fortifications, qu'ils n'ont et ne doivent avoir de rapports de service obligés, qu'avec les généraux commandant les divisions dont les places de leur direction font partie, ainsi que cela se pratique sur tous les points de la France.

Je vous invite à informer de ma décision M. le *commandant d'armes* de Perpignan, afin de lui faire connaître la marche qu'il doit suivre dans ses relations de service avec le génie militaire.

_____

(1) Voyez la page 196 du vol I.

N.º 687.

Décr. concernant le nombre de chevaux de main, de chevaux de bât et voitures que les milit. de tous grades et autres fonction. empl. à l'armée, devront avoir à leur service.

Du 2 février 1813. – Journal militaire, vol. 47, page 33.

(*Nota.*) Ce décret, indépendamment des dispositions qui sont indiquées par le titre, contient des règles assez essentielles sur la police des équipages aux armées ; sur l'ordre dans lequel ils seront mis en mouvement ; leur distinction en grands et petits bagages ; sur les fonctions des vaguemestres-généraux et vaguemestres des corps.

Nous croyons néanmoins pouvoir nous dispenser de le placer dans ce recueil, attendu que les dispositions que contient ce décret, ne sont essentielles que pour la guerre, et qu'il subirait probablement quelques modifications, si les circonstances pour lesquelles il a été rendu venaient à se représenter.

N.º 688.

Circulaire sur l'ordre hiérarchique qui doit être observé quant aux demandes que l'on adresse au ministère, **G.**

Du 16 juin 1813.

Messieurs, je reçois fréquemment des demandes pour obtenir le passage d'un corps à un autre, des congés limités ou de réforme, ou pour tout autre objet ; ces demandes me sont adressées directement par des sous-officiers ou soldats. Vous n'ignorez pas que la hiérarchie militaire exige que toute demande de cette nature soit remise par le militaire qu'elle concerne à son supérieur immédiat, et que je ne dois en être prévenu que par l'intermédiaire du chef du corps, ou, s'il y a lieu, par le général commandant la division.

Vous voudrez bien, en conséquence, faire renouveler fréquemment la défense de correspondre directement avec moi, et prescrire de suivre l'ordre établi par les réglemens sur la transmission des demandes. Vous ferez connaître en même temps que je ne répondrai à aucune de celles qui me seraient adressées par des sous-officiers ou soldats, à moins qu'elles ne soient occasionnées par un déni de justice (1).

Je saisis cette occasion pour vous recommander expressément de ne solliciter le passage d'un sous-officier ou soldat d'un autre corps dans celui que vous commandez, que du consentement écrit du chef actuel de ce militaire ; cette pièce devra être jointe aux propositions de ce genre que vous serez dans le cas de m'adresser.

_____

N.° 689.

Instruction sur le nouveau mode de réception des nouveaux drapeaux, étendards et guidons, dans tous les corps qui composent l'armée française.

Du 12 août 1814.

Le ministre secrétaire d'état de la guerre,

Vu l'article 8 de l'ordonnance du Roi du 12 mai 1814, sur l'organisation de l'infanterie ;

Vu pareillement les articles correspondans des ordonnances du même jour, relatives à l'organisation des troupes à cheval, et des corps royaux de l'artillerie et du génie ;

Considérant qu'il importe de donner la plus grande solennité à la réception des nouveaux drapeaux que Sa Majesté accorde à ses troupes, a arrêté l'instruction suivante pour la réception de ces drapeaux, étendards et guidons :

Au jour qui sera indiqué pour la bénédiction des drapeaux, étendards ou guidons de chaque régiment, le corps prendra les armes et se rendra devant l'église dans laquelle la bénédiction doit avoir lieu, ou, à défaut d'emplacement, dans un local à portée de cette église : le drapeau, étendard ou guidon, sera enveloppé dans son fourreau, et porté par l'officier qui en a la charge ; l'ancien drapeau ou étendard, s'il en existe, sera porté par un sergent-major ou maréchal-des-logis en chef.

Arrivé au lieu désigné, le régiment se formera en bataille ; le général commandant le département se trouvera sur le terrain, ainsi que le sous-inspecteur aux revues ayant l'inspection du régiment.

_____

(1) *Voyez le numéro* 559, *page* 342 *du vol.* IV, et ci-après le *numéro* 1,014, sur l'ordre hiérarchique à observer pour les demandes qui sont du ressort de l'administration.

Le colonel commandant, accompagné du porte-drapeau, étendard ou guidon, se rendra dans l'église; le général, ainsi que le sous-inspecteur aux revues, s'y rendront pareillement: pendant la cérémonie religieuse, le drapeau, étendard ou guidon, sera tiré de son fourreau et déployé; il sera tenu par le colonel : au moment de la bénédiction, le régiment exécutera une salve de mousqueterie.

De retour devant le front du régiment, le colonel remettra le drapeau, l'étendard ou le guidon, à l'officier qui en a la charge; le régiment présentera les armes ou mettra le sabre à la main; les officiers salueront de l'épée ou du sabre; les tambours battront aux drapeaux, et les trompettes sonneront la marche des étendards; le colonel, accompagné du porte-drapeau, étendard ou guidon, parcourra le front de la droite à la gauche, et viendra faire face au centre du régiment, où se trouveront aussi le général et le sous-inspecteur aux revues.

Le colonel commandera de reposer sous les armes; le général fera ouvrir un ban; il retracera en peu de mots au régiment la solennité de cette cérémonie, et l'étendue des devoirs qu'elle impose aux militaires; on passera les armes dans la main gauche, et tous les officiers, sous-officiers et soldats leveront la main droite : le général dira ensuite au sous-inspecteur aux revues de lire la formule du serment, qui sera conçu en ces termes :

« Vous jurez d'être fidèles au Roi et d'obéir à vos chefs
» pour son service (1);

» Vous jurez de ne pas abandonner votre drapeau, de le
» suivre en tout lieu et de le défendre au péril de votre
» vie. »

Tous les officiers, sous-officiers et soldats répéteront : *Je le jure.*

Le général fera fermer le ban. Le régiment présentera les armes ou mettra le sabre à la main, ainsi qu'il a été dit ci-dessus, et le porte-drapeau, étendard ou guidon, ira prendre la place qui lui est assignée par les ordonnances.

Les anciens drapeaux ou étendards seront brûlés.

Le sous-inspecteur aux revues dressera un procès-verbal de cette cérémonie : ce procès-verbal sera signé par le général commandant le département, et par le colonel commandant le régiment : il en sera fait trois expéditions, dont l'une sera déposée dans les archives du régiment; la seconde sera adressée au ministre secrétaire d'état de la guerre, et la troisième restera, pour minute, entre les mains du sous-inspecteur aux revues.

---

(1) *Voyez*, relativement au serment des troupes, le *numéro* 725.

N.º 690.

Circulaire sur la conservation des fortifications et des établissemens militaires ; mode d'après lequel le service doit être réglé ; permissions de travailleurs, etc.

Du 21 décembre 1814.

Messieurs, j'ai dû fixer mon attention sur le relâchement qui s'est introduit dans la police des places de guerre, en ce qui concerne plus particulièrement l'exécution des lois, ordonnances et réglemens sur la conservation des fortifications et des établissemens militaires. La cause primitive de ce relâchement doit être attribuée, sans doute, à l'insuffisance et à la mobilité continuelle des garnisons, depuis plusieurs années ; mais, quoique cette cause ait dû cesser par la permanence des garnisons, je suis informé que la multiplicité des gardes d'honneur absorbe, en grande partie, les moyens de surveillance, quand les garnisons sont faibles ; et je sais que ces moyens sont encore restreints, dans plusieurs places, par la trop grande extension que l'on donne à l'usage d'accorder aux troupes des permissions de travailler en ville, en portant le nombre de ces permissions souvent à près du tiers de l'effectif des corps, tandis qu'aux termes des ordonnances, il ne devrait pas s'élever à plus de *six hommes* par compagnie (1), sans qu'il en puisse jamais résulter aucune dispense absolue de service.

Comme il importe, pour faire cesser ces abus, de se rattacher au principe de l'institution des garnisons permanentes, qui ont pour objet la défense des forteresses et de leur territoire, ainsi que la surveillance continuelle des ouvrages défensifs et du matériel des places de guerre, afin d'en assurer la conservation et de prévenir toute espèce de dégradations, je vous recommande, messieurs, de prescrire toutes les mesures nécessaires, à l'effet de maintenir, sans interruption, dans les places, citadelles, forts ou châteaux, le service des postes les plus importans, tels que les portes et leurs avancées, les magasins à poudre, arsenaux, remparts, etc ; de manière qu'ils soient *toujours munis de factionnaires*, de

---

(1) Voyez la page 217 du vol. I, art. 124. — Voyez aussi l'art. 353 du réglement sur le service intérieur de l'infanterie, dont l'exécution a été provisoirement ordonnée en 1816.

préférence à tous les autres postes, d'après l'état que vous en ferez dresser, eu égard à la force des garnisons, chaque fois que leur effectif éprouvera des changemens sensibles. Dans les places où les ouvrages sont palissadés, vous voudrez bien donner des ordres particuliers pour que l'on prenne tous les moyens de veiller à la conservation des palissades, et à celle des blindages et autres bois approvisionnés pour la défense.

Quant aux permissions à accorder aux soldats travailleurs, MM. les généraux veilleront exactement à ce qu'on se conforme à ce qui est prescrit par les articles 124, 126 et 128, titre XXI de l'ordonnance du 1.er mars 1768, sur le service des places (1).

Je laisse aussi à MM. les officiers-généraux le soin de réduire *au strict nécessaire* le nombre et la composition des gardes d'honneur qu'il pourra être indispensable d'accorder, bien persuadé que, dans les dispositions qu'ils jugeront à propos de prescrire à ce sujet, ils auront d'abord en vue le plus grand avantage du service du Roi, en basant, par analogie, le résultat de ces dispositions sur celles qui sont prévues par l'article 45, titre XXVII de l'ordonnance déjà citée.

N.° 691.

DÉPART ET ARRIVÉE DES TROUPES; DISPOSITIONS DE POLICE; *décision royale du* 11 *septembre* 1816.

Il est interdit à toute force-armée, quelle qu'elle soit, de prendre les armes, et de se mettre en mouvement pour l'arrivée des corps en marche; il est également défendu à toute autorité constituée, d'aller recevoir ces corps ou de les accompagner hors des villes; on doit enfin, dans toutes les places de guerre, villes de garnison et gîtes d'étape, s'en tenir rigoureusement, en ce qui concerne le départ et l'arrivée des troupes de toutes armes, aux dispositions de l'ordonnance du 1.er mars 1768 (2).

---

(1) Voyez *idem*, et la page 385 du *même volume*.
(2) Voyez les pages 133 et 235 du vol. I.

CHAPITRE CINQUIÈME.

DISPOSITIONS GÉNÉRALES

SUR L'ORGANISATION DE L'ARMÉE, SUR LA MAISON DU ROI ET SUR LA GARDE ROYALE.

I.re SUBDIVISION (1).

N.º 692.

Ordonnance du Roi concernant le rétablissement des gardes-du-corps.

Du 25 mai 1814.

(*Nota.*) S. M. avait également rétabli, par ses ordonnances du 15 juillet suivant (bulletins n.os 28 et 30 de la 5.me série), la compagnie des cent-suisses; celle des gardes-du-corps de Monsieur; celle des gardes de la porte; des grenadiers à cheval; les deux compagnies de mousquetaires; et celle des gendarmes de la garde : toutes ces compagnies, à l'exception de celles des gardes de Monsieur et des cent-suisses, ont été supprimées par l'ordonnance du 1.er septembre 1815, *numéro 700.*

SA MAJESTÉ, n'ayant cessé de conserver le souvenir des services rendus aux Rois ses prédécesseurs, et des preuves répétées de valeur, de fidélité et d'entier dévouement, données dans tous les temps, et plus particulièrement à son auguste frère Louis XVI, de glorieuse mémoire, par les gardes-du-

---

(1) Cette subdivision ne se trouve pas dans le recueil; on a cru devoir l'ajouter au supplément, afin d'y placer les dispositions qui sont relatives à la garde royale et à la maison de S. M.

corps, a jugé à propos de les maintenir auprès de sa personne (1).

Sa Majesté, après s'être fait représenter l'ordonnance de
Louis XIV (1) relative à la création des gardes-du-corps, et
avoir reconnu que plusieurs ordonnances postérieures se sont
trop écartées de la primitive institution de ce corps, a résolu
de s'en rapprocher autant que le comporte la différence
des temps ; et elle a, en conséquence, ordonné et ordonne
ce qui suit :

ART. 1.er Le corps des gardes-du-corps du Roi est rétabli :
il sera composé de six compagnies distinctes et s'administrant
séparément : elles prendront rang entre elles par 1.re, 2.me,
3.me, 4.me, 5.me et 6.me ; et la première conservera son ancienne dénomination de *compagnie écossaise* (2).

Un état-major-général est, et demeurera attaché à ce corps ;
*et le corps aura une compagnie d'artillerie divisée en six
escouades, à raison d'une escouade par compagnie, chaque*

---

(1) On ne peut fixer, d'une manière certaine, l'époque de l'institution
des gardes-du-corps, en France ; tout ce qu'on peut dire c'est qu'elle
doit remonter aux premiers temps de la monarchie. On lit dans
l'histoire de Grégoire de Tours, que Gontran, Roi d'Orléans, voyant
que ses deux frères, l'un Roi de Metz ou d'Austrasie, l'autre Roi de
Soissons et de Paris, avaient été tués, fit garder sa personne par un
nombre d'officiers qui l'accompagnaient en tous lieux. On voit aussi
que Philippe-Auguste, lorsqu'il était dans la Palestine créa des
gardes pour défendre sa personne contre les sicaires, envoyés par le
Vieux de la Montagne pour assassiner les princes chrétiens.

Charles VII retint, dit-on, à sa garde, un nombre d'écossais, tirés
de ceux que les comtes de Duncan et de Douglas lui amenèrent
pour chasser les anglais. Louis XI créa une compagnie de lanciers ;
il retint aussi, en 1481, les suisses à son service, et prit, à la re-
commandation de Charles VII, une compagnie des soldats de cette
nation, pour la garde ordinaire de sa personne ; compagnie qui fut
confirmée dans cette fonction par Charles VIII, en 1496.

Les gardes-du-corps, sous Louis XIV, étaient divisés en gardes
du dedans et en gardes du dehors. Les premiers, qui servaient
principalement dans l'intérieur du palais du Roi, étaient les gardes-
du-corps, les cent-suisses, les gardes de la porte, les gardes de la
prévôté de l'hôtel : ceux du dehors, étaient les gendarmes, les
chevau-légers, les mousquetaires, les régimens des gardes françaises
et suisses. (*Voyez l'histoire de la milice française par le P. Daniel ;
le dictionnaire de Moreri et l'encyclopédie.*)

Cette dernière division du service de la maison du Roi, a été en
partie consacrée *par l'ordonnance du 31 décembre 1815, numéro 707.*
(2) La 4.me et la 5.me compagnie ont été supprimées par l'ordonnance
du 1.er septembre 1815, *numéro 700* : les quatre autres compagnies
doivent être réduites à quatre brigades chacune, et doivent être composées de 240 gardes et 60 *surnuméraires.* Voyez le *numéro 704.*

escouade devant être armée de deux bouches à feu, qui seront servies par des gardes-du-corps (1).

2. Chacune des six compagnies des gardes-du-corps sera composée de, savoir :

État-major de compagnie. Un capitaine des gardes; un aide-major; un sous-aide-major; trois porte-étendards; un fourrier; deux sous-fourriers; deux instructeurs; douze trompettes; un trésorier; un aumônier; un chirurgien-major; un piqueur, et un sous-inspecteur aux revues.

Compagnie (1). Un commandant d'escadron (c'est le plus ancien lieutenant); six lieutenans; treize sous-lieutenans, dont un sera tiré du corps royal de l'artillerie; treize maréchaux-des-logis, dont un sera tiré du corps royal de l'artillerie; vingt-quatre brigadiers; trois cent soixante gardes-du-corps, qui feront alternativement le service de l'artillerie du corps, et soixante gardes surnuméraires, sans appointemens.

3. L'état-major-général, qui doit être constamment en service dans le lieu de la résidence du Roi, sera composé d'un major; deux aides-majors-généraux; un lieutenant commandant l'artillerie; un fourrier-major; deux sous-fourriers, et un inspecteur aux revues.

4. Sa Majesté voulant, pour le choix des officiers destinés à commander ses gardes-du-corps, se reporter au principe de leur institution, d'après lequel Louis XIV décida que les emplois d'officiers de ses gardes seraient la récompense des belles actions, des talens militaires et du mérite personnel, ordonne, que, postérieurement à la présente formation, les règles pour les nominations et l'avancement seront celles ci-après :

Les places de lieutenant qui viendront à vaquer dans chaque compagnie, seront données alternativement aux premiers sous-lieutenans de la même compagnie où les vacances existeront, et aux officiers-généraux de l'armée (2).

Les places de sous-lieutenant, dans chaque compagnie, seront de même données alternativement aux maréchaux-des-logis de la compagnie où la sous-lieutenance sera vacante, et aux colonels, majors et chefs d'escadron des troupes à cheval.

Le major sera toujours choisi, par les capitaines des gardes, parmi les lieutenans du corps, et présenté au Roi par le capitaine de service.

---

(1) Voyez le même *numéro* qui fixe la composition de l'état-major et des compagnies, et supprime les six escouades d'artillerie.

(2) Cet article est modifié. — Voyez au surplus l'*ordonnance* du 25 septembre 1815, contenant des dispositions nouvelles sur le rang, l'avancement et le traitement des gardes-du-corps.

Les aides-majors-généraux et les aides-majors de compagnie seront toujours choisis parmi les sous-lieutenans du corps, savoir : l'aide-major-général, par les capitaines des gardes, et présenté au Roi par le capitaine de service ; et l'aide-major de compagnie, par le capitaine de la compagnie où la place d'aide-major sera vacante.

Les places de sous-aide-major et celles de porte-étendard, sont et demeureront au choix du capitaine de la compagnie où ces places viendront à vaquer.

Veut au surplus Sa Majesté, que, pour la formation actuelle, ses capitaines des gardes lui présentent, pour les emplois d'officier et de garde,

1.º Les officiers et gardes de l'ancien corps des gardes-du-corps du Roi, qui sont encore en état de servir ;

2.º Des officiers-généraux et des officiers supérieurs, et autres de ses armées.

Les capitaines des gardes préviendront le secrétaire d'état du département de la guerre, des choix qu'ils auront faits parmi les officiers de l'armée.

5. L'aspirant à une place de garde-du-corps sera proposé au capitaine par un officier ou garde de sa compagnie ; il devra être muni de son acte de naissance, d'un certificat de quatre notables, constatant sa bonne conduite, l'état de sa famille et l'obligation par elle d'assurer à l'aspirant six cents francs de pension. Si l'aspirant a des services militaires, il en produira le certificat en bonne et due forme.

La taille exigée est de cinq pieds six pouces.

La vérification de toutes les conditions prescrites pour un aspirant, est dans les attributions du major des gardes-du-corps, qui en rendra compte au capitaine des gardes (1).

6. Les lieutenans et les aides-majors sont colonels de droit, du jour de leur nomination, s'ils n'ont pas déjà ce grade ou un grade supérieur. Ils conservent leurs places dans le corps, quand ils sont promus au grade d'officier-général.

L'aide-major commande tous les sous-lieutenans. Lorsque son ancienneté le portera à une lieutenance, il pourra conserver sa place d'aide-major, si le capitaine juge que cela soit utile au bien du service ; et alors l'aide-major recevra le grade de lieutenant des gardes-du-corps, et en touchera les appointemens (2).

7. Les sous-lieutenans ont le grade de major. Ils seront susceptibles d'obtenir le grade de colonel, après quatre ans

---

(1) Même observation qu'à l'article 4. Voyez l'article 7 du *Num*. 704.
(2) Même observation qu'à l'article 4, à l'égard de ces dispositions et des suivantes.

de service dans la place de sous-lieutenant des gardes-du-corps.

Les sous-lieutenans venant du corps seront susceptibles d'obtenir le grade de colonel, après deux ans de service comme sous-lieutenans.

Les sous-aide-majors sont sous-lieutenans; mais ils sont commandés par tous les sous-lieutenans : néanmoins ils roulent avec ceux-ci, à la date de leur nomination, soit pour occuper une sous-lieutenance, soit pour monter à une lieutenance.

8. Les trois porte-étendards, dans chaque compagnie, sont derniers sous-lieutenans, et sont commandés par tous les sous-lieutenans. Ils ont le grade de chef d'escadron dans l'armée.

9. Les deux premiers maréchaux-des-logis de chaque compagnie ont le grade de major, s'ils ont quatre ans de service comme maréchaux-des-logis dans le corps.

Les quatre maréchaux-des-logis venant après les deux premiers, ont le grade de chef d'escadron, s'ils ont trois ans de service dans le corps comme maréchaux-des-logis.

Les sept autres maréchaux-des-logis et les brigadiers ont le grade de capitaine, du jour de leur réception dans leur emploi (1).

10. Les gardes-du-corps sont lieutenans de cavalerie, et recevront le brevet de ce grade à la date de leur réception. Ils auront, après dix ans de service dans le corps, le grade de capitaine de cavalerie dans l'armée ; ils y prendraient leur rang en conséquence, s'ils venaient à être appelés dans un des régimens de troupes à cheval.

11. Les gardes surnuméraires auront le grade de sous-lieutenant de cavalerie (2). Sa Majesté autorise les capitaines de ses gardes-du-corps à lui proposer pour surnuméraires des jeunes gens de l'âge de seize ans, fils ou d'officiers-généraux, ou d'officiers de ses gardes-du-corps, ou appartenant aux premières classes de l'état ; mais le nombre de ces surnuméraires, pour lesquels la condition de la taille n'est pas exigible, ne pourra excéder celui de douze par compagnie. Sa Majesté se réserve d'accorder à cette classe de surnuméraires le grade de capitaine, quand elle le jugera à propos ; mais seulement lorsque le surnuméraire aura trois ans d'admission dans le corps, et s'il a servi trois mois chaque année au quartier de la compagnie à laquelle il sera attaché.

Entend d'ailleurs Sa Majesté qu'aucun mémoire des officiers et gardes, pour des demandes particulières, ne puisse

---

(1) Voyez l'observation précédente.
(2) Voyez les articles 4 et 9 du *numéro* 704.

lui être présenté, sans être signé du capitaine, comme garant du mérite personnel de celui qui sollicitera une grâce quelconque.

12. Les appointemens et solde des officiers et gardes, de l'inspecteur aux revues et des sous-inspecteurs attachés à ce corps, et de tous les employés à sa suite, ont été réglés par Sa Majesté, et sont compris dans le tarif annexé à la présente ordonnance (1).

Sa Majesté conserve en outre au premier homme-d'armes de la compagnie écossaise son ancien supplément de solde de trois cents francs par an, et à chacun des douze gardes-de-la-manche (2) celui de deux cents francs, aussi par an, dont ils jouissaient précédemment.

Les gardes surnuméraires n'ont pas de solde; mais le logement leur est fourni tant en *quartier* qu'en marche. En cas de guerre, et le corps faisant la campagne, tous les surnuméraires se rendront au quartier de leur compagnie; vingt-quatre en seront détachés pour compléter les escadrons de campagne, et ils recevront la solde des gardes en campagne; et les trente-six autres gardes surnuméraires, en service constant au quartier, recevront la solde de garde-du-corps en pied, aussi long-temps qu'ils y resteront.

Les appointemens et solde des officiers et gardes seront payés à l'état-major de leur compagnie respective, et ceux de l'état-major-général seront payés au lieu de la résidence du Roi.

13. Le Roi accorde et met annuellement à la disposition de chacun de ses six capitaines des gardes, une somme de dix mille francs, pour être distribuée, soit comme indemnité, soit en gratification, aux officiers inférieurs et gardes qu'ils en jugeront susceptibles.

14. Sa Majesté établit et accorde, 1.º *une masse de cent cinquante francs* par an, sous le titre de masse d'habillement, pour chaque maréchal-des-logis, brigadier, fourrier, garde-du-corps et trompette : cette masse sera payée au complet; elle pourvoira à l'entretien et au renouvellement du grand

_____

(1) Ce tarif a été modifié par celui qui est annexé à l'ordonnance du 25 septembre. Voyez le tarif, *numéro* 53.
(2) Les gardes-de-la-Manche sont ceux des gardes-du-corps qui, à la messe, aux audiences et aux autres cérémonies publiques, sont placés de chaque côté et près de la manche du Roi : autrefois ils devaient, pour ce service, être armés de la hallebarde, et avoir un hocqueton en broderie. *Voyez le code militaire de Briquet*, *vol.* 4, *page* 146. Aux funérailles du Roi, ils se tiennent debout aux côtés du lit; ils déposent le corps dans le cercueil, au lieu qui lui est destiné.

uniforme, d'après le modèle qu'il plaira à Sa Majesté d'arrêter (1).

2.º *Une masse de deux cents francs par an*, sous le titre de masse de remontes, par chaque cheval de troupe et de trait : cette masse sera payée au complet ; elle pourvoira à l'achat des remontes, au renouvellement et à l'entretien de l'équipement et du harnachement, ainsi qu'aux frais de ferrage et d'écurie, et généralement à toute espèce de dépenses y relatives (1).

L'intention du Roi est que ces deux masses d'habillement et de remontes soient toujours payées au complet, et en même temps que la solde.

En cas de guerre, et le corps faisant la campagne, Sa Majesté se réserve de donner aux compagnies de ses gardes les secours qu'elle jugera leur être nécessaires.

Tous les frais concernant le corps, et non encore indiqués, tels que ceux d'achat et d'entretien de tentes et autres effets de campement, dont Sa Majesté veut que chaque compagnie ait à se pourvoir pour les escadrons de campagne, seront payés sur les fonds des masses, après qu'elles auront satisfait aux dépenses de leur principal objet.

15. Sa Majesté accorde une somme de cinquante mille francs par an, pour l'entretien de l'équipage du *guet*, dont le complet sera de cent quatre-vingts chevaux ; cette masse se paiera avec la solde à l'état-major-général du corps.

16. Les fourrages pour les chevaux de troupe et de trait, et pour les chevaux du guet, seront fournis, par les soins du corps, au prix courant des marchés, constaté par le certificat des autorités civiles ; ce prix sera fixe pour trois mois, à l'expiration desquels il s'accroîtra ou diminuera suivant le prix courant, et ainsi de trois en trois mois : cette dépense se paiera avec la solde.

La ration de fourrages sera la même que celle qui se trouve fixée pour les chevaux de la grosse cavalerie de l'armée.

17. Sa Majesté accorde à chacun des officiers des gardes-du-corps des six compagnies et de l'état-major, *deux places de fourrages*, sous l'obligation par eux d'avoir à leur compagnie *deux* chevaux d'escadron : les fourrages ne seront fournis que pour les chevaux présens.

18. Les arsenaux et magasins militaires pourvoiront à l'artillerie et à l'armement nécessaires au corps des gardes-du-corps de Sa Majesté.

19. Le Roi rétablit l'administration des compagnies de ses gardes-du-corps, telle qu'elle était sous les règnes de

(1) *Voyez l'article* 29 *du numéro* 704.

Louis XIV et de Louis XV. Chaque capitaine, assisté de son aide-major, régira les finances et surveillera tous les détails de sa compagnie (1).

Les affaires du corps seront examinées et discutées dans un conseil, qui sera composé des six capitaines. Le major fera les fonctions de rapporteur au conseil, et l'inspecteur aux revues du corps y assistera ; mais ni le major ni l'inspecteur n'auront voix délibérative.

20. Sa Majesté, voulant se référer aux anciennes ordonnances relativement aux rapports distincts que le corps des gardes-du-corps doit reprendre et conserver avec deux secrétaires d'état, et dérogeant à cet égard aux ordonnances de 1784 et 1788, ordonne,

1.º Que les provisions et brevets d'emplois dans le corps seront expédiés par le secrétaire d'état du département de la maison de Sa Majesté, et que les appointemens, solde et masses, et toutes autres dépenses du corps, seront dans les attributions de ce même secrétaire d'état, ainsi que le maintien des prérogatives et avantages de commensalité attribués au corps, et particulièrement aux capitaines des gardes ;

2.º Que l'expédition des commissions et brevets des grades dans l'armée, accordés, par la présente ordonnance, aux officiers et gardes, et l'expédition de toutes les grâces militaires quelconques dont ils seront susceptibles, seront dans les attributions du secrétaire d'état du département de la guerre (2) ;

A l'effet de quoi, chacun des six capitaines des gardes sera pour sa compagnie, en rapport avec les deux secrétaires d'état, à raison de leurs attributions respectives.

21. Les six capitaines des gardes-du-corps s'occuperont, sans retard, d'un réglement sur le service de leur compagnie dans les quartiers qui leur seront désignés, ainsi que sur le service dans le lieu de la résidence du Roi et auprès de

_____

(1) Le code militaire de Briquet, édit de 1761, vol. 4, page 127 à 155, contient plusieurs ordonnances relatives au service, aux prérogatives et au traitement des gardes-du-corps. Le titre 98 dispose que les commissaires, départis à la conduite et police de ces compagnies, demeurent sous la dépendance des capitaines et capitaines-lieutenans ; et qu'ils sont responsables, à eux, des états de leurs revues : néanmoins ces dispositions ne peuvent plus, sans doute, être rigoureusement suivies, et l'on pense qu'elles doivent être mises en harmonie, avec les principes sur lesquels sont basés le traitement et l'administration de la maison du Roi.

(2) Ces dispositions sont développées dans un ordre donné par S. M., le 8 janvier 1815. Cet acte, entre autres dispositions, porte que toutes demandes de grâces, avant d'être soumises au Roi par les capitaines des gardes, devront être communiquées au secrétaire d'état de la guerre, pour qu'il donne son avis sur ces demandes.

sa personne, entendant Sa Majesté qu'il règne dans les six compagnies la plus parfaite uniformité de tenue, d'instruction et de discipline.

22. Aussitôt que la nouvelle composition du corps sera effectuée, chacun des six capitaines dressera et certifiera l'état nominatif des officiers et gardes de sa compagnie; et en fera l'envoi aux deux secrétaires d'état auxquels ressortit le corps des gardes-du-corps, afin qu'ils fassent expédier, sans retard, chacun en ce qui le concerne, tant les provisions et brevets d'emploi dans le corps, que les commissions et brevets de grades dans l'armée, des officiers et gardes, conformément aux dispositions prescrites par la présente ordonnance.

Les dispositions exprimées dans l'ordonnance du 23 de ce mois, en ce qui est contraire à celles de la présente, sont et doivent être regardées comme nulles et non avenues.

Mande et ordonne Sa Majesté aux capitaines des six compagnies de ses gardes-du-corps, de tenir la main à l'exécution de la présente ordonnance.

N.° 693.

Ordonnances du Roi, concernant l'organisation des corps d'infanterie et de cavalerie composant la vieille garde.

Du 12 mai et du 21 juin 1814.

(*Nota.*) LA première de ces ordonnances porte: 1.° que l'infanterie de la vieille garde formera deux régimens, sous la dénomination de corps royal des grenadiers, et de corps royal des chasseurs à pied de France ; 2.° que des troupes à cheval de la même garde, on formera 4 régimens, sous la dénomination de corps royal des cuirassiers, des dragons, des chasseurs à cheval et des chevau-légers lanciers de France.

Les corps de cavalerie ont été réorganisés par suite de l'ordonnance du 21 juin suivant (*Bulletin*, n.° 30), dont on se dispensera de rapporter ici les dispositions, ainsi que celles de l'ordonnance du 12 mai, attendu que ces corps n'existent plus, et qu'ils ont été compris dans les dispositions générales, relatives au licenciement de l'armée.

Les militaires qui faisaient partie de l'artillerie et du train d'artillerie, avaient également été licenciés, et avaient été incorporés dans les régimens de leur arme, par suite des dispositions des ordonn. des 12 mai et 30 août 1814. (*Bullet.*, n.°s 14 et 36.)

Ces différentes ordonnances conservaient, à tous les sous-officiers et soldats qui avaient fait partie de l'ex-vieille garde, une haute-paye qui était accordée à raison de la position actuelle de ceux qui étaient dans le cas de l'obtenir ; qui n'était susceptible d'aucun accroissement, et qui devait cesser d'être allouée à compter du jour où ces hommes passeraient au grade d'officier. (Voy. sur cette haute-paye, l'art. 12 de l'ordonn. du 21 juin, celle du 30 août précédemment citées, et la circul. ministérielle du 19 décembre 1814.)

Cette disposition n'est point rappelée dans les ordonn. qui ont été publiées dernièrement sur le licenciement et la réorganisation des différens corps de troupes ; néanmoins elle ne se trouve révoquée par aucune décision spéciale.

On croit pouvoir se dispenser de placer dans ce supplément, les actes que l'on vient de citer, attendu qu'ils se trouvent abrogés par ceux que l'on a publiés depuis peu, à l'exception de cette dernière disposition, et d'un petit nombre d'autres qui ne sont pas généralement utiles à connaître.

N.° 694.

Ordonnance du Roi concernant la compagnie des cent-suisses.

Du 15 juillet 1814.

DE PAR LE ROI.

SA MAJESTÉ, trouvant les moyens de récompenser d'utiles services, en rétablissant sa maison militaire telle qu'elle existait autrefois, sauf les changemens que comporte la différence des temps, s'est fait représenter les anciennes ordonnances concernant la compagnie des cent-suisses (1), et particulièrement celle du 2 juillet 1776, qui atteste la fidélité de cette compagnie envers les Rois ses prédécesseurs, et règle les grades des officiers et sous-officiers des cent-suisses dans ses troupes d'infanterie. En conséquence, Sa Majesté a ordonné et ordonne ce qui suit :

ART. 1.er La compagnie des cent gardes-suisses ordinaires du corps du Roi, sera composée de (2),

Etat-major : 1 capitaine-colonel ; 1 aide-major ; 1 sous-aide-major ; 1 porte-drapeau ; 1 fourrier-major, faisant les fonctions de quartier-maître ; 1 aumônier ; 1 chirurgien-major ; et 1 sous-inspecteur aux revues.

Compagnie : 2 lieutenans ; 2 sous-lieutenans ; 2 sergens-majors ; 4 sergens ; 2 fourriers ; 8 caporaux ; 100 gardes-suisses ; 4 tambours ; et 2 fifres.

---

1) On fait remonter la création de cette compagnie au règne de Louis XI ; voy. la note de la page 48.

(2) Voy. l'ordonnance du 14 décembre 1815, *num.* 705, contenant des dispositions nouvelles sur la composition de cette compagnie.

Il y aura, pour cette formation, et sans tirer à conséquence pour l'avenir, quatre sous-lieutenans surnuméraires, sans appointemens.

2. Veut Sa Majesté que, pour la présente formation, le capitaine-colonel lui présente, pour les emplois de lieutenans, de sous-lieutenans et de porte-drapeau,

1.º Les officiers de l'ancienne compagnie qui sont encore en état de servir;

2.º Les officiers de l'ancienne compagnie des suisses de Monsieur, aujourd'hui Roi, qui sont en état de servir;

3.º Des officiers supérieurs des armées.

3. Le capitaine-colonel présentera, pour les emplois d'aide-major et de sous-aide-major, des officiers supérieurs de son choix, ou venant des anciennes compagnies, ou actuellement en activité de service dans les armées.

Le fourrier-major est au choix du capitaine-colonel; mais il faut que l'officier qui sera proposé à cet emploi, ait déjà le grade de capitaine, à moins qu'il ne vienne des anciennes compagnies.

Les sergens-majors, sergens, fourriers et caporaux, seront pris parmi les sous-officiers et suisses des anciennes compagnies que le capitaine-colonel jugera propres à ce service, ou parmi les officiers et sous-officiers des régimens suisses au service de Sa Majesté, en suivant les règles de la capitulation avec les cantons, ou enfin parmi les officiers et sous-officiers des troupes de l'infanterie française.

Le capitaine-colonel aura soin de prévenir le secrétaire d'état du département de la guerre, des choix qu'il aura faits, ou fera par la suite, parmi les officiers et sous-officiers de l'armée.

4. Postérieurement à la formation de la compagnie, les règles pour les nominations et l'avancement seront celles ci-après (1):

Les places de lieutenant qui viendront à vaquer, seront données, savoir: la première au premier sous-lieutenant en pied de la compagnie; la seconde à un officier supérieur de l'armée.

Les places de sous-lieutenant en pied seront alternativement données,

1.º Au plus ancien sergent-major;

2.º Au plus ancien sous-lieutenant surnuméraire;

3.º A un sergent-major au choix du capitaine-colonel;

4.º A un officier supérieur de l'armée.

Après que les quatre sous-lieutenans surnuméraires de la première formation seront arrivés à des sous-lieutenances en pied, les sous-lieutenances qui viendront à vaquer seront

_____

(1) Voy. le *num.* 705.

données alternativement à un sergent-major, et à un officier supérieur de l'infanterie.

L'aide-major sera toujours choisi parmi les sous-lieutenans de la compagnie.

Le sous-aide-major et le porte-drapeau seront choisis parmi les sergens-majors, concurremment avec le fourrier-major qui fait partie de ces premiers sous-officiers de la compagnie.

Les sergens et les fourriers pourront monter aux places de sergens-majors au choix du capitaine-colonel.

Les places de sergens et de caporaux seront données, ou dans l'armée ou dans la compagnie, au choix du capitaine-colonel.

5. Le capitaine-colonel est colonel de droit, du jour de sa nomination, s'il n'a pas déjà le grade de colonel ou un grade supérieur (1).

L'aide-major et les lieutenans ont le grade de *major*; et, après quatre ans dans ce grade, ils pourront être présentés pour le grade de colonel.

Les sous-lieutenans, le sous-aide-major et le porte-drapeau ont le grade de chef de bataillon : après quatre ans dans ce grade, ils pourront être présentés pour le grade de *major*, et successivement pour le grade de colonel après quatre ans dans celui de *major*.

Le fourrier-major et les sergens-majors ont le grade de capitaine; et, après six ans dans ce grade, ils pourront être présentés pour le grade de chef de bataillon.

Les sergens auront aussi le grade de capitaine, s'ils ont le grade de lieutenant avant d'être nommés sergens.

Les sergens et les fourriers sortant de l'armée, et n'y ayant que le grade de sous-lieutenant, auront le grade de lieutenant, du jour de leur nomination aux places de sergent et de fourrier; et, six ans après, ils pourront être présentés pour le grade de capitaine.

Les caporaux ont le grade de sous-lieutenant; et, après six ans dans ce grade, ils pourront être présentés pour le grade de lieutenant.

Le garde-suisse est sergent dans les troupes d'infanterie; après dix ans de service dans la compagnie, il est sergent-major dans l'infanterie; et, dix ans après, il peut être présenté pour le grade de sous-lieutenant.

Entend au surplus Sa Majesté, qu'aucun mémoire des officiers de la compagnie des cent-suisses de sa garde ne puisse lui être présenté sans être signé du capitaine-colonel, comme

(1) Voy. *idem.*

garant du mérite personnel de celui qui solliciterait une grâce quelconque (1).

6. Les appointemens et la solde des officiers, sous-officiers et gardes-suisses de la compagnie des cent-suisses, et de tous les employés à la suite de cette compagnie, ont été réglés et sont compris dans le tarif annexé à la présente ordonnance (2).

7. Il sera fourni, au compte du Roi, un premier habillement grand uniforme aux sous-officiers, gardes-suisses, tambours et fifres de la compagnie ; et Sa Majesté établit et accorde une masse de cent cinquante francs par an, sous le titre de masse d'habillement, pour chacun desdits sous-officiers, gardes-suisses, tambours et fifres de ladite compagnie : cette masse sera payée en même temps que la solde, et toujours au complet ; elle pourvoira à l'entretien et au renouvellement du grand uniforme, d'après le modèle qu'il plaira à Sa Majesté d'arrêter. Cette masse sera administrée par le conseil d'administration de la compagnie.

8. Il sera pourvu, au compte du Roi, au chauffage et à la lumière de l'établissement où seront casernés les cent gardes-suisses, au moyen d'un abonnement qui sera basé sur le réglement concernant le chauffage des troupes (3).

9. En cas de maladie, les sous-officiers et gardes-suisses seront admis et traités dans les hôpitaux de la maison militaire du Roi, sous la condition de la retenue du tiers de la solde qui leur est réglée par la présente ordonnance.

10. Il sera pourvu, au compte du Roi, à l'armement des sous-officiers et gardes-suisses de la compagnie.

11. L'administration et les finances de la compagnie seront confiées à un conseil qui sera composé du capitaine-colonel, et, en son absence, du plus ancien lieutenant, de l'aide-major et du plus ancien sergent-major. Le fourrier-major fera les fonctions de secrétaire du conseil.

Le sous-inspecteur aux revues de la compagnie, lorsqu'il sera appelé à ce conseil par le capitaine-colonel, y prendra place immédiatement après les officiers ayant le grade de colonel : il assistera de droit, et toujours, au conseil qui se tiendra à la fin de chaque trimestre pour l'examen et la vérification des comptes des trois mois écoulés ; il concourra à l'arrêté et à la clôture desdits comptes. Il sera dressé, sur le registre des délibérations du conseil, un procès-verbal des opérations de la séance ; et il en sera délivré audit sous-inspecteur aux revues une expédition certifiée par le secrétaire du conseil.

---

(1) Voy. l'art. 20 du *num.* 692, page 54.
(2) Voy. le tarif *num.* 53.
(3) Voy. l'art. 12 du *num.* 705.

12. Le capitaine-colonel s'occupera, sans retard, d'un réglement sur le service de la compagnie des cent-suisses auprès du Roi; et ce réglement sera présenté à l'approbation de Sa Majesté.

13. Les provisions et brevets d'emplois titulaires dans la compagnie des cent-suisses seront expédiés par le secrétaire d'état de la maison du Roi. Les appointemens, solde, masses et toutes autres dépenses de cette compagnie, ainsi que le maintien des prérogatives et avantages qui lui sont accordés, sont dans les attributions de ce même secrétaire d'état.

L'expédition des commissions et brevets des grades dans l'armée accordés par la présente ordonnance, et l'expédition de toutes les grâces militaires quelconques dont seront susceptibles les officiers, sous-officiers et gardes-suisses, sont dans les attributions du secrétaire d'état de la guerre.

Le capitaine-colonel de la compagnie sera, à cet effet, en relation avec les deux secrétaires d'état, à raison de leurs attributions respectives.

14. Aussitôt que la formation de la compagnie sera achevée, le capitaine-colonel dressera et certifiera l'état nominatif des officiers et sous-officiers jusques et compris les caporaux, et en fera l'envoi aux deux secrétaires d'état de la maison du Roi et de la guerre, afin qu'ils fassent expédier, chacun en ce qui le concerne, tant les provisions et brevets d'emplois titulaires dans la compagnie, que les commissions et brevets des grades dans l'armée, aux officiers et sous-officiers de ladite compagnie, conformément aux dispositions prescrites par la présente ordonnance.

N.º 695.

Ordonnance du Roi concernant le corps de ses maréchaux et fourriers-des-logis.

Du 1.er octobre 1814.

Sa Majesté s'étant fait rendre compte des dispositions des anciennes ordonnances concernant le grand-maréchal-des-logis, les maréchaux-des-logis et les fourriers-des-logis de sa maison, et relatant l'antiquité de leur origine, qui atteste que, pendant plus de deux cents ans, ils ont rempli à la fois, en temps de guerre, et les fonctions ordinaires de leurs charges, et celles d'officiers d'état-major dans les armées où les Rois ses prédécesseurs marchaient en personne (1),

---

(1) Les maréchaux-des-logis donnent les ordres pour le logement de S. M., pour les quartiers de la maison militaire.

Le grand-maréchal-des-logis transmet les ordres du Roi à ceux des

A, en conséquence, ordonné et ordonne ce qui suit :

ART. 1.er Le corps des maréchaux-des-logis de la maison du Roi, de service auprès de sa personne, sera composé

D'un grand-maréchal-des-logis,

De six maréchaux-des-logis,

Et de douze fourriers-des-logis, dont un sera chargé du détail (1).

2. Le grand-maréchal-des-logis du Roi est colonel de cavalerie de droit, du jour de sa nomination, s'il n'a pas déjà ce grade ou un grade supérieur.

Le maréchal-des-logis est capitaine de cavalerie, de droit, du jour de sa nomination, s'il n'a pas déjà ce grade ou un grade supérieur (2).

Le fourrier-des-logis est lieutenant de cavalerie, de droit, du jour de sa nomination, s'il n'a pas déjà ce grade ou un grade supérieur (2).

3. La proposition aux emplois de ce corps est dans les attributions du grand-maréchal-des-logis, lequel est tenu de s'assurer préalablement de l'assentiment du secrétaire d'état ayant le département de la maison du Roi (3).

Pour la présente formation, il devra proposer,

1.º Les maréchaux-des-logis et les fourriers-des-logis de l'ancien service, encore en état de remplir leurs fonctions;

2.º Des officiers ayant au moins le grade militaire immédiatement inférieur à celui de l'emploi pour lequel ils seront présentés à Sa Majesté.

4. Postérieurement à la formation actuelle, le candidat pour une place de maréchal-des-logis de la maison du Roi devra être en possession du grade de capitaine ou d'un grade supérieur, et le candidat pour une place de fourrier-des-logis devra être en possession du grade de lieutenant ou d'un grade supérieur.

Le grand-maréchal-des-logis préviendra le secrétaire d'état du département de la guerre, des choix qu'il aura faits parmi les officiers de l'armée.

5. L'avancement aux grades militaires aura lieu de la manière suivante :

Le maréchal-des-logis capitaine aura droit au grade de chef d'escadron après dix ans de service dans sa charge de ma-

---

maréchaux-des-logis qui sont de quartier ; et ceux-ci font marquer les logemens par les fourriers du corps.

Le Roi envoie aussi quelquefois, au-devant des Princes étrangers qui viennent en France, des maréchaux-des-logis pour ordonner leur logement.

(1) 13 fourriers-des-logis ; voy. le *num.* 709.

(2) Voy. l'art. 1.er du même *numéro.*

(3) Et du secrétaire d'état de la guerre, voy. l'art. 5 du même *num.*, et l'observation que nous avons faite à l'art. 20 du *num.* 692.

réchal-des-logis ; au grade de *major* de cavalerie, après dix ans dans le grade de chef d'escadron ; et, après dix ans dans le grade de *major*, il pourra être proposé pour le grade de colonel.

Le fourrier-des-logis lieutenant aura, de même, droit au grade de capitaine de cavalerie après dix ans dans sa charge de fourrier-des-logis ; après dix ans dans le grade de capitaine, il aura droit au grade de chef d'escadron ; et, dix ans après, il pourra être proposé pour le grade de *major* de cavalerie.

Entend, au surplus, Sa Majesté, que le fourrier-des-logis qui aura atteint, soit le grade de capitaine, soit le grade de chef d'escadron, avant de monter à une place de maréchal-des-logis, profitera, dans cette nouvelle charge, de l'avancement militaire qu'il aura obtenu comme fourrier-des-logis, et sera susceptible, après dix ans de grade, de monter à un grade supérieur (1).

Veut aussi, Sa Majesté, que les maréchaux-des-logis et les fourriers-des-logis de l'ancien service, qui seront appelés à faire partie de la présente formation, profitent des dispositions exprimées au présent article, et puissent être, avec l'assentiment du secrétaire d'état de la maison du Roi, proposés par le grand - maréchal - des - logis pour les grades militaires auxquels leur ancienneté de service dans le corps leur donne des droits (1).

6. Les appointemens du grand-maréchal-des-logis, des maréchaux-des-logis et des fourriers-des-logis ont été réglés par Sa Majesté, et sont compris dans le tarif annexé à la présente ordonnance (2).

7. Le grand-maréchal-des-logis s'occupera, sans retard, d'un réglement sur le service des maréchaux-des-logis et fourriers-des-logis, et, après s'être assuré de l'assentiment du secrétaire d'état de la maison du Roi, il le présentera à l'approbation de Sa Majesté.

8. Les *provisions* et *brevets* des charges de grand-maréchal-des-logis, de maréchal-des-logis et de fourrier-des-logis, seront expédiés par le secrétaire d'état ayant le département de la maison de Sa Majesté. Les appointemens, traitemens extraordinaires et toutes autres dépenses du corps, sont dans les attributions du même secrétaire d'état, ainsi que le maintien des prérogatives de commensalité attribuées au corps, et particulièrement au grand-maréchal-des-logis du Roi.

Les *commissions* et *brevets* des grades dans l'armée seront expédiés, ainsi que toutes les grâces militaires dont les officiers de ce corps seront susceptibles, par le secrétaire d'état ayant le département de la guerre ;

_____

(1) Voy. le *num.* 709, qui modifie ces dispositions.
(2) Voy. le tarif, *num.* 53.

À l'effet de quoi, le grand-maréchal-des-logis sera constamment en rapport avec les deux secrétaires d'état, à raison de leurs attributions respectives.

9. Aussitôt que, d'après la présentation du grand-maréchal-des-logis, Sa Majesté aura approuvé la composition du corps, il en sera dressé et certifié des copies par le grand-maréchal-des-logis, pour être envoyées, par lui, aux deux secrétaires d'état de la maison du Roi et de la guerre, afin qu'ils fassent expédier, chacun en ce qui le concerne, tant les *provisions* et *brevets* des emplois dans le corps, que les *commissions* et *brevets* des grades dans l'armée, de tous les officiers composant le corps, conformément aux dispositions de la présente ordonnance.

N.º 696.

Ordonnance du Roi relative à l'organisation du matériel de l'artillerie des gardes-du-corps.

Du 9 novembre 1814. Bull. 55, 5.ᵉ série.

(*Nota.*) CETTE ordonnance prescrivait la formation de 6 escouades du train, pour le service de l'artillerie attachée à chacune des 6 compagnies des gardes-du-corps de S. M. : elle contient toutes les dispositions relatives au traitement, à l'habillement et à l'administration des sous-officiers et soldats qui devaient composer ces escouades. — La suppression en a été ordonnée par un acte postérieur : voy. l'art. 2 du *num.* 704.

N.º 696. (*Bis.*)

Ordonn. portant que les offic. empl. dans les corps de la maison militaire de S. M., ne pourront toucher que les traitemens qui leur sont affectés par les ordonnances de création de ces corps (1).

Du 3 janvier 1815.

ART. 1.ᵉʳ A partir du premier janvier 1815, les officiers employés dans les corps de notre maison militaire, ne pour-

---

(1) Ces dispositions paraissaient infirmées par l'art. 28 du *numéro* 704 ; l'exécution en a été formellement prescrite par l'ordonnance du 7

ront toucher que les traitemens qui leur sont affectés par les ordonnances de création de ces corps.

2. Cette disposition n'est point applicable à MM. les capitaines des gardes qui sont revêtus de la dignité de maréchal de France, attendu que le traitement dont ils jouissent est inhérent au titre de maréchal, ni à MM. les officiers-généraux qui seraient appelés à des fonctions militaires indépendantes du service de la maison militaire.

N.° 697.

Ordonnance portant réorganisation de la compagnie des gardes de la prévôté de l'hôtel.

Du 23 janvier 1815.

Sa Majesté, ayant jugé à propos de rétablir sa maison militaire telle qu'elle existait autrefois, sauf les changemens que comporte la différence des temps, s'est fait représenter les anciennes ordonnances concernant la compagnie des gardes de la prévôté de son hôtel, notamment celles des 9 mars 1778 et 20 juillet 1780, et elle a ordonné et ordonne ce qui suit:

Art. 1.er La compagnie des gardes de la prévôté de l'hôtel de Sa Majesté sera réorganisée sans retard. Cette compagnie sera sous le commandement du grand-prévôt de l'hôtel du Roi; elle sera divisée en trois brigades, commandées chacune par un lieutenant et deux sous-lieutenans, et sera composée de (1):

2. Les officiers de cette compagnie ont, dans l'enceinte des palais, châteaux, maisons royales et autres habitations où réside Sa Majesté, les mêmes attributions que les officiers de la gendarmerie royale, en ce qui concerne la police judiciaire.

3. Veut Sa Majesté que, pour la présente formation, le capitaine-colonel, grand-prévôt de son hôtel, lui présente pour les emplois d'officiers, soit des officiers de l'ancienne compagnie, encore en état de faire un bon service, soit des officiers de ses armées, ayant au moins les grades immédiatement inférieurs aux grades attachés aux emplois pour lesquels ils seront proposés.

---

mars 1817, *bullet. num.* 143, qui porte que toutes les modifications qui auraient pu être apportées à celle du 3 janvier, cesseront d'avoir leur effet à partir du 15 mars 1817.

(1) Voy. le *num.* 708, qui règle définitivement la composition de cette compagnie.

Le fourrier, les brigadiers et sous-brigadiers et les gardes, pourront de même être pris dans l'ancienne compagnie, ou parmi les sous-officiers des troupes de toute arme, réunissant les conditions requises et dont il sera parlé ci-après.

4. Postérieurement à la présente formation, les emplois d'officiers qui viendront à vaquer, seront donnés *alternativement* aux officiers et sous-officiers de la compagnie, et aux officiers des armées, sous les conditions exprimées dans l'article précédent.

Les emplois de fourrier, de brigadiers et de sous-brigadiers, seront donnés *alternativement* à l'ancienneté et au choix dans la compagnie.

Les gardes seront choisis parmi les sous-officiers des troupes de toute arme, bien notés, ayant cinq ans de service et écrivant avec facilité; ils devront avoir la taille de cinq pieds quatre pouces au moins.

Le capitaine-colonel préviendra toujours le secrétaire d'état du département de la guerre, des choix qu'il aura faits dans l'armée.

5. Le capitaine-colonel, grand-prévôt de l'hôtel, est colonel de droit, du jour de sa nomination, s'il n'a pas déjà ce grade ou un grade supérieur.

Le lieutenant-général d'épée, suppléant le grand-prévôt, est *major* de droit (1), du jour de sa nomination; et, après six ans dans le grade de major, il est susceptible d'obtenir le grade de colonel.

L'aide-major (2) est chef de bataillon; après six ans dans le grade de chef de bataillon, il est susceptible d'obtenir le grade de *major* (1), et successivement, après dix autres années, le grade de colonel. *L'aide-major* est toujours au choix du capitaine-colonel.

Les lieutenans sont capitaines dans les troupes d'infanterie: après dix ans dans leur emploi de lieutenant, ils sont susceptibles d'obtenir le grade de chef de bataillon, et, après dix ans dans ce grade, celui de *major* (1).

Les sous-lieutenans et le *sous-aide-major* sont lieutenans: après dix ans dans leur emploi, ils sont susceptibles d'obtenir le grade de capitaine, et, après dix ans dans ce grade, celui de chef de bataillon. Le *sous-aide-major* est le dernier sous-lieutenant: mais il pourra être nommé à une sous-lieutenance; et alors il reprendra son rang parmi les sous-lieutenans, pour monter à une lieutenance.

Le *sous-aide-major* (3) est toujours au choix du capitaine-colonel.

---

(1) Lieutenant-colonel.
(2) L'adjudant-major.
(3) L'adjudant.

Le fourrier et les brigadiers ont le grade de sous-lieutenant, du jour de leur nomination : après dix ans de service dans leur emploi, ils sont susceptibles d'obtenir le grade de lieutenant, et, après quinze ans dans ce grade, celui de capitaine dans les troupes d'infanterie (1).

Les sous-brigadiers ont le grade de sergent-major : après dix ans dans leur emploi, ils sont susceptibles d'obtenir le grade de sous-lieutenant, et, après quinze ans dans ce grade, celui de lieutenant dans les troupes d'infanterie (1).

Les gardes de la prévôté de l'hôtel du Roi sont sergens : après dix ans de service dans la compagnie, ils sont susceptibles d'obtenir le grade de sergent-major, et, après quinze ans dans ce grade, celui de sous-lieutenant d'infanterie : enfin, lorsqu'ils ont atteint l'ancienneté de service nécessaire pour la retraite, ils peuvent être proposés pour la pension dévolue au grade supérieur à celui dont ils sont pourvus, s'ils ont cinq ans de service dans ce dernier grade (1).

Entend, au surplus, Sa Majesté, qu'aucun mémoire des officiers ou gardes de la compagnie ne puisse lui être présenté, sans être signé du capitaine-colonel, comme garant du mérite personnel de celui qui solliciterait une grâce quelconque.

6. Les appointemens et solde des officiers, sous-officiers et gardes de la compagnie, ont été réglés par Sa Majesté, et sont compris dans le tarif annexé à la présente ordonnance (2).

7. Il sera fourni, au compte du Roi, un premier habillement neuf aux sous-officiers, gardes et trompettes de la compagnie, au nombre de cent treize hommes ; et Sa Majesté établit et accorde une masse d'habillement de cent cinquante francs par an, pour chacun d'eux. Cette masse sera payée *au complet*, et en même temps que la solde : elle pourvoira à l'entretien et au renouvellement de l'uniforme, d'après le modèle qu'il plaira à Sa Majesté d'arrêter. Cette masse sera administrée par le conseil d'administration de la compagnie.

8. Les sous-officiers, gardes et trompettes devront pourvoir, sur leur solde, à leur nourriture, chauffage et éclairage, ainsi qu'à toutes autres dépenses quelconques (*à la seule exception de celle des effets de casernement*) ; au moyen d'une retenue qui sera déterminée par un réglement du conseil d'administration, dont il sera donné connaissance au secrétaire d'état de la maison du Roi. Il sera pourvu au compte de Sa Majesté, aux fournitures de casernement de la compagnie.

9. En cas de maladie, les sous-officiers et gardes seront admis et traités dans les hôpitaux de la maison militaire du

---

(1) Voy. l'art. 3 du *num.* 708.
(2) Voy. le tarif, *num.* 53.

Roi, sous la condition de la retenue du tiers de la solde qui leur est réglée par la présente ordonnance.

10. Le conseil auquel seront confiées l'administration et les finances de la compagnie, sera composé,

Du capitaine-colonel, grand-prévôt, président;

Du lieutenant-général d'épée, vice-président;

De l'aide-major;

Du plus ancien-lieutenant;

Et du plus ancien brigadier.

Le trésorier fera les fonctions de secrétaire du conseil.

En l'absence du capitaine-colonel, grand-prévôt, et du lieutenant-général d'épée, *l'aide-major* présidera le conseil.

Le sous-inspecteur aux revues, quand il assistera au conseil, y prendra place après le président; il assistera, de droit et toujours, au conseil qui se tiendra à la fin de chaque trimestre, pour l'examen et la vérification des comptes des trois mois écoulés; il concourra à l'arrêté et à la clôture desdits comptes. Il sera dressé sur les registres des délibérations du conseil, un procès-verbal des opérations de la séance, et il en sera délivré audit sous-inspecteur aux revues une expédition certifiée par le secrétaire du conseil.

11. Il sera pourvu, au compte du Roi, à l'armement des sous-officiers et gardes de la compagnie de la prévôté de son hôtel.

12. Le capitaine-colonel, grand-prévôt, s'occupera, sans retard, d'un réglement sur le service de la compagnie; et ce réglement sera proposé à l'approbation de Sa Majesté.

13. Les provisions et brevets d'emplois dans la compagnie, jusques et compris ceux de fourrier et de brigadier, seront expédiés par le secrétaire d'état de la maison du Roi. Les appointemens, solde et masses, et toutes les autres dépenses de la compagnie, ainsi que le maintien des prérogatives et avantages accordés au grand-prévôt, sont dans les attributions de ce même secrétaire d'état.

L'expédition des commissions et brevets des grades dans l'armée, accordés par la présente ordonnance, et l'expédition de toutes les grâces militaires quelconques dont seront susceptibles les officiers, sous-officiers et gardes, sont dans les attributions du secrétaire d'état de la guerre.

Le capitaine-colonel sera, à cet effet, en relation avec les deux secrétaires d'état, à raison de leurs attributions respectives.

14. Aussitôt que la formation de la compagnie sera achevée, le capitaine-colonel dressera et certifiera l'état des officiers, fourrier et brigadiers, et en fera l'envoi aux deux secrétaires d'état de la maison du Roi et de la guerre, afin qu'ils fassent expédier, chacun en ce qui le concerne, tant les provisions et brevets d'emplois titulaires dans la compagnie, que les com-

missions et brevets des grades dans l'armée, aux officiers et sous-officiers de ladite compagnie, conformément aux dispositions prescrites par la présente ordonnance.

Mande et ordonne Sa Majesté, etc.

N.° 698.

Ordonnance additionnelle à celle du 15 juillet 1814, concernant la compagnie des cent-suisses.

Du 23 janvier 1815.

S. M. s'étant fait représenter son ordonnance du 15 juillet dernier, concernant la compagnie des cent-suisses, a jugé à propos d'y apporter les changemens ci-après :

ART. 1.ᵉʳ La compagnie des cent gardes-suisses ordinaires du corps du Roi sera, désormais, composée, savoir (1) :

État-major : 1 capitaine-colonel ; 1 aide-major ; 1 sous-aide-major ; un porte-drapeau ; 1 fourrier-major chargé des détails de la compagnie et des fonctions de quartier-maître ; 1 aumônier ; 1 chirurgien-major, et 1 sous-inspecteur aux revues.

Compagnie.

Colonne française.	Colonne suisse.
1 Premier lieutenant.	1 Premier lieutenant.
1 Lieutenant.	1 Lieutenant.
4 Sous-lieutenans.	4 Sous-lieutenans.
5 Sergens.	5 Sergens.

Troupe suisse : 8 caporaux ; 8 sous-caporaux ; 100 gardes-suisses ; 4 tambours et 2 fifres.

2. Les emplois d'officiers et de sergens, pour la colonne suisse, ne pourront être occupés que par des officiers nés ou naturalisés suisses ; toutefois chaque candidat devra être pourvu, au moins, du grade immédiatement inférieur au grade attaché à l'emploi pour lequel il sera proposé (2).

3. Le fourrier-major est officier dans la compagnie ; il y prend son rang de sous-lieutenant après le porte-drapeau, et il a dans l'armée, le grade de chef de bataillon comme les sous-lieutenans, le sous-aide-major et le porte-drapeau. Les dispositions du 3.ᵉ paragraphe de l'article 5 de l'ordonnance du 15 juillet 1814, concernant ces officiers lui sont, en conséquence, applicables.

(1) Relativement à la composition de cette compagnie, *voy. le* n.° 705.
(2) Voy. *idem.*

4. Les sous-caporaux ont le grade de sergent-major dans l'infanterie de ligne.

5. Le conseil d'administration de la compagnie sera composé de cinq membres, savoir : du capitaine-colonel, président, et, en son absence du premier lieutenant français ; vice-président, d'un lieutenant et d'un sous-lieutenant, au choix du capitaine-colonel, de chacune des deux colonnes française et suisse.

L'aide-major fera les fonctions de rapporteur au conseil, sans voix délibérative, et le fourrier-major fera les fonctions de secrétaire du conseil.

6. Les appointemens et la solde des officiers, sous-officiers et gardes-suisses de la compagnie des cent-suisses, sont et demeureront fixés ainsi qu'il suit, à compter du 1.er du mois de janvier 1815 (1).

7. Sa Majesté accorde et met annuellement à la disposition du capitaine-colonel de la compagnie des cent-suisses, une somme de *quatre mille francs* (1), pour être distribuée en gratification aux sergens, caporaux, sous-caporaux et gardes-suisses qu'il en jugera susceptibles.

8. L'hôtel des cent-suisses, dans le lieu de la résidence du Roi, sera commandé par un officier de la compagnie, au choix du capitaine-colonel : cet officier, à raison dudit commandement, jouira d'un supplément d'appointemens de douze cents francs par an.

N.º 699.

Ordonnance du Roi relative à l'organisation d'une nouvelle armée.

Du 16 juillet 1815.

LOUIS, par la grâce de Dieu, etc.

Considérant qu'il est urgent d'organiser une nouvelle armée, etc. ;

Considérant aussi que la nouvelle organisation doit se faire sur des bases qui assurent à la France son indépendance au-dehors et la tranquillité au-dedans ; qu'autant on a cherché à détacher l'armée des intérêts de la patrie, pour n'en faire que l'instrument des projets d'une ambition personnelle et déréglée, autant il convient à l'ordre public de maintenir

---

(1) Le tarif qui fait suite à cet article a été modifié par l'ordon. du 14 décembre 1815. Voy. le tarif, *num.* 53.

celle qui va être formée daus les principes qui constituent une armée vraiment nationale ;

Voulant , à ces fins, constituer une force militaire et la mettre désormais en harmonie avec les dispositions libérales de notre charte constitutionnelle , en établissant dans l'armée une discipline assez forte pour garantir des succès dans la guerre, et maintenir invariablement nos institutions, si des factions nouvelles pouvaient encore menacer de troubler l'état,

Nous avons ordonné et ordonnons ce qui suit :

Art. 1.er La force militaire active dé la France consistera, savoir :

En quatre-vingt-six légions d'infanterie , de trois bataillons chacune ;

Huit régimens d'artillerie à pied ;

Quatre régimens d'artillerie à cheval ;

Un régiment de carabiniers royaux ;

Six régimens de cuirassiers ;

Dix régimens de dragons ;

Vingt-quatre régimens de chasseurs,

Et six régimens de hussards.

2. Il sera formé un corps royal du génie , pour être en proportion avec l'organisation générale des autres armes.

3. Notre ministre secrétaire d'état au département de la guerre nous présentera, dans le plus bref délai, l'organisation détaillée de ces différens corps.

N.° 700.

Ordonnance du Roi concernant la formation d'une garde royale.

A Paris , le 1.er septembre 1815.

LOUIS, par la grâce de Dieu, Roi de France et de Navarre, etc. , etc. ;

Art. 1.er Notre maison militaire , telle qu'elle a existé depuis 1814 , recevra les modifications ci-après :

Les 4.me et 5.me compagnies françaises des gardes-du-corps sont supprimées ; les quatre autres compagnies seront réduites à quatre brigades chacune (1).

Chaque compagnie sera forte de deux cent cinquante gardes et cinquante surnuméraires.

---

(1) Voyez le numéro 692 , page 47.

Les compagnies de gendarmes, chevau-légers, mousquetaires et gardes de la porte, sont supprimées (1) ; elles cesseront leur service au 1.er novembre prochain ; et désirant donner un témoignage de notre satisfaction aux officiers qui les composent, nous nous réservons d'employer dans notre garde royale et dans nos régimens de ligne tous ceux qui ne seraient pas dans le cas de la retraite ou d'un autre placement. La compagnie des grenadiers à cheval, entrera dans la composition d'un des régimens de grenadiers à cheval de notre garde.

2. Les compagnies supprimées, ainsi que celles des gardes-du-corps de notre bien-aimé frère Monsieur, seront remplacées par une garde royale, composée ainsi qu'il suit, et entièrement dans les attributions de notre ministre secrétaire d'état de la guerre.

INFANTERIE. — 1.re DIVISION.

1.re *brigade.* — 1.er régiment de la garde ; 4.e *idem.*
2.e *brigade.* — 2.e *id.* ; 5.e *idem.*

2.e DIVISION.

3.e *brigade.* — 3.e régiment de la garde ; 6.e *idem.*
4.e *brigade.* — 1.er régiment suisse de la garde royale ;
   (2)   2.e *idem.*

Chaque régiment sera de trois bataillons, organisés comme ceux de la ligne (3) ; mais les compagnies seront portées sur-le-champ à 90 sous-officiers et soldats ; ce qui formera pour les huit régimens 720 officiers, 17,480 hommes (3).

CAVALERIE. — 1.re DIVISION.

1.re *brigade.* — 1.er régiment de grenadiers à cheval de la garde royale ; 2.e *idem.*
2.e *brigade.* — 1.er régiment de cuirassiers de la garde royale ; 2.e *idem.*

2.e DIVISION.

3.e *brigade.* — Régiment de dragons de la garde royale.
             Régiment de chasseurs à cheval *idem.*

---

(1) Voyez la note placée immédiatement au-dessous du titre du même *numéro.*
(2) Voyez le *numéro* 712, relativement à l'organisation de cette brigade.
(3) Ces dispositions ont été modifiées par l'ordonnance du 16 mars 1816 ; portant que le nombre des adjudans-sous-officiers sera de deux par bataillon et de six pour un régiment de trois bataillons : et par celle du 6 mars 1816, qui porte le nombre des musiciens de chaque régiment d'infanterie de la garde à 30, nombre qu'il est expressément défendu d'outre-passer. Les colonels sont responsables de toute infraction à cette disposition.

4.ᵉ *brigade*. — Régiment de lanciers de la garde royale.
Régiment de hussards *idem*.

Chaque régiment sera sur le même pied que ceux de notre cavalerie de ligne, à l'exception qu'il sera sur-le-champ de six escadrons, chacun de 132 hommes et 120 chevaux, ce qui portera la force des huit régimens à 480 officiers, 6,416 hommes, 5,808 chevaux (1).

ARTILLERIE (2). — BRIGADE D'ARTILLERIE.

Régiment d'artillerie à pied de la garde royale. Il sera de huit compagnies, et fort de 42 officiers, 434 hommes.

Régiment d'artillerie à cheval de la garde royale. Il sera composé de quatre compagnies, et fort de 288 hommes.

MATÉRIEL.

Il y aura une batterie attelée pour chaque brigade d'infanterie, une pour chaque division de cavalerie, et un caisson de service, également attelé, pour chaque bouche à feu.

Ce train d'artillerie sera composé, en hommes et en chevaux, de 18 officiers, 390 hommes, 600 chevaux.

GÉNIE.

En cas de guerre, il sera attaché à notre garde royale les officiers et les troupes du génie qui seront jugés nécessaires.

Ainsi, au pied de paix, la force totale de notre garde royale sera de 1,260 officiers, 25,008 hommes, 6,408 chevaux.

3. Il y aura un inspecteur aux revues et un commissaire ordonnateur pour l'infanterie, un inspecteur aux revues et un commissaire ordonnateur pour la cavalerie, et un sous-inspecteur aux revues et un commissaire des guerres pour chaque division d'infanterie ou de cavalerie (3). L'artillerie sera réunie,

---

(1) L'ordonnance du 20 décembre 1815, dispose qu'il sera attaché à chacun des régimens de cavalerie de la garde, un adjudant-major et un adjudant-sous-officier de plus qu'il n'a été déterminé par l'ordonnance de création ; et que le nombre de trompettes sera de trois par escadron, au lieu de deux ; ce qui donnera pour un régiment de six escadrons 18 trompettes.

Celle du 14 août 1816, porte qu'il sera attaché à chacun des mêmes régimens, un second aide-chirurgien ; ce qui élevera à trois le nombre des officiers de santé de ces corps, à raison d'un pour deux escadrons.

Celle du 14 février 1816, dispose qu'il sera alloué sur le pied de paix, à chacun des officiers de tout grade de ces régimens, une ration de fourrages en sus du nombre fixé par l'ordonnance du 30 août 1815, *numéro* 730.

(2) Voyez le *numéro* 701, relatif à l'organisation particulière de l'artillerie de la garde.

(3) Le nombre des sous-inspecteurs aux revues, sous-inspecteurs-adjoints; celui des commissaires des guerres et commissaires adjoints, a, depuis, été augmenté par une *ordon*. particulière du 11 septembre 1815.

pour l'administration et la comptabilité, savoir : le régiment à
pied, à la 1.re division d'infanterie, et le régiment à cheval,
à la division de cavalerie légère (1). *Voyez l'observation précédente.*

4. Quatre maréchaux de France, désignés par nous, rempliront alternativement et par quartier les fonctions de major-
général de notre garde auprès de notre personne.

Le major-général commandera le service extérieur de nos
palais, et aura, en conséquence, sous ses ordres, les corps
de notre garde qui seront dans la résidence royale que nous ha-
biterons, et ceux cantonnés dans les départemens (1).

Les divisions seront commandées par des lieutenans-généraux,
et les brigades par des maréchaux-de-camp.

Les chefs d'état-major des divisions pourront être maréchaux-
de-camp.

Les lieutenans-généraux, et, sous leurs ordres, les maréchaux-de-camp, rempliront habituellement les fonctions d'inspecteurs-généraux, et correspondront directement avec notre
ministre secrétaire d'état de la guerre.

5. Dans nos compagnies de gardes-du-corps, les cadres
et les dénominations de grades seront, autant que possible, en
rapport avec ceux de notre cavalerie de ligne. Le garde surnuméraire aura rang de lieutenant (2), comme le garde en pied, et
ainsi de suite pour le grade supérieur, le rang immédiatement
au-dessus pour chaque grade. L'espèce et le nombre des officiers
et des sous-officiers dans chaque compagnie seront ultérieurement déterminés.

Les marques distinctives seront celles du grade dont on aura
le rang.

Après quatre ans de service, en temps de paix, dans les
gardes-du-corps, et dans le même grade, on sera susceptible de passer dans la ligne avec le grade dont on aura le
rang.

La retraite sera réglée sur le pied de la ligne et du grade dont
on aura le rang, après deux ans d'exercice du grade inférieur.

L'administration de nos compagnies de gardes-du-corps sera
dans les attributions du ministre de notre maison.

Notre ordonnance du 25 mai 1814 (3) sera modifiée en conséquence des dispositions ci-dessus, et de celles qui seraient en
outre reconnues utiles.

6. Nos régimens de la garde royale prendront la droite de
toutes les autres troupes.

Les officiers de ces régimens auront dans l'armée le rang et le
titre immédiatement supérieur à leur grade dans la garde, et

---

(1) Voyez les *numéros* 703 et 707.
(2) Cette disposition est modifiée. Voyez les articles 4 et 9 du *numéro* 704.
(3) *Numéro* 692, page 47.

en porteront les marques distinctives ; à grade égal, ils commanderont, quelle que soit l'ancienneté (1). Les officiers-généraux commanderont selon la leur.

En temps de paix, après quatre ans de grade dans les régimens de notre garde royale, on sera susceptible de passer dans la ligne avec le grade correspondant au rang et au titre dont on jouit dans la garde (1).

La retraite sera toujours réglée dans le grade dont on aura le rang ; après deux ans de service dans celui dont on sera pourvu.

7. La solde sera de moitié en sus de celle de la ligne pour les capitaines et officiers inférieurs, ainsi que pour les sous-officiers et soldats, et du quart en sus pour les officiers supérieurs et les officiers-généraux (2).

8. Le personnel et l'administration des régimens de la garde seront dans les attributions de notre ministre secrétaire d'état de la guerre.

Les propositions d'avancement seront soumises, par les lieutenans-généraux commandant les divisions, à notre ministre secrétaire d'état de la guerre, qui nous les présentera (3).

Les régimens de notre garde ne suivront, pour le service intérieur, l'instruction, l'administration et la comptabilité, d'autres réglemens que ceux qui sont et seront en usage dans nos troupes de ligne (4).

Tous les français, militaires et autres, qui réuniront les qualités nécessaires, seront admis à concourir à la première formation de notre garde. Le recrutement se fera ensuite sur l'armée seulement : le mode en sera déterminé, ainsi que celui de l'avancement, en même temps que pour l'armée. Il n'est rien changé, à cet égard, aux réglemens et capitulations applicables aux régimens suisses.

---

(1) D'après les articles 6 et 13 de l'ordonnance du 23 septembre 1815, *numéro* 703, ces dispositions ne sont pas applicables aux officiers d'état-major, aides-de-camp et administrateurs militaires. Voyez aussi l'article 12 de l'ordonnance du 5 novembre 1816, *numéro* 714.

(2) Voyez l'article 3 du *numéro* 703, et les tarifs, numéro 54.

(3) Voyez....... idem, article 12.

(4) D'après cet article, le ministre a décidé (. *circulaire* du 23 septembre 1815), que les officiers et les troupes de la garde royale seraient traités à l'instar des officiers et des troupes de la ligne, tant sous le rapport des subsistances et des hôpitaux, que sous celui du casernement, du chauffage, *des indemnités de route*, des convois militaires et des transports directs ; et que les distributions de vivres et de fourrages seraient faites aux corps de cette garde des mêmes magasins, et comprises dans les mêmes bordereaux, que les fournitures semblables qui ont lieu en faveur des troupes de ligne. -- Cette décision a été modifiée en ce qui concerne les indemnités de route. Voyez les observations générales qui précèdent les tarifs.

Notre ministre secrétaire d'état de la guerre nous présentera incessamment un réglement sur l'uniforme de notre garde royale (1).

N.º 701.

Ordonnance du Roi sur la composition des régimens d'artillerie à pied et à cheval de la garde royale.

Du 14 septembre 1815.

LOUIS, par la grâce de Dieu, etc.

Avons ordonné et ordonnons ce qui suit:

ART. 1.er Le régiment d'artillerie à pied de notre garde royale sera composé d'un état-major et de huit compagnies (2).

ÉTAT-MAJOR.

Officiers.	Troupe.
1 Colonel.	1 Tambour-major.
1 Lieutenant-colonel.	1 Tambour-maître.
3 Chefs de bataillon (2).	12 Musiciens, dont un chef.
1 Major (rang de chef de b.ᵒⁿ)	1 Maître tailleur.
1 Trésorier.	1 Maître cordonnier.
1 Adjudant-major.	1 Maître guêtrier.
1 Sous-adjudant-major.	1 Maître armurier.
1 Chirurgien-major.	18
10	

2. Chacune des huit compagnies aura la composition ci-après indiquée:

Officiers.
Capitaine-commandant. 1
Capitaine en second. 1
Lieutenant en premier. 1
Lieutenant en second. 1

TOTAL. 4

---

(1) Voyez l'ordonnance du 23 septembre, *numéro* 936.

(2) L'ordonnance du 18 nov. 1815 (bullet. n.º 44, 7.e série), réduit à deux le nombre des chefs de bataillon, et porte la création des emplois suivans pour l'artillerie de la garde; *savoir*: un sous-directeur du matériel, ayant le grade de chef de bataillon; un répétiteur de mathématiques; un porte-drapeau, ayant le grade de lieutenant et faisant les fonctions de sous-adjud.-major; un capitaine chargé des détails de l'habillement dans les régimens à pied; un lieutenant chargé des mêmes fonctions dans le régiment à cheval; un lieuten. chargé du même service dans l'escadron du train d'artillerie: et

	Sergent-major. 1
	Sergens. 4
	Fourrier. 1
Sous-officiers	Caporaux. 4
et	Artificiers. 4
Canonniers.	Ouvriers en fer et en bois. 4
	Premiers canonniers. 12
	Deuxièmes canonniers. 20
	Tambours. 2

TOTAL. 52

3. La force totale du régiment d'artillerie à pied de notre garde royale sera, en conséquence, de

	OFFICIERS.	SOUS-OFFICIERS et CANONNIERS.
État-major.	10	18
Compagnie.	32	416
TOTAUX.	42	434

conformément à notre ordonnance du 1.er de ce mois.

4. Le régiment d'artillerie à cheval de notre garde royale sera composé d'un état-major et de quatre compagnies.

ÉTAT-MAJOR.

Officiers.

1 Colonel.
1 Lieutenant-colonel.
2 Chefs d'escadron.
1 Major (avec rang de chef d'escadron.)
1 Trésorier.
1 Adjudant-major.
1 Sous-adjudant-major.
1 Porte-étendard, lieutenant.
1 Chirurgien-major.
___
10

Troupe.

1 Trompette maréchal-des-logis.
1 Brigadier-trompette.
1 Vétérinaire en premier.
1 Maître tailleur.
1 Maître bottier.
1 Maître sellier.
1 Armurier-éperonnier.
___
7

5. Chacune des quatres compagnies aura la composition ci-après indiquée :

que l'on attachera à ce corps un sous-inspecteur aux revues et un commissaire des guerres, spécialement chargés du service administratif

Officiers. {
Capitaine commandant. . . . 1
Capitaine en second. . . . 1
Lieutenant en premier. . . 1
Lieutenant en second. . . 1

TOTAL. 4

Sous-officiers et Canonniers. {
Maréchal-des-logis-chef. . 1 }
Maréchaux-des-logis. . . . 4 }
Fourrier. . . . . 1 } montés.
Brigadiers. . . . . 4 }
Artificiers . . . . 4 }
Ouvriers en fer et en bois. 4 non montés.
Premiers canonniers. . . . 16 montés.
Deuxièmes canonniers. . . 34 } dont six non montés y compris deux maréchaux-ferrans.
Trompettes. . . . . 2 }

TOTAL. 70

6. Ainsi la force du régiment d'artillerie à cheval sera de

	OFFICIERS.	SOUS-OFFICIERS et Canonniers.	CHEVAUX de troupe.
État-major	10	7	3
Compagnies.	16	280	240
TOTAUX.	26	287	243

7. Le train d'artillerie formera un régiment composé d'un état-major et de six compagnies.

ÉTAT-MAJOR.

Officiers.

1 Lieutenant-colonel comm.ᵗ
1 Major (rang de chef d'escadron.)
1 Adjudant-major, capitaine.
1 Trésorier.
1 Sous-adjudant-major, sous-lieutenant.
1 Chirurgien aide-major (1).

6

Troupe.

1 Vétérinaire en premier.
1 Vétérinaire en second.
1 Brigadier trompette.
1 Maître sellier bourrelier.
1 Maître tailleur.
1 Maître bottier.

6

(1) L'ordonnance du 4 septembre 1816, porte qu'il sera créé un em-

8. Chacune des six compagnies de ce régiment sera composée comme il suit (1) :

Officiers... { Capitaine. 1
{ Lieutenant. 1

TOTAL. 2

Sous-officiers et Soldats.
{ Maréchal-des-logis-chef. . 1
{ Maréchaux-des-logis. . . . 4 } montés.
{ Fourrier. 1
{ Brigadiers. . . . . 4 }
{ Soldats de 1.ʳᵉ classe. . . . 16 } ayant 88 chevaux de trait.
{ Soldats de 2.ᵉ idem, dont 2 maréchaux ferrans. . . . 36 }
{ Trompettes. . . . . 2　montés.

TOTAL. 64

9. Ainsi la force du régiment du train d'artillerie sera de

	OFFICIERS.	SOUS-OFFICIERS et Soldats.	CHEVAUX de troupe.
État-major............	6	6	»
Compagnies............	12	384	600
TOTAUX..........	18	390	600

conformément à notre ordonnance du 1.ᵉʳ de ce mois.

10. La direction du matériel de l'artillerie sera confiée à un colonel d'artillerie, qui aura aussi celle de l'instruction théorique et pratique : il aura sous ses ordres,

1 Professeur de mathématiques ;
1 Professeur de fortifications et de dessin ;
1 Maître artificier ;
1 Chef d'ouvriers d'état ;
1 Garde d'artillerie de 1.ʳᵉ classe ;
2 Conducteurs d'artillerie.

7

ploi de porte-étendard, du grade de sous-lieutenant ; un emploi de chirurgien-major, et que celui d'aide-major sera supprimé. (Bullet. num. 113, 7.ᵉ s.)

(1) L'ordonnance du 21 juin 1816 et celle du 4 septembre suivant (bullet. des lois, num. 99 et 113), ont ajouté à chacune de ces compagnies un sous-lieut. et dix soldats.

11. L'entretien et la réparation du matériel auront lieu par les ouvriers des compagnies d'artillerie à pied et à cheval.

12. Le matériel d'artillerie se composera, en temps de paix, de

24 canons de campagne ;
12 obusiers *idem* ;
36 caissons à munitions ;
18 caissons d'infanterie ;
1 caisson d'outils ;
2 chariots à munitions ;
4 forges de campagne ;
3 affûts de rechange.

_____

100 voitures d'artillerie.

13. L'officier général commandant la brigade d'artillerie de notre garde royale, aura pour chef d'état-major un officier supérieur du grade de lieutenant-colonel ou de chef de bataillon.

_____

N.º 702.

Réglemens arrêtés par le Roi, sur l'uniforme des corps qui composent la garde royale.

Des 22 sept. et 14 oct. 1815.

(*Nota.*) Voy. la 4.ᵉ section du chapitre 14.

_____

N.º 703.

Ordonnance du Roi faisant suite à celle du 1.ᵉʳ septembre 1815, concernant l'organisation de la garde royale.

Du 23 septembre 1815.

LOUIS, par la grâce de Dieu, etc.

Voulant fixer d'une manière précise et invariable les attributions du major-général, des aides-majors-généraux, lieutenans-généraux et maréchaux-de-camp de notre dite garde, et compléter les dispositions de notre ordonnance sus mentionnée, afin de ne rien laisser à l'arbitraire ou à l'indécision ;

Avons ordonné et ordonnons ce qui suit :

ART. 1.er Le major-général de service recevra et fera exécuter nos ordres concernant le service de notre garde royale auprès de notre personne. Il aura d'ailleurs sur notre dite garde toute l'autorité attribuée aux généraux en chef.

En conséquence de cette dernière disposition, le major-général de service sera chargé de la surveillance supérieure de tous les détails, comme de l'ensemble du service de notre garde royale, de son instruction, de sa police, de sa discipline et de sa tenue. Il sera particulièrement responsable de l'exécution des réglemens militaires qui sont communs à notre garde royale et à notre armée, et correspondra sur cet objet avec notre ministre secrétaire d'état de la guerre.

Le major-général pourra, quand il le jugera convenable, réunir pour l'inspection ou l'instruction, les diverses troupes de notre garde royale, de service auprès de notre personne, et après nous en avoir rendu compte.

Quand il y aura lieu à réunir la totalité des régimens de notre garde pour les inspecter et les exercer aux manœuvres de ligne, le major-général de service le proposera au ministre secrétaire d'état de la guerre, qui prendra nos ordres.

2. Le major-général prendra chaque jour nos ordres; il réglera le service en conséquence, et sera responsable envers nous de leur stricte exécution.

Il donnera le mot d'ordre à l'aide-major-général de service, qui le transmettra aux généraux et officiers de service.

3. Le service auprès de notre personne se fera habituellement par une division d'infanterie, une brigade de cavalerie, deux batteries d'artillerie à pied, une batterie d'artillerie à cheval.

La division d'infanterie et la brigade de cavalerie, seront commandées chacune par un lieutenant-général.

La division d'infanterie restera dans sa composition habituelle. Elle sera relevée tous les six mois, à partir du 1.er janvier 1816.

La brigade de cavalerie, se composera d'un régiment de la division de grosse cavalerie, et d'un régiment de la division de cavalerie légère, lequel sera plus particulièrement chargé du service des courses et escortes. Elle sera relevée tous les trois mois, à partir du 1.er janvier prochain. Les lieutenans-généraux alterneront, ainsi que les maréchaux-de-camp, pour le commandement de cette brigade.

Les deux batteries d'artillerie à pied, seront sous les ordres du lieutenant-général d'infanterie, et seront relevées tous les six mois, à partir du 1.er janvier 1816.

La batterie d'artillerie à cheval, sera sous les ordres du lieutenant-général de cavalerie, et sera relevée tous les trois mois, à partir de la même époque.

Ces mouvemens seront exécutés d'après les ordres du major-général, qui en préviendra chaque fois notre ministre secrétaire d'état de la guerre.

Lorsque nous jugerons convenable d'augmenter ou de diminuer le nombre des troupes de notre garde, de service auprès de notre personne, nous nous réservons d'en donner l'ordre exprès à notre ministre secrétaire d'état de la guerre, qui sera chargé de son exécution.

Les officiers-généraux, officiers supérieurs et autres de l'état-major-général et des corps, les sous-officiers et soldats, recevront, pendant la durée de leur service à Paris seulement, et en sus de la solde réglée par notre ordonnance du 1.er septembre, le supplément accordé à la garnison de la capitale; mais ce supplément sera calculé sur la solde ordinaire de l'armée (1).

4. Le rapport de tout ce qui est relatif au service, à la police, à la discipline et à l'instruction, sera fait chaque jour par les colonels ou commandans des corps de service dans notre résidence aux maréchaux-de-camp, par ceux-ci aux lieutenans-généraux, et transmis par ces derniers au major-général de service, qui décidera, s'il y a lieu, ou prendra nos ordres.

Quant aux troupes en garnison, les maréchaux-de-camp enverront tous les cinq jours au lieutenant-général, s'il est à Paris ou dans notre résidence royale, et celui-ci, tous les dix jours, au major-général de service, une situation sommaire, accompagnée du rapport sur tous les objets de service, police, discipline et instruction.

5. Les aides-majors-généraux rempliront alternativement, et par semestre, à dater du 1.er octobre, les fonctions de chefs d'état-major près du major-général de service.

Ils seront dépositaires de tous les registres, papiers et documens concernant notre garde royale, autres que ceux qui doivent exister dans les bureaux respectifs de chaque arme au ministère de la guerre.

Ils seront chargés de s'entendre avec le major de nos gardes-du-corps, afin que le service de notre garde royale et celui de nosdits gardes-du-corps marchent toujours de concert.

L'aide-major-général de service aura sous ses ordres quatre officiers supérieurs et quatre capitaines d'état-major.

Les bureaux, les archives et les officiers de l'état-major-général de service, seront établis dans notre château des Tuileries.

Les frais de bureau de l'état-major-général seront ceux attribués, en 1814, aux chefs d'état-major des corps d'armée; ceux des chefs d'état-major des divisions seront également ce

_____

(1) Voy. le tarif, num. 54.

qu'ils étaient alors pour les chefs de l'état-major des divi-sions (1).

6. Les officiers d'état-major, les aides-de-camp et les admi-nistrateurs militaires des troupes de la garde, continueront à faire partie de l'état-major-général de l'armée. Ils ne porte-ront que, les marques distinctives de leur grade, avec l'ai-guillette, et ne pourront prétendre à un rang supérieur, ni obtenir d'avancement que suivant le mode qui sera réglé pour l'armée.

Leur solde sera sur le pied de celle arrêtée pour notre garde royale.

7. Les majors-généraux de notre garde royale résideront habituellement à Paris, et devront prendre notre agrément pour s'absenter.

Les lieutenans-généraux, lorsqu'ils ne seront pas de service, pourront résider ou à Paris, ou près de leur division, et ne pourront choisir une autre résidence qu'après en avoir obtenu notre autorisation, sur la proposition du major-général de service.

Les maréchaux-de-camp résideront toujours auprès de leur brigade, sauf les permissions que nous jugerons à propos de leur accorder, sur la proposition du lieutenant-général, ap-prouvée par le major-général.

8. Nul major-général, aide-major-général, lieutenant-gé-néral ou maréchal-de-camp de notre garde royale, appelé par son tour à être de service auprès de notre personne, ne pourra être substitué par un autre sans notre agrément formel.

9. Les maréchaux-de-camp commandant les brigades d'in-fanterie, de cavalerie et d'artillerie de notre garde royale, feront tous les ans deux revues d'inspection de leur brigade respective ; la première aura lieu dans le courant du mois d'avril, la seconde dans le courant du mois de septembre.

Ces revues porteront sur l'administration, l'instruction, la police, la composition en hommes et en chevaux, l'arme-ment, l'équipement, les retraites, les réformes, enfin sur tous les objets qui sont attribués par les réglemens existans aux inspecteurs-généraux d'infanterie, de cavalerie et d'ar-tillerie, et selon les instructions de détail qui seront données à cet effet par notre ministre secrétaire d'état de la guerre.

Les maréchaux-de-camp rendront compte de leurs opéra-tions aux lieutenans-généraux de leur division, qui les ap-prouveront, et ajourneront les dispositions qui leur paraîtraient devoir l'être, ou qu'ils se réserveraient d'examiner à leur revue définitive, dont il sera parlé à l'article ci-après.

_____

(1) Voy. le tarif, *num.* 54.

10. Chaque lieutenant-général passera, tous les ans, une revue d'inspection définitive de sa division, dans le courant du mois d'octobre.

Cette revue aura pour objets principaux, la tenue, l'esprit du corps, l'instruction dans les détails et dans l'ensemble, l'administration et les décisions à porter sur les objets qu'ils auraient cru devoir ajourner, enfin les arrêtés de comptabilité.

Les lieutenans-généraux correspondront avec le ministre pour toutes les opérations de leur revue et de celles des maréchaux-de-camp, conformément à ce qui est prescrit par l'article 4 de notre ordonnance du 1.er de ce mois, et ils en feront connaître le résultat au major-général de service.

Les inspecteurs et sous-inspecteurs aux revues assisteront les lieutenans-généraux et maréchaux-de-camp dans leurs revues, chacun en ce qui le concerne.

11. Le maréchal-de-camp commandant la brigade d'artillerie remplira, pour sa brigade, les fonctions attribuées aux lieutenans-généraux commandant les divisions, relativement au commandement, à l'inspection, et à leurs rapports avec notre ministre secrétaire d'état au département de la guerre et le major-général. Ses revues auront lieu par semestre.

Ce maréchal-de-camp aura pour chef d'état-major un officier supérieur, du grade de lieutenant-colonel ou de chef de bataillon. Ses frais de bureau seront de moitié de ceux attribués aux chefs d'état-major des divisions.

Le régiment du train d'artillerie sera réuni, comme l'artillerie légère, pour l'administration et la comptabilité, en ce qui concerne le service des inspecteurs aux revues et des commissaires ordonnateurs, à la division de cavalerie légère (1).

Il sera établi un polygone pour l'instruction pratique des troupes d'artillerie de notre garde royale, dans leur garnison.

12. Toutes les propositions d'avancement, dans les cas où il ne serait pas dévolu à l'ancienneté, d'après la loi à intervenir sur cette matière, seront faites par les officiers supérieurs de chaque régiment, réunis sous la présidence du maréchal-de-camp de la brigade, qui arrêteront une liste de trois candidats. Cette liste sera soumise par le maréchal-de-camp au lieutenant-général, qui y ajoutera son avis et l'adressera au major-général de service. Ce maréchal en concertera avec les trois autres maréchaux réunis en commission, et l'enverra ensuite, avec leur avis commun, au ministre secrétaire d'état de la guerre.

Les propositions d'avancement devront se faire, autant que possible, à l'époque des revues d'inspection.

Aucun officier ne pourra être renvoyé de notre garde royale,

_____

(1) Cette disposition a été modifiée : voy. la note de la page 75.

que par le concours des divers avis exigés ci-dessus pour l'avancement.

13. Les officiers de tout grade seront susceptibles d'être admis dans les régimens de notre garde royale, avec le grade immédiatement inférieur à celui dont ils sont titulaires; mais s'ils rentrent dans l'armée sans avoir eu d'avancement, ils y reprendront le grade dont ils jouissaient avant d'en sortir.

Après la première formation, il faudra avoir quatre ans d'ancienneté du même grade pour en obtenir un pareil dans la garde royale.

14. Les officiers de tout grade qui quitteront notre garde royale, autrement que par avancement ou par retraite, ne conserveront que le grade effectif, et non le grade dont ils auront le rang, à moins qu'ils ne se trouvent dans le cas prévu par le premier paragraphe de l'article précédent.

N.º 704.

Ordonnance du Roi concernant l'organisation de ses quatre compagnies des gardes-du-corps.

À Paris, le 25 septembre 1815.

LOUIS, par la grâce de Dieu, etc.

Vu notre ordonnance du 25 mai 1814 (1), concernant nos gardes-du-corps, et celle du 1.er septembre présent mois, concernant notre garde royale;

Voulant régler, sur les principes posés par les Rois nos prédécesseurs, l'organisation des quatre compagnies des gardes-du-corps que nous avons conservées par la dernière desdites ordonnances, et en même temps la mettre, autant qu'il se peut, en analogie avec la constitution actuelle des corps qui composent notre garde royale et des autres corps de l'armée, etc.;

Avons ordonné et ordonnons ce qui suit :

ART. 1.er Il y aura un état-major pour nos quatre compagnies des gardes-du-corps, lequel sera constamment de service dans le lieu de notre résidence, et composé ainsi qu'il suit :

ÉTAT-MAJOR.	RANGS.
1 Major des gardes-du-corps......	Maréchal-de-camp.
2 Aides-majors lieutenans.........	Colonel.
1 Maréchal-des-logis en chef de l'hôtel...................	Capitaine commandant.

---

(1) *Numéro* 692, page 47.

1 Inspecteur aux revues (*pour les* Assimilés à ceux de la
  quatre compagnies)............ garde royale.
4 Sous-inspecteurs aux revues (*un*
  pour chaque compagnie).......

2. Les quatre compagnies conserveront entre elles le rang
qu'elles ont aujourd'hui, et porteront le nom de leur capitaine.

La dénomination de compagnie *écossaise* est supprimée, et
les expressions de *quartier* et de *guet* seront remplacées par celle
de *service*.

Le service sera fait à l'avenir par compagnie, et celui des capitaines sera réglé de manière qu'ils soient, autant que possible,
de service en même temps que leur compagnie.

Chaque compagnie sera composée ainsi qu'il suit :

ÉTAT-MAJOR.	RANGS.
1 Capitaine des gardes............	Lieutenant-général.
1 Lieutenant commandant........	Maréchal-de-camp.
4 Lieutenans.................	Colonel.
1 Adjudant-major lieutenant.......	*Idem.*
8 Sous-lieutenans.............	Lieutenant-colonel.
1 Adjudant-sous-lieutenant........	Chef d'escadron.
2 porte-étendards sous-lieutenans..	*Idem.*
1 Trésorier.................	*(Selon son grade dans la*
1 Chirurgien-major	*compagnie.)*
1 Aumônier..................	
1 Maréchal-des-logis-chef........	Capitaine commandant.
8 Maréchaux-des-logis..........	*Idem.*
2 Brigadiers-fourriers...........	Capitaine en second.
2 Brigadiers instructeurs........	*Idem.*
16 Brigadiers.................	*Idem.*
240 Gardes, dont 120 de 1.re classe,	Lieutenant en premier.
120 de 2.e classe............	Lieutenant en second.
60 Surnuméraires..............	Sous-lieutenant.
1 Maréchal vétérinaire..........	Maréchal-des-logis-chef.
1 Trompette-major............	Maréchal-des-logis.
8 Trompettes................	Brigadiers.
1 Piqueur..................	*Idem.*

Les six escouades d'artillerie créées par notre ordonnance du
25 mai 1814, sont et demeurent supprimées.

3. Les officiers supérieurs sont les capitaines, le major, les
lieutenans commandant, les lieutenans, les aides-majors, les
adjudans-majors, les sous-lieutenans, les adjudans et les porte-
étendards.

Les officiers inférieurs sont les maréchaux-des-logis-chefs,
les maréchaux-des-logis, les brigadiers-fourriers et les brigadiers.

4. Toute dénomination et toute assimilation de rang non
conservée par la présente ordonnance, sont et demeurent sup-

primées ; dérogeant, à cet effet, à tout usage et à toutes dispositions contraires, notamment à celles de l'article 5 de notre ordonnance du 1.er de ce mois, en ce qui concerne les gardes surnuméraires (1).

5. Les officiers venus jusqu'à présent de nos armées, avec un grade supérieur ou égal au rang que leur donnerait leur emploi dans nos gardes-du-corps, et ceux qui y auraient reçu des grades depuis la formation, conserveront les distinctions et les droits que leur donnent lesdits grades (2), sauf l'effet des dispositions de notre ordonnance du 18 courant, sur les grades honoraires (3), à l'égard de ceux auxquels elles peuvent être applicables.

6. La première formation s'exécutera sur chacune des quatre compagnies existantes ; si, après les réductions opérées par l'application des diverses dispositions de notre ordonnance du 1.er août dernier, sur les retraites et l'élimination des gardes qui ne réuniraient pas les conditions exigées pour être conservés, il reste des places vacantes, elles seront remplies, autant qu'il y aura lieu, par ceux des officiers supérieurs, inférieurs et gardes, qui faisaient partie des 4.e et 5.e compagnies supprimées, que les capitaines des quatre compagnies conservées nous présenteraient. Ils y prendront leur rang d'ancienneté dans les opérations de la présente organisation, après toutefois que les services antérieurs, ou dans les gardes-du-corps, auront été examinés, tant au ministère de la guerre que sur les registres des compagnies.

Les officiers et gardes, tant des compagnies conservées que des deux compagnies supprimées, qui, n'étant pas susceptibles de la retraite, ne seront pas compris dans la nouvelle organisation, seront placés, soit dans notre garde royale, soit dans la ligne, conformément aux dispositions de nos ordonnances des 1.er et 18 septembre courant.

7. Les surnuméraires pourront être reçus dès l'âge de seize ans, pourvu qu'ils soient d'une constitution qui promette la taille demandée pour servir dans les gardes-du-corps.

Ils seront admis par le capitaine de chaque compagnie, qui s'assurera, avant de nous les présenter, que leur famille s'oblige à leur faire une pension d'au moins quinze cents francs, pour leur tenir lieu de solde pendant qu'ils seront surnuméraires.

Pour être reçu garde-du-corps, il faut être âgé de dix-huit ans au moins, et de vingt-cinq ans au plus, avoir un mètre sept cent quatre-vingt-sept millimètres (cinq pieds six pouces), et présenter, 1.° son acte de naissance ; 2.° un certificat du maire et de trois notables, constatant la bonne conduite du postulant et l'état de sa famille ; 3.° l'obligation, par elle, de lui assurer au moins six cents francs de pension. S'il a des services militaires, il en produira le certificat en bonne et due forme.

La vérification de toutes les conditions ci-dessus est dans les attributions et la responsabilité du major des gardes, qui en rendra compte au capitaine de la compagnie dans laquelle l'aspirant doit entrer.

8. On n'entrera dans les gardes-du-corps qu'avec le grade inférieur à celui dont on y trouvera le rang. Nul n'y sera reçu, à l'avenir, avec un grade égal ou supérieur.

9. Les surnuméraires recevront, dès leur admission, un brevet de garde-du-corps surnuméraire, avec rang de sous-lieutenant.

Après deux ans de service, les surnuméraires pourront être admis comme sous-lieutenans dans les corps de la ligne ; après quatre ans, ils pourront y être reçus comme lieutenans en second, ou dans la garde royale comme sous-lieutenans.

Les surnuméraires ayant atteint leur dix-huitième année et la taille nécessaire, passeront de droit gardes de seconde classe, au fur et à mesure des vacances et à leur tour d'ancienneté. Ils prendront la gauche des gardes, et le temps écoulé de leur surnumérariat leur comptera pour passer dans la ligne, selon les règles établies ci-après.

10. Les cent vingt plus anciens gardes-du-corps de chaque compagnie sont de première classe, et ont le rang de lieutenant en premier ; les cent vingt autres sont de seconde classe, ont le rang de lieutenant en second, et passent à la première classe, à leur tour d'ancienneté, au fur et à mesure des vacances.

Les gardes de première classe pourront, après quatre ans, passer dans la ligne avec le grade de lieutenant en premier, ou dans notre garde royale avec le grade de lieutenant en second.

Ceux de seconde classe pourront, après le même temps, passer comme lieutenans en second dans la ligne, ou comme sous-lieutenans dans la garde.

Après dix ans de service dans nos gardes-du-corps, les gardes seront susceptibles de passer dans la ligne : ceux de première classe avec le grade de capitaine commandant ; ceux de seconde, avec celui de capitaine en second.

11. Les places de brigadier seront données, moitié à l'ancienneté aux gardes de première classe, moitié au choix du capitaine parmi les gardes de l'une et l'autre classe.

Celle de brigadier-fourrier sera donnée au choix du capitaine parmi les brigadiers ou gardes des deux classes.

Le brigadier-fourrier sera considéré comme le premier brigadier.

12. Les places de maréchal-des-logis seront données au brigadier-fourrier, et aux brigadiers, moitié à l'ancienneté, moitié au choix du capitaine.

Celle de maréchal-des-logis-chef sera donnée à un maréchal-des-logis, au choix du capitaine.

Le maréchal-des-logis-chef sera le premier des maréchaux-des-logis, commandera le service, et remplira toutes les fonctions attribuées jusqu'ici au fourrier.

Le maréchal-des-logis en chef de l'hôtel sera choisi par les quatre capitaines, parmi les brigadiers-fourriers et brigadiers. Il sera susceptible de passer, avec de l'avancement, dans une compagnie, au choix du capitaine, et selon son grade.

13. Le trésorier sera au choix du capitaine, qui l'aura préalablement fait examiner par l'inspecteur aux revues. Il pourra être pris, soit hors du corps, dans l'ordre civil, soit dans l'une des compagnies parmi les gardes, brigadiers ou maréchaux-des-logis. S'il est pris hors du corps, il aura le rang de lieutenant en second ; s'il est pris dans les compagnies, il aura celui que lui donnait son emploi. Il prendra rang parmi ceux de son grade, et avancera à son tour d'ancienneté, et sans discontinuer ses fonctions, jusqu'au grade de capitaine commandant seulement, à moins qu'il ne soit admis à quitter l'emploi de trésorier pour servir activement dans son grade.

14. Le maréchal-des-logis-chef et les maréchaux-des-logis concourront entre eux pour les emplois d'adjudant et de porte-étendard. Ces emplois seront au choix du capitaine, et pourront être donnés à des capitaines commandans de l'armée.

15. Les capitaines proposeront aux emplois de sous-lieutenant, alternativement le plus ancien des maréchaux-des-logis, y compris le maréchal-des-logis-chef, et un chef d'escadron ou major de notre garde royale ou de nos autres troupes à cheval.

16. Les aides-majors seront choisis par les quatre capitaines, parmi les lieutenans des quatre compagnies et les quatre plus anciens sous-lieutenans, et présentés par le capitaine de service.

L'adjudant-major sera choisi, par le capitaine de la compagnie, parmi les lieutenans et le plus ancien sous-lieutenant.

17. Les lieutenances seront données alternativement au plus ancien sous-lieutenant de la compagnie où la vacance existera, et à un lieutenant-colonel de notre garde royale ou de l'armée.

L'adjudant et les porte-étendards concourront, pour l'avancement, avec les sous-lieutenans, d'après leur ancienneté, bien qu'ils aient un rang inférieur.

18. La place de lieutenant commandant appartiendra de droit au plus ancien lieutenant de la compagnie.

Néanmoins, jusqu'à ce que, par suite de la disposition prescrite par l'article 8, il n'y ait plus, parmi les lieutenans de chacune de nos compagnies des gardes-du-corps, aucun officier pourvu du grade de lieutenant-général ou de maréchal-de-camp, cet emploi appartiendra successivement, à ce titre, au plus élevé, ensuite au plus ancien de ces officiers-généraux, et ce à commencer de la formation actuelle.

19. Le major de nos gardes-du-corps sera choisi par les quatre capitaines, tant parmi les lieutenans commandans que parmi les lieutenans, et nous sera présenté par le capitaine de service.

20. L'avancement roulera sur les quatre compagnies pour l'état-major du corps; et dans chaque compagnie, sur elle-même pour tous les emplois.

Conformément aux bases posées par nos ordonnances des 1.er, 18 et 23 septembre présent mois (1), les officiers sortant, soit de notre garde royale, soit de la ligne, n'entreront dans nos gardes-du-corps qu'après quatre ans de service dans le grade immédiatement inférieur à celui dont ils prendraient le rang par l'emploi qu'ils y viendraient occuper.

Les officiers supérieurs et inférieurs de nos gardes-du-corps pourront passer dans notre garde royale et dans la ligne avec le grade dont ils auront eu le rang pendant quatre ans. Quand ils l'auront eu pendant dix ans, ils seront susceptibles de passer dans la ligne avec le grade immédiatement supérieur, ou de l'obtenir avec leur retraite, si elle leur est due, conformément à l'article 15 de notre ordonnance du 18 de ce mois sur les grades honoraires (2).

Les officiers faisant actuellement partie de nos gardes-du-corps, et pourvus d'un grade effectif dans l'armée, égal ou supérieur à celui dont leur emploi dans nosdits gardes leur donnerait le rang, d'après la présente ordonnance, seront en tout temps susceptibles d'entrer dans la ligne avec ce grade, et d'y être admis dans leur grade supérieur, jusqu'à celui de lieutenant-général inclusivement, lorsqu'ils auront complété les dix années d'ancienneté de grade exigées ci-dessus.

21. Toute proposition d'admission dans nos gardes-du-corps, de militaires sortant de notre garde royale ou de la ligne devra, avant de nous être présentée par les capitaines de nosdits gardes, avoir été examinée par notre ministre secrétaire d'état de la guerre, qui s'asurera que les candidats ont le service et les qualités nécessaires; et, dans le cas où ils ne se trouveraient pas admissibles, nos capitaines des gardes nous en présenteraient d'autres (2).

Les ordres de passe seront donnés par notre ministre secrétaire d'état de la guerre, au vu de l'état d'admission approuvé par nous, et qui lui aura été transmis, à cet effet, par le capitaine.

(1) *Numéros* 680, 700 et 703, pages 32, 70 et 79:
(2) Voyez l'article 20 du *numéro* 692, page 54.

22. Tous les ans, au 1.er novembre, époque de la clôture des revues d'inspection de l'armée, les capitaines dresseront la liste des officiers de tout grade, gardes et surnuméraires qui demanderaient à passer dans les régimens de notre garde royale ou dans la ligne, en vertu des articles 9, 10 et 20 de la présente ordonnance, et l'adresseront à notre ministre secrétaire d'état de la guerre, qui, après avoir vérifié leurs services, les y placera selon les règles sur l'avancement, en proportion des vacances et des autres concurrens.

23. Les inspecteurs et sous-inspecteurs aux revues attachés à nos gardes-du-corps concourront avec ceux de notre garde royale et de la ligne, pour l'avancement (1).

24. Nos capitaines des gardes continueront de travailler directement avec nous sur tout ce qui intéresse les récompenses et l'avancement de leurs compagnies respectives, ainsi que sur leur service, dérogeant à toute ordonnance ou disposition contraire.

Toute demande ou réclamation d'avancement, de rang, de récompense, de retraite, d'entrée dans la ligne, et autre quelconque, devra être soumise au capitaine de la compagnie, voulant qu'aucun mémoire ne nous soit adressé, non plus qu'à nos ministres, que par son intermédiaire.

25. Les officiers supérieurs, inférieurs, gardes-du-corps et surnuméraires, faisant partie intégrante de l'armée, seront pourvus d'un brevet délivré par notre ministre secrétaire d'état de la guerre, énonçant l'emploi dans nos gardes-du-corps, et le rang dans l'armée à raison dudit emploi.

Ceux des officiers introduits jusqu'à ce jour dans nos gardes-du-corps, qui ont un grade effectif dans l'armée, supérieur à celui dont leur emploi dans nosdits gardes leur donne le rang, seront pourvus en outre d'un autre brevet dudit grade supérieur, conforme à ceux des officiers de l'armée, voulant expressément que les brevets d'emploi dans nos gardes-du-corps n'énoncent d'autre rang que celui qui résulte desdits emplois.

Aussitôt que la nouvelle composition du corps sera effectuée, chacun des quatre capitaines dressera et certifiera l'état nominatif des officiers, gardes et surnuméraires de sa compagnie, et en fera l'envoi à notre ministre secrétaire d'état de la guerre, afin qu'il fasse expédier les brevets, conformément à ce qui est dit ci-dessus. Le major en fera de même pour l'état-major : l'état en sera approuvé par le capitaine de service.

A l'avenir, le major de nos gardes-du-corps adressera à notre ministre secrétaire d'état de la guerre, copie certifiée des pièces constatant les services, et le certificat de réception des

(1) Voyez l'article 6, *numéro* 703, page 82.

individus admis comme gardes-du-corps ou surnuméraires, pour que les brevets soient expédiés en conséquence.

26. Dans nos compagnies des gardes-du-corps, les marques distinctives seront, pour les officiers-généraux ou en ayant le le rang, les étoiles placées sur les épaulettes, selon le grade ; pour les autres officiers, supérieurs, inférieurs, gardes et surnuméraires, elles seront rigoureusement celles du grade dont ils ont le rang, et conformes en tout à celles que nous avons déterminées par notre ordonnance du 23 septembre présent mois (1).

Les officiers qui ont le grade ou le rang d'officier-général, pourront seuls porter, en petite tenue, le chapeau garni de plumes noires ; nos capitaines des gardes l'auront garni de plumes blanches.

27. L'administration de nos gardes-du-corps, conformément à notre ordonnance du 1.er de ce mois, est dans les attributions du ministre de notre maison.

Celle de chaque compagnie sera dirigée par l'adjudant-major et le trésorier, sous la surveillance du capitaine.

L'administration et les affaires communes à toutes les compagnies seront examinées dans un conseil composé des quatre capitaines, assistés du major et de l'inspecteur aux revues.

28. La solde et les fourrages seront réglés ainsi qu'il suit (2) :

La solde sera payée à l'effectif à la fin de chaque mois.

Le supplément de trois cents francs accordé au premier homme d'armes, et celui de deux cents francs accordé à chacun des huit gardes de la manche, par notre ordonnance du 25 mai 1814 (3), continueront de leur être payés avec la solde.

Les officiers de tout grade dont le traitement (appointemens et indemnités compris) était plus fort dans la ligne, seront considérés et traités comme ceux de notre garde royale, à moins que leurs fonctions dans nos gardes-du-corps ne leur donnent un traitement égal ou supérieur (4).

Il est accordé à chacun des officiers supérieurs des quatre compagnies de nos gardes-du-corps et de l'état-major, trois rations de fourrages par jour, sous l'obligation par eux d'avoir à leur compagnie deux chevaux d'escadron et un cheval de course pour le service. Les porte-étendards n'auront que deux rations. Les officiers, qui auront droit aux fourrages sur le pied de la garde, d'après le paragraphe précédent, ne recevront pas de fourrages de la compagnie.

_____

(1) *Numéro* 935.
(2) Voyez le tarif, *numéro* 53.
(3) *Numéro* 692, page 52.
(4) Ces dispositions sont modifiées. Voyez les observations qui font suite au tarif, *numéro* 53.

Les fourrages, tant pour les chevaux d'officiers et de troupe mentionnés ci-dessus, que pour ceux du service dont il sera parlé ci-après, article 30, seront fournis par les soins du corps, au prix courant des marchés, constaté par le certificat des autorités civiles. Ce prix sera déterminé à l'avance pour trois mois, à l'expiration desquels il sera augmenté ou diminué suivant le cours, et ainsi de trois mois en trois mois. Cette dépense sera payée au corps avec la solde, et pour les chevaux qui auront été présens à l'effectif pendant le mois. La ration sera la même que celle fixée pour la grosse cavalerie de l'armée.

29. Jusqu'au 1.er janvier 1817, époque où une nouvelle fixation des masses aura lieu, nous accordons,

1.º Une masse de deux cent cinquante francs par an, sous le titre de *masse d'habillement*, pour chaque maréchal-des-logis en chef, maréchal-des-logis, brigadier-fourrier, brigadier, garde-du-corps, maréchal vétérinaire, trompette-major, trompette et piqueur : cette masse sera payée au complet ; elle pourvoira à l'entretien et au renouvellement du grand uniforme et du grand équipement, d'après le modèle que nous arrêterons ;

2.º Une masse de trois cents francs par cheval et par an, sous le titre de *masse de remonte et du harnachement :* cette masse sera payée au complet des chevaux de troupe ; elle pourvoira à l'achat des chevaux, à l'entretien et au renouvellement du harnachement et de l'équipement du cheval, au ferrage et aux médicamens, aux frais d'écurie, et généralement à toutes les dépenses y relatives, à l'exception des gages des palefreniers ;

3.º Une somme de six mille six cents francs par an et par compagnie, sous le titre de *masse extraordinaire d'entretien :* cette masse sera chargée de pourvoir au paiement des gages, salaires, entretien, habillement, chauffage des maréchaux ferrans, palefreniers, selliers, armuriers et autres ouvriers quelconques, aux frais de bureau, au chauffage et éclairage des corps-de-garde de police, salles d'étude et d'exercice, à l'éclairage des corridors, cours et écuries des hôtels et quartiers, aux dépenses de convois militaires en cas de marche dans l'intérieur, enfin à toutes les dépenses imprévues.

Ces trois masses seront payées par douzième à l'expiration de chaque mois, en même temps que la solde.

En cas de guerre, et le corps faisant campagne, nous entendons que tous les frais non encore indiqués, tels que ceux d'achat et d'entretien des effets de campement dont chaque compagnie aura à se pourvoir, soient payés sur les fonds des masses, après qu'elles auront satisfait aux dépenses de leur principal objet ; nous réservant, dans ce cas, de donner aux compagnies de nos gardes-du-corps les secours que nous jugerons leur être nécessaires.

3o. Il sera payé une somme de cinquante mille francs par an, pour l'entretien de l'équipage du service des officiers supérieurs.

3r. Nous accordons, et il sera mis annuellement à la disposition de chacun de nos capitaines des gardes, une somme de dix mille francs pour être distribuée, soit comme indemnité, soit en gratification, aux officiers inférieurs et gardes qu'ils en jugeront susceptibles.

32. Les arsenaux et magasins militaires pourvoiront à l'armement nécessaire à nos gardes-du-corps.

33. Il sera présenté à notre approbation, d'ici au premier janvier prochain, deux réglemens de détail, l'un sur le service et la discipline intérieure du corps, tant dans les quartiers que dans le lieu de notre résidence royale, l'autre sur le mode d'administration. Le premier devra être concerté avec notre ministre secrétaire d'état de la guerre, afin qu'il soit en harmonie avec ceux concernant notre garde royale et l'armée : le second sera concerté avec le ministre de notre maison.

N.º 705.

Ordonnance concernant la compagnie des cent-suisses.

Du 14 décembre 1815.

LOUIS, par la grâce de Dieu, etc.

Vu nos ordonnances des 15 juillet 1814 et 23 janvier 1815 (1), concernant la compagnie des cent gardes-suisses ordinaires de notre corps ;

Vu les preuves constantes de fidélité que ladite compagnie à données aux Rois nos prédécesseurs, et, dans ces derniers temps, à nous-même ;

Considérant que cette compagnie a besoin d'être augmentée, etc.

Sur le rapport, etc. Avons ordonné, etc.

ART. I.er La compagnie des cent gardes-suisses ordinaires de notre corps sera composée à l'avenir,

---

(1) *Numéros* 694, 698 et pages 56 et 68.

SAVOIR:

GRADES ET EMPLOIS dans la Compagnie.	ÉTAT-MAJOR.	RANG dans l'Armée.

1 Capitaine-colonel................... Maréchal-de-camp.
1 Adjudant-major, Lieutenant........ Lieutenant-colonel.
1 Adjudant-major, Sous-lieutenant.... Major.
1 Porte-drapeau.................... Major.
1 Fourrier-major, Trésorier et chargé
  du détail de l'habillement........ Major.
1 Aumônier.
1 Chirurgien-major.

Compagnie.

2 Lieutenans-commandans, dont 1 p.
  la ligne française, et 1 pour la
  ligne suisse................... Colonel.
2 Lieutenans, dont 1 français et 1
  suisse....................... Lieutenant-colonel.
8 Sous-lieutenans, dont 4 français et
  4 suisses.................... Chef de bataillon.
10 Sergens, dont 5 français et 5 suisses. Capitaine en second.
1 Fourrier.................... Lieutenant.

Troupe suisse.

6 Caporaux..................... Lieutenant.
6 Caporaux..................... Sous-lieutenant.
12 Sous-caporaux................ Sergent-major.
250 Gardes.................... Sergent.
4 Tambours.
2 Fifres.

———
310

2. Nul ne sera admis à un emploi d'officier supérieur ou inférieur dans la compagnie des gardes-suisses de notre corps, s'il n'a été pourvu, pendant quatre ans, du grade inférieur à celui dont il trouvera le rang dans ladite compagnie; nul n'y sera reçu avec un grade égal ou supérieur.

3. Les officiers supérieurs et inférieurs de la compagnie pourront passer dans notre garde royale ou dans la ligne, avec le grade dont ils auront eu le rang pendant quatre ans. Ils seront, après dix ans dans un grade, susceptibles de passer dans la ligne avec le grade immédiatement supérieur; ou d'obtenir, avec leur retraite, si elle leur est due, ce grade supérieur, conformément aux dispositions de l'article 15 de

notre ordonnance du 18 septembre dernier, sur les grades honoraires et honorifiques (1).

4. Notre capitaine-colonel des gardes-suisses ordinaires de notre corps, continuera de travailler directement avec nous, comme cela s'est toujours pratiqué, tant sur ce qui intéresse le service, que pour les avancemens et récompenses dans sa compagnie. Mais toute proposition d'admission dans ladite compagnie, d'officiers de notre garde royale ou de la ligne, devra, avant de nous être présentée par le capitaine-colonel, avoir été examinée par notre ministre secrétaire d'état de la guerre, qui s'assurera que les candidats ont le service et les qualités nécessaires; et, dans le cas où ils ne se trouveraient pas admissibles, le capitaine-colonel nous en présenterait d'autres. Les ordres de passe seront donnés par notre dit secrétaire d'état, au vu de l'état d'admission approuvé par nous, et qui lui aura été transmis, à cet effet, par le capitaine-colonel.

5. Toute demande ou réclamation quelconque d'un officier supérieur ou inférieur de la compagnie, devra être soumise au capitaine-colonel; voulant qu'aucun mémoire ne nous soit adressé, non plus qu'à nos ministres, que par son intermédiaire.

6. L'administration de la compagnie des gardes-suisses ordinaires de notre corps est, comme celle de nos autres compagnies de gardes-du-corps, dans les attributions du ministre secrétaire d'état de notre maison; elle sera dirigée par l'adjudant-major-lieutenant et le fourrier-major, sous la surveillance du capitaine-colonel.

7. Les sous-lieutenans seront pris alternativement parmi les sergens, au choix du capitaine-colonel, sans pouvoir intervertir les lignes française et suisse, et parmi les capitaines-commandans de notre garde royale ou de la ligne.

8. Les officiers de l'état-major seront pris indifféremment dans la compagnie ou dans la ligne, au choix du capitaine-colonel.

9. Le lieutenant-commandant de la ligne française commandera toujours la compagnie en l'absence du capitaine-colonel, quel que soit le rang du lieutenant-commandant de la ligne suisse, conformément aux anciennes ordonnances.

10. Il sera présenté à notre approbation, d'ici au 1.er janvier prochain, deux réglemens de détail; l'un, sur le service et la discipline intérieure de la compagnie; l'autre, sur le mode de son administration. Le premier sera en harmonie avec celui de nos gardes-du-corps, qui doit être concerté avec notre ministre secrétaire d'état de la guerre; le second sera concerté avec notre ministre secrétaire d'état de notre maison.

11. La solde de la compagnie des gardes-suisses ordinaires

_____

(1) *Num.* 680, page 32.

de notre corps est et demeurera fixée ainsi qu'il suit, à partir du 1.ᵉʳ janvier (1).

L'officier commandant l'hôtel de la compagnie, dans le lieu de notre résidence, jouira, conformément à l'ordonnance du 15 juillet 1814, d'un supplément de solde de douze cents francs par an.

La solde sera payée à l'effectif, à la fin de chaque mois.

12. Jusqu'au 1.ᵉʳ janvier 1817, époque à laquelle une nouvelle fixation des masses aura lieu pour nos gardes-du-corps, nous accordons à la compagnie des gardes-suisses ordinaires de notre corps, une masse de deux cent cinquante francs par an, sous le titre de masse d'habillement, pour chaque sergent, fourrier, caporal, sous-caporal, garde, tambour et fifre. Cette masse sera payée au complet de 291 hommes : elle pourvoira à l'entretien et au renouvellement de l'habillement et de l'équipement.

Une masse de chauffage sera également payée à la compagnie, au complet de 291 hommes, sur le même pied qu'au sergent dans la garde royale.

13. Nous accordons et mettons annuellement à la disposition du capitaine-colonel de la compagnie, une somme de six mille francs pour être distribuée en gratifications aux sergens, fourriers, caporaux, sous-caporaux et gardes-suisses qu'il en jugera susceptibles.

14. Les dispositions de nos ordonnances du 15 juillet 1814 et du 23 janvier 1815, en ce qui n'est pas contraire à la présente, sont maintenues et continueront d'être exécutées.

N.° 706.

Ordonnance concernant l'organisation des deux compagnies des gardes-du-corps de Monsieur.

Du 25 Décembre 1815.

LOUIS, etc.

Vu nos ordonnances des 15 juillet et 28 octobre 1814, concernant les gardes-du-corps de notre bien-aimé frère Monsieur (2), et nonobstant les dispositions de l'article 2 de notre ordonnance du 1.ᵉʳ septembre 1815, sur la formation de la garde royale ;

---

(1) Tarif, *num.* 53.
(2) Les gardes-du-corps de Monsieur avaient été rétablis par une ordonnance du 15 juillet 1814 (Bulletin n.° 28, 5.ᵉ série), dont les dispositions n'ont point été placées dans ce recueil, attendu qu'elles

Regardant comme service rendu à nous-même celui que les deux compagnies des gardes de Monsieur remplissent, tant auprès de sa personne, qu'auprès de Madame Duchesse d'Angoulême et des Princes nos bien-aimés neveux le Duc d'Angoulême et le Duc de Berry, et voulant régler définitivement l'organisation de ces deux compagnies, par analogie avec l'organisation que nous avons jugé à propos de donner aux quatre compagnies de nos gardes-du-corps, par notre ordonnance du 25 septembre 1815;

Sur le rapport de etc. Avons ordonné etc.

ART. 1.er Les deux compagnies des gardes-du-corps de Monsieur auront un état-major qui sera composé ainsi qu'il suit (1) :

2. Les deux compagnies conserveront entre elles le même rang qu'elles ont aujourd'hui, et chacune d'elles sera composée, savoir (2) :

3. Le garde-du-corps de Monsieur, après quatre ans de service, pourra passer dans la ligne avec le grade de lieutenant en second, ou dans notre garde royale en qualité de sous-lieutenant.

4. Les places de brigadier dans chaque compagnie seront données aux gardes, moitié à l'ancienneté, moitié au choix du capitaine.

Les places de maréchal-des-logis seront de même données aux brigadiers, dans chaque compagnie, moitié à l'ancienneté, moitié au choix du capitaine.

La place de maréchal-des-logis en chef commandant l'hôtel sera donnée à un maréchal-des-logis, au choix des deux capitaines.

Le trésorier sera au choix des deux capitaines; il pourra être pris parmi les gardes, brigadiers ou maréchaux-des-logis, ou bien hors du corps dans l'ordre civil. Dans le premier cas, il conservera le rang qu'il avait dans le corps; dans le second cas, il aura le rang de sous-lieutenant dans l'armée.

Le chirurgien-major, le maréchal vétérinaire et le piqueur, seront au choix des deux capitaines.

5. Les sous-lieutenances, dans chaque compagnie, seront données, la première vacante, au plus ancien maréchal-des-logis; la seconde, à un capitaine commandant de nos troupes à cheval, au choix du capitaine de la compagnie, et ainsi de suite au fur et à mesure des vacances.

---

se trouvent abrogées à peu près en entier; et que le petit nombre de ces dispositions qui peuvent être utiles à connaître, se trouvent rappelées dans le *num.* 692, ou ont été placées, par forme de notes, aux articles des ordonnances du 25 décembre 1815 et du 5 juin 1816.

(1) Voy. l'ordonnance du 5 juin 1816, *num.* 710.
(2) Voy. *idem, idem.*

Les lieutenances seront de même données, dans chaque compagnie, la première vacante, au plus ancien sous-lieutenant ; la seconde, à un chef d'escadron de nos troupes à cheval, au choix du capitaine.

L'aide-major sera au choix des deux capitaines ; ils pourront le prendre, ou parmi les sous-lieutenans du corps, ou parmi les officiers de nos troupes à cheval du grade de chef d'escadron.

Le major sera choisi par notre bien-aimé frère Monsieur, soit parmi les lieutenans du corps, soit parmi les officiers de nos troupes à cheval du grade de colonel ou de lieutenant-colonel.

6. L'avancement pour l'état-major du corps roulera sur les deux compagnies, et dans chaque compagnie, sur elle-même, sauf le concours réservé aux officiers de nos troupes à cheval par les articles précédens.

7. Les officiers supérieurs et inférieurs des gardes-du-corps de Monsieur pourront passer dans notre garde royale, ou dans la ligne, avec le grade dont ils auront eu le rang pendant quatre ans. Quand ils l'auront eu pendant dix ans, ils seront susceptibles de passer dans la ligne avec le grade immédiatement supérieur, ou de l'obtenir avec leur retraite, si elle leur est due, et conformément à l'article 15 de notre ordonnance du 18 septembre dernier sur les grades honoraires et honorifiques (1).

8. Toute proposition d'admission dans le corps, de militaires sortant ou de notre garde royale ou de la ligne, devra, avant de nous être présentée, avoir été examinée par notre ministre secrétaire d'état de la guerre, et avoir reçu son assentiment.

9. Les officiers supérieurs, inférieurs et gardes faisant partie intégrante de l'armée, seront pourvus, par notre ministre secrétaire d'état de la guerre, d'un brevet énonçant leur emploi dans les gardes-du-corps de Monsieur, et leur rang dans l'armée à raison dudit emploi.

Aussitôt que la nouvelle composition du corps sera effectuée, le major, avec le concours du sous-inspecteur aux revues, qui sera désigné par le ministre secrétaire d'état de notre maison, dressera, en deux expéditions dûment certifiées par les deux capitaines des gardes, l'état nominatif des officiers supérieurs, inférieurs et gardes, et en fera l'envoi, tant à notre secrétaire d'état susdit pour ordre, qu'à notre ministre secrétaire d'état de la guerre, afin qu'il fasse expédier les brevets ainsi qu'il est dit ci-dessus.

A l'avenir, le major adressera à notre ministre secrétaire d'état de la guerre copie certifiée des pièces constatant les

(1) Voy. la pag. 32 de ce supplément.

services et le certificat de réception des militaires et autres qui seront admis dans le corps, pour que leurs brevets soient expédiés en conséquence.

10. L'administration générale des gardes-du-corps de Monsieur est, comme celle des gardes de notre corps, dans les attributions du ministre secrétaire d'état de notre maison.

L'administration intérieure du corps sera confiée à un conseil, qui sera composé du capitaine des gardes de service, président ; de l'aide-major et d'un lieutenant ou sous-lieutenant au choix des deux capitaines. Le sous-inspecteur aux revues assistera, de droit, au conseil qui sera tenu à la fin de chaque trimestre pour l'examen et la vérification des comptes des trois mois écoulés. Il concourra à l'arrêté et à la clôture desdits comptes. Le major pourra suppléer, dans la présidence du conseil, le capitaine de service, si ce capitaine le juge à propos (1).

11. La solde et les fourrages seront réglés ainsi qu'il suit, à compter du 1.er janvier 1816 (2).

La solde sera payée à l'effectif, à la fin de chaque mois.

Les fourrages, tant pour les chevaux d'officiers que pour les chevaux de course dont il sera parlé ci-après, seront fournis par les soins du corps, lequel sera remboursé de cette dépense à la fin de chaque mois, suivant l'effectif des chevaux.

12. Nonobstant le nombre des officiers inférieurs et gardes dont se composent les deux compagnies des gardes-du-corps de Monsieur, il n'y aura, pour assurer le service attribué auxdites compagnies, que *cent* chevaux de course, à la remonte et à l'entretien desquels il sera pourvu par une masse particulière (3).

13. Nous accordons au corps,

1.° Une masse d'habillement de 150 francs par an pour chacun des cent quarante-un officiers inférieurs, gardes, maréchal vétérinaire, trompettes et piqueur, composant les deux compagnies : cette masse sera payée au complet par douzième, chaque mois, en même temps que la solde (4) ;

2.° Une masse de fourrages calculée sur le pied de 400 francs par cheval et par an, qui pourvoira à la dépense de la nourriture des cent chevaux de course et des quarante-huit chevaux d'officiers ; mais on n'allouera que la dépense justifiée pour les chevaux présens (4) ;

_____

(1) D'après l'article 3 de l'ordon. du 15 juillet, citée dans la 1.re note de ce *num.*, le major devrait faire, au conseil, les fonctions de rapporteur, et le trésorier celles de secrétaire du conseil. — Voy. le *num.* 1025, relativ. aux conseils d'administration.
(2) Voy. le tarif, *num.* 53.
(3) Voy. l'article 7 du *num.* 710.
(4) Voy. l'art. 8 *idem.*

3.º Une masse de remonte, de harnachement et de ferrage, de 200 francs par an : cette masse, qui doit pourvoir au renouvellement du cheval, à son équipement et au ferrage et médicamens, sera payée par douzième, chaque mois, au complet de cent chevaux de course ;

4.º Enfin, une masse extraordinaire d'entretien de 30,000 francs par an (1), payables au corps par douzième, chaque mois, pour subvenir au salaire des ouvriers et palefreniers, à l'éclairage de l'hôtel des gardes et au chauffage d'un corps-de-garde dans ledit hôtel.

14. En assurant par la présente ordonnance l'existence militaire et la récompense des services des officiers supérieurs, inférieurs et gardes des deux compagnies de gardes-du-corps de notre bien-aimé frère Monsieur, notre volonté est de pourvoir, sur nos propres revenus, à la dépense de la solde et des masses que nous venons de leur régler.

Une somme annuelle de 420,000 francs, payable par douzième, chaque mois, sera, en conséquence, régulièrement versée de notre trésor particulier dans la caisse du trésorier de notre maison militaire, pour être spécialement affectée à l'entretien desdites compagnies, et le ministre secrétaire d'état de notre maison en fera surveiller et régulariser l'emploi.

N.º 707.

Ordonnance du Roi concernant le service intérieur et extérieur des palais royaux, et les attributions de la maison militaire de Sa Majesté et de la garde royale.

Du 31 décembre 1815.

LOUIS, par la grâce de Dieu, etc.

Vu notre ordonnance du 25 septembre qui règle, sur les principes posés par les Rois nos prédécesseurs, l'organisation de nos gardes-du-corps (2) ;

Vu aussi notre ordonnance du 1.er septembre concernant la formation de notre garde royale, et celle du 23 du même mois qui y fait suite (2) ;

Voulant, d'une part, maintenir les droits et priviléges attachés aux grandes charges de la couronne ; de l'autre,

---

(1) Voy. l'article 8 du *num.* 710.
(2) *Num.* 700, 703 et 704, pag. 70, 79 et 84.

coordonner les attributions, rangs et préséances de notre maison militaire, avec ceux qu'il nous plaît d'accorder aux majors-généraux et à notre garde royale, et enfin fixer d'une manière précise et invariable le service que chacune d'elles aura à remplir auprès de notre personne et des princes et princesses de la famille royale, etc.

Nous avons ordonné et ordonnons ce qui suit :

ART. 1.er Le service de nos palais et résidences royales se divise en service intérieur et service extérieur. Cette division servira de base pour régler les rangs et commandemens ; l'emploi des diverses troupes, escortes et détachemens ; le placement des corps, postes et factionnaires, et généralement tout ce qui a rapport au service militaire auprès de notre personne dans nosdits palais et résidences royales.

2. Le service intérieur comprend nos appartemens, escaliers, corridors, et tout ce qui est en dedans des murs, à l'exception, quant au rez-de-chaussée, des portes, passages, communications, entrées de voûtes et issues de souterrains.

Le service extérieur comprend ces mêmes portes, passages, communications, entrées de voûte et issues de souterrains, des rez-de-chaussée ; les cours, jardins, grilles, et généralement toutes les dépendances extérieures.

3. Le service intérieur, tant auprès de notre personne que des princes et princesses de la famille royale, sera fait par nos compagnies de gardes-du-corps, cent-suisses, et gardes de notre bien-aimé frère Monsieur, et le service extérieur sera fait par notre garde royale ; mais, lorsque nous sortirons de nos palais, il sera fait concurremment par ces divers corps, et de la manière qui sera déterminée ci-après (1).

4. Voulant donner à notre garde royale un témoignage éclatant de la confiance que nous mettons dans son zèle, sa fidélité et son dévouement à notre personne, nous nous déclarons et instituons son colonel-général.

5. Nos capitaines des gardes-du-corps et des cent-suisses de service continueront à jouir, dans l'intérieur de nos palais et résidences royales, des rangs, honneurs et préséances qui leur ont été attribués jusqu'à ce jour (2).

---

(1) Voy. la note première du *num.* 692, pag. 48.

(2) Le capitaine des gardes *français*, qui est en service, se tient et marche toujours immédiatement après le Roi, et proche de la personne de S. M., à quelque part qu'elle soit ; il est toujours logé dans l'appartement du Roi : la nuit il en garde les clefs ; quand le Roi donne audience à un ambassadeur, il le reçoit, etc.

Le capit. ou le lieut. *écossais* (1.re compagnie) a toujours sa place près du Roi, quoiqu'il ne soit pas de quartier.

Dans les grandes cérémonies, le capit. des cent-suisses marche devant le Roi. — Voyez encore *la note de l'article* 10.

Notre major-général de service portera le bâton de commandement, et jouira, dans l'intérieur, des mêmes entrées et honneurs militaires que nos capitaines des gardes-du-corps en service.

6. A l'extérieur de nos palais et résidences royales, et dans les cérémonies auxquelles nous assisterons, le capitaine des gardes-du-corps de service conservera sa place habituelle près de notre personne ; et lorsque, hors de notre présence et de celle des princes et princesses de notre famille, il viendra à passer devant les troupes et postes de notre garde royale, il recevra les honneurs militaires dus au grade de lieutenant-général, ou à celui de maréchal de France, s'il en est pourvu.

Notre major-général de service se tiendra, dans tous les cas, et particulièrement dans les cérémonies publiques, en avant et sur notre droite, pour être à portée de prendre nos ordres ; hors de notre présence et de celle des princes et princesses de notre famille, nos troupes, tant de la maison militaire que de notre garde royale, lui rendront les honneurs dus à un maréchal commandant en chef d'armée (1).

7. Nos capitaines des gardes et cent-suisses prendront directement nos ordres pour le service militaire de l'intérieur, chacun en ce qui le concerne.

Notre major-général de service prendra également nos ordres directs, et commandera tout le service militaire extérieur, sans préjudicier toutefois aux attributions des gouverneurs de nos palais et résidences royales.

8. Dans toutes les occasions où notre maison militaire et notre garde royale seront réunies, ou feront un service commun à l'extérieur, nous nous réservons de donner à notre capitaine des gardes et à notre major-général de service, des

_____

(1) Dans un réglement rendu le 15 juillet 1690, sur le service des gardes-du-corps, S. M. s'exprime ainsi :

Pour ce qui est du salut, j'ai déjà dit mes intentions ; et pour les expliquer plus clairement, mes compagnies ne doivent saluer que mon fils, ses fils et petit-fils, les princes du sang, le comte de Toulouse et le duc du Maine, et le général de l'armée s'il est maréchal de France, toutes les fois qu'ils les voient hors de ma présence ou de celle de mon fils : et pour le général de la cavalerie, ils ne le doivent saluer que la première et la dernière fois qu'ils le voient ; nul autre commandant de la cavalerie ne doit être salué. (*Article* 7.)

Si le général de l'armée, ou du corps où ils seront n'est pas maréchal de France, ou qu'il ne soit que lieutenant-général ou maréchal-de-camp, ils ne le doivent saluer que la première et la dernière fois qu'ils le voient, comme le colonel-général de la cavalerie. Ce salut ne doit aller que jusqu'aux maréchaux-de-camp. On ne doit pas saluer les officiers inférieurs, quand même ils commanderaient en chef. (*Art.* 8.)

ordres pour déterminer les fonctions qui, dans ce cas, seront attribuées à chacun d'eux.

Dans les mêmes cas de réunion et de service commun, nos gardes-du-corps et cent-suisses prendront respectivement la droite sur la cavalerie et sur l'infanterie de notre garde royale.

9. Nos gardes-du-corps conserveront, comme par le passé, la garde immédiate de notre personne dans toutes les occasions.

10. Les escortes ordinaires près de notre personne, en voiture ou à cheval, seront fournies habituellement par nos gardes-du corps.

Les escortes extraordinaires seront composées, en partie de nos gardes-du-corps, en partie de notre garde royale. Dans ces escortes, nos gardes-du-corps et leurs officiers conserveront leur poste d'usage aux roues de derrière (1).

Un piquet de cavalerie légère de notre garde précédera celui de nos gardes-du-corps qui doit marcher en avant de nous, et un autre piquet de cavalerie fermera la marche.

Les officiers commandant les piquets de notre garde royale se tiendront aux roues de devant de droite et de gauche, et suivant leur rang d'ancienneté.

Il y aura en outre un officier à la tête de chaque piquet de cavalerie de notre garde royale, pour en diriger les mouvemens d'après les ordres que lui transmettra l'officier commandant.

11. Les cortéges se composeront de troupes à cheval et à pied de notre maison militaire et de notre garde. Les chœurs d'église, les emplacemens destinés au trône, soit dans la chambre des pairs, soit dans celle des députés, soit partout ailleurs, seront considérés comme notre intérieur ; tout le surplus sera considéré comme extérieur.

L'un et l'autre service sera établi sur ce principe, d'après les dispositions que nous aurons ordonnées, et qui seront transmises par notre grand-maître des cérémonies.

_____

(1) Les officiers des gardes-du-corps en quartier, chargés d'un service intime et assidu près de S. M., et du soin de veiller journellement à la sûreté de sa personne, demeurant en cette ancienne possession, marcheront, en conséquence, à droite et à gauche de son carrosse, à la hauteur des roues de derrière ; de manière que la portière demeure libre, afin de laisser au peuple la satisfaction de voir S. M.

Veilleront lesdits officiers des gardes-du-corps, à ce que personne de suspect ou inconnu n'approche de la personne de S. M. ; et à cet effet, la permission de lui présenter des placets, ou de lui parler, sera donnée par le capitaine des gardes en quartier, à ceux qui ne peuvent approcher de S. M. sans cette précaution ; et en l'absence du capitaine des gardes, par l'officier des gardes en fonctions. *Ordonn. du 11 novembre 1724.*

12. Les officiers généraux et supérieurs de notre garde royale jouiront, dans nos palais et résidences royales, à parité de rang et de grade, des mêmes prérogatives dont jouissent nos gardes-du-corps.

Tous les officiers généraux et supérieurs titulaires de notre garde royale porteront la plume noire au chapeau.

13. Nos capitaines des gardes et cent-suisses, et notre major-général en service, recevront, tous les soirs, le mot d'ordre directement de nous, et dans notre cabinet; chacun d'eux le transmettra aux officiers de service sous son commandement (1).

14. La garde des théâtres royaux, dans la capitale, sera désormais confiée à notre garde royale, à l'exclusion de toute autre troupe de ligne. Elle sera, pour la police tant extérieure qu'intérieure, sous la direction de l'autorité civile.

Pourront néanmoins les commissaires de police et officiers de paix avoir à leur disposition un piquet de la gendarmerie royale de Paris, qui sera établi sous le péristyle et à l'extérieur.

Lorsque nous nous rendrons dans l'un de ces théâtres, notre service s'y fera comme par le passé; nos loges et les escaliers qui y conduisent étant considérés comme intérieur.

15. Nous nous réservons de remettre nous-même aux divers corps de notre garde royale, et en notre qualité de colonel-général, les drapeaux, guidons et étendards, après qu'ils auront été solennellement bénis, le tout avec les cérémonies usitées jusqu'à ce jour pour les étendards de nos gardes-du-corps.

Ces drapeaux, guidons et étendards seront déposés chez le colonel-commandant.

16. Il sera assigné, dans nos résidences royales, ou à portée, le logement nécessaire à notre major-général, pour lui, ses officiers de service et ses bureaux, ainsi qu'il en est accordé au château des Tuileries, par l'article 5 de l'ordonnance du 23 septembre, pour l'état-major, les bureaux et archives.

17. Notre ordonnance du 23 janvier 1815, portant rétablissement de la prévôté de l'hôtel, est maintenue (2).

Dispositions générales.

La garde nationale de Paris conservera le droit que nous lui avons accordé, par notre ordonnance du 5 août 1814, de faire seule près de nous le service, tous les ans, le jour anniversaire de notre rentrée à Paris.

Elle continuera d'ailleurs à faire le service d'un poste

---

(1) L'officier qui commande l'escadron des gardes devant sa maison, quel qu'il soit, même de cavalerie, doit prendre le mot du Roi ou de son fils. *Réglem. du 16 juillet* 1690.

(2) Voy. le *numéro* 697.

d'honneur au château des Tuileries, pendant notre résidence à Paris.

Dans tous les cas non prévus par la présente ordonnance, nos ministres secrétaires d'état de notre maison et de la guerre prendront directement nos ordres pour les transmettre à qui de droit.

N.° 708.

Ordonnance du Roi concernant la compagnie des gardes de la prévôté de l'hôtel.

A Paris, le 1.er janvier 1816.

LOUIS, etc.,

Ayant, par notre ordonnance du 31 décembre 1815 sur les attributions de notre maison militaire et sur celles de notre garde royale, décidé, article 17, que la compagnie des gardes de la prévôté de notre hôtel serait maintenue dans le service auquel elle est appelée par notre ordonnance du 23 janvier 1815 (1), et voulant que les dispositions de ladite ordonnance du 23 janvier 1815 soient, autant qu'il se peut, comme celles des 25 septembre et quatorze décembre 1815 concernant nos gardes-du-corps et cent-suisses, en analogie avec la constitution actuelle de notre garde royale et des autres corps de l'armée, etc.;

ART. 1.er La compagnie des gardes de la prévôté de notre hôtel sera divisée en trois brigades, qui seront commandées chacune par un lieutenant et deux sous-lieutenans. Elle sera composée, savoir :

ÉTAT-MAJOR.	RANGS.
1 Capitaine-colonel, grand-prévôt de l'hôtel....................	Colonel.
1 Lieutenant-général d'épée..........	Lieutenant–colonel.
1 Adjudant-major (2)................	Chef de bataillon.
1 Aumônier.	
1 Adjudant	Lieutenant.
1 Fourrier.....................	Sous-lieutenant.
2 Trompettes.	
1 Chirurgien-major.	

---

(1) Voyez le *numéro* 697, page 64.
(2) L'adjudant-major et l'adjudant remplacent l'aide-major et le sous-aide-major qui avaient été établis par l'ordonnance du 23 janvier 1815.

1 Secrétaire.
1 Trésorier....................... Lieutenant.

COMPAGNIE. RANGS:

4 Lieutenans, dont un sera détaché près
du garde-des-sceaux de France..... Capitaine.
6 Sous-lieutenans................... Lieutenant.
6 Brigadiers .... Sous-lieutenant.
6 Sous-brigadiers.................. Sergent-major.
98 Gardes , dont deux seront détachés
près du garde-des-sceaux de France. Sergent.

2. Toute dénomination et toute assimilation de rang non conservées par la présente ordonnance , sont et demeurent supprimées ; mais les officiers venus jusqu'à présent de nos armées avec un grade supérieur , ou qui auraient reçu dans la compagnie un grade supérieur au rang que leur donne aujourd'hui l'emploi qu'ils y occupent, conserveront les distinctions de leur grade et les droits attachés à ces mêmes grades (1), sauf l'effet des dispositions de notre ordonnance du 18 septembre 1815 sur les grades honorifiques, à l'égard de ceux auxquels elles peuvent être applicables.

3. Les officiers de la compagnie, ce qui ne doit s'entendre que de ceux ayant au moins le rang de lieutenant dans l'armée, pourront passer dans notre garde royale , ou dans la ligne, avec le grade dont ils auront eu le rang pendant quatre ans; et quand ils l'auront eu pendant dix ans , ils seront susceptibles de passer dans la ligne avec le grade immédiatement supérieur, ou de l'obtenir avec leur retraite , si elle leur est due, et conformément à l'article 15 de notre ordonnance du 18 septembre dernier sur les grades honoraires (2).

Quant aux fourriers , aux brigadiers, sous-brigadiers et gardes, ils seront, après quinze années de service dans leurs emplois, susceptibles d'obtenir avec leur retraite, si elle leur est due, le grade immédiatement supérieur à celui dont ils auront eu le rang pendant lesdites quinze années, ou leur admission dans ce grade à notre hôtel royal des invalides.

4. Les officiers et les sous-officiers de la compagnie, jusques et compris ceux qui ont le rang de sous-lieutenant dans l'armée, recevront de notre ministre secrétaire d'état de la guerre des brevets énonçant l'emploi dans la compagnie , et le rang dans l'armée à raison dudit emploi.

5. L'administration de la compagnie de la prévôté de notre hôtel reste et demeure , comme celle de nos gardes-du-corps

(1) Ces dispositions ont été modifiées. Voyez les observations qui font suite au tarif, numéro 53.
(2) Numéro 680.

et cent-suisses, dans les attributions du ministre secrétaire d'état de notre maison.

6. Les dispositions de notre ordonnance du 23 janvier 1815, en ce qui n'est pas contraire à la présente, sont maintenues et continueront d'être exécutées.

N.° 709.

Ordonnance du Roi concernant le corps de ses maréchaux et fourriers-des-logis.

À Paris, le 1.er janvier 1816.

LOUIS, etc. ;

Vu notre ordonnance du 1.er octobre 1814 (1), concernant le corps des maréchaux et fourriers-des-logis de notre maison, et voulant que les dispositions de ladite ordonnance soient, autant qu'il se peut, comme celles des 25 septembre (1) et 14 décembre 1815 concernant nos gardes-du-corps et cent-suisses, en analogie avec la constitution actuelle de notre garde royale et des autres corps de l'armée, etc. ;

ART. 1.er Le corps des maréchaux et fourriers-des-logis de notre maison sera composé, savoir :

GRADES ET EMPLOIS DANS LE CORPS.	RANGS.
1 Grand-maréchal-des-logis...........	Colonel.
6 Maréchaux-des-logis..............	Chef d'escadron.
13 Fourriers-des-logis, dont les six plus anciens.......................	Capitaine.
Les sept autres....................	Lieutenant.

(*Nota.*) L'un des fourriers-des-logis, au choix du grand-maréchal-des-logis, sera chargé du détail ; mais il n'aura que le traitement qui est attribué aux autres fourriers-des-logis.

2. Toute dénomination et toute assimilation de rang non conservées par la présente ordonnance, sont et demeurent supprimées ; mais les maréchaux et fourriers-des-logis venus jusqu'à présent de nos armées avec un grade supérieur, ou qui auraient reçu dans le corps un grade supérieur au rang que leur donne aujourd'hui l'emploi qu'ils y occupent, conserveront les distinctions de leurs grades et les droits attachés à ces mêmes grades, sauf l'effet des dispositions de notre ordonnance du 18 septembre 1815 (2) sur les grades honorifiques, à l'égard de ceux auxquels elles peuvent être applicables.

3. Les maréchaux-des-logis et les fourriers-des-logis pourront

_____

(1) *Numéros* 695, 704 et 705.
(2) *Numéro* 680 ; ces dispositions ont été modifiées. Voyez le tarif, *numéro* 53.

passer dans notre garde royale, ou dans la ligne, avec le grade dont ils auront eu le rang pendant quatre ans ; et quand ils l'auront eu pendant dix ans, ils seront susceptibles de passer dans la ligne avec le grade immédiatement supérieur, ou de l'obtenir avec leur retraite, si elle leur est due, et conformément à l'article 15 de notre ordonnance du 18 septembre dernier sur les grades honoraires.

4. Les officiers composant le corps des maréchaux et fourriers-des-logis de notre maison recevront de notre ministre secrétaire d'état de la guerre des brevets énonçant l'emploi dans le corps, et le rang dans l'armée à raison dudit emploi.

5. La première place de maréchal-des-logis qui viendra à vaquer, sera donnée au plus ancien des fourriers-des-logis ayant rang de capitaine dans l'armée ;

La seconde sera donnée, sur la présentation de notre grand-maréchal-des-logis, à un capitaine de l'armée ayant au moins quatre ans d'ancienneté dans le grade de capitaine ;

La troisième, à un fourrier-des-logis ayant rang de capitaine, et au choix du grand-maréchal-des-logis, sans qu'il soit le plus ancien, mais pourvu qu'il ait le rang de capitaine depuis quatre ans ; et ainsi de suite, en recommençant en faveur du plus ancien fourrier-des-logis capitaine, et dans le même ordre, au fur et à mesure des vacances.

Les fourriers-des-logis ayant rang de lieutenant monteront de droit au rang de capitaine, sans concurrence avec les officiers de l'armée, mais seulement à mesure que les places de fourriers ayant rang de capitaine viendront à vaquer.

Enfin, une place de fourrier-des-logis du rang de lieutenant devenant vacante, elle sera donnée, sur la présentation de notre grand-maréchal-des-logis, à un officier de l'armée du grade de lieutenant, ou du grade de sous-lieutenant seulement, pourvu qu'il ait au moins quatre ans de service dans ce dernier grade.

Les choix qui seront faits par le grand-maréchal-des-logis dans l'armée, ne devront porter que sur les officiers dont l'instruction aura été dirigée pour la castramétation, et leur admission n'aura lieu qu'après que notre ministre secrétaire d'état de la guerre y aura donné son assentiment.

6. Il n'est apporté aucun changement à la fixation de la solde attribuée aux emplois de grand-maréchal-des-logis et de maréchal et fourrier-des-logis par notre ordonnance du 1.er octobre 1814 ; mais à compter du 1.er janvier 1816, nous accordons une indemnité de fourrages, savoir :

Au grand-maréchal-des-logis, pour trois chevaux ;

A chaque maréchal-des-logis, pour deux chevaux ;

Et à chaque fourrier-des-logis, pour un cheval ;

Cette indemnité sera payée, à la fin de chaque mois, en même temps que la solde, et sur le même pied qu'aux officiers d'état-major dans notre place de Paris.

7. L'administration du corps des maréchaux et fourriers-des-logis reste et demeure, comme celles de nos gardes-du-corps et cent-suisses, dans les attributions du ministre secrétaire d'état de notre maison.

8. Les dispositions de notre ordonnance du 1.er octobre 1814, en ce qui n'est pas contraire à la présente, sont maintenues, et continueront d'être exécutées.

N.º 710.

Ordonnance du Roi concernant les deux compagnies des gardes-du-corps de Monsieur.

A Paris, le 5 juin 1816.

LOUIS, par la grâce de Dieu, etc. ;

Nous avons ordonné et ordonnons ce qui suit :

Art. 1.er L'état-major des deux compagnies des gardes-du-corps de Monsieur sera composé, savoir :

ÉTAT-MAJOR.	RANGS.
1 Major......................	Colonel (1).
1 Aide-major	Lieutenant-colonel.
1 Adjudant-sous-lieutenant.......	Chef d'escadron.
1 Maréchal-des-logis en chef commandant l'hôtel.............	Capitaine commandant.
1 Maréchal-des-logis instructeur..	Capitaine en second.
1 Aumônier.	
1 Trésorier...................	*Selon son grade dans le corps.*
1 Chirurgien-major.............	
1 Trompette-major.	
1 Maréchal vétérinaire.	
1 Piqueur.	

2. Les deux compagnies conserveront entre elles le même rang qu'elles ont aujourd'hui, et chacune d'elles aura la composition suivante :

COMPAGNIE.	RANGS.
1 Capitaine des gardes.........	Maréchal-de-camp.
1 Premier lieutenant...........	Lieutenant-colonel.

---

(1) D'après l'article 6 de l'ordonnance du 15 juillet 1814, le major et le commandant d'escadron pouvaient seuls conserver leurs emplois lorsqu'ils seraient élevés à un grade supérieur.

1 Deuxième lieutenant............ Lieutenant-colonel.
12 Sous-lieutenans, dont 8 avec ap-
    pointemens............... Chef d'escadron.
  4 sans appointemens.......... *Idem.*
1 Maréchal-des-logis-chef....... Capitaine commandant.
4 Maréchaux-des-logis (1)....... Capitaine en second.
1 Brigadier-fourrier........... Lieutenant.
8 Brigadiers.................. Lieutenant.
85 Gardes.................... Sous-lieutenant.
15 Surnuméraires sans appointe-
    mens.................... Sous-lieutenant.

                                Le brevet de ce grade ne sera expédié au surnuméraire qu'après un an de service réel dans le corps.

2 Trompettes.

3. Les sous-lieutenans avec appointemens et les sous-lieutenans sans appointemens prendront rang entre eux, dans ce grade, selon leur ancienneté; mais les sous-lieutenans sans appointemens ne pourront passer à des sous-lieutenances avec appointemens; lesdites sous-lieutenances étant réservées, conformément aux dispositions de l'article 5 de notre ordonnance du 25 décembre 1815, savoir:

La première vacante, au plus ancien maréchal-des-logis;

La seconde, à un capitaine commandant de nos troupes à cheval, au choix du capitaine de la compagnie, et ainsi de suite au fur et à mesure des vacances.

4. Pour pouvoir être reçu garde-du-corps de Monsieur, il faut être âgé de dix-huit ans au moins et de vingt-cinq ans au plus, et avoir la taille de cinq pieds quatre pouces. Le postulant devra présenter, 1.° son acte de naissance; 2.° un certificat du maire de sa commune et de trois notables, constatant sa bonne conduite et l'état de sa famille; 3.° l'obligation par sa famille de lui assurer au moins huit cents francs de pension. S'il a des services militaires, il en produira l'attestation en bonne et due forme (2).

5. Les gardes surnuméraires pourront être admis dans le corps dès l'âge de seize ans, pourvu qu'ils soient d'une constitution qui promette la taille exigée pour les gardes-du-corps.

Le surnuméraire sera tenu de produire son acte de naissance, et un certificat du maire de sa commune et de trois notables,

---

(1) Le plus ancien doit porter l'étendard. *Ordonnance* des 15 juillet et 25 décembre.
(2) La vérification de toutes les conditions prescrites, pour être admis dans les gardes-du-corps, est dans les attributions du major; il doit en rendre compte au capitaine de chaque compagnie.

constatant sa bonne conduite et l'état de sa famille, laquelle par une déclaration expresse, contractera l'obligation de lui assurer une pension de quinze cents francs au moins.

6. La solde et les fourrages seront réglés ainsi qu'il suit à compter du 1.er juin 1816 (1).

La solde sera payée à l'effectif, à la fin de chaque mois.

Les fourrages pour les chevaux du corps, dont il sera parlé ci-après, seront fournis par les soins du conseil d'administration des deux compagnies.

7. Nonobstant le nombre des officiers inférieurs et gardes composant les deux compagnies, il n'y aura, pour assurer le service qui leur est attribué, que cent cinquante chevaux, à la remonte et à l'entretien desquels il sera pourvu par une masse particulière.

8. Nous accordons au corps, conformément aux dispositions de l'article 13 de notre ordonnance du 25 décembre 1815,

1.° Une masse d'habillement de cent cinquante francs par an pour chacun des officiers inférieurs, gardes et trompettes des deux compagnies : cette masse sera payée par douzième chaque mois, en même temps que la solde, au complet de deux cent sept hommes, en y comprenant le maréchal vétérinaire et le piqueur, qui sont à la suite de l'état-major du corps ;

2.° Une masse de fourrages calculée sur le pied de quatre cents francs par cheval et par an, pour pourvoir à la nourriture des cent cinquante chevaux du corps, et à celle des soixante-six chevaux d'officiers ; mais on n'allouera que la dépense justifiée pour les chevaux présens (2) ;

3.° Une masse de remonte, de harnachement et de ferrage, de deux cents francs par an : cette masse, qui doit pourvoir au renouvellement du cheval, à son équipement, au ferrage et aux médicamens, sera payée par douzième chaque mois, au complet de cent cinquante chevaux ;

4.° Enfin, une masse extraordinaire d'entretien de quarante-cinq mille francs par an, payable au corps par douzième chaque mois, pour subvenir au salaire et à l'entretien des ouvriers et palefreniers à sa suite, à l'éclairage de l'hôtel des gardes, et au chauffage d'un corps-de-garde dans ledit hôtel.

---

(1) Voyez le tarif, *numéro 53.*

(2) Les fourrages pour les chevaux de troupe doivent être fournis, par les soins du corps, au prix courant des marchés, constaté par le certificat des autorités civiles : ce prix est fixé pour trois mois, à l'expiration desquels il s'accroîtra ou diminuera suivant le prix courant, et ainsi de trois mois en trois mois : cette dépense se paiera avec la solde.

La ration de fourrages sera la même que celle qui se trouve fixée pour les chevaux de la grosse cavalerie de l'armée. *Ordonnance du 15 juillet 1814, article 13.*

9. Les officiers supérieurs, officiers inférieurs et gardes continueront, en cas de maladie, à être admis dans l'infirmerie de notre maison militaire, sous la condition d'une retenue sur leur solde, en conformité du tarif arrêté par nous pour les différens corps composant ladite maison militaire (1), dont les gardes-du-corps de Monsieur font partie.

10. Les dispositions de notre ordonnance du 25 décembre 1815, en ce qui n'est pas contraire à la présente, sont maintenues, et continueront à être exécutées.

N.° 711.

Ordonnance du Roi relative à la formation d'une escouade d'ouvriers dans l'artillerie de la garde royale.

Du 19 juin 1816.

Art. 1.er IL sera formé dans l'artillerie de notre garde une escouade d'ouvriers, composée ainsi qu'il suit : 1 lieutenant en premier, 1 sergent, 1 fourrier, 1 caporal, deux maîtres ouvriers, 4 ouvriers de 1.re classe, 6 ouvriers de 2.e classe. Total 16.

2. Cette escouade d'ouvriers sera attachée au régiment d'artillerie à pied de notre garde.

3. Le lieutenant, les sous-officiers et ouvriers seront choisis parmi les officiers, sous-officiers et ouvriers de notre corps royal de l'artillerie.

Les ouvriers des compagnies des régimens de notre garde pourront être admis dans cette escouade ; ils seront alors remplacés par des canonniers ayant un métier qui les rende propres à être employés aux travaux de l'artillerie, en cas de besoin.

4. La solde du lieutenant sera la même que celle des lieutenans d'artillerie à pied de notre garde.

Celle des sous-officiers et des ouvriers sera établie d'après la solde des sous-officiers et ouvriers d'artillerie de la ligne, dans le même rapport que celle des sous-officiers et canonniers de notre garde, l'est sur la solde des sous-officiers et canonniers de la ligne.

5. Les masses d'habillement et autres seront les mêmes que celles des canonniers à pied de notre garde, et seront administrées par le capitaine de la compagnie à la suite de la

(1) Voyez le tarif, *numéro* 53.

quelle sera mise l'escouade, comme celles de la compagnie
entière.

N.° 712.

*Ordonnance du Roi portant organisation des deux
régimens qui doivent former la 4.e brigade d'infanterie de la garde royale.*

Du 18 juillet 1816.

Art. 1.er LES deux régimens d'infanterie de la brigade
suisse de notre garde royale, prendront les dénominations des
7.e et 8.e régimens d'infanterie de la garde royale. Ce numéro
sera tiré au sort.

2. Les trente-six compagnies cantonales que la Suisse s'est
engagée à fournir par les capitulations, pour la formation de
cette brigade, seront réparties entre les bataillons des deux
régimens, conformément au détail ci-après, savoir :

Zurich, 3 compagnies à répartir, deux dans le 7.e régiment,
et une dans le 8.e ;

Saint-Gall, 3 compagnies à répartir, une dans le 7.e régiment,
et deux dans le 8.e ;

Schaffouse, Turgovie et Bâle, 3 compagnies, dont deux dans
le 7.e régiment, et une dans le 8.e ;

Grisons, 3 compagnies, dont une dans le 7.e régiment, et
deux dans le 8.e ;

Vaud, 3 compagnies, dont deux dans le 7.e régiment, et
une dans le 8.e ;

Argovie et Tésin, 3 compagnies, dont une dans le 7.e régiment et deux dans le 8.e ;

Berne, 3 compagnies, dont une dans le 7.e régiment, et
deux dans le 8.e ;

Lucerne, 2 compagnies, dont une dans le 7.e régiment, et
une dans le 8.e ;

Glaris et Zug, 1/2 compagnie chacun; cette compagnie entrera dans le 7.e ;

Fribourg, 3 compagnies, dont deux dans le 7.e régiment,
et une dans le 8.e ;

Genève, 1 compagnie, dans le 8.e régiment ;

Soleure, 2 compagnies, dont une dans le 7.e régiment, et
une dans le 8.e ;

Nid-Wald, 1/2 compagnie ⎱ réparties, une compagnie dans le
Schwitz, 1 compagnie 1/2 ⎰   7.e régiment, et une dans le 8.e ;

Ob-Wald et Ury, 1/2 compagnie chacun ; la compagnie entière dans le 8.ᵉ régiment.

Vallais, 3 compagnies, dont deux dans le 7.ᵉ régiment, et une dans la 8.ᵉ

Total, 18 compagnies dans le 7.ᵉ régiment, et 18 dans le 8.ᵉ

Total général, 36 compagnies.

3. Chaque régiment suisse de notre garde royale se composera d'un état-major, et de trois bataillons d'infanterie de ligne, comme les autres régimens de notre garde royale, et chaque bataillon de huit compagnies, dont une de grenadiers, six de fusiliers et une de voltigeurs. Le tout sera organisé ainsi qu'il suit :

ÉTAT-MAJOR.

OFFICIÈRS.		TROUPE.	
Colonel	1	Adjudans-sous-officiers	6
Lieutenant-colonel	1	Tambour-major	1
Chefs de bataillon	3	Caporaux-tambours	3
Major	1	Musiciens, dont un chef	30
Adjudans-majors	3	Maîtres tailleur	1
Trésorier	1	Maîtres guêtrier	1
Capitaine d'habillement	1	Maîtres cordon.ᵉʳ	1
Grand-juge	1	Maîtres armurier	1
Officier-payeur	1	Prévôts	3
Porte-drapeau	1		
Chirurgien-major	1		
Aides-chirurgiens	2		
Aumônier	1		
Ministre	1		

19 } 47 }

COMPAGNIE.

Capitaine		Sergent-major	1
Lieutenant	3	Sergens	4
Sous-lieutenant		Fourrier	1
		Caporaux	8
		Grenadiers, fusiliers, voltigeurs	74
		Tambours	2

90 }

D'où il résulte que la force totale de chaque régiment sera de deux mille deux cent quatre-vingt-dix-huit hommes, dont quatre-vingt-onze officiers, et deux mille deux cent sept sous-officiers et soldats.

4. Il pourra être attaché à chaque régiment deux enfans de troupe par compagnie de fusiliers ; ils compteront en sus du complet.

5. Les hommes nécessaires pour la formation des compagnies

de grenadiers et de voltigeurs, seront tirés, en égal nombre et à tour de rôle, des compagnies cantonnales qui entreront dans la composition de chaque régiment.

6. Les officiers, sous-officiers et soldats des deux régimens jouiront du rang, du traitement, de la solde et des indemnités qui ont été déterminés par les capitulations (1).

7. L'habit uniforme des deux régimens sera à revers; le fond de l'habit sera écarlate; la couleur distinctive sera le bleu-de-roi.

Le 7.ᵉ régiment aura le collet, les revers, paremens et pattes de la couleur distinctive.

Le 8.ᵉ régiment aura le collet et les revers de la couleur distinctive.

Les retroussis de l'habit seront blancs pour les deux régimens; les revers, et les pattes de poches en long, seront garnis d'agrémens blancs; les boutons seront en métal blanc.

Le surplus des dispositions de nos réglemens des 23 septembre et 14 octobre 1815 (2) continuera à être strictement exécuté.

8. Il sera établi dans chaque régiment un conseil d'administration gérant, qui se composera du colonel, président; du lieutenant-colonel; du major, rapporteur; du plus ancien chef de bataillon et de deux capitaines : le second chef de bataillon et deux capitaines seront suppléans de ce conseil.

Le conseil général, auquel seront appelés tous les officiers supérieurs et tous les capitaines du régiment, sera organisé conformément aux capitulations.

9. Les recrues des deux régimens suisses de notre garde royale devront être envoyées au dépôt général de Besançon, pour y être examinées; après avoir été reçues à ce dépôt, comme réunissant les conditions voulues par les capitulations, elles seront dirigées sur le régiment où se trouvent les compagnies des cantons auxquels ces recrues appartiennent, pour y être incorporées.

10. Il ne pourra être admis dans les régimens de notre garde royale que des hommes qui réunissent toutes les conditions qui sont prescrites par les capitulations, et dont l'origine suisse aura été constatée : on n'y recevra, sous quelque prétexte que ce soit, aucun homme étranger à la Suisse.

_____

(1) Une ordonnance du 10 août porte, que tous les anciens officiers du régiment des gardes-suisses qui faisaient partie de ces régimens à l'époque du 10 août 1792, et qui n'auront pu être placés dans les deux nouveaux régimens suisses de la garde royale, obtiendront le grade immédiatement au-dessus de celui dont ils étaient brevetés dans l'armée au 10 août 1792; qu'ils obtiendront une solde de retraite, etc. *Voyez bulletin, n.º* 108, 7.ᵉ *série.*

(2) *Numéros* 936 et 937, chap. 14.

N.° 713.

*Ordonnance portant qu'il sera attaché un aumônier
à tous les corps de l'armée qui portent le nom de
régiment ou de légion.*

Du 24 juillet 1816.

LOUIS, etc. ;

Nous étant fait rendre compte des anciens réglemens qui
attachaient des aumôniers aux régimens de toutes armes, nous
avons résolu de faire revivre cette sage et salutaire institution
que réclament les principes d'une saine morale, en y appor-
tant des modifications propres à prévenir les abus, et à la
rendre utile, sous tous les rapports, aux militaires qui composent nos armées ;

Nous avons, en conséquence, ordonné etc.

ART. 1.er Il sera attaché un aumônier à tous les corps de
notre armée, qui portent le nom de régiment ou de légion.

2. L'aumônier aura rang de capitaine. Il jouira du traitement de capitaine d'infanterie de troisième classe, et des
indemnités attribuées aux capitaines de l'arme dans laquelle
il sera placé.

Dans l'infanterie, les aumôniers recevront, en outre, l'indemnité de fourrage. Ce traitement et ces indemnités seront
payés, en temps de paix et en temps de guerre, comme aux
autres officiers du régiment.

Après vingt ans de service, les aumôniers auront droit à
la solde de retraite de capitaine.

Les aumôniers des corps qui composent notre garde royale,
auront la moitié en sus de la solde de ceux des corps de la
ligne, ainsi que le porte l'article 7 de notre ordonnance
du 1.er septembre 1815, en faveur des officiers de notre garde.

3. Les aumôniers sont sous la juridiction ecclésiastique du
grand aumônier.

4. Lorsqu'il y aura une place d'aumônier à nommer, notre
ministre secrétaire d'état au département de la guerre en donnera avis au grand aumônier, qui lui désignera l'ecclésias-
que qu'il jugera réunir les qualités requises pour l'occuper.
Notre ministre secrétaire d'état de la guerre soumettra à notre
approbation l'ordonnance de nomination, fera expédier aux
aumôniers nommés leurs commissions, comme il est d'usage pour
les autres officiers de l'armée. Il chargera les colonels de les ins-
taller et faire reconnaître.

5. Les aumôniers ne seront pas sujets aux punitions portées

par les réglemens militaires contre les autres officiers du régiment ; mais en cas d'inconduite de leur part, ou de fautes graves qui pourraient produire du désordre parmi la troupe, les colonels en rendront compte à notre ministre secrétaire d'état au département de la guerre. Dans ce cas, le ministre s'entendra avec le grand-aumônier sur les moyens qu'il conviendra de prendre, soit pour le changement, soit pour le remplacement de l'aumônier, s'il y a lieu.

L'aumônier aura sous sa garde tous les objets nécessaires à la célébration du culte, tels que vases et ornemens qui seront renfermés dans une caisse dite chapelle.

Le ministre secrétaire d'état de la guerre pourvoira, sur les fonds de son ministère, au premier achat de cette chapelle, qui sera ensuite entretenue sur les fonds qui seront faits à chaque régiment (1).

7. Indépendamment de leurs fonctions spirituelles, les aumôniers seront établis conservateurs de la bibliothèque du régiment. Ils seront en outre les surveillans et les chefs supérieurs des écoles qui seront établies dans les régimens, pour l'instruction primaire des enfans de troupe, et autres jeunes militaires désignés par le colonel (2).

8. Pour tout ce qui a rapport au spirituel, les aumôniers se conformeront aux réglemens qui leur seront envoyés par le grand-aumônier ; mais pour les objets qui se rattachent à la discipline intérieure des corps et au service, le ministre

---

(1) Les corps ne seront autorisés à faire l'achat des chapelles de campagne, que dans le cas où l'armée serait portée sur le pied de guerre ; attendu que les aumôniers célèbrent l'office divin dans les paroisses des lieux de garnison où ils se trouvent placés.

Pour mettre à même les corps d'indemniser ces paroisses des dépenses que leur occasionnent le prêt des ornemens, des vases sacrés, le luminaire et autres fournitures, il leur est accordé, à dater du jour où le sous-inspecteur aura constaté l'entrée en exercice de l'aumônier, une somme de cent francs, payable par douzième, de mois en mois, sur les fonds de la solde, et sur les mêmes états qui servent à la perception de la masse d'entretien ; cette somme sera remise à la paroisse où les corps assisteront habituellement à la messe militaire.

Lorsque les desservans des paroisses suppléent les aumôniers, avant l'arrivée de ces ecclésiastiques, il leur est alloué, pour toute indemnité, cent cinquante francs par an, dont le paiement s'effectue ainsi qu'il est dit ci-dessus. *Circul. du 10 février 1817.*

Du moment où les corps auront été autorisés à faire l'achat des chapelles de campagne, l'indemnité de cent francs sera réduite à quarante-huit, affectés uniquement aux dépenses du luminaire, du pain et du vin. *Circul. des 6 et 30 janvier 1817.*

(2) Ces dispositions apportent quelques modifications à celles de l'article 15, titre 6 du réglement de 1792, *numéro* 44, vol. I ; et à l'article 8 du *numéro* 390, vol. II, 2.e partie.

secrétaire d'état au département de la guerre prescrira les mesures qu'il sera nécessaire de prendre.

N.° 714.

Ordonn. du Roi qui fixe le mode d'admission, le rang et l'avancement des officiers de la garde royale.

Du 5 novembre 1816.

ART. 1.ᵉʳ Les officiers des corps de notre garde royale, depuis le sous-lieutenant jusqu'au colonel inclusivement, qui n'ont point quatre années révolues de services effectifs de leur grade, soit dans la ligne, soit dans la garde, continueront d'avoir dans l'armée le rang et le titre immédiatement supérieurs à l'emploi qu'ils occupent ; et ce, conformément aux dispositions de nos ordonnances des 1.ᵉʳ et 23 septembre 1815.

2. Les officiers de tous grades, y compris les colonels qui, avant leur admission dans les corps de notre garde, avaient dans leur grade quatre ans de services effectifs, recevront, à compter du jour de leur admission, le brevet du grade immédiatement supérieur, dont ils n'ont aujourd'hui que le rang et les marques distinctives.

Ceux qui, postérieurement à leur admission, ont eu ces quatre années de services effectifs dans leur grade, ou qui les auront par la suite, obtiendront pareillement le brevet du grade supérieur, à compter du jour de leur accomplissement.

3. A l'avenir, la moitié des emplois d'officiers vacans dans les corps de toutes les armes qui composent notre garde, depuis le grade de lieutenant jusqu'à celui de lieutenant-colonel inclusivement, sera donnée à des officiers du grade immédiatement inférieur dans la garde ; l'autre moitié sera réservée pour des officiers des corps de la ligne, auxquels nous accorderons préalablement le grade supérieur à celui qu'ils devront occuper dans la garde royale.

4. En conséquence des articles qui précèdent, il sera procédé au classement des officiers de chaque grade, de manière que ceux qui sont pourvus du brevet du grade supérieur, précèdent ceux qui n'en ont que le rang : les premiers prendront rang entre eux de la date de leurs brevets ; les derniers, de celle de leur admission dans la garde.

6. L'avancement des officiers des divers corps de notre

garde., depuis le grade de sous-lieutenant jusqu'à celui de capitaine-commandant inclusivement, aura lieu moitié à l'ancienneté et moitié au choix. L'officier proposé au tour du choix, devra avoir deux ans d'activité de son grade.

Les sujets susceptibles d'être promus au grade d'officier supérieur, lorsque le tour de la garde sera venu, seront choisis parmi les capitaines-commandans. Notre intention est toutefois de n'accorder, dans ce cas, le grade de major ou de chef de bataillon ou d'escadron, qu'à des capitaines-commandans qui auront quatre ans de services effectifs en cette qualité, et celui de lieutenant-colonel, qu'à des chefs de bataillon ou d'escadron qui auront servi trois ans dans ce grade.

7. Nous nous réservons de choisir les colonels des régimens de notre garde, parmi les colonels des régimens de l'armée, ou parmi les lieutenans-colonels des corps de la garde royale qui auront quatre années révolues de services effectifs dans leurs grades.

8. Aucun officier faisant partie des corps de notre garde, ne pourra y obtenir l'avancement de plus d'un grade ; au-delà de ce grade, il sera susceptible de passer dans la ligne, d'après le mode et dans les cas prévus par nos ordonnances.

9. Les officiers des corps de notre garde qui ont le brevet du grade supérieur à celui qu'ils occupent et qui seront désignés pour être placés dans la ligne sans avancement, ne pourront y être pourvus que d'un emploi équivalent au grade dont ils ont le brevet : lorsqu'ils auront dans la garde royale quatre ans de service avec le brevet du grade supérieur à celui qu'ils exercent, ils seront susceptibles d'obtenir un grade plus élevé en passant dans la ligne.

Ceux qui, n'ayant pas atteint les quatre années de services exigées par l'article 1.er, n'ont encore que le rang du grade supérieur à celui qu'ils occupent dans la garde, et qui seront dans le cas de la quitter sans avancement, soit pour passer dans la ligne, soit par démission, ne conserveront que leur grade effectif, et non celui dont ils ont eu le rang.

Lorsque ces mêmes officiers passeront dans la ligne avec avancement, ils y obtiendront le grade effectif dont ils auront eu le rang.

A l'égard des officiers auxquels nous accorderons leur retraite, elle continuera à être fixée en raison du grade dont ils auront eu le rang pendant deux ans.

10. Les lieutenans-colonels, chefs de bataillon et d'escadron, majors, capitaines en premier, lieutenans en second, et sous-lieutenans de toutes les armes de notre garde royale, qui auront le brevet du grade supérieur à celui dont ils exercent les fonctions, et qui se trouveront en concurrence de service avec les officiers des troupes de ligne, du grade dont ils auront le brevet, commanderont ou seront commandés,

suivant l'ancienneté de ce grade, indiquée dans le brevet de chacun.

Quant aux colonels des régimens de notre garde royale qui auront obtenu le brevet de maréchal-de-camp, ils ne pourront commander un maréchal-de-camp moins ancien qu'eux, que dans le cas où ils auraient reçu des lettres de service pour être employés en cette qualité.

Les officiers des régimens de cette même garde, depuis le grade de colonel inclusivement, jusqu'à celui de sous-lieutenant aussi inclusivement, qui n'ont que le rang supérieur au grade dont ils exercent les fonctions, commanderont les officiers des troupes de ligne des mêmes grades, lorsqu'ils se trouveront de concurrence avec eux pour le service ; mais ils seront commandés à leur tour, et dans le même cas, par les officiers de troupe de ligne qui auront le grade supérieur.

Ces dernières dispositions sont applicables aux adjudans et autres sous-officiers, ainsi qu'aux caporaux ou brigadiers des régimens de toutes les armes de notre garde royale.

11. Les régimens suisses de notre garde royale étant soumis, quant à l'admission et à l'avancement des officiers, à des règles particulières fixées par les capitulations conclues avec les cantons suisses, les dispositions prescrites par les articles précédens ne leur seront applicables qu'autant qu'elles ne s'écarteront en aucune manière de ces règles.

12. Ne sont pas compris dans les dispositions de la présente ordonnance les officiers sans troupe, de tous les grades, employés à l'état-major de la garde royale, lesquels continueront à faire partie de l'état-major-général, et y obtiendront l'avancement dont ils seront susceptibles, suivant le mode réglé pour l'armée (1).

N.° 714. (Bis.)

Ordonn. portant que les milit. de tout grade qui occupent des emplois dans la maison civile de S. M. et dans celles des Princes et Princesses de la famille royale, qui auraient pu recevoir le traitement d'actic. de leurs grades ne jouiront plus que du traitement de non-activité.

Du 7 mars 1817.

ART. 1.er LES militaires de tout grade qui occupent des emplois dans notre maison civile et dans celle des Princes et

_____

(1) Voy. l'article 6 du *num.* 700, page 73.

Princesses de notre famille, et qui, d'après les dispositions antérieures, auraient pu recevoir le traitement d'activité de leurs grades, cesseront de toucher ce traitement à partir du 15 mars 1817, et ne jouiront plus, à dater de cette époque, que du traitement de *non-activité*, sans indemnité.

2. Il ne sera fait d'exception à cette disposition que pour ceux de ces officiers qui seront nommés aides-de-camp des Princes, et qui toucheront, en cette qualité, le traitement d'activité et les indemnités qui y seront attachées.

3. Les militaires de tout grade, employés dans notre maison civile et dans celles des Princes et Princesses de notre famille, qui ont été admis précédemment au traitement de non-activité, conserveront ce dernier traitement.

PREMIÈRE SECTION.

ÉTATS-MAJORS.

N.° 715.

Ordonnance concernant la nomination des colonels-généraux.

Du 15 mai 1814.

LOUIS, par la grâce de Dieu, etc.

ART. 1.er Notre bien-aimé frère, Monsieur, Comte d'Artois, reprendra le titre de colonel-général des suisses (1).

2. Notre cousin, le Prince de Condé, reprendra le titre de colonel-général de l'infanterie de ligne.

3. Notre neveu, le Duc d'Angoulême, est revêtu du titre de colonel-général des cuirassiers et des dragons.

4. Notre neveu, le Duc de Berri, prendra le titre de colonel-général des chasseurs *et des chevau-légers lanciers*.

5. Notre cousin, le Duc d'Orléans, prendra le titre de colonel-général des hussards.

---

(1) Voy. le *num.* 721, relativement aux attributions, droits et privi-léges inhérens à la charge de colonel-général des suisses.

6. Notre cousin, le Duc de Bourbon, prendra le titre de colonel-général de l'infanterie légère (1).

N.° 716.

Ordonnance qui donne aux généraux de brigade la dénomination de maréchaux-de-camp ; et aux généraux de division, celle de lieutenans-généraux.

Du 16 mai 1814.

LOUIS, par la grâce de Dieu, etc.

ART. 1.er Les généraux de brigade prendront la dénomination de maréchaux-de-camp ; les généraux de division prendront celle de lieutenans-généraux.

2. Il n'est rien innové à l'uniforme des officiers généraux et des officiers de l'état-major de l'armée.

N.° 717.

Ordonnance du Roi sur le rétablissement des enseignes ou cornettes blanches dans les régimens colonels-généraux.

Du 16 janvier 1815.

SA MAJESTÉ, s'étant fait rendre compte des ordonnances rendues par les Rois ses prédécesseurs, de glorieuse mémoire, sur l'établissement et les prérogatives des enseignes et cornettes attachées aux compagnies générales dans les régimens d'infanterie ou de cavalerie qui portaient la dénomination de *régiment du colonel-général.*

Voulant faire jouir les Princes de sa famille et ceux de son sang qui ont été pourvus des charges de colonels-généraux, de tous ceux des droits et prérogatives attribués précédemment auxdites charges, qui sont compatibles avec l'organisation

---

(1) Une ordonn. du 10 janvier 1816, confirme ces dispositions, et porte que les Princes du sang conserveront, leur vie durant, les titres honorifiques de colonels-généraux des différentes armes comprises dans la nouvelle organisation de l'armée.

actuelle de l'armée (1), et donner par cette distinction honorable, à tous les corps qui la composent, de nouvelles preuves de sa bienveillance, etc. Ordonne, etc.

ART. 1.ᵉʳ Chacun des princes de la famille royale ou des princes du sang qui ont été pourvus de l'une des charges de colonels-généraux, aura, dans l'une des armes dont il est colonel-général, un régiment qui prendra la dénomination de *régiment du colonel-général* (2).

En conséquence, le 10.ᵉ régiment d'infanterie de ligne, qui a déjà le titre de *régiment du colonel-général*, en vertu de l'ordonnance du 10 mai 1814, conservera ce titre pour l'infanterie de ligne.

Le 7.ᵉ régiment d'infanterie légère prendra la dénomination de *régiment du colonel-général*, pour cette arme.

Le 6.ᵉ régiment de cuirassiers prendra la dénomination de *régiment du colonel-général*, pour les cuirassiers et les dragons.

Le 9.ᵉ régiment de chasseurs à cheval prendra la même dénomination, pour les chasseurs et les lanciers.

Enfin, le 7.ᵉ régiment de hussards, qui porte déjà le titre de *régiment d'Orléans*, y ajoutera la dénomination du *colonel-général*.

2. La première compagnie de fusiliers du premier bataillon, dans les régimens d'infanterie colonels-généraux, sera chargée de la garde de l'enseigne du colonel-général (3).

Dans les régimens de troupes à cheval des colonels-généraux, la cornette blanche du colonel-général sera confiée au premier escadron du régiment.

3. Chacune de ces compagnies ou escadrons aura, en sus de son organisation, un officier qui, dans l'infanterie, aura le titre d'*enseigne de la compagnie générale*, et, dans la cavalerie, celui de *cornette blanc* : cet officier sera pris parmi les lieutenans, et il aura les appointemens de première classe de son grade; mais il roulera, pour son rang, avec les capi-

---

(1) Voy. le *num.* 715.

(2) Voy. le *num.* 715. – Ces dispositions et les suivantes n'ont pas été rappelées dans les actes relatifs à la réorganisation de l'armée; on pense que l'exécution en est ajournée.

(3) La 1.ʳᵉ compagnie de chaque régiment portait autrefois le nom de colonelle, et la 2.ᵉ celle de mestre-de-camp (les colonels des régimens prenant ce dernier titre toutes les fois qu'il y avait un colonel-général; *voy.* le tableau d'assimilation des grades, vol. I, p. XXVI de l'introduction); le drapeau blanc était porté dans la 1.ʳᵉ de ces deux compagnies par l'enseigne, au logement duquel il était déposé. Ordonn. de Louis XIV, du 12 octobre 1661. – Toutefois cette dernière disposition n'était plus suivie depuis long-temps, et le drapeau était toujours porté chez le commandant du corps, ainsi qu'on le pratique aujourd'hui.

taines, et il sera susceptible de prendre le commandement d'une compagnie.

4. L'enseigne de l'infanterie sera blanche, parsemée de fleurs-de-lys, et portera la devise suivante : *Præteriti exemplum, fidesque futuri.*

La cornette de la cavalerie sera également blanche, ayant au milieu un soleil en broderie d'or, avec la devise : *Nec pluribus impar.*

5. L'enseigne du colonel-général de l'infanterie, ou la cornette blanche dans la cavalerie, ne saluera que le Roi, les princes de la famille et du sang royal et les maréchaux de France, et elle recevra le salut des drapeaux ou étendards et des armes de tous les autres corps, lorsqu'elle paraîtra.

N.º 718.

Ordonnance du Roi qui fixe le nombre des aides-de-camp, attribué à MM. les maréchaux de France, les lieutenans-généraux et les maréchaux-de-camp.

Du 15 août 1815.

LOUIS, par la grâce de Dieu, etc.

ART. 1.ᵉʳ Le nombre des aides-de-camp est fixé, savoir :

Pour MM. les maréchaux de France, indépendamment d'un adjudant-commandant employé près de leur personne, à 1 colonel, 1 chef d'escadron ou de bataillon, 2 capitaines ou deux lieutenans ;

Pour MM. les lieutenans-généraux, à 1 chef d'escadron ou de bataillon, 1 capitaine ou 1 lieutenant ;

Pour MM. les maréchaux-de-camp, à 1 capitaine ou 1 lieutenant (1).

---

(1) Les dispositions de cette ordonnance abrogent celles du décret du 27 pluviôse an 13. Voy. la pag. 114 du vol. I, art. 69.

N.° 719.

Ordonnance du Roi qui prescrit aux gouverneurs nommés par S. M. de ne se rendre dans leurs gouvernemens respectifs qu'après en avoir reçu l'ordre, et contient des dispositions sur leur traitement.

Du 4 septembre 1815.

LOUIS, par la grâce de Dieu, etc.

ART. 1.ᵉʳ Les gouverneurs que nous aurons commissionnés, ne se rendront dans leurs gouvernemens respectifs, pour y exercer leur emploi, que lorsqu'ils en recevront l'ordre de notre part (1). Ils y résideront pendant le temps déterminé par la nature de leurs missions, ou par les instructions qui leur seront données d'après nos ordres, par notre ministre secrétaire d'état de la guerre. Un réglement déterminera les honneurs militaires qui leur seront rendus.

2. Le traitement des gouverneurs sera réduit à vingt mille francs (2); mais ces traitemens pourront être cumulés avec la solde d'activité ou de retraite.

3. Lorsque les gouverneurs seront envoyés dans leurs gouvernemens, il sera pourvu par notre ministre secrétaire d'état de

---

(1) Voy. la pag. 125, du vol. I.ᵉʳ, art. 1.ᵉʳ

(2) Ces dispositions ont été modifiées par l'ordonn. du 7 mars 1817 (bullet. 143); et ce traitement est réduit à la moitié pour ceux de ces gouverneurs qui n'ont point de lettres de service.

Cette ordonn. réduit également à 20,000 francs, le traitement du gouverneur de la 1.ʳᵉ divis. milit., et à 6,000 francs celui du gouverneur de Vincennes, l'un et l'autre seront diminués de moitié, dans le cas où ces gouverneurs n'auraient pas de lettres de service. La même ordonnance porte en outre que ces réductions sont indépendantes de celles qui ont été déterminées par la loi des finances du 28 avril 1816, lesquelles continueront d'avoir lieu sur la portion de traitem. conservée aux gouverneurs.

On présume qu'il est ici question de l'art. 78 de cette loi, lequel s'exprime ainsi : « Nul ne pourra cumuler en entier les traitemens » de plusieurs places, emplois ou commissions, dans quelque partie » que ce soit : en cas de cumul de deux traitemens, le moindre sera » réduit à moitié ; en cas de cumul de trois traitemens, le 3.ᵉ sera » en outre réduit au quart, et ainsi en suivant cette proportion. »

L'article 27 de la loi du 25 mars 1817 (bull. 145), dispose en outre que « nul ne pourra cumuler deux pensions, ni une pension » avec un traitem. d'activité, de retraite ou de réforme. Le pen- » sionnaire aura le choix de la pension ou du traitement le plus élevé. »

la guerre, à leur indemnité de logement, ameublement et frais de poste.

4. Nos ministres secrétaires d'état, etc.

N.° 720.

LIEUTENANS DE ROI ; OFFICIERS D'ÉTAT-MAJOR ; NOUV. DÉNOMIN. — En vertu d'une décision royale du 15 sept. 1815, les commandans d'armes (1) porteront désormais le nom de lieutenant de Roi, de 1.re, 2.e, 3.e et de 4.e classes.

Les dénominations d'adjudant-commandant et de capitaine-adjoint (2), ont également été supprimées et sont remplacées par celles de colonel-d'état-major et de capitaine-d'état-major.

Ces nouvelles dénominations ne changent rien au traitement, qui doit continuer d'être réglé sur l'ancien pied (3), soit pour les appointemens, soit pour les accessoires de la solde attribuée à chaque grade. *Lett. minist. du 4 octob.* 1815.

N.° 721.

Ordonnance du Roi relat. aux droits et priviléges inhérens à la charge de colonel-général des suisses.

Du 18 août 1816.

VOULANT rétablir en faveur de notre bien-aimé frère Monsieur, colonel-général des suisses, toutes celles des anciennes prérogatives de ladite charge, qui sont compatibles avec la constitution actuelle de nos armées, etc. etc.

Avons ordonné et ordonnons ce qui suit :

ART. 1.er Le colonel-général des suisses aura le commandement supérieur des quatre régimens d'infanterie suisse ; il aura aussi, sous nos ordres, le commandement des deux régimens suisses de notre garde, lorsqu'ils ne seront pas de service auprès de notre personne.

2. Il nous présentera toutes les propositions de nomination

---

(1) Voy. l'arrêté du 26 germin. an 8, *num.* 48, vol. II : voy. aussi sur les lieut. de Roi, la note de la pag. 125 du vol. I.

(2) Voy. les arrêtés des 27 messidor an 8 et 14 brumaire an 9, *num.* 49 et 52 du vol. II.

(3) Voy. le tarif, *num.* 55.

aux emplois d'officiers supérieur et particulier, tant dans les régimens suisses de notre garde royale, que dans ceux de la ligne.

3. Il mettra son attache sur l'expédition des brevets de tous les officiers suisses.

4. Notre ministre secrétaire d'état de la guerre, l'informera de tous les mouvemens que nous aurons ordonnés parmi les troupes suisses. Les inspecteurs-généraux chargés de passer les revues de ces corps lui feront connaître la situation dans laquelle ils les auront trouvés, et les ordres qu'ils auraient donnés pour l'amélioration des différentes parties du service. Les colonels lui feront passer la situation de leurs régimens, tous les mois, et même toutes les fois qu'il leur en fera la demande.

5. L'état-major du colonel-général des suisses sera composé ainsi qu'il suit :

Quatre aides-de-camp suisses, dont deux du grade de maréchal-de-camp, et deux du grade de colonel ;

Un commissaire-général des suisses ;

Un secrétaire-général des suisses.

6. Le maréchal-de-camp premier aide-de-camp, sera l'inspecteur particulier du colonel-général, près les régimens suisses; mais ces régimens n'en seront pas moins soumis à toutes les revues générales et périodiques des inspecteurs d'armes que nous chargerons de passer en revue les corps de notre armée.

7. Le commissaire-général des suisses aura les attributions ci-après déterminées.

1.º Il recevra toutes les réclamations qui seront faites, soit par les colonels des régimens suisses, soit par les militaires de cette nation, en matière de conflit de juridiction entre les tribunaux militaires de ces corps et les tribunaux ou cours de justice du royaume. Il soumettra ces réclamations, avec son avis, au colonel-général, qui pourra le charger de traiter, en son nom, les affaires de cette nature, soit qu'elles concernent le département de la justice ou celui de la guerre ;

2.º Il recevra pareillement les réclamations que les familles des militaires suisses décédés à notre service auraient à faire, au sujet des créances ou de l'héritage de ces militaires ; et il fera, tant auprès de notre ministre secrétaire d'état de la guerre, que près des régimens suisses, les démarches nécessaires pour qu'ils obtiennent justice ;

3.º Dans le cas où il y aurait des répétitions à exercer contre des capitaines suisses, à raison de l'emploi abusif qui aurait pu être fait des fonds destinés au recrutement, le commissaire-général fournira à notre ministre secrétaire d'état de la guerre tous les renseignemens qui lui seront demandés sur la garantie que la fortune particulière desdits capitaines pourra donner de leur solvabilité ;

4.º Enfin, il s'occupera des travaux particuliers de cabinet qu'il plaira au colonel-général de lui confier.

8. Notre bien-aimé frère Monsieur jouira, lorsqu'il sera en tournée pour inspecter les régimens suisses de notre garde royale et ceux de la ligne, des honneurs et prérogatives qui lui sont attribués en sa qualité de fils de France ; mais nous nous réservons la faculté de déterminer, chaque fois qu'il y aura lieu, ceux qui seront accordés aux colonels-généraux des suisses qui lui succéderont dans cette charge.

N.º 721. (*Bis.*)

Ordonnance portant suppression des maréchaux-de-camp chargés du command. du départ. où se trouv. fixés les chefs-lieux des divis. militaires.

Du 7 mars 1817.

ART. 1.ᵉʳ Il ne sera plus placé de maréchal-de-camp pour le commandement des départemens où se trouvent fixés les chefs-lieux des divisions militaires.

2. Ces départemens seront commandés directement par les lieutenans-généraux chargés du commandement des divisions militaires dont ces départemens feront partie.

3. Notre ministre secrétaire d'état de la guerre, nous proposera d'autres destinations pour les maréchaux-de-camp et les officiers d'état-major employés maintenant dans ces départemens.

4. Jusqu'au moment où ces nouvelles destinations pourront être données, les maréchaux-de-camp et les officiers d'état-major de ces départemens ne jouiront que du traitement de non-activité.

DEUXIÈME SECTION.

INFANTERIE.

N.° 722.

Ordonn. du Roi sur l'organisation de l'infanterie française.

Du 12 mai 1814. (Bullet. n.° 14, 5.e série.)

(*Nota.*) Les dispositions de cette ordonn., relatives à la réorganisation de l'infanterie de ligne et de l'infanterie légère, se trouvent totalement abrogées par celles de l'ord. du 3 août sur l'organisation des légions départementales; en conséquence, on croit pouvoir se dispenser de les placer dans ce supplément.

N.° 723.

Ordonn. portant que les compagnies de voltigeurs de l'infanterie de ligne et de l'infanterie légère, seront armées d'un sabre-briquet, et qu'il ne sera plus délivré de sabres aux sous-officiers et soldats de toutes armes qui quittent leurs corps par congé absolu.

Du 16 janvier 1815.

(*Nota.*) Les dispositions de cette ordonnance, abrogent celles du décret du 7 octobre 1807. Voy. la note 2, pag. 12, du vol. II : ainsi que l'art. 23, du *num.* 113, p. 189 du même vol.

Louis, par la grâce de Dieu, etc.

Art. 1.er Les compagnies de voltigeurs de l'infanterie de ligne et de l'infanterie légère, seront armées d'un sabre-briquet, conformément aux décrets des 22 ventôse an 12, et 1.er complémentaire an 13, relatifs à la formation de ces compagnies.

2. En conséquence, le décret du 7 octobre 1807 est rapporté, en ce qui concerne les dispositions contraires à celles de l'art. 1.er de la présente ordonnance.

3. Il ne sera plus délivré de sabres aux sous-officiers et soldats des troupes de toutes armes qui quittent leurs corps par congé absolu, par retraite, ou pour passer dans les vétérans.

N.° 724.

Ordonnance sur l'organisation des légions départementales.

Du 3 août 1815.

(*Nota.*) Les dispositions de cette ordonnance abrogent ou modifient à peu près en entier celles du *numéro* 722, dont on a placé le titre ci-dessus; des *numéros* 62, page 15 du vol. II; 64, page 19, et 66, page 20 du même volume.

Les titres 2, 3, 4 et 5 ne contiennent, en général, que des mesures relatives à cette organisation, et qui doivent être considérées comme purement transitoires : on a cru néanmoins qu'ils devaient trouver place dans ce supplément, attendu que de cette ordonnance commence une nouvelle époque dans la formation de l'infanterie française. Ces dispositions transitoires sont indiquées par les caractères italiques.

TITRE 1.er

Formation des légions départementales.

ART. 1.er LES régimens d'infanterie de ligne et légère étant licenciés par notre ordonnance du 23 mars (1), il sera formé une légion dans chaque département.

2. Chaque légion prendra le nom du département où elle sera formée.

3. Partie des militaires pourront être admis dans la légion de leur département.

4. Chaque légion se composera
  D'un état-major,
  De deux bataillons d'infanterie de ligne,

---

(1) Voyez cette ordonnance au bulletin des lois, numéro 12 de la 7.e série.

D'un bataillon de chasseurs à pied,

De trois cadres de compagnies formant le dépôt.

On pourra y ajouter

Une compagnie d'éclaireurs (1),

Et une compagnie d'artillerie (1),

5. Chaque bataillon d'infanterie de ligne sera composé de huit compagnies, dont une de grenadiers, six de fusiliers, et une de voltigeurs.

Le bataillon de chasseurs à pied sera également composé de huit compagnies ; mais elles seront toutes de chasseurs.

6. Il sera créé dans chaque légion un lieutenant-colonel ; il conservera les marques distinctives qui étaient attribuées au ci-devant major, ses appointemens, et son rang dans le corps. Ses fonctions seront de commander la légion sous les ordres du colonel, en sa présence et en son absence, et d'être l'intermédiaire de cet officier supérieur dans toutes les parties du service.

7. Il sera créé dans chaque légion un major ayant rang de chef de bataillon ; il en aura les appointemens et il en portera l'épaulette à droite : jusqu'à ce que ses fonctions soient plus amplement déterminées, il remplira celles dont les anciens majors étaient chargés sous le rapport administratif.

Il concourra avec les chefs de bataillon pour l'avancement ; et, après deux ans de fonctions, il sera libre de prendre le commandement d'un bataillon, et susceptible, après quatre ans, d'être présenté pour l'emploi de sous-inspecteur aux revues.

Quel que soit son rang d'ancienneté, il ne commandera jamais la légion avant les chefs de bataillon.

8. L'état-major et les compagnies de chaque légion seront organisés ainsi qu'il suit, savoir :

ÉTAT-MAJOR.

Officiers.		*Troupe.*	
Colonel..................	1	Adjudans-sous-offic.	4
Lieutenant-colonel....	1	Tambour-major....	1
Chefs de bataillon.....	3	Caporaux-tambours.	4
Major..................	1	Musiciens, dont un	
Adjudans-majors.....	4	chef..............	12
Trésorier.............	1	Maîtres tailleur..	1
Capitaine d'habill.. (2).	1	Maîtres guêtrier..	1
Officier-payeur.......	1	Maîtres cordonnier	1
Porte-drapeau.........	1	Maîtres armurier..	1
Chirurgien-major.....	1		
Aides-chirurgiens.....	3		

Total Officiers : 18. Total Troupe : 25.

(1) La compagnie d'éclaireurs n'a point été formée ; celle d'artillerie a été dissoute, et les hommes en ont été incorporés dans les régimens de cette arme.

(2) Ces officiers sont assimilés en tout aux trésoriers, pour l'avancement

COMPAGNIE D'INFANTERIE DE LIGNE.

Officiers (1).		*Troupe* (2).	
Capitaine............ 1		Sergent-major...... 1	
Lieutenant.......... 1 } 3		Sergens........... 4	
Sous-lieutenant...... 1		Caporal-fourrier.... 1	
		Caporaux......... 8 } 68	
		Soldats........... 52	
		Tambours......... 2	

COMPAGNIE DE CHASSEURS A PIED.

Capitaine............ 1		Sergent-major...... 1	
Lieutenant........... 1 } 3		Sergens........... 4	
Sous-lieutenant...... 1		Caporal-fourrier... 1	
		Caporaux......... 8 } 44	
		Chasseurs........ 28	
		Tambours......... 2	

COMPAGNIE DE DÉPÔT.

Capitaine............ 1		Sergent - major..... 1	
Lieutenant...... ..... 1 } 3		Sergens........... 2	
Sous-lieutenant....... 1		Caporal-fourrier.... 1 } 9	
		Caporaux......... 4	
		Tambour.......... 1	

COMPAGNIE D'ÉCLAIREURS.

Lieutenant.......... 1		Maréchal-des-logis-	
Sous-lieutenant....... 1 } 2		chef............ 1	
		Maréchaux-des-logis. 2	
		Brigadier-fourrier.. 1 } 46	
		Brigadiers........ 4	
		Eclaireurs......... 36	
		Trompettes........ 2	

et pour le traitement; dans le cas néanmoins où quelques-uns d'entre eux ne seraient que sous-lieutenans, ou lieutenans de 2.ᵉ classe, ils ne jouiront que de la solde de leur classe et de leur grade. — Lorsque, par leur ancienneté, ils auront droit aux appointemens de capitaine de 1.ʳᵉ classe, ils seront tenus d'opter entre leurs fonctions, et le commandement d'une compagnie. *Circul. du 6 janvier* 1816

(1) Il y a dans chaque bataillon 2 capitaines de 1.ʳᵉ classe, 3 de 2.ᵉ et 3 de 3.ᵉ classes; 4 lieutenans de 1.ʳᵉ cl. et 4 de seconde. — Le capitaine de grenadiers est toujours de 1.ʳᵉ classe. L'ancienneté détermine la classe des autres officiers. *Voy. les notes de la page* 17 *du vol. II.*

(2) Il doit y avoir, ainsi qu'il est ordonné par les anciennes dispositions, 4 sapeurs par bataillon (voyez la page 16 du vol II, article 5); et pour un régiment à trois bataillons, 12 sapeurs, commandés par un caporal. *Circul. du 27 mars* 1816.

Les compagnies de voltigeurs, qui, par leur institution, sont plus spécialement destinées à faire le service d'infanterie légère, auront, au lieu de tambours, 2 cornets, ainsi que cela se pratiquait auparavant. *Ordon. du* 18 *décembre* 1816.

COMPAGNIE D'ARTILLERIE.

Capitaine en second, commandant la compagnie........ 1	} 2	
Lieutenant en second.. 1		
Sergent-major. ...	1	
Sergens.	4	
Caporal-fourrier. ..	1	
Caporaux.	4	} 46
Artificiers.	4	
Ouvriers, { 1 en fer } dont. .. { 1 en bois }	2	
Can.ˢ... { 1.ʳᵉ clas.ᵉ	8	
de. .... { 2.ᵉ idem.	20	
Tambours.	2	

Ainsi la force de chaque légion sera de seize cent quatre-vingt-sept hommes, dont cent trois officiers et quinze cent quatre-vingt-quatre sous-officiers et soldats.

TITRE 2.

Licenciement des régimens d'infanterie de ligne et légère.

9. *Notre ministre secrétaire d'état au département de la guerre désignera des officiers-généraux ou supérieurs pour opérer le licenciement des régimens d'infanterie de ligne et légère, actuellement existans.*

10. *Afin de procéder régulièrement à ce licenciement, le colonel ou commandant de chaque corps ou portion de corps, fera dresser deux états nominatifs distincts, pour chaque département, des militaires employés sous ses ordres.*

Un de ces états sera particulier aux officiers, l'autre aux sous-officiers et soldats.

Les étrangers et les militaires sans domicile fixe devront désigner le département dans lequel ils auront l'intention de concourir à l'organisation des légions : ils seront en conséquence portés sur l'état de ce département.

11. *Le conseil d'administration fera, en même temps, établir le relevé des services et le décompte de chaque officier, sous-officier et soldat. S'il n'y a pas suffisamment de fonds en caisse pour réaliser les paiemens, chaque militaire recevra, avec le relevé de ses services, le certificat de non paiement.*

12. *Le conseil d'administration de chaque régiment licencié, ainsi que le quartier-maître et le capitaine d'habillement, seront provisoirement conservés pour la garde des archives, de la caisse et des effets en magasin, pour la reddition des comptes et les renseignemens à fournir.*

13. *Les officiers, sous-officiers et soldats d'un même département, formeront un détachement qui sera commandé par l'officier le plus élevé en grade, et, dans ce grade, le plus ancien.*

Chaque détachement, s'il est au-dessus de vingt hommes,

sera nécessairement commandé par un officier. Ceux de moindre force seront commandés par un sous-officier ou caporal.

Les détachemens seront traités pendant la route comme troupes en marche.

Les sous-officiers et soldats emporteront leurs effets d'habillement, équipement et armement. Notre ministre secrétaire d'état de la guerre prendra les mesures nécessaires pour la conservation de ces effets.

TITRE 3.

Examen, lors de l'arrivée au chef-lieu de chaque département, des militaires provenant des régimens licenciés.

SECTION I.re

Dispositions relatives aux officiers.

14. *A leur arrivée au chef-lieu de chaque département, les officiers se présenteront au général commandant le département.*

Le général les passera en revue, et accordera à ceux qui le demanderont une permission de deux mois, avec jouissance de solde de semestre.

Ceux qui ne témoigneront pas le désir de jouir de ces permissions, resteront au chef-lieu du département, où ils continueront à recevoir le traitement d'activité de leur grade.

SECTION 2.

Dispositions relatives aux sous-officiers et soldats.

15. Un conseil réuni au chef-lieu du département, et composé

Du préfet, président,

Du général commandant le département,

Du capitaine de gendarmerie,

examinera les sous-officiers et soldats des régimens licenciés, à l'arrivée successive de chaque détachement au chef-lieu.

16. *Le conseil d'examen accordera des congés de réforme,*

1.º *Aux militaires qui, à raison de leurs infirmités, lui paraîtront impropres au service;*

2.º *A ceux qui ont moins d'un mètre 471 millimètres (4 pieds 11 pouces).*

Ce conseil fera délivrer des congés absolus, s'ils en réclament,

1.º *Aux militaires ayant huit ans de service et au-delà;*

2.º *Aux militaires actuellement mariés;*

3.º *A ceux qui sont les indispensables soutiens de leur fa-mille.*

17. *Les militaires dont le conseil d'examen aura prononcé la réforme, ou auxquels il sera accordé des congés absolus, seront renvoyés dans leurs foyers.*

18. *Les militaires qui prétendront avoir droit à des récom-penses, adresseront leurs réclamations au général commandant le département, qui les remettra à l'inspecteur-général au mo-ment de l'organisation, afin que ce dernier puisse faire à leur égard les propositions convenables. S'ils n'ont pas dans leur domicile de moyens d'existence, ils seront placés dans les com-pagnies provisoires.*

19. *Les militaires jugés par le conseil d'examen non sus-ceptibles de réforme ou de congés absolus, sont destinés à entrer dans la légion départementale. Le général commandant le département accordera à ceux de ces militaires qui le de-manderont, une permission de deux mois, avec solde de se-mestre.*

Les sous-officiers et soldats qui ne voudront point participer à la délivrance des permissions de deux mois, seront formés, au chef-lieu du département, en compagnies provisoires, aux-quelles on attachera les enfans de troupe que leurs pères n'em-meneront point avec eux.

Ces compagnies seront mises provisoirement sous le comman-dement des officiers restés au chef-lieu.

20. *Les sous-officiers et soldats des compagnies provisoires jouiront de la solde et des fournitures accordées aux troupes en station.*

TITRE 4.

Organisation des légions départementales.

Dispositions principales.

21. *Notre ministre secrétaire d'état au département de la guerre nous présentera les officiers-généraux ou supérieurs qu'il conviendra de charger de l'organisation des légions départe-mentales.*

Il nous présentera également les colonels, lieutenans-colonels, chefs de bataillon et majors qui devront faire partie de ces légions.

L'organisation des légions s'opère au chef-lieu de chaque dé-partement.

SECTION I.ʳᵉ

Choix des officiers.

22. Les officiers susceptibles de concourir à la formation des légions sont,

Tous les français qui ont servi dans le grade d'officier, qui ne sont pas démissionnaires ou en retraite, ou qui n'entreront pas dans l'organisation de la garde royale.

23. L'inspecteur-général examinera tous les officiers qui désirent concourir à l'organisation, et fera, sur chacun d'eux, un rapport spécial, ainsi qu'il sera expliqué dans les instructions de notre ministre secrétaire d'état au département de la guerre.

24. L'inspecteur-général fera des propositions de solde de retraite pour les officiers qui y auront droit, comme il suit:

Les officiers supérieurs seront susceptibles d'être admis à la retraite à vingt-cinq ans de service effectif; à trente ans, ils y seront de droit et sans exception.

Les officiers inférieurs seront susceptibles d'être admis à la retraite à vingt ans de service effectif; à vingt-cinq ans, ils y seront placés de droit et sans exception.

Les officiers de tout grade qui ont cinquante ans d'âge, auront de droit leur retraite, quelle que soit d'ailleurs leur ancienneté de service. (Cette disposition s'applique aux officiers, depuis le grade de sous-lieutenant jusqu'à celui de chef de bataillon exclusivement.

Les officiers admis à la retraite par l'effet de la nouvelle organisation, jouiront du *maximum* de la retraite de leur grade.

L'inspecteur-général recevra la démission pure et simple des officiers qui voudront la donner (1).

Il proposera pour la non-activité et la jouissance des quatre cinquièmes de solde, à moins d'ordres contraires de notre part, les officiers nés en pays étranger : s'il en est parmi eux qui désirent retourner dans leur pays, il proposera, pour ces derniers, une récompense proportionnée à la durée de leur service (2).

---

(1) Et il fera connaître aux autres que l'intention de S. M. est d'accorder un traitement de réforme spécial à tous les officiers qui le demanderont.

Les officiers qui ont accepté ce traitement sont entièrement dégagés de tout service militaire.

Ce traitement de réforme a été fixé à la moitié de la solde, sans accessoires pour les officiers supérieurs ; à 1000 fr. pour les capitaines ; à 750 fr. pour les lieutenans ; 600 fr. pour les sous-lieutenans: il est payable à domicile comme les autres traitemens de réforme. Il est accordé à tous les officiers qui ont plus de cinq ans de service, etc. *Voy. l'instruction* du 5 sept. 1815.

(2) Il est bien entendu que parmi ceux qui demanderont à rester en France, on devra distinguer les officiers étrangers qui ont droit, par leur âge, ou la durée de leur service, ou leurs blessures, à une solde de retraite, et ceux qui peuvent encore le continuer : ainsi l'inspecteur-général les divisera en quatre classes ; la première sera composée

Tous ces officiers seront renvoyés dans leur domicile : ceux en retraite y jouiront sur-le-champ de la solde de retraite qui leur est accordée.

On se conformera, au surplus, pour les autres cas dans lesquels la solde de retraite peut être accordée, aux dispositions de notre ordonnance du 1.ᵉʳ de ce mois.

25. L'inspecteur-général s'occupera ensuite du choix des officiers destinés à former les cadres de la légion ; il placera les plus capables sous le double rapport de la moralité et de l'instruction.

À mérite égal, l'ancienneté de grade déterminera les choix.

Les officiers ne pourront prétendre qu'au grade dont ils étaient pourvus au 20 mars dernier, à moins qu'ils ne justifient que nous leur avons accordé de l'avancement depuis cette époque.

26. L'inspecteur-général ne nous proposera cependant en premier lieu, que la moitié des officiers nécessaires pour remplir les cadres ; les officiers non choisis par l'inspecteur-général rentreront dans leur domicile, pour y jouir des quatre cinquièmes de solde de la dernière classe de leur grade (1).

Les officiers supérieurs jouiront de la demi-solde (1).

Les officiers non employés seront susceptibles d'être admis aux emplois qui viendront à vaquer dans les légions départementales, d'après les bons témoignages qui nous seront parvenus sur leur compte.

27. *Si le choix de l'inspecteur-général, pour remplir les fonctions de trésorier, se fixe sur un officier déjà quartier-maître d'un conseil d'administration provisoirement conservé, l'officier-payeur de la légion remplira, jusqu'à l'installation du quartier-maître, les fonctions de trésorier.*

28. *Le choix des officiers appelés à commander la compagnie d'éclaireurs et celle d'artillerie sera fait, d'après les principes posés ci-dessus, par l'inspecteur-général, parmi les officiers de cavalerie et d'artillerie domiciliés dans le département ;*

---

des officiers étrangers qui demanderont à quitter la France, et pour lesquels une récompense sera proposée.

Cette récompense sera de la moitié d'une année de solde d'activité ; elle sera acquittée en un seul paiement, etc.

La deuxième, de ceux qui seront placés de droit à la retraite ;

La troisième, de ceux qui l'auront obtenue comme en ayant été susceptibles ;

La quatrième, de ceux qui, étant jugés susceptibles de continuer à servir, auront élu leur domicile en France, pour y jouir du traitement de non-activité de leur grade.

(1) Les officiers ne doivent toucher que la demi-solde. Ce traitement est payé de mois en mois comme la solde d'activité. Voyez le *Num.* 1030, ainsi que le *tarif, numéro* 69.

mais ils ne seront placés en activité que lorsque nous donnerons des ordres à cet effet.

29. *Le choix ou le classement des officiers arrêté par l'ins-pecteur-général ne sera définitif que lorsque notre ministre se-crétaire d'état au département de la guerre, aura fait connaître que nous y avons donné notre approbation.*

SECTION 2.

Incorporation définitive des sous-officiers et soldats des com-pagnies provisoires, et de ceux qui ont obtenu des per-missions de deux mois.

30. *A l'époque qui sera indiquée par l'inspecteur-général, les sous-officiers et soldats porteurs de permissions de deux mois seront convoqués au chef-lieu par le général commandant le département.*

31. *L'inspecteur-général procédera à la formation des diffé-rentes compagnies des deux bataillons d'infanterie de ligne et du bataillon de chasseurs à pied de la légion, en y plaçant, suivant le genre de service que chacun aura déjà fait, ou au-quel il sera reconnu propre, les sous-officiers et soldats for-mant les compagnies provisoires, et les militaires rentrés de per-mission.*

Si l'effectif des hommes est plus considérable que les besoins, ceux qui formeront l'excédant seront provisoirement renvoyés dans leurs foyers, à l'exception de ceux qui n'y auraient pas de moyens d'existence.

32. *Si, lors de l'incorporation, quelques militaires sont jugés hors d'état de servir, l'inspecteur-général les réformera.*

Il se fera en même temps présenter ceux qui auront de-mandé des récompenses; il s'assurera des droits qu'ils peuvent avoir à les obtenir, et il fera les propositions convenables à cet effet; il réformera simplement ceux dont les réclamations ne seraient pas fondées.

33. Les enfans de troupe, quel qu'en soit le nombre, seront tous conservés dans l'organisation de la légion; mais, à l'a-venir il ne devra y en avoir que deux par compagnie (1).

TITRE 5.

Rappel des hommes destinés à compléter les légions.

34. *Les militaires rentrés dans le département, et qui ne sont*

---

(1) Les enfans de troupe, dont le père fait partie du corps, ont dû être placés au dépôt : à l'égard de ceux qui appartenaient à des parens non employés dans la légion, l'inspecteur a dû les conserver provi-soirement, et en rendre compte au ministre.

porteurs d'aucun titre légal qui les dispense du service, seront convoqués par le préfet, pour comparaître devant le conseil d'examen, en même temps que les sous-officiers et soldats dont il est fait mention à l'article 30 ci-dessus.

Le conseil d'examen prononcera sur ces hommes, conformément aux dispositions des articles 16, 17 et 19 de la présente ordonnance.

35. Les hommes que le conseil d'examen aura jugés en état de servir, entreront dans la légion du département, jusqu'à concurrence du complet.

Ceux d'entre eux qui excéderont le complet de la légion, seront renvoyés dans leurs foyers; ils pourront servir, d'après la répartition qui sera faite par notre ministre secrétaire d'état au département de la guerre, à compléter les légions des départemens voisins.

Les militaires dont il est question à l'article 32, sont aussi destinés à ce recomplétement.

36. Les hommes qui n'obéiront pas aux convocations dans les délais fixés, seront considérés et poursuivis comme déserteurs.

TITRE 6.

Dispositions générales.

37. Les compagnies, à l'exception de celles de grenadiers et de voltigeurs, d'éclaireurs et d'artillerie, prendront le nom de leurs capitaines.

38. La solde, les indemnités et les masses seront payées conformément à ce qui est prescrit par les réglemens. La compagnie d'éclaireurs jouira de celles accordées aux régimens de chasseurs; et la compagnie d'artillerie, de celles accordées aux régimens d'artillerie à pied.

39. L'administration et la comptabilité seront provisoirement établies d'après les bases fixées par les réglemens en vigueur. Le conseil d'administration sera composé ainsi qu'il est prescrit par l'ordonnance du 20 janvier 1815, ayant en outre le lieutenant-colonel. Le major rapporteur ne prendra rang qu'après le chef de bataillon.

Lorsqu'il y aura partage de voix dans les délibérations, celle du président sera prépondérante (1).

_____

(1) Le conseil devant être composé, d'après ces dispositions, et par suite de l'instruction du 5 septembre 1815, relative à la formation des légions, savoir: du colonel, du lieutenant-colonel, du plus ancien chef de bataillon, du major, et de deux capitaines, on ne conçoit guères comment il pourrait y avoir un partage égal de voix dans les délibérations, puisque sur les six officiers, membres du conseil, cinq seulement doivent délibérer; et que le major ne doit exercer, près du

40. Il y aura un drapeau par légion, et un fanion par bataillon. Notre ministre secrétaire d'état au département de la guerre nous présentera le modèle de drapeau, dont le fond sera blanc, portant l'écusson de France et la désignation de la légion.

Nous nous réservons de fixer l'époque à laquelle les drapeaux seront distribués.

41. Des réglemens particuliers auront pour objet,

1.º De fixer le rang des officiers et sous-officiers, pour les mettre en harmonie avec la formation actuelle;

2.º De déterminer l'uniforme et les distinctions de chaque légion;

3.º D'établir le mode d'avancement aux différens grades.

N.º 725.

Instructions arrêtées par le ministre secrétaire d'état au département de la guerre, sur le licenciement des régimens d'infanterie de ligne et légère, et sur la formation des légions départementales.

(*Nota.*) Trois instructions ont été publiées par le ministre de la guerre, sur les opérations indiquées par le titre ci-dessus.

· La 1.ʳᵉ, sous la date du 7 août, indique les mesures qui ont dû être prises pour le licenciement des régimens et pour la formation des détachemens, qui devaient se rendre dans les chefs-lieux de département, afin d'y concourir à la formation des légions.

La 2.ᵉ, sous la date du 10 août, trace la marche qui doit être observée par les conseils formés pour l'organisation des légions, relativement à l'examen des militaires susceptibles d'être appelés à concourir à cette organisation, à la réforme, à l'exemption de ceux qui y auront droit, etc. etc.

La 3.ᵉ, sous la date du 5 septembre, contient les mesures qu'ont dû prendre les inspecteurs-généraux au moment de la formation définitive des légions, ainsi que le modèle des états qui ont dû être adressés au ministère.

La connaissance de ces dispositions ne peut être aujourd'hui très-

---

même conseil, que les fonctions de rapporteur. Ordonnance du 20 janvier 1815, *numéro* 1025; et qu'il ne doit avoir que voix consultative. *Art. 5 du Num.* 542, *page* 278, *du vol* 4. Le conseil d'administration des régimens suisses est composé de sept officiers, y compris le major, rapporteur. *Voy. l'art.* 7 *du Num.* 727.

Dans tous les cas, il nous semble que cet avantage, accordé au colonel, ne peut qu'augmenter, outre-mesure, le poids déjà bien considérable qu'il apporte dans les délibérations, par l'autorité dont il est revêtu.

essentielle ; nous avons, en conséquence, pensé qu'il serait inutile de les insérer dans ce recueil, à l'exception toutefois d'un très-petit nombre d'articles que nous avons placés, par forme de notes, à ceux de l'ordonnance du 3 août auxquels ils étaient relatifs, et de la sect. 3.e du titre II de celle du 5 septembre qui, prescrivant pour l'avenir des mesures importantes, est imprimée ci-après.

SECTION 3.^e

Revue définitive de la légion.

ART. 31. Après avoir pris toutes les mesures indiquées dans cette instruction, et toutes celles que des circonstances imprévues rendraient nécessaires, pour parvenir à l'entière organisation de la légion, l'inspecteur-général ou son adjoint en passera une revue définitive.

Il rappellera à chacun les obligations que son grade lui impose, et sur-tout aux colonels, aux officiers supérieurs, aux adjudans-majors et aux capitaines, qu'ils doivent porter une attention soutenue sur les militaires confiés à leurs soins ; que la discipline doit être douce et paternelle ; mais en même temps, que les officiers, sous-officiers et soldats doivent bien se pénétrer de l'idée qu'ils ne sont armés que pour la défense du Roi et le maintien de la tranquillité publique, et que toute opinion contraire est subversive de l'ordre et de l'obéissance que l'armée doit au gouvernement établi.

32. L'inspecteur-général ou son adjoint, après avoir rectifié à sa revue ce qu'il pourrait y avoir eu d'irrégulier dans la première opération, ordonnera au commandant du corps de faire rompre par compagnie et de former le cercle pour prêter le serment.

Les tambours battront le ban.

Le serment devra être prêté individuellement, le commandant du corps fera poser l'arme au pied gauche, les officiers et sous-officiers passeront l'épée ou le sabre de la main droite à la main gauche.

Le serment sera ainsi conçu :

« Je jure et je promets de bien et fidèlement servir le Roi, » d'obéir dans toutes les occasions aux chefs qui me seront » donnés par Sa Majesté, et de ne jamais abandonner mes » drapeaux. »

Il sera lu, à haute et intelligible voix, par l'inspecteur aux revues, d'abord aux officiers et hommes d'état-major, ensuite à chaque compagnie qui formera un cercle particulier (1).

_____

(1) Voy. le *num.* 689, pag. 43, relativement à la marche qui doit être suivie pour la réception des drapeaux.

Les officiers, sous-officiers et soldats répéteront l'un après l'autre et chacun suivant son rang, en levant la main, ces mots : *Je le jure.*

Après le serment, l'inspecteur-général ou son adjoint fera fermer le ban ; le commandant du corps fera mettre l'arme au bras ; la troupe se reportera en ligne, et l'inspecteur-général ou son adjoint la fera défiler devant lui par peloton ou division, pour rentrer dans ses quartiers.

Il sera dressé un procès-verbal particulier de cette cérémonie ; ce procès-verbal sera signé en double expédition par l'inspecteur-général ou son adjoint, par l'inspecteur ou sous-inspecteur aux revues, et par tous les officiers de la légion.

A l'avenir, toutes les fois que l'inspecteur ou le sous-inspecteur aux revues passera la revue, à moins qu'il n'y en ait une de l'inspecteur-général, il se fera présenter tous les officiers, sous-officiers et soldats admis au corps depuis sa dernière revue : il leur fera prêter individuellement le serment ci-dessus, et il en dressera procès-verbal, qui sera également signé par les officiers qui auront prêté ce serment, et par le commandant du corps, et il en transmettra une expédition particulière au ministre (1).

---

(1) D'après les dispositions d'un grand nombre d'édits ou d'ordonnances d'une date très-réculée, les officiers des premiers grades, gouverneurs et lieutenans-généraux des provinces, gouverneurs des places, etc., commissaires des guerres, etc., qui devaient prêter serment entre les mains de S. M., du chancelier ou des maréchaux de France, ne pouvaient recevoir leur traitement qu'ils ne produisissent l'acte de la prestation de leur serment.

Les commissaires des guerres recevaient celui des officiers de tous grades, jusques et y compris celui de colonel : ils ne pouvaient compter comme présens à leurs revues, ceux qui ne s'étaient point acquittés de cette obligation. *Ordonn. et édits des 25 juillet 1665 ; 11 avril et 14 juin 1704 et 18 janv. 1712.*

Indépendamment des devoirs à remplir envers S. M., le serment portait sur la conduite à tenir en temps de paix et en temps de guerre.

« Jureront lesdits colonels et capitaines et ceux de leurs bandes,
» de contregarder les femmes gisantes et enceintes, et les églises,
» soit en batailles, assauts, prises de villes et places par force ou
» autrement, sans leur faire mal en quelque sorte que ce soit, sur
» peine d'être punis sans aucune grâce ainsi qu'ils auront mérité, etc.»
Ordonnance du 24 juillet 1534 et de Henri II, du 22 mars 1557.

N.° 726.

*Modifications apportées à l'ordon. du 3 août 1815,
sur la composition des légions départementales.*

Circul. du 23 janvier 1816. (*Extrait.*)

LE ministre de la guerre, d'après les ordres de S. M.,
a décidé qu'on entretiendrait pour l'année 1816, en activité
dans chaque légion, seulement le nombre d'officiers, sous-
officiers et soldats, ci-après déterminé (1); savoir :

Colonel. 1	Adjudans-sous-officiers. . . . 2
Lieutenant-colonel. 1	Tambour-major. 1
Chefs de bataillon. 2	Caporal-tambour. 1
Major. 1	Musiciens, dont un chef. . 8
Adjudans-majors. 2	Maîtres ouvriers 4
Trésorier. 1	
Capitaine d'habillement. . . . 1	Sergens-majors. . . . 2
Officier-payeur. 1	Sergens. 4
Porte-drapeau. 1	Fourriers. 2
Chirurgien-major. 1	Caporaux. 8
Aide-chirurgien. 1	Grenad. et Volt. . 76
Capitaines de { 1.ʳᵉ classe. . 4 / 2.ᵉ id. . . 6 / 3.ᵉ id. . . 6	Tambours (2). . . . 2
Lieutenans de { 1.ʳᵉ classe. . 8 / 2.ᵉ classe. . 8	Sergens-majors. . . 6
Sous-lieutenans. 16	Sergens. 12
	Fourriers. 6
	Caporaux. 24
	Fusiliers. 238
	Tambours. 6
TOTAL. 61	Sous-officiers et Soldats. . 402

(labels: COMPAGNIES de — Grenadiers et Voltigeurs. / Fusiliers.)

d'où il résultera que chaque légion aura, indépendamment des
officiers et hommes d'état-major, dont le nombre est indiqué
ci-dessus, deux cadres de bataillon en officiers, et un cadre
de bataillon seulement en sous-officiers et soldats.

Les capitaines de 1.ʳᵉ classe seront les deux capitaines de
grenadiers, et les deux plus anciens capitaines des autres compagnies.

---

(1) Ces dispositions n'étaient point encore modifiées au moment de
l'impression de ce supplément. On doit ajouter que par une nouvelle
décision de S. M. (circulaire du 15 août 1816), tout recrutement
pour l'armée de ligne a été provisoirement suspendu, à dater du 1.ᵉʳ
septembre suivant, d'où il résulte que les corps n'ont dû éprouver
aucune augmentation dans l'effectif qu'ils avaient à cette époque,
sauf relativement aux hommes qui, ayant quitté leurs drapeaux sans
permission, y rentreraient après avoir été acquittés ou par suite des
ordres de l'autorité supérieure.

(2) Dont un cornet. *Ordonn.* du 18 décembre 1816, circ. du 26 *id.*

L'ancienneté de grade déterminera également les classes des lieutenans.

Le tiercement des compagnies s'opérera ainsi qu'il suit :

	1.er *Bataillon.*	2.e *Bataillon.*
1.re Div.on	{ Le 1.er capit. de gren. { Le 7.e capit. de fusiliers.	{ Le 2.e capit. de grenad. { Le 8.e capit. de fusiliers.
2.e	{ Le 1.er capit. de fusiliers. { Le 9.e *idem.*	{ Le 2.e capit. de fusiliers. { Le 10.e *idem.*
3.e	{ Le 3.e capit. de fusiliers. { Le 11.e *idem.*	{ Le 4.e capit. de fusiliers. { Le 12.e *idem.*
4.e	{ Le 5.e capit. de fusiliers. { Le 1.er capit. de voltig.	{ Le 6.e capit. de fusiliers. { Le 2.e capit. de voltig.

Si le capitaine de voltigeurs est plus ancien de grade que le capitaine de fusiliers de la division, il prendra, dans les manœuvres le commandement de sa division ; mais sa compagnie marchera toujours la dernière dans l'ordre de bataille.

Les lieutenans et sous-lieutenans pourront être placés indifféremment dans les compagnies, quelle que soit leur ancienneté de grade.

Le classement des capitaines et lieutenans ne pourra s'opérer que lorsque tous les officiers de ces grades, qui doivent être mis en activité pour l'année 1816, seront connus et auront produit leurs états de service, afin d'éviter les déplacemens ; jusque-là, ceux qui seront en activité ne toucheront que le traitement de dernière classe de leur grade ; ce sera aussi à compter de cette époque que les compagnies prendront le nom de leurs capitaines (1).

Comme il n'y aura en 1816 qu'un seul bataillon en sous-officiers et soldats, le nombre d'enfans de troupe ne pourra non plus être de plus de douze.

Si le nombre d'enfans de troupe admis jusqu'à ce jour dans la légion était inférieur à celui de douze, qui a été indiqué plus haut, il n'est pas nécessaire de le compléter : mais s'il y en avait davantage, on ne conserverait d'abord définitivement que ceux dont le père, sous-officier ou soldat ferait partie de la légion ; les autres seraient conservés provisoirement, jusqu'à ce que le gouvernement eût statué d'une autre manière sur leur sort.

Les colonels devront fixer continuellement leur attention sur

---

(1) Ce classement peut être effectué, du moment où le nombre d'officiers confirmés dans leurs grades se trouve aux 3/4 du complet, et ces officiers doivent recevoir le traitement affecté à la classe dans laquelle ils sont placés, du jour où cette opération, qui doit être approuvée par l'officier-général commandant sur les lieux, et constatée par le sous-inspecteur aux revues, est terminée. *Circul. du* 29 *janv.* 1817.

Les capitaines des grenadiers du 2.e bataillon, bien que leurs compagnies ne soient pas formées, reçoivent le traitement de capitaines de 1.re classe. *Circul. du* 26 *février* 1817.

les militaires admis dans la légion ; ils ne perdront pas de vue que la bonne composition d'un corps dépend toujours des premières mesures prises pour le former ; que la discipline et la subordination graduelle doivent être bien établies et observées exactement ; et ils fixeront des punitions proportion- nées à la nature de la faute, et en se conformant aux ré- glemens militaires, à l'égard des officiers, sous-officiers et soldats qui s'en écarteraient.

Ils sentiront facilement que le meilleur moyen d'éviter le relâchement et même la corruption, est d'empêcher le dé- sœuvrement ; ils établiront, en conséquence, des écoles de théorie pour les officiers et sous-officiers, et ils feront suivre, en même temps, l'instruction-pratique avec activité, afin que l'un et l'autre puissent marcher de front ; ils établiront éga- lement des classes de théorie d'administration pour les officiers et sous-officiers, afin que chacun puisse se pénétrer des devoirs de son état dans toutes ces parties, et des classes de lecture, d'écriture et d'arithmétique pour les soldats ; cependant ils devront remarquer que s'il est de la dernière importance d'éviter le désœuvrement, il ne l'est pas moins de procurer aux uns et aux autres des momens de délassement, afin de ne pas les décourager par des travaux forcés, ou une appli- cation trop tendue.

Ils démontreront aux officiers la nécessité de connaître à fond les soldats qu'ils sont appelés à commander, de veiller constamment à leur conduite, de démêler leurs goûts, leurs habitudes, et à quoi ils sont le plus propres. Les capitaines, devant donner leur nom à la compagnie, doivent bien se pénétrer de l'idée qu'ils remplacent les familles des militaires qui leur obéissent ; qu'ils doivent, par conséquent, pourvoir à leurs besoins, les aider de leurs conseils, et leur faciliter les moyens de vivre heureux dans l'état qu'ils ont embrassé : en suivant cette marche, ils leur feront aimer leur état ; ils serviront avec goût, et se féliciteront chaque jour de s'être enrôlés sous les bannières d'un Souverain qui n'a d'autre désir, d'autre but que de rendre ses sujets heureux.

N.º 727.

Ordonnance du Roi concernant l'organisation des quatre régim. d'infanterie de ligne suisses.

Du 18 juillet 1816.

ART. 1.ᵉʳ LES quatre régimens d'infanterie de ligne suisses porteront le nom de leurs colonels : ils auront en outre des numéros qu'ils tireront au sort.

2. Douze compagnies cantonnales sont affectées à la formation de chacun des quatre régimens.

Toutes les compagnies cantonnales seront réparties entre ces régimens, et les bataillons de chaque régiment, conformément au tableau ci-après :

Régiment composé des cantons de Zurich, quatre compagnies, réparties dans les 1.er bataillon deux, 2.e bat. une, et 3.e bat. une.

Saint-Gall, quatre compagnies, réparties dans les 1.er bat. une, 2.e bat. deux, et 3.e bat. une.

Schaffouse, Turgovie et Bâle, quatre compagnies, réparties dans les 1.er bat. une, 2.e bat. une, et 3.e bat. deux. Total 12 compagnies, dont 4 au 1.er bat., 4 au second, et 4 au troisième.

Régiment composé des cantons des Grisons, quatre compagnies, réparties dans les 1.er bat. deux, 2.e bat. une, et 3.e bat. une. Vaud, quatre compagnies, réparties dans les 1.er bat. une, 2.e bat. deux, et 3.e bat. une. Tésin, deux compagnies, réparties dans les 1.er bat. une, et 3.e bat. une. Argovie, deux compagnies, réparties dans les 2.e bat. une, et le 3.e bat. une.

Total 12 compagnies, dont quatre au 1.er bat., 4 au 2.e bat., et 4 au 3.e bat.

Régiment composé des cantons de Berne, trois compagnies, réparties dans les 1.er bat. une, 2.e bat. une, et 3.e bat. une. Lucerne, trois compagnies, réparties dans les 1.er bat. une, 2.e bat. une, et 3.e bat. une. Nid-Walden, une compagnie dans le 1.er bat. Zug, une compagnie dans le 2.e bat. Fribourg, trois compagnies, réparties dans les 1.er bat. une, 2.e bat. une, et 3.e bat. une. Genève, une compagnie dans le 3.e bat. Total 12 compagnies, dont 4 au 1.er bat., 4 au 2.e bat., et 4 au 3.e bat.

Régiment composé des cantons de Soleure, trois compagnies, réparties dans les 1.er bat. une, 2.e bat. une, et 3.e bat. une. Ury, une compagnie dans le 1.er bat. Schwitz, deux compagnies, réparties dans les 1.er bat. une, et 3.e bat. une. Ob-Walden, une compagnie dans le 2.e bat. Glaris, une compagnie dans le 3.e bat.; et Vallais, quatre compagnies, réparties dans le 1.er bat. une, le 2.e bat. deux, et le 3.e bat. une.

Total 12 compagnies, réparties dans les 1.er bat. 4, 2.e bat. 4, et 3.e bat. 4.

3. Chaque régiment se composera d'un état-major, de trois bataillons et d'une section d'artillerie.

Chaque bataillon comprendra six compagnies, dont une de grenadiers, quatre de fusiliers et une de voltigeurs.

Le tout sera organisé ainsi qu'il suit :

ÉTAT-MAJOR.

Officiers,

Colonel 1 , lieutenant-colonel 1 , chefs de bataillon 3 , major 1 , adjudans-majors 3 , trésorier 1 , capitaine d'habillement 1 , juge 1 , porte-drapeau 1 , chirurgien-major 1 , aides-chirurgiens 2 , aumônier 1 , ministre 1. Total 18.

Troupe.

Adjudans-sous-officiers 3 , tambour-major 1 , caporaux-tambours 3 , musiciens dont un chef 12 , maître-tailleur 1 , guêtrier 1 , cordonnier 1 , armurier 1 , prévôts 3. Total 26.

Compagnies.

Capitaine 1 , lieutenant de 1.ʳᵉ classe 1 , lieutenant de 2.ᵉ classe 1 , sous-lieutenant 1. Total 4. Sergent-major 1 , sergens 4 , fourrier 1 , caporaux 8 , grenadiers, fusiliers et voltigeurs 84 , tambours 2. Total 100.

Section d'artillerie.

Lieutenant en premier 1 , sergent 1 , caporal 1 , canonniers dont deux ouvriers 20 , maréchal-des-logis 1 , brigadier 1 , soldats du train dont un ouvrier 15. Total 39.

D'où il suit que la force totale de chaque régiment sera de mille neuf cent cinquante-six, dont quatre-vingt-onze officiers, et dix-huit cent soixante-cinq sous-officiers et soldats.

4. Indépendamment de ce nombre, il pourra être attaché à chaque régiment deux enfans de troupe par compagnie de fusiliers ; ils seront en sus du complet.

5. Les hommes nécessaires pour former les compagnies de grenadiers et voltigeurs , et la section d'artillerie , devront être tirés , en égal nombre et à tour de rôle , des compagnies cantonnales qui entrent dans la composition d'un même régiment.

6. Les officiers, sous-officiers et soldats jouiront des traitemens , soldes et indemnités réglés par les capitulations.

7. Le conseil d'administration gérant de chaque régiment se composera du colonel, président ; du lieutenant-colonel, du major , rapporteur ; du plus ancien chef de bataillon, de deux capitaines et du lieutenant d'artillerie ; le second chef de bataillon et deux capitaines seront suppléans. On suivra au surplus , pour l'établissement de ce conseil , les dispositions de l'ordonnance du 20 janvier 1815 (1).

_____

(1) *Numéro* 1025.

Le conseil-général, auquel seront appelés tous les officiers supérieurs et tous les capitaines du régiment, sera organisé conformément aux capitulations.

8. Le fond de l'uniforme pour les quatre régimens sera rouge-garance.

Pour les deux régimens des cantons qui ont capitulé avec Zurich, les couleurs distinctives seront le bleu de Roi; et pour les deux régimens des cantons qui se sont réunis à Berne, le noir.

Ainsi le régiment fourni par les cantons de Zurich, Saint-Gall, Schaffouse, Turgovie et Bâle, aura le collet, les revers, paremens et pattes de paremens, bleu de Roi.

Le régiment fourni par les cantons des Grisons, Vaud, Argovie et Tésin, aura les revers et paremens bleu de Roi.

Le régiment fourni par les cantons de Berne, Lucerne, Fribourg, etc, aura le collet, les revers, paremens et pattes de paremens, en velours ou panne noir.

Le régiment fourni par les cantons de Soleure, Vallais, Ury, etc., aura les revers et paremens en velours ou panne noir.

Les quatre régimens auront les boutons jaunes, bombés, et les retroussis de l'habit en blanc.

9. A mesure que les recrues auront été admises au dépôt général de Besançon, elles seront dirigées sur les places où s'organiseront les régimens auxquels ces recrues appartiennent.

Notre ministre secrét. d'état au départ. de la guerre est chargé, etc.

TROISIÈME SECTION.

CAVALERIE.

N.° 728.

Décret relatif à l'organisation des chevau-légers.

Du 15 juillet 1811.

(*Nota.*) Ce décret fixait à neuf le nombre des régimens de chevau-légers, qui devaient être composés chacun de quatre escadrons, divisés en deux compagnies. La force totale de chaque régiment était arrêtée à 1044 hommes, dont 43 officiers; le complet des chevaux devait être de 1056.

Cet acte contenait en outre quelques dispositions sur l'habillement et sur l'armement.

L'ordonnance du 30 août 1815 (*Num.* 730), ayant arrêté qu'il n'y aurait plus de régiment de lanciers; et ayant, pour les remplacer, créé, dans chaque régiment de chasseurs à cheval, un escadron dont les hommes sont armés de lances; nous pensons qu'il est inutile de placer ici le texte du décret du 15 juillet.

N.° 729.

Ordonnance sur l'organisation de la cavalerie.

Du 12 mai 1814. (Bulletin 14, 5.ᵉ série.)

(*Nota.*) LES dispositions que contient cette ordonnance se trouvent abrogées par celle du 16 juillet 1815, *Num.* 699, et par celle du 30 août, que l'on trouvera ci-après : on s'est en conséquence dispensé de la placer dans ce supplément.

N.° 730.

Ordonnance concernant le licenciement et la nouvelle organisation de la cavalerie.

Du 30 août 1815.

(*Nota.*) Les dispositions de cette ordonnance abrogent ou modifient, à peu près en entier, celles du *Num.* 729, dont on a placé le titre ci-dessus; et des *numéros* 67, 68, 69, 70 et 71, pages 21 à 29 du vol. II.

Le titre 1.ᵉʳ contient un grand nombre d'articles qui ne sont relatifs qu'aux opérations du licenciement, et qui doivent être considérés comme contenant des dispositions purement transitoires. On a cru néanmoins qu'il convenait de les conserver dans ce supplément, en les indiquant toutefois par des caractères italiques:

LOUIS, par la grâce de Dieu, etc, nous avons ordonné, etc.

TITRE 1.ᵉʳ

Du licenciement et des opérations préliminaires relatives à la nouvelle organisation de la cavalerie.

ART. 1.ᵉʳ *Le licenciement des régimens de cavalerie de l'an-*

cienne armée s'opérera dans les lieux que notre ministre secrétaire d'état de la guerre désignera à cet effet.

Il nous présentera les officiers-généraux qu'il conviendra d'en
charger, et qui procéderont ensuite à la formation des nouveaux régimens, dont l'organisation est fixée par le titre 2 de
la présente ordonnance.

2. Les inspecteurs-généraux désigneront pour la retraite,
les invalides ou la vétérance, les sous-officiers et cavaliers qui
y auront droit à raison de leurs blessures, de leurs infirmités
ou de leur ancienneté de service.

Ceux désignés pour les invalides ou la vétérance seront dirigés de suite sur les hôtels, succursales ou compagnies qui
auront été indiqués d'avance par le ministre secrétaire d'état de
la guerre.

Ceux désignés pour la retraite, rentreront de suite dans leurs
foyers, où le ministre donnera les ordres les plus prompts pour
les faire jouir de leur pension.

Les inspecteurs-généraux donneront des congés de réforme,
1.°. aux sous-officiers et cavaliers qui leur en paraîtront susceptibles; 2.° à ceux qui ont moins d'un mètre 597 millimètres
(4 pieds 11 pouces); et des congés absolus, s'ils en réclament,
1.° aux sous-officiers et cavaliers ayant huit ans de service et
au-delà; 2.° à tous ceux qui sont les indispensables soutiens
de leur famille. Ces militaires rentreront de suite dans leurs
foyers.

Le décompte de tous les militaires mentionnés au présent
article leur sera fait individuellement avant leur départ. S'il n'y
a pas assez de fonds en caisse pour les solder, il leur sera
délivré des certificats de non-paiement.

2. Les inspecteurs-généraux appliqueront les dispositions de
l'article précédent aux sous-officiers et cavaliers rentrés isolément dans leurs foyers.

Dans les départemens où il n'y aura pas d'inspecteur-
général de cavalerie, le conseil d'examen, le général commandant le département, et l'inspecteur-général d'infanterie statue-
ront, chacun en ce qui le concerne, sur le sort desdits sous-
officiers et cavaliers, ainsi qu'il est réglé pour l'infanterie, par
les articles 16, 18 et 19 de notre ordonnance du 3 de ce mois.

4. Les inspecteurs-généraux accepteront la démission pure
et simple des officiers qui voudront la donner (1).

5. Ils placeront à la retraite tous les officiers qui en seront
susceptibles à raison de leur âge, de leurs blessures, de leurs
infirmités, ou de leur ancienneté de service, conformément aux
dispositions de notre ordonnance du 1.er de ce mois.

Ils désigneront pour les invalides ou les vétérans ceux qui
y auront droit et qui le demanderont.

---

(1) Voyez l'observation placée à l'article 24 du Num. 724.

Tous ces officiers se retireront de suite dans leur domicile, soit pour y jouir de leur retraite, soit pour y attendre leur destination (Voyez la note de la page précédente.)

6. Les inspecteurs-généraux désigneront à notre ministre secrétaire d'état de la guerre les officiers, sous-officiers et brigadiers qui demanderont à entrer dans notre gendarmerie royale, pourvu toutefois que, par leur taille, leur instruction et leur moralité, ils en soient susceptibles (1).

7. Après les éliminations résultant de l'application des dispositions des articles 2, 3, 4, 5 et 14 de la présente ordonnance, et des exceptions que les inspecteurs-généraux jugeront nécessaires, d'après les instructions qui leur seront données, les nouveaux régimens se formeront de volontaires royaux, et d'hommes choisis par les colonels, sauf l'approbation des inspecteurs-généraux, parmi d'anciens militaires de chaque arme qui présentent le plus de garantie de leur fidélité : les colonels seront responsables des choix.

8. Les sous-officiers et cavaliers rentrés dans leurs foyers, qui, d'ici au 1.ᵉʳ novembre prochain, ne se seront pas pourvus d'un titre légal qui les dispense du service, d'après la faculté qui leur en est accordée par l'article 3, seront rappelés, à l'époque qui sera indiquée, pour compléter les nouveaux régimens.

S'il en est parmi eux qui soient jugés hors d'état de servir, les inspecteurs-généraux les réformeront, et feront droit d'ailleurs à toutes leurs réclamations, s'ils les jugent fondées.

Ceux qui n'obéiraient pas dans les délais fixés, seront considérés et poursuivis comme déserteurs.

9. *Si l'effectif en hommes est plus considérable que les besoins, ceux qui formeront l'excédant, pourront être ou versés d'une arme ou d'un corps dans un autre, ou renvoyés dans leurs foyers, à l'exception de ceux qui n'y auraient pas des moyens d'existence.*

10. *Le conseil d'administration, le quartier-maître-trésorier et l'officier d'habillement de chaque régiment licencié, seront provisoirement conservés pour la garde des archives, de la caisse, des effets en magasin, pour la reddition des comptes et les renseignemens à fournir.*

11. Les officiers susceptibles de concourir à la formation des régimens, sont tous les français qui ont servi dans leur

---

(1) Ils doivent avoir de l'instruction, de l'expérience, une conduite éprouvée, des formes qui les rendent propres aux relations journalières qu'ils sont dans le cas d'avoir avec les autorités civiles et judiciaires : les sous-officiers et brigadiers doivent savoir lire et écrire correctement, avoir 5 pieds 5 pouces pour la cavalerie, 5 pi. 4 pouces pour l'infanterie, et être âgés de 35 ans au plus et de 25 ans au moins. -- On ne peut admettre que des hommes sages et d'une moralité éprouvée. *Instruction du 5 sept. 1815.*

grade comme officiers de cavalerie, et qui ne sont ni démissionnaires, ni en retraite, ni susceptibles de la retraite, ou qui n'entreront pas dans l'organisation de notre garde royale.

Les officiers démissionnaires et les officiers en retraite avant le 20 mars dernier, soient qu'ils aient ou n'aient pas repris du service, ne seront point admis.

12. *Les inspecteurs-généraux examineront tous les officiers qui désireront concourir à l'organisation, et feront sur chacun d'eux un rapport spécial, ainsi qu'il sera expliqué dans les instructions de notre ministre secrétaire d'état de la guerre.*

Le ministre nous proposera les colonels, lieutenans-colonels, chefs d'escadron et majors qui devront faire partie de nos régimens de cavalerie. Il chargera les colonels de présenter les autres officiers aux inspecteurs-généraux, qui les examineront, et ne les admettront qu'après s'être assurés de leurs opinions, de leur conduite, de leur instruction et de leurs droits. Les plus capables, sous le double rapport de la moralité et de l'instruction, seront placés ; à mérite égal, l'ancienneté de grade déterminera la préférence. Il ne sera rempli, en premier lieu, que les deux tiers des emplois d'officiers : nous nous réservons de désigner plus tard l'autre tiers.

Les officiers ne pourront prétendre qu'au grade dont ils étaient pourvus au 20 mars dernier, à moins qu'ils ne justifient que nous leur avons accordé de l'avancement depuis cette époque.

Le choix et le classement des officiers ne seront définitifs que lorsque notre ministre secrétaire d'état de la guerre aura fait connaître que nous y avons donné notre approbation.

13. Les officiers non employés par les inspecteurs-généraux rentreront dans leur domicile. Ils y jouiront, savoir : les officiers supérieurs, de la demi-solde de leur grade et de leur arme ; et les autres, des quatre cinquièmes de la solde de la dernière classe de leur grade et de leur arme (1).

Les officiers non employés seront susceptibles d'être admis aux emplois qui viendront à vaquer dans nos régimens de cavalerie, d'après les bons témoignages qui nous seront parvenus sur leur compte.

14. Les officiers nés en pays étranger seront placés de droit à la non-activité, et jouiront, au domicile qu'ils choisiront en France, du traitement fixé par le premier paragraphe de l'article précédent.

S'il en est qui désirent retourner dans leur pays, les inspecteurs-généraux proposeront pour eux une gratification proportionnée à la durée de leurs services.

---

(1) D'après de nouvelles dispositions, les officiers non employés ne recevront que la demi-solde, quels que soient leurs grades. Voyez le tarif, *Num.* 69, et pour le mode de paiement, le *Num.* 1030, chap. 16.

TITRE 2.

Nouvelle organisation.

15. Notre cavalerie sera composée de quarante-sept régimens, savoir :

Un de carabiniers,

Six de cuirassiers,

Dix de dragons,

Vingt-quatre de chasseurs,

Six de hussards,

16. Chaque régiment sera dès à présent de quatre escadrons (1).

La formation des escadrons de deux compagnies ayant le désavantage de diviser, pour la police, le service et l'administration, ce qu'elle réunit pour manœuvrer, marcher et combattre, l'escadron sera à l'avenir d'une seule compagnie. Cette dernière dénomination et celle de *subdivision* cesseront d'être en usage dans notre cavalerie, comme étrangères à la formation à cheval, afin que la troupe soit dans son organisation intérieure ce qu'elle est sur le terrain, et que les officiers et sous-officiers aient toujours les mêmes subordonnés. Chaque escadron prendra le nom de son capitaine commandant.

17. L'institution des régimens de lanciers ne paraissant pas avoir été calculée sur la possibilité de réunir en un petit nombre de corps, sans nuire à la bonne composition des autres, tous les hommes et les chevaux que leur agilité rend propres au service de cette arme, et les comptes que nous nous sommes fait rendre nous ayant donné lieu d'observer que, l'emploi de ce genre de cavalerie étant plus particulièrement utile dans la poursuite, il est préférable de donner cet avantage à un plus grand nombre de régimens, en leur conservant en même temps tous ceux de leur constitution particulière, nous voulons qu'au lieu de régimens de lanciers, le dernier escadron de chacun de nos régimens de chasseurs soit armé de lances, et composé des cavaliers les plus agiles et des chevaux les plus vites et les plus maniables.

Cet escadron, qui ne paraîtra avec la lance qu'à cheval, partagera toutes les espèces de service avec les autres, dont il aura en outre l'armement.

Il n'aura aucune distinction ni de paye, ni de rang, ni d'uniforme.

18. Sur ce qui nous a été représenté que les compagnies

---

(1) Ces dispositions ont été provisoirement modifiées. Voyez le *Num.* 732.

d'élite énervent les corps, en réunissant dans une seule de leurs fractions tout ce qu'ils ont de meilleur en hommes, en chevaux et en effets; que les abus qui en résultent sont sur-tout funestes à la guerre, où les corps sont souvent privés desdites compagnies, nous voulons qu'à l'avenir aucun des escadrons ne soit distingué sous le nom d'*escadron d'élite*.

19. Il sera créé dans chacun de nos régimens de cavalerie, un lieutenant-colonel, qui aura les marques distinctives, les appointemens attribués en dernier lieu aux majors, et le second rang dans le régiment.

Les fonctions de lieutenant-colonel seront, conformément aux principes des ordonnances de constitution de 1776, 1788 et 1791, de commander le régiment sous les ordres du colonel, en sa présence et en son absence, et d'être ainsi son intermédiaire dans toutes les parties du service. Elles seront, au surplus, déterminées dans tous leurs détails par les réglemens à intervenir sur le service intérieur (1).

Le choix des lieutenans-colonels aura lieu, pour cette fois, parmi les majors que nous jugerons mériter une juste préférence.

Dans la suite, cet emploi sera donné comme avancement aux chefs d'escadron, ainsi qu'aux majors de nouvelle création dont il va être parlé à l'article ci-après.

20. Il sera créé, dans chaque régiment de cavalerie, un major ayant rang de chef d'escadron. Il en aura les appointemens, et en portera l'épaulette à droite.

Jusqu'à ce que ses fonctions soient plus amplement déterminées, il remplira spécialement celles dont les anciens majors étaient chargés, sous le rapport administratif (2).

Il concourra avec les chefs d'escadron pour l'avancement.

Il sera libre, après deux ans de fonctions, d'opter pour l'emploi de chef d'escadron, en cas de vacance, et susceptible, après quatre ans, d'être présenté pour l'emploi de sous-inspecteur aux revues.

Quel que soit son rang d'ancienneté, il ne commandera jamais le régiment avant les chefs d'escadron.

21. Les fonctions des chefs d'escadron consisteront, comme précédemment, en attendant qu'elles soient plus amplement déterminées, dans le commandement et la surveillance spé-

---

(1) Les attributions du lieutenant-colonel et des officiers et sous-officiers de tous les grades, ainsi que leurs obligations, sont détaillées dans le réglement qui a été publié sur le service intérieur de la cavalerie; réglement qui n'a point été inséré dans ce recueil, en ce qu'il ne peut être considéré comme définitif, et que l'exécution n'en a été ordonnée que provisoirement.

(2) Le réglement provisoire dont il vient d'être question entre dans de très-grands détails sur les fonctions du major, article 30 à 55.

ciale, sous les ordres du lieutenant-colonel, de tous les détails des deux escadrons, tant dans l'intérieur des quartiers
ou cantonnemens, que dans les manœuvres.

Le plus ancien commandera les deux escadrons de droite :
le moins ancien, les deux escadrons de gauche. Ils alterneront pour le service de semaine, conformément au réglement
du 24 juin 1792 (1).

22. En conséquence de dispositions qui précèdent, l'état-
major et les escadrons de chacun de nos régimens de cavalerie seront composés ainsi qu'il suit :

ÉTAT-MAJOR.	Officiers.	Troupe.	CHEVAUX	
			d'Officiers.	de troupe.
Colonel.	1	»	3	»
Lieutenant-colonel.	1	»	3	»
Chefs d'escadron.	2	»	4	»
Major.	1	»	2	»
Adjudans-majors.	2	»	4	»
Trésorier.	1	»	1	»
Officier d'habillement (2). . . .	1	»	1	»
Porte-étendard ou guidon. . . .	1	»	1	»
Chirurgien-major.	1	»	1	»
Chirurgien-aide.	1	»	1	»
Adjudans-sous-officiers.	»	2	»	2
Maréchal vétérinaire en premier	»	1	»	1
Maréchal vétérinaire en second.	»	1	»	1
Trompette maréchal-des-logis. .	»	1	»	1
Trompette brigadier.	»	1	»	1
Maîtres { tailleur.	»	1	»	»
sellier.	»	1	»	»
bottier.	»	1	»	»
armurier-éperonnier.	»	1	»	»
	12	10	21	6
ESCADRON.				
Capitaine commandant.	1		2	»
Capitaine en second.	1		2	»

(1) *Numéro* 44, titres 1.ᵉʳ et 3, page 355 du vol. 1.ᵉʳ. Voyez aussi le réglement cité dans la note précédente, article 16 à 27.
(2) Voyez page 131, note 2.

ESCADRON.	Officiers.	Troupe.	CHEVAUX	
			d'Officiers.	de troupe.
Lieutenant en premier	1	»	1	»
Lieutenant en second.	1	»	1	«
Sous-lieutenans.	4	»	4	»
Maréchal-des-logis en chef. . .	»	1	»	1
Maréchaux-des-logis.	»	8	»	8
Brigadier-fourrier.	»	1	»	1
Brigadiers	»	16	»	16
Cavaliers. { montés.	»	92	»	92
non montés.	»	12	»	»
dont 2 mar.-ferrans.				
Trompettes (1).	»	2	»	2
Résultat.	8	132	10	120
Force d'un régiment. { État-major. . . .	12	10	21	6
4 escadrons. . . .	32	528	40	480
Complet.	44	538	61	486
Force totale des 47 régimens. .	2,068	25,286	22867	22,842

13. Chaque escadron sera partagé en *divisions*, *pelotons*, *sections* et *escouades*, tant pour le service journalier et intérieur, que pour l'ordre de bataille, conformément au tableau ci-dessous.

Capitaine commandant, capitaine en second, maréchal-des-logis en chef, brigadier-fourrier, deux trompettes.

(1) Le nombre des trompettes doit être porté à 3 par escadron, et à 12 pour un régiment de 4 escadrons. *Ordon.* du 20 mars 1816.

1.re DIVISION. -- Lieutenant en premier.

PELOTONS.

Premier.	Deuxième.
1 Sous-lieutenant.	1 Sous-lieutenant.

SECTIONS.

1.re	2.^e	3.^e	4.^e
Ml.-des-log.	Ml.-des-log.	Ml.-des-log.	Ml.-des-log.

ESCOUADES.

	1.re	2.^e	3.^e	4.^e	5.^e	6.^e	7.^e	8.^e
Brigadiers...	1	1	1	1	1	1	1	1
Cavaliers...	6	7	6	7	6	7	6	7
Force de chaque escouade.	7	8	7	8	7	8	7	8

2.e DIVISION. -- Lieutenant en second.

PELOTONS.

Troisième.	Quatrième.
1 Sous-lieutenant.	1 Sous-lieutenant.

SECTIONS.

5.^e	6.^e	7.^e	8.^e
Ml.-des-log.	Ml.-des-log.	Ml.-des-log.	Ml.-des-log.

ESCOUADES.

	9.^e	10.^e	11.^e	12.^e	13.^e	14.^e	15e.	16.^e
Brigadiers...	1	1	1	1	1	1	1	1
Cavaliers....	6	7	6	7	6	7	6	7
Force de chaque escouade.	7	8	7	8	7	8	7	8

Total des seize escouades...	120	Les trompettes et les maréchaux-ferrans seront placés aux 1.re et 9.e escouades, afin que chacun d'eux cantonne avec une division différente.
Maréchal-des-logis en chef.. 1		
Maréchaux-des-logis 8	12	
Brigadier-fourrier....... 1		
Trompettes........... 2		
Force de l'escadron (non compris les huit officiers.)......	132	

Pour effectuer la formation de l'escadron, des pelotons, sections et escouades, telle qu'elle est portée au tableau ci-dessus, l'escadron assemblé, on extraira des rangs, pour les répartir ensuite dans les escouades, les hommes qui entrent rarement en ligne, tels que maréchaux, ouvriers, etc.; on formera l'escadron de la droite à la gauche, par ancienneté, plaçant les maréchaux-des-logis et les brigadiers comme ils doivent l'être dans l'ordre de bataille à cheval.

Les pelotons ainsi composés seront partagés en deux sections, qui resteront dans cette formation pour les chambrées et les ordinaires, afin que les officiers et sous-officiers aient les mêmes subordonnés à commander dans toutes les situations possibles (1).

L'escadron disposé de cette sorte, il en sera fait un contrôle qui sera le seul en usage pour commander le service et les rassemblemens tant à pied qu'à cheval, armés ou non armés. Dans les dragons, il y aura de plus, en temps de paix seulement, un contrôle pour le rang de taille à pied. Dans toutes les armes, le rang de taille à cheval sera établi, autant que possible, par le choix des chevaux.

Cette formation de l'escadron aura lieu tous les ans, pendant la paix, au retour des semestres. On aura soin de répartir les recrues et les remontes de manière à maintenir constamment l'ordre dont il s'agit. En campagne, le contrôle sera renouvelé aussi souvent que les colonels le croiront nécessaire.

24. Tous les enfans de troupe, quel qu'en soit le nombre, seront conservés dans l'organisation des régimens; mais, à l'avenir, il ne devra y en avoir que quatre par escadron.

25. Le régiment des carabiniers prendra le nom de *carabiniers de Monsieur*, et aura la droite de toute la cavalerie de la ligne.

Le premier régiment de cuirassiers prendra le nom de *cuirassiers de la Reine*.

Le deuxième celui de *cuirassiers du Dauphin*; le troisième, *d'Angoulême*; le quatrième, *de Berry*; le cinquième, *d'Orléans*; le sixième, *de Condé*.

Le premier régiment de dragons prendra la dénomination de *dragons du Calvados*;

Le deuxième celle de *dragons du Doubs*; le troisième, *de la Garonne*; le quatrième *de la Gironde*; le cinquième, *de*

---

(1) Le colonel suivra ultérieurement la même méthode à l'égard des accroissemens qui pourront survenir; et il recommencera cette opération dès que les escadrons seront à peu près au complet, de manière que les fractions en soient toujours composées des mêmes hommes, soit dans les chambrées, soit sur le terrain. *Instruct.* du 5 sept. 1815.

l'Hérault ; le sixième , *de la Loire* ; le septième , *de la Manche* ; le huitième , *du Rhône* ; le neuvième *de la Saône* ; le dixième, *de la Seine.*

Le premier régiment de chasseurs prendra la dénomination de *chasseurs à cheval de l'Allier* ;

Le deuxième, celle de *chasseurs à cheval des Alpes* ; le troisième , *des Ardennes* ; le quatrième , *de l'Ariége* ; le cinquième , *du Cantal* ; le sixième *de la Charente* ; le septième, *de la Corrèze* ; le huitième , *de la Côte-d'Or* ; le neuvième, *de la Dordogne* ; le dixième , *du Gard* ; le onzième *de l'Isère* ; le douzième , *de la Marne* ; le treizième , *de la Meuse* ; le quatorzième , *du Morbihan* ; le quinzième , *de l'Oise* ; le seizième *de l'Orne* ; le dix-septième , *des Pyrénées* ; le dix-huitième , *de la Sarthe* ; le dix-neuvième , *de la Somme* ; le vingtième , *du Var* ; le vingt-unième , *de Vaucluse* ; le vingt-deuxième , *de la Vendée* ; le vingt-troisième , *de la Vienne* ; le vingt-quatrième , *des Vosges.*

Le premier régiment de hussards prendra la dénomination de *hussards du Jura* ;

Le deuxième , celle de *hussards de la Meurthe* ; le troisième , *de la Moselle* ; le quatrième , *du Nord* ; le cinquième *du Bas-Rhin* ; le sixième , *du Haut-Rhin.*

26. Le rang des régimens de même arme , entre eux , sera déterminé par un tirage au sort que le ministre secrétaire d'état de la guerre fera faire en sa présence, et dont il fera notifier le résultat par les inspecteurs-généraux , lors de l'organisation.

27. Il y aura un étendard par chaque régiment de carabiniers , cuirassiers , chasseurs et hussards , et un guidon par chaque régiment de dragons. Notre ministre secrétaire d'état de la guerre nous présentera le modèle des étendards et guidons, dont le fond sera blanc, portant l'écusson de France, et la désignation des régimens.

28. Dans tous nos régimens de cavalerie , les officiers de divers grades seront classés entre eux selon leur rang d'ancienneté.

Dans la présente organisation, les quatre plus anciens capitaines deviendront, de droit, capitaines commandans ; les quatre moins anciens seront capitaines en second : les quatre plus anciens lieutenans deviendront , de droit, lieutenans en premier , et les quatre moins anciens , lieutenans en second.

29. Les capitaines commandans , et les lieutenans en premier seront portés aux appointemens de première classe ; les capitaines et les lieutenans en second, aux appointemens de seconde classe.

Les appointemens et indemnités des autres officiers, ainsi que la solde des sous-officiers et cavaliers de toute arme, restent au surplus tels qu'ils sont établis par les réglemens en vigueur.

30. Le conseil d'administration de nos régimens de cavalerie sera composé ainsi qu'il est prescrit par notre ordonnance du 20 janvier 1815, ayant en outre le lieutenant-colonel (1).

Le major, rapporteur, prendra rang après le chef d'escadron.

Lorsqu'il y aura partage de voix dans les délibérations, celle du président sera prépondérante (2).

L'administration et la comptabilité, la solde, les indemnités et les masses, seront provisoirement établies d'après les bases fixées par les réglemens en vigueur.

31. Toute troupe de cavalerie, de quelque espèce et dénomination que ce soit, non comprise dans la présente organisation, cessera d'exister. Les individus pourront être admis dans les nouveaux régimens, ou dans notre garde royale, selon qu'ils en seront jugés susceptibles.

N.° 731.

Instruction arrêtée par le ministre secrétaire d'état de la guerre, pour l'exécution de l'ordonnance du Roi du 30 août 1815, concernant le licenciement et la nouvelle organisation de la cavalerie.

Du 5 septembre 1815.

(*Nota.*) Les observations que nous avons faites relativement au num. 725, page 140, sont applicables à cette instruction, dont quelques dispositions utiles à connaître, ont été placées, par forme de notes, aux passages de l'ordonnance du 30 août, auxquels elles étaient relatives, et dont nous nous contenterons de rapporter ci-après les articles 48, 49, 50 et 51, qui seuls nous ont paru essentiels à conserver.

ART. 48. Toutes les mesures applicables au moment, et toutes celles que des circonstances imprévues rendraient nécessaires pour parvenir à l'organisation du régiment, ayant été accomplies, l'inspecteur-général en passera une revue définitive, lors de laquelle il rectifiera ce qu'il pourrait y avoir eu de défectueux dans ses premières opérations; après quoi

---

(1) Le conseil doit être composé du colonel, président; du lieutenant-colonel, du plus ancien chef d'escadron, du major, rapporteur, et de deux capitaines, au choix des autres officiers de ce grade.
(2) Voyez la note de l'article 39 du *Num.* 724.

Il le fera former en colonne serrée par escadron, et lui notifiera publiquement, à haute et intelligible voix, le nom et le rang qui lui seront échus lors du tirage au sort, qui aura eu lieu à cet effet au ministère de la guerre pour tous les régimens de même arme, conformément à l'article 26 de l'ordannonce, d'après l'avis spécial qui lui en aura été donné par le ministre.

49. L'inspecteur-général fera ensuite reconnaître, en la manière accoutumée, le colonel et les autres officiers supérieurs qui se trouveront présens.

Le colonel fera reconnaître les autres officiers.

Le lieutenant-colonel fera reconnaître les sous-officiers et brigadiers.

50. Après les réceptions, l'inspecteur-général rappellera à chacun les obligations que son grade lui impose, et fera surtout sentir aux colonels, aux officiers supérieurs, aux adjudans-majors et aux capitaines, qu'ils doivent porter une attention soutenue sur les militaires confiés à leurs soins; que la discipline doit être douce et paternelle; mais en même-temps que les officiers, sous-officiers et soldats doivent bien se pénétrer de l'idée qu'ils ne sont armés que pour la défense du Roi et le maintien de la tranquillité publique, et que toute opinion contraire est subversive de l'ordre et de l'obéissance que l'armée doit à Sa Majesté.

51. L'inspecteur-général fera ensuite reprendre l'ordre de bataille et ouvrir les rangs pour prêter le serment.

Les trompettes ouvriront un ban.

L'inspecteur aux revues attaché à l'inspecteur-général recevra, en sa présence, le serment individuel des officiers supérieurs, ensuite celui des officiers et hommes de l'état-major, puis celui des trompettes, enfin celui de chaque escadron séparément, afin que la formule puisse être entendue distinctement.

L'inspecteur aux revues, placé devant le centre de la partie du régiment dont il devra le recevoir, dira, à haute et intelligible voix :

« Officiers supérieurs, (ou bien) officiers, sous-officiers
» et cavaliers de l'état-major (ou de tel escadron) de tel régiment,
» *Vous jurez et promettez de bien et fidèlement servir le*
» *Roi, d'obéir en toute occasion aux chefs qui vous sont et*
» *seront donnés par S. M., et de ne jamais abandonner vos*
» *étendards.* »

Pendant ce temps les officiers et la troupe auront le sabre à l'épaule.

Après avoir reçu le serment des officiers à leur place de bataille devant le front de l'escadron, l'inspecteur aux revues recevra, l'un après l'autre, celui des hommes de chaque rang, ainsi que des serre-files.

Les officiers, sous-officiers et cavaliers répéteront, l'un après l'autre, chacun suivant son rang, en levant la main droite, et passant à cet effet, pour le moment, le sabre dans la main de la bride, à mesure que l'inspecteur aux revues passera devant eux, et le reprenant de la main droite pour le replacer à l'épaule aussitôt qu'il aura passé, ces mots : « *Je* » *le jure.* »

Après le serment, l'inspecteur-général fera fermer le ban, ensuite serrer le rang, puis rompre et défiler devant lui, et la troupe rentrera dans ses quartiers.

Il sera dressé un procès-verbal de cette cérémonie. Ce procès-verbal sera signé en double expédition par l'inspecteur-général, par l'inspecteur ou sous-inspecteur aux revues, par tous les officiers du régiment, par le plus ancien sous-officier de chaque grade et par le plus ancien brigadier de tout le régiment, et par le plus ancien des cavaliers de chaque escadron, sachant signer.

A l'avenir, toutes les fois que l'inspecteur ou sous-inspecteur aux revues passera sa revue, à moins qu'il n'y en ait une de l'inspecteur-général, il se fera présenter tous les officiers, sous-officiers et cavaliers admis au corps depuis la revue précédente, et leur fera prêter individuellement le serment ci-dessus. Il en dressera procès-verbal, qui sera également signé par les officiers qui auront prêté ce serment, et par le commandant du corps, et il en transmettra une expédition particulière au ministre (1).

N.º 732.

Modifications apportées à l'ordonn. du 30 août 1815, sur la composition des régimens de cavalerie.

Circul. du 6 février 1816.

Le ministre de la guerre, d'après les ordres de Sa Majesté, a décidé qu'on entretiendrait, pour l'année 1816, en activité

---

(1) *Voy.* touchant la prestation du serment, les observations faites à l'égard du *num.* 725, page 142.

dans chaque régiment, seulement le nombre d'officiers, sous-officiers et soldats ci-après déterminé (1).

SAVOIR :

	hom.	chev.		hom.	chev.
Colonel.	1	3			
Lieutenant-colonel. . . .	1	3			
Chefs d'escadron	2	4	Adjudans-sous-officiers.	2	2
Major.	1	2	Maréchal vétér. en 1.ᵉʳ	1	1
Adjudans-majors.	2	4	Tromp. mar.-des-logis. .	1	1
Trésorier.	1	1	Maîtres-ouvriers. . . .	4	»
Officier d'habillement. . .	1	1			
Porte-étendard ou guidon.	1	1	Maréch.-des-logis-chefs.	4	4
Chirurgien-major.	1	1	Maréchaux-des-logis. . .	16	16
Aide-major.	1	1	Fourriers.	4	4
Capit. command. d'escad.	4	8	Brigadiers.	32	32
Capitaines en second. . .	4	8	Cavaliers montés. . . .	160	160
Lieutenans en 1.ᵉʳ . . .	4	4	Trompettes.	4	4
Lieutenans en 2.ᵉ	4	4			
Sous-lieutenans.	16	16			
TOTAUX. . . .	44	61		228	224

Il résulte de cette composition, que chaque régiment aura ses quatre escadrons complets en officiers, en adjudans-sous-officiers, ouvriers, maréchaux-des-logis-chefs et fourriers ; mais que la réduction de la force déterminée par l'ordonnance du 30 août 1815, portera sur les autres grades.

Les quatre capitaines plus anciens de grade commanderont les escadrons ; les quatre plus anciens lieutenans seront de 1.ʳᵉ classe. Il résultera de cette disposition, que le classement des capitaines et lieutenans ne pourra s'opérer que lorsque tous les officiers de ces grades, qui doivent faire partie du régiment, seront connus et auront produit leurs états de service, afin d'éviter les déplacemens ; jusques-là, ceux qui seront en activité, ne toucheront que le traitement de dernière classe de leur grade ; ce sera aussi à compter de cette époque, que les escadrons prendront les noms des capitaines-commandans.

Comme il n'y aura en 1816 que deux escadrons en sous-officiers et soldats, il ne pourra être admis plus de huit enfans de troupe (2).

_____

(1) Voy. l'observation placée au *num.* 726, pag. 143.
(2) Cette *circul.* contient en outre les mêmes dispositions que celle du 23 janvier 1816, *num.* 726.

QUATRIÈME SECTION.

ARTILLERIE.

§. 1.er *Organisation et avancement.*

N.º 733.

Circul. relative au classement et au traitement des adjudans-sous-officiers d'artillerie. **G.**

Du 8 février 1813.

MESSIEURS, l'article 28 du réglement du 1.er janvier 1792, sur l'exécution de la loi du 27 avril 1791 (1), porte que lorsqu'un sergent d'artillerie, moins ancien que les adjudans-sous-officiers, sera fait deuxième lieutenant, les adjudans jouiront, en gratification et par supplément, de la différence de la solde d'adjudant aux appointemens du grade de second lieutenant.

Mais un décret du 2 août 1811 (2), portant que les adjudans-sous-officiers et sergens-majors ne pourront être proposés pour l'emploi d'officiers qu'après huit ans effectifs de service, les adjudans du corps impérial de l'artillerie, nommés ou à nommer à l'emploi d'officier, qui n'avaient ou n'auront pas les huit ans de service exigés, ne peuvent prendre rang parmi les lieutenans qu'à compter du jour où ils auront complété ce temps de service.

Par suite de cette disposition, j'ai été consulté pour savoir si l'article 28 du réglement du 1.er janvier 1792 pouvait être maintenu en faveur d'un adjudant d'artillerie qui, faute d'avoir l'ancienneté requise, ne peut plus prendre rang parmi les officiers.

Pour faire cesser toute incertitude à cet égard, j'ai décidé, le 14 janvier 1813, que les adjudans d'artillerie qui n'ont point

---

(1) Voy. pag. 45 du vol. II, article 6.
(2) *Numéro* 40, pag. 123 du vol. I.

les huit ans de service exigés par le décret du 2 août 1811 (1), et qui en conséquence ont cessé d'être classés parmi les officiers, ne jouiraient plus que de la solde affectée à leur grade, attendu que leur position actuelle annule nécessairement la prérogative que leur accordait l'article 28 du réglement du 1.ᵉʳ janvier 1792.

N.º 734.

Ordonnance du Roi sur l'organisation du corps royal de l'artillerie.

Du 12 mai 1814. (*Bullet.* 14, 5.ᵉ série.)

(*Nota.*) CETTE ordonnance se trouve abrogée par celles du 31 août et du 22 septembre 1815, que l'on trouvera ci-après, et l'on s'est dispensé de l'insérer dans ce supplément, à l'exception d'un très-petit nombre de dispositions, qui ont été placées, par forme de notes, aux articles de ces deux derniers actes auxquels elles étaient relatives.

N.º 735.

Ordonnance du Roi qui fixe la solde, sur le pied de paix, des officiers, sous-officiers, brigadiers, soldats, etc., des escadrons du train d'artillerie.

Du 30 août 1814.

LOUIS, par la grâce de Dieu, etc.

ART. 1.ᵉʳ La solde, sur le pied de paix, des officiers, sous-officiers, brigadiers, soldats, ouvriers et trompettes des escadrons du train d'artillerie, est fixée, à dater du 1.ᵉʳ septembre prochain, conformément au tableau ci-après, savoir (2).

---

(1) L'exécution des dispositions du décret du 2 août 1811 a été suspendue ; voy. le *num.* 678. Nous pensons néanmoins que cette décision doit continuer d'avoir son effet, et qu'elle est applicable aux officiers de l'arme de l'artillerie, ainsi qu'à ceux de l'arme du génie. Voy. le *num.* 131, pag. 257 du vol. 1. — Du reste, d'après les dernières ordonnances d'organisation, les régimens d'artillerie et du génie n'ont plus d'adjudans-sous-officiers.

(2) Voy. le tarif, *num.* 62.

2. Les sous-officiers et soldats du 1.er régiment du train d'artillerie de la garde, faisant partie de la vieille garde, qui seront incorporés dans les escadrons du train d'artillerie, recevront, à titre de hautes-payes et en sus de la solde de leur grade, savoir :

Les soldats de 1.re classe, ouvriers et trompettes. 25 c par jour.
Les soldats de 2.e classe. 10
Les brigadiers et brigadier-trompette. 30
Les maréchaux-des-logis et fourriers. 35
Les maréchaux-des-logis-chefs. 40

3. Ces hautes-payes ne sont susceptibles d'aucun accroissement, en raison du grade supérieur auquel ces militaires sont assimilés dans le train d'artillerie de la ligne, ni en raison de l'avancement qu'ils pourront obtenir : elles cesseront entièrement à compter du jour où ils seront nommés officiers (1).

4. *Il sera dressé, dans chaque escadron du train d'artillerie, des états nominatifs des sous-officiers et soldats du 1.er régiment du train d'artillerie de la garde incorporés dans chacun de ces escadrons : une expédition de ces états sera adressée à notre ministre de la guerre.*

5. *Les sous-officiers et soldats du 1.er régiment du train d'artillerie de la garde, qui sont en congé limité et qui n'auront pas rejoint à l'expiration des congés qui leur sont délivrés, n'auront aucun droit à la haute-paye ci-dessus fixée.*

6. *Ceux qui ont abandonné leurs corps, et qui n'auront pas rejoint au 1.er octobre prochain, n'auront également aucun droit à la haute-paye.*

7. Les soldats du 1.er régiment du train d'artillerie de la garde, incorporés dans les escadrons du train d'artillerie, ont le rang de brigadier, les brigadiers celui de maréchal-des-logis, les maréchaux-des-logis et fourriers celui de maréchal-des-logis-chef, les maréchaux-des-logis-chefs celui d'adjudant-sous-officier, et ils peuvent porter les marques distinctives des grades auxquels ils sont assimilés.

---

(2) Voy. les observations que contient le *num*. 693, pag. 55, 4.e §.

N.° 736.

Ordonnance du Roi relative aux escadrons du train d'artillerie.

Du 12 septembre 1814. (*Bulletin* 38, 5.e série.)

(*Nota.*) CETTE ordonnance portait qu'il serait conservé 8 escadrons du train d'artillerie, au lieu de quatre dont l'organisation était prescrite par celle du 12 mai précédent. — Ces escadrons ont été licenciés par l'ordonnance du 31 août 1815, *num.* 737, qui contient en même temps de nouvelles dispositions sur leur réorganisation.

N.° 737.

Ordonnance du Roi sur le licenciement des troupes d'artillerie et sur leur réorganisation.

Du 31 août 1815.

LOUIS, par la grâce de Dieu, etc.
Avons ordonné et ordonnons ce qui suit :

TITRE Ier

Licenciement des troupes d'artillerie.

ART. 1.er *Les officiers, sous-officiers et soldats des régimens d'artillerie à pied et à cheval, du bataillon de pontonniers, des compagnies d'ouvriers et des escadrons du train d'artillerie, seront renvoyés dans leurs foyers, en attendant la réorganisation du corps royal de l'artillerie.*

2. *Il sera formé des détachemens des sous-officiers et soldats de tous les corps d'artillerie pour se rendre dans leurs départemens respectifs ; et ces détachemens seront commandés par des officiers, suivant la force de chacun d'eux.*

3. *Les officiers qui ne seront pas employés au commandement de ces détachemens, se rendront directement dans le lieu de leur domicile.*

4. Les chevaux de l'artillerie à cheval et du train d'artillerie seront répartis dans les départemens voisins des lieux où ils se trouvent, et seront placés chez les cultivateurs (1).

(1) Cette disposition n'a dû être prise qu'à l'égard des chevaux qui se

5. *Notre ministre secrétaire d'état au département de la guerre désignera des inspecteurs-généraux d'artillerie qui se rendront sur-le-champ près des troupes d'artillerie pour en effectuer le licenciement.*

5. *Les inspecteurs-généraux d'artillerie proposeront pour la solde de retraite tous les officiers d'artillerie qui, d'après notre ordonnance du 1.er de ce mois, doivent y être admis de droit et sans exception, et feront des propositions d'admission à la retraite pour ceux des officiers qu'ils en jugeront susceptibles, d'après l'article 2 de l'ordonnance précitée.*

7. *Les inspecteurs-généraux d'artillerie proposeront pour la retraite les sous-officiers et soldats qui ont des droits à la pension, et donneront des congés de réforme à tous ceux qui, à raison de leurs infirmités ou faiblesse de constitution, leur paraîtront impropres au service d'artillerie (1) ; ils accorderont des congés absolus aux militaires ayant plus de dix ans de service ou qui seront mariés, et qui demanderont à quitter le service.*

8. Tous les officiers de l'artillerie renvoyés dans leurs foyers par suite du licenciement des troupes, ou pour y attendre la solde de retraite, jouiront, les officiers supérieurs, de la demi-solde de leur grade, et les officiers subalternes, des *quatre cinquièmes* de la solde de la dernière classe de leur grade, jusqu'à ce qu'ils soient rappelés au service, s'ils doivent faire partie du nouveau corps royal de l'artillerie, ou jusqu'à ce qu'ils aient obtenu leur pension de retraite (2).

TITRE II.

Mesures transitoires avant la réorganisation.

9. *Les sous-officiers et soldats des divers corps d'artillerie, renvoyés dans leurs foyers par suite du licenciement des corps dont ils faisaient partie, et ceux qui auront quitté leurs corps avant le licenciement pour rentrer dans leurs foyers, seront*

---

trouvaient en sus du complet fixé par l'ordonnance. — Instr. du 12 septembre 1815. -- Le titre 3 de cette instruction, contient le détail des mesures qui ont dû être prises pour la conduite des chevaux conservés ; et relativement à ceux qui ont dû être placés chez les particuliers, ce sont à peu près les mêmes disposit. que contient le *numéro* 574, pag. 411, du vol. IV.

(1) Voy. le *numéro* 673, relativement à la taille que doivent avoir les hommes pour le service de l'artillerie.

(2) D'après l'article 25 de l'ordonnance du 12 mai 1814, les deux tiers des emplois qui viendront à vaquer, doivent être donnés aux officiers surnuméraires ; l'autre tiers doit être donné à l'avancement suivant le mode qui sera ultérieurement fixé ; et d'après l'art. 21, les adjudans-majors et quartiers-maitres des régimens supprimés doivent rentrer dans la classe de leurs grades respectifs.

assujettis aux dispositions de notre ordonnance du 3 août sur l'organisation des légions départementales, relatives à l'examen, au classement, à l'incorporation et au rappel des hommes qui doivent les composer (1).

10. Les canonniers à pied formeront la compagnie d'artillerie attachée à chaque légion ; et en cas d'insuffisance, on y incorporera des canonniers à cheval, des pontonniers, des ouvriers et des soldats du train d'artillerie.

Dans le cas où il y aurait un excédant de sous-officiers et soldats de ces divers corps, ces militaires compteront, pour mémoire seulement, à la suite des compagnies d'artillerie des légions départementales.

11. Il sera fait choix, dans chaque département, d'un officier supérieur d'artillerie pour tenir le contrôle de tous les militaires de cette arme existant dans le département, et pour en avoir la surveillance.

12. Cet officier supérieur d'artillerie fera partie du conseil d'examen du département, lorsqu'il s'agira de prononcer sur le sort, l'incorporation et le rappel des militaires de l'arme de l'artillerie.

13. Le conseil d'administration de chaque corps d'artillerie licencié, ainsi que le quartier-maître et le capitaine d'habillement, seront provisoirement conservés pour la garde des archives, de la caisse et des effets en magasin, pour la reddition des comptes et pour les renseignemens à fournir.

14. Les sous-officiers et soldats sans domicile seront autorisés à rester près du conseil d'administration de leur ancien corps, en attendant la réorganisation du nouveau corps royal de l'artillerie.

15. Les compagnies d'artillerie détachées dans les places de guerre seront licenciées par les inspecteurs-généraux d'artillerie, à fur et à mesure de leurs tournées dans ces places ; et les officiers, sous-officiers et soldats qui composent ces compagnies, seront renvoyés dans leurs foyers.

16. Les officiers supérieurs et particuliers employés au service du matériel de l'arme dans les écoles, arsenaux, directions, places de guerre, manufactures d'armes, fonderies, forges et poudreries, resteront provisoirement aux postes qu'ils occupent aujourd'hui, pour veiller à la conservation et à l'entretien du matériel de l'artillerie.

TITRE III.

Composition du nouveau corps royal de l'artillerie.

17. Le corps royal d'artillerie sera composé de
Un état-major-général pour le service du matériel, huit

(1) Voy. le numéro 724.

régimens d'artillerie à pied, quatre régimens d'artillerie à cheval, un bataillon de pontonniers, douze compagnies d'ouvriers, une compagnie d'artificiers, huit escadrons du train d'artillerie.

18. Chacun des huit régimens d'artillerie à pied sera composé d'un état-major, de seize compagnies, et d'un cadre de compagnie comme dépôt.

État-major.

Colonel 1, lieutenant-colonel 1, chefs de bataillon 4, major (rang de chef de bataillon) 1, trésorier 1 (1), capitaine d'habillement 1 (1), adjudans-majors 2 (1), lieutenans sous-adjudans-majors 4 (1), officier-payeur 1 (1), lieutenant porte-drapeau 1, chirurgien-major 1, aides-chirurgiens 2.

Total des officiers 20.

Artificier chef 1, tambour-major 1, tambours-maîtres 2, musiciens, dont un chef, 12 ; maîtres tailleur, cordonnier, guêtrier, armurier 4.

Total 20.

Composition d'une compagnie.

Capitaine en premier 1, capitaine en second 1, lieutenant en premier 1, lieutenant en second 1 ;

Sergent-major 1, sergens 4, fourrier 1, caporaux 4, artificiers 4, ouvriers en fer et en bois 4, premiers canonniers 12, seconds canonniers 20, tambours 2.

Total 52.

Cadre de la compagnie de dépôt.

Capitaine en premier 1, capitaine en second 1, lieutenant en premier 1, lieutenant en second 1.

Total des officiers 4.

---

(1) *Le capitaine d'habillement* sera de 2.ᵉ classe ; lorsque son ancienneté le portera au commandement d'une compagnie, il sera tenu d'opter, et il ne jouira que de la solde affectée à l'emploi qu'il remplira. — *L'adjud.-maj.*, qui peut n'être que lieut. de première classe, aura les appointemens de capit. de 2.ᵉ classe ; il pourra conserver son emploi en devenant capit. en 2.ᵉ ; et lorsque son ancienneté le portera au commandement d'une compagnie, il sera tenu d'opter, et il ne jouira que du traitement affecté à l'emploi qu'il remplira. — L'officier-payeur et le sous-adjudant-major ne peuvent être que du grade de lieutenant ; s'ils sont de 2.ᵉ classe, ils ne toucheront que la solde de ce grade ; mais ils auront droit à la solde de première classe, lorsqu'un lieutenant, moins ancien qu'eux dans le régiment, sera appelé à l'emploi de lieutenant de 1.ʳᵉ classe. *Circul. du 16 sept.* 1816.

Trésorier. — On ne fait pas mention, dans cette circulaire, du traitement des trésoriers dans les régimens d'artillerie, ce qui laisse subsister les anciennes dispositions qui étaient en vigueur à l'égard de ces officiers. *Voy. la circul. du 25 brum.* an 10, num. 36, vol. 1.

Sergent-major 1, sergens 4, fourrier 1, caporaux 4, tambours 2.

Total 12.

Ainsi le complet d'un régiment d'artillerie à pied sera de 88 officiers, 864 sous-officiers et soldats.

Total 952 hommes.

19. Chacun des régimens d'artillerie à cheval sera composé d'un état-major et de six compagnies.

État-major (1).

Colonel 1, lieutenant-colonel 1, chefs d'escadron 3, major (rang de chef d'escadron) 1, trésorier 1, capitaine d'habillement 1, adjudant-major 1, lieutenans sous-adjudans-majors 2, chirurgien-major 1, aide-chirurgien 1.

Total 13.

Artificier chef 1, brigadier-trompette 1, vétérinaire 1, maîtres tailleur, bottier, sellier, armurier-éperonnier 4.

Total 7.

Composition d'une compagnie.

Capitaine en premier 1, capitaine en second 1, lieutenant en premier 1, lieutenant en second 1.

Total 4.

Maréchal-des-logis-chef 1, maréchaux-des-logis 4, fourrier 1, brigadiers 4, artificiers 4, ouvriers en fer et en bois 4, premiers canonniers 12, seconds canonniers 20, maréchal-ferrant 1, trompette 1.

Total 52.

Ainsi la force d'un régiment d'artillerie à cheval sera de 37 officiers, 319 sous-officiers et soldats, dont 200 seulement montés en temps de paix.

Total 356 hommes.

20. Le bataillon de pontonniers conservé par notre ordonnance du 12 mai 1814, sera réorganisé et sera composé d'un état-major et de six compagnies.

État-major (2).

Lieutenant-colonel-commandant 1, chef de bataillon 1;

---

(1) Par une ordonnance du 22 mars 1816, il a été ajouté à l'état-major de chacun des régimens d'artillerie à cheval un porte-étendard; cet emploi doit être occupé par un lieutenant de 1.ʳᵉ classe. *Circul. du 10 avril 1816.*

(2) Par une ordonnance du 18 août 1816, il a été créé pour ce bataillon, un emploi de porte-drapeau qui doit être occupé par un lieutenant de première classe.

major (rang de chef de bataillon) 1, trésorier 1, capitaine d'habillement 1, adjudant-major 1, lieutenans sous-adjudans-majors 2, chirurgien-major 1, aide-chirurgien 1.

Total des officiers 10.

Maître constructeur 1, tambour-maître 1, maîtres tailleur, cordonnier, guêtrier, armurier 4.

Total 6.

Composition d'une compagnie.

Capitaine en premier 1, capitaine en second 1, lieutenant en premier 1, lieutenant en second 1.

Total 4.

Sergent-major 1, sergens 4, fourrier 1, caporaux 4, maîtres ouvriers 4, pontonniers de 1.re classe 12, de 2.e classe 24, tambours 2.

Total 52.

Ainsi le bataillon de pontonniers sera composé de 34 officiers, 318 sous-officiers et soldats.

Total 352 hommes.

21. Les compagnies d'ouvriers d'artillerie conservées par notre ordonnance du 12 mai 1814 seront organisées, et la composition de chacune d'elles sera comme il suit :

Capitaine-commandant 1, capitaine en second 1, lieutenant en premier 1, lieutenant en second 1.

Total 4.

Sergent-major 1, sergens 4, fourrier 1, caporaux 4, maîtres ouvriers 4, ouvriers de 1.re classe 8, 2.e classe 12, apprentis 16, tambours 2.

Total 52.

Ces compagnies porteront le nom de leurs capitaines, en conservant entre elles leur rang d'ancienneté d'après la date de leur formation.

Ainsi la force des douze compagnies d'ouvriers d'artillerie sera de 48 officiers, et 624 sous-officiers et soldats.

Total 672 hommes.

22. Il sera créé une compagnie d'artificiers chargée spécialement de la confection des artifices de guerre, et dont la composition sera comme il suit :

Capitaine-commandant 1, capitaine en second 1, lieutenant en premier 1, lieutenant en second 1.

Total 4.

Sergent-major 1, sergens 4, fourrier 1, caporaux 4, artificiers de 1.re classe 4, 2.e classe 12, apprentis 16, ouvriers en bois 4, en fer 4, tambours 2.

Total 52.

23. Les huit escadrons du train d'artillerie créés par nos ordonnances des 12 mai et 9 septembre 1814, seront réor-

ganisés et composés chacun d'un état-major et de quatre compagnies (1).

État-major.

Chef d'escadron commandant 1, capitaine adjudant-major 1,
trésorier 1, lieutenant d'habillement 1, sous-lieutenans sous-
adjudans-majors 2 (2), chirurgien-major 1.
Total 7.

Vétérinaire 1, brigadier-trompette 1, maîtres sellier-bourrelier, tailleur, bottier, éperonnier 4.
Total 6.

Composition d'une compagnie.

Capitaine 1, lieutenant 1, sous-lieutenant 1.
Total 3.

Maréchal-des-logis-chef 1, maréchaux-des-logis 4, fourrier
1, brigadiers 4, soldats de 1.re classe 15, maréchaux-ferrans 2, bourrelier 1, trompettes 2.
Total 30.

Ainsi la force de chaque escadron du train d'artillerie sera
de 19 officiers, 126 sous-officiers et soldats, avec 120 chevaux
de selle et de trait en temps de paix.
Total 145 hommes.

24. La force totale du corps royal de l'artillerie sera, en
conséquence, de 7,616 officiers, sous-officiers et soldats pour
les huit régimens d'artillerie à pied ; 1,424 id. pour les quatre
régimens d'artillerie à cheval, 352 id. pour le bataillon de
pontonniers, 672 id. pour les douze compagnies d'ouvriers,
56 id. pour la compagnie d'artificiers, 1,160 id. pour les huit
escadrons du train.
Total 11,280 hommes et 1,760 chevaux de selle et de trait.

25. Il sera statué par une ordonnance particulière sur l'organisation de l'état-major d'artillerie, basée d'après celle que
nous avons approuvée par notre ordonnance du 12 mai 1814.

TITRE IV.

Mode de réorganisation des nouveaux régimens et corps d'artillerie.

26. *Les nouveaux régimens, bataillons, compagnies et esca-*
drons de l'arme de l'artillerie seront successivement organi-

---

(1) Le nombre des escadrons du train devait être de 4 seulement,
d'après l'ordonnance de 12 mai ; il fut porté à 8 par celle du 9 septembre 1814.
(2) Le sous-adjudant-major du train ne touchera que la solde de sous-
lieutenant ; il sera tenu d'opter, lorsque son ancienneté le portera
à une lieutenance. *Circul.* du 16 *sept.* 1816.

sés, et aux époques que nous indiquerons, dans les huit écoles d'artillerie conservées par notre ordonnance du 12 mai 1814 (1).

27. Les régimens d'artillerie à pied et à cheval, et les escadrons du train d'artillerie, prendront la dénomination des écoles où ils auront été organisés : les compagnies d'ouvriers porteront le nom de leurs capitaines.

28. *Il sera fixé des arrondissemens territoriaux pour chacune des huit écoles d'artillerie, où notre ministre de la guerre aura la faculté de faire réjoindre les sous-officiers et soldats des anciens corps d'artillerie et non libérés du service militaire, pour composer les nouveaux corps d'artillerie.*

29. *Le choix des officiers supérieurs destinés à commander les nouveaux corps d'artillerie, sera fait par notre ministre secrétaire d'état au département de la guerre, et soumis à notre approbation.*

30. *Les inspecteurs-généraux d'artillerie qui seront chargés de l'organisation des nouveaux régimens, proposeront à notre ministre secrétaire d'état au département de la guerre le choix des capitaines et lieutenans qui devront entrer dans les cadres de ces nouveaux régimens.*

TITRE V.
Dispositions générales.

31. L'administration et la comptabilité des nouveaux corps d'artillerie, seront établies d'après les bases fixées par les réglemens en vigueur. Le conseil d'administration sera composé ainsi qu'il est prescrit par notre ordonnance du 20 janvier 1815, ayant en outre le lieutenant-colonel ; le major, rapporteur, prendra rang après le chef de bataillon, s'il est moins ancien de grade (2).

Lorsqu'il y aura partage de voix dans les délibérations, celle du président sera prépondérante (3).

32. La solde, les indemnités et les masses des nouveaux corps d'artillerie seront les mêmes que celles qui étaient attribuées aux anciens corps de cette arme (4).

33. Les fonctions du lieutenant-colonel des régimens seront de commander le régiment sous les ordres du colonel, en

---

(1) Ces 8 écoles avaient été fixées à Douai, Metz, Strasbourg, Grenoble, Besançon, Auxonne, Toulouse et Rennes.

(2) Voy. l'art. 1.er du *num.* 1025, ch. 16.

(3) Voy. l'observation que nous avons faite relativement à l'article 39 du *num.* 724.

(4) Une ordonnance du 9 décembre 1815 (Bullet. 50, 7.e série), fixe à 54 centimes, la solde proprement dite des 12 pontonniers de première classe, et à 45 cent. celle des 24 pontonniers de 2.e classe. Voyez les tarifs.

sa présence et en son absence, et d'être l'intermédiaire de cet officier supérieur dans toutes les parties du service (1).

Il aura pour marques distinctives celles qui étaient attribuées au ci-devant major ; il en conservera les appointemens et le rang dans le corps (1).

34. Le major actuel aura le grade de chef de bataillon, et sera choisi parmi les officiers de ce grade ; il remplira les fonctions dont les anciens majors étaient chargés sous le rapport administratif, en attendant qu'elles soient plus amplement déterminées par un nouveau réglement.

Il jouira des appointemens de son grade, et en portera l'épaulette à droite (2).

35. Chacun des nouveaux régimens d'artillerie à pied recevra un drapeau, et chacun des nouveaux régimens d'artillerie à cheval recevra un étendard, dont le fond sera blanc, parsemé de fleurs-de-lis, portant l'écusson de France et la désignation du régiment.

Nous nous réservons de fixer l'époque à laquelle ces drapeaux seront distribués.

N.° 738.

Instruction sur le licenciement des troupes d'artillerie et du train d'artillerie.

Du 12 septembre 1816.

(*Nota.*) CETTE instruction ne contient que des mesures relatives à l'opération indiquée par le titre ci-dessus : on pense qu'il est inutile de la placer dans ce recueil, de même que celle du 3 novembre 1815, relative à la formation des compagnies d'artillerie à la suite des légions départementales. *Voy. le journ. milit.*, *vol.* 52, *p.* 356.

---

(1) Voyez les observations placées aux art. 19 et 20 du *num.* 730.
(2) Voy. *idem.*

N.° 739.

Ordonn. du Roi relative à la composition et la réorganisation de l'état-major du corps royal de l'artillerie.

Du 22 septembre 1815.

LOUIS, etc.

Vu notre ordonnance du 31 août dernier, relative au licenciement des troupes d'artillerie et au mode de réorganisation du nouveau corps royal de l'artillerie (1) ;

Vu notre ordonnance du 12 mai 1814, qui avait fixé les bases d'organisation de l'état-major-général de cette arme, etc. ;

Sur le rapport de notre ministre secrétaire d'état au département de la guerre, etc.

TITRE I.er

Composition de l'état-major du corps royal de l'artillerie.

ART. 1.er L'état-major du corps royal de l'artillerie sera composé, à dater du 1.er octobre prochain, de 8 lieutenans-généraux, 12 maréchaux-de-camp faisant partie de l'état-major-général de l'armée, 36 colonels, 24 lieutenans-colonels, 80 chefs de bataillon, 40 capitaines de première classe, 40 id. de seconde classe, 60 *idem* en résidence fixe, 50 élèves sous-lieutenans.

Total 350.

2. Les employés militaires et civils, attachés au service de l'artillerie dans les écoles, arsenaux, directions et établissemens, se composeront de 1 examinateur des élèves, 9 professeurs de mathématiques, 8 répétiteurs, 10 professeurs de dessin, 12 gardes d'artillerie de première classe, 36 *idem* de seconde classe, 200 *idem* de troisième classe, 22 conducteurs d'artillerie, 2 mécaniciens attachés au dépôt central, 8 maîtres artificiers, 8 chefs d'ouvriers d'état, 8 sous-chefs *idem*, 80 ouvriers d'état, 8 contrôleurs d'armes de première classe, 24 *idem* de seconde classe, 36 réviseurs d'armes, 3 contrôleurs des fonderies, 5 contrôleurs des forges.

Total 480.

3. Les employés d'artillerie seront répartis dans les places

---

(1) *Numéro* 737.

et les établissemens, conformément à notre ordonnance du 12 mai 1814, et suivant les besoins du service (1).

TITRE II.

Fonctions des officiers-généraux, supérieurs et particuliers de l'état-major du corps royal de l'artillerie.

4. Les huit lieutenans-généraux d'artillerie seront inspecteurs-généraux de cette arme pour le service du matériel et du personnel, et composeront le comité central de l'artillerie, sous la présidence du plus ancien de grade (2).

5. Des douze maréchaux-de-camp du corps de l'artillerie, 8 seront employés en qualité de commandant des écoles d'artillerie, 2 seront adjoints au comité central, 1 sera commandant de l'école des élèves, 1 sera commissaire près la régie générale des poudres et salpêtres.

Total 12.

---

(1) D'après l'article 11 de cette ordonnance, les employés à la suite du corps de l'artillerie devaient être répartis ainsi qu'il suit :

Pour les écoles régimentaires d'artillerie : 8 professeurs et 8 répétiteurs de mathématiques ; 8 professeurs de dessin ; 8 conducteurs d'artillerie ; 8 artificiers ;

Pour les arsenaux de construction : 8 gardes d'artillerie de première classe ; 8 gardes et 8 conducteurs de troisième classe ; 8 chefs et 8 sous-chefs ouvriers-d'état ; 80 ouvriers-d'état ;

Pour les fonderies : 3 contrôleurs de fonte ; 3 gardes d'artillerie de troisième classe ;

Pour les manufactures d'armes : 9 contrôleurs de première classe ; 24 *idem* de deuxième ; 36 réviseurs ; 4 gardes d'artillerie de troisième classe ;

Pour les directions territoriales : 30 gardes d'artillerie de deuxième classe ; 151 *idem* de troisième classe ;

Pour l'école des élèves d'artillerie : l'organisation de cette école devait rester telle qu'elle était alors ;

Les établissemens d'artillerie, étaient fixés de la manière suivante :

Les 8 écoles régimentaires ; à Douai, Metz, Grenoble, Besançon, Auxonne, Toulouse, Rennes. -- *L'école des élèves*, à Metz. — *Les arsenaux de construct.*, Douai, Lafère, Metz, Strasbourg, Grenoble, Besançon, Auxonne, Toulouse, Rennes. — *Les fonderies de bouches à feu*, Douai, Strasbourg, Toulouse. — *Les manufactures d'armes*, Maubeuge, Charleville, Mutzig, Klingenthal, pour les armes blanches seulement ; St.-Étienne, Tulle, Versailles. — *Arrondissement des forges*, Mezières, Metz, Besançon, Vierzon.

L'article 31 de la même ordonnance porte, que les employés d'artillerie excédant le complet de l'organisation, dont le service ou les infirmités ne leur donneraient aucun droit à la pension, auront la faculté de prendre leurs congés absolus, ou de rentrer dans les régimens d'artillerie d'où ils sortent avec les grades qu'ils y occupaient.

(2) D'après l'art. 43 de l'ordonn. du 12 mai, le comité central doit présenter, chaque année, le budjet des dépenses pour le matériel d'artillerie.

6. Les fonctions des trente-six colonels d'artillerie sont ainsi déterminées :

3o directeurs d'arsenaux ou de places, 2 adjoints au comité central, 1 directeur-général des manufactures d'armes, 1 directeur-général des forges, 1 directeur-général des fonderies, 1 directeur-général des ponts.

Total 36.

Les arrondissemens des directions d'artillerie restent fixés comme ils étaient au 1.er janvier de la présente année.

7. Les emplois des vingt-quatre lieutenans-colonels du corps royal de l'artillerie sont fixés comme il suit :

8 sous-directeurs des arsenaux de construction, 8 adjoints aux commandans des écoles d'artillerie, 6 commandans d'artillerie dans les places, 2 inspecteurs des manufactures d'armes.

Total 24.

8. Les fonctions des quatre-vingts chefs de bataillon d'artillerie qui font partie de l'état-major de l'arme, se composent de celles ci-après indiquées :

22 sous-directeurs dans les directions sans arsenaux, 44 commandans d'artillerie dans les places, 5 inspecteurs des manufactures d'armes, 3 sous-directeurs des fonderies, 4 sous-directeurs des forges, 2 employés à l'école des élèves.

Total 8o.

Les sous-directeurs des directions d'artillerie résideront au chef-lieu de la direction, et suppléeront le directeur, en cas d'absence ou de tournée dans les autres places de sa direction.

9. Les capitaines de première et de seconde classe seront pourvus du commandement de l'artillerie dans les places où il ne se trouvera point d'officier supérieur de cette arme.

Les capitaines de première classe rouleront avec ceux des régimens pour le grade de chef de bataillon, et les capitaines de seconde classe avec ceux des régimens pour le commandement des compagnies.

10. Les capitaines en résidence fixe seront employés, sous les ordres des officiers supérieurs, dans les places ou dans les établissemens de l'artillerie.

11. Notre ministre secrétaire-d'état au département de la guerre soumettra à notre approbation la répartition dans les places et établissemens de l'artillerie, des cent quarante officiers supérieurs et des cent quarante capitaines de l'état-major affectés au service du matériel de l'artillerie (1).

---

(1) Une ordonn. du 20 novembre 1816 porte que des officiers supérieurs et des capitaines d'artillerie seront employés près des manufactures royales des poudres et salpêtres, en qualité d'inspecteurs, et qu'ils seront traités, sous le rapport de la solde et des autres allocations, comme ceux qui sont attachés en la même qualité près des manufactures royales d'armes.

TITRE III.

Mode de nomination et de réorganisation.

12. *Seront admis à concourir aux emplois de l'état-major du corps royal de l'artillerie et des troupes de cette arme,*

1.º *Les officiers-généraux, supérieurs et particuliers, qui faisaient partie de ce corps à l'époque du 1.ᵉʳ mars 1815, et à qui les dispositions de notre ordonnance du 1.ᵉʳ août sur les retraites ne sont pas applicables.*

2.º *Les officiers qui avaient servi en cette qualité dans le corps royal de l'artillerie avant le 1.ᵉʳ janvier 1792, et qui ont demandé ou demanderont, d'ici au 1.ᵉʳ janvier 1816, à reprendre du service, en tant qu'ils ne seront pas compris dans les dispositions de l'ordonnance précitée sur les retraites.*

13. *Notre ministre secrétaire d'état au département de la guerre soumettra à notre approbation la nomination des officiers-généraux, supérieurs et particuliers, dont il aura fait choix pour composer l'état-major du corps royal de l'artillerie.*

14. En attendant les nominations et remplacemens successifs qui auront lieu, les officiers chargés du service des écoles, des arsenaux, des directions, des manufactures d'armes, des forges et des fonderies, resteront à leurs postes actuels, jusqu'à ce qu'ils aient reçu les ordres de notre ministre secrétaire d'état de la guerre, pour leur admission à leur retraite, ou leur nouvelle destination.

TITRE IV.

Dispositions générales.

15. L'emploi de premier inspecteur-général de l'artillerie étant et demeurant supprimé (1), notre ministre secrétaire d'état de la guerre soumettra à notre approbation un réglement sur les attributions à donner au comité central de l'artillerie, composé des huit lieutenans-généraux de cette arme, auxquels il sera adjoint deux maréchaux-de-camp et deux colonels, mais sans voix délibérative.

16. Le nombre des lieutenans-généraux, maréchaux-de-camp, colonels, lieutenans-colonels et chefs de bataillon, sera réduit à celui qui est fixé par la présente ordonnance ; et, en cas d'excédant d'officiers de ces grades, notre ministre secrétaire d'état de la guerre admettra à la retraite ceux qui ont plus

---

(1) Cette suppression a été faite par l'ordonnance du 21 juillet 1815, qui ne contient aucune autre disposition qui soit applicable à l'artillerie. — Voy. ci-après le réglement qui a été soumis à S. M., et approuvé le 3 novembre, relativement aux attributions et aux fonctions du comité central, *num.* 740.

de vingt-quatre ans de service, conformément au premier paragraphe de l'article 2 de notre ordonnance du 1.er août.

17. En conséquence de ces dispositions, il n'y aura plus d'alternat pour les emplois des grades supérieurs de notre corps royal de l'artillerie, et il n'y aura aucun officier-général ou supérieur en non-activité à la suite du corps (1).

18. Dans le cas où, par l'effet de la réorganisation et de l'admission à la retraite, il se trouverait quelques emplois vacans, notre ministre secrétaire d'état au département de la guerre est autorisé à conserver provisoirement en activité le nombre d'officiers-généraux ou supérieurs nécessaire pour remplir ces emplois vacans, en choisissant les moins âgés parmi ceux admis à la retraite, et jusqu'à ce qu'il en soit autrement ordonné.

19. Il ne sera point conservé dans notre corps royal de l'artillerie d'officiers étrangers, à moins qu'ils ne se soient fait naturaliser français.

20. La solde, les appointemens et les indemnités des officiers de l'état-major du corps royal de l'artillerie restent fixés conformément aux réglemens existans.

N.º 740.

Réglement approuvé par S. M., sur les attributions et les fonctions du comité central de l'artillerie, créé par l'ordonnance du Roi en date du 22 septembre 1815.

Du 3 novembre 1815.

SA MAJESTÉ ayant prescrit, par son ordonnance du 22 septembre dernier, de soumettre à son approbation un réglement sur les attributions et fonctions du comité central de l'artillerie, créé par ladite ordonnance, nous avons, en conséquence, arrêté et arrêtons les dispositions qui suivent :

ART. 1.er Le comité central de l'artillerie sera chargé de revoir tous les réglemens sur l'organisation du personnel et du matériel, l'instruction théorique et pratique des troupes, l'admission et l'avancement dans le corps, l'administration du matériel, et sur le service de l'arme dans les places,

---

(1) L'article 21 de l'ordonn. du 12 mai 1814, portait que les officiers-généraux et supérieurs, capitaines et lieutenans, concourraient entre eux alternativement, d'année en année, pour occuper les emplois d'activité.

écoles, arsenaux et autres établissemens ; dans les siéges, et campagne et sur les côtes afin de coordonner les divers réglemens entre eux, ainsi qu'avec l'administration et le service des autres armes ; de les modifier selon l'état présent des choses et les résultats de l'expérience ; enfin, d'en présenter un système complet, en proposant ceux qui n'existeraient pas et dont il reconnaîtrait l'utilité.

2. De proposer, s'il y a lieu, le mode d'application à l'artillerie, des ordonnances et réglemens qui seront rendus pour les autres armes.

3. De donner son avis sur les plans, projets, marchés et traités dont lui nous renverrons l'examen, ainsi que toutes les découvertes et inventions dont l'objet aurait rapport à l'arme, et pour lesquelles le comité fera faire les épreuves et essais qui seront jugés nécessaires.

4. D'arrêter et de nous soumettre un système d'artillerie et de construction simple, économique et uniforme, en tirant d'ailleurs tout le parti qu'il sera possible du matériel existant.

5. De proposer ses vues sur les améliorations dans toutes les parties du service, soit personnel, soit matériel de l'arme.

6. De proposer des projets d'instructions pour les inspections annuelles, et de présenter ensuite un résumé général des inspections, avec des observations sur les diverses branches de service : à cet effet, chaque inspecteur-général remettra au comité le double de son travail d'inspection qu'il envoyait au premier inspecteur.

7. De nous soumettre, comme faisait le premier inspecteur, les listes de proposition pour les avancemens et destinations des officiers-généraux et supérieurs, ainsi qu'il sera déterminé par les réglemens à intervenir sur cette partie du service.

8. De diriger les lumières et les travaux du corps vers le développement de l'instruction et le perfectionnemnt de l'art, et de proposer à cet effet les encouragemens à accorder à l'application et aux talens des individus et à la prospérité des établissemens.

9. Le comité s'occupera, avant tout, d'arrêter un réglement pour la tenue de ses séances, l'ordre de ses travaux, son administration intérieure et sa comptabilité. Ce réglement sera soumis à notre approbation avant de recevoir son exécution.

10. Le comité central ne sera réputé complet, et ne pourra, en conséquence, prendre des décisions ou faire de propositions en cette qualité, que lorsqu'il s'y trouvera au moins cinq inspecteurs-généraux. Au-dessous de ce nombre, les inspecteurs-généraux présens à Paris pourront être réunis en comité particulier, pour s'occuper des travaux d'urgence qui lui seront renvoyés.

En cas de partage de voix dans les délibérations de l'un ou de l'autre comité, celle du président sera prépondérante.

11. Afin de mettre l'ensemble et la suite nécessaires dans les travaux du comité de l'artillerie, les inspecteurs-généraux nous proposeront annuellement l'un d'eux pour remplir les fonctions de rapporteur du comité. Cet officier-général sera chargé de présenter la série générale des objets à traiter, de proposer les bases du travail, et d'en réunir les élémens et les matériaux. Il aura la surveillance du matériel de l'établissement et des bureaux du comité, qui seront dirigés par un chef de bureau à poste fixe, chargé du classement de la correspondance, et qui remplira aussi l'emploi de caissier du comité.

Cet inspecteur-général ne pourra d'ailleurs présider le comité central, quel que soit son rang d'ancienneté, tant qu'il remplira les fonctions qui lui sont attribuées.

12. Dans le cas de travaux multipliés ou extraordinaires et pressés, le comité pourra proposer au ministre quelques officiers supérieurs à mettre à sa disposition, en sus de ceux qui lui sont adjoints, d'après l'ordonnance du 22 septembre (1).

13. Le comité correspondra avec nous, par l'intermédiaire de son président, ainsi qu'avec toutes les autorités et les officiers du corps, pour transmettre ses avis, propositions, décisions et instructions. La correspondance du détail sera tenue par l'inspecteur-général faisant fonctions de rapporteur, ainsi qu'il sera fixé par le réglement sur le service intérieur du comité.

14. Le comité proposera chaque année un major ou chef de bataillon, pour remplir les fonctions de secrétaire rédacteur; il era chargé de la rédaction du procès-verbal des séances, e la surveillance de la bibliothèque et du classement des ranuscrits, mémoires, cartes, plans et dessins, dont il tiendra es inventaires.

15. Le ocal, les bureaux, la bibliothèque et les archives de l'inspetion générale supprimée, seront, ainsi que le musée d'artillee, mis à la disposition du comité central.

16. Le comité présentera, dans le courant de décembre de chaue année, le budget de ses dépenses présumées, en solde employés, frais de bureau, achats et impressions d'ouvrages, pour l'année suivante : ce budget sera arrêté par nous; et les fonds qui seront alloués pour cet objet, seront prélevés sur ceux qui seront affectés au service de l'artillerie. Il sera rendu compte de leur emploi dans la forme qui sera déterminée par le réglement sur le service et l'administration intérieure du comité.

---

(1) Art. 15 du *num.* 739, pag. 179.

QUATRIÈME SECTION.

ARTILLERIE.

§. 2. *Instruction et service.*

(*Nota.*) Voy. ce que nous avons observé relativement aux matières que contient ce §., pag. 62 du vol. II, 1.ʳᵉ partie.

Nous ajouterons à ces observations, que l'instruction que nous avons indiquée dans le 2.ᵉ *alinéa*, a été arrêtée le 21 avril 1786, par MM. Thiboutot, De la Mortière et le comte de Rostaing, et approuvée par M. de Gribeauval, sous le titre d'*instruction générale sur le service de toutes les bouches à feu, en usage dans l'artillerie*, imprimée par les ordres de MM. les inspecteurs-généraux.

N.° 741.

Réglement provisoire sur le mode de comptabilité des directions d'artillerie.

Du 1.ᵉʳ brumaire an 14.

(*Nota.*) Ce réglement n'avait été qu'indiqué dans le recueil (voy. le *nota* du *num.* 99, pag. 104, vol. II); on le rétablit dans ce supplément pour qu'il puisse faciliter l'interprétation de l'instruction du 1.ᵉʳ décembre 1812, placée ci-après.

Art. 1.ᵉʳ À dater du 1.ᵉʳ janvier 1806, les directeurs d'artillerie rendront compte des sommes mises à leur disposition pour le service de cette arme, en adressant, chaque mois, au ministre de la guerre, un état général des recettes et dépenses, rédigé conformément au modèle ci-annexé.

2. Cet état devra être adressé, le 15 de chaque mois au plus tard, et comprendre toutes les recettes et dépenses faites dans le mois précédent.

3. Les dépenses pour le service de l'artillerie seront divisées

en dépenses fixes et *en dépenses variables*, lesquelles seront classées en dix-huit chapitres, ci-après désignés ; savoir :

Dépenses fixes.

Chap. 1. Solde et traitemens annuels.
2. Loyer des bâtimens et terrains.
3. Journées de travail des ouvriers des compagnies et ouvriers vétérans.
4. Journées de travail d'ouvriers externes.
5. Menus achats pour travaux.
6. Encaissement des armes portatives.
7. Construction et entretien des batteries de côte.
8. Mouvemens intérieurs des places et charrois sur les côtes.

Dépenses variables.

9. Construction de bâtimens.
10. Réparation de bâtimens et établissemens d'artillerie.
11. Achats de bois de construction.
12. Achats de fers, d'aciers et autres métaux.
13. Achats d'approvisionnemens.
14. Confection d'ouvrages à l'entreprise.
15. Réparation d'armes portatives.
16. Entretien des armes dans les magasins.
17. Indemnité aux canonniers pour travaux extraordinaires.
18. Dépenses extraordinaires et imprévues.

4. Les directeurs d'artillerie seront prévenus, au commencement de l'année, du montant des sommes qui leur seront allouées pour chacun des articles des dépenses fixes, et il leur est expressément défendu de les outrepasser, sous quelque prétexte que ce soit.

Les fonds nécessaires pour leur acquittement seront faits par douzième chaque mois.

5. Les dépenses variables ne pourront avoir lieu qu'en vertu d'une autorisation spéciale du ministre, qui annoncera les fonds pour leur paiement. Il est expressément recommandé aux directeurs d'artillerie de ne point changer la destination affectée aux fonds mis à leur disposition pour les dépenses variables approuvées, à moins qu'il n'en soit autrement ordonné par le ministre.

6. Les demandes pour construction, réparations, achats, etc., seront faites par les inspecteurs-généraux lors de leur tournée, ou par les directeurs d'artillerie dans le courant de l'année, lorsqu'elles ne pourront, sans compromettre le service, être ajournées à la prochaine inspection.

En l'un et l'autre cas, elles seront soumises à l'approbation du ministre.

Les directeurs se conformeront, pour les propositions, adjudications au rabais, marchés, achats et travaux à faire exécuter, à ce que prescrivent les réglemens du 1.er avril 1792, sur le service de l'artillerie dans les places et dans les arsenaux de construction (1).

7. Les directeurs ne pourront porter en compte, dans l'état des dépenses de la direction, celles extraordinaires et imprévues, qu'après en avoir obtenu l'autorisation du ministre.

N.° 742.

Instruction sur l'exécution du réglement du 1.er brumaire an 14, relative au mode de comptabilité-finances des arsenaux et directions d'artillerie.

Du 1.er décembre 1812.

(*Nota.*) *Voyez* l'observation placée au-dessous du titre du *Num.* précédent. — Cette instruction contient des développemens très-étendus sur les dispositions du réglement du 1.er brumaire an 14, et sur celle des réglemens du 1.er avril 1792, relatifs au service de l'artillerie dans les places, et sur le service des arsenaux de construction, *Num.* 98 et 99 du vol. II : elle modifie quelques-uns des articles de ce dernier réglement.

ART. 1.er IL doit exister dans chaque direction d'artillerie trois registres destinés à la transcription des détails de la comptabilité-finances.

2. Le premier est le registre du directeur, sur lequel cet officier doit inscrire toutes les recettes faites pour le service dont il est chargé, ainsi que le montant des à-comptes remis au caissier de la direction : ce registre doit être certifié et arrêté, à la fin de chaque mois, par le directeur, vérifié et visé pas le commissaire des guerres. (Modèle n.° 1.)

3. Le deuxième est le registre-journal du caissier, destiné à inscrire, jour par jour, les à-comptes reçus du directeur, et les paiemens effectués d'après ses ordres. (Modèle n.° 2.)
Ce registre est, à la fin de chaque mois, certifié exact par le caissier, arrêté par le conseil d'administration de la direction, vérifié et visé par le commissaire des guerres.

4. Le troisième est le registre général de la direction sur lequel doivent être transcrits les états mensuels de comptabilité, aussitôt que le ministre a donné avis qu'ils sont approuvés.
Les recettes et dépenses de chaque mois doivent être inscrites sur ce registre dans la même forme que celle des états

(1) Voy. le titre 5 du *num.* 98, pag. 93 du vol II.

de comptabilité envoyés au ministre, et être certifiées par les membres du conseil d'administration ; vérifiées et visées par le commissaire des guerres : le registre général doit rester déposé dans la caisse à trois clefs.

5. Ces registres seront tous cotés et paraphés par les commissaires des guerres, qui sont spécialement chargés de veiller à ce qu'ils soient toujours au courant et tenus avec le plus grand ordre.

6. Il doit être dressé, pour les recettes et dépenses de chaque mois, trois états de comptabilité (conformes au modèle n.º 3.)

Le premier , pour être envoyé au ministre ; le deuxième, pour rester dans la caisse à trois clefs de la direction ; et le troisième, pour être remis au commissaire des guerres.

Ces états doivent être certifiés et arrêtés par les membres du conseil d'administration de la direction, vérifiés et visés par le commissaire des guerres.

7. Le conseil d'administration de chaque direction d'artillerie sera composé du directeur, du sous-directeur, s'il est dans la place, des capitaines d'artillerie en résidence , et à leur défaut, des capitaines des compagnies d'artillerie en garnison dans le chef-lieu de la direction , de manière que le nombre des officiers d'artillerie , membres dudit conseil , soit porté à cinq, s'il est possible, du commissaire des guerres et du garde faisant fonctions de caissier et de secrétaire du conseil, mais sans voix délibérative.

8. Le conseil d'administration de chaque arsenal sera composé du directeur, du sous-directeur, s'il est dans la place, de trois capitaines, ou à leur défaut, de trois lieutenans des compagnies d'ouvriers employés à l'arsenal , des capitaines d'artillerie attachés à l'arsenal, du commissaire des guerres et du caissier de l'arsenal faisant fonctions de secrétaire, mais sans voix délibérative.

Les capitaines d'artillerie désignés pour faire partie des conseils d'administration des directions et des arsenaux, seront nommés à l'ancienneté, au commencement de chaque année, et devront faire partie du conseil pendant toute l'année.

9. Ces conseils s'assembleront, sous la présidence du directeur d'artillerie ou de l'officier qui en remplira les fonctions, pour vérifier, certifier et arrêter les états et les registres de comptabilité, et délibérer sur les achats, marchés, adjudications où ils devront concourir.

10. Il sera tenu un registre destiné à inscrire le procès-verbal des séances et les délibérations du conseil d'administration, et ce procès-verbal sera signé au registre par tous les membres du conseil à la fin de chaque séance.

11. Les directeurs d'artillerie qui ont la direction d'un arsenal de construction doivent tenir deux comptabilités séparées ; la première, pour les recettes et dépenses concernant

l'arsenal ; et la seconde, pour les recettes et dépenses faites pour le service dans les places de leur direction.

12. Les caissiers des arsenaux doivent tenir la comptabilité, et solder les dépenses de l'arsenal et de la direction.

13. Les directeurs d'artillerie, qui n'ont pas d'arsenal de construction, doivent faire remplir les fonctions de caissier par le garde d'artillerie du chef-lieu de la direction, lorsqu'il est seul, ou le choisir parmi les gardes d'artillerie du chef-lieu, lorsqu'il y en a plusieurs d'employés dans la place.

14. Le garde d'artillerie, faisant fonctions de caissier, recevra un traitement annuel de trois cents francs, pris sur les fonds de la direction, lorsqu'il sera de troisième classe.

15. Il y aura dans chaque direction et arsenal une caisse à trois clefs, où seront déposés les fonds, le registre général de la direction, les pièces comptables à l'appui des dépenses depuis la dernière inspection générale, et les états mensuels de comptabilité jusqu'à leur inscription sur le registre général, laquelle inscription ne peut avoir lieu que lorsque le ministre a approuvé l'état et autorisé sa transcription sur ce dernier registre.

16. La caisse restera déposée chez le directeur d'artillerie qui aura une des clefs ; la deuxième sera confiée à l'officier d'artillerie membre du conseil d'administration, qui sera désigné par le conseil au commencement de chaque année ; la troisième clef restera entre les mains du caissier.

17. La caisse ne pourra être ouverte qu'en présence du conseil d'administration pour y déposer les fonds reçus, y prendre ceux à donner au caissier pour payer les dépenses, et y mettre les pièces comptables et le registre général, après y avoir fait les inscriptions voulues par la présente instruction.

18. Les caissiers devront acquitter par eux-mêmes toutes les dépenses des arsenaux et directions, sur la remise des états, mémoires, factures, procès-verbaux, etc., en bonne forme, et tels qu'ils sont spécifiés à l'article 69 de cette instruction.

19. Le directeur aura soin de n'ordonner des paiemens que jusqu'à concurrence du montant des fonds disponibles entre les mains du caissier.

20. Le caissier remettra au conseil d'administration, à l'appui de sa comptabilité de chaque mois, les pièces comptables quittancées, qui seront certifiées et visées par le commissaire des guerres.

21. En conséquence, il ne sera porté en dépense sur le registre-journal du caissier que des sommes réellement soldées avec pièces comptables à l'appui, et il est expressément défendu de simuler des paiemens à des parties prenantes qui auraient donné leurs quittances contre des reconnaissances payables à des termes plus éloignés.

22. Les états mensuels de comptabilité devant présenter en recette le montant des recettes portées sur le registre du directeur, et en dépense le montant des dépenses inscrites au registre-journal du caissier, leur résultat ne pourra être un débet de la caisse, et leur envoi au ministre n'aura lieu que lorsque les recettes faites couvriront entièrement et auront soldé les dépenses effectuées et portées sur l'état de comptabilité (1).

23. L'état de chaque mois devra, en conséquence, comprendre toutes les dépenses fixes et variables faites pendant le mois ; mais il ne sera arrêté par le conseil d'administration, et vérifié par le commissaire des guerres, que lorsque toutes les dépenses auront été soldées, et les quittances présentées par le caissier à l'appui des dépenses (1).

24. Les directeurs d'artillerie seront prévenus à l'avance des fonds mis à leur disposition pour le service de chaque mois, et auront soin d'y proportionner leurs dépenses mensuelles.

25. Comme l'envoi des états de comptabilité au ministre pourra être retardé en attendant les fonds nécessaires pour en solder les dépenses, les directeurs d'artillerie adresseront au ministre, dans les cinq premiers jours de chaque mois, le relevé, par chapitre, des dépenses faites pendant le mois précédent, pour servir à la réparation des fonds mensuels entre les arsenaux et les directions : ce relevé sera conforme au modèle n.° 4.

26. Les directeurs d'artillerie ne devront donner suite aux dépenses variables autorisées, que lorsqu'ils auront des fonds disponibles en caisse ou annoncés par le ministre, et seulement jusqu'à concurrence du montant de ces fonds.

27. Lorsque l'exécution d'un ordre du ministre nécessitera des dépenses à faire sur-le-champ, ou que les besoins urgens du service exigeront des dépenses pour lesquelles l'on ne pourrait, sans compromettre le service, attendre l'autorisation de les faire, les directeurs devront, dans le premier cas, adresser dans les trois jours qui suivront la réception de l'ordre, le détail des dépenses qu'entraîne son exécution, et, dans le second cas, demander de suite au ministre l'approbation des dépenses faites par urgence, en faisant connaître les motifs et le montant de ces dépenses.

28. Les directeurs d'artillerie ne pourront d'ailleurs porter le montant de ces dépenses en comptabilité, qu'après en avoir reçu une autorisation spéciale.

---

(1) Le ministre de la guerre, dans une circulaire du 31 décembre 1812, relative à l'envoi de l'instruction du 1.er décembre 1812, appelle l'attention des directeurs principalement sur l'exécution de ces articles.

DÉPENSES FIXES.

29. Les dépenses fixes qui se rapportent aux huit premiers chapitres des dépenses sont déterminées par le ministre, au commencement de chaque année, et les directeurs peuvent en employer le montant sans autorisation spéciale; mais ils sont tenus de ne pas outrepasser, dans le courant de l'année, le montant affecté à chacune de ces dépenses.

CHAPITRE PREMIER.

Solde et traitemens.

30. Les directeurs sont prévenus, au commencement de l'année, du montant des soldes et traitemens qu'ils ont à payer sur les fonds mis à leur disposition.

CHAPITRE 2.

Loyers de bâtimens et de terrains.

31. Tout bail ou marché passé pour le loyer des bâtimens et terrains affectés au service de l'artillerie, doit être soumis à l'approbation du ministre : les directeurs doivent lui adresser, dans le courant du mois de novembre de chaque année, l'état indicatif des loyers à payer l'année suivante, pour que leur montant soit compris au chapitre 2 de ses dépenses fixes.

CHAPITRE 3 et 4.

Journées d'ouvriers d'artillerie et d'ouvriers externes.

32. Les directeurs d'artillerie emploieront par douzième, chaque mois, le montant des fonds accordés pour journées d'ouvriers, pendant l'année, et proportionneront le nombre d'ouvriers externes aux sommes qui resteront disponibles, après le prélèvement de celles qui sont nécessaires à la solde des ouvriers d'artillerie qui se trouveront dans les arsenaux et dans les directions. Ils emploieront de préférence aux ouvriers bourgeois les ouvriers des régimens d'artillerie, des bataillons de pontonniers, et des autres troupes stationnées dans la place.

33. Le supplément de solde accordé aux ouvriers vétérans est de 75 centimes par jour de travail.

Le supplément de solde accordé aux sous-officiers des compagnies d'ouvriers est de 75 centimes par journée de travail de 10 heures, et de 60 centimes lorsque la journée est moindre de 10 heures.

Celui qui est accordé aux ouvriers de diverses classes et apprentis est de 50 centimes par journée de travail de 10 heures, et de 40 centimes lorsque la journée est moindre de 10 heures.

34. Lorsque les travaux exigent que les ouvriers travaillent plus de 10 heures par jour, il sera accordé un supplément de 10 centimes par heure de plus employée aux travaux.

35. Les quatre ouvriers existans par compagnie d'artillerie, et les pontonniers qui travailleront dans les arsenaux, recevront le même supplément de solde que les ouvriers des compagnies d'ouvriers, et seront exempts de tous services à leurs compagnies.

Les autres soldats d'artillerie et des autres armes qui travailleront dans les arsenaux et ateliers de l'artillerie recevront la même solde ; mais ne seront pas exempts de service à leurs compagnies.

CHAPITRE 5.

Désignation des menus achats pour travaux.

36. Les menus achats pour travaux qui feront partie des dépenses fixes, dont le montant est réglé au commencement de chaque année, et que les directeurs peuvent faire sans autorisation spéciale, sont,

1.º Les outils et ustensiles d'art et métier ;
2.º Les clous, vis, etc. pour les travaux et ateliers ;
3.º Les cordages pour *idem* ;
4.º Les matières pour la peinture des voitures et attirails construits à neuf ou réparés ;
5.º Les graisses, huiles, suifs et savons ;
6.º Les matières et ustensiles d'artifices.

37. Tous les autres achats, autres que ceux des bois et métaux, doivent être compris au chapitre 13 des dépenses variables, et ne peuvent être faits que sur autorisation.

CHAPITRE 6.

Dépenses pour encaissement d'armes.

38. La fourniture des caisses nécessaires à l'emballage des armes de toute espèce sera mise en adjudication publique, au rabais, dans les places principales d'expédition (1). Les caisses qui existeront dans les autres places seront conservées pour servir aux réexpéditions d'armes, et les directeurs en adresseront l'état au ministre au 1.ᵉʳ janvier et au 1.ᵉʳ juillet de chaque année, pour leur donner, s'il y a lieu, une nouvelle destination.

39. Les dépenses relatives à l'encaissement des armes devront relater le nombre et l'espèce des armes encaissées, et la quantité de journées employées à cet encaissement.

---

(1) On trouve la description de ces caisses dans une note ministérielle du 15 août 1806, adressée à tous les directeurs d'artillerie. *Voyez* le *Num.* 753.

CHAPITRE 7.

Dépenses pour construction, réparation et entretien des batteries de côte.

40. Les directeurs des frontières maritimes pourvoiront avec les fonds qui leur sont accordés chaque année pour cette dépense, au bon entretien des batteries, à l'approvisionnement en combustibles pour les fourneaux à reverbère, à la peinture des affûts en batterie, qui devra avoir lieu tous les deux ans, et soumettront, au 1.ᵉʳ mars de chaque année, l'emploi présumé de ces fonds.

Les dépenses portées à cet article devront être détaillées et faire connaître les travaux, achats, etc., faits pour l'entretien, la construction ou réparation des batteries de côte.

CHAPITRE 8.

Mouvemens intérieurs dans les places.

41. Lorsqu'à défaut de chevaux du train d'artillerie, les directeurs seront obligés d'en louer pour les remuemens intérieurs des places, qui ne peuvent être exécutés à bras d'hommes et par corvée, l'état de comptabilité devra indiquer le poids des effets transportés, la distance à parcourir, et le nombre de jours et de chevaux employés à ces remuemens.

Transports sur les côtes.

42. Les transports de places sur les batteries de côte, et de ces batteries sur les places, doivent être faits par marchés particuliers et par eau, autant que possible ; ils doivent d'ailleurs être soumis à l'approbation du ministre, avant d'être exécutés, à moins qu'ils ne soient urgens : dans l'un et l'autre cas, les directeurs adresseront copie des marchés conclus, et dans lesquels seront relatés l'espèce et le poids des effets à transporter, la distance à parcourir, la voie employée et le prix accordé.

DÉPENSES VARIABLES.

43. Aucune dépense variable ne peut être effectuée que lorsquelle a été autorisée par le ministre, et qu'il y a des fonds disponibles ou annoncés pour en solder le montant.

CHAPITRE 9 et 10.

Constructions et réparations de bâtimens.

44. La construction et la réparation de bâtimens affectés au service de l'artillerie ne peuvent être entreprises que d'après l'autorisation du ministre, et les directeurs, en la demandant, adresseront le devis de la dépense : ces travaux seront mis en adjudication publique au rabais, s'ils sont autorisés

par le ministre, et ils ne seront commencés que lorsque le ministre aura également approuvé l'adjudication, et donné ordre de les faire mettre à exécution.

45. Lorsque les réparations à faire aux bâtimens d'artillerie, et provenant d'ouragans et autres intempéries, sont tellement urgentes qu'elles doivent être entreprises sans aucun retard, pour éviter de nouveaux dégâts; les directeurs feront constater, par un procès-verbal, le motif et l'urgence de cette réparation, et pourront faire mettre en adjudication les travaux à faire, et les faire commencer sans attendre l'autorisation du ministre : mais ils sont tenus de lui transmettre, dans les trois jours qui suivront l'adjudication, le procès-verbal constatant l'urgence de la réparation, le devis des travaux à faire, et le procès-verbal d'adjudication au rabais desdits travaux.

46. Ces devis seront rédigés, pour les constructions neuves, par les officiers d'artillerie, aux prix accordés par le génie dans la place où elles doivent avoir lieu : quant aux réparations des bâtimens, les devis peuvent être dressés par un architecte ou entrepreneur civil, à défaut d'officier; mais la personne qui aura rédigé les devis ne peut concourir aux adjudications pour l'exécution des ouvrages.

CHAPITRE 11, 12 et 13.

Tous les marchés, achats et fournitures doivent être mis en adjudication publique au rabais.

47. Les marchés pour fourniture de bois de toute espèce, fers, tôles, aciers, charbons de terre et de bois, cordages, agrès, fer-blancs, serges, papiers pour cartouches et gargousses, etc. doivent être mis en adjudication publique au rabais, en se conformant aux réglemens du 1.er avril 1792, sur le service de l'artillerie dans les places et dans les arsenaux (1).

48. Les adjudicataires seront tenus de présenter une caution solvable pour répondre de l'exécution des marchés, et cette clause sera insérée dans le cahier des charges de l'adjudication.

49. Chaque rabais pour ces fournitures, et les travaux de construction et de réparation de bâtimens, ne pourra être moindre d'un pour cent sur la somme totale du devis ou de la mise aux enchères.

50. Les arsenaux qui sont à proximité des forges qui travaillent pour le service de l'artillerie, continueront à tirer leurs fers et leurs tôles de ces forges, en les payant aux prix qui sont réglés par le ministre : mais les directeurs de ces

_____

(1) *Num.* 98 et 99, page 82 et 104 du vol. II.

arsenaux feront connaître, lors des commandes qu'ils recevront, le poids et l'espèce des fers et tôles dont ils auront besoin pour recevoir l'autorisation de les acheter auxdites forges.

51. Les conseils d'administration sont néanmoins autorisés à recevoir des soumissions cachetées pour fourniture d'objets ou exécution d'ouvrages : ces soumissions ne doivent être ouvertes qu'en conseil assemblé, et en présence du commissaire des guerres ; et le procès-verbal faisant connaître les offres les plus avantageuses sera adressé au ministre.

52. A dater du 1.ᵉʳ janvier 1813, les directions d'artillerie suivront, dans leurs achats de bois en grume, le même mode de cubage que celui en usage dans les arsenaux, et qui consiste, pour avoir en mètres et parties de mètre-cube la solidité des arbres en grume,

1.° A prendre, au moyen d'un cordeau et en parties du mètre, la circonférence de l'arbre au gros bout, mais au-dessus des racines, et au petit bout, au-dessous de la naissance des branches ;

2.° A prendre la moitié de la somme de ces deux circonférences, qui sera la circonférence moyenne de l'arbre ;

3.° A prendre ensuite le cinquième de cette circonférence moyenne, le multiplier par lui-même et par la longueur de l'arbre : le produit exprimera la solidité de l'arbre supposé équarri, et qui seule doit être payée.

Ce mode de cubage devra être rappelé dans le cahier des charges des adjudications au rabais, soumissions et marchés particuliers.

CHAPITRE 14.

Confection d'effets à l'entreprise.

53. Les travaux, tels que fonte de balles, de boîtes de roues, de roulettes, fabrication d'essieux et de fers ébauchés, étaux, enclumes, bigornes, sabots, boîtes de fer-blanc, barrils, chapes, caisses, sacs, sachets, armemens de pièce de campagne, confection de cartouches, rembarillage de poudre, peinture d'affûts et d'attirails, etc, qui ne seront pas exécutés dans les ateliers de l'artillerie, ne peuvent être entrepris que lorsqu'ils auront été approuvés, et leur montant déterminé par le ministre.

54. Les directeurs d'artillerie lui adresseront, en conséquence, les marchés conclus par les conseils d'administration, spécifiant le prix convenu pour chaque objet, et le nombre des effets à fabriquer, et attendront l'autorisation du ministre avant de faire commencer ces travaux.

CHAPITRE 15.

Dépenses relatives aux réparations d'armes.

55. Aucune réparation d'armes ne doit être entreprise sans en avoir reçu l'ordre et l'autorisation du ministre. Lorsque

les directeurs d'artillerie reçoivent l'ordre de faire réparer des armes, ils doivent adresser, sans retard, le devis des réparations à faire à ces armes : lorsqu'ils demandent l'autorisation d'en faire réparer, ils doivent également joindre à leur demande le devis des réparations à y faire.

56. Ce devis devra être certifié par l'officier présent à la reconnaissance de ces armes, et visé par le directeur d'artillerie.

57. Ces sortes de dépenses seront spécifiées dans les états de comptabilité, par le nombre et l'espèce des armes réparées, et non par le nombre des journées employées aux réparations.

58. Les directeurs d'artillerie sont tenus de faire dérouiller de suite, et sans demander ni attendre d'autorisation, les armes de service ou à réparer, qui leur parviendront rouillées ou qui seront remises, dans cet état, par les corps de l'armée : ils feront connaître au ministre le montant de ce dérouillage, quand il aura été exécuté, pour obtenir l'autorisation d'en porter le montant en dépense.

Sont néanmoins exceptées de cette disposition les armes neuves, dont le dérouillage ne doit jamais avoir lieu aux frais du gouvernement ; ces frais devant être à la charge de l'entrepreneur des transports, ou du garde d'artillerie qui les a expédiées.

59. Ces procès-verbaux seront rédigés en présence d'un officier d'artillerie par le contrôleur d'armes entretenu dans la place, et, à son défaut, par un armurier civil au choix du directeur ; mais cet armurier ne pourra jamais être chargé d'exécuter ces réparations.

CHAPITRE 16.

Entretien des armes en magasin.

60. Toutes les armes de service et à réparer doivent être mises à l'entretien des gardes d'artillerie qui, moyennant la rétribution qui leur est accordée, doivent tenir en bon état les armes de service, et en état de propreté celles à réparer.

61. Les directeurs d'artillerie veilleront à ce que les gardes n'emploient à l'entretien des armes aucun ouvrier, ni manœuvre payé par l'artillerie, et aucune des matières existantes dans les magasins : les réparations, l'huilage, graissage et démontage des armes devant être à leur compte.

62. Les directeurs sont autorisés à avancer, dans le mois de juillet, aux gardes d'artillerie, moitié du montant de l'entretien des armes de service et à réparer, qui existaient dans les magasins à l'époque du 1.er janvier : ils s'assureront, à la fin de l'année, que les armes sont bien entretenues et en

bon état de propreté, et adresseront au ministre, dans le courant de décembre, l'état des armes qui existaient dans chaque place au commencement de l'année, avec l'indication des sommes à allouer à chaque garde d'artillerie. Ils certifieront en outre que les armes sont en bon état ; et, dans le cas contraire, ils proposeront les retenues à faire aux gardes qui auraient négligé l'entretien des armes confiées à leurs soins, et qui seront mises à leurs frais en bon état, nonobstant la punition qu'ils auront encourue par leur négligence.

CHAPITRE 17.

Indemnités aux canonniers pour travaux extraordinaires.

63. Lorsque des travaux pressés nécessitent d'y employer plus de six heures par jour, les canonniers de ligne, vétérans ou gardes-côtes, les directeurs d'artillerie doivent en rendre compte sans retard au ministre, en présentant l'aperçu des travaux à faire, et le nombre de journées à y employer. Ils ne pourront néanmoins payer aux canonniers l'indemnité de 40 centimes par jour, que dans le cas où le ministre les y aura autorisés.

64. Les canonniers étant tenus de travailler six heures par jour à la construction et à la réparation des batteries, à la confection des saucissons et gabions, à la fabrication des gargousses et cartouches, à la construction des plate-formes, à l'armement et au désarmement des places et batteries, aux remuemens, chargemens et déchargemens des effets et attirails d'artillerie, etc., l'indemnité, pour de semblables travaux, ne pourra être demandée que lorsque l'urgence des travaux, et le temps accordé pour les exécuter, nécessiteront d'y employer tous les canonniers à journée entière.

CHAPITRE 18.

Dépenses extraordinaires et imprévues.

65. Les directeurs classeront à ce chapitre les dépenses variables autorisées, qui ne se rapportent à aucun des dix-sept chapitres précédens.

66. Les directeurs auront soin de se conformer aux dispositions suivantes, dans la rédaction des états de comptabilité :

1.º Le numéro de chaque article de dépense, porté sur l'état de comptabilité, doit être celui du registre-journal du caissier : les articles portés sur ce registre doivent être numérotés par ordre, et se suivre exactement pendant la durée entière de l'exercice ;

2.º Lorsqu'un paiement, porté en comptabilité, n'est qu'un

à-compte sur le montant d'une fourniture, on ne solde que les effets reçus en à-compte de la fourniture totale : on devra mentionner si cet à-compte est le 1.er, 2.e, 3.e, etc, jusqu'à ce que la fourniture soit entièrement complétée et soldée;

3.º Lorsqu'une dépense a été ainsi soldée en divers paiemens, par à-comptes, on mentionnera, lors du dernier paiement, que c'est pour solde finale des travaux ou de la fourniture;

4.º Lorsque quelques chapitres de dépenses n'en offrent aucune faite dans le mois, on ne mentionnera point, sur l'état de comptabilité, le numéro et l'indication de ces chapitres, qui ne présentent pas de dépenses;

5.º Lorsque les dépenses ont lieu dans les places, autres que celle du chef-lieu de la direction, on indiquera le nom de la place au-dessus du libellé de la dépense;

6.º On devra toujours mentionner, à chaque article des dépenses variables, la date de la lettre ministérielle qui autorise ces dépenses;

7.º Les sommes à porter dans la colonne des dépenses autorisées de la récapitulation générale sont, pour les dépenses fixes, le montant de celles qui sont déterminées pour l'année, et pour les dépenses variables, le montant de toutes celles autorisées qui restaient à faire au commencement de l'exercice, et de celles qui l'ont été dans le courant de l'exercice jusqu'au jour où l'état est clos et arrêté.

67. Les registres, états de comptabilité, relevé des dépenses, procès-verbaux d'adjudication, de reconnaissance et de réception, état des travaux, pièces comptables de toute espèce, devront être rédigés sur du papier de 14 pouces de hauteur sur 9 de largeur.

68. Les directeurs joindront à l'envoi des états de comptabilité,

1.º Un état conforme au modèle ci-joint, n.º 5, indiquant les travaux exécutés pendant le mois, et l'emploi des journées d'ouvriers;

2.º Copies certifiées des procès-verbaux de reconnaissance et de réception des travaux pour construction et réparation des bâtimens, lorsqu'il y aura des dépenses de cette nature portées en comptabilité;

3.º Copies certifiées des procès-verbaux de réparation et de réception des armes dérouillées ou réparées, quand il y aura des dépenses de ce genre;

4.º L'état des travaux extraordinaires exécutés par les canonniers, lorsqu'on portera en comptabilité des dépenses d'indemnité pour lesdits travaux.

69. Les pièces comptables à l'appui des dépenses sont,

1.º Pour les soldes et traitemens d'employés, un état émargé desdits employés, certifié par le directeur d'artillerie, et visé par le commissaire des guerres;

2.° Pour les loyers de bâtimens et terrains, la quittance du propriétaire, indiquant le terme payé ;

3.° Pour le montant des journées d'ouvriers de toute espèce dans les arsenaux, un état conforme au modèle n.° 11, annexé au réglement du 1.ᵉʳ avril 1792, sur le service des arsenaux : cet état doit être dressé et signé par le chef-ouvrier vétéran, certifié par le plus ancien des officiers d'ouvriers, visé par le directeur, et vérifié par le commissaire des guerres ;

4.° Pour le montant des journées d'ouvriers, dans les directions d'artillerie, un état semblable dressé et certifié par le chef de l'atelier, certifié par l'officier d'artillerie en résidence, et, à son défaut, par le garde, visé par le directeur, et vérifié par le commissaire des guerres ;

5.° Pour toutes les dépenses relatives aux fournitures, achats et travaux compris dans les chapitres 5, 6, 11, 12, 13 et 14, et qui ont dû entrer dans les magasins d'artillerie et pris en remise par les gardes, les mémoires, factures, etc., des effets fournis, signés par le vendeur ou le fabricant, au bas desquels le garde certifiera que lesdits effets ont été reçus dans ses magasins, et pris en remise à l'époque de la livraison ; le certificat du garde devra en outre être visé dans les arsenaux, par le plus ancien officier d'ouvriers, et dans les directions, par l'officier d'artillerie en résidence ;

6.° Pour les dépenses relatives à la location des chevaux, l'état de ceux qui ont été fournis pendant le mois, signé par le fournisseur, certifié exact par le garde d'artillerie, vérifié par l'officier d'artillerie chargé de ce détail, et visé par le directeur d'artillerie ;

7.° Pour les dépenses relatives aux transports d'artillerie sur les côtes, le marché conclu, signé du voiturier et du directeur d'artillerie, et au bas duquel sera le récépissé du garde ou gardien qui aura reçu les effets expédiés, visé par l'officier d'artillerie commandant l'arrondissement des côtes ;

8.° Pour les dépenses de construction et de réparation des bâtimens, le procès-verbal de réception desdits ouvrages, auquel on joindra le devis et le procès-verbal d'adjudication au rabais ;

9.° Pour les dépenses relatives aux réparations d'armes, le procès-verbal de réception desdites armes, au bas duquel sera inscrit le récépissé du garde d'artillerie, constatant la remise de ces armes en magasin, et visé par l'officier d'artillerie chargé de la surveillance de ces travaux ;

10.° Pour les dépenses relatives à l'entretien des armes dans les magasins, l'état indiquant l'espèce et le nombre d'armes existantes au 1.ᵉʳ janvier de chaque année, dans les magasins d'artillerie ; et le montant alloué pour leur entretien : ces états seront certifiés par les gardes, vérifiés par les officiers d'artillerie en résidence, et visés par le directeur d'artillerie ;

11.° Pour l'indemnité accordée aux canonniers pour travaux extraordinaires, l'état détaillé des travaux et des journées employées, signé et certifié par le commandant de la compagnie qui a fourni les travailleurs, et visé par l'officier d'artillerie en résidence.

70. Toutes ces pièces de dépenses ne seront soldées par le caissier que sur le *vu bon à payer* du directeur d'artillerie, qui l'apposera sur la pièce même, et qui écrira en toutes lettres la somme à payer par le caissier. Celui-ci paiera sur le vu de ces pièces ainsi régularisées, et au bas desquelles la partie prenante aura mis sa quittance en bonne forme.

71. Lorsqu'un paiement n'est qu'un à-compte sur une fourniture ou sur des travaux de bâtiment, le directeur d'artillerie spécifiera lui-même l'à-compte à donner au fournisseur ou entrepreneur, et les pièces comptables seront mises à l'appui du paiement final ; mais le directeur fera relater au bas de la pièce le montant des différens à-comptes donnés, l'époque où ils ont été payés, et le fournisseur ou l'entrepreneur devra énoncer dans sa quittance que ce dernier paiement est pour solde final de ses travaux ou fournitures.

72. Il n'est point dérogé, par la présente instruction, aux dispositions non contraires des réglemens du 1.er avril 1792, sur le service de l'artillerie dans les places et dans les arsenaux (1), et qui doivent continuer à recevoir leur pleine et entière exécution (2).

N.° 743.

ORDRES RELATIFS AU SERVICE A EXIGER DES TROUPES D'ARTILLERIE : *hiérarchie à suivre pour leur transmission. Décision ministérielle du 14 sept. 1816.*

LES ordres ou réquisitions des lieutenans de Roi, des commandans des départemens, et de ceux des divisions militaires,

---

(1) *Voy.* les *num.* 98 et 99, page 82 et 104 du vol. II.
(2) Les commissaires des guerres doivent surveiller l'exécution de cette instruction, et faire une vérification exacte des états et des pièces de comptabilité. Ils doivent se rappeler qu'ils sont, par les fonctions qui leur sont dévolues dans la comptabilité du matériel de l'artillerie, les vérificateurs et les contrôleurs de ce service, et par conséquent, les garans responsables des deniers de l'état. Les ordonnateurs doivent également, eux-mêmes, surveiller la régularité de l'administration du matériel de l'artillerie, en se faisant rendre compte de cette branche de service par les commissaires des guerres qui en ont la surveillance immédiate. *Circul.* du 31 décembre 1812, G. *Journ. milit.*, vol. 46, p. 249.

pour l'emploi des troupes d'artillerie réunies dans les écoles, seront à l'avenir adressés non aux chefs de corps directement, mais aux maréchaux-de-camp commandant les écoles, pour être transmis par eux aux chefs des corps de l'arme (1).

Ces ordres ou réquisitions, ainsi que ceux qui pourraient être adressés, par les mêmes autorités militaires, aux directeurs et commandans d'artillerie, pour l'emploi et le mouvement du matériel qui leur est confié, devront être mis à exécution sans délai, sauf la responsabilité desdits officiers-généraux ou supérieurs, pour l'usage qu'ils en auraient pu faire, et le recours à l'autorité supérieure, à raison du défaut d'égards qu'ils auraient eu pour de justes représentations faites dans l'intérêt du service de l'arme.

QUATRIÈME SECTION.

ARTILLERIE.

§. 3. *Canonniers gardes-côtes.*

(*Nota.*) Les compagnies de canonniers gardes-côtes, et de canonniers sédentaires, ont été supprimées par une décision royale du 4 juin 1814 ; momentanément rétablies pendant l'interrègne (*décret du 21 avril 1815, bullet., num. 21*) ; elles ont été définitivement licenciées par une ordonnance du 14 août 1815. (Bullet. n.º 16, 7.ᵉ série.)

N.º 744.

LES canonniers gardes-côtes, absous par jugement, ne doivent être rappelés à leurs compagnies, que de la demi-solde sur le pied de paix. *Lettre ministérielle du 27 octobre 1812, G.*

---

(1) En l'absence du commandant titulaire de l'école, le commandement en est dévolu à celui du régiment. Voy. la page 160 du vol. II.

QUATRIÈME SECTION.

ARTILLERIE.

§. 4. *Armes de guerre, salpêtres et poudres.*

N.º 745.

Réglement pour les chargemens, transports et convois de poudre par terre et par eau dans l'intérieur, soit pour le service des arsenaux de terre ou de mer, soit pour le commerce.

Du 24 septembre 1812. G.

ART. 1.er LES barils de poudres transportés par terre seront assujettis sur les voitures, de manière que le mouvement de ces voitures ne puisse jamais les faire frotter les uns contre les autres. Ils seront toujours bien bachés en paille et recouverts en outre d'une toile très-serrée (1).

S'il arrivait des accidens, des pertes ou des avaries par suite de la non-exécution des dispositions ci-dessus, l'entrepreneur chargé du transport des poudres en serait responsable, sauf son recours contre le voiturier qui les aurait occasionnés par sa négligence.

2. Le transport des poudres, quelles qu'elles soient, par terre ou par eau, ne pourra jamais se faire qu'avec une escorte

---

(1) Voy. sur cette matière le *num.* 111, vol. II, pag. 179. -- Une circulaire du 30 novembre 1815, a encore prescrit de nouvelles mesures sur la circulation des poudres. D'après les dispositions qu'elle contient, les commissaires de la régie ne peuvent faire aucune expédition de ce genre, sans en avoir prévenu le général commandant la division militaire du lieu où elle est faite, et de celui vers lequel elle est dirigée : même avis doit être donné aux préfets des lieux de départ et d'arrivée. La même circulaire contient d'autres dispositions sur les précautions qui doivent être prises pour la vente des poudres du commerce. *Voy. le journal milit.*, pag. 581.

suffisante, qui sera fournie par la gendarmerie. Cette escorte sera requise par l'agent chargé d'expédier les poudres auprès du commandant de la force armée du lieu du départ, qui ne pourra la refuser. Le commandant de l'escorte donnera à cet agent un reçu de la réquisition pour l'escorte.

3. Dans le cas d'insuffisance de l'escorte de gendarmerie, le chef de celle-ci requerra de la municipalité la garde nécessaire, laquelle sera aux ordres du commandant du convoi.

4. Le commandant de l'escorte attachera un homme de la troupe à chaque voiture, et visitera fréquemment toutes les voitures, pour s'assurer si tout est en bon état, s'il n'y a aucun accident à craindre, et si on prend toutes les précautions nécessaires pour les éviter.

5. Il fera marcher, autant que possible, le convoi sur la terre, jamais plus vîte que le pas, et sur une seule file de voitures.

6. Il ne sera souffert près du convoi aucun fumeur, soit de la troupe d'escorte, soit étranger. Le commandant sera responsable des accidens qui pourraient provenir de cette cause, et de tous autres qui pourraient être attribués à sa négligence.

7. Le commandant de l'escorte empêchera que rien d'étranger aux poudres ne soit sur les voitures, particulièrement des métaux et des pierres, qui, par leur choc, peuvent produire du feu; que personne n'y monte qu'en cas de dérangement ou de réparations indispensables à faire à un baril (ce qui doit avoir lieu très-rarement et avec les plus grandes précautions, descendant à cet effet le baril de la voiture et se servant de maillet en bois, etc.); que toutes les voitures étrangères à celles du convoi n'approchent pas de celui-ci : il fera détourner ou arrêter celles qui paraîtraient vouloir le faire.

8. Le commandant de l'escorte ne laissera approcher personne du convoi, et veillera à ce qu'il ne soit pas fait du feu dans les environs.

9. On fera passer les convois en dehors des communes lorsqu'il y aura possibilité, et quand on sera forcé de les faire entrer dans les villes, bourgs ou villages, le commandant de l'escorte requerra la municipalité de faire fermer les ateliers et les boutiques d'ouvriers dont les travaux exigent du feu, et de faire arroser, si la route est sèche, les rues par où l'on doit passer.

10. Le convoi ne sera jamais arrêté ni stationné dans les villes, bourgs, ni villages, et on le fera parquer au-dehors, dans un lieu isolé des habitations, sûr, convenable et reconnu à l'avance.

11. La réquisition pour l'escorte sera remise par le commandant de l'escorte à celui qui le relevera; il en tirera reçu, et ainsi de suite de poste en poste, jusqu'à l'arrivée à desti-

nation, où cette réquisition sera remise à l'agent en chef chargé de recevoir les poudres, lequel l'adressera au ministre ou à l'administration dont il dépend, avec les renseignemens qui y seront mentionnés.

12. Dans le cas ou des évènemens extraordinaires, tels qu'inondations, glaces et fermetures des canaux, empêcheraient des poudres de suivre leur destination, le commandant de l'escorte en préviendrait de suite le commandant de la place, ou, à son défaut, le maire, qui les ferait emmagasiner dans un lieu sec et sûr, jusqu'à ce qu'elles pussent repartir : le chef de l'escorte remettrait le réglement à ces autorités, et il en serait rendu compte, par le commandant ou par le maire, au ministre ou à l'administration qui aurait ordonné le mouvement des munitions.

Lorsque ces poudres seront susceptibles de repartir, l'une ou l'autre de ces autorités requerra l'escorte d'usage, lui remettra le réglement, en tirera reçu et en rendra compte au ministre ou à l'administration qui aura ordonné le transport des poudres.

13. Les poudres emmagasinées comme il a été dit à l'article précédent, par suite de force majeure, seront sous la responsabilité du commandant de la place, et à son défaut, sous celle du maire, et elles seront en conséquence gardées jour et nuit par la force armée, jusqu'à continuation de route.

14. L'entrepreneur se servira, pour le transport des poudres par eau, de bateaux en bon état, et construits assez solidement pour le cours de navigation où ils devront être employés.

On laissera libres la proue et la poupe pour la manœuvre. On pratiquera dans le milieu du bateau et sur toute sa largeur, un chemin ou sentine, large d'environ deux pieds, pour recevoir les eaux et les égoutter ; et, si la longueur du bateau l'exige, il en sera pratiqué un ou deux de plus. Les barils seront élevés au-dessus du fond de quatre à cinq pouces au moins, afin de les préserver de l'humidité ; et si l'on ne peut y parvenir au moyen des courbes ou traverses du fond, on y suppléera par des planches, des pièces de bois, ou fagotages bien serrés.

Les barils seront ensuite arrangés et empilés d'une manière solide sur ce plafond. On aura soin qu'ils soient entièrement isolés de tout autre objet qu'on transporterait à bord du même bateau.

On bachera en paille ou natte de paille le dessus des barils et tous les côtés des piles de haut en bas ; on les recouvrira par-tout d'une toile bien serrée ou goudronnée.

S'il arrivait des accidens, des pertes ou des avaries, par le manque de la stricte exécution des dispositions ci-dessus, l'entrepreneur chargé du transport des poudres en serait responsable, comme il a été mentionné à l'article 1.er

15. Le commandant de l'escorte, dans les convois par eau, attachera un ou plusieurs hommes de la troupe à chaque bateau, selon leur force; il ne souffrira pas qu'on fasse du feu à leur bord, ni qu'on y fume; il sera responsable des accidens qui proviendraient de contravention à cet article.

16. Il veillera à ce qu'on jette exactement l'eau que le bateau serait dans le cas de faire, et même à ce que l'on bouche la voie; s'il fallait travailler au bateau avec quelques outils, on ne se servirait que de maillets de bois comme il a été dit ci-dessus, pour réparer les barils, et on ôterait avec précaution les barils de poudre des endroits où l'on travaillerait et des parties qui les environneraient.

17. Les mariniers examineront souvent si les barils de poudre ne sont pas susceptibles d'être mouillés en dessus ou en dessous, et ils prendront les mesures que les circonstances nécessiteront.

18. Lorsqu'un convoi par eau traversera une ville, un bourg ou un village, le commandant de l'escorte requerra la municipalité de faire fermer les ateliers et les boutiques d'ouvriers, dont les travaux exigent du feu, ainsi qu'il a été prescrit à l'article 9 pour les convois par terre.

19. Les bateaux chargés de poudre seront toujours isolés, soit dans la marche, soit lorsqu'ils seront amarrés; en conséquence, le commandant de l'escorte fera éloigner tous les autres bateaux qui voudraient s'en approcher.

20. Le commandant de l'escorte ne laissera pas amarrer les bateaux chargés de poudre à d'autres bateaux, ni près des communes ou habitations, et il veillera à ce qu'aucun étranger n'approche du convoi et à ce qu'on ne fasse pas de feu dans les environs des endroits où il sera amarré.

21. Lorsque le bateau sera amarré, il restera, le jour et la nuit, au moins un gendarme à bord, et le commandant de l'escorte exigera qu'il y reste un marinier pour parer aux évènemens qui pourraient arriver.

N.º 746.

Décret qui charge la régie des droits réunis de surveiller la fabrication, la circulation et la vente des salpêtres.

Du 16 mars 1813.

ART. 1.ᵉʳ LA surveillance attribuée par le décret du 24 août dernier, à la régie des droits réunis, sur la fabrication, la circulation et la vente, dans toute l'étendue de la France, des poudres étrangères ou fabriquées hors des poudrières du gouvernement, s'exercera aussi, et de la même manière, sur la fabrication, la circulation et la vente des salpêtres.

2. Les employés des droits réunis sont autorisés, en conséquence, à entrer en tout temps dans les ateliers, fabriques et magasins des fabricans, marchands et débitans qui, aux termes des lois, sont tenus de justifier de l'emploi des poudres et salpêtres qu'ils ont en leur possession. Ils pourront aussi, conformément à l'article 83 de la loi du 5 ventôse an 12, faire des visites chez les particuliers soupçonnés de fraude, en se faisant assister par un officier de police.

Tout particulier, autre que les salpêtriers, chez lequel il serait trouvé du salpêtre, sans pouvoir justifier qu'il l'a acheté dans les magasins de l'administration des poudres, ou qu'il l'a importé en vertu de l'article 11 de l'arrêté du 27 pluviôse an 8, encourra la confiscation des matières ; et, en cas de récidive, il sera condamné à une amende de trois cents francs, peine portée par l'article 15 de la loi du 13 fructidor an 5 contre celui qui exploiterait du salpêtre sans autorisation (1).

3. Toutes contraventions aux lois et arrêtés concernant les poudres et salpêtres, seront constatées par des procès-verbaux rédigés concurremment au nom de l'administration des poudres et salpêtres, et au nom de l'administration des droits réunis.

Toutes les formalités relatives à la rédaction de ces procès-verbaux et aux suites à y donner, seront conformes à celles qui sont établies par le décret du 1.er germinal an 13, pour l'administration des droits réunis.

4. Les instances relatives aux fraudes et contraventions seront portées devant les tribunaux de police correctionnelle, où elles seront suivies, à la requête des deux administrations, par les défenseurs ou préposés supérieurs de l'administration des droits réunis, dans les formes propres à cette dernière.

5. Les tribunaux correctionnels prononceront, dans tous les cas, à raison des fraudes et contraventions, les peines établies envers les contrevenans par les lois et arrêtés relatifs aux poudres et salpêtres.

Lorsque des employés des droits réunis, des poudres et salpêtres, des douanes, des agens de police, des gendarmes ou autres agens publics ayant le droit de verbaliser, auront seuls découvert la contravention et opéré la saisie, le produit des amendes et confiscations appartiendra exclusivement aux saisissans.

---

(1) Voy. le num. 110, pag. 171 du vol. II, et la note de la page 172, où l'arrêté du 17 pluviôse an 8 est indiqué.

Lorsque plusieurs préposés des administrations ou agens publics ci-dessus désignés, auront concouru à une saisie, la répartition de l'amende et de la confiscation sera faite par portions égales entre les diverses administrations et les agens dépendans d'une même autorité, sans égard au nombre respectif des saisissans.

Les simples particuliers qui auront découvert des contraventions et fait opérer des saisies, de la manière prescrite par le décret du 10 septembre 1808, auront droit, comme les préposés et agens susdésignés, à la totalité du produit des amendes et confiscations.

Les agens de police et les gendarmes qui ne seront appelés que pour assister à la saisie, n'auront droit à aucun partage des amendes.

6. Les transactions sur procès auront lieu dans la même forme et d'après les mêmes règles que celles qui sont établies pour la régie des droits réunis; mais elles ne pourront être consenties par les directeurs de cette régie que provisoirement et de concert avec les commissaires de l'administration des poudres et salpêtres. Ces derniers consentiront seuls les transactions dans tous les cas où les employés des droits réunis n'auront point contribué à la découverte des délits; mais les arrangemens qu'ils auront faits ne seront définitifs qu'après avoir été approuvés par l'administration des poudres.

7. Les personnes qui, en vertu de commission de la régie, sont autorisées à avoir en leur possession des poudres et salpêtres, à la charge de justifier de l'emploi, feront cette justification dans les formes qui seront déterminées par des instructions administratives, à la première réquisition des agens de l'administration des poudres et salpêtres, et des employés de la régie des droits réunis.

8. Les formalités relatives aux transports des poudres et salpêtres, continueront, comme par le passé, à être remplies dans les lieux de départ, de passage et d'arrivée, par les officiers municipaux (1); mais les employés des droits réunis seront prévenus de ces transports par ceux qui les auront ordonnés.

_____

(1) Voy. le *numéro* précédent.

N.° 747.

Décret relatif au commerce, à la circulation et à l'exportation des pierres à feu.

Du 5 avril 1813.

ART. 1.ᵉʳ Toute personne qui voudra exporter des pierres de l'arrondissement de Meusnes, sera tenue de verser au magasin d'artillerie de Meusnes, en bonnes pierres propres au service de la guerre, et conformes aux modèles déposés, une quantité égale au moins au quart des pierres qu'elle voudra livrer au commerce de l'intérieur ou exporter à l'étranger.

2. Pour déterminer cette quantité, cent pierres reçues comme propres au service de la guerre, seront prises pour un kilogramme trois hectogrammes, et les pierres destinées au commerce seront évaluées au poids.

3. Les pierres livrées pour la guerre seront payées comptant par l'officier d'artillerie, à raison de neuf francs le millier, pendant le cours de l'année 1813, et jusqu'à ce qu'un devis de leur fabrication, visé par l'officier d'artillerie et le préfet, ait prouvé que le prix doit être changé.

4. Il sera délivré, par le garde d'artillerie qui recevra la livraison des pierres à feu, un certificat de chaque livraison, lequel sera visé par l'officier d'artillerie en résidence à Meusnes.

5. Il ne pourra être exporté à l'étranger, des pierres à feu des exploitations de Meusnes, qu'avec la permission du ministre de la guerre : cette permission, pour être obtenue, sera accompagnée du certificat mentionné à l'article 4.

6. Notre ministre de la guerre, après avoir accordé l'autorisation, en préviendra notre ministre *du commerce*, pour qu'il donne des ordres pour la sortie.

7. Tout conducteur de voitures qui transportera des pierres à feu, sera tenu d'être porteur d'une autorisation de notre ministre de la guerre, et de la représenter toutes les fois qu'il en sera requis, sous peine de saisie et confiscation, et d'une amende de cent à trois cents francs, lorsque les chargemens seront trouvés dans la ligne des douanes sans être accompagnés de l'autorisation.

8. Les pierres à fusil des communes de Maysse et de Saint-Vincent, département de l'Ardèche, ne pourront être exportées qu'avec l'autorisation du ministre de la guerre, sans qu'il soit exigé d'en fournir pour l'artillerie ; mais leur quantité ne s'élevant au plus qu'à deux millions de pierres par an, et cent de ces pierres pour la chasse pesant au plus un kilogramme,

le ministre, après avoir donné l'autorisation chaque année pour l'exportation de vingt mille kilogrammes, n'en donnera plus jusqu'à l'année suivante.

N.° 748.

Décret qui prohibe jusqu'à la paix l'exportation des armes à feu.

Du 10 avril 1813.

ART. 1.ᵉʳ L'EXPORTATION des armes à feu et des armes blanches de luxe, de traite et de quelque espèce que ce soit, est prohibée jusqu'à la paix.

Les particuliers qui ont obtenu de notre ministre de la guerre des permis d'exportation d'armes, ne pourront en profiter que jusqu'au 15 mai prochain.

3. Passé ce délai, ces permis seront annulés et n'auront plus d'effet.

4. Ne sont pas compris dans la prohibition de l'exportation, les canons des calibres de trois à vingt-quatre livres de balles, les obusiers, caronades et espingoles destinés à l'armement des corsaires et des bâtimens américains.

5. Chacun de ces bâtimens pourra embarquer de plus cinquante fusils, cinquante pistolets, cinquante sabres, pour l'armement de son équipage.

6. Les demandes d'exportation d'armes de toute espèce, pour les corsaires et les bâtimens américains, devront être appuyées d'un certificat du commissaire de marine, constatant le nom du bâtiment, le nombre d'hommes d'équipage, et sa destination.

N.° 749.

Décret concernant les bouches à feu, affûts et projectiles dont sont propriétaires ou dépositaires les négocians et armateurs dans les ports de guerre et de commerce.

Du 16 juin 1813.

ART. 1.ᵉʳ LES négocians et armateurs dans nos ports de guerre et de commerce, qui sont propriétaires ou dépositaires de bouches à feu en bronze et en fer, comme canons, obusiers, mortiers, caronades, pierriers, etc., d'affûts et de projectiles pour le service des bouches à feu, sont tenus de les mettre en dépôt dans nos arsenaux de terre ou de mer.

2. Ils ne pourront disposer de ces bouches à feu, affûts et projectiles, qu'en justifiant de leur emploi au commandant de la marine dans le port où ces effets seront déposés.

3. Il sera payé par les propriétaires, à la caisse de l'artillerie ou à celle de la marine, une somme de cinq francs par an et par bouche à feu, pour frais de garde et d'entretien de ces bouches à feu dans nos établissemens (1).

N.° 750.

Décret concernant les effets d'artillerie et les armes portatives dont les négocians et armateurs, dans les ports de guerre et de commerce, sont propriétaires ou depositaires.

Du 16 novembre 1813.

ART. 1.er Le droit auquel sont assujetties, à titre de frais de garde et d'entretien, les bouches à feu déposées dans nos arsenaux de terre et de mer, en vertu de notre décret du 16 juin 1813 (2), sera perçu à raison de vingt centimes par quintal métrique et par an, sans cependant qu'il puisse être exigé plus de cinq francs par an, pour chaque bouche à feu excédant le poids de vingt-cinq quintaux métriques.

2. Dans ceux de nos ports de guerre et de commerce où il y aura des salles d'armes, l'obligation imposée aux négocians et armateurs par l'article premier de notre décret du 16 juin dernier, comprend toutes les armes portatives qu'ils peuvent avoir en leur possession, autres que celles qu'il leur est permis de conserver, d'après les lois, pour leur usage personnel.

3. Il ne sera payé aucuns frais de garde pour les armes portatives ; elles seront entretenues aux frais des propriétaires, suivant le tarif adopté pour les armes de guerre.

4. Les négocians et armateurs qui ne remettront point dans

---

(1) Voy. le *numéro* suivant.
(2) *Numéro* 749.

nos arsenaux les effets d'artillerie et les armes portatives dont ils se trouveront propriétaires ou dépositaires, encourront, outre la confiscation, la peine portée par l'article 28 de la loi du 13 fructidor an 5 (1).

N.º 751.

Ordonnance du Roi qui fixe le prix des poudres et salpêtres.

Du 23 septembre 1814.

(*Nota.*) Les dispositions de cette ordonnance abrogent celles du décret du 12 août 1806, pag. 200 du vol. II.

LOUIS, par la grâce de Dieu, etc. ;

Art. 1.ᵉʳ Le prix du salpêtre livré par les salpêtriers à la régie des poudres et salpêtres, est fixé à deux francs le kilogramme au degré de pur, non compris les primes et frais de transport, qui seront payés d'après les réglemens existans.

2. Les prix des poudres et salpêtres vendus par la régie au gouvernement et aux particuliers, sont réglés comme il suit :

Au Gouvernement pour l'artillerie et la marine.	2 f. 40 c.	le kilogramme de salpêtre raffiné.
	2 70	*idem.* . . . . . de poudre de guerre, barillage compris.
	4 »	*idem.* . . . . . de poudre fine, barillage compris.
Au commerce et pour l'artiller.	2 80	*idem.* . . . . . de salpêtre non raffiné au degré pur.
	3 »	*idem.* . . . . . de salpêtre raffiné.
	2 50	*idem.* . . . . . de la poudre de traite.
	2 70	*idem.* . . . . . de poudre de mine pour les travaux publics.
	3 20	*idem.* . . . . . de poudre de mine pour les particuliers.
	3 40	*idem.* . . . . . de poudre de guerre, aux armateurs et artificiers seulement.
	6 »	*idem.* . . . . . de poudre fine de chasse pour les débitans.
	6 50	*idem.* . . . . . de poudre fine de chasse pour les particuliers.
	8 »	*idem.* . . . . . de poudre superfine.

(1) *Numéro* 110.

3. Les bénéfices que la régie pourra faire sur la vente des poudres et des salpêtres resteront à la disposition de notre ministre de la guerre, qui les emploiera au paiement des dépenses de son département. La gestion et l'emploi de ces fonds seront soumis à la vérification de la cour des comptes, ainsi que la gestion de la régie.

4. La régie est autorisée à prélever quinze centimes sur le prix de chaque kilogramme de poudre fine et superfine, pour en former un supplément au fonds des pensions de retraite et de non-activité de ses employés.

5. Les prix des poudres et salpêtres, fixés par les articles 1 et 2 de la présente ordonnance, seront établis à dater du 1.er octobre prochain.

6. Il sera pris de promptes mesures pour payer ce qui reste dû aux salpêtriers ; et la régie sera tenue de payer au comptant les salpêtres qu'elle recevra d'eux à dater du premier octobre prochain.

N.° 752.

Ordonnance portant qu'il ne sera plus délivré de sabres aux sous-officiers de toutes armes qui quittent leurs corps par congé absolu, par retraite, etc.

Du 16 janvier 1815.

Voy. le *numéro* 723, pag. 129 de ce supplément.

N.° 753.

Circulaire relative aux demandes, à l'entretien et à la remise des armes dans les arsenaux.

Du 15 février 1816.

MESSIEURS, les dépenses considérables auxquelles donnent lieu les consommations d'armes, m'obligent à prendre des mesures pour arrêter les abus qui se sont introduits dans cette branche du service.

Je crois devoir, en conséquence, vous rappeler les divers réglemens, instructions et circulaires concernant cet objet important, afin que vous puissiez vous pénétrer des dispositions qu'ils renferment, et concourir à leur exécution.

1.° Le réglement du 1.ᵉʳ vendémiaire an 13 (1) sur les de-mandes et l'entretien des armes portatives,

Les états que les corps sont dans l'usage de présenter pour former leurs demandes d'armes, doivent être visés par les lieute-nans-généraux et les inspecteurs aux revues. Cette obligation n'est point une simple formalité ; elle est nécessaire pour qu'on soit certain que les corps ne demandent pas plus d'armes qu'il ne leur en revient réellement en raison de leur effectif ; et MM. les lieutenans-généraux et inspecteurs aux revues ne doivent point signer de confiance tous les états qui leur sont présentés.

MM. les commandans des régimens, pour éviter de légers embarras, ont souvent déposé des armes qu'ils avaient en ex-cédant, dans des mairies, des sous-préfectures, etc. Il con-vient de leur rappeler qu'ils ne doivent faire des versemens d'armes que d'après mon autorisation, et dans les seuls ma-gasins de l'artillerie, où elles sont toujours à la disposition du Roi ; tandis que, dans des magasins étrangers, elles sont ignorées et se dégradent, faute d'être entretenues (2).

Il est également défendu de faire passer des armes d'un corps à un autre. Le Roi voulant ne mettre entre les mains des troupes que de bonnes armes, c'est aller contre ses in-tentions et contre le bien du service que de faire prendre à un corps celles, souvent en mauvais état, d'un autre corps. Il faut donc que toutes les armes qu'ils ont à recevoir soient tirées des arsenaux, et que toutes celles qu'ils ont à rendre y soient versées.

L'article 9 de ce réglement concerne les armes des hommes envoyés aux hôpitaux ou en congé. Ces armes doivent rester au corps, et les commandans des compagnies en sont respon-sables au commandant du corps (3).

Dans le cas cependant où des militaires les emporteraient à l'hôpital, MM. les commissaires des guerres en feront faire

---

(1) *Numéro* 113 ; pag. 185 du vol. II.

(2) Ces mesures ont été rappelées de nouveau dans une circulaire du 15 no-vembre 1816, qui dispose, ainsi que ce §., que les corps ne pourront verser des armes que dans les arsenaux, et seulement après en avoir obtenu l'autorisation du ministre. D'après une décision du 3 sept. 1807, cette remise, au moment d'un départ inopiné, pouvait être faite sans que l'on eût obtenu l'assentiment du ministère. (Voy. la p. 186 du vol. II.) Peut-être que cette disposition aurait dû être mainte-nue, attendu que la défense portée par la circulaire du 15 novembre 1816, est onéreuse à l'état.

Nous avons vu, en effet, des corps traîner à leur suite une quantité considérable d'armes qui leur étaient inutiles, et dont les frais de trans-port, indépendamment des caisses d'armes qu'on a dû acheter, ne pouvaient qu'être très-dispendieux.

(3) Ou bien ils doivent en faire la remise à l'officier chargé des détails de l'armement, p. 186 du vol. II.

chaque mois le versement dans les magasins d'artillerie de la direction la plus voisine, et m'en rendront compte, en indiquant de quel corps elles proviennent.

Aux termes du même réglement (1), les corps seront obligés d'avoir un livret d'armement sur lequel on doit faire l'inscription des armes qu'ils reçoivent, et de celles qu'ils versent dans les magasins. Je recommande l'exécution de cette mesure d'ordre à MM. les inspecteurs et sous-inspecteurs aux revues, qui seront tenus de coter et de parapher lesdits livrets d'armement.

Je ferai aussi remarquer à MM. les lieutenans-généraux qu'il faut qu'ils évitent d'apposer, sans nécessité, leur signature sur des ordres d'*urgence*, qui obligent les directeurs d'artillerie à délivrer des armes sans avoir reçu mon autorisation. Je suis loin de vouloir interdire à MM. les lieutenans-généraux la faculté d'ordonner, dans leur division, des délivrances d'armes, lorsque les circonstances sont telles qu'il y aurait des inconvéniens ou du danger à attendre mon autorisation ; je veux seulement leur recommander de réserver l'usage de ce droit pour des besoins pressans.

2.° L'instruction de 1806 sur les armes à feu et blanches (2), et notamment les articles de cette instruction sur les réparations confiées aux armuriers des régimens ; sur la nécessité d'instruire les soldats à démonter et à remonter leurs armes, à les nettoyer ; sur leur encaissement, etc.

Les armes sont souvent plus dégradées dans un transport de quelques lieues, lorsqu'elles sont mal encaissées, qu'elles ne l'auraient été en plusieurs années entre les mains des soldats (3). Les dégradations qui se commettent, en diminuant le bois sous les garnitures, en faisant rougir la baguette pour en élargir le canal, et obtenir par là un cliquetis qui marque les temps de l'exercice, doivent être l'objet d'une surveillance scrupuleuse qui doit prévenir toute espèce de mutilations, comme raccourcissement du canon, enlèvement de certaines pièces de l'arme, qu'on regarde comme embarrassantes, etc.

3.° Le réglement du 10 février 1806 portant instruction sur

_____

(1) Art. 20, p. 188.
(2) Cette instruction a été insérée au journal militaire, vol. 33, page 195 à 197.
(3) Les corps doivent, pour le transport de leurs armes, se servir de la caisse à tasseaux (*voy.* p. 196 du vol. II), dont les dimensions et la manière d'en faire usage se trouvent décrites dans l'instruction de 1806, et dans une note ministérielle du 15 août de la même année, adressée à tous les directeurs d'artillerie : le prix de ces caisses, contenant 24 fusils, est à la charge de la masse d'habillement, lorsque la nécessité de les faire faire a été prouvée ; il est pour l'ordinaire de 14 à 16 francs l'une.

l'administration et la comptabilité des corps (1). L'article *réparations de l'armement dans l'intérieur des corps*, prescrit aux conseils d'administration de s'approvisionner de pièces d'armes dans les manufactures royales. Toutes les pièces qui en sortent sont contrôlées comme celles qu'on emploie à la fabrication des armes neuves ; si elles ne l'étaient pas, ce serait une preuve qu'elles n'auraient pas été présentées aux recettes, à cause de leurs défectuosités qui les auraient sûrement fait rebuter. Cependant, on peut faire usage aussi, pour les réparations, de pièces d'armes provenant de démolition, pourvu qu'elles soient du même modèle, poinçonnées, et qu'elles aient conservé leurs premières dimensions. Les officiers chargés de l'armement veilleront à ce que les armuriers ne fassent pas l'emploi de ces pièces quand elles seront hors de service.

Cet article est important, en ce qu'il tend à ne faire mettre en œuvre, dans les réparations, que des pièces d'armes de la qualité desquelles on est assuré ; avantage qui ne se trouve pas dans celles que pourraient confectionner eux-mêmes les armuriers, soit par insuffisance de moyens, soit par défaut de capacité.

4.° Enfin, la circulaire du 14 nivôse an 13 (2), qui enjoint aux corps d'envoyer leurs armuriers aux manufactures d'armes les plus voisines, pour s'y perfectionner dans leur art. Ils sont tenus d'y faire leur chef-d'œuvre de platineur et d'équipeur-monteur, et d'apprendre la manière de bien tremper les pièces : à leur retour, ils doivent produire des certificats délivrés par les officiers d'artillerie, inspecteurs des manufactures, constatant qu'ils ont satisfait aux conditions exigées : s'ils rentrent au corps sans cette pièce, ils doivent être réformés.

Je ne saurais trop vous recommander de faire surveiller avec soin les travaux des armuriers des régimens : le défaut de surveillance fait que les mêmes armes passent plusieurs fois entre leurs mains pour le même objet, à cause du peu de solidité de leur travail ; cette même négligence les engage à exécuter souvent des réparations proscrites par le réglement, ou à dégrader de bonnes pièces pour être à même d'en faire bientôt le remplacement.

_____

(1) Page 211 du vol. III.
(2) Numéro 114, p. 198 du vol. II.

N.º 753. (*Bis.*)

Ordonnance relative aux armes de guerre.

Du 24 juillet 1816. (Bulletin 104, 7.ᵉ série.)

(*Nota.*) Cette ordonnance a pour but de faire rentrer dans les arsenaux, les armes de guerre qui se trouvent entre les mains des particuliers, en contravention aux lois. Elle prescrit à tout individu quelconque qui se trouverait détenteur de ces armes, de les déposer à la mairie de leur domicile, sauf les gardes-nationaux, lesquels pourront conserver, savoir : ceux qui servent à pied, un fusil et un sabre-briquet; les gardes nationaux à cheval, un mousqueton, une paire de pistolets et un sabre de cavalerie; et les gardes-champêtres et forestiers, auxquels il est permis d'avoir un fusil de guerre, lorsqu'ils y seront autorisés par les sous-préfets.

Cette mesure est applicable aux armes de guerre étrangères, et aux armes de commerce dont la fabrication a été défendue par le décret du 14 décembre 1810, lequel est ainsi conçu :

« Les armes de commerce n'auront jamais le calibre de guerre et pourront être regardées comme appartenant au gouvernement, et être saisissables par lui, si leur calibre n'est pas au moins de 10 points et demi (deux millimètres) au-dessus ou au-dessous de ce calibre, qui est 7 lignes 9 points (0,0177) ».

Cette ordonnance contient encore des dispositions pour assurer le recouvrement des armes des gardes nationaux, champêtres, des militaires déserteurs ou morts, etc. ; elle porte que tout individu qui achetera ou prendra en gage les armes d'un soldat, sera puni d'une amende qui sera de 600 fr. au plus, et d'un emprisonnement qui ne pourra être de plus de 6 mois : elle prescrit des mesures pour la surveillance des ateliers de fabricant d'armes.

L'exécution des mesures qu'elle prescrit est plus particulièrement du ressort de la police civile. *Voyez encore, sur cette matière, le décret du 8 vendémiaire an 14, num. 115, vol II.*

N.º 754.

Circulaire relative aux munitions à délivrer aux corps, pour le tir à la cible, et pour les exercices à feu.

Du 15 mars 1817.

(*Nota.*) Cette circulaire (ainsi que celle du 28 mai 1816, journ. milit., vol. 53, p. 375) modifie le titre 2 du réglement du 1.ᵉʳ vendémiaire an 13, p. 189 du vol. II : elle porte qu'il sera délivré en 1817, savoir : aux corps d'infanterie française et étrangère, y compris les compagnies départementales, 20 cartouches à balle et 40 à poudre pour chaque sous-officier et soldat présent sous les armes ; à ceux de l'artillerie à pied, pontonniers, sapeurs, dragons, chasseurs à cheval, hussards, compagnies d'ouvriers d'artillerie et du génie, 10 à balle et 20 à poudre ; aux carabiniers et cuirassiers 10 idem et 10 à poudre.

La gendarm. n'ayant besoin de munitions que pour le service de sûreté dont elle est chargée, il lui en sera délivré, à raison de 20 cartouches à balle par homme, lorsqu'elle aura consommé celles qu'elle aura reçues, et dont on fera connaître l'emploi en adressant une demande de remplacement.

Ces dispositions étant particulières aux années 1816 et 1817, nous croyons pouvoir nous dispenser d'en placer le texte dans ce supplément.

Les munitions sont délivrées sur des états de situation de l'effectif des hommes présens sous les armes, certifiés par le sous-inspecteur aux revues chargé de la police du corps, et visé par les lieutenans-généraux commandant les divisions militaires, ou maréchaux-de-camp commandant les départemens. Le sous-inspecteur doit en faire l'inscription sur le livret d'armement, d'après l'avis qui lui est donné par le directeur d'artillerie, lorsque ces munitions sont envoyées aux corps.

Les conseils d'administration doivent rendre compte le 1.ᵉʳ novem. des consommations qui ont été faites, etc.

N.º 754 (*Bis*).

Ordonnance sur les consommations de poudre qui pourront être faites pour les fêtes et honneurs à rendre.

Du 19 mars 1817.

(*Nota.*) Ces dispositions modifient celles du titre 3 du *num.* 113, p. 191 du vol. II.

ART. 1.ᵉʳ IL ne sera tiré de salves périodiques que le jour de la Fête-Dieu et pour la fête du Roi. Les premières auront lieu pendant la procession du Saint-Sacrement, et seront de vingt-un coups de canon. Les secondes auront lieu la veille de la fête du Roi, à six heures du soir, et le lendemain, à six heures du matin et à midi ; elles seront chacune de vingt-un coups de canon.

2. Toutes autres salves, que des fêtes ou événemens extraordinaires pourront nécessiter, seront autorisées par des ordonnances particulières ou par des ordres spéciaux transmis par notre ministre secrétaire d'état de la guerre.

3. Les salves de réjouissances ou d'honneurs à rendre n'auront lieu que dans les places où il existe de l'artillerie (1). Les citadelles ou forts qui dépendent des places armées ne

---

(1) Voy. l'art. 37 du *num.* 113, p. 191 du vol. II.

sont pas considérés comme formant des places séparées, mais bien comme une seule et même place. On ne pourra se servir de pièces de calibres plus forts que ceux qui suivent :

De 12 ou 8 pour les places de 1.re et 2.e classes ;

De 6 ou 4 pour les places de 3.e et 4.e classes ;

Les pièces ne seront chargées, en poudre, qu'au quart du poids du boulet de leur calibre.

4. Toute consommation de poudre, faite en contravention aux trois articles ci-dessus, sera au compte de l'officier-général ou autre qui l'aura ordonnée. Les officiers d'artillerie ne feront jamais tirer le canon de réjouissances ou d'honneurs à rendre, sans l'ordre par écrit de MM. les généraux commandant les divisions militaires ou les départemens, ou des lieutenans de Roi. Ils rendront compte à notre ministre de la guerre des salves faites et non autorisées, et des quantités de poudre qui auront été consommées au-delà de celles qui sont fixées par l'article 3 ci-dessus.

CINQUIÈME SECTION.

CORPS DU GÉNIE.

N.° 755.

Ordonnance sur l'organisation du corps royal du génie.

Du 12 mai 1814. (Bulletin n.° 14.)

(*Nota.*) On a cru pouvoir retrancher de cette ordonnance plusieurs art. dont les dispositions se trouvent abrogées par les suivantes, ou qui étant particulières à l'organisation de 1814 sont devenues inutiles, savoir : les art. 4, 5, 6 et 10, qui déterminent la composition de chacun des régimens du génie, de la compagnie d'ouvriers, de la compagnie du train, et qui se trouvent abrogés par le titre 3 du *numéro* 759. — Les art. 11, 12, 15, 16, 17, 18, 19, 21, 22, 23 et 24 relatifs à la réorganisation de 1814 ; et l'art. 25 abrogé par l'art. 3 du *num.* 765.

ART. 1.er LES attributions du corps du génie, en temps de paix, sont, l'inspection générale des frontières et des troupes de l'arme, la direction des travaux d'entretien et d'augmentation des places fortes, des batteries et du casernement, tant des places et postes de guerre, que des départemens de l'intérieur; et la surveillance des canaux qui intéressent la défense des frontières.

Ses établissemens sont,

Le comité central des fortifications;

Le dépôt des plans et archives des fortifications du royaume et des colonies, et la galerie des reliefs des places fortes du royaume, et en outre la brigade topographique (1);

Vingt-six directions du génie sur le continent, et trois dans les îles, y compris la Corse (2);

La direction de l'arsenal du génie;

Trente sous-directions, y compris celle de l'arsenal et celle de l'école des élèves (2);

Les écoles régimentaires.

2. Le corps royal du génie sera composé d'un état-major, de trois régimens de sapeurs et mineurs, d'une compagnie d'ouvriers, d'une compagnie du train du génie (3), d'une école d'élèves, de trois écoles régimentaires, et des gardes du génie.

3. L'état-major du génie sera composé ainsi qu'il suit :

Premier inspecteur-général (4).................	1	
Généraux de division........................	4	11
Généraux de brigade.........................	6	

Nota. Ces onze officiers-généraux font partie de l'état-major-général de l'armée (4).

Colonels, dont 20 directeurs et 10 sous-directeurs (5)..	40
Majors sous-directeurs........................	20
Chefs de bataillon de 1.ʳᵉ classe, ingénieurs en chef dans les places........................	40
Chefs de bataillon de 2.ᵉ classe, *idem*............	20
Capitaines de 1.ʳᵉ classe........................	120
Capitaines de 2.ᵉ classe........................	100
Lieutenans..................................	40
Élèves sous-lieutenans........................	20

400

7. Une commission mixte d'officiers-généraux pris dans les deux armes sera chargée, plus tard, de faire un rapport sur

---

(1) *Voy.* l'ordonnance du 2 sept. 1814, *numéro* 756.

(2) *Voy.* l'art. 4 du *numéro* 761.

(3) *Voy.* le titre 3 du *numéro* 759.

(4) Le 1.ᵉʳ inspecteur-général a été supprimé par l'ordonnance du 17 juillet 1815. *Voy.* l'art. 2 du *même num.* — Le nombre des maréchaux-de-camp, fixé à 12 par l'ordonnance du 6 mars 1815, *num.* 758, a été réduit à 10 par celle du 22 sept. suivant.

(5) Voy. l'art. 4 du *num.* 761.

la question de savoir s'il est convenable au bien de notre service, de séparer les écoles maintenant réunies à Metz, et sur les moyens d'opérer cette séparation.

8. Il y aura une école régimentaire auprès de chaque régiment des troupes du génie. Elles auront pour objet, comme par le passé, l'instruction pratique et l'instruction théorique.

Pour l'instruction théorique, il y aura dans chaque école trois professeurs, savoir :

Un professeur de mathématiques,

Un professeur de dessin,

Un professeur de lecture et d'écriture.

9. Les gardes du génie seront répartis en trois classes, ainsi qu'il suit :

De première classe... 120

De deuxième classe.. 180

De troisième classe.. 200

500

13. Il y aura deux enfans de troupe par compagnie, pris parmi ceux des sous-officiers et soldats du régiment ; ils jouiront des avantages qui leur ont été accordés par les derniers réglemens.

14. Les appointemens et indemnités des officiers, la solde des sous-officiers et soldats, resteront tels qu'ils sont établis par les réglemens actuellement en vigueur.

20. Les deux premiers tiers des emplois qui viendront à vaquer dans les cadres d'officiers, appartiendront exclusivement, savoir :

Ceux de colonel et de *major*, aux colonels et aux *majors* en non-activité, dans l'ordre de leur ancienneté ;

Ceux de chef de bataillon, capitaine, lieutenant et sous-lieutenant, aux chefs de bataillon, capitaines, lieutenans et sous-lieutenans à la suite, aussi dans l'ordre de leur ancienneté.

Nous nous réservons la nomination à l'autre tiers des emplois de tout grade qui viendront à vaquer.

Au fur et à mesure que des officiers à la suite seront appelés à remplir des emplois en pied, des officiers en non-activité seront appelés à remplacer ceux qui, par l'effet du présent article, passeront de l'emploi à la suite à l'emploi titulaire.

Les officiers en non-activité rouleront, pour leur rappel, sur la totalité de l'arme à laquelle ils appartiennent, d'après l'ordre du tableau général qui sera dressé par ancienneté pour chaque arme.

Les officiers à la suite et ceux en non-activité concourront avec les officiers titulaires des autres armes pour les emplois de tous les corps qui pourront être créés par la suite.

26. Les sapeurs de la garde concourront, avec les sapeurs de la ligne, pour l'organisation des régimens de sapeurs. Les sous-officiers et soldats auront une solde supérieure et proportionnée aux avantages dont ils ont joui jusqu'à ce jour (1).

Les officiers seront placés dans le grade supérieur auquel ils sont assimilés dans la ligne.

N.º 756.

Ordonnance du Roi portant que la brigade topographique dénommée à l'article 1.ᵉʳ de l'ordonnance du 12 mai dernier, sera établie à Metz à la suite de l'école de l'artillerie et du génie, sous la désignation d'école des gardes du génie.

Du 2 septembre 1814.

LOUIS, par la grâce de Dieu, etc.

Art. 1.ᵉʳ La brigade topographique dénommée à l'art. 1.ᵉʳ de notre ordonnance du 12 mai dernier, relative à l'organisation de notre corps royal du génie, sera établie à Metz à la suite de l'école de l'artillerie et du génie, sous la désignation d'*école des gardes du génie.*

2. Cette école aura pour but de compléter l'instruction des gardes du génie, et de l'approprier à la nature de leurs services : on y enseignera principalement les élémens d'arithmétique, de géométrie, le levé des plans, le nivellement, et la construction des cartes-reliefs.

3. Cette école sera composée de vingt-quatre gardes, qui resteront deux ans à cette école : quatorze seront pris, pour la première formation, parmi les élèves les plus instruits de la brigade topographique ; quatre seront détachés pendant deux ans au dépôt des plans en relief à Paris. Les élèves qui ne seront pas compris dans cette organisation, seront replacés, avec le grade auquel ils sont assimilés, dans les troupes du génie, ou recevront des congés absolus.

4. Le commandant de l'école des gardes du génie sera pris parmi les chefs de bataillon de l'arme du génie, et comptera en sus des chefs de bataillon en activité, conservés par notre ordonnance du 12 mai dernier.

---

(1) *Voy.* l'observation que contient le §. 4 du *num.* 693.

N.° 757.

Ordonnance du Roi relative à l'avancement des sapeurs et mineurs dans les régimens du génie.

Du 10 février 1815.

LOUIS, etc. Nous avons ordonné, etc.

Art. 1.er A l'avenir, les mineurs et sapeurs dans les régimens du génie, parviendront à la première classe, savoir : les deux tiers à l'ancienneté, et l'autre tiers au choix.

2. Lorsque dans une compagnie il vaquera une place de premier mineur ou de premier sapeur revenant au choix, le commandant de la compagnie présentera trois sujets au colonel du régiment, qui choisira.

3. A l'ancienneté comme au choix, la mauvaise conduite sera toujours un motif d'exclusion (1).

4. Notre ministre, etc., est chargé, etc.

N.° 758.

Ordonnance du Roi concernant l'organisation du corps royal du génie.

Du 6 mars 1815.

ART. 1.er A l'avenir, les fonctions des inspecteurs-généraux des fortifications seront remplies exclusivement par les lieutenans-généraux du corps royal du génie.

2. Le nombre des maréchaux-de-camp faisant partie de l'état-major de notre corps royal du génie, fixé à six par notre ordonnance du 12 mai 1814, sera porté à douze. Ils seront chargés de l'inspection et auront la direction supérieure du service dans les vingt-six directions du génie sur le continent, sous la dénomination d'*inspecteurs du génie* (2).

(1) Ces dispositions n'avaient point été prévues dans l'arrêté du 18 fructidor an 11, *num.* 128, vol. II, pag. 249.

(2) Voy. l'article 3 du *num.* 761. — L'exécution de ces dernières dispositions a été suspendue par une décision de S. M. ; et les maréchaux-de-camp n'exerceront, jusqu'à nouvel ordre, les fonctions

3. Le chef-lieu de chacune des douze inspections et des vingt-six directions sera établi conformément à l'état qui sera joint à la présente ordonnance.

4. Les fonctions des inspecteurs du génie seront les mêmes que celles dévolues aux maréchaux-de-camp directeurs des fortifications par le titre 5 de l'ordonnance de 1776, concernant le corps du génie (1). Les inspecteurs correspondront seuls avec le ministre de la guerre pour tout ce qui concerne le service.

5. Les maréchaux-de-camp de notre corps royal du génie actuellement en activité, ceux qui se trouvent en non-activité, et, à leur défaut, les maréchaux-de-camp honoraires, seront appelés par leur rang d'ancienneté à remplir les fonctions d'inspecteurs du génie.

6. Le nombre des colonels-directeurs sera de trente-quatre, dont (2) :

26 pour les directions du continent ;
3 pour les îles, y compris la Corse ;
3 pour les régimens du génie ;
1 à l'arsenal ;
et 1 au dépôt des fortifications.

_____

Nombre pareil... 34

Les colonels sous-directeurs sont supprimés. Cette réduction s'opérera en suivant le mode prescrit par l'article 22 de notre ordonnance du 12 mai 1814.

Les *majors* concourront avec les chefs de bataillon pour remplir les fonctions de chefs dans les places.

7. Les inspecteurs jouiront, indépendamment du traitement d'activité de leur grade, d'une indemnité annuelle pour frais de bureau et de tournées, qui sera fixée par notre ministre de la guerre à quatre mille francs ou à trois mille cinq cents francs, selon l'étendue des inspections.

_____

de directeurs des fortifications que dans celle des directions de l'arrondissement de leur inspection, qui leur sera assignée par une lettre de service : ils ne rempliront les fonctions d'inspecteurs dans les autres directions que par mission spéciale du ministre de la guerre, et pour suppléer les inspecteurs-généraux : les colonels rempliront les fonctions de directeurs dans les autres directions, et celles d'ingénieurs en chef, dans les places déterminées pour la résidence des maréchaux-de-camp, qu'ils remplaceront comme directeurs pendant leur absence. *Circul. du 23 avril* 1816.

(1) Voy. la page 217, vol. II, 1.ʳᵉ partie.

(2) Le nombre des directeurs du génie est réduit à 25 ; voy. l'art. 4 du *num.* 761.

Cette indemnité leur sera payée sur revues, avec leur traitement, à la fin de chaque mois (1).

Les colonels-directeurs seront, à l'avenir, remboursés de leurs frais de bureau et de déplacement, sur des états particuliers approuvés par l'inspecteur de leur arrondissement. Le montant de ces frais sera acquitté sur les fonds des travaux des fortifications, d'après des décisions spéciales du ministre (2).

8. Le comité des fortifications se composera, à l'avenir,

Du premier inspecteur-général, président (3);

Et de quatre lieutenans-généraux.

Il y sera appelé, pour y siéger depuis le 1.er octobre jusqu'au 1.er avril, deux inspecteurs maréchaux-de-camp. Il pourra aussi y être appelé des officiers d'un grade inférieur; mais ils n'auront pas voix délibérative au comité.

9. Les maréchaux-de-camp qui auront dans leur arrondissement l'arsenal du génie, les régimens, les compagnies d'ouvriers et du train, rempliront les fonctions d'inspecteurs de ces corps et établissemens, et ils auront le commandement supérieur des écoles régimentaires.

Bien entendu toutefois, que les dispositions de l'article 4 de la présente ordonnance, qui attribuent aux inspecteurs du génie la correspondance exclusive avec le ministre de la guerre, ne seront pas applicables à celles que, conformément aux réglemens sur la comptabilité des corps, les conseils d'administration des troupes du génie doivent entretenir avec le ministre.

Il en sera de même à l'égard du directeur de l'arsenal, qui continuera de correspondre avec le ministre pour raison du service qui lui est confié.

10. Toutes les dispositions contenues dans notre ordonnance du 12 mai, sur l'organisation de notre corps royal du génie, qui ne seront point contraires à la présente, continueront de recevoir leur exécution.

---

(1) Par suite des modifications qui résultent des observations placées à l'art. 2, ce traitement a éprouvé quelque réduction ; *même circul.* Voy. le tarif, *num.* 57.

(2) Ces dispositions sont modifiées, voy. les tarifs.　-

(3) Le premier inspecteur-général a été supprimé par l'ordonnance du 17 juillet 1815 ; voy. l'art. 2 du *num.* 761.

N.° 759.

Ordonnance sur le licenciement des troupes du génie et sur leur réorganisation.

Du 6 sept. 1815. (Bul. n.° 34, 7.ᵉ série.)

(*Nota.*) On a cru pouvoir retrancher de cette ordonnance, plusieurs art. qui sont particuliers au licenciement et qui ne contiennent que des mesures transitoires : quelques autres dispositions, quoique relatives à la même opération, ont paru utiles à conserver : on les a placées en caractères italiques ; en conséquence, on a retranché les art. 2, 3, 5, 6, 7, 9, 10, 11, 12, 15, 16 et 17.

TITRE I.ᵉʳ

Licenciement des troupes du génie.

ART. 1.ᵉʳ *Les officiers, sous-officiers et soldats des régimens du génie, de la compagnie d'ouvriers et de l'escadron du train du génie, seront renvoyés dans leurs foyers, en attendant la réorganisation du corps royal du génie.*

4. Les chevaux du train du génie seront vendus, ou répartis chez les cultivateurs dans les départemens voisins des lieux où ils se trouvent.

Les voitures, outils, agrès, machines, etc., dont se compose le matériel du génie, attelé, seront déposés dans les magasins des fortifications des places les plus voisines des lieux où se trouvent ces objets.

7. Les inspecteurs-généraux du génie proposeront pour la retraite les sous-officiers et soldats qui ont des droits à la pension, et donneront des congés de réforme à tous ceux qui, à raison de leurs infirmités ou faiblesse de constitution, leur paraîtront impropres au service du génie (1) ; ils accorderont des congés absolus aux militaires qui, ayant plus de dix ans de service ou étant mariés, demanderont à quitter le service.

8. Tous les officiers des troupes du génie renvoyés dans leurs foyers par suite du licenciement de ces troupes, ou pour y attendre leur solde de retraite, jouiront, les officiers supérieurs, de la demi-solde de leur grade, et les officiers su-

_____

(1) Les militaires de l'arme du génie, qui sont âgés de plus de 40 ans, ont pu obtenir leur congé, quelle qu'ait été la durée de leur service. Voy. sur la taille qui est exigée pour le service de cette arme, l'art. 6 du *num.* 673, p. 11.

balternes, des *quatre cinquièmes* de la solde de la dernière classe de leur grade, jusqu'à ce qu'ils soient rappelés au service, s'ils doivent faire partie du nouveau corps royal du génie, ou jusqu'à ce qu'ils aient obtenu leur pension de retraite (1).

TITRE 2.

Mesures transitoires avant la réorganisation.

13. Les hommes qui n'obéiront pas aux convocations dans les délais fixés, seront considérés et poursuivis comme déserteurs.

14. Les officiers supérieurs du génie chargés d'organiser les trente compagnies de sapeurs, seront autorisés à recevoir les enrôlemens volontaires des ouvriers d'art en fer et en bois qui désireront entrer dans ces compagnies, quand d'ailleurs ces ouvriers réuniront les conditions requises pour être admis dans les troupes du génie.

TITRE 3.

Composition des nouvelles troupes du corps royal du génie.

19. Les troupes du corps royal du génie seront composées de

Trois régimens du génie,
Une compagnie d'ouvriers,
Deux compagnies et le cadre de l'état-major,
Un escadron du train du génie.

20. Chacun des trois régimens du génie sera composé d'un état-major, de deux bataillons, et d'un cadre de compagnie comme dépôt.

Chaque bataillon, de six compagnies, dont une de mineurs et cinq de sapeurs.

Etat-major.

Colonel 1, lieutenant-colonel 1, chefs de bataillon (dont un commandant en second l'école régimentaire établie auprès de chaque régiment du génie, par notre ordonnance du 12 mai 1814) 3, major 1, trésorier 1, capitaine d'habillement 1, adjudans-majors 2, lieutenans sous-adjudans-majors 2, lieutenant porte-drapeau 1, chirurgien-major 1, aides-chirurgiens 2.

Total des officiers 16.

Tambour-major 1, tambours-maîtres 2, musiciens dont un chef 12, maîtres tailleur-guêtrier, cordonnier, armurier 3.

Total des sous-officiers et ouvriers 18.

---

(1) Voy. l'art. 26 du *num.* 724 et le *tarif*, numéro 69.

Composition d'une compagnie de mineurs ou de sapeurs.

Capitaine en premier 1, capitaine en second 1, lieutenant en premier 1, lieutenant en second 1.
Total des officiers 4.
Sergent-major 1, sergens 6, fourrier 1, caporaux 8, artificiers ou maîtres ouvriers 4, mineurs ou sapeurs de 1.ʳᵉ classe 16, de deuxième classe 14, tambours 2.
Total des sous-officiers et soldats 52.

Cadre de la compagnie de dépôt.

Capitaine en premier 1, capitaine en second 1, lieutenant en premier 1, lieutenant en second 1.
Total des officiers 4.
Sergent-major 1, sergens 4, fourrier 1, caporaux 4, tambours 2.
Total des sous-officiers et soldats 12.
Ainsi le complet d'un régiment du génie sera de 68 officiers, et 654 sous-officiers et soldats.
Total 722 hommes.
21. La compagnie d'ouvriers du génie sera composée ainsi qu'il suit :
Capitaine en premier 1, capitaine en second 1, lieutenant en premier 1, lieutenant en second 1.
Total des officiers 4.
Sergent-major 1, sergens 4, fourrier 1, caporaux 8, maîtres ouvriers 6, ouvriers de 1.ʳᵉ classe 20, de 2.ᵉ classe 10, tambours 2.
Total des sous-officiers et soldats 52.
22. Le cadre de l'état-major d'un escadron et les deux compagnies du train du génie seront composés ainsi qu'il suit :

État-major.

Chef d'escadron commandant 1, adjudant-major 1, trésorier 1, lieutenant d'habillement 1, sous-lieutenant sous-adjudant-major 1, chirurgien-major 1.
Total des officiers 6.
Vétérinaire 1, brigadier-trompette 1, maîtres sellier-bourrelier, tailleur, bottier, éperonnier 4.
Total des sous-officiers et ouvriers 6.

Composition d'une compagnie.

Capitaine 1, lieutenant 1, sous-lieutenant 1.
Total des officiers 3.
Maréchal-des-logis-chef 1, maréchaux-des-logis 4, fourrier 1, brigadiers 4, soldats de 1.ʳᵉ classe 15, maréchaux-ferrans 2, bourrelier 1, trompettes 2.
Total des sous-officiers et soldats 30.

Ainsi la force du train du génie sera de 12 officiers, 66 sous-officiers et soldats, avec 50 chevaux de selle et de trait en temps de paix.

Total 78 hommes.

23. La force totale des troupes du corps royal du génie sera, en conséquence, de 2,166 officiers, sous-officiers et soldats pour les trois régimens, 56 *idem* pour la compagnie d'ouvriers, 78 *idem* pour le train du génie.

Total 2,300 hommes, dont 220 officiers et 2,080 sous-officiers et soldats.

TITRE 4.

Mode de réorganisation des nouvelles troupes du génie.

24. *Les nouvelles troupes du corps royal du génie seront successivement organisées, et aux époques que nous indiquerons.*

25. Les trois régimens du génie prendront les dénominations suivantes :

Le 1.er régiment portera le nom de *régiment de Metz ;*

Le 2.e, *d'Arras :*

Le 3.e *de Montpellier ;*

Les compagnies prendront le nom de leurs capitaines.

26. *Il sera fixé des arrondissemens territoriaux pour chacune des garnisons des troupes du génie, où notre ministre de la guerre aura la faculté de faire rejoindre les sous-officiers et soldats des anciennes troupes du génie non libérés du service, pour composer les nouvelles troupes.*

27. *Le choix des officiers supérieurs destinés à commander les nouveaux corps du génie, sera fait par notre ministre secrétaire d'état au département de la guerre et soumis à notre approbation.*

28. Les inspecteurs-généraux du génie qui seront chargés de l'organisation des nouvelles troupes de cette arme, proposeront à notre ministre secrétaire d'état au département de la guerre, le choix des capitaines et lieutenans qui devront entrer dans les cadres de ces nouvelles troupes.

A mérite égal, l'ancienneté de grade déterminera le choix (1).

_____

(1) Dans les propositions que les inspecteurs-généraux du génie, chargés de l'organisation des nouveaux corps, avaient à faire au ministre pour le choix des capitaines et des lieutenans qui devaient être placés dans les régimens du génie, ils ont dû ne comprendre, conformément aux réglemens existans sur le mode d'avancement dans ce corps, les officiers sortant de la classe des sous-officiers, que dans la proportion du tiers des emplois de chaque grade, non compris les emplois inférieurs de l'état-major susceptibles d'être occupés par ces officiers. *Instruc.* du 19 sept. 1815.

29. Les inspecteurs-généraux proposeront pour la non-activité et la jouissance des quatre cinquièmes de solde, à moins d'ordres contraires de notre part, les officiers nés en pays étranger. S'il en est parmi eux qui désirent retourner dans leur pays, ils proposeront pour ces derniers une récompense proportionnée à la durée de leur service (1).

Titre 5.

Dispositions générales.

30. L'administration et la comptabilité des nouvelles troupes du génie seront établies d'après les bases fixées par les réglemens en vigueur.

Le conseil d'administration sera composé ainsi qu'il est prescrit par notre ordonnance du 20 janvier 1815, ayant en outre le lieutenant-colonel. Le major, rapporteur, prendra rang après le chef de bataillon, s'il est moins ancien de grade (2).

Lorsqu'il y aura partage de voix dans les délibérations, celle du président sera prépondérante (3).

31. La solde, les indemnités et les masses seront payées conformément aux ordonnances et réglemens existans.

Le train du génie jouira de celles accordées au train d'artillerie.

32. Les fonctions de lieutenant-colonel des régimens seront de commander le régiment sous les ordres du colonel, en sa présence ou en son absence, et d'être l'intermédiaire de cet officier supérieur dans toutes les parties du service.

Il aura pour marques distinctives celles qui étaient attribuées au ci-devant major : il en conservera les appointemens et son rang dans le corps.

33. Le major actuel aura le grade de chef de bataillon, et sera choisi parmi les officiers de ce grade ; il remplira les fonctions dont les anciens majors étaient chargés sous le rapport administratif, en attendant qu'elles soient plus amplement déterminées par un nouveau réglement.

Il jouira des appointemens de son grade, et en portera l'épaulette à droite.

34. Chacun des nouveaux régimens du génie, recevra un drapeau dont le fond sera blanc, parsemé de fleurs-de-lis, portant l'écusson de France et la désignation du régiment.

Nous nous réservons de fixer l'époque à laquelle ces drapeaux seront distribués.

35. Un réglement particulier aura pour objet d'établir le

---

(1) Voy. l'art. 24 du *num.* 724.
(2) Voy. l'art. 1.ᵉʳ du *num.* 1025.
(3) Voy. les observations faites à l'art. 39 du *num.* 724.

mode d'avancement aux différens grades dans les nouvelles troupes du génie.

N.º 760.

Instruction pour l'exécution de l'ordonnance du 6 septembre 1815, sur le licenciement des troupes du génie et sur leur réorganisation.

Du 19 sept. 1815. Journ. milit. vol. 52, p. 368.

(*Nota.*) On a cru pouvoir se dispenser de placer ici les articles de cette instruction, qui ne contiennent que des dispositions relatives aux opérations indiquées par le titre ci-dessus, dispositions qui sont actuellement inutiles à connaître.

N.º 761.

Ordonnance du Roi concernant la réorganisation du corps royal du génie.

A Paris, le 22 sept. 1815.

Louis, par la grâce de Dieu, etc.

Vu nos ordonnances des 12 mai 1814 et 6 mars 1815 (1), relatives à l'organisation de cette arme, et conformément à l'article 2 de notre ordonnance du 16 juillet dernier;

Sur le rapport de notre ministre secrétaire d'état au département de la guerre,

Nous avons ordonné et ordonnons ce qui suit :

ART. 1.ᵉʳ L'état-major de notre corps royal du génie, sera réorganisé d'après les dispositions de notre ordonnance du 6 mars 1815 (1), sauf les modifications suivantes.

2. L'emploi de premier inspecteur-général du génie étant supprimé par notre ordonnance du 17 juillet 1815, le nombre des lieutenans-généraux, inspecteurs-généraux, est définitivement réduit à quatre.

Le comité central des fortifications devant être composé de cinq membres, notre ministre secrétaire d'état au départe-

ment de la guerre adjoindra au comité un maréchal-de-camp
de cette arme, indépendamment des deux officiers-généraux
de ce grade qui doivent y être appelés, conformément aux
dispositions de l'article 8 de l'ordonnance du 6 mars 1815.

Notre ministre de la guerre soumettra à notre approbation
un réglement sur les attributions à donner au comité central du génie (1).

3. Le nombre des inspections particulières du génie, fixé
à douze par notre ordonnance du 6 mars, sera réduit à dix.
Il sera fait en conséquence, par notre ministre secrétaire
d'état au département de la guerre, une nouvelle démarcation des arrondissemens mentionnés en l'article 3 de ladite
ordonnance.

Les lieutenans-généraux et maréchaux-de-camp, inspecteurs
du génie, quel que soit leur nombre, n'alterneront plus pour
remplir les emplois déterminés par cet article et l'art. 2.
En conséquence, les dispositions de l'article 25 de notre ordonnance du 12 mai 1814 sont et demeurent supprimées.

Les officiers-généraux ci-dessus dénommés font partie de
l'état-major de l'armée.

4. Le nombre des directeurs du génie sur le continent et
en Corse est fixé à vingt-cinq : en conséquence, le nombre
des colonels directeurs est réduit à vingt-cinq.

Le nombre des majors actuels est fixé à vingt-cinq ; ils
auront la dénomination de *lieutenans-colonels*. A l'avenir, les
directions du génie dans les îles, celle de l'arsenal, les fonctions de commandant en second de l'école d'application, de
secrétaire du comité central du génie chargé du dépôt des
plans et archives, seront confiées à des officiers de ce grade.

5. Le nombre des grades de chefs de bataillon, capitaines,
lieutenans et élèves sous-lieutenans, est maintenu tel qu'il
a été fixé par l'article 3 de notre ordonnance du 12 mai 1814.

Les grades dévolus aux officiers de notre corps royal du
génie, qui doivent être employés dans les trois régimens du
génie dont nous avons déterminé l'organisation par notre ordonnance du 6 de ce mois, sont en sus du nombre déterminé ci-dessus pour l'état-major.

6. Seront admis à concourir aux emplois de l'état-major du
corps royal du génie et des troupes de cette arme,

1.° Les officiers-généraux, supérieurs et particuliers, qui
faisaient partie de ce corps à l'époque du 1.ᵉʳ mars 1815, et à
qui les dispositions de notre ordonnance du 1.ᵉʳ août sur les
retraites ne sont pas applicables;

2.° Les officiers qui avaient servi en cette qualité dans le

(1) Ce réglement approuvé par S. M. a été publié sous la date du 16
mars 1816.

corps royal du génie avant le 1.ᵉʳ janvier 1792, et qui ont demandé, ou demanderont d'ici au 1.ᵉʳ janvier 1816, à reprendre du service, en tant qu'ils ne seront pas compris dans les dispositions de l'ordonnance précitée sur les retraites.

7. Notre ministre secrétaire d'état au département de la guerre nous proposera les officiers-généraux, supérieurs et particuliers, dont il aura fait choix pour composer l'état-major de notre corps royal du génie.

8. En attendant les nominations et remplacemens successifs qui auront lieu, les officiers chargés du service des places, casernement, écoles, arsenal, comité et dépôt des plans et archives, resteront à leurs postes actuels, jusqu'à ce qu'ils aient reçu les ordres de notre ministre de la guerre pour leur admission à la retraite, à la demi-solde ou à leur nouvelle destination.

9. Dans le cas où, par l'effet de la réorganisation et de l'admission à la retraite, il se trouverait quelques emplois vacans, notre ministre de la guerre est autorisé à conserver provisoirement en activité le nombre d'officiers-généraux ou supérieurs nécessaires pour remplir ces emplois vacans, en choisissant les moins âgés parmi ceux admis à la retraite.

10. Il ne sera point conservé dans notre corps royal du génie d'officiers étrangers, à moins qu'ils ne se soient fait naturaliser français (1).

11. Toutes les dispositions contenues dans nos ordonnances des 12 mai 1814, 6 mars 1815, et celles antérieures relatives à notre corps royal du génie, sur l'avancement, la solde, et autres qui étaient en vigueur au 1.ᵉʳ mars 1815, et qui ne sont pas contraires à la présente, continueront de recevoir leur exécution.

---

(1) Ces dispositions sont applicables aux adjudans et gardes du génie (bien qu'ils n'aient qu'un grade plus ou moins élevé de sous-officier), considérés sous le rapport des fonctions d'officiers de police judiciaire, qui leur sont attribuées par la loi du 29 mars 1806 (*num.* 346, p. 750 du vol. II); ils ne pourront, en conséquence, continuer l'exercice de leurs fonctions, en cette dernière qualité, qu'après s'être fait naturaliser français. *Ordonn. du 10 nov. 1815. Bullet.* 42, 7.ᵉ *série.*

N.º 762.

Réglement sur l'uniforme, les marques distinctives et la dénomination des gardes du génie.

Du 10 janvier 1817.

ART. 1.ᵉʳ L'UNIFORME des gardes du génie est fixé de la manière suivante :

Habit bleu-de-roi doublé de rouge, boutonné droit par-devant jusqu'à la ceinture ; collet monté droit, en velours de coton bleu-de-ciel, avec passe-poil écarlate ; paremens en velours de coton noir, avec passe-poil écarlate, ouverts sous la manche et fermés par deux petits boutons ; poches en long et à trois pointes ; taille croisée par derrière ; retroussis ornés d'une grenade et d'une fleur-de-lis en drap bleu ; boutons du modèle adopté pour le corps du génie ; neuf gros boutons uniformes sur le devant de l'habit, du côté droit ; trois sur chaque poche, deux au bas de la taille, et deux petits à chaque parement.

Veste de drap bleu-de-roi garnie de petits boutons uniformes ; pantalons de drap de même couleur ; col noir ; chapeau à la française uni, ganse en galon d'or uni ; bottes à coutures latérales, sans plis, ni soufflet, ni éperons, et coupées à la hongroise ; épée du modèle adopté pour l'infanterie de ligne, sans dragonne ; ceinturon noir sans plaque.

2. Les marques distinctives des différentes classes de gardes du génie, semblables, jusqu'à présent, à celles des adjudans, sergens-majors et sergens des troupes de l'arme, seront supprimées et remplacées, pour les gardes de première classe, par deux boutonnières en galon d'or uni, d'un centimètre et demi de largeur sur huit de longueur, placées des deux côtés du collet ; et pour ceux de deuxième classe, par une boutonnière de même galon et de même dimension placée également de chaque côté du collet. Les gardes de troisième classe ne porteront aucune marque distinctive.

3. A l'avenir, les gardes du génie, tout en conservant, pour la retraite et les différentes récompenses militaires, les droits et prérogatives des grades auxquels ils restent assimilés, ne seront plus désignés que par la dénomination de gardes du génie de première, seconde et troisième classe.

SIXIÈME SECTION.

INGÉNIEURS-GÉOGRAPHES.

N.º 763.

Ordonnance relative au dépôt de la guerre et au corps des ingénieurs-géographes.

Du 1.er août 1814.

(*Nota.*) Les dispositions de cette ordonnance, modifient celles du décret du 30 janvier 1809, n.º 135, pag. 265 du vol. II ; et celles qui étaient relatives au mode de paiement du traitement supplémentaire des ingénieurs-géographes. -- Voy. le tarif, n.º 9, à la fin du 4.ᵉ volume.

ART. 1.er LE dépôt de la guerre, destiné à recueillir et conserver les archives historiques, les reconnaissances et les mémoires militaires, à conserver les plans et cartes manuscrites propres au service et au gouvernement des armées et des administrations, à les faire graver et publier, chargé enfin de tout ce qui tient aux opérations de la topographie, sera sous les ordres d'un chef supérieur, choisi parmi les officiers-généraux de l'armée de terre, et qui aura le titre de directeur-général du dépôt de la guerre.

2. Il y aura un sous-directeur choisi parmi les officiers-supérieurs de l'armée de terre.

3. Le ministre de la guerre pourra attacher au dépôt de la guerre, des officiers de l'état-major, suivant que le service l'exigera ; mais le nombre de ces officiers ne pourra être au-dessus de huit, et ils seront pris parmi les colonels ou dans les grades inférieurs.

4. Le nombre des commis, dessinateurs et graveurs, sera fixé par le ministre de la guerre, en raison des besoins du service.

5. Le corps des ingénieurs-géographes, destiné à la levée et à la construction des cartes topographiques et militaires, ainsi qu'au tracé des camps et marches des armées, portera le nom de *corps royal des ingénieurs-géographes militaires.* Ce corps, attaché au dépôt de la guerre, aura pour com-

mandant l'officier-général directeur-général de ce dépôt, et pour commandant en second le sous-directeur.

6. Le corps royal des ingénieurs-géographes militaires sera composé de quatre-vingt-quatre officiers, savoir :

4 colonels ; 6 chefs d'escadron ; 20 capitaines de 1.ʳᵉ classe ; 20 capitaines de 2.ᵉ classe ; 28 lieutenans ; 6 élèves sous-lieutenans. Total 84.

7. Les officiers du corps royal des ingénieurs-géographes militaires jouiront de la solde et des indemnités de tout genre dont ils ont joui jusqu'à ce jour, d'après les formes et dans les cas déterminés par les lois et les réglemens militaires.

La retraite de ces officiers, lorsqu'ils y auront droit, sera réglée d'après les mêmes principes que ceux adoptés pour les autres officiers de l'armée ; mais le temps que les ingénieurs-géographes auront passé sur le terrain, sera compté avec moitié en sus.

8. Les élèves du corps royal des ingénieurs-géographes militaires seront pris parmi ceux de l'école polytechnique, à mesure qu'il y aura des places vacantes à l'école d'application du corps.

Cette école sera placée au dépôt de la guerre, sous le commandement du directeur-général : les élèves devront y rester au moins deux années avant d'être promus au grade de lieutenant.

Les professeurs de l'école seront choisis parmi les officiers du corps.

9. Les ingénieurs-géographes militaires, pendant qu'ils seront à l'armée active, ou qu'ils seront employés sur le terrain à des travaux géodésiques ou topographiques, jouiront d'un traitement supplémentaire, qui sera payé en même temps et de la même manière que la solde (1).

Ce traitement supplémentaire, dont la quotité sera fixée par le ministre de la guerre (1), servira à subvenir au salaire des chaîneurs, à l'achat et à la réparation des instrumens de détail dont les ingénieurs-géographes militaires se fourniront à leurs frais (1).

10. *Cinq colonels étant maintenant en activité dans le corps des ingénieurs-géographes ; en considération des services rendus par ces officiers et de ceux qu'ils peuvent rendre encore, il*

---

(1) Ce supplément (voy. la note 4 du *num.* 135, pag. 265 du vol. II) a été réduit à 150 francs par mois pour les officiers de tout grade, lorsqu'ils ont à l'armée ou employés sur le terrain à des opérations géodésiques et topographiques ; *décis. minist.* du 18 juillet 1814 ; *lett.* du 4 août suivant. – Il n'est point passible de la retenue du deux pour cent exercée au profit de l'hôtel royal des invalides ; voy. le *numéro* 896.

est pour cette fois dérogé aux dispositions de la présente ordonnance en leur faveur : ils sont tous cinq maintenus en activité dans le corps.

Les lieutenans ingénieurs-géographes n'étant que dix aujourd'hui au lieu de vingt-huit, le nombre des élèves sous-lieutenans, fixé à six par l'article 6 de la présente ordonnance, sera pour cette fois porté à vingt-quatre, afin de pourvoir à la nomination des dix-huit places de lieutenant vacantes dans le corps.

11. Les officiers-ingénieurs-géographes prisonniers de guerre, et ceux actuellement en activité, qui, par suite de la réduction du corps à quatre-vingt-quatre officiers, ne pourront faire partie de l'effectif conservé, seront placés à la suite du corps, jouiront de la demi-solde, et seront nommés aux premières places vacantes dans leurs grades respectifs.

Ceux d'entre eux qui auront des droits à la retraite, en recevront une basée sur leurs services et sur les lois existantes.

12. Le ministre de la guerre déterminera les changemens qu'il convient de faire à l'uniforme actuel du corps des ingénieurs-géographes.

13. Au commencement de chaque année, le directeur-général du dépôt de la guerre rendra compte au ministre des travaux exécutés pendant l'année précédente, soit dans l'intérieur du dépôt de la guerre, soit sur le terrain, par le corps royal des ingénieurs-géographes : il présentera en même temps le projet de travail pour l'année suivante.

SEPTIÈME SECTION.

GENDARMERIE.

N.° 763 (*Bis*).

Masses de secours extraordinaires ; ordre du 1.er inspecteur-général de la gendarmerie.

Du 5 floréal an 12.

D'APRÈS l'article 75 de la loi du 28 germinal an 6 (page 271 du vol. II), le produit de cette masse est destiné à faire face aux frais d'administration, et à procurer des indemnités aux sous-officiers et gendarmes qui, en remplissant leurs devoirs, et sans qu'il y ait de leur faute, auront éprouvé des pertes.

Par suite d'un ordre émané le 5 floréal an 12, du 1.ᵉʳ *inspecteur-général* de la gendarmerie, explicatif de l'article ci-dessus, ce fonds est aussi destiné à secourir les hommes qui auraient, eux ou leur famille, essuyé des maladies ; à les indemniser d'un déplacement que le bien du service aurait exigé ; enfin à pourvoir en partie à leur remonte, lorsqu'ils ont eu le malheur de perdre un cheval sans qu'il y ait eu de leur faute (1).

N.° 764.

Circul. relative à l'enregistrement des dépenses dans les compagnies de gendarmerie.

Du 3 décembre 1808.

Une *circulaire du ministre de la guerre, du 10 vendémiaire an 12* (1), *concernant la tenue de la comptabilité des compagnies de gendarmerie, porte, Messieurs,* que le détail des paiemens dans ces compagnies sera enregistré par brigade sur le registre-journal du quartier-maître.

---

(1) Cet avis est inséré dans un recueil intitulé manuel de la gendarmerie ; manuel qui n'est pas officiel, à la vérité, mais qui paraît contenir avec assez d'exactitude toutes les dispositions qui sont particulières à cette arme. Quoiqu'il en soit, cette décision, relative à la masse des secours extraordinaires, est assez généralement suivie. Il nous paraît toutefois qu'elle donne beaucoup trop de latitude aux commandans des compagnies, et que, d'un autre côté, elle porte une atteinte indirecte aux dispositions de la loi du 28 germinal an 6, qui semble n'avoir réservé les fonds de cette masse, que pour faire uniquement face à des pertes éprouvées par les hommes dans l'exercice de leurs fonctions ; et non pas pour administrer des secours à raison de causes étrangères au service : peut-être serait-il convenable de poser des limites plus précises sur l'administration de ces secours ; et puisque les fonds de la masse ne sont formés que par le moyen des retenues faites sur la solde individuelle des hommes, il semble que son emploi ne devrait être relatif qu'à des événemens éprouvés dans le service, qui pèse également sur tous les hommes, et non pour des maladies à raison desquelles les hôpitaux leur sont ouverts, ou pour des causes qui donneraient lieu à l'allocation d'une indemnité particulière.

(1) Cette circulaire n'a point été insérée dans le recueil ; elle ne contient aucune disposition qui ne soit prévue par les réglemens relatifs à la comptabilité des corps, si ce n'est celle qui est indiquée dans le §. ci-dessus.

Les quartiers-maîtres de quelques compagnies s'étaient écartés de cette disposition, et ne faisaient leur enregistrement que par lieutenance, se fondant, pour cette opération, sur un ordre de Monsieur le maréchal, premier inspecteur de l'arme.

J'avais demandé au ministre de la guerre, si en effet M. le maréchal premier inspecteur-général avait donné cet ordre.

Son Excellence m'a répondu qu'elle était assurée que M. le maréchal *Moncey* n'avait jamais donné d'ordre pour modifier les dispositions de la circulaire précitée du 10 vendémiaire an 12 ; qu'il avait seulement prescrit, comme une mesure conforme au bien du service, d'adresser la solde des brigades à chaque lieutenant, afin de prévenir les abus qui résultaient du déplacement des hommes, lorsque les brigades étaient directement payées au chef-lieu du département.

Ce ne peut être que par une extension donnée à cet ordre, que quelques quartiers-maîtres se seront permis de s'écarter des dispositions de la circulaire du 10 vendémiaire ; en ne faisant leurs enregistremens que par lieutenance au lieu de les faire par brigade.

Veuillez donc bien, Messieurs, rectifier les erreurs qui pourraient se commettre, à cet égard, dans votre arrondissement, et faire en conséquence exactement veiller à ce que les enregistremens se fassent par brigade.

N.° 765.

Casernement de la gendarmerie ; *Circul. du 22 août 1810, G.* — Il résulte de cette circulaire que l'indemnité de logement qui était accordée en vertu de l'arrêté du 24 vendémiaire an 11 (voy. la pag. 318 du vol II, 2.ᵉ partie), aux sous-officiers et gendarmes non casernés, doit cesser de leur être payée à dater du 1.ᵉʳ octobre 1810 ; et que dans les communes où les brigades, soit à pied, soit à cheval, ne peuvent être casernées, les préfets de département passeront des *polices* pour le logement individuel des gendarmes, et soumettront ces contrats à l'approbation du ministre.

S. Exc. rappelle dans cette circulaire que, d'après les réglemens, le logement de chaque gendarme à pied ou à cheval doit être composé d'une chambre à feu, et celui du commandant de la brigade de deux chambres dont une à feu. *Voy. la page* 320 *du même volume* (1).

---

(1) Il faut ajouter à l'article 8 de la circul. du 2 vendémiaire, rappelée dans la page ci-dessus indiquée, les dispositions suivantes qui ont été omises lors de l'impression du recueil. « Ils pourvoiront

N.° 766.

Instruction sur l'approvisionnement des fourrages de la gendarmerie.

Du 15 juin 1813. G.

(*Nota.*) Cette circulaire abroge les dispositions des articles 4, 5 et 6 du *numéro* 145, page 328 du vol. II.

ART. 1.ᵉʳ CHAQUE année, au moment des récoltes et dans le temps le plus favorable, MM. les préfets des départemens procéderont à l'adjudication au rabais des fournitures de fourrages nécessaires à la consommation des brigades à cheval de la gendarmerie de leur département.

2. Les fournitures seront affichées, au moins quinze jours à l'avance, dans chacune des communes où résident les brigades. L'affiche fera connaître la quantité de rations à livrer ; elle relatera aussi que les fournitures seront payées comptant (1).

3. Les marchés seront passés séparément pour chaque brigade et pour chaque espèce de fourrages (1).

---

pareillement (les préfets), à partir de la même époque, aux fournitures et à l'entretien des lits qui sont accordés gratuitement, pendant deux années, aux militaires extraits de la ligne pour le recrutement de la gendarmerie.

« L'état de ces militaires sera remis aux préfets par les conseils d'administration de la gendarmerie ; il relatera l'époque de la mise en activité de chacun de ces militaires dans les brigades, et il indiquera le régiment de ligne dont ils auront été extraits en vertu des ordres du ministre : cet état sera visé par le fonctionnaire ayant la police du corps. »

(1) Ces adjudications sont faites d'après des soumissions cachetées. Il aurait été à souhaiter que l'on eût fixé d'une manière plus précise le mode à suivre pour les passer, afin d'assurer les intérêts du trésor.

D'un côté le peu d'importance de cette fourniture, lorsqu'elle est relative à une brigade seule, de l'autre côté la difficulté de l'effectuer lorsqu'elle doit être faite à toutes les brigades d'un même département, éloignent, pour l'ordinaire, les particuliers qui pourraient se charger de cette entreprise ; et c'est presque toujours aux mêmes individus qu'elle est adjugée. D'où il résulte qu'il n'y a pas une concurrence assez grande, pour que les marchés ne soient pas, très-souvent, onéreux.

Peut-être serait-il convenable d'appliquer à ces adjudications le mode qui est prescrit par la circul. du 26 novembre 1806, relati-

Les adjudications auront lieu en présence de l'inspecteur aux revues, du commissaire des guerres et des officiers de la gendarmerie, qui féront insérer dans les marchés toutes les clauses nécessaires pour en assurer la garantie, ainsi que la bonne qualité des fournitures. Les soumissionnaires donneront caution.

4. Les chevaux des sous-officiers et gendarmes devant être nourris en commun dans chaque résidence, les approvisionnemens seront calculés d'après le complet des brigades, à raison de trois cent soixante-cinq rations par cheval, y compris les restans en magasin sur l'approvisionnement de l'année précédente. Les qualités et quantités de fourrages seront les mêmes que celles qui sont fixées par l'article 1.er de l'arrêté du 8 vendémiaire an 12 (1).

Néanmoins il sera inséré dans les marchés une stipulation particulière pour les cas où les besoins du service pourraient occasionner une plus grande fourniture de fourrages.

5. Les fournitures seront payées comptant aussitôt après les livraisons. Les conseils d'administration affecteront d'abord à ce paiement le produit du franc qu'ils auront touché, avec la solde, depuis le commencement de l'année (2).

---

vement aux marchés passés pour le service des hôpitaux. Voy. le *numéro* 524, page 97 du *vol.* IV.

Dans tous les cas, les fonctionnaires qui doivent les passer, ne sauraient apporter trop de vigilance pour empêcher les intelligences condamnables, qui bien souvent ont lieu entre les soumissionnaires.

Les concurrens ne doivent pas être présens à l'ouverture des soumissions, etc. Voyez le *numéro* que l'on vient de citer.

(1) Voy. le *numéro* 145, pag. 328 du vol. II.

(2) Ces dispositions supposent que les compagnies de gendarmerie, auront accumulé dans leur caisse, le produit du franc affecté à la fourniture des fourrages, depuis le 1.er janvier de l'année dans laquelle on procède à l'adjudication (qui, pour l'ordinaire, est passée dans le 3.e trimestre de chaque année); mais il n'en est pas ainsi, du moins pour la plupart des compagnies, parce que ce produit n'existait pas et ne pouvait exister dans les caisses, au moment où ce régime a été adopté : dès-lors on n'a pu contracter que sous la condition du paiement des fournitures à terme échu, c'est-à-dire, à la fin de chacun des mois, dans lesquels les fourrages sont consommés par les chevaux. Par conséquent, on n'a pas fait d'emprunt à la masse de compagnie; ce qui est peut-être une des causes pour lesquelles ces adjudications sont quelquefois passées à des prix onéreux.

Le sous-inspecteur arrête, à la fin de chaque mois, suivant le mod. prescrit par la circ. du 11 novem. 1813, des états pour le paiement de la différence qui se trouve entre le prix de la ration, d'après les marchés, et le produit du franc qui est payé avec la solde.

L'ordonnance du Roi, du 28 avril 1778, portait (*tit.* 8) que le paiement des rations dont il devait être tenu compte à chaque homme du corps de la *maréchaussée*, lui serait fait en trois termes, savoir ; un tiers

Si, d'après les marchés passés dans un département, le prix des fourrages s'élève au-dessus d'un franc, l'inspecteur aux revues déterminera alors le taux moyen de la ration d'après les différens prix fixés par les marchés ; il établira ensuite une revue de rappel pour le paiement de cet excédant, à partir du premier janvier.

Si le montant de ce rappel ajouté au produit du franc était insuffisant pour solder entièrement les fournitures, la somme nécessaire sera provisoirement empruntée à la masse de compagnie, qui sera remboursée de cette avance au moyen du paiement mensuel de la portion de solde affectée à la nourriture du cheval, d'après la nouvelle fixation arrêtée par l'inspecteur aux revues (1).

(*Voir* l'exemple ci-après, ou cette opération est démontrée.)

6. Dans les départemens où la ration de fourrages coûtera moins d'un franc, les inspecteurs aux revues cesseront de faire payer le franc accordé avec la solde des gendarmes, pour la nourriture du cheval, aussitôt que la masse de fourrages présentera un fonds suffisant pour solder entièrement les fournitures.

7. Les dispositions ci-dessus seront exécutées pour les approvisionnemens des détachemens de gendarmerie en service extraordinaire hors de leur département.

Le conseil d'administration de la gendarmerie du département où ces détachemens seront employés, administrera la comptabilité de leurs fourrages séparément et d'après le même

---

par évaluation de ce que la ration devait coûter, dans le mois de mai, un autre tiers dans le mois de septembre, et le dernier tiers, qui devait être le décompte du prix connu de la ration pour toute l'année, au mois de février de l'année suivante.

Le montant de chacun de ces paiemens (dont le premier servait à acquitter l'approvisionnement de foin pour une année, le second celui de l'avoine, et le troisième à solder entièrement ces deux objets, s'ils n'avaient pu l'être entièrement, ainsi que la paille précédemment achetée) devait être remis à chaque commandant de brigade, pour être employé par lui aux achats *en lieux et saisons convenables*, sous l'inspection des officiers, qui devaient se faire représenter les marchés auxquels concouraient conjointement le commandant et les cavaliers de chaque brigade.

Peut-être serait-il avantageux au trésor, de remettre en vigueur quelques-unes de ces dispositions, et d'intéresser les hommes eux-mêmes dans la fourniture des fourrages. Ce qui, de fait, a lieu quelquefois par des conventions clandestines entre le fournisseur et ces mêmes hommes : abus qu'il est difficile de réprimer, et duquel il résulte que la consommation est toujours égale aux approvisionnemens. Cependant il est généralement connu qu'en de certaines circonstances, on ne donne point aux chevaux, la totalité de la ration d'avoine, dans l'été principalement, où, lors des grandes chaleurs ; il pourrait même être dangereux, dans les départemens méridionaux, de la faire consommer en entier.

(1) Voy. la note précédente.

mode établi pour les brigades sédentaires ; cependant les mar-chés qui concerneront l'approvisionnement desdits détache-mens , ne pourront être que conditionnels , et la durée de ces marchés sera toujours subordonnée aux mouvemens du service.

8. Pour faciliter les distributions , le foin et la paille seront mis en bottes du poids prescrit par l'article 1.er de l'arrêté du 8 vendémiaire an 12 , et il sera établi dans chaque brigade deux mesures pour la distribution de l'avoine , l'une de huit litres deux tiers , l'autre qui sera nommée jointée , du tiers de cette mesure. Ces mesures seront étalonnées pour prévenir les changemens et altérations ; elles seront renfermées dans le coffre à avoine immédiatement après les distributions ; le com-mandant de la brigade aura la clef de ce coffre , ainsi que celle du magasin des fourrages , et il ne pourra s'en dessaisir qu'en cas d'absence ; auquel cas il la remettra au plus ancien gen-darme de la brigade.

9. La distribution des fourrages sera faite chaque jour aux heures du pansement , par le commandant de la brigade , et, en son absence , par le plus ancien gendarme ; il sera délivré une ration complète pour chacun des chevaux présens à la résidence.

10. Le gendarme partant pour un objet de service qui le tiendra en campagne toute la journée , mais qui pourra reve-nir coucher à la résidence , n'emportera que le tiers de la ration d'avoine , et il ne lui sera rien déduit sur la ration complète du jour , qui se trouvera alors consommée , tant par l'emploi du tiers d'avoine emporté , que par le déjeûner qu'il aura donné à son cheval en partant , et par le souper à son retour.

Le gendarme employé à un service extraordinaire , qui le forcera de découcher seulement une nuit , pourra emporter une ration d'avoine et une de foin ficelée ; mais à la distri-bution du lendemain , on lui donnera de moins les quantités de litres d'avoine et de kilogrammes de foin qu'il aura reçues la veille en excédant de la consommation journalière du cheval.

Toutes les fois qu'un gendarme sera dans le cas de dé-coucher plusieurs nuits de suite , le jour de son départ, il recevra les deux tiers de la ration ; la portion restante de cette ration sera mise en réserve pour lui être distribuée le jour de son retour à sa résidence.

11. Chaque brigade , autant que le local le permettra , don-nera place aux chevaux des maréchaux-des-logis , brigadiers et gendarmes des autres brigades *de la même compagnie seulement,* quand leur service les y appellera , et elle cédera les rations de fourrages nécessaires à la nourriture desdits chevaux. Ces ra-tions , qui seront toujours fournies au complet , seront portées

sur le journal des consommations journalières que chaque commandant de brigade doit tenir, en exécution des réglemens ; et il y sera fait mention du nom des sous-officiers et gendarmes à qui elles auront été livrées : ces derniers tireront des certificats des quantités de rations que leurs chevaux auront reçues, et les rapporteront aux commandans des brigades de leurs résidences. Ces certificats seront joints aux états mensuels des consommations que les commandans des brigades doivent adresser aux lieutenans, pour être transmis par ceux-ci au conseil d'administration.

12. Lorsqu'un gendarme découchera plusieurs nuits de suite, dans les nuits de non-résidence de brigades, mais dans son département, et qu'il sera obligé d'acheter les fourrages de son cheval, il sera tenu de rapporter au commandant de sa brigade un bordereau de consommation desdits fourrages, constatant la dépense qu'il aura faite ; à défaut de la production de cette pièce dûment certifiée par les maires ou adjoints, ou par deux citoyens domiciliés, les gendarmes ne seront remboursés de leurs dépenses en fourrages qu'au taux le moins élevé de la ration, d'après les différens marchés qui auront été passés pour l'approvisionnement des brigades.

13. Les détachemens qui seront provisoirement formés dans un département par la réunion de plusieurs gendarmes ou de plusieurs brigades du même département, et qui ne pourront recevoir les fourrages des magasins des brigades environnantes, seront approvisionnés par les soins du commandant du détachement. La dépense sera pareillement remboursée d'après les bordereaux de consommation, qui constateront le prix des fourrages dans l'arrondissement.

14. Les sous-officiers et gendarmes qui sortiront de leur résidence pour se rendre à un détachement employé dans un autre département, pourvoiront à la nourriture de leurs chevaux, à compter du jour *inclus* de leur départ, jusqu'au jour aussi *inclus* de leur arrivée à leur destination ; ils seront remboursés de la dépense de leurs fourrages en rapportant au conseil d'administration de la gendarmerie du département où le détachement sera employé, les différens bordereaux de consommation de leurs fourrages pendant la route : à cet effet, l'ordre de service qui sera donné au sous-officier ou gendarme, devra toujours relater l'ordre du départ de sa résidence, et faire mention qu'à dater de ce jour, il cesse d'être porté comme présent sur les feuilles d'appel de sa compagnie.

Les mêmes dispositions seront suivies, lors du retour, des hommes détachés, à leur résidence respective, ainsi que pour les gendarmes qu'un objet de service appellerait momentanément dans un autre département.

15. Les sous-officiers et gendarmes qui recevront l'ordre de

se rendre aux armées n'auront plus droit à aucune fourniture de fourrages des magasins de leur brigade, à compter
du jour inclus de leur départ de leur résidence; ces fournitures leur seront faites des magasins militaires, conformément
aux réglemens. Quant aux hommes qui rentreront de l'armée,
ils ne participeront aux distributions de fourrages qui sont
faites à la résidence que le lendemain de leur arrivée.

16. Aux moyens des dispositions ci-dessus, et attendu que
les gendarmes, dans quelque position que les mouvemens du
service puissent les placer, devront toujours recevoir ou se
procurer une ration complète, le journal que les commandans de brigade sont tenus d'établir pour constater la situation des magasins de fourrages, ne devra plus présenter, à
l'égard des consommations, que l'inscription exacte des rations complètes qui auront été distribuées, soit aux gendarmes
de la résidence, soit à ceux des brigades étrangères (1).

Le premier de chaque mois, ces commandans arrêteront,
sur ce journal, l'état des consommations du mois précédent
et la situation des magasins, et ils enverront un double de
l'état par eux arrêté, au lieutenant de l'arrondissement; celui-ci, après avoir comparé les consommations aux mouvemens des gendarmes de sa lieutenance et au nombre des journées de présence des chevaux, indiquera les inexactitudes ou
les doubles emplois, s'il en a remarqué, et l'enverra, avec
ses observations, au conseil d'administration de sa compagnie.

17. Le commandant d'une brigade ou d'un détachement
provisoirement formé comme il est dit ci-dessus, article 13,
et dont les chevaux ne pourront recevoir de fourrages des
magasins des brigades, tiendra de son côté un livret des distributions journalières qu'il aura faites aux chevaux de son
détachement (2); il l'adressera tous les quinze jours au lieutenant de l'arrondissement où il sera employé; celui-ci s'assurera si le nombre des rations portées en distribution est
exactement calculé d'après l'effectif des chevaux du détachement, et les mutations qui pourront être survenues, et il
enverra l'état au conseil d'administration, avec les observations dont il lui aura paru susceptible; le conseil d'administration, après vérification faite, établira le décompte de la
dépense, et en fera payer le montant sur les fonds de la masse
des fourrages; il dressera par trimestre, pour être vérifié et

---

(1) Ce journal est établi suivant le modèle *num.* 4, faisant suite à l'instruction donnée par le ministre de la guerre, pour l'exécution de l'arrêté du 8 vendémiaire an 12, *num.* 145; modèle auquel on doit faire
les changemens qui résultent de ces nouvelles dispositions.
(2) Modèle *num.* 5 annexé à la même instruction.

arrêté par le sous-inspecteur aux revues, l'état des rations
dont le prix aura été ainsi acquitté.

18. Chaque conseil d'administration rapprochera et compa-
rera les états des distributions journalières et de situation des
magasins, qui lui auront été adressées par les lieutenans ; il
s'assurera si les rations fournies par d'autres brigades à des
gendarmes détachés, ont été déduites de la consommation
journalière des brigades auxquelles ces gendarmes appartiennent, et si pareille déduction a eu lieu pour les gendarmes
détachés et qui auront été dans le cas d'acheter le fourrage
de leurs chevaux.

Après avoir relevé les inexactitudes et rectifié les doubles
emplois qu'il aura remarqués, il formera et dressera, conformément aux modèles prescrits par les réglemens antérieurs (1), les états des rations consommées dans la compagnie pendant le mois précédent, et celui de la situation générale des magasins à l'expiration dudit mois.

A leur revue du trimestre, les chefs d'escadron vérifieront
avec le plus grand soin les différens états qui auront été
mensuellement établis par les conseils d'administration, pour
constater les consommations et la situation générale des magasins de fourrages ; après avoir reconnu l'exactitude de ces
états, ils les arrêteront.

Pareille vérification sera faite par les colonels des légions
de gendarmerie, lors de leurs revues d'inspection du corps
et des compagnies de réserve des départemens.

19. Les commandans des brigades veilleront à ce qu'aucun
gendarme n'emploie autrement qu'à la nourriture de son cheval, tout ou partie de la ration qui lui est accordée ; ils
préviendront les lieutenans des abus qui auraient eu lieu à
cet égard, et les lieutenans en rendront compte au capitaine.

20. Les chefs d'escadron, les capitaines, et particulièrement
les lieutenans, dans leurs tournées, ou lorsque le service les
obligera à se porter dans quelques résidences de brigades,
vérifieront soigneusement si les quantités de fourrages portées dans les marchés, auront été livrées aux époques con-
venues ; si les fourrages sont de bonne qualité, et s'ils n'ont
point éprouvé d'avaries par suite de la négligence des commandans de brigades.

Ils se feront représenter les journaux de l'état de situation
des magasins et des consommations journalières des fourrages, s'assureront de leur exactitude, examineront avec soin
les chevaux, verront si leur état annonce qu'ils reçoivent,

_____

(1) Modèles numéros 6 et 7 annexés à l'instruction citée dans la note précédente.

chaque jour, exactement la ration complète ; rechercheront les infidélités qu'ils soupçonneraient avoir été commises dans les distributions ou l'emploi des fourrages, et rendront compte à leurs supérieurs immédiats de toutes les plaintes qui leur seraient parvenues, ou des malversations qu'ils auraient reconnues (1).

21. Dans le courant de janvier de chaque année, les conseils d'administration remettront à l'inspecteur aux revues les différens états mensuels de consommation et de situation des magasins, pour servir à l'établissement du compte de l'année révolue, qui sera toujours divisé en deux parties.

La première partie comprendra la consommation des fourrages qui existaient dans les magasins au 1.er janvier de l'année précédente ; le calcul de la dépense sera établi, pour chaque brigade, d'après le prix des marchés qui avaient été passés pour l'approvisionnement de cette même année.

La seconde partie du compte comprendra seulement les quantités de rations de fourrages consommées dans chaque brigade sur le dernier approvisionnement : le calcul de la dépense sera fait pareillement, pour chaque brigade, d'après le prix des marchés qui auront été passés pour ce même approvisionnement.

Les dispositions ci-dessus seront suivies pour l'établissement du compte des fourrages consommés en 1813 ; la dépense, pour la première partie de ce compte, sera établie en se conformant aux anciens réglemens.

Le modèle d'état n.° 9 continuera à être employé pour l'établissement de chacun des deux comptes que les inspecteurs aux revues devront établir annuellement (2) ; seulement les colonnes destinées à recevoir l'inscription du prix de la ration de chaque espèce de denrée, ne devront présenter que le prix de cette ration, d'après les marchés qui serviront seuls désormais à l'établissement des comptes, en conséquence des nouvelles dispositions réglementaires ci-dessus.

Exemple.

Une compagnie de gendarmerie de dix brigades à cheval, doit consommer annuellement 21,910 rations de fourrages.

Lorsqu'elle fait ses approvisionnemens au mois d'octobre, les journées de présence de ses chevaux ne se sont élevées, d'après les revues des neuf mois antérieurs, qu'à 16,380 fr.

---

(1) Voyez la note placée à l'article 5, et particulièrement le dernier §. de cette note.

(2) Ce modèle fait suite à la circulaire du 17 vendémiaire an 14 (journal militaire, vol 32, p. 200.

Cette compagnie n'a donc touché avec la solde, à raison d'un franc pour chaque journée de présence, que (1)..   16,380 f.

D'après les marchés passés, le prix de la ration de fourrages a été fixé à 1 franc 50 centimes. L'inspecteur établit des revues de rappel pour le supplément de 50 centimes, et fait payer................   8,190

Total des sommes payées...........   24,570 f.

Mais le nombre de rations de fourrages nécessaires à l'approvisionnement complet de ces dix brigades, pour une année, est de 21,910 rations, lesquelles, à 1 franc 50 centimes, forment une dépense de...............................   32,850

Le conseil d'administration emprunte à la masse de compagnie 8,280 francs, qui sont remboursés successivement à cette même masse, ainsi qu'il suit ;   8,280 f.

SAVOIR :

31   jours d'octobre donnent 1860 journées de présence, lesquelles, à 1 fr. 50 c., font.........................   2,790 f.
30   jours de novembre..................   2,700
31   jours de décembre.................   2,790

Somme égale......

8,280 f.

Nota. Il faut considérer que l'opération ci-dessus présente la dépense d'après le complet des brigades et la consommation entière, ce qui n'est pas, les mouvemens du service dans le cours de l'année donnant toujours lieu à un restant en magasin.

Je vous recommande, Messieurs, de concourir chacun en ce qui vous concerne, à l'exécution de ces dispositions, qui ne dispenseront pas MM. les préfets de m'envoyer, dans le courant de janvier de chaque année, l'état du prix moyen des fourrages en chaque lieu de résidence des brigades, conformément à ce qui leur a été prescrit par la circulaire de mon prédécesseur, du 17 vendémiaire an 14; je les invite à m'adresser cet état avec la plus grande régularité.

Les inspecteurs aux revues devront aussi m'envoyer, aussitôt la passation des différens marchés, un état qui en présentera le relevé, et qui fera connaître la quantité des approvisionnemens pour chaque brigade, le prix de chaque espèce de four-

_____

(1) Voyez les observations de l'art. 5.

rages, *et le taux moyen de la ration d'après la fixation qu'ils en auront arrêtée* (1).

Je joins à la présente le modèle de cet état.

Recevez, etc.

N.° 767.

Ordonnance du Roi concernant l'organisation de la gendarmerie royale.

Du 11 juillet 1814.

(*Nota.*) LES dispositions de cette ordonnance sont devenues inutiles, ou sont abrogées par celles du 10 septembre 1815, que l'on trouvera ci-après : on a cru pouvoir, en conséquence, se dispenser de la placer dans ce supplément.

N.° 768.

Ordonnance du Roi concernant l'organisation de la garde de police de Paris.

Du 14 août 1814.

(*Nota.*) LA garde de police de Paris a été créée par un décret du 10 avril 1813 ; ce corps porte aujourd'hui le titre de gendarmerie royale de Paris ; il est organisé à l'instar de la gendarmerie ; il a le même rang ; il fait le même service, et il a les mêmes attributions, en ce qui concerne cette dernière ville seulement.

Nous nous dispenserons de rapporter le texte de cette ordonnance, ainsi que de celles du 23 décembre 1814 (*bullet.* n.° 44, 5.° série), et du 10 janvier 1816 (*bullet.* 65, 7.° série), qui porte l'effectif de ce corps à 34 officiers et 987 sous-officiers et gendarmes, dont la solde et les frais d'entretien font partie du budget des dépenses de la ville pour la police de laquelle il est institué.

Les militaires qui font partie de ce corps, et les fonctionnaires qui sont chargés d'en surveiller l'administration, trouveront dans les ordonnances et dans les décrets ci-dessus indiqués, toutes les dispositions qui sont particulières à leur service et à leurs fonctions : et dans les autres actes que contient le recueil (7.° sect. du chap. 5), celles qui sont relatives au service, à la police et à la discipline de la gendarmerie en général, auxquelles ils doivent se conformer.

---

(1) Le modèle de ce relevé est annexé à la présente instruction.

N.º 769.

Ordonnance du Roi concernant la gendarmerie.

Du 10 septembre 1815.

LOUIS, par la grâce de Dieu, etc.

Vu notre ordonnance du 21 juillet dernier sur la réunion de l'inspection de la gendarmerie royale au ministère de la guerre (1), etc. etc.

Art. 1.ᵉʳ Le corps de notre gendarmerie royale formera huit inspections et vingt-quatre légions, dont la division en escadrons, compagnies, lieutenances et brigades, est réglée conformément au tableau annexé à la présente ordonnance.

2. La première légion fera le service du département de la Seine, de nos voyages et chasses, et de nos résidences royales.

3. La force des vingt-quatre légions sera :

Colonels	24	
Chefs d'escadron	46	167
Capitaines en premier	89	
Capitaines en second	8	

Dont 2 pour la 1.ʳᵉ légion, et six pour les compagnies maritimes.

OFFICIERS

Lieutenans en premier	383	
Lieutenans en second (pour les compagnies maritimes)	6	483
Trésoriers (2) { Lieutenans en premier	48	
Lieutenans en second	46	

(1) Cette ordonnance porte que l'inspection générale de la gendarmerie, créée par l'arrêté du 8 germinal an 8 (*num.* 139, pag. 304 du vol. II) sera supprimée ; et que les bureaux et archives en seront réunis au ministère de la guerre, pour former, avec les bureaux de la police militaire et des déserteurs, une seule division dirigée par un général, sous la dénomination de division de la gendarmerie et de la police militaire ; et que toutes les parties de l'administration et des diverses comptabilités de la gendarmerie, seront réunies à cette division, conformément aux principes établis par les lois des 16 février 1791 et 2 thermidor an 2 : tous les envois qui se rattachent à l'administration doivent, en conséquence, porter l'indication du bureau de la gendarmerie.

(2) Les brigades, provisoirement, ne devront pas excéder la force de 6 hommes. *Ordonn. du* 18 *nov.* 1815. — Les *trésoriers*, lieutenans de

1550 Brigaclos à cheval, chacune de 8 hommes (1).	Maréchaux-des-logis........	516	} 12,400
	Brigadiers.................	1,034	
	Gendarmes et trompettes....	10,850	
620 brigades à pied, chacune de 8 hommes (1)	Maréchaux-des-logis........	206	} 4,960
	Brigadiers.................	414	
	Gendarmes et trompettes....	4,340	

Total................. 18,010

4. Il y aura huit inspecteurs-généraux de la gendarmerie du grade de lieutenant-général ou de maréchal-de-camp. Ils prendront rang, selon leur ancienneté, parmi les inspecteurs-généraux de cavalerie, et jouiront des mêmes honneurs, traitemens et indemnités.

Leurs arrondissemens respectifs d'inspection seront fixés par le tableau annexé à la présente ordonnance.

Les inspecteurs-généraux devront passer, chaque année, au moins quatre mois en tournée d'inspection dans leur arrondissement; cette tournée commencera du 15 août au 1.er septembre, sans préjudice de celles que le bien du service pourrait rendre nécessaires en d'autres temps.

Les huit inspecteurs-généraux de la gendarmerie se réuniront à Paris dans le courant de janvier, pour proposer en comité tout ce qui pourrait intéresser l'administration et le service de cette arme.

Ainsi qu'il sera detaillé dans l'ordonnance que nous nous proposons de rendre incessamment sur le service de la gendarmerie, et outre ce qui est prescrit par la présente, les inspecteurs-généraux rempliront dans leurs arrondissemens, pendant leurs diverses tournées seulement, les fonctions attribuées aux inspecteurs-généraux des autres armes; ils interviendront dans toutes les parties du service particulier de la gendarmerie de leurs arrondissemens, donneront tous les ordres nécessaires pour lui assurer une marche régulière, et en rendront compte au ministre de la guerre.

5. Nos inspecteurs-généraux de cavalerie et d'infanterie désigneront, dans leurs revues annuelles, le nombre de sous-officiers, brigadiers ou caporaux, que notre ministre secrétaire d'état de la guerre aura jugé nécessaire pour entretenir le complet de la gendarmerie.

Ces militaires prendront rang dans notre gendarmerie royale, selon les principes établis ci-après.

Les adjudans, les maréchaux-des-logis-chefs et sergens-majors, qui auront occupé ces emplois pendant au moins un

_____

1.re classe, jouissent d'un traitement de 2000 francs; ceux de 2.e classe, de 1800 francs : *Circul. du* 26 juin 1816.

(1) *Voy. la note de la page précédente.*

an, seront admis comme brigadiers. Ils en porteront les marques distinctives dès le jour de leur arrivée ; mais ils n'en
toucheront la solde qu'après avoir été pourvus des premiers
emplois vacans, dans le cas où il ne s'en trouverait pas lors
de leur admission. Ces sous-officiers seront, de droit, candidats pour les places de maréchaux-des-logis, après un an
de service comme brigadiers titulaires.

Les sergens, maréchaux-des-logis et fourriers, ne seront
admis que comme gendarmes ; mais, après un an de service
dans cet emploi, ils seront, de droit, candidats pour le
grade de brigadier.

Les brigadiers et caporaux seront également admis en
qualité de gendarmes, mais **sans** pouvoir être candidats de
droit.

Si quelques-uns des candidats de droit donnaient lieu à
des plaintes sur leur conduite ou sur leur service, le colonel
les examinerait avec attention, et pourrait, selon la gravité
des faits, et sauf l'approbation de l'inspecteur-général, les
rayer de la liste des candidats, ou passer leur tour à la première élection.

Il n'est pas dérogé par les dispositions ci-dessus aux conditions d'admission dans notre gendarmerie royale, où nul
ne pourra être reçu, quel que soit son grade, s'il ne sait lire
et écrire correctement (1), s'il n'est d'une conduite éprouvée,
et s'il ne justifie de quatre années de service au moins dans
notre garde royale ou dans la ligne (cette dernière condition
ne sera pas de rigueur pour la formation actuelle, où les
volontaires royaux qui justifieront avoir servi dans les corps
levés en 1815, seront susceptibles d'être admis sans avoir
quatre années de service), enfin s'il n'est âgé de vingt-cinq ans
au moins et de quarante au plus.

L'indemnité de première mise continuera d'être accordée
aux militaires sortant immédiatement des corps (2).

---

(1) Une instruction ministerielle du 5 septembre 1815, porte que les hommes qui seront proposés par les inspecteurs-généraux pour le service
de la gendarmerie, devront avoir de l'instruction, de l'expérience,
une conduite éprouvée et des formes qui les rendent propres aux
relations journalières qu'ils sont dans le cas d'avoir avec les autorités
civiles et judiciaires : que les sous-officiers et brigadiers doivent savoir
lire et écrire correctement, et qu'ils doivent avoir 5 pieds 5 pouces
pour la cavalerie, 5 pieds 4 pouces pour l'infanterie, etc. -- Voy.
encore le *numéro* 138, p. 303 du vol. II.

Une ordonnance du 18 novemb. 1815 (*Bullet.* 44), porte qu'il sera
formé dans chaque département, un jury chargé de procéder à l'organisation des brigades ; et que ce jury sera composé du préfet, du
général commandant le département et du procureur près la cour
royale.

(2) *Voy.* relativement à cette première mise la page 316 du vol II,
note 3. -- D'après une décision royale du 5 juin 1816, elle est accordée

Nos inspecteurs-généraux de gendarmerie se feront présenter, à chacune de leurs tournées, les sous-officiers, brigadiers et caporaux fournis par nos troupes depuis la dernière inspection; ils les examineront, et renverront à leurs corps ceux qui seraient reconnus manquer de capacité ou de conduite. (*Voy. la note précédente.*)

Les sous-officiers et soldats de toute arme, porteurs d'un congé absolu, et qui, réunissant toutes les conditions ci-dessus énoncées, voudraient entrer dans la gendarmerie, en se montant, s'habillant et s'équipant à leurs frais, se présenteront au capitaine de la gendarmerie de leur département, qui, après avoir pris des renseignemens sur eux et sur leurs familles, en fera, s'il y a lieu, la proposition au colonel, qui la soumettra à l'acceptation de l'inspecteur-général, lequel est autorisé à remplir les places vacantes, en rendant compte à notre ministre secrétaire d'état de la guerre.

Les adjudans et autres sous-officiers qui seraient admis dans notre gendarmerie, en vertu de cette disposition, jouiront des avantages accordés à ceux choisis dans les corps, s'ils justifient y avoir servi dans leur grade le temps exigé ci-dessus pour ces derniers.

6. Seront susceptibles de concourir à la nouvelle formation,

1.° Les officiers actuels de la gendarmerie;

2.° Ceux des compagnies supprimées de notre maison et des corps licenciés;

3.° Ceux des corps royaux organisés en 1815 et qui ont fait campagne.

A l'avenir, et après la formation actuelle, les officiers, pour être admis dans la gendarmerie, devront être âgés de trente ans au moins, et de quarante-cinq ans au plus, joindre l'instruction aux formes qui les rendent propres aux relations journalières qu'ils doivent avoir avec les autorités administratives et judiciaires.

Le service de la gendarmerie exigeant une instruction pratique, les officiers ne pourront, après la formation actuelle, y entrer que dans les grades de lieutenans et chefs d'escadron, ainsi qu'il est dit ci-après, article 8, afin qu'ils aient le temps d'acquérir l'expérience nécessaire pour commander

_____

non-seulement à tous les militaires extraits de la ligne, mais encore à tous ceux (toutefois pour la première formation seulement) qui, porteurs de congés définitifs ou provisoires, ont été admis dans la gendarmerie, par les jurys d'organisation. — Indépendamment de la fixation portée dans la note que l'on vient d'indiquer, le maréchal-des-logis a droit à 6 francs 25 centimes, et le brigadier à 3 francs 25 centimes. *Circul. du 12 juin* 1816. — Cette augmentation est relative à la dépense qu'occasionne l'achat des marques distinctives, dans les emplois de capitaine et de colonel ; et ils devront être pourvus d'un grade au moins égal, l'avoir occupé pendant deux ans, et compter au moins six ans de service.

7. Chaque année, à l'approche des inspections, les lieutenans désigneront les gendarmes et les brigadiers propres à l'avancement.

Sur ces désignations, chaque capitaine dressera une liste de huit candidats pour les places de brigadier qui seraient ou deviendraient vacantes, et de quatre candidats pour les places de maréchaux-des-logis.

Le capitaine enverra ses listes au chef d'escadron, qui les transmettra, avec ses observations, au colonel : celui-ci les remettra, avec ses notes particulières, à l'inspecteur-général, qui s'assurera par lui-même de la bonté des choix.

Le colonel gardera un double des listes par devers lui ; et lorsqu'il vaquera un emploi dans la légion, il en adressera une de trois candidats, pris, s'il y a lieu, sur celles de toutes les compagnies, à l'inspecteur-général, qui, après s'être concerté avec MM. les préfets, et avoir pris communication des renseignemens qu'ils auront reçus des sous-préfets et maires, sur la conduite des gendarmes dans les arrondissemens et les communes, choisira, fera entrer en fonctions et rendra compte au ministre secrétaire d'état de la guerre.

Les gendarmes et brigadiers ne seront susceptibles d'avancement qu'après au moins deux ans de service dans leur emploi, sauf les exceptions résultant de l'article 5.

Les maréchaux-des-logis de chaque arrondissement d'inspection concourront entre eux pour l'avancement aux places de lieutenant.

Les colonels remettront, chaque année, à l'inspecteur-général, l'état des maréchaux-des-logis ayant cinq ans d'exercice dans ce grade, qui, par leur zèle, leur conduite et leurs moyens, mériteront de l'avancement. L'inspecteur-général s'assurera de l'exactitude de cet état, y prendra trois sujets qu'il présentera à notre ministre secrétaire d'état de la guerre pour chaque place vacante au tour de la gendarmerie.

La moitié des emplois de lieutenant qui viendront à vaquer, sera donnée à des sous-officiers de gendarmerie ; l'autre moitié, à des officiers de l'armée, à notre choix.

Le conseil d'administration de chaque compagnie d'une même légion désignera un maréchal-des-logis pour un emploi de trésorier vacant dans la légion : l'inspecteur-général en choisira un, et le proposera au ministre secrétaire d'état au département de la guerre.

Chaque année, au mois de janvier, nos ministres secrétaires d'état de la justice, de l'intérieur, de la marine, de la police générale, adresseront au ministre secrétaire d'état de la guerre un tableau des officiers et gendarmes qui auront le mieux servi dans leurs rapports avec ces divers ministères, et de ceux dont les services auraient mérité des reproches.

8. Conformément aux dispositions de l'article 6, les lieutenans concourront entre eux pour le grade de capitaine ; savoir : un tiers à l'ancienneté, et deux tiers à notre choix.

Le tiers à l'ancienneté et le tiers au choix rouleront sur l'arrondissement d'inspection seulement où sera la vacance.

L'autre tiers à notre choix roulera sur toute l'arme.

Les trésoriers concourront entre eux, et par ancienneté, pour le grade de lieutenant en premier dans leur emploi ; les trésoriers lieutenans en premier concourront avec les autres lieutenans pour l'avancement au grade de capitaine, qu'ils ne pourront obtenir que pour passer au commandement d'une compagnie : toutefois ils seront libres de préférer l'emploi de trésorier, en renonçant au grade de capitaine.

L'avancement au grade de chef d'escadron aura lieu, deux tiers sur toute l'arme de la gendarmerie, dont un tiers à l'ancienneté et un tiers à notre choix. L'autre tiers sera à notre choix dans notre garde royale et dans l'armée.

Ne pourront être proposés pour de l'avancement, les lieutenans trésoriers, lieutenans en premier, capitaines et chefs d'escadron de gendarmerie, qui n'auraient pas quatre ans de service révolus dans leurs grades respectifs.

L'avancement au grade de colonel roulera sur toute l'arme, un tiers à l'ancienneté, les deux autres tiers à notre choix. Pour les places au choix, les inspecteurs-généraux, réunis en comité, établiront annuellement une liste de dix chefs d'escadron qui méritent le mieux l'avancement. Ce sera sur cette liste que notre ministre secrétaire d'état de la guerre pourra proposer les sujets qui devront remplir les vacances à mesure qu'elles auront lieu.

La moitié des emplois d'inspecteurs-généraux du grade de maréchal-de-camp sera donnée aux colonels de notre gendarmerie, indépendamment de l'avancement que nous nous réservons la faculté de leur donner dans l'armée.

Lors de chaque vacance, notre ministre secrétaire d'état de la guerre nous présentera une liste de trois candidats qu'il aura choisis, après avoir consulté le comité des inspecteurs-généraux.

La moitié des emplois d'inspecteurs-généraux de gendarmerie, du grade de lieutenant-général, sera donnée, sur la présentation de notre ministre secrétaire d'état au département de la guerre, aux maréchaux-de-camp inspecteurs de gendarmerie.

9. Les brevets des officiers, et les commissions des sous-officiers, brigadiers et gendarmes, seront expédiés par notre ministre secrétaire d'état de la guerre.

10. Les démissions, changemens de résidence ou de com-

pagnie des sous-officiers et gendarmes, seront proposés par les capitaines au colonel, et par celui-ci à l'inspecteur-général, lequel, lors de sa tournée, statuera définitivement sur ces sortes de demandes, excepté toutefois si le changement de résidence ne devait pas s'effectuer dans son arrondissement; auquel cas, il en référerait à notre ministre secrétaire d'état de la guerre.

L'inspecteur-général lui proposera les changemens de résidence et les démissions des officiers.

11. La solde de la gendarmerie reste telle qu'elle a été fixée par les lois, ordonnances et réglemens antérieurs.

Les indemnités seront les mêmes jusqu'à ce qu'il soit statué à cet égard (1).

Lorsque les officiers de tout grade de notre gendarmerie royale ne recevront pas le logement en nature, ils auront droit à l'indemnité attribuée à leurs grades respectifs (2).

12. Conformément aux ordonnances du 28 avril 1778 (3) et antérieures, et à celle du 16 février 1791, la gendarmerie prend la gauche des troupes de notre maison et la droite des troupes de ligne. Les officiers, sous-officiers et gendarmes ont le rang du grade immédiatement supérieur; mais ils n'en jouissent, pour le commandement, qu'après les titulaires de ce même grade dans l'armée, et ils n'en ont la retraite qu'après dix ans de service dans le grade qu'ils exercent et dans le corps de la gendarmerie (4).

13. Les dispositions des lois, ordonnances et réglemens antérieurs, applicables à la gendarmerie, auxquels il n'est pas dérogé par la présente ordonnance, continueront provisoirement à recevoir leur exécution.

---

(1) Une décision royale du 15 janvier accorde aux hommes du corps de la gendarmerie une indemnité, à raison de la cherté du pain, lorsqu'il se trouvera au-dessus du prix de 20 cent. la livre : comme cette disposition paraît ne devoir être que transitoire, nous nous bornerons à indiquer la circul. du 19 janvier 1817, dans laquelle il en est question; en ajoutant que, d'après des mesures particulières approuvées par le ministre, c'est le prix du pain, de qualité ordinaire, qui doit servir de base pour régler l'indemnité. *Voy.* aussi *la circul. du 26 avril 1817.*

(2) Les officiers, pour obtenir le paiement de cette indemnité, doivent justifier, par des attestations des maires de leurs communes, qu'ils ne sont logés ni dans les bâtimens militaires, ni dans les casernes de la gendarmerie; ils n'ont droit qu'à l'indemnité de logement, et non point à celle d'ameublement. *Circul.* du 28 mars 1816. Cette indemnité est indépendante du traitement qui a précédemment été alloué aux officiers de ce corps. *Circul. du 2 juillet* 1816. *Voy. la* 6.ᵉ *sect. du chap.* 13 *de ce supplément* sur les changemens que ces dispositions apportent aux retenues qui doivent être exercées sur la solde des officiers de gendarmerie, *Num.* 897.

(3) Art. 10 et 11 du titre premier de cette *ordonnance*.

(4) Voy. l'art. 18 du *num.* 812.

14. *Les dispositions de notre ordonnance du 1.er de ce mois, relatives aux retraites, seront appliquées sur-le-champ au corps actuel de la gendarmerie* (1).

Les officiers, sous-officiers et gendarmes dans le cas de la retraite, recevront ordre de se retirer sur-le-champ dans leurs foyers, pour y jouir, les officiers, du traitement réglé par la dernière ordonnance, et les sous-officiers et gendarmes, de la moitié de leur solde, jusqu'au moment où ils recevront leur brevet de pension : cette demi-solde sera payée par les soins du conseil d'administration de la compagnie de gendarmerie du département dans lequel les sous-officiers et gendarmes établiront leur domicile.

Nos inspecteurs-généraux de gendarmerie accepteront les démissions et donneront des congés absolus aux officiers, sous-officiers et gendarmes qui les solliciteront ; ils réformeront les sous-officiers et gendarmes qui, n'étant pas dans le cas de la retraite, seraient cependant incapables de continuer leur service.

15. *Pour l'organisation réglée par la présente ordonnance, les officiers, sous-officiers et gendarmes, seront choisis, tant parmi les anciens officiers, sous-officiers et gendarmes jugés, par les inspecteurs-généraux, susceptibles d'être conservés en raison de leurs opinions et de leur bonne conduite, que parmi les volontaires royaux et autres militaires réunissant les qualités et les conditions requises* (2).

Les inspecteurs-généraux choisiront et installeront les sous-officiers et gendarmes, et en rendront compte à notre ministre secrétaire d'état de la guerre, qui fera expédier les commissions.

Les officiers seront nommés par nous, sur la présentation de notre ministre secrétaire d'état de la guerre. En conséquence, ceux que nosdits inspecteurs-généraux auront provisoirement jugés susceptibles d'être maintenus, ne le seront définitivement qu'après avoir été confirmés.

Les quartiers-maîtres actuels concourront pour les emplois de trésoriers. Ceux conservés et les trésoriers admis prendront rang entre eux, selon leur ancienneté, pour les grades de lieutenans en premier et lieutenans en second. Les quartiers-maîtres qui ne seront pas maintenus, et les sous-lieutenans aujourd'hui dans les compagnies, concourront avec les lieutenans, selon leur position respective.

16. Les officiers non compris dans l'organisation, et non

---

(1) L'*ordon.* citée dans la note de l'art 5, porte que, pour cette fois seulement, la solde de retraite sera accordée aux sous-officiers et gendarmes qui ne seront point conservés par l'effet de la nouvelle organisation, s'ils sont dans leur 55.e année d'âge ou 25.e année de service.

(2) Voy. l'observation placée à l'art. 5.

susceptibles de la retraite , se retireront dans leurs foyers, pour y jouir, les officiers supérieurs, de la demi-solde ; les autres, *des quatre cinquièmes de leur solde*, conformément à ce qui a été réglé pour les autres armes.

17. Il ne sera plus reconnu d'officiers à la suite du corps de notre gendarmerie royale.

18. Notre ministre secrétaire d'état de la guerre rédigera un projet de réglement général sur le service de la gendarmerie ; et, après s'être concerté avec les ministres respectifs, il nous le présentera pour en ordonner l'exécution (1).

N.º 770.

CHANGEMENT DE RÉSIDENCE DES SOUS-OFFICIERS ET GENDARMES. — On ne doit opérer aucun changement dans la résidence des sous-officiers ou gendarmes, sans en avoir préalablement obtenu l'autorisation du ministre de la guerre (2).

N.º 770 *(Bis)*.

Circulaire relative aux avances illégales qui sont faites sur les masses de la gendarmerie.

Du 18 juin 1816.

MONSIEUR, je suis informé que, contrairement aux dispositions de ma circulaire du 30 décembre 1815, plusieurs conseils d'administration de la gendarmerie cèdent encore aux demandes que forment quelques officiers pour obtenir des

---

(1) A la suite de cette ordonnance, est un tableau des inspections-générales des légions, inspections et compagnies, ainsi que du nombre de militaires de chaque grade qui les composent. *Voyez le bulletin des lois*, *num.* 34, 7.ᵉ série.

(2) Ces dispositions qui résultent d'une lettre écrite le...... 1816 au colonel de la 14.ᵉ légion, modifient l'article 178 du numéro 136, vol II , d'après lequel ces changemens pouvaient être autorisés par le commandant de chaque escadron. S. Exc. observe, dans cette lettre, que les changemens de résidence donnent lieu à des abus contraires au bien du service, ainsi qu'aux intérêts des hommes et même à celui du trésor, en ce que les hommes détachés touchent une indemnité à laquelle ils n'auraient pas droit, s'ils étaient restés dans leur résidence.

avances sur les fonds de masse des sous-officiers et gendarmes.

Je dois appeler votre attention à ce sujet, afin que vous veilliez à ce que ces fonds ne soient point détournés de leur véritable destination. Vous prescrirez, en conséquence, aux sous-inspecteurs aux revues sous vos ordres de se faire rendre un compte exact, au commencement de chaque mois, des recettes et dépenses qui auront eu lieu dans le mois précédent, sur les masses de la gendarmerie. Ils établiront les déficits, et, si la balance offre un excédant de recette, ils se feront représenter les valeurs existantes en caisse, et en constateront le montant, ainsi que la nature, dans les états de situation *qui doivent être dressés chaque mois, et que les conseils d'administration soumettront dorénavant au visa de MM. les sous-inspecteurs aux revues.*

Je vous invite à vous faire rendre compte de ces opérations, et à me faire connaître nominativement les membres du conseil d'administration, qui se permettraient de donner une fausse direction aux fonds de masse dont ils sont personnellement responsables envers les sous-officiers et gendarmes.

Je vous invite également à me signaler les officiers de gendarmerie qui auraient abusé de leur autorité, ou profité de la faiblesse des conseils d'administration, pour se faire donner des avances sur les masses de la gendarmerie.

J'ai l'honneur, etc.

Le maréchal-de-camp chef de la 8.ᵉ division.

HUITIÈME SECTION.

CORPS DIVERS.

N.º 771.

Résumé des dispositions qui ont été publiées sur divers corps hors ligne.

(*Nota.*) On rappelle ici les observations que l'on a faites dans le tableau de division générale, faisant suite à l'introduction, page 18, à l'égard du chap. 5.ᵉ, et relativement aux corps irréguliers, généralement désignés sous le nom de corps hors-ligne.

On croit pouvoir, d'après ces observations, se borner à citer ici les actes qui ont paru sur l'organisation ou la dissolution de plusieurs de ces corps.

1.º RÉGIMENT COLONIAL ÉTRANGER. -- Une ordonnance du 16 décembre 1814 (bulletin des lois n.º 63 de la 5.ᵉ série) porte qu'il sera formé un régiment colonial étranger, dans lequel seront placés les militaires espagnols et portugais qui existent à la solde de la France, et qui sont en état de servir. Ce régiment devait être composé d'un état-major et de trois bataillons ayant le même effectif, en officiers et sous-officiers, que les régimens français. L'administration, la comptabilité, la solde et les masses devaient être les mêmes que celles de l'infanterie de ligne. On ne connaît point les dispositions nouvelles qui existent sur ce corps.

2.º BATAILLONS COLONIAUX. -- Une ordonnance royale du 28 septembre 1814 (bulletin 42, 5.ᵉ série) amalgame les bataillons coloniaux avec les bataillons de pionniers du même nom, pour en former deux corps sous le titre de 1.ᵉʳ et 2.ᵉ bataillons coloniaux. - Il y a actuellement trois corps sous cette dénomination.

DISCIPLINE ET JUSTICE MILITAIRE. S. M. a décidé le 3 juillet 1816 (bulletin 99), sur le rapport du ministre de la guerre, (exposant que l'arrêté du 16 germinal an 12, page 360 du vol. XI, note 4, relatif à la *discipline et à la justice* militaires., à exercer dans les bataillons coloniaux, contient, entre autres dispositions, celle de faire juger ceux qui appartiennent à ces corps par une *commission militaire*, lorsqu'ils se rendent coupables de quelque délit), que les conseils de guerre permanens seraient ressaisis, conformément à la loi, de la connaissance des faits imputés à ces militaires, présens à leur corps, et qui nécessiteraient leur mise en jugement; et ce, d'après les dispositions de la charte constitutionnelle qui prohibent la création de tribunaux extraordinaires.

3.º LÉGION ROYALE CORSE. - Deux bataillons de chasseurs corses avaient été créés par l'ordonnance du 10 octobre 1814 (bulletin des lois n.º 53 de la 5.ᵉ série); ils ont été dissous par celle du 15 septembre 1815 (bullet. n.º 28, 7.ᵉ série), qui prescrit en outre la formation d'un corps sous la dénomination de légion de la Corse, dont l'organisation est basée sur l'ordonnance du 3 août (n.º 724). L'uniforme et l'armement des militaires dont se compose cette légion étaient réglés par les ordonnances des 10 octobre 1814 et 15 septembre 1815 que nous avons rappelés ci-dessus; mais par celle du 3 juillet 1816 (bulletin 99), il a été arrêté qu'elle serait assimilée en tout aux légions des autres départemens; que l'uniforme, l'armement et l'équipement seraient semblables à ceux de ces légions, parmi lesquelles elle prendrait le n.º 54.

4.º LÉGION ÉTRANGÈRE DE HOHENLOHE. -- L'ordonnance du 6 septembre 1815 (bulletin n.º 24, 7.ᵉ série) prescrit le licenciement des huit régimens (1), connus sous le nom de régimens étrangers, dont l'organisation avait été faite par suite de divers actes précédemment publiés; elle porte en outre qu'après que le licenciement de ces corps sera opéré, on formera, par un choix fait parmi les militaires qui doivent rester au service français, une légion sous la dénomination de légion royale étrangère, organisée conformément à ce que prescrit l'ordonnance du 3 août précédent, *num.* 724, et dont le traitement et l'administration seront

---

(1) On pense qu'il y a erreur sur le nombre de ces régimens dont, trois seulement avaient été organisés par l'ordonnance du 10 décembre 1814 (bulletin numéro 63 de la cinquième série).

les mêmes que ceux des autres corps formés par suite de ces dernières dispositions, et dont l'uniforme sera ultérieurement déterminé. — Par suite des dispositions de l'ordonnance du 9 juin 1816 (bulletin n.º 99), cette légion doit prendre le nom de légion de *Hohenlohé.*

On n'y admet que des étrangers qui ont contracté un engagement suivant les dispositions de l'instruction du 16 février 1815 (1), *num.* 672, page 6. Ces étrangers, d'après des mesures prises postérieurement à cette instruction, lettre ministérielle du 25 septembre 1816, ne reçoivent aucune prime à raison de leur enrôlement, dont la durée est fixée à six ans. Ainsi ce corps n'a pas de masse de recrutement, suivant qu'il paraît résulter des art. de la même instruct.

HUITIÈME SECTION.

§. 1.ᵉʳ *Bataillon d'équipages militaires.*

N.º 772.

Mutations qui surviennent parmi les chevaux ou mulets, et relativement aux voitures des bataillons du train des équipages. *Circul. du* 16 *octobre* 1813, A. Le ministre après avoir réglé, par deux circulaires du même jour, les comptes qui devaient être rendus à ce sujet depuis l'époque de la création de ces bataillons jusqu'au 1.ᵉʳ octobre 1813, a déterminé, dans une 3.ᵉ circulaire, également du 16 octobre, le mode qui devait être suivi pour rendre les mêmes comptes à l'avenir ; et il a décidé qu'à dater du 1.ᵉʳ octobre, le conseil d'administration du dépôt de chaque bataillon d'équipages lui adresserait, savoir :

1.º Un état mensuel dans la forme du modèle n.º 6 (annexé à cette circulaire) présentant les mutations survenues parmi les chevaux ou mulets du bataillon ;

2.º Un état semblable pour les voitures, suivant le modèle n.º 7.

Il ne doit figurer sur ces deux états que des pertes dûment justifiées ; celles qui ne le seraient pas, ne seront qu'indiquées, par forme de renseignement provisoire, dans la co-

---

(1) Quelques sous-officiers français ont été autorisés à s'y enrôler à cause des détails de la comptabilité.

lonne d'observations. En conséquence les états mensuels qui seront adressés au ministre à dater du 1.er octobre 1813, devront être accompagnés des procès-verbaux constatant les réformes, ventes et pertes de diverse nature qui y seront énoncées, sauf au bataillon à justifier, le plutôt possible, les pertes mentionnées provisoirement dans la colonne d'observations ;

3.° Un bordereau trimestriel, conforme au modèle n.° 8, indiquant les chevaux ou mulets qui auraient été vendus dans le trimestre précédent ;

4.° Un autre bordereau, suivant le modèle n.° 9, indiquant les voitures qui auraient été réformées, et qui, par l'effet des circonstances, auraient été vendues au profit de la masse d'entretien des voitures du bataillon.

D'après un arrêté du gouvernement du 9 floréal an 9 (1), les objets de cette nature qui sont réformés, doivent être vendus au profit de la caisse d'amortissement ; mais cet arrêté n'étant rigoureusement applicable qu'aux objets que le ministère jugerait devoir être mis en vente par suite d'un état de paix, à l'avenir, et en vertu de décisions que S. Exc. a prises les 24 novembre 1812 et 20 août 1813, les voitures d'équipages légalement réformées seront vendues, et le produit en sera versé dans la caisse des bataillons, à titre de dépôt. Le ministre se réserve de déterminer l'emploi des sommes qui en proviendront.

Ces réformes et ces ventes n'auront lieu dans l'intérieur qu'en vertu d'une décision ministérielle : à l'armée, elles devront être autorisées par l'intendant-général.

Dans tout état de choses, il ne sera procédé à la vente des voitures déclarées hors de service, que quand il aura été reconnu et contstaté, par un procès-verbal en bonne forme, qu'on ne pourrait en tirer un parti plus avantageux, en en faisant servir les débris à réparer d'autres voitures. Dans ce dernier cas, la valeur de ces débris sera réglée par des experts, et les bataillons qui les auront employés se chargeront en recette du montant de l'estimation ;

5.° Un état trimestriel de situation de la masse d'entretien de voitures, dans la forme du modèle n.° 10.

Ainsi, à compter du 1.er octobre 1813, les états n.° 6 et 7 seront établis mois par mois, et devront parvenir au ministre accompagné des procès-verbaux justificatifs des réformes, des pertes et des ventes.

A dater de la même époque, les bordereaux n.° 8 et 9 seront adressés à S. Exc. dans le premier mois de chaque trimestre, pour le trimestre précédent ; et l'état n.° 10, dans le mois de l'établissement des revues.

_____

(1) Voy. le *num.* 575, page 416 du vol. 4.

Quand il n'y aura pas matière à remplir quelques-uns de ces états, il en sera formé de négatifs. Ces derniers seront envoyés au ministre en même temps que ceux qui auront été remplis. Les uns et les autres devront être revêtus du visa du sous-inspecteur aux revues chargé de la police administrative du bataillon. Il n'en sera admis aucun sans cette formalité.

N.° 773.

Ordonnance du Roi concernant l'organisation des bataillons du train des équipages des transports militaires pour le pied de paix.

| Du 12 septembre 1814. — (Bullet. 38 , 5.ᵉ série.)

(*Nota.*) LES bataillons du train des équipages militaires, qui ont pris la dénomination d'escadrons, par suite de l'ordonnance du 14 octobre 1814 (*bullet. num.* 46, 5.ᵉ série), après avoir été organisés d'après les dispositions de celle du 12 septembre, dont on croit pouvoir se borner à rapporter le titre ci-dessus, attendu que ces dispositions sont devenues inutiles, ont été licenciés par ordonnance du 23 octobre 1815, *num.* 775. — On ne croit pas qu'il ait été publié de dispositions pour les réorganiser.

N.° 774.

Ordonnance du Roi portant organisation du parc de construction des voitures et d'équipages militaires établi à Sampigny, département de la Meuse.

Du 23 décembre 1814.

(*Nota.*) La plus grande partie des dispositions de cette ordonnance, sont modifiées par celle du 23 octobre 1815 , *numéro* 775.

ART. 1.ᵉʳ NOTRE parc de construction des voitures d'équipages militaires établi à Sampigny , département de la Meuse, recevra une organisation entièrement militaire et sera mis sur le pied de paix.

2. Le personnel à y maintenir sera composé comme ci-après (1) :

Direction du parc.

1 Major du train des équipages militaires, directeur du parc ;
1 Chef d'escadron, sous-directeur ;
2 Capitaines adjoints.

Ces officiers seront tirés des escadrons du train des équipages militaires.

Leur traitement sera le même que celui affecté à leur grade respectif dans cette arme (2).

Employés.

1 Caissier-payeur, avec traitement annuel de quinze cents francs ;
1 Garde d'équipages de 1.ʳᵉ classe, avec traitement annuel de seize cents francs ;
1 Garde d'équipages de 2.ᵉ classe, avec traitement annuel de douze cents francs ;
1 Garde d'équipages de 3.ᵉ classe, avec traitement annuel de neuf cents francs ;
2 Portiers, avec solde chacun de quatre cents francs par an.

3. Il est créé, pour les travaux du parc, deux compagnies d'ouvriers d'équipages militaires ; elles seront formées des maîtres-ouvriers et ouvriers sortant des bataillons du train des équipages militaires et des ouvriers conscrits existans au parc.

4. Ces compagnies porteront les n.ᵒˢ 1 et 2, et chacune d'elles aura la composition ci-après :

1 Capitaine-commandant ; 1 lieutenant ; 1 sous-lieutenant. Total 3.

1 Sergent-major ; 4 sergens ; 1 fourrier ; 4 caporaux ; 4 maîtres-ouvriers ; 8 ouvriers de 1.ʳᵉ classe ; 16 ouvriers de 2.ᵉ classe ; 22 apprentis ; 2 tambours. Total 62.

5. Les officiers de ces compagnies seront tirés des escadrons du train des équipages. Leur traitement sera le même que celui attribué à leur grade dans cette arme.

6. Les sous-officiers, caporaux, ouvriers des différentes classes, et tambours, sont assimilés, pour la solde, le supplément de solde et tout traitement accessoire, tant en station qu'en route et en campagne, aux compagnies d'ouvriers d'artillerie.

7. L'uniforme, le grand et le petit équipement, ainsi que l'armement de ces compagnies, seront tels qu'ils ont été réglés

---

(1) Voy. l'article 11 du *num.* 775.
(2) Voy. le tarif, *num.* 63.

pour les escadrons du train des équipages, sauf les paremens et les revers, qui seront de la couleur des passe-poils de l'uniforme des escadrons.

8. Chaque compagnie aura un conseil d'administration composé comme ci-après :

Le capitaine-commandant, président ;
Le lieutenant, membre ;
Et un sous-officier, *idem.*

Ce dernier sera élu conformément au décret du 21 décembre 1808.

9. Indépendamment de ces deux compagnies, il sera formé une section d'ouvriers d'état qui sera particulièrement attachée au parc.

Sa composition sera comme ci-après :

1 Chef d'ouvriers d'état, avec solde annuelle de seize cents francs ;
3 Sous-chefs, avec solde annuelle chacun de douze cents francs ;
4 Ouvriers d'état, avec solde annuelle chacun de neuf cents francs.

8

Ces ouvriers d'état seront choisis parmi les chefs et sous-chefs d'ateliers déjà existans au parc (1).

10. Le parc sera administré par un conseil d'administration composé comme il suit (2) :

Le major-directeur, président ;
Le sous-directeur (présidera en l'absence du directeur) ;
Le plus ancien capitaine des compagnies d'ouvriers militaires, membre ;
Un capitaine adjoint au parc, *idem* ;
Le plus ancien lieutenant des compagnies d'ouvriers, *idem.*

Le garde de première classe tiendra la plume, et fera les fonctions de secrétaire du conseil : il n'aura pas voix délibérative.

Le commissaire des guerres assistera au conseil pour veiller aux intérêts de notre trésor royal : il n'aura pas voix délibérative.

11. Notre ministre de la guerre fera choix de tous les sujets nécessaires à cette organisation, et les commissionnera. Il déterminera les attributions de chacun, ainsi que les travaux à exécuter chaque année.

12. La solde et les traitemens annuels, réglés par la pré-

---

(1) Ils doivent avoir la même solde que ceux de l'artillerie ; voy. l'article 11, du *num.* 775.
(2) Voy. l'art. 20 du *num.* suivant.

sente ordonnance, seront acquittés sur les fonds de la solde et d'après le mode déterminé pour l'armée.

N.° 775.

Ordonnance du Roi relative au licenciement et à la réorganisation du train des équipages militaires.

Du 23 octobre 1815.

TITRE 1.er

Licenciement du train des équipages militaires.

ART. 1.er LES quatre escadrons du train des équipages militaires, conservés et organisés d'après notre ordonnance du 14 septembre 1814, sont licenciés (1).

2. Les officiers, sous-officiers et soldats de ces escadrons, seront renvoyés dans leurs foyers. Il en sera formé des détachemens pour se rendre dans leurs départemens respectifs (1), etc.

TITRE 2.

Parc de construction des équipages militaires.

10. Les bâtimens et terrains affectés aux constructions, réparations et emmagasinemens des équipages militaires des armées, dans les communes de Sampigny (Meuse) et de Vernon (Eure), continueront d'avoir cette destination.

11. Il ne sera conservé pour la direction, l'administration, la conservation et l'entretien de ces deux établissemens, que le personnel qui, par notre ordonnance du 23 décembre 1814, avait été affecté au seul parc de Sampigny, et qui se compose des grades ci-après :

    1 Major du train des équipages militaires, directeur. Cet officier prendra, à l'avenir, le titre de lieutenant-colonel, en conservant son rang et ses marques distinctives.

    1 Chef d'escadron, sous-directeur.

    2 Capitaines adjoints. Ces deux officiers prendront dorénavant la dénomination de capitaines d'état-major.

---

(1) Les articles 2, 3, 4, 5, 6, 7, 8 et 9, ne contiennent que des dispositions semblables à celles des ordonnances relatives au licenciement des autres corps de l'armée. Voy. le *num.* 737, pag. 167.

1 Garde d'équipages de première classe.
1 *idem* de deuxième classe.
2 *idem* de troisième classe.
1 chef d'ouvriers vétérans.
3 sous-chefs de *idem*.
4 ouvriers vétérans.

TOTAL.... 16

Les quatre officiers auront la solde déterminée par notre ordonnance du 12 octobre 1814, concernant la solde du train des équipages militaires.

Quant aux frais de représentation, de bureau et de tournée, ils sont fixés, { pour le parc principal, à 2,400 fr. { pour le parc secondaire, à 1,800 fr.

Les gardes d'équipages, ainsi que le chef, les sous-chefs et les ouvriers vétérans, jouiront du traitement affecté aux mêmes grades dans l'artillerie.

Il y aura en outre trois portiers, dont le traitement sera le même que celui des portiers-consignes.

12. Notre ministre secrétaire d'état de la guerre répartira le personnel indiqué dans l'article ci-dessus, suivant les besoins de chaque établissement.

13. Les deux compagnies d'ouvriers créées pour les travaux de construction, d'entretien et de réparation du matériel des équipages militaires, seront réorganisées à l'époque que, par notre ordonnance du 31 août dernier, nous nous sommes réservé d'indiquer pour la réorganisation des compagnies d'ouvriers d'artillerie. Chaque compagnie aura la composition ci-après; savoir :

Capitaine en premier, commandant 1 ; capitaine en second 1 : lieutenant en premier 1 ; lieutenant en second 1.

Total 4.

Sergent-major 1 ; sergens 4 ; fourrier 1 ; caporaux 4 ; maîtres ouvriers 4 ; ouvriers de 1.re classe 8, de 2.e classe 12 ; apprentis 20 ; tambours 2.

Total 56.

14. Ces deux compagnies porteront le nom de leur capitaine-commandant, en conservant toutefois entre elles leur rang d'ancienneté, d'après l'ordre de leur formation.

15. La solde, les masses et les indemnités de ces compagnies, seront les mêmes que celles fixées pour les compagnies d'ouvriers d'artillerie.

16. Il sera conservé et organisé pour la garde, le service et les transports, tant intérieurs qu'extérieurs des parcs, deux compagnies du train des équipages militaires. Chaque compagnie aura la composition ci-après :

Capitaine 1 ; lieutenant 1 ; sous-lieutenant 1.   Total 3.

Maréchal-des-logis-chef 1 ; maréchaux-des-logis 4 ; fourrier 1 ; brigadiers 8 ; soldats de 1.ʳᵉ classe 10, de 2.ᵉ classe 12 ; trompettes 2 ; maréchal-ferrant 1 ; bourrelier 1. Total 40.

Il sera attaché à chaque compagnie trente-cinq chevaux, tant de selle que de trait.

17. Ces deux compagnies seront commandées par un chef d'escadron ; mais elles seront, pour le service journalier, sous les ordres du directeur des parcs.

Elles porteront les n.° 1 et 2.

Il y sera attaché un quartier-maître et un aide-chirurgien-major (1). Ce dernier servira également pour les compagnies d'ouvriers.

18. La solde, les masses et les indemnités de ces deux compagnies, seront les mêmes que celles fixées pour le train d'artillerie (1).

TITRE 3.

Dispositions générales.

19. Les sous-officiers et soldats des compagnies d'ouvriers d'équipages militaires, qui, d'après les dispositions des articles 6 et 7 de la présente ordonnance, ne seront pas libérés de tout service militaire, resteront exclusivement affectés à la réorganisation de ces compagnies.

A l'égard des sous-officiers et soldats des escadrons licenciés, il sera pris parmi ceux qui, d'après les mêmes articles, auront été jugés en état de continuer à servir, un nombre suffisant des uns et des autres pour la composition des deux compagnies à former en exécution de l'article 16. Tous les hommes excédant ce nombre pourront être admis, soit dans le train d'artillerie, soit dans les corps de cavalerie.

Les sous-officiers et soldats dont il est fait mention dans l'article 9, seront incorporés les premiers dans ces compagnies respectives.

20. Il sera établi un seul conseil d'administration pour les établissemens de Sampigny et de Vernon ; ce conseil sera composé à l'instar de celui des arsenaux de construction de l'artillerie (2).

_____

(1) Un officier d'habillement du grade de lieutenant ou sous-lieuten., un adjudant-sous-officier et un artiste vétérinaire en premier. — *Ordon.* du 30 mars 1816. — Voy. le tarif, *num.* 63.

(2) Les conseils d'administration, pour les arsenaux de construction, sont composés ainsi qu'il suit, savoir : du directeur d'artillerie, président ; du sous-directeur, des trois plus anciens officiers d'ouvriers, du plus ancien des 2.ᵉ capitaines, et du commissaire des guerres. Le sous-directeur doit présider le conseil en l'absence du directeur, art. 1.ᵉʳ, titre 4, du *num.* 99, pag. 114 du vol. II. — Le

Le conseil d'administration de chaque compagnie d'ouvriers, et le conseil d'administration des deux compagnies du train, auront chacun une composition conforme à celle qui est réglée par notre ordonnance du 20 janvier 1815 pour les compagnies d'ouvriers d'artillerie (1).

Toutes les autres dispositions de cette même ordonnance seront suivies à l'égard des conseils d'administration de ces compagnies, en tant qu'elles pourront leur être appliquées.

21. Nos parcs de construction de Sampigny et de Vernon fourniront à notre garde royale, comme aux autres corps de l'armée, et sur le même pied, le matériel nécessaire aux services d'administration en campagne.

22. L'escadron du train des équipages militaires de l'ex-garde est licencié, et les dispositions de la présente ordonnance lui sont applicables (2).

---

décret du 26 mars 1807, sur la création des bataillons d'équipages, *num.* 154, pag. 340 du vol. II, porte que le conseil sera sous la présidence du commissaire des guerres qui en aura la police : cette disposition avait été modifiée par celles de l'ordonnance du 23 décembre 1814 (art. 10 du *numéro* précédent).

(1) Voy. le *num.* 1025. -- Une ordonnance du 24 février 1815 (journ. milit., pag. 24), avait néanmoins modifié celle du 20 janvier, en ce qui concerne l'administration des escadrons et des compagnies d'ouvriers du train des équipages. D'après cette ordonnance, les conseils de ces compagnies devaient être composés du major (lieut. col.) directeur du parc, du commandant de la compagnie, de l'officier ayant rang après lui, et pour suppléans des officiers de la compagnie ayant rang après les membres du conseil.

Les commissaires des guerres ont la faculté d'assister aux séances des conseils des escadrons, pour y faire les fonctions de commissaires du Roi, sous la réserve toutefois que cette attribution ne portera aucune atteinte à celle des inspecteurs aux revues, qui sont spécialement chargés de la police administrative des corps (art. 4).

L'adjudant-major de chaque escadron devait continuer à tenir les contrôles du corps (art. 2).

(2) Le ministre secrétaire d'état de la guerre, a publié le 3 novembre 1815, pour l'exécution des mesures prescrites par cette ordonnance, une instruction dont on croit pouvoir se dispenser de placer ici le texte, attendu qu'elle ne contient aucune disposition qui ne soit relative aux opérations du licenciement.

HUITIÈME SECTION.

CORPS DIVERS.

§. 2.ᵉ *Compagnies départementales.*

(*Nota.*) Voyez la page 345 du vol. II. -- Ces compagnies avaient été supprimées par l'ordonnance royale du 31 mai 1814; elles ont été re-créées par la loi du 23 novembre 1815 ci-après. -- Elles ont la même des-tination que leur avait donné l'art. 2 du *num.* 156 (vol. II): leur orga-nisation, leur traitement et le mode d'après lequel elles doivent être recrutées, est l'objet de l'ordonnance du 9 janvier 1816, *num.* 777.

N.º 776.

Loi portant création des compagnies départemen-tales.

A Paris, le 23 novembre 1815.

LOUIS, par la grâce de Dieu, etc.

Nous avons proposé et les Chambres ont adopté, nous avons ordonné et ordonnons ce qui suit :

ART. 1.ᵉʳ Il sera formé dans chaque département une com-pagnie d'infanterie, qui portera le nom de *compagnie dépar-tementale.*

2. Ces compagnies seront particulièrement destinées à fournir la garde des hôtels de préfecture, des archives des dépar-temens, des maisons de détention, des dépôts de mendicité, des prisons. Leur service n'apportera aucun changement aux obligations et à la surveillance de la gendarmerie.

3. La force des compagnies, le mode de recrutement, leur organisation et leurs dépenses seront réglés par le Roi, en proportion des besoins du service, sans toutefois que les

compagnies de 1.re classe puissent excéder cent soixante hommes, les officiers compris (1).

4. Les dépenses de première mise et les dépenses annuelles seront payées sur les fonds mis à la disposition du ministre de l'intérieur pour le service de son département.

La présente loi, discutée, délibérée et adoptée par la Chambre des pairs et par celle des députés, etc.

N.° 777.

Ordonnance du Roi concernant la formation des compagnies départementales.

Du 9 janvier 1816.

(*Nota.*) Il sera utile de consulter, relativement aux compagnies départementales, quelques-unes des dispositions du §. 2 de la 8.e section du chap. 5, p. 345 du vol. II, dont l'application peut encore être faite aux compagnies départementales actuelles. Le traitement de ces compagnies est néanmoins fixé sur de nouvelles bases : les officiers, sous-officiers et soldats ne peuvent plus cumuler le traitement de retraite à celui qui leur est accordé : la solde des hommes est calculée d'après un nouveau tarif.

ART. 1.er LES compagnies départementales se distinguent en cinq classes; leur force sera,

Pour la 1.re classe, de 160 hommes, officiers compris ;
Pour la 2.e　　　　de 120 ;
Pour la 3.e　　　　de 100 ;
Pour la 4.e　　　　de 60 ;
Pour la 5.e　　　　de 36 ;
Conformément au tableau ci-annexé.

2. Les officiers seront nommés par nous, sur la proposition de notre ministre de la guerre, et choisis parmi les officiers d'un grade au moins égal à celui qu'ils devront occuper (2).

---

(1) Voy. le *num.* suivant.

(2) Les préfets seront admis à proposer, au secrétaire d'état de la guerre, des candidats pour les emplois d'officiers ; ils doivent, en conséquence, dresser des listes de proposition, de manière qu'elles contiennent deux candidats au moins pour le même emploi. Ces propositions, dont le modèle est annexé à la circulaire du 11 février 1816 (journal milit., vol. 53, p. 176), doivent mettre le ministre à portée, autant qu'il sera possible, de placer un chef de bataillon dans l'emploi de capitaine, et des capitaines dans l'emploi de lieutenans. -- On ne doit point présenter

3. Les traitemens de retraites seront précomptés sur les traitemens d'activité.

4. Les sergens-majors, fourriers, sergens et caporaux seront nommés par le préfet, et choisis parmi les sous-officiers et soldats qui auront obtenu un congé en bonne forme.

5. Les compagnies seront inspectées par les colonels de gendarmerie, aux époques fixées par notre ministre de la guerre, et en vertu de ses ordres. Hors les cas des revues d'inspection générale, les colonels de gendarmerie ne s'occuperont en aucune manière, ni sous quelque prétexte que ce soit, du régime intérieur des compagnies, qui resteront soumises à l'autorité immédiate des préfets.

6. Les inspecteurs aux revues passeront la revue des compagnies départementales comme des autres corps de l'armée, afin de constater leur situation, et d'en fournir les revues pour servir d'appui à la comptabilité (1).

7. Les capitaines enverront toutes les semaines l'état de situation de leurs compagnies au colonel de gendarmerie commandant la légion, dans l'arrondissement de laquelle le département sera compris. Cet officier supérieur pourra se faire remettre cet état aussi souvent que le bien du service l'exigera.

8. Les compagnies se recruteront, 1.º au moyen des hommes excédant le complet des légions départementales, et qui seront restés à la disposition du ministre de la guerre, en vertu de l'article 35 de notre ordonnance du 3 août; 2.º par enrôlemens volontaires (2).

9. Le traitement des officiers des compagnies est fixé (3).

10. Au moyen de ces traitemens, les officiers n'auront à prétendre aucune indemnité pour le logement, les fourrages, ou à quelqu'autre titre que ce soit.

11. Les sous-officiers et soldats jouiront de la solde fixée pour l'infanterie de ligne.

12. Il sera formé pour chaque compagnie les masses suivantes :

Masse générale, masse de logement, masse de boulangerie, masse d'étape, masse de chauffage.

_____

pour candidats, des officiers de la garde nationale, quels que soient leurs grades.

(1) Voyez la circul. du 27 décembre 1816, num. 778.

(2) Les hommes qui s'enrôlent pour les compagnies départementales, n'ont pas droit à la prime d'enrôlement. Voyez l'article 3 du numéro 673, p. 10.

(3) Voy. le tarif, num. 65.

Ces masses seront soldées sur le même pied et de la même manière que celles de l'infanterie de ligne (1).

Il sera formé à chaque sous-officier et soldat une masse de linge et chaussure (2).

13. La direction et l'emploi du fonds des masses seront confiés, dans chaque compagnie, à un conseil d'administration composé de trois personnes les plus élevées en grade.

Mais les sergens-majors et caporaux-fourriers chargés de la gestion de la compagnie, ne pourront, dans aucun cas, faire partie des conseils d'administration, qui seront composés du lieutenant, du sous-lieutenant et du plus ancien sergent, dans les compagnies où il n'y aura que deux officiers (3).

Les fonds de la compagnie seront conservés dans une caisse à trois clefs, déposée chez le préfet.

14. La comptabilité de chaque compagnie sera arrêtée, tous les ans, par le colonel de gendarmerie chargé de l'inspecter, ou par l'officier qui sera autorisé à le remplacer dans cette opération, à l'époque de la revue générale d'inspection, et après qu'elle aura été vérifiée et visée par le sous-inspecteur aux revues, chargé de la surveiller.

15. Les frais de bureau seront réglés, chaque année, par le conseil d'administration, ils ne pourront, dans aucun cas, excéder la proportion suivante :

---

(1) Ces masses sont toutes soldées à bureau ouvert, d'apres le tarif, numéro 65 ; la masse générale doit subvenir au renouvellement des objets non compris dans les autres masses. Les marchés passés pour la fourniture du pain, pour les façons d'habillement et pour la fourniture du chauffage, doivent être approuvés par le ministre de l'intérieur.

(2) L'instruct. du ministre de l'intérieur, du 15 janvier 1816, dispose que la masse de linge et chaussure des hommes de ces compagnies, doit être formée au moyen d'une retenue faite sur la solde, conformément aux anciens réglemens sur les compagnies de réserve (c'est-à-dire 8 centimes pour les sous-officiers, et 5 cent. pour les caporaux et soldats).

Cette disposition avait été maintenue, bien que le décret du 13 avril 1809, et subséquemment celui du 30 décembre 1810, l'eussent modifiée quant aux troupes de ligne, par les motifs que les compagnies de réserve ne jouissant pas de la masse d'ordinaire, la retenue ne pouvait être portée à 10 cent., comme pour les autres troupes, sans absorber totalement les deniers de poche.

Mais aujourd'hui que les hommes de ces compagnies reçoivent la même solde que les troupes de ligne, il n'y a plus aucun motif de maintenir une exception qui est nuisible à l'entretien du soldat ; et il paraît convenable de décider que l'on suivra, à leur égard, les dispositions de l'art. 4 du décret du 30 décembre 1810 (vol. III, p. 61), quant à l'emploi du prêt.

(3) Dans les compagnies où il n'y a qu'un seul officier (compagnies de 5.e classe), le plus ancien caporal est appelé de droit à compléter le conseil. Inst. du 15 janvier 1816.

Pour la première classe 400 fr. ;
Pour la 2.ᵉ   350.
Pour la 3.ᵉ   300.
Pour la 4.ᵉ   250.
Pour la 5.ᵉ   150.

16. Le préfet assistera aux conseils toutes les fois qu'il le jugera convenable, et, en ce cas, il les présidera. Toutes les délibérations, même celles qui auront été prises en sa présence, lui seront adressées, pour être par lui approuvées, s'il y a lieu : nulle ne pourra être exécutée sans son approbation spéciale.

17. Les compagnies départementales seront soumises, pour les revues, la comptabilité et la discipline, aux réglemens concernant l'infanterie de ligne. Le préfet réglera leur service, sous l'autorité du ministre de l'intérieur.

18. Les sous-officiers et soldats seront casernés : à cet effet, le ministre de la guerre remettra au préfet les bâtimens militaires disponibles. Les casernes seront entretenues et réparées au moyen de la masse de logement.

A défaut de bâtimens disponibles, le préfet pourra être autorisé à en louer, ou à en acquérir pour le compte du département.

19. Le munitionnaire général des vivres sera tenu, lorsqu'il en aura été requis par le conseil d'administration, de fournir la quantité de pain qui lui sera demandé. Cette fourniture lui sera payée, de trois mois en trois mois, par les soins du conseil d'administration (1).

20. Les entrepreneurs des lits militaires seront tenus de fournir, au prix de leurs marchés, les lits qui leur seront demandés par les conseils d'administration.

21. Les hommes des compagnies départementales seront reçus et traités dans les hôpitaux civils, de la même manière que les autres citoyens. Les administrations de ces établissemens ne pourront exiger que la retenue à faire sur la solde.

22. Les préfets exerceront sur les officiers, sous-officiers

---

(1) On ne pourrait néanmoins prétendre lui imposer cette obligation, toutes les fois seulement que la cherté des grains empêcherait les compagnies départementales de se fournir de pain, à un prix moindre que le taux de l'administration de la guerre, en laissant à ces compagnies la faculté de s'en fournir ailleurs dans des temps d'abondance ; car il y aurait de l'injustice de faire supporter à ce fournisseur des pertes réelles en cas de pénurie, si au moment où il pourrait les réparer, la compagnie discontinuait de le prendre dans les manutentions.

En conséquence des représentations qui ont été faites à ce sujet par le munitionnaire-général, le ministre de l'intérieur a décidé que les compagnies départementales pourraient traiter avec ce fournisseur au

et soldats des compagnies départementales, la même autorité et les mêmes droits que les colonels ont sur les officiers, sous-officiers et soldats des régimens qu'ils commandent, sans que ces magistrats puissent néanmoins porter aucune marque distinctive du grade de colonel.

23. Dans les villes où il n'y a point de général employé, ou de commandant d'armes, les préfets donnent le mot d'ordre au capitaine, qui le transmet aux gardes et patrouilles fournies par la compagnie. Ils règlent le service, et donnent les consignes générales et particulières.

Dans les villes où il y a un général commandant ou un commandant d'armes, les préfets reçoivent chaque jour, sous cachet, le mot d'ordre du commandant, et le font donner aux gardes et patrouilles de la compagnie. Ils continuent à régler le service; mais ils doivent ajouter aux consignes qu'ils ont données, celles qui leur sont transmises, par écrit et cachetées, par le commandant.

24. Le colonel de gendarmerie ne pourra donner aucun ordre aux compagnies soumises à son inspection, ni les faire sortir des villes où elles seront stationnées pour les inspecter. Il s'adressera au préfet qui expédiera l'ordre de prendre les armes ou d'assembler le conseil.

Cet officier supérieur communiquera au préfet ses observations sur la comptabilité, l'administration, la tenue, la discipline, la police et l'instruction, et il adressera son travail à notre ministre secrétaire d'état de la guerre.

25. Toutes les fois que les hommes d'une compagnie départementale sont obligés de s'absenter du lieu de leur casernement habituel, ils recevront le supplément de traitement accordé aux troupes de ligne en marche. Ce supplément sera payé sur la masse d'étape du corps.

26. Les officiers et sous-officiers des compagnies départementales prendront rang à la gauche des troupes de ligne;

---

prix arrêté par le ministre de la guerre; prix qui est fixé sur un tarif particulier du 1.er janvier 1816 jusqu'au 1.er octobre 1817, savoir : à 20 centimes dans les 1.re, 4.e, 6.e, 12.e, 13.e, 14.e, 15.e, 18.e 19.e, 20.e, 21.e et 22.e divisions ; à 22 centimes la ration dans les 2.e, 3.e, 5.e et 16.e; et à 29 dans les 7.e, 8.e, 9.e ,10.e, 11.e et 23.e

Et du 1.er octobre 1817 au 1.er janvier 1820, à 21 centimes pour toute la France, suivant le traité général (voyez le *num.* 905). Dans le cas où le conseil ne pourrait espérer de s'en pourvoir à un prix moins élevé, et pour tout le terme que doit durer le traité du munition général; si toutefois ses préposés le réclament, et si les fournitures ne doivent être que momentanées, sous la condition de les rembourser au prix moyen des mercuriales de chaque mois, augmenté de 5 centimes par ration pour frais de manutention. *Circulaire des* 30 *novem.* et 18 *décemb.* 1816.

à égalité de grade, ils seront commandés par les officiers et sous-officiers de la ligne.

27. Le ministre de la guerre fera fournir, au compte de l'état, les armes nécessaires aux compagnies départementales. Ces armes seront entretenues aux dépens de la masse générale : elles seront renouvelées selon le besoin constaté par l'inspecteur.

L'équipement militaire sera fourni et renouvelé aux dépens de la masse générale (1).

28. L'uniforme des compagnies départementales est réglé comme il suit :

Habit blanc sans revers, boutonné sur le devant par neuf boutons ;

Collet et paremens brun-marron ;

Paremens coupés en pointe ;

Poches en travers à trois pointes ;

Boutons jaunes, portant le nom du département ;

Schakos avec une plaque de cuivre, forme de losange, portant une fleur-de-lis (2).

N.° 778.

Circul. relative au régime administratif des compagnies départementales ; sur les attributions des inspecteurs aux revues quant à ces comp., etc.

Du 27 décembre 1816.

Messieurs, je suis informé que plusieurs sous-inspecteurs aux revues veulent participer à l'administration intérieure des

---

(1) On doit se conformer pour l'administration de ces compagnies aux dispositions de l'instruct. du 30 avril 1810 (journ. milit., vol 41, page 185). *Lettre ministérielle du 6 mars* 1816. Il convient également de consulter à ce sujet l'instruction du ministre de l'intérieur, du 15 janvier 1816 (journ. milit., p. 130). Voyez aussi le *num.* suivant, contenant quelques développemens sur les attributions des inspecteurs, quant à la surveillance administrative de ces compagnies, et quelques dispositions générales sur l'administration.

(2) Voy. pour le tableau du classement et de la force des compagnies départementales, le 61.ᵉ bulletin de la 7.ᵉ série.

compagnies départementales, contrôler les marchés, viser les feuilles de solde, prescrire des retenues, etc. D'après des observations qui ont été faites à ce sujet par Son Exc. le ministre de l'intérieur, je crois nécessaire de vous donner les explications suivantes sur les rapports que vous devez avoir avec ces compagnies.

Conformément à l'article 17 de l'ordonnance du 9 janvier 1816, lequel porte que les compagnies départementales seront soumises, pour les revues, la comptabilité et la discipline, aux réglemens concernant l'infanterie de ligne, les sous-inspecteurs aux revues ont à remplir, à l'égard de ces compagnies, les fonctions qui leur sont attribuées pour les troupes de ligne, mais seulement en ce qui est relatif aux revues et à la comptabilité, puisque le régime intérieur de ces compagnies est confié à l'autorité immédiate des préfets, par l'article 5 de la même ordonnance ; que les marchés sont passés par les conseils d'administration conjointement avec ces magistrats, et soumis ensuite à l'approbation de Son Exc. le ministre de l'intérieur.

En conséquence, les sous-inspecteurs aux revues doivent se borner à vérifier et à surveiller la comptabilité des compagnies départementales, en examinant si les dépenses ont été faites régulièrement et conformément aux marchés dont il vient d'être question. Ils doivent également passer la revue trimestrielle, mais seulement pour en constater la situation et fournir les revues destinées à appuyer la comptabilité.

Les dépenses des compagnies étant d'ailleurs acquittées sur les fonds départementaux, dont les préfets ont seuls la surveillance et la direction, il est indispensable qu'ils en connaissent et en surveillent l'emploi, afin de faire figurer ces dépenses dans leurs comptes de chaque trimestre. Il est encore à remarquer que les receveurs-généraux ne peuvent, à moins d'en demeurer responsables, payer aucune dépense des compagnies départementales, que sur des mandats délivrés par les préfets.

C'est par ce motif que l'instruction du ministre de l'intérieur du 15 janvier 1816, porte que les dépenses d'entretien des compagnies départementales seront acquittées sur les mandats des préfets, comme toutes les autres dépenses variables ordinaires (1).

_____

(1) Ces dispositions également rappelées dans une circul. du ministre de l'intérieur du 30 novembre 1816, modifient l'art. 88 de l'instruct. du 30 avril 1810, relative au régime des compagnies départementales, instruct. qui a été citée dans la note 1.re de la page 273. Nous pensons néanmoins que les mandats dont il est question dans le parag. ci-dessus ne peuvent être relatifs qu'à la solde et aux masses, telles

Les sous-inspecteurs s'autorisent avec raison de l'art. 17 de l'ordonnance du 9 janvier 1816, pour exercer la retenue de 2 p. % sur le traitement des officiers, qui conservent ainsi leurs droits d'admission aux invalides ; mais quant à la retenue sur les marchés, comme le prix des fournitures n'est point acquitté sur les fonds de la guerre, cette retenue ne doit point être exercée par ces fonctionnaires (1).

L'article 3 de la même ordonnance portant que les traitemens de retraite seront précomptés sur les traitemens d'activité, le ministre de la guerre, après s'être concerté avec le ministre de l'intérieur sur les développemens qu'il convenait de donner à cet article, qui s'applique également aux officiers, sous-officiers et soldats, a arrêté que les militaires de tout grade, qui jouissent d'une solde de retraite, cesseraient de la toucher du jour qu'ils reprendraient de l'activité dans les compagnies départementales ; sauf à ces officiers, sous-officiers et soldats, à rentrer en jouissance de leur solde de retraite, lorsqu'ils quitteraient ces compagnies.

Les sous-inspecteurs aux revues devront se concerter, pour la suspension de ces soldes de retraite, avec les commissaires des guerres, qui sont informés des mesures mentionnées dans le précédent paragraphe.

---

que les a fixées l'ordonnance, *num.* 777; mandats qui sont régularisés par les revues des sous-inspecteurs : et qu'à l'égard des ordonnances qui seraient délivrées par les mêmes magistrats à titre de secours extraordinaire, le montant ne peut en être ajouté aux revues, si le ministre de l'intérieur n'en a point autorisé préalablement la délivrance, conformément à l'art. 92 de l'instruction que nous venons de citer.

(1) Voy. le *num.* 826.

HUITIÈME SECTION.

CORPS DIVERS.

§. 3. — *Compagnies d'ambulance.*

N.° 779.

(*Nota.*) Ces compagnies qui avaient été créées par le décret du 13 avril 1809 (*num.* 161, pag. 356 du vol. II), se trouvent aujourd'hui supprimées. Nous n'avons trouvé aucun acte qui soit relatif à cette suppression, mais elle résulte des diverses ordonnances de 1814, et de celle du 16 juillet 1815 (*num.* 689), où leur réorganisation est passée sous le silence.

§. 4. — *Compagnies de pionniers.*

(*Nota.*) Ces compagnies ont été supprimées par l'ordonnance du 28 octobre 1814, insérée au *bulletin* des lois sous le *numéro* 50 de la 5.ᵉ série.

CHAPITRE SIXIÈME.

PRISONNIERS DE GUERRE.

~~~~~~~~~~

N.° 780.

ENFANS NÉS EN FRANCE DE PRISONNIERS DE GUERRE.

Ils ont droit à la fourniture du pain, quel que soit le lieu de leur naissance ; mais cette fourniture ne doit leur être faite que lorsqu'ils ont atteint l'âge de deux ans, ainsi qu'il est prescrit à l'égard des enfans de troupe dans les corps français. (*Voy. le num.* 390, vol. II.)

Les femmes et les enfans des prisonniers de guerre n'ont point droit à la fourniture du chauffage.

Les femmes qui *épousent* en France des prisonniers de guerre, n'ont droit à aucune fourniture. Circulaire du 15 novembre 1813, A.

===

N.° 781.

GENDARMES PRISONNIERS DE GUERRE.

Les sous-officiers et gendarmes qui rentrent des prisons de l'ennemi, après y avoir séjourné plus de deux mois, ne doivent être rappelés que de la solde proprement dite, déduction faite des masses, pour les deux mois qui leur sont accordés par le décret du 17 mars 1809. Circ. du 17 décembre 1813, G.

===

N.° 782.

OFFICIERS RENTRÉS DES PRISONS DE L'ENNEMI.

La demi-solde à laquelle ils auront droit (1), sera, pour les capitaines et les lieutenans des régimens d'infanterie te

---

(1) Une circul. du 28 juillet 1814 avait autorisé les membres du corps de l'inspection aux revues à allouer la demi-solde pour traitement de cap-

de cavalerie, calculée sur la dernière classe de leurs grades respectifs. *Instruct.* du 13 décembre 1814, *art.* 27.

Les *officiers* des corps de troupe *promus* à de nouveaux grades ; leur rappel. Voyez la note 1.re du num. 1034.

CHAPITRE SEPTIÈME.

CRIMES ET DÉLITS,

PREMIÈRE SECTION. — PROCÉDURE.

N.° 783.

(*Nota.*) LA loi du 20 décembre 1815, rend les militaires et les individus, qui sont à la suite des armées ou des administrations militaires, justiciables des cours prévôtales, lorsqu'ils seront prévénus 1.° de crimes commis contre la personne du Roi ou contre les membres de la famille royale ; 2.° d'autres faits tendant au renversement du gouvernement, etc. (Voy. les art. 10, 11 et 12 du *numéro* 788); 3.° de vols ou d'actes de violence qualifiés crimes par le code des délits et des peines, toutes les fois, etc. (Voy. l'art. 13 *id.*).

---

tivité, indistinctement à tous les officiers qui rentreraient des prisons de l'étranger, en vertu du traité de Paris : cette mesure avait été provoquée par la difficulté où se serait trouvé le ministère de prendre une décision spéciale sur chacun de ces officiers, vu le nombre considérable de ceux qui étaient dans cette position. Ces causes ayant aujourd'hui cessé d'exister, il a été décidé que l'on reviendrait désormais à l'exécution rigoureuse des dispositions de l'art. 1.er du décret du 17 mars 1809 (p. 379 du vol. II), et qu'au ministre seul serait réservé le droit de prononcer sur la quotité du traitement de captivité qui serait allouée à tout officier fait prisonnier de guerre, à quelque époque que ce fût, qui pourrait rentrer par la suite, ou qui, déjà rentré, n'aurait reçu ni extrait de revue, ni état de paiement pour ce traitement. Les officiers du corps de l'inspection doivent donc s'abstenir d'arrêter aucun décompte de cette espèce ; et ils doivent se borner à déférer au ministre toutes les réclamations qui pourraient leur être faites à ce sujet. *Circul. du* 9 mars 1817.

Ces articles modifient les dispositions fondamentales qui, jusques à ce jour, avaient été en vigueur, sur la juridiction à laquelle étaient soumis les militaires (voy. les observations placées à la note A, pag. 385 du vol. II, partie 2.e, et les actes cités dans cette note); il résultait de ces actes, que les militaires présens sous les drapeaux, ne pouvaient être jugés que par les tribunaux militaires, à raison des délits qu'ils auraient commis en contravention aux lois qui obligent tous les habitans de la France, autrement appelés délits communs ou civils (voy. l'art. 2 du *numéro* 174, et l'art. 1.er du *num.* 176); et qu'ils ne devenaient justiciables des tribunaux ordinaires, que pour un très-petit nombre de cas et à raison des délits commis hors du corps ou en congé. (Voy. la note indiquée ci-dessus).

Il reste à décider si, en temps de guerre et lorsque l'armée se trouve hors du royaume, les militaires qui la composent et les individus qui sont attachés à sa suite, seront encore justiciables des mêmes cours; s'il en sera créé de particulières, pour imprimer à l'action de la justice cette célérité qui est le but de la loi du 20 décembre; ou si les mêmes individus ne doivent pas être jugés par les tribunaux militaires, ainsi que le disposait l'art. 3 du *num.* 174, et l'art. 1.er du *num.* 178.

Ces hypothèses n'ont pas été prévues, sans doute parce que la loi du 20 décembre a limité l'existence des cours prevôtales. Voy. le dernier §. du *num.* 788.

COMMISSIONS MILITAIRES : Ces tribunaux se trouvent supprimés par suite des dispositions de l'art. 68 de la charte constitutionn.; et les crimes dont la connaissance leur était attribuée, paraissent devoir rentrer aujourd'hui dans la compétence des conseils de guerre. L'*ordonn.* du 3 juillet 1816 (bullet. 99. — Voy. aussi les observ. de la pag. 257.) le décide ainsi, relativement aux bataillons coloniaux; il en est de même à l'égard des déserteurs condamnés à la peine du boulet, voy. la note 1.re du *num.* 797. — Ces dispositions rendent inutiles le décret du 17 messidor an 12, *num.* 205, et l'avis du conseil d'état du 7 ventôse an 13, *num.* 207.

CRIME DE FAUX : La connaissance du crime de faux, soit en effets publics, soit sur les pièces de comptabilité qui intéressent le trésor de l'état, était dévolue à la cour spéciale de Paris, par la loi du 2 floréal an 11 (*num.* 202) : elle devait conserver les attributions dont elle était investie par cette loi, pendant cinq ans, à dater de la publication de celle du 20 avril 1810, sur l'administration de la justice (art. 33, note de la pag. 431, du vol. II). Ce terme étant expiré, la connaissance de ce crime appartient aux cours d'assises, lorsqu'il a été commis par des individus justiciables de ces tribunaux; elle est dévolue aux conseils de guerre, à l'égard des militaires et des individus qui rentrent dans leur juridiction.

La charte a, d'ailleurs, reconnu ce principe sacré que nul ne peut être distrait de ses juges naturels.

Les juges d'un militaire sont ses officiers, sauf les cas d'exception que nous avons indiqués ci-dessus et dans la note A, pag. 385 du vol. II, et sauf pour les *officiers et gendarmes*. (Voy. le *num.* 146 et la pag. 455 du vol. II.)

N.° 783. (*Bis.*)

Loi qui ordonne la remise dans des dépôts de tous les titres, papiers et registres provenant des tribunaux extraordinaires révolutionnaires et des conseils militaires.

Du 25 ventôse an 4.

ART. 1.er Tous les titres, papiers et registres provenant des tribunaux extraordinaires révolutionnaires, et des *conseils militaires*, seront remis sur-le-champ, savoir : à Paris, aux archives judiciaires; et pour les départemens, autres que celui de la Seine, au greffe des tribunaux criminels.

2. Lors de la remise, il sera fait un état sommaire des pièces, lequel sera signé par le dépositaire qui fera la remise, et par celui qui recevra lesdites pièces; il servira de décharge au dépositaire, et, à cet effet, il lui en sera donné un double.

N.° 784.

Loi portant des peines contre la tentative du crime.

Du 22 prairial an 4.

ART. 1.er Toute tentative de crime, manifestée par des actes extérieurs, et suivie d'un commencement d'exécution, sera punie comme le crime même, si elle n'a été suspendue que par des circonstances fortuites, indépendantes de la volonté du prévenu (1).

(1) Même disposition dans le code pénal de 1810, art. 2, qui seulement, après le mot *suspendue*, ajoute *ou n'a manqué son effet.*

L'art. 3 du même code n'assimile au *délit* la tentative du délit, que dans le cas spécialement déterminé par la loi.

On trouve au bulletin criminel de la cour de cassation beaucoup d'arrêts sur cette matière. *Voir*, entre autres, ceux des 23 mars 1815 et 18 avril 1816.

N.º 784. (*Bis.*)

Loi relative à la manière de juger les rebelles saisis dans un rassemblement armé.

Du 24 fructidor an 4 (10 septembre 1796).

La loi du 22 messidor an 4 ne porte aucune limitation ni dérogation aux dispositions de l'article 598 du code des délits et des peines, non plus qu'aux lois confirmées par ledit article, concernant les rebelles saisis dans un rassemblement armé.

N.º 785.

Loi portant que les prévenus de délits militaires ont le droit de se choisir des défenseurs dans le lieu où s'instruit la procédure.

Du 27 fructidor an 4 (13 septembre 1796).

Art. 1.ᵉʳ L'article 12 de la loi du deuxième jour complémentaire de l'an 3, sur l'établissement des conseils militaires, est rapporté.

2. Tout prévenu d'un délit militaire, traduit devant un *conseil militaire*, aura le droit de se choisir un défenseur dans toutes les classes de citoyens, pourvu que ce soit sur le lieu où s'instruit la procédure (1).

(1) Ces dispositions ont été reproduites dans l'art. 19 de la loi du 13 brumaire an 5, p. 409 du vol. II.

N.º 785. (*Bis.*)

Arrêté du directoire exécutif, qui prescrit aux tribunaux criminels et correctionnels saisis d'une procédure par option, renvoi ou réglement de juges (1), de donner avis de leur décision ou jugement au tribunal criminel de l'arrondissement du lieu du délit.

Du 18 floréal an 5 (7 mai 1797).

ART. 1.ᵉʳ LORSQUE , par l'exercice du droit d'option accordé par les articles 298, 303, 563 et 569 du code des délits et des peines (2), par des réglemens de juges ou par des renvois prononcés, soit en cas de suspicion légitime, soit en cas d'annulation des premiers jugemens, des prévenus ou des accusés, seront traduits devant un officier de police judiciaire, un directeur du jury d'accusation, ou un tribunal criminel étranger au département du lieu du délit; les *commissaires du pouvoir exécutif* près le tribunal correctionnel et près le tribunal criminel, chacun en ce qui le concerne, seront tenus, dans le délai d'une décade, à compter de l'expiration du délai pour se pourvoir en cassation, si le récours au tribunal de cassation n'a pas été exercé, ou à compter du jour où l'expédition du jugement du tribunal de cassation qui rejette la requête du condamné leur sera parvenue, de donner avis au *commissaire du pouvoir exécutif* près le tribunal criminel , auquel l'instruction avait été ou aurait été portée suivant les règles ordinaires, de la décision ou jugement rendu par le tribunal criminel.

2. Ces avis seront déposés aux greffes des tribunaux criminels respectifs, pour y recourir au besoin ; et il en sera

---

(1) Le réglement de juges est l'action de déterminer lequel de plusieurs tribunaux, auxquels on a soumis la même affaire, en conservera la connaissance. Il a donc lieu toutes les fois qu'il y a conflit de juridiction, soit positif, soit négatif.

Le conflit est positif quand plusieurs tribunaux veulent retenir la même affaire, et négatif quand ils refusent d'en prendre connaissance.

(2) Le droit d'option d'être jugé par des tribunaux criminels voisins de celui de son département, accordé à l'accusé par ces articles, n'a pas été maintenu par le code d'instruction criminelle de 1808. (Il avait déjà été modifié par une loi du 29 août 1806.)

fait mention, par forme d'observations additionnelles, dans les états sommaires de jugemens qui s'impriment et s'affichent tous les mois, en exécution de l'arrêté du *directoire exécutif du 2 pluviôse dernier* (1).

N.° 786.

Loi relative à l'établissement des conseils de guerre particuliers, dans les départemens déclarés en état de trouble.

Du 14 fructidor an 7.

Art. 1.er Lorsqu'un département sera déclaré en état de troubles civils, ou renfermera une ou plusieurs communes déclarées en cet état, et sujettes aux dispositions de la loi du 24 messidor an 7, le directoire exécutif est autorisé à y faire établir spécialement un conseil de guerre, indépendant et séparé de celui de la division militaire, pour juger, dans l'étendue de ce département, les délits dont la connaissance est attribuée aux conseils de guerre.

2. Les membres de ces conseils pourront être pris et choisis parmi les militaires des grades exprimés en l'article 2 de la loi du 13 brumaire an 5, retirés avec la pension nationale, et ayant fait une ou plusieurs campagnes dans la guerre de la liberté.

3. Ils pourront, pour instruire et juger, se transporter dans les points du département qu'ils jugeront pourvoir le mieux à leur sûreté personnelle, et obvier le plus efficacement aux dangers de la translation des prévenus.

4. La révision de leurs jugemens appartiendra au conseil de révision de la division militaire où le département se trouvera situé.

5. Il n'est plus au surplus rien innové, soit à la compétence, soit aux formes établies par les lois antérieures.

---

(1) Le code d'instruction précité charge aussi les juges de police de rendre compte des jugemens aux procureurs du Roi, et ceux-ci des jugemens et procès criminels de leurs tribunaux, au procureur-général de la cour royale. Voir les art. 178, 198, 249 et 290.

N.º 786 (*Bis*).

Instruction sur la manière d'établir et de justifier les dépenses des conseils de guerre et de révision permanens (1).

Du 25 novembre 1808.

TITRE I.ᵉʳ

Frais relatifs à la tenue des séances et aux greffes.

ART. 1.ᵉʳ IL sera dressé, par mois et par chaque conseil *ou commission*, un état constatant les diverses dépenses que l'un ou l'autre aura faites. On désignera sur cet état, à l'article relatif à l'indemnité du greffier, 1.º les noms et prénoms de chaque individu jugé, 2.º le corps auquel il appartenait, 3.º le délit dont il était prévenu, 4.º le dispositif du jugement, 5.º enfin si ce jugement a été rendu contradictoirement ou par contumace. Cet état sera certifié par le président et par le rapporteur du conseil *ou de la commission* (2), qui désigneront en même temps la personne au nom de laquelle devra être expédiée l'ordonnance de paiement (3). Il sera en

_____

(1) Voy. le *num*. 219, pag. 444 du vol II, à l'égard du remboursement de ces dépenses par les condamnés.

(2) Il n'y a plus de commissions militaires, voy. le *num*. 783, p. 279.

(3) L'ordonnance de paiement doit être expédiée en faveur de celui qui fait l'avance des frais à rembourser, tels que le prix des ports de lettres, celui des combustibles, le mémoire de l'imprimeur; quelquefois les prix de location, enfin toutes les dépenses des conseils autres que celles (*voy. le titre* 2) qui sont acquittées par les receveurs de l'enregistrement.

C'est ordinairement le capitaine-rapporteur qui est chargé de ce soin. Toutefois comme cette obligation ne résulte d'aucune disposition écrite, le silence que garde à ce sujet l'instruction du 25 novembre, a donné lieu, bien souvent, à des discussions dans l'intérieur des conseils.

Il serait peut-être convenable, sous ce rapport, d'apporter quelques modifications au mode de paiement de ces frais, et de déterminer qu'ils seront acquittés en totalité, ou par les receveurs, comme le veut l'instruction, au titre 2, à l'égard des taxations de témoins, d'interprètes, etc....; ou mieux encore par les payeurs de la guerre, d'après des états revêtus de toutes les formalités propres à rendre les dépenses régulières.

Il paraît d'ailleurs contraire à l'ordre des choses, que des officiers soient tenus de faire des avances pour un service public, à raison duquel ils ne reçoivent aucune rétribution. D'un autre côté, les chan-

outre vérifié et arrêté par le commissaire des guerres, et visé par le commissaire-ordonnateur, qui le transmettra au ministre de la guerre en double expédition.

2. Il sera joint à cet état, 1.° les adresses ou enveloppes des lettres du port desquelles on demanderait à être remboursé ; 2.° les quittances des sommes dont se composera chaque article de dépense : ces quittances seront visées par le commissaire des guerres.

3. Comme il pourrait arriver que des lettres au dos desquelles serait la suscription, dussent rester jointes aux pièces des procédures, et qu'il ne fût pas possible de retrancher cette suscription sans altérer le contenu de la lettre, il serait alors dressé un état particulier, et détaillé article par article, des sommes payées pour le port de ces lettres, lequel état serait quittancé par le directeur de la poste aux lettres, certifié véritable par le président et le rapporteur du conseil ou de la commission, qui indiqueraient dans ce certificat les causes de la non-production des adresses des lettres. Ce même état serait, en outre, visé du commissaire des guerres, et joint à l'état général des dépenses, comme pièce justificative.

4. Lorsque l'état comprendra des frais de location, soit pour la salle des séances du conseil, soit pour le greffe, on joindra à la quittance de ces frais un certificat de l'officier du génie, qui attestera qu'ils ont été faits à défaut d'emplacement dans les bâtimens militaires. Ce certificat sera visé du général commandant la division et du commissaire ordonnateur.

5. Les frais d'impression des jugemens en placards, qui sont les seuls autorisés par l'arrêté du 17 floréal an 5 (1), et dans le cas seulement où l'objet des jugemens est d'une importance majeure, seront portés sur des états particuliers, qui seront certifiés par les imprimeurs, et par le président et le rapporteur du conseil ou de la commission. Ces états seront en outre vérifiés et arrêtés par les commissaires des guerres, visés des commissaires-ordonnateurs, et transmis par ceux-ci au ministre de la guerre en triple expédition. On y joindra un exemplaire de chaque jugement qui aura été imprimé.

6. Il est alloué par mois d'hiver, à chacun des conseils de guerre établis à Paris, trois stères de bois et deux kilogrammes de chandelle ;

---

gemens fréquens qui surviennent dans la composition des conseils, ajoutent encore aux inconvéniens de ce mode de liquidation, attendu que les officiers qui ont fait l'avance des frais, sont quelquefois obligés de partir avant d'en être remboursés, et de donner à leurs successeurs une procuration pour recevoir le montant des ordonnances, et pour leur faire ensuite parvenir la portion qui doit leur en être acquittée.

(1) *Numéro* 187, pag. 413, vol. II, 2.ᵉ partie.

Au conseil de révision, un stère et demi de bois, et un kilogramme de chandelle ;

A chacun des conseils de guerre établis dans les autres divisions militaires, deux stères de bois et quinze hectogrammes de chandelle ;

A chaque conseil de révision, un stère de bois et soixante-quinze décagrammes de chandelle.

7. Dans les lieux où le bois se vend au poids, un conseil de guerre en recevra, par mois, trois cent trente-six kilogrammes ;

Et un conseil de révision, cent soixante-huit kilogrammes.

8. Dans les endroits où le charbon de terre est en usage, un conseil de guerre en recevra, par mois, en remplacement du bois qui lui est alloué, deux cent quatre-vingt-huit kilogrammes, ou bien six cents briquettes de houille ;

Et un conseil de révision, cent quarante-quatre kilogrammes de charbon de terre, ou trois cents briquettes de houille.

9. Ces consommations, tant en bois qu'en chandelle, charbon de terre ou houille, seront réduites à moitié, quand le conseil de guerre ou le conseil de révision n'aura rendu aucun jugement pendant le mois (1).

10. Les conseils de guerre, ceux de révision, *et les commissions militaires*, se procureront par eux-mêmes les combustibles, et en comprendront la dépense sur leurs états de frais.

11. Les fournitures de ces combustibles auront lieu chaque année ; savoir :

Pendant six mois, à partir du 16 octobre jusqu'au 15 avril, dans les 2.ᵉ, 3.ᵉ, 4.ᵉ, 5.ᵉ, 6.ᵉ, 7.ᵉ, 12.ᵉ, 13.ᵉ, 14.ᵉ, 15.ᵉ, 16.ᵉ, 24.ᵉ, 25.ᵉ et 26.ᵉ divisions militaires ;

Pendant cinq mois, à partir du 1.ᵉʳ novembre jusqu'au dernier mars, dans les 1.ʳᵉ, 10.ᵉ, 11.ᵉ, 18.ᵉ, 19.ᵉ, 20.ᵉ, 21.ᵉ et 22.ᵉ divisions militaires ;

Pendant quatre mois, à partir du 16 novembre jusqu'au 15 mars, dans les 8.ᵉ, 9.ᵉ, 23.ᵉ et 28.ᵉ divisions militaires, *et dans les états de Parme et de Plaisance.*

12. Dans les armées et dans tous les lieux où seront stationnées des troupes françaises, les époques pour le chauffage et la lumière des conseils de guerre et de révision permanens, *ainsi que des commissions militaires*, seront les mêmes que celles pour le chauffage des troupes, et les quantités de combustibles seront aussi les mêmes que celles allouées aux conseils de guerre permanens des divisions militaires de l'intérieur.

_____

(1) Elles n'éprouveront aucune réduction, s'il a été rendu des jugemens pour le crime de désertion seulement : dans ce cas, on fera les observations nécessaires sur les états. *Lettre du 28 déc.* 1816.

    Les dépenses pour combustibles doivent être appuyées des mercuriales ; *idem du* 18 *décemb.* 1816.

13. Les dépenses des *commissions militaires permanentes* sont assimilées, *en tout*, à celles des conseils de guerre.

14. Lorsqu'une *commission militaire spéciale* sera créée, n'importe *dans quel endroit*, les dépenses auxquelles donneront lieu ses opérations, seront également assimilées à celles des conseils de guerre, à l'exception néanmoins qu'il ne sera point alloué de frais de bureau au rapporteur ; ces frais seront supportés par le greffier, au moyen de l'indemnité qui lui est allouée, et qui est fixée à 12 francs pour un jugement contradictoire, et à 6 francs pour un jugement rendu par contumace.

On indiquera, dans le texte de l'état des dépenses, le motif et l'époque de la convocation de la *commission*, ainsi que l'époque de sa dissolution.

TITRE II.

Taxe de témoins, d'experts écrivains, d'interprètes, et d'officiers de santé.

SECTION I.re

Comment les taxes devront être établies et acquittées.

15. Les officiers, les membres du corps des inspecteurs aux revues, ceux du corps des commissaires des guerres, et les employés militaires qui reçoivent directement du gouvernement un traitement d'activité, ne pourront prétendre, à raison de leur déplacement, lorsqu'ils seront appelés en témoignage, à aucune indemnité autre que celle de route affectée à leur grade (1).

A l'égard des sous-officiers et soldats, ils recevront également l'indemnité de route attribuée à leur grade, et lorsqu'ils seront tenus en résidence, il leur sera payé une indemnité de 75 centimes par jour sur le fonds des étapes : cette indemnité sera indépendante de la solde attribuée à leur grade, et ils seront rappelés de cette solde à leur retour à leur corps (2).

16. Les citoyens non militaires, et les employés à l'armée ou attachés à sa suite, auxquels l'état ne paie directement aucun traitement d'activité, recevront, lorsqu'ils seront appelés en témoignage, une indemnité qui sera fixée par le capitaine-rapporteur, ou par le conseil de guerre, et qui ne pourra être moindre d'un franc, ni au-dessus de 2 francs 50 centimes, par jour, soit de séjour, soit de voyage.

(1) Voy. le *num.* 187, pag. 413 du vol. II.
(2) Voy. la pag. 296, du vol. IV, note 3.

17. Les interprètes seront taxés à raison de 6 francs par séance entière de jour, et 9 francs par séance entière de nuit, non compris la traduction par écrit qu'ils auraient lieu de faire des pièces de conviction qui ne seraient point en langue française; le prix de cette traduction devant être évalué séparément par le tribunal, suivant la nature du travail.

18. Les experts écrivains seront taxés à raison de 6 francs par vacation.

19. Pareille somme de 6 francs sera allouée, également par vacation, aux officiers de santé dont le ministère sera requis en justice.

20. Les frais d'exécution des condamnés à mort, lorsque l'exécution ne sera point faite militairement, seront payés sur les mémoires fournis par les exécuteurs. Ces mémoires seront préalablement rendus exécutoires par les présidens et rapporteurs, et soumis ensuite à la vérification et au *visa* du préfet, qui réglera le prix de chaque article.

21. Les dépenses mentionnées dans les articles 16, 17, 18, 19 et 20, sont les seules qui devront être acquittées par les receveurs de l'enregistrement.

22. Chaque témoin, expert écrivain, interprète, ou officier de santé, sera taxé au bas ou au dos de sa cédule de citation, dans un mandat qui sera signé par le président et par le rapporteur du conseil de guerre *ou de la commission militaire.*

23. Le mandat délivré à un témoin non militaire, ni réputé tel, indiquera son état ou sa profession, et son domicile.

24. Les salaires des témoins seront fixés à raison du nombre de leurs journées, tant de marche que de séjour, et ce nombre sera exactement exprimé dans le mandat.

25. La journée de marche des témoins (autres que ceux désignés en l'article 15), durant le voyage qu'ils seront obligés de faire, tant pour venir déposer que pour retourner chez eux, sera de deux myriamètres deux kilomètres et 222 mètres (cinq lieues de 25 au degré).

26. Les présidens et les rapporteurs auront soin, avant de taxer un témoin, de l'interpeller s'il requiert la taxe, et feront mention de cette interpellation dans le mandat.

27. Pour éviter autant que possible les dépenses auxquelles donnerait lieu le déplacement des témoins, les rapporteurs devront, lorsque les témoins dont il sera nécessaire d'avoir les dépositions se trouveront éloignés du lieu où siégera le conseil de guerre *ou la commission militaire*, dresser une série des questions à faire à ces témoins, et l'envoyer au ministre de la guerre, pour en obtenir les réponses (1).

---

(1) Voy. encore sur cette matière *le décret du 18. prairial* an 2, *numéro* 180.

28. Les mandats délivrés aux interprètes indiqueront leur domicile, ainsi que le nombre des séances, tant de jour que de nuit, qui devra leur être payé. S'ils ont traduit des pièces de conviction, on exprimera dans le mandat la somme à laquelle le conseil *ou la commission* aura évalué ce travail.

29. Les mandats délivrés aux experts écrivains et aux officiers de santé, indiqueront également le domicile de chacun d'eux, ainsi que le nombre de leurs vacations au conseil *ou à la commission.*

30. Les préposés de l'enregistrement n'acquitteront que les mandats rendus d'avance exécutoires par la signature du président du conseil et du rapporteur.

31. S'ils remarquaient que les sommes exprimées dans ces mandats excèdent le taux fixé par l'article 3 de l'arrêté du 17 floréal an 5, ou qu'elles sont accordées à des individus qui, aux termes des articles 2 et 4, n'ont droit à aucune indemnité ; avant d'acquitter ces mandats, ils adresseront aux présidens et rapporteurs qui les auraient délivrés, des observations pour les inviter à réformer ou à supprimer les taxes. Si ces officiers refusaient d'obtempérer à cette invitation, les receveurs acquitteront le montant desdits mandats ; mais, en requérant la formalité du *visa* auprès des commissaires des guerres, à l'expiration du trimestre, ils inviteront ces derniers à provoquer contre ces officiers et les parties prenantes, solidairement, la restitution des excédans de taxe (1).

32. Aucun mandat ne sera payé qu'à celui auquel il aura été nommément délivré. La partie prenante le souscrira de son acquit, daté et signé en présence du receveur.

33. Si la partie prenante ne sait pas signer, le receveur, après l'avoir interpellé à ce sujet, lui fera faire sa marque ordinaire pour tenir lieu de signature, sous un acquit daté, énonçant la somme et le nom, et lui fera le paiement en présence de deux témoins qui signeront en cette qualité.

SECTION 2.

Mode de remboursement des avances faites par les receveurs de l'enregistrement.

34. Les commissaires ordonnateurs et des guerres seront désormais chargés de recevoir et d'arrêter les comptes des avances faites par les receveurs de l'enregistrement, pour les frais de justice militaire qu'ils acquitteront.

Ils prendront pour base de leur travail, à cet égard, 1.° les arrêtés des 17 floréal an 5, 7 prairial an 8, 18 germinal an 9 et 29 nivôse an 10, tous imprimés à la suite des pré-

---

(1) Les capitaines rapporteurs ne doivent point accorder, sur les mandats qu'ils délivrent aux témoins (*voy. l'art.* 16), l'indemnité de séjour pour le jour de la comparution : cette indemnité n'est due, en principe, que du lendemain de l'arrivée de ces témoins.

sentes (1); 2.º ce qui est prescrit ci-dessus par les articles 15, 16, 17, 18, 19, 20, 21, 22, 23, 24, 25, 26, 27, 28, 29, 30, 31, 32 et 33; 3.º les mesures indiquées ci-après.

35. Les états dressés par les receveurs seront rendus exécutoires par les présidens et les rapporteurs des tribunaux militaires.

36. Les receveurs ne réserveront aucune dépense d'un trimestre pour la comprendre dans un autre; ils renfermeront dans le même trimestre tout ce qui se trouvera lui appartenir.

37. Les commissaires ordonnateurs et des guerres n'admettront, dans les comptes des receveurs de l'enregistrement, que les seules dépenses qui auront été établies et justifiées ainsi qu'il est dit ci-dessus. Il en sera dressé un bordereau détaillé, conforme au modèle imprimé à la suite des présentes, et l'ordonnateur enverra ce bordereau, en double expédition, au ministre de la guerre.

38. Les receveurs de l'enregistrement remettront, sous récépissés, aux commissaires ordonnateurs et aux commissaires des guerres chargés de recevoir et d'arrêter leurs comptes, les mandats et exécutoires. Ces pièces leur seront rendues après que cette opération aura été terminée; ils les remettront ensuite aux payeurs divisionnaires au moment où ceux-ci leur acquitteront le montant des ordonnances délivrées, à leur profit, par le ministre de la guerre.

TITRE III.
Dispositions générales.

39. Les commissaires ordonnateurs prescriront aux commissaires des guerres chargés de vérifier les dépenses des conseils ou commissions, de veiller à ce que les états de ces dépenses soient faits avec soin, et de redresser les erreurs qui auraient pu s'y glisser; de procéder, avant d'arrêter ces états, au dépouillement exact de toutes les pièces justificatives, et de rejeter les dépenses qui ne seraient point autorisées par les arrêtés et réglemens.

40. Les commissaires ordonnateurs et les parties prenantes ne devront point perdre de vue que, conformément au titre II du décret du 13 juin 1806 (2), les états et pièces des dé-

_____

(1) *Numéros* 187 et 198, p. 413 et 428 du vol. II, 2.º partie.

L'arrêté du 29 nivôse an 10, qui n'a pas été inséré dans le recueil, est particulier aux greffiers des conseils de guerre et de révision de la 1.re division militaire, auxquels il accorde un traitement annuel de 600 francs pour les premiers, et de 400 francs pour les seconds, indépendamment de ce qui est alloué par l'arrêté du 17 floréal an 5, pour frais de jugemens; au moyen de quoi ils doivent salarier, à leurs dépens, les commis greffiers et tous autres qu'ils pourront être obligés de s'adjoindre. Cet arrêté ne contient aucune autre disposition.

(2) *Numéro* 582, pag. 428 du vol. IV.

penses doivent être adressés au ministre, au plus tard dans
les six mois qui suivent le trimestre où la dépense a été faite ;
et que passé ce temps, ces états et pièces ne peuvent plus
être admis en liquidation.

N.° 787.

*Décret concernant les individus jugés par contumace
dans des armées supprimées.*

Du 22 mars 1813.

ART. 1.ᵉʳ Les individus jugés par contumace dans des armées supprimées, seront traduits, par notre ministre de la
guerre, devant un tribunal militaire, composé de la même
manière que le conseil de guerre *ou la commission* qui aura
rendu le premier jugement (1).

2. Si le contumax appartient à un corps militaire, le tribunal sera formé dans la division où se trouve ce corps ou
son dépôt (2) : s'il n'appartient à aucun corps, ce tribunal
sera formé dans la division militaire de l'intérieur ou dans
l'armée qui serait la plus voisine du lieu où le délit aura été
commis. Dans tous les cas, notre ministre de la guerre pourra
ordonner que ce tribunal soit formé dans la première division militaire, si l'affaire intéresse le trésor.

N.° 787. (*Bis.*)

*Décret relatif au mode d'exécution des décisions
portant grâce ou commutation de peine en faveur
de condamnés pour crimes de désertion ou pour
tout autre délit militaire.*

Du 14 juin 1813.

ART. 1.ᵉʳ Lorsque, sur un jugement de condamnation prononcé, soit pour crime de désertion, soit pour tout autre

---

(1) Voy. le *Num* 199, p. 429 du vol. II, 2.ᵉ partie. -- Les commissions
sont supprimées. Voy. les derniers §. de la p. 279.
(2) Voy. relativement aux gardes nationales qui n'auraient pas purgé
leur contumace à l'époque du licenciement de leur cohorte, la note
2.ᵉ, p. 443, *même vol.*

délit militaire, par un conseil de guerre ou maritime permanent *ou spécial, par une commission militaire* ou tout autre tribunal établi pour le service de nos armées de terre ou de mer, il nous aura plu, d'après un rapport fait au conseil privé, de faire grâce au condamné ou de commuer sa peine (1), copie de notre décision sera transmise, par notre ministre de la justice, à notre ministre de la guerre ou à celui de la marine.

2. Notre ministre de la guerre, ou celui de la marine, donnera les ordres nécessaires pour que l'expédition de notre décision soit transcrite sur le registre contenant le jugement de condamnation, ou jointe à la minute de ce jugement; que mention en soit faite à la marge dudit jugement, et signée par le dépositaire; et que copie en forme en soit délivrée à la partie intéressée.

3. Lorsque le jugement de condamnation aura été rendu par un conseil ou tribunal permanent, outre les formalités ci-dessus prescrites, lecture de notre décision sera donnée, en présence de ce conseil ou tribunal, à la réquisition du commissaire du gouvernement.

4. Si, d'après les ordres de notre ministre de la guerre ou de celui de la marine, le militaire ou marin à qui nous aurons fait grâce rentre dans son corps, il sera fait lecture de notre décision à la tête de ce corps, conformément à l'ancien usage.

5. Nous nous réservons néanmoins, lorsque nous le jugerons convenable, à raison, soit de la qualité des personnes, soit de la nature du délit ou de toute autre circonstance, de faire adresser à nos cours, et entériner par elles les lettres patentes de grâce ou de commutation de peine que nous aurons accordées sur des jugemens rendus par les tribunaux ci-dessus désignés.

6. A l'égard des jugemens de condamnation prononcés par les mêmes tribunaux, sur des crimes ou délits prévus par le code pénal ordinaire, les formes suivies jusqu'à présent pour l'expédition et l'entérinement de nos lettres patentes de grâce ou de commutation de peine, continueront d'être observées.

---

(1) Voy., relativement au droit de commutation de peine et au recours en grâce, les *numéros* 193 et 201, vol. II, 2.e partie.

N.º 788.

COURS PRÉVÔTALES.

LES juridictions prévôtales ont été rétablies par la loi du 20 décembre 1815. Ces cours, qui sont fixées dans chaque département, et dans le lieu où siége la cour d'assises, sont composées d'un président, d'un prevôt et de quatre juges (1).

Les prévôts sont pris parmi les officiers de l'armée de terre ou de mer, ayant le grade de colonel au moins, et âgés de 30 ans accomplis.

Ces tribunaux connaissent des crimes qui étaient de la compétence des cours spéciales. Ils procèdent contre tout individu, quelle que soit sa profession civile, militaire ou autre,

---

(1) L'ordonnance du 13 mars 1816 (bulletin n.º 174) qui règle les dépenses auxquelles donnera lieu l'établissement des cours prévôtales, porte, que les prévôts, outre le traitement d'activité, la demi-solde ou la pension de retraite, dont ils jouissent sur les fonds de la guerre, recevront, sur ceux du ministère de la justice, une indemnité de mille francs par an : cette disposition a été modifiée par une décision royale du 18 avril 1816, de laquelle il résulte,

1.º Que les officiers-généraux ou officiers supérieurs, qui remplissent les fonctions de prévôt, recevront, sur les fonds du ministère de la guerre, le traitement d'activité de leur grade, avec l'indemnité de logement, mais sans l'indemnité de fourrage ; attendu qu'ils reçoivent des indemnités particulières, lorsque leurs fonctions les mettent dans le cas de se transporter hors des lieux de leur résidence ;

2.º Que ceux de ces officiers qui jouissent de leur solde de retraite, ou d'un traitement de réforme, le conserveront ; mais que le montant en sera déduit sur le traitement d'activité, et qu'ils ne toucheront que la différence ;

8.º Que le traitement des prévôts sera passible de la retenue prescrite par l'ordonnance du 24 janvier (*numéro* 897), et que cette retenue aura lieu sur le traitement d'activité intégral ;

4.º Que ce traitement courra depuis la date de l'expédition des lettres de nomination, et durera, pendant tout le temps que MM. les prévôts seront en fonctions ;

5.º Que ceux de ces officiers qui, avaient une destination et des lettres de service qui leur donnaient droit au traitement d'activité, avec les accessoires, dans le moment où ils ont été nommés prévôts, conserveront le traitement et les indemnités attribués à l'activité ;

6.º Que les prévôts choisis parmi les officiers de marine, et qui ont un traitement sur les fonds du ministère de la marine, conserveront ce traitement, et on leur complétera, sur les fonds de la guerre, le traitement d'activité du grade auquel ils sont assimilés dans l'armée de terre. *Circul. du* 22 *avril* 1816.

qui se serait rendu coupable du crime de rébellion armée, ou qui aurait été arrêté faisant partie d'une réunion séditieuse, ou qui sans droit, ou sans motif légitime, aurait pris le commandement d'une force armée, d'une place forte, d'un poste ou d'une ville, ou qui aurait levé ou organisé une bande armée, ou qui aurait fait partie d'une telle bande, ou lui aurait fourni des armes, des munitions ou des vivres (*art.* 8 *et* 9).

Ils procèdent également contre toute personne prévenue d'avoir affiché, distribué ou vendu, dans des lieux publics, des écrits ; d'avoir, dans des lieux publics ou destinés à des réunions habituelles de citoyens, fait entendre des cris ou proféré des discours, toutes les fois que ces cris, ces discours ou ces écrits auront exprimé la menace d'un attentat contre la personne du Roi ou la personne des membres de la famille royale ; toutes les fois qu'ils auront excité à s'armer contre l'autorité royale, ou qu'ils auront provoqué au renversement du gouvernement ou au changement de l'ordre de successibilité au trône (art. 10).

Ils procèdent contre toutes personnes prévenues d'avoir arboré, dans un lieu public ou destiné à des réunions habituelles de citoyens, un drapeau autre que le drapeau blanc, et contre toutes personnes qui feront entendre des cris séditieux dans les palais du Roi ou sur son passage (art. 11).

Sont justiciables des cours prévôtales les prévenus d'assassinat ou de vol avec port d'armes ou violence, lorsque ces crimes auront été commis sur les grands chemins. Ne sont pas regardés comme grands chemins les routes dans les villes, bourgs, faubourgs et villages (art 12).

Sont justiciables des cours prévôtales, les militaires et les individus à la suite des armées ou des administrations militaires, prévenus de vol ou d'actes de violence, qualifiés crimes par le code des délits et des peines, toutes les fois que lesdits actes ne pourront être considérés comme des infractions aux lois sur la subordination et la discipline militaire (art. 13).

Sont compris dans la disposition de l'article précédent, les militaires en activité de service, ou jouissant d'un traitement d'activité ou de non-activité, autre que la solde de retraite, et les militaires licenciés ou congédiés pendant l'année qui suivra leur licenciement ou la délivrance de leur congé absolu (art. 14).

Si, dans une affaire qui n'aurait été renvoyée devant la cour prévôtale qu'à cause de la qualité des prévenus, il se trouve un ou plusieurs d'entre eux qui n'en soient point justiciables par leur qualité, le procès et les parties seront renvoyées devant qui de droit (art. 15).

Les jugemens de cette cour sont en dernier ressort et sans

recours en cassation. Elle doit cesser d'exister après la session que tiendra le corps législatif en 1817, si elle n'a été renouvelée dans le courant de ladite session.

DEUXIÈME SECTION.

DISPOSITIONS PÉNALES.

N.° 789.

Extrait des minutes de la secrétairerie d'état.

Avis du conseil d'état, portant que la règle prescrite par l'article 10 du décret du 1.er mai 1812, ne doit être suivie que dans les cas non prévus par les lois pénales existantes, soit militaires, soit civiles.

Du 22 septembre 1812.

LE conseil d'état, qui, d'après le renvoi ordonné par Sa Majesté, a entendu le rapport des sections de la guerre et de législation réunies, sur celui du ministre de la guerre, ayant pour objet de faire décider dans quel cas la règle posée dans l'article 10 du décret du mois de mai dernier doit être suivie;

Considérant que la législation des conseils de guerre ordinaires, les autorise à appliquer le code pénal civil dans les cas non prévus par les lois militaires,

Est d'avis

Que la règle prescrite par l'article 10 du décret du 1.er mai dernier, ne doit être suivie que dans les cas non prévus par les lois pénales existantes, soit militaires, soit civiles (1).

Et que le présent avis soit inséré au bulletin des lois.

(1) Voy. le dernier §. de la p. 484 du vol. II, 2.e partie.

TROISIÈME SECTION.

PROCÉDURE ET PEINES RELATIVES A LA DÉSERTION.

(*Nota.*) L'ordonnance du 21 février 1816, *num.* 796, a changé les dispositions fondamentales relatives à la poursuite du crime de la désertion ; elle a retranché des peines dont ce crime est puni, celle de l'amende.

Il résulte des changemens introduits par cette ordonnance, sur cette branche de la législation de l'armée, que le jugement des déserteurs n'est plus dévolu à des conseils spéciaux, ainsi que le prescrivait l'arrêté du 19 vendémiaire an 12, *num.* 244 ; qu'il rentre dans la compétence des conseils de guerre, institués par la loi du 13 brumaire an 5, *Num.* 186 ; et que l'instruction du procès, ainsi que le jugement des accusés, doivent avoir lieu d'après le mode tracé par cette loi, et par celles qui ont paru subséquemment sur ces derniers tribunaux.

Par suite de ces dispositions nouvelles, les actes ci-après indiqués se trouvent abrogés, savoir :

Les *titres* 2, 3 et 8 de l'arrêté du 19 vendémiaire an 12, *Num.* 244 (1); les art. 1.er et 2.e du *num.* 254 ; 2 et 3 du *Num.* 265 ; 2 du *Num.* 266 ; le décret du 24 janvier 1811, *numéro* 262, sur la création des régimens composés de conscrits réfractaires.

N.º 790.

Décret contenant de nouvelles dispositions contre la désertion.

Du 22 décembre 1812.

(*Nota.*) Les dispositions de cet acte peuvent être considérées comme tombées en désuétude, jusques à ce que le nouveau mode de recrutement ait été fixé.

Art. 1.er Lorsque la désertion fera des progrès dans un département, et qu'elle pourra être attribuée aux insinuations

_____

(1) Le titre 3 peut néanmoins encore être consulté, relativement à la

ou à la protection des pères et mères des déserteurs, notre
ministre de la guerre, sur la demande du préfèt, et le rapport du *directeur-général de la conscription*, nous proposera
que les dispositions de l'avis de notre conseil d'état du 12
mai 1807 (1), et de notre décret du 24 juin 1808, soient appliquées dans le département contre les pères et mères qui,
au jugement du préfet, seront convaincus d'avoir favorisé la
désertion de leurs enfans.

2. Les déserteurs qui se présenteront d'eux-mêmes, ou qui
seront ramenés et remis par leurs parens, seront conduits,
sous escorte, à l'un des régimens créés par notre décret du
24 janvier 1811 (2), où ils seront incorporés.

N.° 790. (*Bis.*)

*Avis du conseil d'état relatif à deux jugemens rendus
par un conseil de guerre spécial, qui avait pour
président un capitaine, au lieu d'un officier supérieur.*

Du 4 juillet 1813.

(*Nota.*) On croit pouvoir se dispenser de placer ici cet acte, dont
les dispositions sont devenues inutiles par suite des modifications apportées à la procédure relative à la désertion. *Voy. la note placée en
tête de cette section.* — Il en est de même de l'avis du conseil d'état
approuvé le 1.ᵉʳ mars 1814, également relatif aux conseils de guerre
spéciaux. Ces deux actes sont insérés au journal militaire, *vol.* 48
et 49, p. 5 et 10.

---

plainte qui doit être portée contre les déserteurs ; plainte qui ne
peut avoir lieu que lorsqu'ils sont ramenés à leurs corps. Le titre
premier se trouve momentanément, et jusques à ce que le mode de
recrutement ait été fixé, sans application ; il en est de même du décret du 8 juin 1808, *numéro* 255, et de celui du 28 octobre 1808, *numéro* 257.

(1) *Voy.* le *numéro* 253, p. 516 du vol. II.
(2) Voy. le *num.* 262, p. 526. Idem. — Ces régimens sont dissous.

N.° 791.,

Décret relatif au jugement des déserteurs.

Du 4 janvier 1814.

(*Nota.*) Les quatre premiers articles de ce décret, se trouvent abrogés par les dispositions que contient l'ordonnance du 21 février 1816, *numéro* 796; et ne sont point cités dans les actes insérés à la suite de l'instruction du 16 mars suivant.

Une instruction a été donnée le 24 du même mois par le *direct.-général de la conscription* (journal militaire 1814, p. 22), afin de faciliter l'exécution des mesures prescrites par le décret du 4 janvier, dont les premiers art. , abrogés ainsi qu'on vient de le voir, ordonnaient que les déserteurs seraient conduits à l'une des portions de leurs corps, ou aux chefs-lieux des départemens de leurs domiciles, selon qu'ils se trouveraient plus proches de *l'un ou de l'autre*; et voulaient, dans ce dernier cas, que la plainte fût portée par le préfet.

Dans cette instruct., très-étendue, on reproduit les dispositions principales de celle du 14 décembre 1811, qui nous paraît encore devoir être suivie sur cette matière (*num.* 268, vol II); et l'on y ajoute celles que commandait le nouveau mode de procédure.

Le titre 7 de celle du 24 janvier peut encore néanmoins être consulté, relativement à la marche qui doit être suivie par la gendarmerie, lors de l'arrestation et de la conduite des déserteurs.

Art. 5. L'officier qui aura reçu la plainte est autorisé, lorsque des circonstances particulières militeront en faveur d'un ou plusieurs accusés, à refuser, à leur égard, l'autorisation d'informer, et se borner à leur infliger une peine de discipline.

6. Toutes les fois qu'il y aura eu un refus d'informer, il en sera rendu compte à notre *directeur-général de la conscription* (1), qui approuvera ou improuvera ce refus, et, dans ce dernier cas, pourra ordonner la mise en jugement des accusés.

Aux armées actives, les généraux de division, et, dans l'intérieur, nos gouverneurs-généraux et nos commissaires extraordinaires, exerceront la faculté accordée, par le présent article (2), à *notre directeur-général de la conscription* (3).

1) Au ministre de la guerre. Voyez l'instruction du 16 *mars*, *numéro* 797.

(2) L'instruction du 16 mars que l'on vient de citer paraît réserver au seul secrétaire d'état de la guerre, l'exercice de cette faculté.

(3) L'autorisation d'informer n'est facultative, pour les commandans militaires, que relativement au crime de la désertion; ils ne peu-

N.º 792.

Décret de S. A. R. Monsieur, lieutenant-général du royaume, concernant les individus poursuivis ou détenus pour faits et délits relatifs à la conscription.

Au château des Tuileries, le 23 avril 1814.

ART. 1.er TOUTES les poursuites judiciaires, pour faits et délits relatifs à la conscription, sont annulées.

Tous les individus détenus dans les prisons ou dans les différens bagnes du royaume pour les mêmes causes seront sur-le-champ mis en liberté.

2. Son Altesse Royale n'entend remettre que les peines encourues : quant aux dommages-intérêts que des particuliers se croiraient en droit de prétendre à raison de violences et voies de faits exercées sur leurs personnes et sur leurs propriétés, ils pourront être demandés par action civile et par les voies ordinaires.

3. Sont exceptés de la disposition de l'article 1.er les fonctionnaires publics qui seraient prévenus d'escroquerie et de concussion.

----

vent la refuser pour tout autre délit militaire ou commun, dont serait prévenu un homme justiciable des conseils de guerre : (*Voy. l'art.* 12 *de la loi du* 13 *brum. an* 5, num. 186.) L'art. 22 de la loi du 22 compl. an 3, *numéro* 181, prononce même des peines contre ceux qui négligeraient, lorsqu'ils ont eu connaissance qu'un délit a été commis, d'en livrer les auteurs à ces tribunaux. De même les conseils de guerre ne peuvent se dispenser d'instruire le procès, et de passer au jugement de ceux qui leur sont dénoncés.

D'après le code d'instruction criminelle (art. 127 et 128), la chambre du conseil, sur le rapport qui lui est fait par le juge d'instruction, lorsqu'elle est d'avis que le fait ne présente ni crime, ni délit, ni contravention, ou qu'il n'existe aucune charge contre l'inculpé, déclare qu'il n'y a pas lieu à poursuivre ; et si l'inculpé avait été arrêté, il est mis en liberté.

Il s'est présenté des circonstances où les conseils ont eu à juger des militaires à l'égard desquels on a souvent regreté de ne trouver rien de semblable dans la procédure militaire : des faits qui ne présentaient ni crime, ni délit, ni contravention, ont donné lieu à des jugemens ; et des officiers contre lesquels il n'existait évidemment aucune charge, ont dû s'asseoir en public sur le banc des accusés, lorsque leur innocence ne pouvait donner lieu même à la plus légère incertitude.

N.º 793.

Ordonnance du Roi concernant la discipline militaire.

Du 8 août 1814.

ART. 1.ᵉʳ LES dispositions de notre ordonnance du 15 mai sont applicables à tous les militaires qui se trouvent actuellement absens de leurs corps sans permission : ils sont considérés comme étant en congé limité.

2. Il sera accordé des congés absolus aux sous-officiers et soldats présens aux drapeaux, dans la proportion qui sera fixée d'après le travail des inspecteurs-généraux chargés de l'organisation de l'armée.

3. Il sera également accordé des congés absolus aux militaires compris dans l'art. 1.ᵉʳ, et qui, dans le délai d'un mois, à dater de la publication de la présente ordonnance, se seront présentés au chef-lieu de l'arrondissement de leur domicile, pour faire leur réclamation, appuyée des titres qu'ils peuvent avoir à l'obtention d'un congé absolu.

4. Tous les sous-officiers et soldats désignés dans l'article précédent, qui n'auront pas obtenu leur congé absolu, et n'obéiront pas, dans le délai qui leur sera prescrit, à l'ordre de rejoindre leur corps, seront déclarés déserteurs et poursuivis comme tels.

5. A dater de ce jour, tout militaire qui quittera ses drapeaux sans permission, sera arrêté et ramené de suite au corps, pour y être jugé selon la rigueur des lois contre la désertion.

6. La gendarmerie étant spécialement chargée de l'arrestation des déserteurs, il est prescrit aux officiers de cette arme, et aux sous-officiers commandant chaque brigade, d'apporter dans ce service la vigilance et la fermeté qu'il exige plus particulièrement dans les circonstances actuelles. La négligence et la faiblesse, à cet égard, seront punies avec une juste sévérité.

Seront également poursuivis selon les lois, tous les individus qui exciteraient à la désertion, ou favoriseraient les déserteurs pour les soustraire à la police du royaume.

7. Les autorités civiles, et spécialement les maires et les sous-préfets, sont appelés à concourir à l'arrestation des déserteurs, et ils feront appuyer au besoin la gendarmerie par les gardes nationales (1).

---

(1) Cette ordonnance a été transmise par le ministre de la guerre, le

N.° 794.

Ordonnance du Roi qui détermine les peines à infliger
aux embaucheurs et aux provocateurs à la désertion.

Du 11 mars 1815.

Art. 1.ᵉʳ La loi du 4 nivôse an 4 (1) continuera d'être
exécutée suivant sa forme et teneur : en conséquence, tout
embaucheur pour l'ennemi ou pour les rebelles sera puni de
mort.

2. Sera réputé embaucheur celui qui, par argent, par discours, ou par la distribution et publication d'écrits incendiaires,
chercherait à éloigner de leur devoir les soldats ou les citoyens appelés à repousser l'ennemi, ou à les faire passer aux
rebelles (2).

3. Seront punis des mêmes peines tous les soldats et citoyens appelés à défendre la patrie, qui abandonneraient
leurs drapeaux, ou ne les rejoindraient pas et passeraient à
l'ennemi.

4. Il sera établi auprès de chaque corps d'armée, et dans
les chefs-lieux de département où nous le jugerons convenable, des conseils de guerre spécialement chargés de juger
les coupables des délits ci-dessus mentionnés.

Les jugemens des conseils de guerre seront exécutés dans
les vingt-quatre heures, à l'égard des coupables pris les armes
à la main, ou arrêtés en flagrant délit, en cherchant à dé-
baucher les soldats et officiers de nos armées (3).

---

16 du même mois. La circul. qu'il a adressée à ce sujet, aux autorités militaires, civiles et administratives, indique les hommes qui doivent être poursuivis comme déserteurs. Elle est aujourd'hui peu essentielle à connaître.
(1) *Numéro* 239, pag. 486, du vol II, 2.ᵉ partie.
(2) Voy. *idem* art. 2.
(3) Ces dispositions doivent être considérées comme des mesures de
circonstances; elles ne sont point rappelées dans l'ordonnance du 21
février, *num.* 796, qui fixe le nouveau mode de procédure contre le
crime de la désertion : voy. le *numéro* cité dans les notes précédentes;
et le *num.* 240, relativement aux hommes qui désertent à l'ennemi.

N.º 795.

Circulaire relative à la désertion.

De 26 janvier 1816.

Messieurs, au moment où l'armée se recompose de français dont le dévouement au service du Roi et de la patrie devient le gage de la stabilité du trône et du maintien de la paix,, je crois devoir appeler votre attention particulière sur les anciens soldats qui, ayant quitté sans permission leurs drapeaux, sont actuellement détenus, sans jugement, pour désertion ; sur ceux qui n'ont encore fait aucun acte de soumission devant le préfet de leur département ; sur ceux qui, déjà jugés propres à reprendre du service, n'obéiront pas aux ordres qu'ils recevront ; et enfin, sur les sous-officiers et soldats qui, entrés dans les rangs de la nouvelle armée, auraient déserté ou déserteraient, à l'avenir, par un effet de l'inconstance de leur caractère, ou par une facilité coupable à céder aux conseils de la malveillance.

Afin de fixer la situation respective des militaires de l'ancienne et de la nouvelle armée, et de guider les diverses autorités dans la ligne des devoirs qu'elles auront à remplir à leur égard, j'ai arrêté les dispositions suivantes :

Militaires des corps licenciés en vertu d'ordonnances particulières.

(*Nota.*) On a cru pouvoir retrancher les dispositions placées à la suite de ce titre, parce qu'elles ne contiennent que des mesures de circonstances.

Militaires absens sans permission des corps qui ont conservé leur ancienne organisation.

Si, parmi les sous-officiers ou soldats des anciens corps, et qui sont détenus sans jugement pour le seul fait de désertion, ou si, parmi ceux qui pourraient être arrêtés par la suite comme voyageant sans papiers en règle, il s'en trouve qui aient appartenu à des *compagnies de vétérans*, à la *gendarmerie royale*, à des *bataillons coloniaux*, au *bataillon des sapeurs pompiers de Paris*, et à la *garde royale de Paris*, on se conformera, à leur égard, à ce qui est prescrit ci-après.

Les hommes des compagnies de vétérans et ceux de la gendarmerie qui ont abandonné leur corps antérieurement à la

notification de la présente, seront censés démissionnaires et
renvoyés dans leurs foyers. Ils ne pourront être réadmis au
service que par des décisions particulières que je prendrai,
d'après les témoignages qui me seront rendus de leur conduite et de leurs principes politiques. Les vétérans et gendarmes qui déserteront *à l'avenir*, seront, si leur désertion
est accompagnée de l'une ou de plusieurs des circonstances
aggravantes, spécifiées par l'arrêté du 19 vendémiaire an 12
(12 octobre 1803), et autres actes subséquens, signalés comme
déserteurs, arrêtés, reconduits à leur compagnie et jugés suivant la rigueur des ordonnances. Dans le cas de la désertion
simple, ils seront considérés comme démissionnaires et privés
de leurs droits aux récompenses (1).

Tout militaire actuellement en état de désertion de l'un
des bataillons coloniaux, sera arrêté et reconduit, de brigade
en brigade, au corps qu'il a abandonné ; mais il ne sera traduit en jugement pour ce fait, qu'autant que sa désertion serait
postérieure à la notification de la présente.

Il en sera de même des déserteurs du bataillon des sapeurs-
pompiers de la ville de Paris, et du corps de la garde royale
de la même ville.

Militaires qui déserteront des nouveaux corps qui composent
l'armée.

Aussitôt qu'un militaire se sera absenté de ses drapeaux sans
permission, le chef du corps, conformément aux anciennes
instructions (2), adressera au commandant de la gendarmerie
du lieu le signalement de cet homme, afin qu'il soit recherché
sur-le-champ. Si ce militaire se représente volontairement,
ou s'il est ramené dans les délais de grâce accordés au re-
pentir, il pourra n'être puni que d'une peine de discipline.
Si, au contraire, il ne se représente pas ou n'est pas ramené
dans les délais ci-dessus désignés, il sera déclaré déserteur,
et son signalement me sera transmis, en double expédition
conforme au modèle ci-joint, n.º 1.ᵉʳ, afin que je donne des
ordres pour qu'il soit recherché par-tout où besoin sera (3).

---

(1) Ces dispositions modifient la décision du 9 octobre 1810, d'après
laquelle les vétérans qui abandonnaient leur compagnie sans congé
devaient être dénoncés comme déserteurs. Voy. pag. 532 du vol. II,
note 5.

(2) Voy. l'instruction du 10 décembre 1811, *num.* 268, pag. 531 du
vol. II.

(3) Le titre 2 du *num.* 268, portait en outre que les hommes entrés à
l'hôpital (voy. aussi la pag. 179 du vol. IV, note 3), ou qui seraient
absens pour toute autre cause, et sur le compte desquels on n'aurait
pas de nouvelles seraient également signalés comme absens. Ces dis-

Tout homme signalé comme déserteur, qui aura été arrêté ou se sera présenté volontairement, sera conduit à son corps, sous l'escorte de la gendarmerie, et déposé à la prison militaire du lieu.

Le commandant du corps m'informera du retour d'un prévenu de désertion par l'envoi de deux expéditions de son signalement, conformes au modèle ci-joint, n.° 2, afin que je fasse cesser les poursuites de sa personne.

Je ferai connaître incessamment, par des instructions particulières, à quel tribunal militaire devront être traduits les déserteurs, et quelles seront les peines à infliger aux coupables; mais jusque-là il sera sursis à la mise en jugement de tout militaire prévenu de désertion (1).

MM. les chefs des corps veilleront scrupuleusement à ce que les signalemens qu'ils m'enverront soient écrits d'une manière correcte, et à ce qu'ils renferment des renseignemens très-exacts sur le lieu du domicile des hommes avant d'entrer au service. Ils ne perdront pas de vue que de cette indication dépendent la prompte recherche des déserteurs et la cessation des poursuites contre ceux qui sont rentrés dans le devoir.

MM. les maréchaux-de-camp commandant les départemens s'assureront si le soldat est traité par ses supérieurs avec les égards qui peuvent l'attacher à son état, et si on allie la douceur avec la juste sévérité nécessaire au maintien d'une bonne discipline. Ils continueront à se faire remettre, tous les quinze jours, des états numériques des hommes de chacun des corps sous leur commandement, qui auront été déclarés déserteurs pendant la quinzaine précédente. Ils transmettront ces états, avec les renseignemens qu'ils auront recueillis sur les causes de la désertion, au lieutenant-général commandant la division militaire, qui m'en communiquera, chaque mois, le résultat par un tableau conforme au modèle n.° 3 (2).

Convaincus, comme vous l'êtes, Messieurs, que le plus sûr moyen de prévenir la désertion est d'user d'une exacte justice envers le soldat qui consacre sa vie à la défense du trône et de l'état, et de ne lui donner aucun sujet de mécontentement par la privation de ce que lui accordent les réglemens, vous considérerez sans doute comme l'un de vos premiers devoirs de seconder à cet égard les intentions paternelles de Sa Majesté.

Je recommande spécialement aux autorités civiles et militaires

_____

positions ne sont point rappelées dans les nouvelles mesures qui ont été prises pour réprimer la désertion : il est à croire cependant qu'elles doivent encore être suivies.

(1) *Voy.* la note imprimée en tête de cette section, pag. 298, et les numéros 796 et 797.

(2) *Voy.* pag. 534 du vol II, 2.° partie, note 2.°

devant lesquelles un prévenu de désertion sera conduit, d'examiner avec soin à quel corps il a appartenu, et à quelle époque il a abandonné ce corps, afin de lui appliquer la mesure particulière au cas dans lequel il se trouve.

Je vous invite, Messieurs, à donner, chacun en ce qui vous concerne, aux autorités qui vous sont subordonnées, les instructions nécessaires pour l'exécution des dispositions de cette lettre, dont vous voudrez bien m'accuser la réception.

N.° 796.

Ordonnance du Roi ayant pour objet de prévenir les conflits de juridiction auxquels peut donner lieu l'incertitude de la jurisprudence quant à la répression de la désertion.

Du 21 février 1816.

(*Nota.*) Voy. les observations placées à la tête de cette section.

LOUIS, par la grâce de Dieu, etc.

Considérant que les circonstances n'ont pas encore permis d'établir dans un nouveau code pénal militaire les bases de la législation répressive de la désertion ;

Voulant prévenir les conflits de juridiction auxquels peut donner lieu l'incertitude de la jurisprudence sur cette matière ;

Vu les lois des 13 brumaire an 5 (3 novembre 1796), 18 vendémiaire an 6 (9 octobre 1797); l'arrêté du 19 vendémiaire an 12 (12 octobre 1803) (1), et autres actes subséquens, relatifs aux moyens de répression de la désertion ;

Sur le rapport de notre ministre secrétaire d'état au département de la guerre,

Nous avons ordonné et ordonnons ce qui suit :

Art. 1.ᵉʳ Il ne sera plus formé de conseils de guerre spéciaux pour juger les prévenus de désertion. La connaissance de ce délit est restituée aux conseils de guerre permanens.

2. Les conseils de guerre permanens appliqueront aux coupables, soit de désertion, soit d'évasion des ateliers de travaux publics ou du boulet, soit de délits graves dans ces ateliers, les peines spécifiées par l'arrêté du 19 vendémiaire an 12 (12 *octobre* 1803), par l'avis du conseil d'état du 22

---

(1) *Numéros* 186, 189 et 244, *vol.* II, 2.ᵉ partie.

ventôse de la même année (13 *mars* 1804) (1), par les décrets des 8 nivôse, 23 ventôse et 8 fructidor an 13 (29 *décembre* 1804 (2), 14 *mars et* 26 *août* 1805), 8 vendémiaire an 14 (3o *septembre* 1805), 16 février 1807 (3), 23 novembre 1811, 2 février 1812, et 5 avril 1813 (4), à l'exception de la peine de l'amende de 1,5oo francs, qui sera remplacée par la condamnation aux frais de poursuite, conformément à la loi du 18 germinal an 7 (7 *avril* 1799) (5).

3. L'article 1.er du décret du 14 octobre 1811, qui défend de juger par contumace les prévenus de désertion, est maintenu (6).

4. Aussitôt le retour du prévenu de désertion à son corps, le chef de ce corps portera plainte au commandant supérieur du lieu où siégera le conseil de guerre permanent.

Ce commandant pourra user de la faculté accordée par le décret du 4 janvier 1814 (7), de refuser l'information, et se borner à infliger une peine de discipline, si des circonstances particulières militent en faveur du prévenu ; mais il devra rendre compte, dans les vingt-quatre heures, des motifs de son refus à notre ministre secrétaire d'état de la guerre (8), qui approuvera ce refus, ou ordonnera de passer outre au jugement.

5. Les titres 4, 5, 6, 7, 9, 10, 11 et 12 de l'arrêté du 19 vendémiaire an 12 (12 octobre 1803), relatifs à la définition de la désertion, à l'application des peines et à l'exécution des jugemens, sont maintenus dans toutes les dispositions qui ne sont pas contraires à la présente ordonnance.

---

(1) *Numéros* 244 et 246, *vol. idem idem.*
(2) *Numéro* 247 et note première de la pag. 5o6 du vol. II, 2.e part.
(3) *Numéros* 249 et 251, vol. *idem idem.*
(4) *Numéros* 266, 240, notes de l'art. 6 du titre 1.er et *num.* 863.
(5) *Numéro* 219, vol. *idem.*
(6) *Numéro* 265.
(7) *Numéro* 791. -- Voy. la circulaire du 16 mars, *num.* 797.
(8) Voy. *idem.*

N.° 797.

Instruction du ministre de la guerre faisant suite à l'ordonnance du 21 février sur la désertion.

Du 16 mars 1816.

Messieurs, en fixant, par ma circulaire du 26 janvier dernier, la destination à donner aux militaires qui ont abandonné leurs corps avant le licenciement, j'ai prescrit de suspendre la mise en jugement des déserteurs de la nouvelle armée, afin d'éviter les conflits de juridiction qui pouvaient naître de l'incertitude de la législation répressive de la désertion. Sa Majesté a dissipé tous les doutes par l'ordonnance qu'elle a rendue le 21 février, et dont j'ai l'honneur de vous transmettre une ampliation. Vous remarquerez que la volonté du Roi est qu'il ne soit plus créé de conseils de guerre spéciaux; que la connaissance du crime de désertion soit rendue aux conseils de guerre permanens, et que, jusqu'à ce que les circonstances aient permis d'adopter un nouveau code pénal militaire, on continue à appliquer aux coupables de désertion les peines établies par l'arrêté du 19 vendémiaire an 12 (12 octobre 1803), et par les différens actes cités dans l'article 2 de l'ordonnance, *à l'exception de l'amende de 1500 fr.* Vous reconnaîtrez sans doute, messieurs, que la suppression de l'amende à laquelle était condamné tout déserteur, est une nouvelle preuve de la bonté paternelle de Sa Majesté, et que ce bienfait lui a été inspiré par sa confiance dans la fidélité de ses sujets et dans leur dévouement à son service. Elle n'a pas voulu ajouter à la rigueur des lois une peine qui s'étendrait en quelque sorte sur la famille des coupables; mais si Sa Majesté s'est abandonnée, en cette circonstance, à l'indulgence naturelle à son cœur, elle veut que les militaires que la lâcheté ou la séduction entraînerait à la désertion, ne puissent échapper aux peines corporelles qu'elle a dû maintenir, comme un moyen indispensable d'affermir les liens de la discipline, et de déjouer les projets criminels des malveillans qui chercheraient à détourner le soldat de ses devoirs.

Quoique l'ordonnance du 21 février ait établi d'une manière positive les principes de la législation sur la désertion, cependant, afin d'en rendre l'exécution facile et de prévenir toutes les difficultés sur l'application des peines, j'ai pensé qu'il était convenable d'y joindre un extrait des arrêtés et décrets dont les dispositions sont maintenues (1). J'ai cru devoir aussi tracer à chacune des autorités appelées à concourir à l'exécution de l'ordonnance, les principaux devoirs qu'elles ont à remplir : à cet effet,

1.º MM. les lieutenans-généraux commandant les divisions militaires communiqueront l'ordonnance du 21 février, les décrets antérieurs qui y sont joints, ainsi que la présente, aux conseils de guerre permanens. Ils donneront toutes les instructions convenables pour que ces conseils de guerre procèdent au jugement des prévenus de désertion qui seront traduits devant eux, conformément à ce qui est prescrit par les lois des 13 brumaire an 5 (3 novembre 1796), 18 vendémiaire et 15 brumaire an 6 (9 octobre et 5 novembre 1797) (2) ; ils surveilleront l'exécution de ces lois, et me soumettront toutes les questions qui pourraient arrêter le cours de la justice.

2.º En exécution de l'art. 4 de l'ordonnance, aussitôt qu'un prévenu de désertion arrivera à son corps, soit volontairement, soit sous escorte, le chef de ce corps le fera conduire à la prison militaire du lieu où siégera le conseil de guerre permanent, et adressera en même temps au commandant supérieur une plainte en désertion, rédigée dans la forme ci-jointe, n.º 1.ʳ.

3.º Le commandant supérieur à qui la plainte sera portée, pourra, en vertu du droit qui lui est attribué par l'article ci-dessus cité, refuser l'information contre le prévenu ; mais il ne perdra jamais de vue qu'il ne doit user de ce droit qu'avec une extrême circonspection, et pour des cas qui devront être très-rares, parce que l'intérêt de l'état et du service du Roi exige impérieusement qu'on ne donne pas l'exemple funeste d'une impunité qui multiplierait le nombre des coupables.

---

(1) On a réimprimé, à la suite de cette instruction, les art. des actes ci-après, que l'on trouvera dans le vol. II, 2. partie ; savoir : 1.º les art. 44 à 55 inclus ; du num. 244 ; 67 à 74 id. ; 76 à 85 id. avec une modification aux art. 44 et 45 quant à la peine de l'amende qui est supprimée : de même aux art. 50, 51 et 45, quant à la formation d'une commission remplacée par les conseils de guerre : de même à l'art. 83 où l'on a supprimé ce qui était relatif à la cartouche à délivrer aux condamnés aux travaux publics.

2.º Les num. 246, 247, 249 et le 1.ᵉʳ art. du numéro 251 ;

3. L'art. 58 du décret du 8 fructidor an 13. Voy. la note 1.ʳᵉ de la p. 506 du vol. II, 2.ᵉ partie ; le décret du 2 février 1812. Voy. la note 4 de la p. 487 même vol.

4.º L'art 1.ᵉʳ du numéro 251 ; les art. 3, 4 et 5 du num. 254 ; l'art. 1.ᵉ du numéro 266 ; les art. 35 et 36 du numéro 863, relatif aux gardes nationales ; l'art. 1.ᵉʳ du num. 265 ; l'art. 5 du num. 791.

(2) Numéro 186, 189 et 190.

Cet officier-général, en me communiquant, dans les vingt-quatre heures, les motifs de son refus d'informer, joindra à son rapport toutes les pièces qui pourraient militer pour ou contre l'accusé. En attendant ma décision, le prévenu devra garder la prison (1).

4.º Si l'autorisation d'informer est accordée, le commandant supérieur ordonnera au capitaine rapporteur d'instruire l'affaire, et l'on suivra, à cet égard, les dispositions prescrites par les lois ci-dessus citées, sur les formes de la procédure, le droit d'appel en révision, et l'exécution des jugemens.

5.º Il sera établi, par les soins du rapporteur, près chaque conseil de guerre permanent, un registre particulier destiné à l'inscription des jugemens rendus pour désertion. L'information et les autres pièces seront transcrites sur le même registre, et y seront annexées.

6.º Aussitôt qu'un jugement aura été rendu pour désertion, pour évasion d'un atelier, ou pour délit grave commis dans cet atelier, soit que ce jugement absolve, soit qu'il condamne, le président du conseil de guerre en transmettra copie tant au lieutenant-général commandant la division militaire, qu'au commandant du corps du militaire qui aura été jugé, ou au chef de l'atelier auquel l'individu qui aura été jugé appartenait ; et dans le cas de condamnation à la peine des travaux publics ou du boulet, le rapporteur veillera à ce que, conformément aux articles 79 et 80 de l'arrêté du 19 vendémiaire an 12, les gendarmes chargés de la conduite des condamnés soient porteurs d'une copie du jugement.

7.º En exécution de l'article 40 de la loi du 13 brumaire an 5, le président de chaque conseil de guerre permanent, m'adressera, dans les 10 premiers jours de chaque mois, par une lettre particulière émargée de l'indication, *bureau des déserteurs*, une copie de chacun des jugemens rendus pour désertion pendant le mois précédent.

8.º Lorsqu'un jugement pour désertion sera parvenu au chef du corps de l'individu qui aura été jugé, il sera fait mention de l'acquit ou de la condamnation sur les contrôles, afin que, dans le premier cas, le militaire soit réadmis au service, et que, dans le second, le nom du condamné soit définitivement rayé.

Les jugemens devant être exécutés dans les lieux où ils sont rendus, si le corps auquel appartenait un déserteur condamné ne tient pas garnison dans ce lieu, le chef du corps fera faire extrait du jugement de condamnation, et le fera

_____

(1) Voy. le *num.* 791.

lire à la première parade, et afficher ensuite dans la caserne. Ces dispositions suppléeront au défaut de moyens d'exécuter les articles 77 et 78 (titre 9) (1) de l'arrêté du 19 vendémiaire an 12.

9.° Afin qu'aucun militaire ne puisse prétexter cause d'ignorance de la gravité des peines qu'il encourrait en désertant, tout chef de corps tiendra scrupuleusement la main à ce que, le premier dimanche de chaque mois, il soit fait lecture à sa troupe assemblée des lois et ordonnances répressives de la désertion, et il exigera que pareille lecture soit faite à chaque recrue, au moment de son arrivée et de son inscription au contrôle matricule du corps (2).

10.° A la réception de la présente, les inspecteurs aux revues arrêteront la comptabilité de chacun des corps sous leur inspection, relativement aux avances faites par ces corps depuis leur organisation, pour le paiement de frais de procédure contre les déserteurs qui auraient été jugés par des conseils de guerre spéciaux. Ils m'adresseront, de suite, en double expédition, des états conformes au modèle annexé à la circulaire du 8 novembre 1806, ainsi que les mandats à l'appui,

---

(1) *Voyez* la page 508 du vol. II. On doit regretter que le nouveau mode de procédure ne permette pas toujours aujourd'hui de suivre les dispositions de ces articles : l'appareil qui résultait du commencement d'exécution des jugemens prononcés contre les déserteurs, avait beaucoup plus d'effet sur l'esprit de leurs camarades que la simple lecture des jugemens ; et c'est dans cet appareil principalement, que la justice doit trouver ses premiers moyens de répression.

(2) *Voyez* les art. 84 et 85 du *numéro* 244, vol. II, 2.e partie. — La lecture des lois pénales militaires est également ordonnée par le réglement sur le service intérieur (art. 40, titre 4 du *num.* 44, p. 375 du volume I), et par le code du 12 mai 1793. D'après ces derniers actes, cette lecture devait en être faite tous les huit jours ; le réglement sur le service intérieur ordonne en outre d'afficher, dans chaque chambrée, un extrait imprimé de ces lois pénales.

Voici les dispositions qu'il serait nécessaire de faire connaître aux hommes, et que l'on pourrait faire afficher dans les chambrées,

1.° L'art. 5 de la loi du 28 mars 1793, *num.* 226 ; les art. 12, 13 et suivans de la section 3 ; 18 et 19 de la section 4 , de la loi du 12 mai 1793, *num.* 227 ; les tit. 3 (les 8.e et 9.e §§. exceptés) ; 4 (l'art. 3 excepté), 5 , 6 ; l'art. 1.er du tit. 7 ; le tit. 8 jusqu'à l'art. 21 , de la loi du 21 brumaire an 5 , *num.* 233.

2.° *Quant à la désertion*, la loi du 21 brumaire an 5, tit. 1.er du *num.* 240 ; les tit. 4 et 5 ; l'art. 46 du tit. 6 ; l'art. 52 du tit. 7 ; les tit. 9 et 10 de l'arrêté du 19 vendémiaire an 12, *num.* 244 ; la décision du 17 ventôse an 12 , *num.* 246 ; le décret du 23 ventôse an 13 , *num.* 247 ; le décret du 8 vendémiaire an 14, *num.* 249; l'art. 58 du décret du 8 fructidor an 13 , note 1.re de la p. 506 du vol. II ; les art. 1, 3 et 4 du décret du 23 novembre 1811, *num.* 266 ; le décret du 2 février 1812, note 4 de la p. 487 du vol. II.

afin que je puisse ordonner le remboursement des sommes avancées.

A l'avenir, aucune dépense de cette nature ne pourra être passée en compte.

11.° Les titres 2 et 3 de l'instruction ministérielle du 25 novembre 1808 (1), relative au paiement de frais de justice devant les conseils de guerre permanens, sont applicables aux frais auxquels donneront lieu les jugemens pour désertion.

En conséquence, les commissaires ordonnateurs et des guerres, les présidens et rapporteurs des conseils de guerre, ainsi que les receveurs d'enregistrement, exécuteront, chacun en ce qui le concerne, les obligations prescrites, 1.° pour la fixation et le paiement des sommes à allouer aux témoins non militaires, aux interprètes, aux experts-écrivains et aux officiers de santé; 2.° pour les arrêtés de compte, la vérification des pièces et la formation des états à rendre exécutoires; 3.° enfin, pour les époques de l'envoi de ces pièces au ministère de la guerre, afin d'être admises en liquidation.

On suivra, pour la rédaction des cédules de citation et des mandats de paiement à délivrer aux parties ayant droit, les modèles ci-joints, n.° 2 et 3.

Néanmoins, comme la comptabilité des frais de jugemens pour désertion doit être distincte de celle concernant les autres délits militaires, les commissaires ordonnateurs m'adresseront (*bureau des déserteurs*), avec les pièces à l'appui, un bordereau particulier, en double expédition, des avances faites pendant chaque trimestre par les receveurs de l'enregistrement. Ce bordereau sera conforme au modèle ci-joint, n.° 4.

12.° Afin d'éviter la confusion dans la comptabilité des frais de justice devant les conseils de guerre permanens, les présidens et rapporteurs de ces conseils auront le plus grand soin d'insérer dans les mandats de paiement tous les renseignemens prescrits par les modèles. Cette indication servira de guide aux commissaires ordonnateurs et des guerres, et aux receveurs de l'enregistrement, sur l'espèce de bordereau où devra figurer la dépense.

Dans le cas où le conseil de guerre aurait prononcé cumulativement sur le délit de désertion en même temps que sur un autre, cet article ne sera porté au bordereau spécial à la désertion qu'autant que la peine prononcée serait relative à ce dernier délit.

Enfin, s'il arrive que le prévenu de deux délits soit acquitté de l'un et de l'autre, la dépense sera comprise sur le bordereau spécial aux délits autres que celui de la désertion.

13.° Les dépenses pour frais de logement, de chauffage et

_____

(1) *Voy*. le *num*. 786 bis, p. 284.

d'éclairage des conseils de guerre permanens, et celles pour les frais de bureau du rapporteur , seront liquidées comme par le passé.

14.° Il sera formé , chaque mois , par les soins du président et du rapporteur près chaque conseil de guerre, un état particulier des indemnités dues aux greffiers pour le jugement des déserteurs. On y comprendra les frais de port de lettres dont on demanderait le remboursement , ainsi que le prix des registres destinés à l'inscription des pièces et jugemens des procès, en se conformant, à cet égard, à ce qui est prescrit par les articles 2 et 3 de l'instruction du 25 novembre 1808.

Cet état, qui sera dressé d'après le modèle ci-joint n.° 5, sera vérifié et arrêté par le commissaire des guerres, et me sera transmis en double expédition (*bureau des déserteurs*), avec les pièces justificatives , par le commissaire ordonnateur qui y aura apposé son *visa*.

Je vous invite , messieurs, à vous bien pénétrer des dispositions contenues dans la présente, à en assurer l'entière exécution par tous les moyens qui dépendent de vous, et à m'en accuser la réception.

N.° 798.

AMNISTIE AUX DÉSERTEURS.

Voy. le *num.* 270 , vol. II.

Décret du 23 *avril* 1814 , rendu par S. Alt. Roy. Monsieur, en qualité de lieutenant-général du royaume , qui annule toutes les poursuites judiciaires pour faits et délits relatifs à la conscription, etc. Voy. la pag. 299.

Ordonnance du 3 *mai* 1816 , qui accorde amnistie entière et absolue, à tout individu poursuivi et condamné comme fauteur ou complice de la désertion, qui a eu lieu antérieurement au 1.er octobre 1815 ; et qui remet toute peine encourue pour ce délit, sauf le remboursement des frais qui ont pu être prononcés ; *journ. milit.*, vol. 53, pag. 330.

N.° 799.

ARRESTATION DES DÉSERTEURS. — *Gratification accordée à ce sujet.*

Le décret du 12 janvier 1811 (*num.* 261 , pag. 525 du vol. II), qui accorde aux hommes de la gendarmerie, aux agens de police, gardes-forestiers , etc...., à titre de gratification, 25 francs pour chaque déserteur arrêté , continue d'être en vigueur. Les procès-verbaux d'arrestation doivent être rédigés avec le plus grand soin , et de manière à faire connaître avec précision la date de la désertion des hommes, le corps auquel ils appartiennent et la destination qu'ils auront reçue depuis leur arrestation ; *Lett. ministér. du* 7 *août* 1816.

CHAPITRE HUITIÉME.

RÉCOMPENSES.

PREMIÈRE SECTION.

ORDRES DE CHEVALERIE (1).

(*Nota.*) L'ordre des 3 toisons créé par le décret du 15 août 1809 (décret qui n'avait point encore reçu son exécution), est abrogé : il en est de même de celui de la réunion, institué par le décret du 18 octobre 1811 (*num.* 287). Voy. le *num.* 806.

L'institution de la légion d'honneur a subi quelques modifications essentielles ; et les ordonnances que nous avons placées dans cette section, abrogent ou rendent inutiles la plus grande partie des actes qui se trouvent dans la même section du recueil ; et notamment les

---

(1) On se contentera de donner un exposé sommaire de l'origine et du but des institutions de *l'ordre du St.-Esprit*, de *l'ordre royal milit. et hospitalier de St.-Lazare*, qui ne sont point essentiellement réservés aux militaires, et de celui de *St.-Michel*, spécialement destiné à servir de récompense et d'encouragement à ceux qui se distinguent dans les lettres, les sciences et arts, ou par des découvertes utiles à l'état.

1.er §. *Ordre du St.-Esprit*. Cet ordre fut institué le 1.er janvier 1579, sous le titre du St.-Esprit, par Henri III, en mémoire de ce qu'il avait été élu Roi de Pologne, le jour de la Pentecôte, en 1573 ; et dans le but principal de rallier à sa personne les grands, que l'esprit de sédition et les menées de la ligue en avaient éloignés : il voulut aussi, par cette institution, rendre son éclat à l'ordre de St.-Michel, qui, depuis Henri II, était tombé dans un très-grand discrédit, par suite de la profusion et du peu de discernement avec lequel il avait été prodigué, principalement par Catherine de Médicis ; et pour cela il ordonna que tous ceux qui seraient admis dans l'ordre du St.-Esprit, devraient avoir été décorés de celui de St.-Michel.

L'ordre du St.-Esprit a toujours joui en France d'une très-haute considération. De tout temps, il fut réservé pour les Princes, les maréchaux, les ministres, les ambassadeurs, enfin pour les personnages du premier rang.

arrêtés des 13 et 23 messidor an 10 , *num.* 276 et 277 ; ceux des 4 germinal et 3 prairial an 12 , 22 messid. an 12 et 10 pluviôse an 13 , *num.* 280 , 281 , 282 et 283.

N.° 800.

Édit portant création d'un ordre militaire sous le nom de Saint-Louis.

Registré au parlem. le 10 avril 1693.

(*Nota.*) Quelques-uns des articles de cet édit sont tombés en désuétude ; nous avons cru pouvoir nous dispenser de les placer dans ce recueil. Voy. le code milit. de Briquet, vol. 7, p. 167.

LOUIS, par la grâce de Dieu , etc... ; à tous présens et à venir , salut. Les officiers de nos troupes se sont signalés par tant d'actions considérables de valeur et de courage, dans

---

Le nombre des chevaliers a été dès le principe fixé à cent, dont 9 prélats et les commandeurs grands-officiers. Les prélats sont quatre cardinaux , 4 archevêques ou évêques, et le grand-aumônier de France , qui doit toujours faire partie de l'ordre ; ils ne recevaient que celui du St.-Esprit : les autres chevaliers devaient toujours avoir reçu l'ordre de St.-Michel. Le grand collier de l'ordre était du poids de 300 écus d'or , composé de fleurs-de-lis d'or , cantonnées de flammes d'or, émaillées de gueules, entrelacées des lettres H et L. La croix, suspendue au collier, ressemble à celle de Malte par la forme ; elle est d'or, émaillée de blanc sur les bords, anglée de fleurs-de-lis, portant sur le centre une colombe, emblème du St.-Esprit , et au revers l'image de St.-Michel, afin de désigner par là que l'ordre de ce nom n'est point aboli. C'est par cette raison que tous ceux que les Rois de France reçurent depuis chevaliers du St.-Esprit , se dirent chevaliers des ordres du Roi.

Il a été depuis statué que les chevaliers porteraient , en place de ce collier, un cordon bleu céleste moiré, de droite à gauche en baudrier, à l'extrémité duquel la croix des deux ordres serait attachée (les prélats portent cette croix en forme de collier , et les officiers non commandeurs qui sont : l'intendant, le généalogiste, l'huissier et le hérault, la portent en sautoir) , et qu'ils porteraient en outre, au côté gauche de l'habit, les jours de cérémonies, une plaque relevée par des broderies aux émaux et couleurs de l'ordre avec une colombe au milieu.

Il a paru , en 1597, deux réglemens rendus par Henri IV sur cet ordre. On trouve sur le dictionnaire de Moreri, le nom de tous les chevaliers qui en ont fait partie depuis son institution.

les victoires et les conquêtes dont il a plu à Dieu de bénir la justice de nos armes, que les récompenses ordinaires ne suffisant pas à notre affection et à la reconnaissance que nous avons de leurs services, nous avons cru devoir chercher de

2.e §. *Ordre de St.-Michel.* Cet ordre fut institué en 1469 par Louis XI, pour remplacer l'ordre de l'étoile, créé par Robert, fils de Hugues Capet, et qui était tombé en discrédit sous Charles VII; et en mémoire de l'expulsion des anglais du royaume.

Cet ordre eut un très-grand lustre jusques au temps de Henri II; (voyez ordre du St-Esprit). Composé dès l'origine de 36 chevaliers, pris parmi les personnages du premier rang, le nombre en fut porté à 100 par Louis XIV, en 1665: depuis il a été accordé à des hommes qui s'étaient rendus célèbres dans la carrière des sciences et des beaux arts: c'est la destination spéciale que vient de lui donner S. M., par son ordonnance du 16 novembre 1816. (Bullet. 129, 7.e série.)

La marque de l'ordre était dans le principe un collier d'or en coquilles entrelacées l'une à l'autre par un double lac, assises sur des chaînettes ou mailles d'or, ayant au bas un ovale d'or, dans lequel était représentée l'image de l'ange St.-Michel combattant et foulant aux pieds le dragon, avec la devise, *immensi tremor oceani.* Sous Louis XIV, l'ovale a été remplacé par une croix d'or à huit pointes, mais de moitié moins grande que celle du St-Esprit, émaillée de blanc, cantonnée de quatre fleurs-de-lis d'or, portant sur son centre l'image de St.-Michel, au revers la devise citée plus haut: cette croix est suspendue à un ruban de soie noire moiré, passé de l'épaule droite au côté gauche.

Le grand collier, réservé pour les jours de cérémonie, est aujourd'hui composé de coquilles d'argent, entrelacées l'une dans l'autre par des aiguillettes d'or, au milieu se trouve suspendue la médaille représentant St.-Michel.

3.e §. *Ordre royal, militaire et hospitalier de St-Lazare et de Notre-Dame du Mont-Carmel.* Cet ordre, comme beaucoup d'autres, ne fut dès son origine connu que sous le nom d'ordre hospitalier; institué dans le commencement du douzième siècle par St.-Bazile, archevêque de Césarée en Cappadoce, dans l'objet de secourir les pèlerins qui se rendaient dans la Palestine et de les défendre contre les mahométans.

C'est depuis le siége de Ptolémaïde, en 1104, où ces hospitaliers se conduisirent avec beaucoup de valeur, qu'ils prirent le nom de chevaliers de St.-Lazare; ils portèrent alors un habit blanc, et pour marque de l'ordre une croix à huit rayons de sinople bordée de blanc. En considération de leur bravoure et de leurs services signalés, divers souverains formèrent des établissemens de cet ordre dans leurs états.

Louis-le-Jeune, au retour de la seconde croisade, créa plusieurs hôpitaux de St.-Lazare, dont il leur confia la direction, et leur assigna la terre de Boigny, près Orléans, pour demeure habituelle. St.-Louis confirma leurs priviléges, et Henri IV, satisfait de leurs services, et dans l'objet de les distinguer des chevaliers de St.-Maurice et de St.-Lazare de Savoie, leur donna, en 1608, le titre de chevaliers de Notre-Dame du Mont-Carmel, et leur fit prendre une croix d'or,

nouveaux moyens pour récompenser leur zèle et leur fidélité. C'est dans cette vue que nous nous sommes proposés d'établir un nouvel ordre purement militaire, auquel, outre les marques d'honneurs extérieures qui y seront attachées, nous assurerons, en faveur de ceux qui y seront admis, des revenus et pensions qui augmenteront à proportion qu'ils s'en rendront dignes par leur conduite. Nous avons résolu qu'il ne sera reçu dans cet ordre que des officiers, encore de nos troupes ; et que la vertu, le mérite et les services rendus avec distinction dans nos armées, seront les seuls titres pour y entrer : nous apporterons même dans la suite une application particulière à augmenter les avantages de cet ordre ; ensorte que nous aurons la satisfaction d'être toujours en état de faire des grâces aux officiers ; et que de leur côté, voyant des récompenses assurées à la valeur, ils se porteront de jour en jour avec une nouvelle ardeur, à tâcher de les mériter par leurs actions. A ces causes, de l'avis de notre conseil et de notre certaine science, pleine puissance et autorité royale, nous avons créé, institué et érigé, créons, instituons et érigeons par ces présentes, un ordre militaire sous le nom de Saint-Louis, et sous la forme, statuts, ordonnances et réglemens qui en suivent.

Art. 1.er Nous nous déclarons chef, souverain, grand-maître et fondateur dudit ordre. Voulons que ladite grande maîtrise soit unie et incorporée, comme de fait nous l'unissons et incorporons par ces présentes à notre couronne, sans qu'elle en puisse jamais être séparée par nous, ni par les Rois nos successeurs, pour quelque cause et occasion que ce puisse être.

émaillée d'amaranthe, à huit pointes anglées de fleurs-de-lis, sur laquelle est représentée l'image de Notre-Dame, attachée à un collier ou ruban tanné. En 1668, le chevalier de Nerestang, grand-maître, obtint de Louis XIV, le rétablissement du titre primitif de St.-Lazare, en conservant, pour honorer la mémoire du Roi Henri IV, celui de Notre-Dame du Mont-Carmel. Cet ordre a été confirmé par Louis XV, en avril 1722, juin 1767, et septembre 1770.

Aujourd'hui la décoration consiste en une croix d'or à huit pointes, émaillée de pourpre et de sinople alternativement, bordée en or, anglée de quatre fleurs-de-lis, aussi en or, ayant au centre d'un côté l'image de la Vierge, et de l'autre, celle de St.-Lazare sortant du tombeau.

Les chevaliers et commandeurs portent cette croix attachée à un large ruban vert moiré, passé au cou et pendant sur la poitrine ; ils doivent aussi porter une croix verte à huit pointes cousue sur l'habit et sur le manteau adopté pour les jours de grande cérémonie : depuis 1778, cette croix est en paillons d'or vert.

Voyez encore sur les trois ordres dont nous venons de donner un historique sommaire.

2. L'ordre de Saint-Louis sera composé de nous et de nos successeurs en qualité de grands-maîtres ; de notre très-cher et très-aimé fils le Dauphin ; et sous les Rois nos successeurs, du Dauphin ou du Prince qui sera héritier présomptif de la couronne ; de *huit* grand-croix, de *vingt-quatre* commandeurs ; du nombre de chevaliers que nous jugerons à propos d'y admettre, et des officiers ci-après établis.

3. Voulons que tous ceux qui composeront ledit ordre de St.-Louis portent une croix d'or, sur laquelle il y aura l'image de St.-Louis (1), avec cette différence que les grand-croix la porteront attachée à un ruban large, couleur de feu, qu'ils mettront en écharpe, et auront encore une croix en broderie d'or sur le juste-au-corps et sur le manteau ; les commandeurs porteront seulement le ruban en écharpe avec la croix qui y sera attachée, sans qu'ils puissent porter la croix en broderie d'or sur le juste-au-corps ni sur le manteau ; et les simples chevaliers ne pourront porter le ruban en écharpe, mais seulement la croix d'or attachée sur l'estomac avec un petit ruban couleur de feu (2).

4. Notre intention étant d'honorer le plus qu'il nous est possible ledit ordre, nous déclarons que nous, notre très-cher et bien aimé fils le Dauphin, les Rois nos successeurs et tous eux, les Dauphins ou héritiers présomptifs de la couronne, porteront la croix dudit ordre de St.-Louis avec la croix du St.-Esprit.

5. Nous entendons aussi décorer dudit ordre de St.-Louis, les maréchaux de France, comme principaux officiers de nos armées de terre ; l'amiral de France, comme principal officier de la marine, et le général de nos galères et ceux qui leur succéderont èsdites charges.

6. Déclarons les ordres de St.-Michel et du St.-Esprit, et celui de St.-Louis compatibles dans une même personne, sans que l'un puisse servir d'exclusion à l'autre, ni les deux au troisième.

7. Nous nous réservons à nous seuls, et aux Rois nos successeurs, en qualité de chefs et grands-maîtres dudit ordre

---

(1) La décoration de l'ordre royal et militaire de St.-Louis était, comme elle est encore aujourd'hui, une croix d'or à huit pointes pommetées, émaillée de blanc, anglée de fleurs-de-lis, portant l'image de St.-Louis sur le centre, accompagnée de cette légende : *Ludovicus magnus instituit* 1693 ; au revers un médaillon, émaillé de gueules à une épée flamboyante en pal, surmontée d'une couronne de laurier, liée de l'écharpe blanche, avec la devise *Bellicæ virtutis præmium.*

(2) Les chevaliers et commandeurs de l'ordre du St.-Esprit, qui seront chevaliers de St.-Louis, doivent porter la croix à la boutonnière, comme les chevaliers. *Art.* 14 *de l'édit de* 1779.

de St.-Louis, le choix et la nomination tant des premiers grands-croix, commandeurs et chevaliers, que de ceux qui seront admis à l'avenir en chacun de ces rangs; ensorte néanmoins que les grands-croix ne pourront être tirés que du nombre des commandeurs, ni les commandeurs que du nombre des chevaliers; le tout par choix, et ainsi que nous et nos successeurs le jugerons à propos, sans être obligés d'observer l'ordre d'ancienneté.

8. Les grands-croix, les commandeurs et les chevaliers seront toujours et à perpétuité tirés du nombre des officiers servant dans nos troupes de terre et de mer; ensorte néanmoins qu'il y ait toujours un desdits grands-croix, trois desdits commandeurs, et le huitième du nombre des chevaliers employés ès-états de revenus et pensions ci-après spécifiées, qui soient tirés du nombre des officiers de la marine et des galères.

9. Dans les cérémonies et assemblées de l'ordre de St.-Louis, les principaux officiers de terre et de mer ci-dessus nommés, tiendront leur rang après nous, nos successeurs, les dauphins ou présomptifs héritiers de la couronne, et les princes de notre sang que nous y aurons admis; les grands-croix précéderont les commandeurs, et les commandeurs les simples chevaliers; et entre eux ils garderont chacun dans leurs rangs, savoir : les premiers, l'ordre dans lequel nous les aurons nommés, suivant l'état qui en sera par nous arrêté, et ceux qui seront pourvus ensuite, lors de la date de leurs provisions (1).

10. Et néanmoins ceux qui auront aussi l'ordre du St.-Esprit, comme étant honorés des deux ordres, précéderont les grands-croix, commandeurs et chevaliers qui n'auront que l'ordre de St.-Louis.

11. Voulons qu'aucun ne puisse être pourvu d'une place de chevalier dans l'ordre de St.-Louis, s'il ne fait profession de la religion catholique, apostolique et romaine, et s'il n'a servi sur terre ou sur mer en qualité d'officier pendant dix années (2).

---

(1) Voy. le *numéro* 809, sur le rang que prennent entr'eux les membres de cet ordre et ceux de la légion d'honneur.

(2) Ces dispositions ont depuis été modifiées par les édits et ordonnances qui ont paru subséquemment.

L'art. 9 de l'édit de janv. 1779, porte « que la croix de St-Louis sera accordée aux officiers qui, par des actions de bravoure, se seront distingués dans des occasions périlleuses et éclatantes, quel que soit leur âge, et quelque temps de service qu'ils aient.

L'art. 10 du même édit porte que l'action de bravoure pour laquelle la croix sera accordée, devra être constatée par un procès-verbal dressé sur le lieu, ou dans le jour où l'action se sera passée, par

12. La profession de la religion catholique, apostolique et romaine, sera justifiée par une attestation de l'archevêque ou évêque diocesain ; et les services, par nos brevets, commissions ou provisions, et par les certificats des généraux-commandans de nos troupes de terre et de mer.

13. Les lettres ou provisions que nous accorderons à ceux qui auront été par nous choisis pour être chevaliers dudit ordre de St.-Louis, ou pour monter aux places de commandeurs ou grands-croix, seront signées, savoir : pour les officiers servant dans nos troupes de terre, par le secrétaire d'état qui a le département de la guerre ; et pour les officiers de mer, par le secrétaire d'état qui a le département de la marine et des galères ; et les unes et les autres seront scellées du sceau dudit ordre de St.-Louis, qui demeurera entre les mains de notre amé et féal le chancelier et garde des sceaux de France (1). Voulons que les attestations, copies de brevets, commissions et autres pièces justificatives des qualités requises pour entrer dans ledit ordre, soient attachées sous le contre-scel des provisions des chevaliers.

14. Le chevalier pourvu se présentera devant nous pour prêter le serment ; auquel effet il se mettra à genoux, jurera et promettra de vivre et mourir dans la religion catholique, apostolique et romaine ; de nous être fidèle et de ne se départir jamais de l'obéissance qui nous est due, et à ceux qui commandent sous nos ordres ; de garder, défendre et soutenir de tout son pouvoir notre honneur, notre autorité, nos droits et ceux de notre couronne, envers et contre tous ; de ne quitter jamais notre service, ni aller à celui d'aucun Prince étranger, sans notre permission et agrément par écrit ; de nous révéler tout ce qui viendra à sa connaissance contre notre personne et notre état ; de garder exactement les statuts et réglemens dudit ordre ; et de s'y comporter en tout comme un bon, sage, vertueux et vaillant chevalier doit faire ; le tout selon la formule dont il sera fait lecture par le secrétaire d'état qui aura expédié leurs provisions.

---

les officiers-généraux qui seront présens, autant que faire se pourra ; et en leur absence par les officiers supérieurs des corps, qui en auront été témoins, pour les troupes de terre ; ou du vaisseau, sur lequel sera l'officier, pour les troupes de mer ; ou lorsqu'il n'y aura pas d'officiers supérieurs, par les officiers qui se trouveront présens à l'action ; ou par des notables de tous états et conditions, lesquels la certifieront par un acte qui sera dressé dans la meilleure forme, et avec le plus d'authenticité que le temps et les lieux le comporteront. L'art. 20 du *num.* 808, paraît applicable à l'ordre de St.-Louis, relativement à ces procès-verbaux ou attestations.

Le décret du 1.ᵉʳ janvier 1791, porte que la décoration sera accordée à 24 années de services révolus. Voy. le *num.* 802.

(1) Voy. le *numéro* 809.

15. Après que le chevalier pourvu aura prêté serment en cette forme, nous lui donnerons l'accolade et la croix; duquel serment et accolade, il sera expédié et signé, par le même secrétaire d'état, un acte sur le repli des provisions.

16. Ceux qui auront été par nous pourvus des places de chevaliers dudit ordre de St.-Louis, seront tenus, après qu'ils auront prêté ce serment et reçu l'accolade, de présenter, ou en cas d'absence pour notre service ou autre légitime empêchement, de faire présenter à l'assemblée, qui sera tenue le jour de St.-Louis, ainsi qu'il sera dit ci-après, leurs provisions, pour y en être fait lecture, ensemble des pièces y attachées, après quoi elles seront enregistrées dans les registres de l'ordre, et rendues ensuite au chevalier par le greffier, qui fera mention de ladite lecture et enregistrement sur les provisions, sans frais.

17. Les chevaliers et commandeurs qui auront obtenu nos lettres pour monter aux places de commandeurs et de grands-croix, les présenteront ou feront présenter pareillement à la même assemblée pour y en être seulement fait semblable lecture et enregistrement, sans frais, et sans qu'ils soient tenus de prêter un nouveau serment.

18. Les grands-croix, commandeurs et chevaliers qui auront contrevenu à quelqu'une des obligations de leurs sermens, ou autrement forfait en leur honneur, et commis actes indignes de leur profession et de leur devoir, ou crime emportant peine afflictive ou infamie, seront privés et dégradés dudit ordre, ainsi qu'il sera par nous ordonné.

22. Tous les grands-croix, commandeurs et chevaliers dudit ordre de St.-Louis, qui ne seront point retenus par maladie, absence pour notre service, ou autre légitime empêchement, seront tenus de se rendre tous les ans, le jour et la fête de St.-Louis, auprès de notre personne, de nous accompagner, tant en allant qu'en revenant, à la messe qui sera célébrée le même jour, dans la chapelle du palais où nous serons, et d'entendre dévotement la même messe, pour demander à Dieu qu'il lui plaise de répandre ses bénédictions sur nous, sur notre maison royale et sur notre état.

23. L'après-dînée du même jour et fête de St.-Louis, il sera tenu une assemblée dudit ordre dans un des appartemens du palais où nous serons, que nous ferons préparer à cet effet; et seront tenus les grands-croix, commandeurs et chevaliers qui auront assisté le matin à la messe, ensemble les officiers, de se trouver à ladite assemblée.

24. Nous assisterons en personne, autant que nos occupations le permettront, à l'assemblée du jour et fête de St.-Louis, et autres assemblées que nous jugerons à propos de convoquer extraordinairement. Voulons que lorsque nous n'y serons pas présens, notre très-cher et très-aimé fils le Dau-

phin, ou en son absence les Princes de notre sang, que nous aurons fait chevaliers dudit ordre de St.-Louis, et les principaux officiers de terre et de mer ci-dessus nommés, y présidient selon leur rang; et à leur défaut, les plus anciens grand'croix, commandeurs ou chevaliers, de ceux qui s'y trouveront.

29. Les sommes par nous ordonnées aux grand'croix, commandeurs et chevaliers dudit ordre de St.-Louis, ne pourront être saisies pour quelque cause que ce soit.

37. Permettons et octroyons à tous ceux qui seront admis audit ordre, de faire peindre ou graver dans leurs armoiries, avec leurs timbres et couronnes qu'ils ont droit de porter, les ornemens ci-après exprimés, savoir : les grand'croix, l'écusson accolé sur une croix d'or à huit pointes boutonnées par les bouts, et un ruban large de couleur de feu autour dudit écusson, avec ces mots, *Bellicæ virtutis præmium*, écrits sur ledit ruban, auquel sera attachée la croix dudit ordre (1) : les commandeurs de même, à la réserve de la croix sous l'écusson; et quant aux simples chevaliers, nous leur permettons de faire peindre ou graver au bas de leur écusson une croix dudit ordre, attachée à un petit ruban noué, aussi de couleur de feu; desquels ornemens ci-dessus spécifiés les modèles sont ci-joints sous le contre-scel de notre chancellerie (2).

---

(1) Ce dernier article est tiré de l'édit du mois de mars 1694.

Les art. 19, 20, 21, 25, 26, 27, 28, 30, 31, 32, 33, 34, 35 et 36 de celui de 1693, que nous avons retranchés, sont relatifs aux officiers d'administration supprimés par l'édit de janvier 1779 (*Voy. le num.* 809); au serment qu'ils doivent prêter; à la reddition de leurs comptes; à la dotation de l'ordre, fixée d'abord à 300,000 francs de rentes, ensuite à 450,000 par l'édit d'avril 1719; et à la répartition de cette dotation entre les membres de l'ordre et pour les frais d'administration.

L'édit de 1719 confirme l'institution de l'ordre de St.-Louis, et à quelques articles près, qui sont relatifs à la dotation et à son administration, reproduit littéralement les dispositions de celui de création; par ce motif nous croyons pouvoir nous dispenser d'en placer le texte dans ce recueil : il en est de même de celui du 30 décembre 1719, qui, ainsi que les précédens, se trouve dans le volume VII du code milit. de Briquet. Les autres actes qui ont paru sur la même institution, sont; 1.° L'ordon. du 27 mars 1761, et celle du 9 décembre 1771, que nous n'avons pu nous procurer; l'édit de janvier 1779, dont les articles, qu'il est essentiel de connaître, sont insérés dans les observations faites sur cette ordonnance.

(2) L'édit de novembre 1750, *petit code de Louis XV*, t. II, p. 320 à 327, sur la noblesse militaire, accorde la noblesse transmissible aux chevaliers de St-Louis, fils et petits-fils d'autres chevaliers de St.-Louis et capitaines.

N.º 801.

Ordonnance du Roi, qui crée une institution sous le titre du Mérite militaire.

Du 10 mars 1759.

(*Nota.*) Les dispositions relatives à l'ordre du mérite militaire, créé par Louis XV, sous le ministère du maréchal de Belle-Isle, ayant été renouvelées par l'ordonnance du 28 novembre 1814, *num.* 804, nous avons pensé qu'il serait convenable de placer ici celle qui est relative à la création de cet ordre.

Sa Majesté, toujours attentive à régler, sur les principes d'une exacte justice, la distribution des grâces qu'elle répand sur ceux qui, dans la profession des armes, se dévouent à la défense de l'état, ayant considéré que, dans les régimens étrangers qui sont à son service, il se trouve un grand nombre d'officiers qui, nés dans des pays où la religion protestante est établie, ne peuvent être admis dans l'ordre de St.-Louis, parce que suivant l'institution de cet ordre, l'entrée ne doit en être ouverte qu'aux seuls catholiques ; elle aurait reconnu que si l'obstacle qui les a privés jusqu'à présent d'une des récompenses les plus flatteuses que la bravoure et le zèle aient à se proposer, est de nature à ne pouvoir être levé, il n'en est que plus digne d'elle de les dédommager par une distinction de même espèce, qui soit un témoignage public de son estime et de sa considération, à l'égard des services qui ont pour objet le bonheur de l'état et la gloire de la couronne. Tel est le motif qui détermine aujourd'hui Sa Majesté à former un établissement qui, faisant connaître de quel prix est à ses yeux le dévouement de ces officiers, anime de plus en plus en eux ce sentiment, et le transmette à ceux qui entreront dans la même carrière. En prenant cette résolution, elle envisage avec satisfaction qu'elle se trouvera désormais en état d'ajouter aux grâces dont étaient susceptibles ceux des officiers de ces régimens étrangers qui ne sont point catholiques, un nouveau titre d'autant plus sensible à des militaires que l'honneur seul en formera l'essence, et que cette disposition ne laissera plus d'inégalités dans le partage des récompenses qui doivent être le prix du zèle et de la valeur ; en conséquence, Sa Majesté a ordonné et ordonne ce qui suit :

Art. 1.er Sa Majesté crée, érige et institue, par la

présente ordonnance, une marque extérieure de distinction, sous le titre du Mérite militaire, en faveur des officiers des régimens suisses et étrangers qui, faisant profession de la religion protestante, ne peuvent être admis dans l'ordre royal et militaire de Saint-Louis.

2. Aucun ne pourra être décoré qu'en vertu de brevets de Sa Majesté et de ses successeurs Rois, et seront, lesdits brevets, expédiés par le secrétaire d'état ayant le département de la guerre.

3. Pour que cette distinction ait une parfaite ressemblance avec celle que procure l'admission dans l'ordre de St.-Louis, il y aura trois degrés supérieurs l'un à l'autre, comme dans cet ordre, où un chevalier peut monter à la dignité de commandeur, et un commandeur à celle de grand'croix; bien entendu que ce passage à un degré supérieur dépendra uniquement du choix de Sa Majesté et de ses successeurs, et non de l'ordre d'ancienneté.

4. Tous ceux que Sa Majesté aura jugé à propos d'admettre au premier de ces degrés auront une croix d'or, sur un des côtés de laquelle il y aura une épée en pal, avec ces mots pour légende : *pro virtute bellicâ*, et sur le revers une couronne de lauriers, avec cette légende : *Ludovicus XV instituit 1759*; et ils la porteront attachée à la boutonnière avec un petit ruban couleur de bleu foncé, sans être ondé (1); ceux qui monteront au second degré, la porteront attachée à un large ruban de la même couleur, et mis en écharpe, et ils seront au nombre de *quatre* seulement. A l'égard de ceux que Sa Majesté fera passer au 3.ᵉ degré, ils porteront, indépendamment de ce grand cordon, une broderie d'or sur l'habit et sur le manteau, et ils seront au nombre *de deux* seulement.

5. Les qualités nécessaires pour pouvoir être honoré de la marque distinctive établie par la présente ordonnance, seront les mêmes, quant à la durée et à la nature des services militaires, que celles qui sont de règle et d'usage pour l'ordre de St.-Louis (2).

6. Ceux qui auront été nommés par Sa Majesté, prêteront serment et recevront l'accolade; desquels serment et accolade il sera dressé acte. Ils s'engageront, par le serment, à être fidèles à Sa Majesté, à ne point se départir de l'obéissance qui lui est due, et à ceux qui commandent sous ses ordres; à garder et défendre de tout leur pouvoir son honneur, son autorité, ses droits et ceux de sa couronne; à ne point quitter

_____

(1) Le ruban doit être le même que celui de l'ordre de St.-Louis, *numéro 804*.

(2) Voy. l'art II du *num.* précédent.

son service pour en prendre aucun chez les princes étrangers sans son agrément par écrit; à lui révéler tout ce qui viendra à leur connaissance contre sa personne et son état; et à se comporter, en tout, comme le doivent de vertueux et vaillans chevaliers.

7. Lorsque Sa Majesté ne recevra pas en personne ledit serment, elle commettra tel des officiers décorés de la grand' croix ou du grand-cordon, qu'elle jugera à propos de choisir, ou à leur défaut, l'un des plus anciens de ceux qui auront été admis au premier degré de distinction, créé par la présente, pour recevoir, au nom de Sa Majesté, le serment de ceux des officiers qui viendront d'être nommés par elle, leur donner l'accolade, et leur remettre la croix; et elle fera expédier, à cet effet, les instructions nécessaires à celui qu'elle aura choisi pour exécuter cette commission.

8. Les officiers qui, après avoir été décorés du premier degré de distinction, passeront au second, seront dispensés de prêter un nouveau serment, de même que ceux qui passeront du second au troisième.

9. Ceux qui, après avoir été honorés par Sa Majesté de cette marque de distinction, pourraient s'oublier au point de contrevenir aux obligations de leur serment, et de commettre des actions déshonorantes, en seront privés et dégradés.

10. Défend très-expressément, Sa Majesté, à tous autres que ceux qu'elle en aura honorés, d'en porter les marques, sous les peines ordonnées contre ceux qui, sans être chevaliers de St.-Louis, oseraient en porter la croix (1).

N.º 802.

Décret concernant la décoration militaire.

Du 1.er janvier 1791.

ART. 1.er A l'avenir, la décoration militaire sera accordée aux officiers de toutes les armes et de tous les grades, à 24 années de service révolues, et les années seront comptées con-

---

(1) Toute personne qui aura publiquement porté un costume, un uniforme ou une décoration qui ne lui appartenait pas, ou qui se sera attribué des titres royaux qui ne lui auraient pas été légalement conférés, sera puni d'un emprisonnement de six mois à deux ans. *Code pénal*, art. 259.

formément aux dispositions de l'article 1.er du titre 2 du décret des 10, 16, 23 et 26 juillet 1790 (1).

2. Les années de service comme soldats et comme sousofficiers compteront comme celles d'officiers (1).

3. Les officiers qui auraient pris leur retraite, et ceux qui auraient été réformés sans avoir obtenu la décoration militaire, pourront en former la demande, et sont déclarés susceptibles de l'obtenir, s'ils ont servi le temps déterminé par les art. précédens.

N.° 803.

Ordonnance du Roi qui prescrit les justifications à faire pour l'expédition et la délivrance de lettres-patentes conférant le titre personnel de chevalier aux membres de la légion d'honneur, et détermine le cas dans lequel la noblesse leur sera acquise héréditairement.

Du 8 octobre 1814.

LOUIS, etc.

Nous étant fait rendre compte des réglemens relatifs au titre de chevalier, nous avons reconnu que, par les articles 11 et 12 du décret du 1.er mars 1808, il avait été statué que les membres de la légion d'honneur porteraient le titre de chevalier, et que ce titre serait transmissible à la descendance directe légitime, de mâle en mâle, par ordre de primogéniture, de celui qui en aurait été revêtu et qui justifierait d'un revenu net de trois mille francs au moins (2); mais que depuis, et par l'article 22 d'un autre décret du 3

---

(1) On ajoute aux années effectives de service, le nombre de campagnes ou d'années d'embarquement en temps de paix, évaluées d'après les dispositions des articles 5, 6, 7, 8 et 9 de l'ordonnance du 27 août 1814, num. 812.

(2) Les membres de la légion d'honneur, et ceux qui à l'avenir obtiendront cette distinction, porteront le titre de chevalier. *Décret du 1.er mars* 1808, art. 11.

Ce titre sera transmissible à la descendance directe et légitime, naturelle ou adoptive, de mâle en mâle, par ordre de primogéniture, de celui qui en aura été revêtu, en se retirant devant le conseil du sceau de titres, afin d'obtenir à cet effet nos lettres-patentes, et en justifiant d'un revenu net de trois mille francs au moins. *Id. art.* 12. *Bullet. des lois, num.* 186, 4.e série.

mars 1810 (1), la transmissibilité a été restreinte à l'aîné de ceux qui auraient réuni une dotation au titre de chevalier, et à la charge d'obtenir confirmation jusqu'à la troisième génération, sans que ce même décret ait pourvu au sort du titre des chevaliers non dotés. Voulant réparer l'insuffisance de ces dispositions à cet égard, fixer les prérogatives d'une institution destinée à perpétuer dans les familles le zèle pour le bien de l'état par d'honorables souvenirs, et y attacher un mode d'hérédité plus conforme aux anciennes lois et usages qui régissent la noblesse de notre royaume, et déjà établi pour l'ordre de Saint-Louis (2), etc.

Art. 1.er Il continuera d'être expédié des lettres-patentes (3) conférant le titre personnel de chevalier et des armoiries aux membres de la légion d'honneur, qui se retireront à cet effet devant le chancelier de France, et qui justifieront qu'ils possèdent un revenu net de trois mille francs au moins, en biens immeubles situés en France.

2. Lorsque l'aïeul, le fils et le petit-fils auront été successivement membres de la légion d'honneur, et auront obtenu des lettres-patentes, conformément à l'article précédent, le petit-fils sera noble de droit, et transmettra la noblesse à toute sa descendance (4).

---

(1) Lorsque, pour des services rendus, nous aurons accordé une dotation à un membre de la légion d'honneur, auquel auront été conférées des lettres-patentes de chevalier, et qui ne se trouvera revêtu d'aucun autre titre, ledit *titre* ne sera transmissible à l'aîné de ses descendans qui ne serait pas membre de la légion d'honneur, jusques et y compris la troisième génération, qu'autant qu'ils en auront obtenu de nous la confirmation, et qu'à cet effet ils se seront pourvus devant notre conseil du sceau des titres ; mais après trois confirmat. consécutiv., la transmiss. dud. titre aura lieu sans autre formalité que celle du *visa* du même conseil. *Décret du 3 mars* 1810, *art.* 22, *journ. milit.*, *vol* 41, *p.* 116.

(2) Voy. la note 2 de la pag. 321.

(3) Le droit de sceau pour l'expédition des lettres-patentes conférant le titre de chevalier, est fixé à 60 francs, et le droit des référendaires à 50 francs. Voy. l'ordonn. du 8 octobre 1814. *Bullet.*, n.° 43.

(4) L'édit que nous avons cité à la 2.e note de la page 321, accorde en outre (*art.* 4) la noblesse transmissible aux officiers-généraux.

N.º 804.

Ordonnance du Roi concernant l'institution du mérite militaire créé par l'édit du 10 mars 1759.

Du 28 novembre 1814.

LOUIS, par la grâce de Dieu, etc. ;

Nous étant fait représenter l'édit du 10 mars 1759, portant création de l'institution du *mérite militaire* (1), etc.

Art. 1.er Les dispositions de l'édit du 10 mars 1759, portant création de l'institution du mérite militaire, seront appliquées à tous les officiers de nos troupes de terre et de mer qui ne professent pas la religion catholique, apostolique et romaine.

2. Le ruban de l'institution du mérite militaire sera le même que celui de l'ordre de Saint-Louis.

3. Le nombre des grand'croix ne pourra excéder quatre ; celui des commandeurs huit : le nombre des chevaliers n'est pas limité.

4. Tous les officiers qui demanderont à être admis dans l'ordre royal et militaire de Saint-Louis ou dans l'institution du mérite militaire, devront joindre à l'appui de leur demande une déclaration de la religion qu'ils professent.

N.º 805.

Ordonnance du Roi relative au renvoi des décorations de l'ordre de Saint-Louis, et de l'institution du mérite militaire après le décès des titulaires.

Du 16 janvier 1815.

LOUIS, par la grâce de Dieu, etc.

Jugeant à propos de rétablir les dispositions de l'ordonnance du 21 août 1779 relatives aux renvois de décorations de l'ordre de Saint-Louis après le décès des titulaires, et voulant étendre ces dispositions aux dignitaires et chevaliers de l'institution du mérite militaire, etc.

Art. 1.er Les veuves, enfans, héritiers ou créanciers des

(1) *Numéro* 801.

officiers auxquels nous aurons accordé des décorations dans notre ordre de Saint-Louis et dans l'institution du mérite militaire, seront tenus de renvoyer ces décorations, aussitôt après le décès des titulaires, au secrétaire-général du ministère de la guerre (pour les officiers de l'armée de terre), et au secrétaire-général du ministère de la marine (pour les officiers dépendant de ce département), qui leur en donneront des récépissés.

2. Nous enjoignons aux officiers-généraux commandant les divisions militaires, aux commandans d'armes et des corps, aux amiraux, vice-amiraux, gouverneurs des colonies, préfets maritimes et commandans des ports et arsenaux, de tenir la main à l'exécution de cette disposition, et de retirer eux-mêmes, lors du décès des titulaires, les décorations, qu'ils feront passer, soit au ministère de la guerre, soit au ministère de la marine.

3. Nos ministres secrétaires d'état de la guerre et de la marine veilleront, chacun en ce qui le concerne, à ce que ces dispositions soient ponctuellement exécutées, et nous rendront compte, chaque année, du nombre des décorations qui leur auront été renvoyées par suite du décès des grands-croix, commandeurs et chevaliers de Saint-Louis et de l'institution du mérite militaire (1).

N.º 806.

Ordonnance du Roi qui abolit l'ordre de la Réunion, et portant défense à tout Français d'en prendre les titres et d'en porter la décoration.

Du 28 juillet 1815.

(*Nota.*) CETTE ordonnance ne contient aucune autre disposition. (Voy. le numéro 287, vol. II.)

L'ordre des trois toisons d'or (numéro 286, p. 562 du même vol.) se trouve également aboli.

---

(1) L'épée et les armes d'honneurs des militaires doivent, après leur décès, être remises à leurs héritiers; *voy. le num.* 360, p. 772 du vol. II. Il paraîtrait, d'après cette disposition, qu'il en devrait être de même de la croix de la légion d'honneur; cependant cela n'est point décidé.

N.º 807.

Ordonnance portant organisation définitive de la maison royale de Saint-Denis. (Extrait.)

Du 3 mars 1816. — Bulletin 79 de la 7.e série.

L'INSTITUTION de la maison royale de St.-Denis a pour objet de procurer indistinctement à tous les membres des ordres royaux qui ont rendu des services à l'état, les moyens de faire élever leurs filles, et d'inspirer à ces jeunes personnes des sentimens d'attachement à la personne de S. M.

Le nombre des élèves est fixé à 500 ; sur ce nombre 400 places sont gratuites et les 100 autres sont aux frais des familles ; le prix de la pension d'une élève gratuite, à la charge de la légion d'honneur, est fixé à 800 francs ; le prix de la pension d'une élève, aux frais des familles, est porté à 1000 francs.

Les places gratuites sont accordées aux filles des membres des ordres royaux qui se trouvent hors d'état de pourvoir à leur éducation. — Les places d'élèves pensionnaires sont données aux filles, sœurs, nièces ou cousines des membres des ordres royaux ayant de la fortune.

Les élèves sont nommées par S. M. , sur la présentation du grand chancelier de la légion d'honneur.

Toute demoiselle, pour être admise, doit être âgée de 6 à 12 ans au plus ; avoir eu la petite vérole ; avoir été inoculée ou vaccinée ; produire un certificat de médecin, constatant qu'elle n'est point affectée de maladies chroniques ou contagieuses ; remettre, pour les demandes de places gratuites, un acte de notoriété portant qu'elle appartient à des parens qui sont dans l'impossibilité de subvenir à son éducation.

A leur entrée dans la maison , l'élève gratuite et l'élève pensionnaire payeront la somme de 400 fr. , représentant la valeur du trousseau qui leur sera fourni. La pension de l'élève pensionnaire, fixée à 1000 fr. se payera par trimestre et d'avance.

La sortie d'une élève est fixée à dix-huit ans ; néanmoins les parens peuvent la retirer avant cet âge, si son éducation est terminée , ou si d'autres raisons l'exigent.

Cette institution succède aux maisons d'Écouen et de St.-Denis, réunies par l'ordonnance du 19 juillet 1814.

La maison royale de St.-Denis a plusieurs succursales, l'une placée à Paris ; l'autre, aux Loges ; la troisième à Barbeaux (cette dernière est provisoirement supprimée). Ces succursales sont desservies par la congrégation religieuse, existante sous le nom de congrégation de la Mère-de-Dieu ; leur but est le même que celui du premier de ces établissemens, l'éducation de 400 filles des membres des ordres royaux, qui se trouvent hors d'état d'y pourvoir. Les places sont toutes gratuites ; les demoiselles y sont admises de 4 à 12 ans : du reste, les conditions d'admission et le mode d'éducation sont, à peu de chose près, les mêmes que pour la maison royale. Voy. *l'ordonnance du 16 mai 1816*, portant organisation des succursales de la maison royale de Saint-Denis, bulletin numéro 89.

N.º 808.

Ordonnance concernant l'organisation, la composition et l'administration de la légion d'honneur, sous le titre d'ordre royal de la légion d'honneur.

Du 26 mars 1816.

(*Nota.*) Les dispositions que contient cette ordonnance, annulent la plus grande partie de celles des actes relatifs à la légion d'honneur, que l'on trouvera dans la 1.ʳᵉ section de chap. 8, p. 547 du vol. II, ainsi les ordonnances royales des 21 juin 1814 et 17 février 1815. *Bullet. n.*º 21, 79 *et* 83 *de la* 5.ᵉ *série.*

TITRE 1.ᵉʳ

Organisation et composition de la légion d'honneur.

ART. 1.ᵉʳ La légion d'honneur est instituée pour récompenser les services civils et militaires.

2. Le Roi est chef souverain et grand-maître de la légion d'honneur.

3. La légion prend le titre d'*ordre royal de la légion d'honneur ;* les commandans, celui de *commandeurs ;* et les grands-cordons, celui de *grand'croix.*

4. L'ordre royal de la légion d'honneur est composé de chevaliers, d'officiers, de commandeurs, de grands officiers et de grand'croix.

5. Les membres de la légion sont à vie.

6. Le nombre des chevaliers est illimité.

Celui des officiers est fixé à deux mille ;

Celui des commandeurs à 400 ;

Celui des grands officiers, à cent soixante ;

Celui des grand'croix, à quatre-vingt.

7. Le nombre des grand'croix, grands officiers, commandeurs et officiers, dépassant celui fixé par l'article 6, ceux qui sont revêtus de ces grades les conservent ; mais par les extinctions nous pourrons les réduire.

8. Les princes de la famille royale et de notre sang, et les étrangers auxquels nous conférerons la grande décoration, ne sont point compris dans le nombre fixé par l'article 6.

9. Les étrangers sont admis et non reçus, et ne prêtent aucun serment.

TITRE II.

Forme de la décoration, et manière de la porter.

10. La décoration de l'ordre royal de la légion d'honneur consiste dans une étoile à cinq rayons doubles, surmontée de la couronne royale. Le centre de l'étoile, entouré d'une couronne de chêne et de laurier, présente, d'un côté, l'effigie d'Henri IV avec cet exergue *Henri IV, Roi de France et de Navarre*; et de l'autre, trois fleurs-de-lis avec cet exergue, *Honneur et Patrie*.

11. L'étoile émaillée de blanc est en argent pour les chevaliers, et en or pour les grand'croix, les grands officiers, les commandeurs et les officiers.

12. Les chevaliers portent la décoration en argent à une des boutonnières de leur habit, attachée par un ruban moiré rouge sans rosette. Les officiers la portent en or à une des boutonnières de leur habit, attachée par un ruban moiré rouge avec une rosette.

Les commandeurs portent la décoration en sautoir, attachée à un ruban moiré rouge, un peu plus large que celui des officiers.

Les grands officiers portent, sur le côté droit de leur habit, une plaque semblable à celle des grand'croix, brodée en argent, mais du diamètre de sept centimètres deux millimètres. Cette plaque est substituée au large ruban qu'ils portent actuellement, et ils continueront de porter la simple croix en or à la boutonnière gauche.

Les grand'croix portent un large ruban moiré rouge, passant de l'épaule droite au côté gauche, et au bas duquel est attachée une grande étoile en or; ils portent en même temps une plaque brodée en argent, du diamètre de dix centimètres quatre millimètres, attachée sur le côté gauche des habits et des manteaux, et au milieu de laquelle est l'effigie d'Henri IV, avec l'exergue *Honneur et Patrie*.

Ils cessent, ainsi que les commandeurs, de porter la simple croix en or, lorsqu'ils sont décorés des marques distinctives de leurs grades : néanmoins cette croix leur est permise, lorsqu'ils ne les portent pas extérieurement.

13. Les membres de l'ordre royal de la légion d'honneur portent toujours la décoration.

14. Les grand'croix, grands officiers, commandeurs, officiers et chevaliers, ne peuvent porter que les marques distinctives de leurs grades ; le Roi *seul* porte chacune d'elles à sa volonté. Tous nos sujets membres de l'ordre royal de la légion d'honneur sont toujours décorés selon leurs grades, quand ils paraissent devant nous et devant les princes de la famille royale et de notre sang ; lorsque dûment convoqués par les autorités, et d'après les réglemens sur les préséances, ils assistent, soit en notre présence, soit en notre absence, aux grandes audiences, aux grandes réceptions, aux cérémonies politiques, religieuses et civiles, aux revues, aux grandes parades, etc.

TITRE III.

Admission et avancement dans la légion.

15. En temps de paix, pour être admis dans la légion d'honneur, il faut avoir exercé pendant vingt-cinq ans des fonctions civiles ou militaires avec la distinction requise.

16. Nul ne peut être admis dans la légion qu'avec le premier grade de chevalier.

17. Pour être susceptible de monter à un grade supérieur, il est indispensable d'avoir passé dans le grade inférieur, savoir :

1.° Pour le grade d'officier, quatre ans dans celui de chevalier ;

2.° Pour le grade de commandeur, deux ans dans celui d'officier ;

3.° Pour le grade de grand officier, trois ans dans celui de commandeur ;

4.° Enfin, pour le grade de grand'croix, cinq ans dans celui de grand officier.

18. Chaque campagne est comptée double aux militaires dans l'évaluation des années exigées par les articles 15 et 16 ; mais on ne peut jamais compter qu'une campagne par année, sauf les cas d'exception qui doivent être déterminés par une ordonnance spéciale.

19. En temps de guerre, les actions d'éclat et les blessures graves peuvent dispenser des conditions exigées par les art. 15 et 16 pour l'admission ou l'avancement dans l'ordre royal de la légion d'honneur.

20. En temps de guerre, comme en temps de paix, les services extraordinaires rendus à nous et à l'état dans les fonctions civiles ou militaires, les sciences et les arts, peuvent également dispenser de ces conditions ; mais sous la réserve expresse de ne franchir aucun grade.

21. Pour donner lieu aux dispenses mentionnées dans les articles précédens, les actions d'éclat, blessures et services extraordinaires doivent être dûment constatés, savoir :

1.º Dans les régimens de toute arme, par un certificat signé de tous les officiers du corps présens à l'affaire, et visé par le chef d'état-major de la division et le chef d'état-major de l'armée ;

2.º Pour les officiers de l'état-major-général de l'artillerie et du génie, les ingénieurs-géographes, le corps des inspecteurs aux revues, celui des commissaires des guerres, les gardes de l'artillerie et du génie, et les employés des administrations militaires, par un certificat signé de cinq militaires du même corps que le sujet proposé, parmi lesquels devront se trouver nécessairement ceux qui sont revêtus, dans la légion, du grade sollicité pour lui : ce certificat sera signé, en outre, par le chef d'état-major de la divison, pour les officiers d'état-major ; par le chef de l'artillerie ou celui du génie, pour les militaires de ces deux armes ; par l'inspecteur en chef aux revues ou l'ordonnateur en chef pour les personnes de leur administration, et visé par le chef de l'état-major-général de l'armée ;

3.º Pour les militaires de nos armées navales, par un certificat signé de cinq militaires du même équipage que le sujet proposé, parmi lesquels devront se trouver ceux de l'équipage revêtus, dans la légion, du grade sollicité pour lui : ce certificat devra être visé par le commandant du bâtiment ou des ports, et par le commandant en chef de l'escadre, quand ce bâtiment n'aura pas été employé isolément ;

4.º Pour tout individu non militaire, par un certificat signé de cinq personnes exerçant des fonctions analogues à celles du sujet proposé, et, autant que faire se pourra, revêtues, dans la légion, du grade sollicité pour lui : ce certificat, visé par son supérieur immédiat, ou par le préfet du département, pour les personnes qui ne sont soumises à aucune hiérarchie, sera annexé au rapport spécial que nous fera pour cet objet le ministre compétent, et qui nous sera soumis par notre grand chancelier.

22. Outre les cas extraordinaires mentionnés aux précédens articles, il pourra y avoir une ou deux nominations et promotions par année, mais seulement aux époques fixées ci-après, savoir :

Une au 1.ᵉʳ janvier ;

Et une au 15 juillet, jour de Saint-Henri, patron de notre auguste aïeul Henri IV.

23. La répartition des nominations et promotions dans la légion d'honneur, entre les divers ministères, a lieu dans la proportion suivante, savoir :

Un quarantième, au ministère de la maison du Roi ;

Deux quarantièmes, au ministère de la justice ;

Un quarantième, au ministère des affaires étrangères ;

Six quarantièmes, au ministère de l'intérieur ;

Deux quarantièmes au ministère des finances ;

Vingt quarantièmes, au ministère de la guerre ;

Cinq quarantièmes, au ministère de la marine ;

Un demi-quarantième, au ministère de la police générale ;

Deux quarantièmes et demi, à la grande chancellerie de la légion d'honneur.

24. Dans le mois qui précédera les deux époques indiquées dans l'article 22, notre grand chancelier, d'après l'avis de nos ministres, prendra nos ordres ; et si nous jugeons convenable de faire des nominations et promotions, nous déterminerons le nombre des décorations pour chaque grade : notre grand chancelier en fera la répartition à nos ministres, conformément à l'art. 23.

25. Sur l'avis que notre grand chancelier leur donnera, nos ministres nous adresseront la liste des personnes qu'ils jugeront avoir mérité cette distinction.

26. De la réunion de ces listes, notre grand chancelier formera un corps d'ordonnance, qu'il soumettra à notre approbation.

27. Nos ministres, après chaque nomination ou promotion, expédient des lettres d'avis à toutes les personnes nommées dans leurs ministères. Ces lettres d'avis leur prescrivent de se pourvoir auprès de notre grand chancelier pour obtenir l'autorisation nécessaire de se faire recevoir, d'être décorés, et l'expédition du brevet.

28. Toutes demandes de nomination et de promotion qui nous seront adressées ou soumises par quelque personne que ce soit, autres que nos ministres, seront renvoyées à notre grand chancelier, qui en fera le rapport, et nous présentera des projets d'ordonnance, s'il y a lieu.

29. A l'avenir, nul ne pourra porter la décoration du grade auquel il aura été nommé ou promu, qu'après sa réception.

TITRE IV.

Modes de réception des membres de la légion, et du serment.

30. Les princes de la famille royale, de notre sang, et les grand'croix, prêtent serment entre nos mains, et reçoivent de nous les décorations.

31. En cas d'empêchement, nous désignerons les princes de notre famille et de notre sang, ou notre grand chancelier, pour recevoir le serment et procéder aux réceptions des grand'croix. Dans l'un et l'autre cas, notre grand chancelier prend nos ordres.

32. Notre grand chancelier désigne, pour procéder aux réceptions des chevaliers, officiers, commandeurs, grands officiers et grand'croix, un membre de la légion d'un grade au moins égal à celui du récipiendaire.

33. Les militaires de tous grades et de toutes armes de terre et de mer, les membres des administrations qui en dépendent, et les gardes nationales, sont reçus à la parade.

34. Les personnes appartenant au civil sont reçues en séance publique des cours royales ou tribunaux d'arrondissement, lorsqu'elles ne pourront pas l'être par notre grand chancelier ou la personne qu'il aura déléguée.

35. Le récipiendaire des troupes de terre et de mer prête à genoux le serment ci-après : « Je jure d'être fidèle au Roi, » à l'honneur et à la patrie ; de révéler à l'instant tout ce » qui pourrait venir à ma connaissance et qui serait contraire » au service de Sa Majesté et au bien de l'état ; de ne prendre » dre aucun service et de ne recevoir aucune pension ni trai- » tement d'un prince étranger, sans le consentement exprès » de Sa Majesté ; d'observer les lois, ordonnances et régle- » mens, et généralement de faire tout ce qui est du devoir » d'un brave et loyal chevalier de la légion d'honneur. ».

36. L'officier chargé de la réception d'un militaire, après avoir reçu son serment, le frappe d'un coup de plat d'épée sur chaque épaule, et, en lui remettant son brevet ainsi que sa décoration, lui donne l'accolade en notre nom.

37. Il est adressé au grand chancelier un procès-verbal de chaque réception ; des réglemens particuliers déterminent les modèles de procès-verbaux de réception.

38. A la guerre, les militaires de nos armées de terre et de mer, et les personnes qui dépendent de ces deux administrations, nommés ou promus, pourront être autorisés par notre grand chancelier à porter le ruban en attendant la réception.

39. En temps de guerre, comme en temps de paix, il ne pourra être porté, cumulativement avec nos ordres royaux, aucun ordre étranger sans notre autorisation expresse, transmise par notre grand chancelier (1).

TITRE V.

Des séries de numéros et des brevets.

40. Les séries de numéros formées depuis la fondation de la légion d'honneur jusqu'à ce jour, sont supprimées.

---

(1) Les français décorés d'ordres étrangers en informeront le grand chancelier de la légion d'honneur, qui prendra les ordres du Roi pour les autorisations qu'ils n'auraient pas encore obtenues de S. M. *Décision royale du 2 mars* 1816.

41. Il sera commencé une seule et unique série de numéros, à laquelle seront assujetties toutes les nominations faites depuis l'établissement de la légion d'honneur, et toutes celles que nous pourrons faire dans la suite.

42. Toutes les lettres d'avis, diplomes ou brevets délivrés depuis l'établissement de la légion d'honneur jusqu'à ce jour, seront remplacés par de nouveaux brevets dont nous avons arrêté les modèles ; ils seront signés de notre main, et contresignés par notre grand chancelier.

43. A la demande de notre grand chancelier, tous les membres de l'ordre sont tenus de lui envoyer les pièces mentionnées au précédent art. ; et après s'être assuré de l'identité des titulaires, il leur expédiera la formule du serment conforme à l'art. 35, qu'ils devront signer, savoir :

1.° Les militaires de toutes armes et de tous grades, en activité dans l'armée de terre et de mer, en présence des conseils d'administration, qui certifieront les signatures et l'identité des titulaires ;

2.° Les militaires et membres des administrations de terre et de mer, en demi-solde et en retraite, dans la même formule que pour les certificats de vie ou feuilles de revue ;

3.° Les états-majors des gouvernemens, des divisions militaires, des départemens, des places et colonies, des armées de terre et de mer, et les membres des administrations qui en dépendent, devant les inspecteurs ou sous-inspecteurs ou commissaires de la marine ;

4.° Dans les ministères, directions et administrations, devant les chefs de division, dans les formes usitées pour les certificats et légalisations ;

5.° Enfin pour le civil, et pour les français dans l'étranger, les certificats seront donnés dans les formes usitées.

44. Tout individu qui n'obéira point aux dispositions de l'article qui précède, ou qui ne justifiera pas, par acte de notoriété, de l'impossibilité de représenter ses anciennes lettres, diplome ou brevet, sera, après une enquête faite à ce sujet, rayé des registres matricules de l'ordre, et il en sera donné avis aux autorités du ressort de l'individu.

TITRE VI.

Droits et prérogatives des membres de l'ordre, fêtes et cérémonies publiques.

45. Les grand'croix et les grands officiers de la légion jouissent, dans nos palais et dans les grandes cérémonies, des mêmes droits, honneurs et prérogatives que les grand'croix de l'ordre de Saint-Louis (1).

---

(1) Cette disposition a été modifiée par l'art. 4 du *num.* 809.

46. Les grand'croix et les grands officiers prennent rang, dans les cérémonies publiques, avec les grand'croix de l'ordre de Saint-Louis, par ancienneté de nomination ; les commandeurs après eux ; et les officiers et chevaliers, avec les chevaliers de Saint-Louis, également par ancienneté de nomination (1).

47. La fête de l'ordre est fixée au 15 juillet, jour de St.-Henri, fête de notre auguste aïeul.

48. Les grand'croix, les grands officiers, les commandeurs, officiers et chevaliers qui sont convoqués et assistent aux cérémonies publiques, religieuses ou civiles, y occupent, concurremment avec les mêmes grades de l'ordre de Saint-Louis, des places particulières qui leur sont assignées par les autorités constituées, conformément au réglement sur les préséances (2).

49. Pour les honneurs funèbres et militaires, les grand'croix et les grands officiers de la légion d'honneur sont traités comme les lieutenans-généraux employés, lorsqu'ils n'ont point un grade militaire supérieur ; les commandeurs comme les colonels, les officiers comme les capitaines, les chevaliers comme les lieutenans.

50. Des grand'croix et des grands officiers de la légion assistent aux grandes cérémonies publiques, civiles ou religieuses et funèbres. Le grand maître des cérémonies de France prend chaque fois nos ordres à cet égard, et les transmet au grand chancelier, lequel convoque parmi les grand'croix et les grands officiers les personnes que nous avons désignées.

51. On porte les armes aux grands officiers, commandeurs, officiers et chevaliers ; on les présente aux grand'croix (3).

52. Le grand chancelier nous propose, pour les légionnaires sous-officiers et soldats retirés de l'armée active, des gratifications annuelles, dont le montant est déterminé d'après l'âge du légionnaire, ses blessures, ses infirmités, son revenu personnel, l'état de sa famille, et la population du lieu de sa résidence.

TITRE VII.

Discipline des membres de l'ordre.

53. La qualité de membre de la légion d'honneur se perd

---

(1) Voy. la note précédente.
(2) Voy. le *décret du 24 messidor an 12*, numéro 330, volume II, 2.e partie.
(3) Ces dispositions modifient l'*art.* 2, *tit.* 11, du décret du 24 messidor an 12, p. 641 du vol. II.

par les mêmes causes que celles qui font perdre la qualité de citoyen français (1).

54. L'exercice des droits et des prérogatives des membres de la légion d'honneur est suspendu par les mêmes causes que celles qui suspendent les droits de citoyen français (1).

55. Les ministres secrétaires d'état de la justice, de la guerre et de la marine, transmettent au grand chancelier des copies de tous les jugemens en matière criminelle, correctionnelle et de police, relatifs à des membres de la légion.

56. Toutes les fois qu'il y aura un recours en cassation contre un jugement rendu en matière criminelle, correctionnelle et de police, relatif à un légionnaire, le procureur-général du Roi auprès de la cour de cassation en rend compte sans délai au ministre secrétaire d'état de la justice, qui en donne avis au grand chancelier de la légion d'honneur.

57. Les procureurs-généraux du Roi auprès des cours royales, et les rapporteurs auprès des conseils de guerre, ne peuvent faire exécuter aucune peine infamante contre un membre de la légion qu'il n'ait été dégradé.

58. Pour cette dégradation, le président de la cour royale, sur le réquisitoire de l'avocat-général, ou le président du conseil de guerre, sur le réquisitoire du rapporteur, prononce, immédiatement après la lecture du jugement, la formule suivante : *Vous avez manqué à l'honneur ; je déclare , au nom de la légion, que vous avez cessé d'en être membre.*

59. Les chefs militaires de terre et de mer, et les commandans des corps et bâtimens de l'état, rendent aux ministres secrétaires d'état de la guerre et de la marine un compte particulier de toutes les peines de discipline qui ont été infligées à des légionnaires sous leurs ordres. Ces ministres transmettent des copies de ce compte au grand chancelier.

60. La cassation d'un chevalier de la légion sous-officier en activité (2), et le renvoi d'un soldat ou d'un marin chevalier de la légion, ne peuvent avoir lieu que d'après l'autorisation des ministres secrétaires d'état de la guerre ou de la marine ; ces ministres ne peuvent donner cette autorisation qu'après en avoir informé le grand chancelier, qui prendra nos ordres.

61. Le Roi peut suspendre en tout ou en partie l'exercice des droits et prérogatives attachés à la qualité de membre de la légion d'honneur, et même exclure de la légion, lorsque la nature du délit et la gravité de la peine prononcée correctionnellement paraissent rendre cette mesure nécessaire.

62. Un réglement particulier détermine les peines à infliger

_____

(1) Voy. l'arrêté du 24 ventôse an 12 , *numéro* 278, p. 255 du même vol.
(2) Voy. , relativement à la cassation des grades, les observations faites à la p. 196 du vol. I.

pour les actions qui ne peuvent être l'objet d'aucune poursuite de la part des tribunaux ou des conseils de guerre, et qui cependant attentent à l'honneur d'un membre de la légion.

TITRE VIII.

Administration de l'ordre.

63. L'administration de l'ordre est confiée à un grand chancelier, qui travaille directement avec nous. Il entre au conseil de nos ministres, toutes les fois que nous jugeons convenable de l'y appeler pour discuter les intérêts de l'ordre.

64. Le grand chancelier sera toujours choisi parmi les grands officiers de la légion.

65. Un secrétaire-général nommé par nous est attaché à la grande chancellerie : il a la signature en cas d'absence ou de maladie du grand chancelier, et le représente.

66. Le grand chancelier est dépositaire du sceau de l'ordre.

67. Tous les ordres étrangers sont dans les attributions du grand chancelier de l'ordre royal de la légion d'honneur.

68. Nos ordonnances relatives à cet ordre sont contresignées par le président du conseil de nos ministres, et visées par notre grand chancelier, pour leur exécution.

69. Notre grand chancelier nous présente,

1.° Les rapports, projets d'ordonnance, réglemens et décisions concernant l'ordre de la légion et les ordres étrangers ;

2.° Les candidats désignés par nos ministres, par d'autres personnes ou par lui, pour les nominations et promotions;

3.° Présente les diplomes ou brevets à notre signature ;

4.° Prend nos ordres à l'égard des ordres étrangers conférés à nos sujets, qui l'en informent;

5.° Transmet les autorisations de les accepter et de les porter ;

6.° Soumet à notre approbation le travail relatif aux gratifications extraordinaires des chevaliers de l'ordre (1), ainsi qu'à l'admission et la révocation des élèves pensionnaires et gratuites dans les maisons royales de Saint-Denis et des orphelines de nos ordres royaux ;

7.° Dirige et surveille toutes les parties de l'administration de l'ordre et ses établissemens, la perception des revenus, les paiemens et dépenses ;

8.° Nous présente annuellement les projets de budget; préside les assemblées de canaux, etc.

70. Notre cour des comptes sera chargée de l'apurement et

_____

(1) Sur le mode de paiement des membres de la légion d'honneur, voyez *l'instruction* du 20 juin 1811, *numéro* 569, vol. IV, et l'appendice au chap. 16 de ce *supplément*.

réglement des comptes des dépenses annuelles relatives à la légion d'honneur.

71. Toutes les dispositions antérieures, contraires à celles de la présente ordonnance, sont abrogées.

N.º 809.

Ordonnance du Roi relative aux statuts de l'ordre royal et militaire de Saint-Louis et du mérite militaire, et au rang que prendront, dans les cérémonies publiques, les membres de cet ordre et ceux de la légion d'honneur.

Du 22 mai 1816.

LOUIS, par la grâce de Dieu, etc.

Voulant remettre en vigueur les statuts de notre ordre royal de Saint-Louis et du mérite militaire, et ayant à prononcer sur des questions qui nous ont été soumises, relativement à l'exécution de plusieurs dispositions du titre 6 de l'ordonnance du 26 mars dernier, etc.

Art. 1.er Notre chancelier et garde des sceaux de France remplira les fonctions de chancelier garde des sceaux de l'ordre royal et militaire de Saint-Louis et du mérite militaire, conformément à l'art. 13 de l'édit de création du mois d'avril 1693 et à l'art. 28 de l'édit du mois de janvier 1779. A cet effet, le sceau de l'ordre sera rétabli tel qu'il existait, et demeurera entre les mains de notre chancelier de France.

2. Les brevets que nous accorderons aux officiers de nos armées qui auront été choisis par nous pour être chevaliers dudit ordre, ou que nous jugerons convenable d'élever aux dignités de commandeur ou de grand'croix, seront signés, pour les officiers de nos troupes de terre, par notre ministre secrétaire d'état de la guerre, et pour les officiers du service de mer, par notre ministre secrétaire d'état de la marine. Ils seront tous scellés du sceau dudit ordre de Saint-Louis.

3. L'administration de l'ordre est confiée à notre ministre secrétaire d'état de la guerre. Il en dirigera et surveillera toutes les parties, la perception des revenus, les paiemens et les dépenses, en se conformant d'ailleurs aux dispositions de l'édit du mois de janvier 1779, relatif à la suppression des officiers d'administration.

4. Les grand'croix de l'ordre royal de Saint-Louis et du mérite militaire prendront rang, dans les cérémonies publi-

ques, avec les grand'croix de la légion d'honneur, par ancienneté de nomination.

Les grands officiers de la légion, avec les commandeurs de Saint-Louis, également par ancienneté de nomination;

Les commandeurs de la légion, après les précédens;

Les officiers de la légion, avec les chevaliers de Saint-Louis, par ancienneté de nomination, et avant les chevaliers de la légion d'honneur.

N.° 810.

Ordonnance portant qu'à l'avenir aucun corps civil ou militaire ne pourra décerner, voter ou offrir, comme témoign. de la reconn. publique, aucun don, homm. ou récompense sans l'autoris. de S. M.

Du 10 juillet 1816.

LOUIS, etc.

Nous sommes informés que des conseils généraux, des conseils municipaux, des gardes nationales, des corps militaires, approuvant de leur propre mouvement la conduite de divers fonctionnaires de l'état, se sont permis de voter des hommages publics, de délibérer des inscriptions, de décerner des épées ou armes d'honneurs et autres récompenses, à des généraux, à des maires, à des officiers supérieurs de la garde nationale et à plusieurs autres de nos sujets.

Le droit de décerner des récompenses publiques, est un des droits inhérens à notre couronne. Dans la monarchie, toutes les grâces doivent émaner du Souverain; et c'est à nous seuls qu'il appartient d'apprécier les services rendus à l'état, et d'assigner des récompenses à ceux que nous jugeons en être dignes. N'entendant pas toutefois comprimer l'élan de la reconnaissance publique, mais voulant diriger, mesurer l'étendue des récompenses à l'importance des services, et donner par notre sanction royale un nouveau prix aux hommages que, dans des grandes occasions seulement, nous permettons de décerner.

Sur le rapport, etc. Nous avons ordonné, etc.

Art. 1.ᵉʳ A l'avenir, aucun don, aucun hommage, aucune récompense ne pourront être votés, offerts ou décernés comme témoignages de la reconnaissance publique, par les conseils généraux, conseils municipaux, gardes nationales ou tout autre corps civil ou militaire, sans notre autorisation préalable.

DEUXIÈME SECTION.

DES RETRAITES ET DES PENSIONS, INVALIDES, VÉTÉRANS, ETC.

§. 1.er *Des retraites.*

(*Nota.*) Indépendamment des articles que nous avons placés dans ce §., le titre 4 de la loi des finances de 1817, contient de nouvelles dispositions sur les retraites et sur le mode de paiement des militaires pensionnés (*Voy. le num.* 818); il en sera question dans l'appendice du chapitre 16.

N.° 811.

Ordonnance du Roi portant réglement sur les pensions et secours à accorder aux veuves et aux enfans orphelins des militaires.

Du 14 août 1814.

(*Nota.*) Les dispositions de cette ordonnance rendent inutiles celles du tit. 2 de la loi du 8 floréal an 11, *num.* 292, pag. 580 du vol. II.

ART. 1.er LES veuves des militaires tués dans les combats ou morts dans les six mois des blessures qu'ils y auront reçues, sont susceptibles d'obtenir des pensions, en justifiant de leur mariage antérieurement aux blessures qui auront occasionné la mort desdits militaires.

Ces pensions sont réglées à raison du quart du *maximum* d'ancienneté de la solde de retraite affectée au grade de leurs maris.

2. Les veuves des militaires morts en activité, après trente ans de services effectifs, sont aussi susceptibles d'obtenir des pensions, en justifiant de cinq ans, au moins, de mariage, si

elles n'ont pas d'enfans. Ces pensions sont réglées ainsi que cela est prescrit dans l'article précédent (1).

3. Les enfans orphelins desdits militaires ont également droit à un secours annuel : ce secours est pour les enfans, quel que soit leur nombre, de la somme à laquelle aurait été réglée la pension de leur mère; il cesse d'être payé lorsque le plus jeune des enfans aura atteint l'âge de vingt ans accomplis.

4. Nous nous réservons le droit d'accorder, sur le rapport de notre ministre secrétaire d'état de la guerre, des pensions particulières aux veuves ou orphelins des militaires qui auront rendu à l'état des services distingués, si les veuves et orphelins sont privés de moyens d'existence.

5. Toutes les pensions et secours accordés jusqu'à ce jour aux veuves et orphelins des militaires, sont maintenus au taux auquel ils ont été fixés.

N.º 812.

Ordonnance du Roi qui fixe la solde de retraite pour chaque grade dans l'armée.

Du 27 août 1814.

(*Nota.*) La plus grande partie des dispositions que contient cette ordonnance, se trouvaient dans les lois des 28 fructidor an 7 et 8 floréal an 11, *numéros* 289 et 292, pag. 568 et 577 du vol. II.

TITRE I.ᵉʳ

Règles générales.

ART. 1.ᵉʳ La solde de retraite pour ancienneté de service, après trente ans accomplis d'activité, sera fixée, pour chaque grade, conformément au tableau n.º 1.ᵉʳ annexé à la présente ordonnance (2).

2. Les blessures provenant du fer ou du feu de l'ennemi, qui auront occasionné l'amputation d'un ou plusieurs membres, ou la perte totale de la vue, donneront lieu à la solde de retraite déterminée par le tableau n.º 2 (2).

---

(1) Ces dispositions n'avaient point été prévues par la loi du 8 floréal an 11, *num.* 292.
(2) Voy. les tarifs, *numéro* 70.

3. Le militaire qui, par suite de blessures moins graves, d'infirmités causées par les fatigues de la guerre, ou d'accidens éprouvés dans un service commandé, sera reconnu, d'après les formes les plus rigoureuses, incapable d'achever ses trente ans d'activité, soit dans le service de ligne, soit dans un service sédentaire, pourra, selon sa position et ses droits, nous être proposé pour une solde de retraite, ou pour une simple gratification une fois payée.

Nous nous réservons de déterminer la quotité de l'une ou de l'autre récompense, sur le rapport de notre ministre secrétaire d'état de la guerre, qui mettra sous nos yeux la nature et la durée des services à récompenser, le genre, la gravité et l'origine des infirmités et blessures, ainsi que le degré d'empêchement physique qu'elles pourraient apporter à l'exercice d'une autre fonction ou profession dans l'intérieur.

4. Il n'est dû aucun traitement ni récompense pécuniaire au militaire qui se retire volontairement du service, par congé d'ancienneté, ou par démission, avant trente années révolues d'activité (1).

5. Les années de service, pour la solde de retraite, se comptent de l'âge de quatorze ans pour les tambours et trompettes, et de seize ans pour les autres militaires (2).

6. Les services d'un militaire qui se rendrait coupable de désertion, ne seront comptés que du jour où il sera admis à reprendre son service; il ne pourra se prévaloir des services antérieurs à la désertion (3).

7. Le temps pendant lequel un officier a joui, dans ses foyers, du traitement de non-activité, lui est compté, pour la solde de retraite, comme service réel et effectif, s'il a repris de l'activité, lorsqu'il en aura reçu l'ordre (4).

8. L'officier réformé qui a repris de l'activité, compte, pour moitié, le temps pendant lequel il a joui du traitement de réforme, et le temps qu'il a passé sans le toucher, après l'expiration du terme fixé par l'article 1.er du décret du 15 juin 1812, qui limite à cinq années la durée de ce traitement : mais, dans aucun cas, il ne peut être admis à compter plus de dix années de réforme (5).

9. Les campagnes seront calculées dans les proportions suivantes, pour l'accroissement auquel elles doivent donner lieu, conformément aux tarifs ci-annexés.

---

(1) Voy. la note de la page 457, du vol. II, 2.e partie.
(2) Art. 4 du *numéro* 292, pag. 578, même volume.
(3) Art. 5 du *num.* 292, vol. *id.* : il reste à décider si ces dispositions sont applicables aux déserteurs qui reprennent du service en vertu d'une amnistie ou d'un jugement.
(4) Voy. *id.*, note 2.
(5) Voy. *id.* et le *num.* 302 *bis*, pag. 589.

En temps de paix, et pour les troupes levées en Europe, chaque année d'embarquement ou campagne de mer, et chaque année de service hors d'Europe, est compté pour dix-huit mois.

En temps de guerre, chaque campagne de douze mois, dans quelque pays que ce soit, et pour toutes les troupes faisant partie des armées actives, est comptée pour deux années. Elle est comptée pour dix-huit mois seulement, aux corps d'armée employés, en temps de guerre maritime, à la garde des côtes du royaume en Europe (1), excepté aux militaires qui, pendant la campagne, ont été embarqués sur nos flottes, ou blessés dans une attaque de la part de l'ennemi, lesquels auront droit de la compter pour deux années (2).

On ne comptera comme campagne que le temps où les troupes, après avoir reçu l'ordre de se former sur le pied de guerre, auront été réunies en corps d'armée. La campagne dans laquelle un militaire aura été blessé et mis hors de combat, lui sera comptée comme campagne entière, quoique ses blessures ne lui aient pas permis de la finir (3).

Le temps de captivité, comme prisonnier de guerre, est compté comme si le militaire eût continué à faire campagne avec son régiment (4).

10. La solde de retraite affectée à un grade exige au moins deux années de service effectif dans ce grade, sinon elle se règle sur le grade immédiatement inférieur.

Sont exceptés de ces dispositions ceux qui, depuis leur promotion, ont reçu, par le fer ou le feu de l'ennemi, des blessures assez graves pour donner lieu à la retraite, avant l'expiration des deux années d'exercice (5).

---

(1) Cette disposition paraît modifier l'article 37 de l'arrêté du 8 pririal an 11 (pag. 167 du vol. II), relatif aux compagnies de gardes-côtes, portant que, pendant la guerre, le service de ces compagnies sera compté comme celui qu'elles pourraient rendre aux armées : cependant c'est ici une disposition particulière à un corps, et qui, en principe ne peut être abrogée que par une décision spéciale : au reste, les compagnies de gardes-côtes n'existent point en ce moment.

(2) Les hommes classés pour le service de la marine, qui ont été appelés à servir sur les vaisseaux de l'état, et qui, à leur retour, reçoivent l'autorisation de rentrer dans leurs foyers jusques à ce qu'ils soient rappelés, ne peuvent compter comme service militaire le temps qu'ils sont restés chez eux. Le service des marins est justifié par des états que leur délivrent les commissaires de marine dans les ports, ou les commissaires des classes dans les quartiers.

(3) Art. 6 du *num.* 292.

(4) Dispositions nouvelles que paraissaient réclamer les souffrances et les privations qu'éprouvent les prisonniers de guerre, dont l'avancement est d'ailleurs toujours très-retardé.

(5) Art. 7 et 8 du *num.* 292.

11. Dans les grades qui se divisent par classes, la solde de retraite est la même pour les différentes classes (1).

12. Elle ne peut, en aucun cas, excéder le dernier traitement dont on jouissait en activité de service (2).

Les masses affectées à l'entretien du soldat sont, à cet égard, considérées comme faisant partie de la solde d'activité (2).

13. La solde de retraite, étant la récompense des services militaires, peut se cumuler avec tout autre traitement que la solde d'activité (3).

Par cette raison, les services civils ne sont pas admis avec ceux qui donnent droit de l'obtenir ; et il n'est fait d'exception à cette règle qu'en faveur des commissaires des guerres et inspecteurs aux revues choisis parmi d'anciens fonctionnaires civils, et dont les services civils antérieurs sont en conséquence admis pour moitié de leur durée, avec leurs nouveaux services (4).

14. Le service militaire dans lequel il est permis de cumuler une solde de retraite antérieure avec les avantages attachés à ce service, ne peut donner lieu à l'accroissement de la solde de retraite déjà obtenue (5).

15. Les militaires admis à la solde de retraite pour cause d'infirmités, autres que celles provenant du feu ou du fer de l'ennemi, avant vingt ans de service effectif, campagnes non comprises, sont soumis, jusqu'à l'âge de cinquante ans (6), à un examen d'officiers de santé, qui a pour objet de constater, chaque année, si les motifs de leur retraite subsistent toujours. Ceux dont l'état s'est amélioré, sont appelés à reprendre le service ; mais ils ont la faculté de rester dans leurs foyers, et ils cessent d'avoir droit à la solde de retraite.

Ne sont pas assujettis à cette visite annuelle, les chevaliers de Saint-Louis, les membres de la légion d'honneur, et les

---

(1) Voy. la note précédente.
(2) Disposition nouvelle.
(3) Voy. les notes de l'art. 9 du *num.* 292, et l'art. 27 du *num.* 818.
(4) Disposition nouvelle.
(5) *Idem.* — Il est ici principalement question des militaires pensionnés qui feraient partie des gardes nationales requises pour un service actif.
(6) Ces dispositions abrogent celles du *num.* 294, d'après lesquelles les militaires étaient soumis à cette visite jusqu'à l'âge de 60 ans. - Lorsque des militaires en retraite, assujettis à une visite annuelle d'officiers de santé, auront été reconnus propres à servir, soit activement, soit dans l'armée des vétérans, le général commandant la division doit faire procéder à une contre-visite. Si les militaires, appelés par le général divisionnaire à la contre-visite, négligeaient de s'y présenter, le paiement de leur solde de retraite serait suspendu jusques à ce qu'ils eussent satisfait à cet appel.

militaires sortant, par retraite, des corps d'élite désignés dans l'article 17 ci-après (3).

16. Le droit à la solde de retraite se perd,

Par l'acceptation, non autorisée par nous, de pensions ou de fonctions offertes par un gouvernement étranger ;

Par les autres causes qui font perdre la qualité de français, d'après les articles 17 et 21 du code civil ;

Enfin, par la condamnation à une peine afflictive ou infamante, jusqu'à réhabilitation (1).

Un français ne peut en jouir hors du royaume, s'il n'en a obtenu de nous la permission (2).

TITRE II.
Dispositions particulières.

17. *Les militaires faisant partie de nos régimens d'élite, désignés sous la dénomination de* corps royaux de grenadiers à pied, de chasseurs à pied, de cuirassiers, de dragons, de chasseurs à cheval et de chevau-légers-lanciers de France, *recevront la solde de retraite du grade de la ligne correspondant à celui qu'ils auront exercé pendant deux ans à leur corps. Avant l'expiration des deux années, ils auront droit, pour les cas de blessures, à l'exception mentionnée dans l'article 10 ci-dessus (3).*

Cet avantage leur tiendra lieu de l'augmentation de la moitié ou du quart en sus qu'ils obtenaient, d'après l'ancienne organisation, et lorsqu'ils n'étaient traités que sur le pied de leur grade effectif, dans la vieille ou dans la moyenne garde.

18. Les gendarmes, sous-officiers et officiers de notre gendarmerie royale, jusqu'au grade de colonel inclusivement, sont susceptibles, conformément à notre ordonnance du 11 juillet dernier, de la retraite du grade immédiatement supérieur, mais seulement après dix ans de service effectif dans celui qu'ils exercent et dans les corps de la gendarmerie (4).

19. Désirant accorder à notre corps royal de l'artillerie, à celui du génie, ainsi qu'à notre corps royal des ingénieurs-

---

(1) Voy. l'art. 3 de la loi du 28 fruct. an 7, *num.* 289, *vol.* II, et la *circul.* du 4 avril 1817 (*appendice du chap.* 16), contenant des développemens sur cette disposition.

(2) Voy. le *décret* du 25 oct. 1806, *num.* 296, vol. II ; et ci-après le *num.* 817 *bis*, contenant de nouvelles dispositions sur les militaires pensionnés qui ont obtenu la permission de résider en pays étranger.

(3) Ces corps n'existent plus, et les militaires qui en faisaient partie ayant dû passer dans la ligne avec le grade supérieur à celui qu'ils occupaient dans les régimens d'élite, on pense que ces dispositions sont devenues inutiles. Néanmoins l'exception qui résulte du dernier §. de l'art. 15, paraît applicable aux corps de la garde royale.

(4) Voy. l'art. 12 du *num.* 769.

géographes, un témoignage de notre bienveillance, et indemniser les officiers de la lenteur qui résulte, pour leur
avancement, des dispositions particulières à leur arme, nous
avons résolu d'admettre aussi à la solde de retraite du grade
immédiatement supérieur, après dix ans au moins de service
dans celui qu'ils auront exercé en dernier lieu, et dans l'arme
à laquelle ils appartiennent,

Les colonels directeurs d'artillerie ;

Les majors et chefs de bataillon, sous-directeurs d'artillerie
ou inspecteurs d'établissemens ;

Les officiers des huit régimens d'artillerie à pied ;

Les officiers des quatre régimens d'artillerie à cheval ;

Les officiers du bataillon de pontonniers et des douze compagnies d'ouvriers d'artillerie ;

Les capitaines et lieutenans d'artillerie à résidence à vie,
pourvu qu'ils aient eu dix ans de service dans un grade égal
et dans l'artillerie, avant leur nomination à une résidence à vie ;

Les colonels directeurs du génie ;

Les majors, chefs de bataillon, capitaines et lieutenans
faisant partie de l'état-major de la même arme ;

Les officiers des trois régimens de sapeurs et mineurs, et
de la compagnie d'ouvriers ;

Tous les ingénieurs-géographes.

20. Au moyen des dispositions contenues dans l'article précédent, lesquelles ne sont applicables qu'aux officiers actuellement en activité de service, celle de l'article 33 de l'arrêté
du 2 germinal an 11, et toutes autres ayant pour objet l'admission à la retraite d'un grade supérieur pour les officiers
de l'artillerie et du génie, sont révoquées (1) : mais on continuera d'allouer à ces officiers les années d'études préliminaires que les réglemens des deux armes autorisent à leur
compter comme service effectif (2).

On continuera également de compter, pour moitié en sus,
à titre de campagne, le temps passé sur le terrain dans l'intérieur par les ingénieurs-géographes.

21. La solde de retraite des officiers de santé des corps,
et des artistes vétérinaires, est celle de leur grade, quelle
que soit l'arme à laquelle ils sont attachés.

22. Toutes les dispositions concernant le paiement de la
solde de retraite, sont maintenues (3).

---

(1) Voy. la pag. 50 du *vol.* II, art. 33, et la pag. 253 du même vol.,
　article 41.

(2) Il est reconnu à chacun des élèves qui sortent de l'école d'appli-
　cation, 4 années de services d'officiers, à l'instant où ils entrent
　en cette qualité, soit dans l'artillerie, soit dans le génie. Voyez la
　pag. 148 du vol. II, article 43.

(3) Voy. l'appendice du chapitre 16, 2.e sect., pag. 383, volume IV,
　et supplément vol. II.

23. Toutes les soldes de retraite accordées jusqu'à ce jour sont maintenues au taux auquel elles ont été fixées.

N.° 813.

Ordonnance portant fixation des pensions à accorder aux employés des administrations des armées de terre.

Paris, le 20 janvier 1815.

LOUIS, etc. Sur le rapport, etc.

Art. 1.ᵉʳ Il sera accordé des pensions aux employés des administrations des armées de terre ;

1.° Pour ancienneté après trente années de service ;

2.° Pour blessures provenant du fer ou du feu de l'ennemi, ou du fait de leur service, et qui auront occasionné l'amputation d'un ou de plusieurs membres, la perte absolue de l'usage d'un membre ou celle de la vue ;

3.° Pour infirmités causées par des blessures moins graves, par les fatigues de la guerre, ou par des accidens provenant du service ; et qui mettront l'employé hors d'état d'achever ses trente années d'activité.

2. La pension qui reviendra à ces employés pour les différens cas spécifiés ci-dessus, sera fixée, conformément aux tableaux annexés à notre ordonnance du 27 août 1814, sur la solde de retraite.

3. A cet effet, les employés des administrations militaires seront divisés par classes, suivant la quotité de leurs appointemens, et chaque classe sera assimilée à un grade militaire, ainsi que l'indique le tableau ci-après ; ensorte que la pension à accorder à un employé, suivant sa position, sera égale à la solde de retraite qu'obtiendrait un militaire du grade correspondant à sa classe (1).

4. Les veuves des employés des administrations militaires, tués dans les combats, ou morts dans les six mois des blessures qu'ils y auraient reçues, sont susceptibles d'obtenir des pensions, en justifiant de leur mariage antérieurement aux blessures qui auront occasionné la mort de leur mari. Ces pensions seront fixées au quart du maximum d'ancienneté de la pension affectée à la classe dont leur mari faisait partie.

5. Les veuves des employés morts en activité après trente ans de services effectifs, sont aussi susceptibles d'obtenir des pensions, en justifiant de cinq ans au moins de mariage, si

---

(1) Voy. le tarif, *num.* 70.

elles n'ont pas d'enfans. Ces pensions seront réglées comme dans l'article précédent.

6. Les enfans orphelins desdits employés ont également droit à un secours annuel. Ce secours est pour les enfans, quel que soit leur nombre, de la somme à laquelle aurait été réglée la pension de leur mère. Il cesse de leur être payé lorsque le plus jeune d'entre eux a atteint l'âge de 20 ans accomplis.

7. Les dispositions prescrites par nos ordonnances des 14 et 27 août 1814, sont applicables, par analogie, en ce qui concerne le droit à la pension et à sa fixation, aux employés des administrations militaires, à leurs veuves et orphelins.

8. Les pensions accordées jusqu'à ce jour sont maintenues au taux auquel elles ont été fixées.

N.° 814.

Ordonnance du Roi concernant les militaires nés dans les pays qui ne font plus partie de la France.

Du 17 février 1815. (Bullet. n.° 81.)

(*Nota.*) Cette ordonnance est devenue inutile par suite de celle du 5 juin 1816, qui contient toutes les dispositions qu'il est essentiel de connaître sur la matière dont elle est l'objet. Voy. le *num.* 817.

N.° 815.

Ordonnance concernant les retraites militaires.

Du 1.er août 1815.

(*Nota.*) On aurait pu se dispenser de placer dans ce recueil les 2 premiers titres de cette ordonnance qui ne contiennent, en général, que des mesures de circonstances, et dont les dispositions cessent d'avoir leur effet du moment où l'armée a été réorganisée ; cependant comme un grand nombre d'officiers ont été compris dans ces dispositions, on a pensé qu'il ne serait point inutile de la connaître. Une instruction approuvée par Sa Majesté, le 4 septembre suivant, contient des explications très-détaillées sur cette ordonnance ; on se contentera d'en placer les articles principaux par notes de renvoi à ceux auxquels ils servent de commentaire.

LOUIS, par la grâce de Dieu, etc.

Ayant reconnu que la force actuelle de nos armées de terre excédait de beaucoup l'état de paix, et était sur-tout hors de proportion avec les revenus du royaume ; que le principe le plus juste et en même temps le plus favorable à l'organisation d'une bonne armée, est de faire porter d'abord les réformes sur les officiers qui, n'étant plus dans la vigueur de l'âge, sont moins capables du service actif;

Désirant en même temps adoucir l'effet de ces réformes pour ceux qu'elles auront frappés avant qu'ils aient le temps de service prescrit par les réglemens généraux pour l'obtention d'une retraite; Sur le rapport, etc.

TITRE I.ᵉʳ

Retraites et gratifications.

Art. 1.ᵉʳ Sont à la retraite de plein droit et sans exception quelconque,

1.° Les lieutenans-généraux, maréchaux-de-camp, officiers supérieurs d'état-major et des corps,

Les inspecteurs en chef, inspecteurs, sous-inspecteurs aux revues, adjoints de première classe aux sous-inspecteurs aux revues, commissaires ordonnateurs, commissaires des guerres, officiers de santé en chef et principaux,

Qui seront, au 1.ᵉʳ septembre prochain, dans leur trentième année de service, ou dans leur cinquante-cinquième année d'âge;

Et ceux que des blessures ou des infirmités mettront hors d'état de continuer le service actif;

2.° Les officiers-généraux et d'état-major des places, qui seront, à la même époque, dans leur trente-cinquième année de service, ou dans leur soixantième année d'âge;

3.° Les officiers d'état-major et des corps, autres que les officiers supérieurs,

Les adjoints aux sous-inspecteurs aux revues de deuxième classe, adjoints aux commissaires des guerres, et les officiers de santé des corps et hôpitaux,

Qui seront dans leur vingt-cinquième année de service, ou dans leur cinquantième année d'âge,

Et ceux que des blessures ou des infirmités mettront hors d'état de continuer le service actif (1).

2. Sont susceptibles d'être mis à la retraite, sur leur demande ou autrement,

1.° Les lieutenans-généraux, maréchaux-de-camp, officiers supérieurs d'état-major et des corps,

Les inspecteurs en chef, inspecteurs et sous-inspecteurs aux revues, adjoints de première classe aux sous-inspecteurs aux revues, commissaires ordonnateurs, commissaires des guerres, officiers de santé en chef et principaux,

Qui seront, au 1.ᵉʳ septembre prochain, dans leur vingt-cinquième année de service;

_____

(1) Voy. la note suivante.

3.º Les officiers d'état-major et des corps, autres que les officiers supérieurs ;

Les adjoints aux sous-inspecteurs aux revues de deuxième classe, adjoints aux commissaires des guerres, et les officiers de santé des corps et des hôpitaux,

Qui seront dans leur vingtième année de service (1).

3. La solde de retraite pour le nombre d'années de service déterminé pour chaque classe par les deux articles précédens, sera portée au *maximum* d'ancienneté.

Ce temps de service exigible sera diminué de cinq années pour les officiers, administrateurs militaires et autres, qui auraient l'âge indiqué pour leur classe dans l'article 1.er ci-dessus.

4. Ceux qui, réunissant plus de dix années d'activité, seront reconnus hors d'état de servir, obtiendront, quel que soit leur âge, la moitié du *maximum* de la solde de retraite, à moins que, par la gravité de leurs blessures, ils ne soient

_____

(1) Ces dispositions sont applicables à tous les officiers et administrateurs militaires quelconques, qui sont actuellement employés dans la maison militaire de S. M. — Les officiers et administrateurs militaires de tout grade, employés, soit à l'hôtel ou dans les succursales des invalides, soit dans les écoles militaires, et soit dans les compagnies de vétérans en activité, seront classés avec les officiers-généraux d'état-major des places. Instruct. du 4 sept., art. 1.er et 2.

Les années de service seront comptées, conformément aux règles ordinaires suivies pour constater le droit à la retraite par ancienneté ; c'est-à-dire, que l'on ne comptera que le service admissible dans la fixation de la solde de retraite (ordonnance du 27 août 1814, numéro 812), déduction faite des interruptions, et sans y comprendre le bénéfice des campagnes ; mais l'on y fera entrer la totalité du temps passé en jouissance du traitement de non-activité, et la moitié du temps pendant lequel on aura reçu le traitement de réforme sans que cette moitié puisse s'élever au-delà de cinq années.

La destitution, la suspension ou la démission forcée n'est pas regardée comme interruption de services, si la réintégration a été accompagnée du rappel de la solde d'activité ou de la demi-solde pour l'intervalle écoulé depuis la cessation jusqu'à la reprise de l'activité : l'officier par le fait de ce rappel a été remis dans le même état que s'il était resté disponible en non-activité.

Si l'officier réintégré n'a obtenu, pour ce même intervalle, que le rappel du traitement de réforme, il est considéré comme si dès la cessation de ses fonctions, il eût été admis au traitement de réforme, et l'intervalle lui est compté pour moitié, en conformité de ce qui vient d'être expliqué. Mais s'il n'a eu aucun rappel, ou s'il a joui d'une pension de retraite, le temps de l'interruption est déduit en entier.

Le service fait à l'étranger est compté en totalité, pour la retraite, aux officiers en faveur desquels il a été pris en considération lors de leur admission au service de France. *Même instruct., art.* 7.

susceptibles d'en recevoir une plus forte, d'après notre ordonnance du 27 août 1814.

5. Les officiers qui ont moins de dix ans de service effectif,
et que des blessures ou des infirmités empêcheront de continuer à servir, toucheront dans leurs foyers, à titre de gratification, si leurs blessures ne sont pas assez graves pour
donner lieu, d'après les réglemens, à leur admission à la
solde de retraite, une année de leurs appointemens sur le pied
de paix, qui leur sera payée sur revues par trimestre.

6. Les officiers amputés qui occupent des emplois militaires dans les places ou ailleurs, excepté à l'hôtel et aux
succursales des invalides, seront placés sans exception à la
retraite, qui sera réglée au *maximum* affecté à ce genre de
mutilation, quel que soit le nombre d'années de service (1).

7. Les officiers et administrateurs militaires seront dispensés
de justifier de deux années de service effectif dans leur grade
actuel, pour obtenir la retraite de ce grade.

8. Notre ministre secrétaire d'état de la guerre mettra en
exécution, d'ici au 1.ᵉʳ septembre prochain, ce qui concerne
les officiers-généraux, ceux d'état-major de l'armée et des
places, et ceux de l'administration militaire.

Les inspecteurs-généraux d'armes exécuteront ce qui est
relatif aux corps, au fur et à mesure qu'ils en feront la réorganisation.

9. Toutes les dispositions ci-dessus ne sont applicables
qu'en faveur des officiers qui se trouvaient employés au 1.ᵉʳ
juillet 1815.

Elles cesseront d'avoir leur exécution dès que l'armée aura
été réorganisée ; et, à dater de cette réorganisation, les officiers conservés en activité ne seront plus admis qu'aux retraites déterminées par les réglemens ordinaires, en remplissant
toutes les conditions qu'ils prescrivent.

TITRE II.

Dispositions particulières.

10. Les soldes de retraite ou pensions qui ont été con-
verties en traitemens d'activité ou de non-activité payés sur

---

(1) Les dispositions de l'article 6 concernant les officiers amputés qui
occupent des emplois militaires dans les places ou ailleurs, et celles
des autres articles et de la présente instruction où l'on s'est seulement servi du mot générique *officier*, s'appliquent aux offic. généraux,
aux offic. supérieurs, à tous les officiers de troupe et sans troupe, à
ceux de l'administration militaire et de service de santé. *Même inst.*,
article 8.

Pour cette fois, le *maximum* de la retraite des lieutenans-généraux
et maréchaux-de-camp qui ont eu un ou plusieurs membres amputés,
sera augmenté dans la même proportion que l'a été, dans le tarif du
27 août 1814, la retraite des colonels amputés.

Idem idem, art. 9.

les fonds de la solde de l'armée, seront rétablies sur leur ancien pied. Il ne pourra plus être accordé d'autre traitement que la solde de retraite aux officiers qui ne seront plus susceptibles d'être employés.

11. Les soldes de retraite ne pourront, sous quelque prétexte que ce soit, excéder le *maximum* affecté à chaque grade.

Les pensions qui seront accordées aux veuves des militaires ou à leurs orphelins, ne pourront aussi, dans aucun cas, excéder le taux déterminé par notre ordonnance du 14 août 1814 (1).

TITRE III.
Demandes d'emplois.

12. A compter de ce jour, aucune demande d'activité de service dans notre maison militaire, dans l'armée et dans la gendarmerie, ne pourra être admise à vingt ans de service effectif, ou cinquante ans d'âge (2).

Il n'en sera plus admis pour les emplois d'état-major des places, après trente ans de service ou soixante ans d'âge (2).

13. Une fois à la retraite, nul ne sera admis à reprendre un emploi militaire (3).

---

(1) Voy. le num. 811.

(2) L'officier en activité ou jouissant du traitement de non-activité pourra passer d'une arme dans une autre arme, ou de la demi-activité à l'activité réelle, s'il y a des emplois vacans, et s'il n'est point mis de plein droit à la retraite par les §§. 1.er et 3 de l'art. 1.er, ni par l'art. 6 de l'ordonn. *Mêm instruct.*, art. 16.

Les commandans d'armes et adjudans de place en non-activité, sont seuls susceptibles de passer aux emplois d'état-major des places, en profitant de la disposition de l'art. 12 relative à ce genre d'emploi. Ainsi les autres officiers-généraux, officiers supérieurs et subalternes, en activité ou en demi-solde, qui, dans leur position actuelle, se trouveraient à la retraite de plein droit, ne pourront demander les emplois d'état-major des places, *id. id.*

Les capitaines d'artillerie en résidence dans les places, ayant à remplir un service de la nature de celui qui est confié aux officiers d'état-major des places, ils pourront obtenir des emplois de résidence fixe dans cette arme, jusques à 30 ans de service et 60 ans d'âge. *Circul. du 13 décemb.* 1815.

(3) Le Roi conserve aux officiers qui, dans l'organisation opérée en 1814, avaient été désignés pour être employés dans les compagnies de vétérans, le droit de concourir aux premiers emplois qui viendront à vaquer dans ces compagnies, bien qu'en attendant ils aient reçu leur retraite, et pourvu qu'ils aient moins de 50 ans d'âge. *Idem id.*, art. 18.

N.º 816.

Ordonnances relatives à la fixation des pensions des instituteurs, professeurs et répétiteurs des écoles d'artillerie et du génie, des contrôleurs et réviseurs d'armes.

Du 25 février 1816.

(*Nota.*) Cɛs officiers et employés sont soumis à une retenue de 3 pour cent sur leur traitement fixe. Le produit de cette retenue (voy. le *num.* 291, vol. II) est destiné à former un fonds de retraite.... Ils ne peuvent obtenir la pension avant 20 années de services...., etc..... Voy. ces deux ordonnances au 71.ᵉ *bullet.*, 7.ᵉ série, *num.* 478 et 479.

La retenue qui s'exerce sur le traitement de tous les officiers de l'armée, au bénéfice de l'hôtel royal des invalides, continuera d'être faite à ces instituteurs, professeurs, etc. indépendamment de celle qui est prescrite par l'ordonnance du 25 février. *Circ. du 10 sept.* 1816.

N.º 817.

Ordonnance du Roi qui fixe définitivement le sort et les droits des militaires étrangers, susceptibles de conserver ou d'obtenir en France des soldes de retraite ou traitemens de réforme.

Du 5 juin 1816.

(*Nota.*) Cette ordonnance étend ou modifie la plupart des dispositions de celle du 17 février 1815, *bullet.* 81, 5.ᵉ série: on y trouvera tout ce qui est nécessaire de connaître, relativement aux droits des milit. nés dans les pays qui ne font plus partie de la France, et aux formalités qu'ils ont à remplir pour y conserver l'effet de ces droits. Ces formalités consistent, en général, à obtenir des lettres de naturalisation, et à résider sur le territoire de France.

Pour obtenir ces lettres, les militaires étrangers doivent remettre au commissaire des guerres, pour être adressées au ministère, les pièces suivantes:

1.º Une demande de naturalisation; 2.º un certificat du maire de la commune où ils auront élu leur domicile, constatant la déclaration qu'ils ont faite de leur intention de résider en France, et de s'y faire naturaliser;

3.º Pour ceux qui se trouvent dans les cas prévus par les art. 2 et 3, la preuve qu'au 30 mai 1814, ils avaient établi leur domicile dans une commune faisant aujourd'hui partie intégrante du royaume; 4.º qu'ils étaient alors portés au rôle des contributions, ou que par leur dénuement de fortune, ils n'étaient point susceptibles d'y être portés.

Il sera bon de consulter encore, à ce sujet, la lettre ministérielle du 5 juillet 1816.

Vu notre ordonnance du 17 février 1815, rendue en conformité de l'art. 26 du traité de paix du 30 mai précédent, et relative aux militaires étrangers susceptibles de conserver ou d'obtenir en France des soldes de retraite, ou traitemens de réforme;

Voulant que son exécution, etc.

Art. 1.er Les anciens militaires nés dans les pays précédemment réunis au territoire français depuis 1790, qui avaient pris du service volontairement, et comme étrangers, dans les troupes à la solde de la France, avant la réunion de leur pays au territoire français, pourront conserver sur notre trésor royal les soldes de retraite qu'ils en recevaient avant les traités des 30 mai 1814 et 20 novembre 1815, d'après lesquels ces pays ont cessé de faire partie de la France; mais ils sont tenus de fixer d'ici au 1.er janvier prochain, pour tout délai, leur domicile dans notre royaume, s'ils ne l'y ont déjà établi, et de se pourvoir de lettres de déclaration de naturalité.

Le paiement de leur solde de retraite sera continué en France, à compter du 1.er jour du trimestre dans lequel ils auront déclaré, devant le maire du lieu de leur nouveau domicile, leur intention de résider dans le royaume.

2. Ceux qui sont rentrés au service de la France, par l'effet de la réunion de leur pays à son territoire depuis 1790, continueront à jouir de leurs soldes de retraite sur notre trésor royal, si, avant la date du traité par lequel le lieu de leur naissance s'est trouvé détaché du territoire français, ils avaient leur domicile légal dans une commune faisant aujourd'hui partie de notre royaume, et s'ils justifient qu'ils y étaient dès-lors portés au rôle des contributions, ou que, par leur dénuement de fortune, ils n'étaient pas susceptibles d'y être portés; mais ils seront également tenus de se pourvoir de lettres de naturalisation.

3. Les militaires dont le lieu de la naissance avait déjà été détaché du territoire français par le traité du 30 mai 1814, et qui, admis à jouir de leurs soldes de retraite dans une des communes que le traité du 20 novembre 1815 a fait passer sous une domination étrangère, y avaient déclaré, devant l'autorité instituée par nous, leur intention de se faire naturaliser français, pourront conserver ces mêmes soldes de retraite en France, s'ils transfèrent leur domicile sur le territoire actuel du royaume, dans le délai fixé par l'article 1.er ci-dessus; et leur paiement sera continué en France, à dater

du premier jour du trimestre dans lequel ils auront réitéré, devant le maire du lieu de leur nouveau domicile, la déclaration de leur intention de se fixer en France.

4. La solde de retraite de ceux qui ne se trouveront pas dans l'une des circonstances prévues par les art. précédens, a définitivement cessé d'être à notre charge, et ils ne seront plus admis, même en obtenant des lettres de naturalisation, à faire revivre, envers le trésor de France, une prétention sur laquelle il a été statué par les traités des 30 mai 1814 et 20 novembre 1815, à moins d'une grâce spéciale de notre part, qui devra nécessairement être exprimée dans les lettres de déclaration de naturalité.

5. Les arrérages dus par notre trésor royal pour les soldes de retraite qui ne sont plus à sa charge, s'arrêtent au 1.ᵉʳ janvier 1814, à l'égard des pays détachés de la France par le traité du 30 mai de la même année.

Pour ce qui regarde les pays cédés par le traité du 20 novembre 1815, ces arrérages auraient pu s'arrêter au jour de la remise de chaque territoire au nouveau souverain ; mais pour éviter des décomptes et partir d'une base uniforme, notre trésor royal les soldera jusqu'au terme ordinaire de l'échéance du dernier semestre ou du dernier trimestre de 1815 ; c'est-à-dire, jusqu'au 22 décembre pour les soldes de retraite acquittées par semestre, et jusqu'au 31 du même mois, pour celles qui se payent par trimestre.

6. Les soldes de retraite des sujets de la principauté de Monaco cessent d'être à la charge de notre trésor royal, à compter de l'échéance du dernier semestre ou du dernier trimestre de 1815, ainsi qu'il est expliqué dans l'art. précédent.

Néanmoins les militaires nés dans cette principauté, qui avaient servi dans les troupes de France, avant l'époque où la principauté fut incorporée au territoire français, et ceux qui avaient leur domicile légal sur le territoire actuel du royaume avant le 20 novembre 1815, jouiront du bénéfice des articles 1 et 2 ci-dessus, sous les conditions imposées par ces articles.

7. Toutes les dispositions contenues dans les articles précédens sont applicables aux officiers jouissant du traitement de réforme.

8. Les anciens militaires nés dans les provinces détachées de la France, et qui, non compris dans la formation nouvelle de notre armée, ont été ou seront désignés pour la solde de retraite ou traitement de réforme, pourront y être admis comme les militaires français, si, au 1.ᵉʳ mars 1815, ils se trouvaient en activité à notre service, ou domiciliés dans une commune faisant aujourd'hui partie de notre royaume, et sous la condition aussi de se pourvoir de lettres de naturalisation.

9. Ceux qui n'ayant pas de titres suffisans pour obtenir une solde de retraite ou un traitement de réforme, ont été ou seront, à la même organisation, reconnus susceptibles de l'indemnité ou de la gratification qu'obtiennent dans la même position les militaires français, pourront la recevoir, comme ces derniers, dans le lieu de leur domicile en France, sur le simple certificat de leur présence à ce domicile, sans être tenus de se faire naturaliser.

10. Les anciens militaires étrangers qui auraient été admissibles aux traitemens et récompenses ci-dessus déterminés, en remplissant la condition de se fixer en France, et qui préféreront retourner dans leur pays natal, seront dirigés, avec l'indemnité de route, et, s'il y a lieu, avec les moyens de transport, sur les cantonnemens occupés à la frontière de France par les troupes du Souverain dont ils sont sujets. Ils y seront remis à la disposition du commandant de ces troupes, duquel ils pourront recevoir la direction ultérieure qu'il jugera le plus convenable, avec les facilités nécessaires pour continuer leur voyage hors du territoire français.

11. Les militaires nés hors du territoire actuel du royaume qui, après la réorganisation de notre armée, auront été conservés à notre service, et les étrangers qui, à l'avenir, seront admis dans nos troupes, auront droit aux récompenses comme les militaires français, en obtenant des lettres de naturalisation, dans les cas où elles sont exigées par les dispositions ci-dessus.

12. Les étrangers naturalisés ne jouiront de leurs soldes de retraite ou de réforme qu'autant qu'ils conserveront leur domicile réel dans notre royaume, et qu'ils y supporteront les charges communes à nos sujets ; ils cesseront d'y avoir droit s'ils résident hors de France sans en avoir obtenu de nous la permission, conformément à ce qui est prescrit pour les militaires français par l'article 16 de notre ordonnance du 27 août 1814.

13. Les suisses qui auront servi en France, dans les régimens auxiliaires de leur nation, en vertu des capitulations militaires existantes entre les deux gouvernemens, pourront, à leur choix, jouir de la solde de retraite, ou des autres récompenses, dans notre royaume, sans être tenus de s'y faire naturaliser, ou dans leur pays, sans avoir besoin de la permission mentionnée dans l'art. précédent.

Mais, dans ce dernier cas, ils cessent d'avoir droit à la solde de retraite ou de réforme, s'ils passent au service d'un gouvernement autre que celui de leur canton; de même que dans tous les autres cas qui peuvent leur être communs avec les militaires français, ils en sont privés par les circonstances qui la font perdre à ceux-ci.

14. Nos anciens sujets, nés dans les communes qui faisaient

partie de notre royaume avant 1790, et qui en ont été ou en seront détachés par la nouvelle démarcation des frontières, ne cesseront pas d'avoir droit à la solde de retraite ou de réforme sur notre trésor royal, si, dans l'année qui aura suivi la remise du lieu de leur naissance à une puissance étrangère, ils ont transféré leur domicile dans la partie de leur département resté à la France, ou dans tout autre département du royaume : leur paiement sera continué en France, à compter du premier jour du trimestre dans lequel ils auront déclaré, devant le maire du lieu de leur nouveau domicile, leur intention de se fixer sur le territoire actuel de la France.

15. Seront seuls exempts de l'obligation de produire des lettres de naturalisation, 1.° les militaires qui se trouveront dans le cas prévu par l'article précédent ; 2.° les militaires suisses qui profiteront de la faculté qui leur est accordée par l'art. 13 ; 3.° les militaires nés d'un français en pays étranger, et qui seront en jouissance des droits civils attachés à la qualité de français.

Dans toute autre position, les militaires nés hors du territoire actuel du royaume, seront tenus, quel que soit le pays de leur naissance, de se faire naturaliser français, pour jouir de la solde de retraite ou du traitement de réforme, à moins qu'ils n'en aient été dispensés par une décision spéciale de notre part.

16. Les individus nés français, qui ont anciennement servi dans les armées étrangères, et qui, avant le traité du 30 mai 1814, jouissaient, sur le territoire actuel de notre royaume, des soldes de retraite ou de réforme anciennement obtenues en Piémont, en Hollande ou dans d'autres pays, à la réunion desquels elles avaient passé à la charge de la France, continueront à recevoir les mêmes soldes, sur le pied de l'inscription qui en avait eu lieu en France, avant le traité du 30 mai 1814, pourvu toutefois qu'ils soient restés en France, qu'ils y aient fixé leur domicile, et qu'ils soient portés sur les rôles des contributions.

17. Dans tous les cas où les militaires, jouissant de la solde de retraite ou du traitement de réforme, sont tenus de représenter leur acte de naissance, les étrangers assujettis à se faire naturaliser devront représenter en même temps leurs lettres de naturalisation.

18. Afin que le délai nécessaire à l'expédition des lettres de naturalisation ne porte aucun préjudice au paiement des militaires qui se sont mis en règle pour les obtenir, elles pourront être provisoirement remplacées, 1.° pour les soldes de retraite de 3000 fr. et au-dessus, inscrites au livre des pensions de notre trésor royal, par un certificat du ministère de la jus-

tice, constatant le dépôt de toutes les pièces exigibles, et l'époque présumée de l'expédition des lettres.

2.° Pour les soldes de retraite ou de réforme payées sur les fonds du ministère de la guerre, par un certificat du commissaire-ordonnateur de la division militaire où le pensionnaire a son domicile, constatant la date de l'envoi à notre ministre secrétaire d'état au département de la guerre, de la demande et des pièces relatives à la naturalisation.

Ces certificats vaudront jusqu'à l'obtention des lettres de déclaration de naturalité, ou jusqu'à décision contraire.

19. L'acte de naturalisation, et les certificats qui en tiendront lieu provisoirement, ne seront admis, pour le paiement des militaires étrangers qui avaient pris domicile dans les communes détachées de la France par le traité du 20 novembre 1815, qu'autant qu'ils seront revêtus de la nouvelle déclaration prescrite par l'art. 3 ci-dessus, et dont un double aura été envoyé au ministre compétent, pour être annexé à la première demande en naturalisation.

20. La présentation de l'acte de naturalisation, ou du certificat provisoire qui en tiendra lieu, sera énoncée dans les certificats de vie.

N.° 818.

Ordonnance du Roi relative aux militaires pensionnés, français ou naturalisés, qui résident en pays étranger.

Du 7 décembre 1816.

LOUIS, par la grâce de Dieu, etc.

Vu nos ordonnances des 27 août 1814 et 5 juin 1816(1), portant qu'aucun militaire pensionné, français ou naturalisé, ne peut jouir de la solde de retraite hors du royaume, s'il n'en a obtenu de nous la permission;

Vu les demandes qui nous sont présentées à l'effet d'obtenir cette permission, à laquelle il nous appartient de mettre les limites et conditions que nous jugerons convenables;

Considérant que ceux qui l'obtiennent ont évidemment un intérêt personnel à résider en pays étranger, etc.

Art. 1.er Les militaires français ou naturalisés, qui, conformément à nos ordonnances des 27 août 1814 et 5 juin 1816, ont été ou seront à l'avenir autorisés par nous à jouir de leur solde de retraite ou traitement de réforme hors du royaume, n'en toucheront que les deux tiers pendant toute la durée de

---

(1) *Numéros* 812 et 817.

leur séjour en pays étranger ; l'autre tiers sera porté en réduction de dépense.

2. Les retenues auxquelles ces soldes et traitemens sont sujettis, ne seront exercées que sur le taux des deux tiers conservés, qui, pour cet effet, sera considéré comme le montant originaire du traitement.

3. La déduction du tiers, prescrite par l'article 1.er ci-dessus, aura lieu à partir du 1.er janvier prochain, sur les arrérages à écheoir postérieurement à cette époque, elle cessera à compter du 1.er jour du trimestre dans le cours duquel le titulaire aura fait constater son retour en France par le maire du lieu de son domicile dans le royaume.

4. Les dispositions de l'article 1.er ne sont point applicables aux militaires pensionnés, qui sont envoyés pour notre service à l'étranger, près de nos légations ou autrement.

5. Il n'est rien changé au droit que les militaires suisses ont de jouir de leur retraite dans leur patrie (1).

DEUXIÈME SECTION.

§. 2.me *Des Pensions.*

N.º 819.

Dispositions relatives aux pensions. -- Loi du 25 mars 1817, sur les finances, tit. 4.

ART. 22. TOUTES les pensions à la charge de l'état seront inscrites sur le livre des pensions du trésor royal, à partir du 1.er juillet 1817, et payées sur les fonds généraux, suivant le mode établi pour celles précédemment inscrites au trésor, et aux époques qui seront déterminées par des ordonnances.

Le montant de la dépense sera retranché des crédits ouverts aux ministères, et accroîtra d'autant le fonds de la dette publique.

23. En conséquence, les ministres ne pourront faire payer dorénavant aucune pension sur les fonds de leurs départemens respectifs, pour des arrérages postérieurs au 30 juin 1817.

---

(1) Art. 13 et 15 du *num.* précédent.

24. L'inscription au trésor aura lieu d'après les tableaux qui seront adressés, par les ministres des différens départemens, au ministre des finances. Ces tableaux devront énoncer la date et la nature de l'acte constitutif de chaque pension, ainsi que les motifs sur lesquels elle a été accordée.

25. Le ministre des finances ne pourra faire inscrire ni payer aucune pension dont la création ne serait pas justifiée comme il est prescrit ci-dessus, ou dont le montant dépasserait le *maximum* fixé par les lois (1).

26. A l'avenir, aucune pension nouvelle à la charge de l'état ne pourra être inscrite au trésor qu'en vertu d'une ordonnance dans laquelle les motifs et les bases légales en seront établies, et qui aura été insérée au bulletin des lois.

27. Nul ne pourra cumuler deux pensions, ni une pension avec un traitement d'activité de retraite ou de réforme. Le pensionnaire aura le choix de la pension ou du traitement le plus élevé.

Néanmoins les pensions de retraite pour services militaires pourront être cumulées avec un traitement civil d'activité (2).

28. Sont exceptées des dispositions portées aux articles 22 et 23 ci-dessus, les traitemens de réforme et les soldes de retraite aux militaires sujets à la visite annuelle, lesquels continueront à faire partie des dépenses du département de la guerre (3). Le ministre présentera, chaque année, la situation de ce service.

29. Sont exceptées des mêmes dispositions les pensions de retraite accordées aux employés des divers ministères ou administrations, et payées sur le fonds spécial des retenues.

Les pensions de cette nature qui, à raison de l'insuffisance de ces fonds, sont momentanément payées sur le budget des ministères et administrations, seront portées temporairement au budget de l'état, en se conformant aux règles prescrites par les articles 24 et 25 ci-dessus, pour être payées par le

---

(1) Le *maximum* des pensions est fixé par la loi du 15 germinal an 11, *num.* 303, à 6000 francs, à l'exception toutefois de celles des veuves et des enfans des grands fonctionnaires, tels que ministres, maréchaux et autres grands officiers, dont le *maximum* peut être élevé à 20,000 francs. Loi du 11 septembre 1807, *num.* 306. Voyez aussi l'ordonnance, num. 811, relativement aux pensions des veuves et orphelins des militaires; celui des retraites militaires est fixé par les tarifs annexés à l'ordonnance du 27 août 1814, *num.* 812, tarif n.° 70.
(2) Ce principe était déjà consacré par les lois des 28 fructidor an 7 et 8 floréal an 11, *num.* 289 et 292; il restera à décider si toutes les applications que l'on en a faites (voy. la page 579 du volume II) seront maintenues: celle qui autorisait la cumulation pour les militaires des compagnies de réserve, n'a plus lieu par suite de l'ordonnance, *num.* 777.
(3) Voy. les art. 37 et 38 de la loi du 28 fructidor an 7, num. 289, et l'art. 15 du *num.* 812.

trésor jusqu'à ce que le fonds des retenues soit en état de les acquitter. Le fonds porté pour cet objet au budget de 1817 ne pourra, dans aucun cas, être augmenté par la suite.

30. Le fonds permanent affecté aux pensions à la charge de l'état ne pourra excéder vingt-trois millions par année. Il sera réparti ainsi qu'il suit : pensions pour services civils, trois millions ; pensions pour services militaires et soldes de retraite, vingt millions.

31. A compter de l'époque à laquelle le montant des pensions civiles aura atteint le *maximum* fixé par l'article précédent, il ne pourra être accordé des pensions de cette nature que jusqu'à concurrence du montant des extinctions constatées au 1.er janvier et au 1.er juillet de chaque année ; en telle sorte que la totalité des pensions civiles n'excède jamais le *maximum* des trois millions.

32. Jusqu'à ce que le montant des pensions allouées aux militaires et à leurs veuves, ainsi que les soldes de retraite, soient réduits à la fixation déterminée par l'article 30, il ne pourra en être accordé, chaque année, que jusqu'à concurrence de moitié des extinctions connues aux époques désignées par l'article précédent.

33. Avant la présentation du projet de loi sur les finances pour 1818, le ministre des finances sera tenu de faire dresser et imprimer, par ordre alphabétique, un tableau général de toutes les pensions à la charge de l'état, avec indication précise des noms, prénoms, lieux de naissance et de domicile de chaque pensionnaire ; de la nature et la durée des services qui ont donné lieu à la pension, et de sa quotité.

34. Un semblable tableau fera connaître, chaque année, toutes les pensions nouvelles qui auront été accordées dans l'intervalle d'une session à l'autre, sur le produit de la partie des extinctions qui y est affectée.

35. Sur le crédit ouvert au chapitre II du budget des dépenses de 1817, pour le paiement des pensions militaires et soldes de retraite, il sera mis par une ordonnance du Roi, à la disposition du ministre de la guerre, la somme nécessaire pour le mettre en état de faire acquitter, sur ces ordonnances, les soldes de retraites provisoires accordées temporairement pour cause de maladie ou d'infirmité, dont l'existence doit être justifiée chaque année, lesquelles font partie des retraites et pensions militaires, dont le *maximum* permanent est fixé à vingt millions.

Elles seront, comme les pensions définitives, imputées sur le produit de la moitié des extinctions affectées à cette nature de dépenses, et qui ne peut pas être dépassée.

36. L'état-général des soldes de retraites provisoires, ainsi que celui des demi-soldes et traitemens de réforme, sera imprimé et distribué aux chambres à la prochaine session.

A chaque session, l'état particulier des changemens survenus dans le cours de l'année précédente sera également imprimé et distribué aux chambres.

Ces états contiendront, 1.º les noms et grades de ceux qui auront obtenu les soldes de retraite dont les causes sont assujetties à des visites annuelles, les demi-soldes et traitemens de réforme; 2.º la durée et l'époque de leurs services; 3.º les motifs de la concession qui leur en a été faite, et la durée du traitement de réforme; 4.º enfin, l'indication de la commune, canton et département où ils auront fixé leur domicile.

DEUXIÈME SECTION.

§. 3.º — Invalides.

N.º 820.

Ordonnance du Roi relative à l'administration de l'hôtel royal des invalides et à la suppression des succursales.

Au château des Tuileries, le 12 sept. 1814.

LOUIS, par la grâce de Dieu, etc.

Nous étant fait rendre compte de l'état de situation de l'hôtel royal des invalides et de ceux des succursales qui ont été formées pendant la dernière guerre, nous nous sommes convaincu que ces établissemens provisoires n'offrent aucun des avantages que Louis XIV a voulu assurer aux militaires auxquels leur âge, la durée de leurs services ou la gravité de leurs blessures donnent des droits à un honorable repos;

Considérant que les militaires admis à l'hôtel ou dans les succursales, ont acquis par-là de nouveaux droits à notre sollicitude paternelle; et voulant donner une nouvelle preuve de l'intérêt que nous prenons à la restauration et à la conservation d'un des plus beaux monumens du règne glorieux de Louis XIV, etc. ;

ART. 1.er Pendant trois mois, à compter de la date de la présente, les militaires qui composent actuellement l'hôtel royal des invalides et ses succursales, seront admis, par exception, à réclamer la jouissance, dans leurs foyers, d'une solde de retraite, d'après le taux suivant, quel que soit d'ailleurs le nombre de leurs années de service.

Adjudans-sous-officiers, perte de deux membres ou de la vue, 800 fr. ; perte d'un membre, 600 fr. ; blessures ou infirmités qui n'occasionnent pas la perte d'un membre, 500 fr.

Sergens ou maréchaux-des-logis, perte de deux membres ou de la vue, 600 fr. ; perte d'un membre, 400 fr. ; blessures ou infirmités qui n'occasionnent pas la perte d'un membre 340 fr.

Caporaux, perte de deux membres ou de la vue, 500 fr. ; perte d'un membre, 340 fr. ; blessures ou infirmités qui n'occasionnent pas la perte d'un membre, 280 fr.

Soldats, perte de deux membres ou de la vue, 450 fr. ; perte d'un membre, 300 fr. ; blessures ou infirmités qui n'occasionnent pas la perte d'un membre, 240 fr.

2. Passé le délai fixé par l'art. précédent, les invalides qui voudront quitter l'hôtel, n'auront, comme par le passé, droit qu'à la solde de retraite déterminée d'après les tarifs généraux.

3. Notre ministre secrétaire d'état de la guerre fera, dans le plus bref délai possible, les dispositions nécessaires pour que les succursales des invalides, qui sont présentement à Arras et à Avignon (1) soient supprimées, dès qu'il aura été pourvu à l'admission de tous les invalides qui composent ces établissemens, soit à l'hôtel de Paris, soit à la jouissance de la solde de retraite.

4. Les militaires invalides qui, en vertu du traité de paix du 30 mai dernier, ne sont plus nos sujets, et doivent être rendus à leurs Souverains respectifs, recevront, à leur sortie de France, une gratification calculée d'après la distance qu'ils auront à parcourir pour se rendre des frontières dans leurs foyers : elle ne pourra être moindre de cent francs, ni excéder cent cinquante francs, et sera payée d'après les ordres de notre ministre secrétaire d'état de la guerre, et sur les fonds de son ministère.

5. Il ne sera admis, à l'avenir, de militaires à l'hôtel des invalides, que lorsque l'effectif sera de moins de quatre mille deux cents hommes, et seulement dans la proportion nécessaire pour compléter ce nombre.

6. Les employés non militaires des deux succursales pourront obtenir, après avoir justifié de la durée et de la nature de leurs services, des pensions dont nous nous réservons de fixer le montant, sur le rapport de notre ministre secrétaire d'état de la guerre.

Ces pensions seront acquittées sur les fonds de la dotation de l'hôtel royal des invalides.

(1) La suppression de la succursale d'Avignon a été ajournée par l'ordonnance du 16 décembre 1814.

7. Les avantages, prérogatives et traitemens dont les membres actuels de l'état-major de l'hôtel et les militaires invalides jouissent maintenant et en vertu des lois, décrets et réglemens antérieurs, leur sont conservés; et il ne nous sera proposé aucune diminution de traitement ou suppression d'emplois, qu'en cas de démission, décès ou nomination à d'autres fonctions des titulaires actuels.

8. En cas de vacance d'emplois dans l'état-major-général ou particulier, notre ministre secrétaire d'état de la guerre prendra nos ordres, d'après l'effectif des militaires invalides à l'hôtel, sur la conservation des emplois et sur la quotité du traitement qui devra y être attaché, de manière à assurer le service, sans s'écarter de la sage économie qui doit exister dans toutes les dépenses de l'état.

9. Quatre pairs de France, nommés par nous tous les cinq ans, remplaceront à l'avenir les quatre sénateurs qui faisaient partie du conseil d'administration, en vertu de l'art. 20 du décret du 25 mars 1811 (1).

10. A l'avenir, le grand conseil annuel, qui devait se tenir dans le dernier trimestre de chaque année, sera convoqué pour le mois d'avril, de manière à ce qu'il puisse arrêter définitivement les comptes de l'année précédente et régler plus sûrement, d'après les besoins et les ressources, les travaux à faire pendant la campagne.

11. Les autres dispositions du décret du 25 mars 1811 et des lois et réglemens non abrogés, qui fixent le régime de l'hôtel des invalides, sont maintenues.

N.º 821.

Ordonnance du Roi portant rétablissement des dotations spéciales de l'hôtel royal des invalides, des écoles militaires et de l'ordre de St.-Louis.

Au château des Tuileries, le 12 décem. 1814.

LOUIS, par la grâce de Dieu, etc.

ART. 1.ᵉʳ Il sera pourvu à la dotation spéciale de l'hôtel des invalides, des écoles militaires et de l'ordre de Saint-Louis, par la formation d'une caisse des invalides de la guerre.

---

(1) Voy. la p. 605 du vol. II, et le *num.* 825.

2. Cette caisse sera sous l'autorité immédiate de notre ministre secrétaire d'état de la guerre, et pourvoira également aux dépenses des trois établissemens dans la proportion comparative du budget qu'il aura arrêté pour chacun d'eux.

3. Les fonds qui ne seraient pas nécessaires au service courant de chaque trimestre, seront déposés à la caisse d'amortissement; et l'intérêt qui en proviendra tournera au profit de l'actif de la caisse des invalides de la guerre.

4. La caisse des invalides de la guerre composera ses recettes,

1.° Des concessions qui ont été faites à l'hôtel des invalides, et dont il a joui depuis plus de trois ans en vertu du décret du 25 mars 1811 (1);

2.° D'une retenue de deux pour cent sur toutes les dépenses du matériel de la guerre, et sur le prix de tous les marchés de fournitures qui seront passés à l'avenir (2);

3.° De la solde de retraite qui serait accordée par le ministère de la marine aux invalides de ce département qui sont admis à l'hôtel;

4.° D'un prélèvement de cinquante pour cent sur le prix des ventes d'objets appartenant au matériel de la guerre, qui seront reconnus hors d'état de servir, et dont la conservation aura été jugée inutile;

5.° D'un droit de sceau qui sera acquitté, suivant le tarif annexé à la présente ordonnance, par les officiers et administrateurs militaires auxquels il a été délivré depuis le 1.ᵉʳ avril dernier, ou auxquels il sera expédié à l'avenir des brevets ou commissions pour les grades dans notre armée, ou de décorations dans les ordres de Saint-Louis et du Mérite militaire qu'ils obtiendront de nous (3);

6.° De la retenue de l'augmentation entière d'appointemens

_____

(1) *Numéro* 316, p. 601 du vol. II, art. 2.ᵉ

(2) Une décision ministérielle du 7 janvier 1815, circul. du 14 du même mois, porte que cette retenue n'est applicable qu'à celles des dépenses du matériel de la guerre qui, résultant des marchés dans lesquels elle a été stipulée, se paient directement aux fournisseurs ou entrepreneurs, par le payeur-général de la guerre, par les payeurs des divisions militaires ou par leurs préposés, soit sur les ordonnances directes du ministre, soit sur les mandats des commissaires-ordonnateurs des guerres, soit sur ceux de toute autorité compétente.

Cette même circul. recommande, en conséquence, à tous les fonctionnaires, aux directeurs de l'artillerie et du génie, conseils d'administration des corps, etc., de ne passer aucun marché dont la dépense doive être ainsi acquittée directement par les agens du trésor, sans que la retenue dont il s'agit soit formellement stipulée. - Voy. encore, à ce sujet, le *num.* 826.

(3) On doit aussi prélever un pareil droit de sceau sur les permissions de mariage. Voy. le *num.* 824, et le tarif, *numéro* 71.

dont les officiers et administrateurs militaires auxquels il est accordé des grades plus élevés auraient dû jouir dans le premier mois de leur promotion (1);

7.° De toutes les économies particulières qu'il sera possible de faire dans le régime et l'administration de la guerre, sans nuire aux droits et intérêts des militaires (2).

5. Tous les ans, dans le courant d'avril, il nous sera présenté, par notre ministre secrétaire-d'état de la guerre, un compte de situation de la caisse, sous le triple rapport de la recette, de la dépense et de l'emploi projeté des fonds.

6. La caisse des invalides de la guerre sera administrée par un directeur, et confiée à un trésorier, nommés l'un et l'autre par notre ministre secrétaire-d'état de la guerre. Le trésorier sera tenu de fournir, soit en immeubles, soit en rentes sur l'état, ou en actions de la banque de France, un cautionnement de cent mille francs : il devra aussi rendre ses comptes à notre cour des comptes, et obtenir ses arrêts de *quitus* (3).

N.° 822.

Circul. adressée aux inspecteurs aux revues et commissaires des guerres, sur le mode à suivre pour opérer la retenue du deux pour cent qui s'exerce sur la solde au profit de l'hôtel des invalides.

Du 24 décembre 1814.

(*Nota.*) Les dispositions de cette circulaire, abrogent celles qui ont été indiquées dans les trois derniers §§. des notes de la page 105 du vol. III.

Messieurs, l'ordonnance du Roi du 12 décembre présent mois, sur le rétablissement des dotations spéciales de l'hôtel

---

(1) Voy. le *num.* 824, contenant des développemens sur cette disposition, et faisant connaître le mode qui doit être suivi pour opérer le recouvrement des retenues ordonnées par ce §.

(2) Enfin, des retenues et réliquats de fonds dont il est question dans le *num.* 823.

(3) Ces dispositions, qui avaient été abrogées par une ordonnance du 23 sept. 1815 (portant que les revenus de la caisse des invalides de la guerre seraient, à l'avenir, perçus et administrés par les soins de l'intendant et du trésorier de l'hôtel des invalides, sous la direction du conseil d'administration de cet établissement, et de l'autorité du ministre secrétaire-d'état au département de la guerre), ont été de nouveau remises en vigueur. Voy. le *num.* 825.

royal des invalides, des écoles militaires et de l'ordre de
St.-Louis, exige qu'il soit apporté des changemens dans le
mode de perception de la retenue qui s'exerce au profit de
l'hôtel des invalides (1), tant sur les appointemens des officiers et employés de l'armée de terre, que sur les soldes de
retraite de tous les militaires.

Il m'a paru nécessaire, à cet effet, de rétablir le mode
de retenue, qui avait été prescrit, tant par la circulaire de la
direction des revues, en date du 20 avril 1811, pour les *deux
pour cent* qui se retiennent sur les appointemens, que par
les dispositions particulières sur les soldes de retraite.

En conséquence, la retenue sur *les fonds de la solde* sera
portée par MM. les inspecteurs et sous-inspecteurs aux revues,
sur les extraits de revue individuels, pour ce qui concerne
les officiers d'état-major et sans troupe, les officiers de santé
et les employés militaires de toute espèce ; et sur les états d'appointemens ainsi que sur les extraits de revue, pour ce qui
regarde les *officiers des corps*, de manière à présenter le restant net à payer, et que les payeurs ne reçoivent quittance
que de ce *restant net*.

On suivra alors, pour les changemens à opérer dans les
états et dans les revues, les indications contenues dans la circulaire du 20 avril 1811 (2).

Pour que je sois à portée de connaître, d'une manière
exacte, le montant de la retenue qui sera faite sur la solde
d'activité, MM. les inspecteurs et sous-inspecteurs aux revues
en comprendront le montant, mais dans une *colonne séparée*,
sur les relevés de paiemens qu'ils sont chargés de produire,
par suite de la circulaire de mon prédécesseur, du 30 novembre dernier.

Quant à la retenue sur la *solde de retraite*, elle s'opérera
aussi par une *déduction* sur les mandats, et MM. les ordonnateurs m'adresseront, tous les trimestres, un relevé sommaire du montant de cette retenue.

Les dispositions qui viennent d'être ordonnées recevront leur
exécution à partir *du 1.ᵉʳ janvier 1815*, etc.

---

(1) Voy. la note 1 de la pag. 105 du vol. III.
(2) Ces changemens consistent à opérer la retenue au lieu de l'indiquer
simplement, ainsi que le prescrivait la circulaire du 18 janvier 1812,
le mandat de l'inspecteur et la quittance des parties prenantes ne
doivent porter que la somme qui reste à payer. — Voyez encore sur
cette retenue les derniers §§.ᵉˢ de la note du *num.* 897.

N.º 823.

Circul. relative aux versemens qui doivent être faits pour le compte de la caisse des invalides de la guerre.

Du 28 décembre 1814.

MESSIEURS, j'ai l'honneur de vous informer que, conformément aux dispositions d'une ordonnance du Roi du 19 décembre présent mois (1), 1.º toutes les *retenues* qui ont été ou pourront être ordonnées par le ministre de la guerre, à partir du 1.er janvier 1815, sur les militaires qui n'appartiennent plus à des corps de troupe, et qui sont retirés dans leurs foyers, soit pour des *trop perçus sur la solde*, ou les fournitures qui leur ont été faites, soit pour des dépenses laissées à leur charge, seront versées dans la caisse des *invalides de la guerre*, créée par l'ordonnance du Roi du 12 du même mois, et en augmenteront les recettes ;

2.º A compter de la même époque du 1.er janvier prochain, les sommes qui existeront dans les caisses des corps ou des dépôts des militaires prisonniers de guerre ou autres, au moment de leur dissolution, et qui ne seront point la propriété de ces militaires, seront également versées dans la *caisse des invalides de la guerre*, après toutefois le prélèvement des dettes que ces corps ou dépôts auront acquittées.

Pour l'exécution de ces dispositions, vous voudrez bien, Messieurs, lorsque vous recevrez des ordres pour le versement des retenues ou des fonds de caisse dont il s'agit, faire faire ces versemens dans les caisses des receveurs-généraux des départemens, pour le compte et au nom de la *caisse des invalides de la guerre* (2), et m'envoyer immédiatement les récépissés de ces versemens, afin que le directeur de la caisse puisse en faire effectuer le remboursement, comme faisant partie des recettes de cette caisse.

Je vous invite aussi à vouloir bien assurer l'exécution de l'or-

---

(1) On n'a pu se procurer cette ordonnance.
(2) Néanmoins diverses circulaires qui ont paru depuis celle du 28 décembre, et notamment celles du 23 septembre 1815, *num.* 1028, et du 15 janvier 1816, ont prescrit d'effectuer ces versemens pour le compte de la caisse d'amortissement jusques à ce que l'on pût donner aux fonds qui en proviendraient une destination convenable : il serait intéressant de fixer d'une manière précise la marche que l'on doit suivre à ce sujet.

donnance de Sa Majesté, en tout ce qui pourra dépendre de vous.

Je dois vous faire remarquer, au surplus, que les dispositions de cette ordonnance, en ce qui concerne les *retenues*, ne s'appliquent qu'aux militaires qui ne sont plus en activité de service (1), et pour lesquels les retenues dont il s'agit ne pourraient s'exercer sur leur *solde d'activité*.

N.º 824.

Circul. relative aux retenues qui doivent être exercées en faveur de la caisse des invalides.

Du 15 février 1815.

(*Nota.*) Voy. aussi le *num.* 826, relativement à d'autres retenues qui s'exercent pour le compte de la caisse des invalides; ainsi que la circulaire du 24 décembre 1814, *num.* 822, sur le mode qui est suivi pour le recouvrement de ces retenues.

MESSIEURS, les circulaires des 24 et 28 décembre (2) dernier vous ont fait connaître les dispositions de l'ordonnance du Roi du 12 du même mois de décembre, sur le rétablissement des dotations spéciales de l'hôtel royal des invalides, des écoles militaires et de l'ordre de St.-Louis, et sur la création d'une *caisse des invalides de la guerre*, destinée à recevoir le produit de ces dotations.

Parmi les objets qui doivent être versés dans cette caisse, se trouve la retenue de *l'augmentation entière* d'appointemens dont les officiers et administrateurs militaires, auxquels il est accordé des grades plus élevés, auraient dû jouir dans le *premier mois* de leur promotion.

Ainsi tout officier ou administrateur militaire, qui a obtenu ou qui obtiendra *un grade plus élevé, depuis le 1.ᵉʳ janvier dernier*, ne devra rien toucher pendant le premier mois, pour raison de sa *promotion*, et la somme qui en proviendra sera réservée pour la caisse des invalides de la guerre (3).

---

(1) On doit présumer, d'après ces expressions, que ces mesures ne sont point applicables aux militaires qui jouissent de la demi-solde et qui sont considérés comme étant en demi-activité.

(2) Voy. les *numéros* 822 et 823.

(3) Le secrétaire d'état de la guerre, sur diverses questions qui lui ont été soumises, relativement à cette disposition, a donné les solutions suivantes :

1.º Cette retenue doit avoir lieu à partir du jour auquel l'officier

Pour assurer le recouvrement de cette retenue, les officiers sans troupe et les administrateurs militaires ne seront portés dans les revues, pendant le premier mois de leur promotion, que pour le traitement de leur ancien grade ; et il sera fait mention sur les revues que la somme qui leur revient par le fait de leur promotion, doit être versée dans la caisse des invalides de la guerre. Le montant de cette somme sera indiqué en observation dans les revues.

Les officiers appartenant à un corps de troupe ne seront aussi portés, sur les états du corps, pendant le premier mois de leur promotion, que pour le traitement *de leur ancien grade* ; la somme à laquelle ils auront droit par suite de leur avancement, sera réservée pour la caisse des invalides, et cette somme sera également indiquée par une observation en marge des états.

Au premier de chaque mois , MM. les inspecteurs aux revues feront former un état des sommes qui n'auront point été payées, soit aux officiers d'état-major et sans troupe, soit aux administrateurs militaires, soit aux officiers des corps de troupe, pour le premier mois de leur promotion.

Cet état, qui sera *collectif* pour tous les officiers, contiendra le nom et le grade des officiers promus, l'état-major ou les régimens dont ils font partie, la somme à verser, et sera vérifié et arrêté par l'inspecteur aux revues de la division : il portera en tête l'indication de *versement à faire dans la caisse des invalides pour les officiers promus.*

La réunion de ces différens états dans les bureaux du ministère de la guerre, donnera la facilité d'ordonnancer directement, au profit de la caisse des invalides de la guerre, les sommes qui devront y être versées ; et pour acquérir la certitude qu'aucune somme ne sera omise, MM. les inspecteurs aux revues qui n'auront aucune mutation, par suite de promotion, à faire connaître dans le courant du mois, enverront au ministre des *états négatifs.*

---

a droit à son nouveau traitement, jusqu'au jour correspondant du mois suivant exclusivement; *par exemple* : un lieutenant nommé capitaine le 1.er mars, est reçu dans ce grade le 11 du même mois; alors la retenue de la différence de son ancien grade au nouveau doit s'exercer, d'abord, sur les vingt derniers jours de mars, ensuite sur les dix premiers jours d'avril ;

2.º La retenue ne doit point être exercée sur le traitement des sous-officiers promus au grade d'officiers, mais seulement sur celui des officiers qui, à partir du grade de sous-lieutenant, en obtiennent un plus élevé ;

3.º Cette même retenue pour un officier passé du grade de sous-lieutenant à celui de capitaine, doit être calculée sur la différence qui existe entre le traitement de ces deux grades. *Lett. du 5 avril 1816.*

La caisse des invalides de la guerre doit aussi, d'après la même ordonnance du 12 décembre dernier, recevoir un *droit de sceau* sur les *brevets ou commissions* qui seront expédiés à MM. les officiers et administrateurs militaires, soit pour des grades dans les armées de Sa Majesté, soit pour des décorations dans les ordres de Saint-Louis ou du mérite militaire.

Elle doit également, conformément à une nouvelle ordonnance du 6 février présent mois, prélever un pareil droit de sceau sur toutes les *permissions de mariage* qui seront expédiées par le ministre de la guerre.

Ce droit de sceau qui se trouve indiqué dans le tableau qui fait suite à la présente (1), sera versé par le ministre de la guerre dans la caisse des invalides ; et pour en opérer le recouvrement, MM. les inspecteurs et sous-inspecteurs seront prévenus, par le bureau des revues, des sommes qui auront été acquittées pour le compte des officiers sans troupe ou des officiers des régimens, afin que le montant en soit déduit des revues individuelles ou des états d'appointemens des corps (2).

Dans les revues qui seront établies pour les *corps de troupe*, les sous-inspecteurs auront le plus grand soin de faire les diminutions qui résulteront des sommes payées à la caisse des invalides, par suite des promotions d'officiers, ou du droit de sceau sur les brevets et permissions : cette mesure est extrêmement nécessaire, afin d'éviter que les décomptes des revues ne créditent les corps des sommes qui auraient été déduites, ou non comprises dans les états d'appointemens des officiers (2).

---

(1) Tarif, *num.* 71.
(2) Les inspecteurs doivent renvoyer avec soin, au ministère, les états qui leur sont transmis à l'égard des officiers qui ont obtenu des brevets ou des autorisations de mariage, après avoir indiqué les revues sur lesquelles les retenues ont été ou doivent être opérées. *Let. ministérielle du 7 déc.* 1815.

N.º 825.

Ordonnance du Roi relative à la dotation et à l'administration de l'hôtel royal des militaires invalides.

Du 10 janvier 1816.

(*Nota.*) Cette ordonnance modifie le titre 2 du décret du 25 mars 1811, *num.* 316, relativement à l'administration et à la composition de l'état-major et du conseil de l'hôtel.

ART. 1.ᵉʳ LES revenus de la caisse des invalides de la guerre, créée par notre ordonnance du 12 décemdre 1814 (1), seront répartis dans la proportion suivante, savoir :

L'hôtel et les succursales des invalides, huit douzièmes ;
Les écoles militaires, trois douzièmes ;
En cas d'insuffisance des produits de la dotation, il y sera pourvu sur les fonds du budget du ministère de la guerre ;
Les pensions que nous jugerons convenable d'accorder aux grand'croix, commandans et chevaliers de l'ordre royal et militaire de Saint-Louis, un douzième.

2. Les dispositions de notre ordonnance du 23 septem. (2), qui chargeaient l'intendant de l'hôtel des invalides des fonctions attribuées au directeur de la caisse des invalides de la guerre, cesseront d'avoir leur effet ; il sera pourvu à la nomination du directeur de la dotation instituée par notre ordonnance du 12 décembre 1814. Ses fonctions consisteront principalement à surveiller et poursuivre la rentrée des revenus de la dotation près de nos ministres, des fonctionnaires et agens du trésor chargés de les recevoir.

3. Les fonctions de trésorier de la dotation continueront à être exercées par le trésorier de l'hôtel. La caisse à trois clefs sera, conformément aux dispositions en vigueur avant l'ordonnance du 12 décembre 1814, déposée chez le gouverneur de l'hôtel ; et le trésorier n'aura à sa disposition que les sommes strictement nécessaires aux paiemens journaliers : il fournira un cautionnement en immeubles de cent cinquante mille francs.

Notre ministre secrétaire d'état de la guerre déterminera d'une manière précise, par un réglement qui sera soumis à

_____

(1) *Num.* 821.
(2) Voy. la note de l'art. 6 du même *num.*

notre approbation, les fonctions du directeur et celles du trésorier de la dotation (1).

4. Les lieutenans-généraux de nos armées pourront seuls concourir à l'emploi de gouverneur de l'hôtel des invalides et de ses succursales. Cependant, dans le cas où nous jugerions convenable d'élever le gouverneur à la dignité de maréchal de France, il pourra conserver son gouvernement.

5. L'intendance dudit hôtel est supprimée : un administrateur comptable sera chargé de l'administration intérieure des dépenses de l'hôtel et de ses succursales.

6. Le traitement du gouverneur de l'hôtel est fixé à quarante mille francs : il pourvoira avec cette somme à ses frais de bureau et de représentation ; il ne lui sera alloué aucune indemnité.

Celui de l'administrateur comptable, à dix mille francs ;

Le traitement du directeur de la dotation, à quinze mille francs ;

Celui du trésorier de la dotation, payeur de l'hôtel, à dix mille francs ;

Ces divers traitemens seront payés sur les fonds de la dotation.

Il sera statué particulièrement sur les frais de bureau du directeur, du trésorier de la dotation et des fonctionnaires et employés de l'hôtel des invalides.

7. Le conseil d'administration de l'hôtel des invalides sera, à l'avenir, composé comme il suit :

1.º Le lieutenant-général, gouverneur ;

2.º Le commandant ;

3.º Quatre lieutenans - généraux ou maréchaux-de-camp en retraite, qui seront nommés par nous et pour cinq années, sur la proposition de notre ministre secrétaire-d'état de la guerre : il sera alloué à chacun d'eux, sur les fonds de la dotation, une gratification annuelle de trois mille fr. ;

4.º L'inspecteur aux revues.

L'administrateur comptable, le payeur de l'hôtel et le com-

---

(1) Ce réglement a été publié le 21 février 1816. *Voyez le journal militaire*, vol. 53, p. 184.

Il porte, entre autres dispositions, que le chef de la division des fonds du ministère de la guerre, et celui dans les attributions duquel se trouvent les établissemens dotés, se réuniront tous les ans, dans les quinze premiers jours de janvier, au directeur et au trésorier de la dotation, pour en discuter les intérêts, etc.

Les art. qu'il contient ne peuvent, du reste, apporter aucun changement dans le mode de comptabilité intérieure, prescrit par les ordonnances ou décrets sur les établissemens dotés, et toutes les obligations imposées aux comptables de ces établissemens restent dans toute leur force, sauf les modifications qui résultent du mode de remise des fonds destinés aux dépenses.

missaire des guerres seront appelés au conseil; mais ils n'y auront pas voix délibérative.

· ·8. Aucune délibération ne sera valable sans la participation de trois des officiers-généraux ci-dessus désignés; leur présence sera toujours mentionnée dans les procès-verbaux.

9. Deux pairs de France, désignés par nous pour cinq années, feront partie du grand conseil annuel, présidé par notre ministre secrétaire d'état de la guerre. Les officiers-généraux membres du conseil feront aussi partie du grand conseil de l'hôtel. Le directeur et le trésorier de la dotation y assisteront, ainsi qu'à celui des écoles militaires; mais ils n'y auront pas voix délibérative. Ils rendront compte au grand conseil de l'emploi de la partie de la dotation affectée à l'ordre royal et militaire de Saint-Louis.

10. Les dispositions contenues dans les lois, réglemens et ordonnances antérieurs, et qui n'éprouvent aucune modification par la présente, continueront de recevoir leur exécution.

N.º 826.

Circul. relative à la retenue de deux pour cent qui doit être exercée sur les dépenses du matériel de la guerre.

Du 21 mai 1816.

Messieurs, il résulte du compte qui m'a été rendu par le directeur de la dotation des invalides, que la disposition de l'ordonnance du Roi du 12 décembre 1814 (1), qui affecte à la dotation une retenue de deux pour cent sur les dépenses du matériel de la guerre, n'a reçu jusqu'à ce jour qu'une application imparfaite, et que la caisse qui doit pourvoir aux dépenses de l'hôtel des invalides et de ses succursales, des écoles militaires, de l'école d'équitation et au paiement des pensions de l'ordre royal et militaire de Saint-Louis, avait éprouvé et éprouvait encore des non-valeurs, qui auraient pour résultat de priver ces établissemens, qui intéressent essentiellement la gloire de l'armée, des ressources nécessaires pour les entretenir d'une manière conforme au but de leur institution et aux intentions du Roi.

En vous rappelant, Messieurs, la circulaire en date du 14 janvier 1815 (2) de l'un de mes prédécesseurs, relativement

---

(1) *Numéro* 821.
(2) Voy. la note de l'article 4 du même *numéro.*

à cette retenue, j'ai l'honneur de vous faire connaître que j'ai décidé le 7 de ce mois,

1.º Que cette retenue s'exercerait à l'avenir sur les marchés généraux pour les vivres, les fourrages, le chauffage, l'éclairage, les transports par étapes ou directs, les communications pour le passage des troupes aux îles voisines du continent, les lits militaires, l'habillement et l'équipement, les remontes et le harnachement (1);

2.º Sur les marchés par adjudication publique ou par soumission, pour les services de l'artillerie, du génie, des invalides, des écoles militaires, des hôpitaux (2);

---

(1) Le prix des marchés passés par les compagnies départementales, n'étant point acquitté sur les fonds de la guerre, n'est point passible de cette retenue. Circul. du 27 déc. 1816, num. 778.

(2) Les marchés relatifs aux *fourrages de la gendarmerie*, également passés par soumission, sont aussi assujettis à la retenue du deux pour cent. *Lettre minist. du 10 février* 1817.

Il en est de même de tous les achats quelconques de matières ou d'effets confectionnés, faits *par les corps*, soit directement, soit par l'intermédiaire de leurs *maîtres ouvriers*, et dont le paiement est imputé sur les fonds destinés aux services de l'habillement et du harnachement.

Les dépenses qui ne sont point passibles de la retenue se réduisent aux suivantes : 1.º toutes celles qui sont relatives aux effets de petit équipement, et dont le paiement se fait sur la masse de linge et chaussure, soit qu'on les emploie à la première mise, ou qu'ils soient destinés aux remplacemens; 2.º toutes les dépenses de confections d'effets sans fournitures de matières de la part des confectionnaires; 3.º toutes les dépenses relatives aux réparations, aux frais de bureau et à l'achat des médicamens pour le traitement des maladies légères. *Circul. du 10 janv.* 1817. — On doit y ajouter, sans doute, celles qui sont relatives à l'habillement des déserteurs condamnés.

Mode de recouvrement : Le mode d'après lequel on tiendra compte au trésor, et successivement à la caisse des invalides, du produit des retenues dont il est question dans cette note, n'est point encore fixé au moment où l'on imprime ce supplément. Nous le ferons connaître à la fin du 2.ᵉ volume, si le ministère le publie avant que cet ouvrage soit terminé.

HÔPITAUX. — *Les hospices civils* n'ayant jamais pu être considérés comme des entrepreneurs; et la fixation des prix de journée qu'on leur accorde ayant été rigoureusement calculée sur la dépense qu'occasionne le traitement des malades, la retenue de 2 pour cent n'est point à leur charge.

Cependant les mandats de paiement que les ordonnateurs délivreront au profit des hospices civils, ne devront pas moins figurer sur les bordereaux mensuels, dont il sera question ci-après, afin que le ministère puisse connaître le montant des retenues qui devront être ordonnancées pour leur compte sur les fonds du département de la guerre.

Il en sera de même, à l'égard des mandats qui seront expédiés en

3.° Que les dépenses non spécifiées dans les articles précédens, telles que celles qui auraient lieu pour travaux ou achats faits par gérence ou par économie, soit par les conseils d'administration des corps, soit dans les arsenaux et dans les hôpitaux, dans les places et les villes de l'intérieur qui renferment des établissemens militaires, soit pour le paiement des loyers de bâtimens et des salaires des agens subalternes, ne seraient point passibles de la retenue de deux pour cent.

Attendu que, pour plusieurs services, les ordonnances faites au profit d'un entrepreneur servent à payer des dépenses sèches et d'autres qui sont au compte du gouvernement, j'ai déterminé que, pour éviter l'embarras de la subdivision de ces dépenses, qui ne sont jamais considérables, et la complication qui en résulterait pour la comptabilité, la retenue porterait sur la totalité des fonds compris dans les ordonnances délivrées aux entrepreneurs; mais, dans le compte final de liquidation, il sera fait un article séparé de ces sortes de dépenses, et on y ajoutera la retenue de deux pour cent, afin que, dans l'ordonnance de parfait paiement, on puisse tenir compte aux entrepreneurs qui auraient fait l'avance de ces fonds, de la retenue qui aura été exercée sur les ordonnances qui auront précédé celle de parfait paiement.

Les retenues qui seront exercées à l'avenir seront imputées sur chaque ordonnance de fonds, au fur et à mesure de leur délivrance.

Je vous recommande très-expressément, Messieurs, de ne passer désormais ni viser ou approuver aucun marché susceptible d'être frappé de la retenue, d'après les instructions

___

faveur des entrepreneurs dont les marchés ont été passés antérieurement à l'*ordonn. du* 12 *décemb.*

A l'égard des sommes qui n'auraient pas été payées, comme provenant de la retenue des 2 p. o⁷°, exercée soit par les ordonnateurs, soit par les comptables, sur les fournisseurs par qui ladite retenue devra être supportée, elles viendront en augmentation des fonds affectés au paiement des dépenses générales du service courant.

Mode de recouvrement. — Les ordonnateurs doivent dresser, dans les premiers jours de chaque mois, pour le mois écoulé, un bordereau détaillé de toutes les sommes qui auront été payées pour les dépenses passibles de la retenue. Au moyen de ce bordereau, auquel on en joindra un second, dressé par les comptables des différens établissemens de chaque division, afin de justifier les paiemens qu'ils auront faits pour fournitures exécutées par adjudications, par marchés ou par soumissions acceptées, le ministère connaîtra d'une manière exacte l'importance des paiemens qui auront été faits, et sera à portée d'ordonnancer directement, au profit de la caisse des invalides, le montant des sommes auxquelles cette caisse aura droit. *Circul. du* 26 *oct.* 1816. Le modèle des deux bordereaux que nous venons d'indiquer, est joint à cette *circul.*

qui précèdent, sans que cette retenue y soit formellement stipulée ; *je vous invite, en outre, à vous faire représenter tous les marchés qui ont été passés depuis l'insertion au bulletin des lois, n.º 61, de l'ordonnance du 12 décembre 1814, afin de vous assurer si la retenue y a été stipulée, et si elle a été opérée : dans tous les cas, vous me ferez connaître le résultat de vos démarches.*

DEUXIÈME SECTION.

§. 4.ᵉ — *Vétérans.*

N.º 827.

Mineurs-sapeurs vétérans. - Décret du 11 février 1813.

LE décret du 11 février 1813 dispose que les mineurs et sapeurs qui ne pourront plus continuer le service actif de leur arme, cesseront d'être incorporés dans les compagnies de canonniers vétérans, et seront formés en deux compagnies, sous la dénomination de mineurs-sapeurs vétérans.

Ces compagnies seront composées, savoir : de

1 capitaine en 1.ᵉʳ, 1 capitaine en 2.ᵉ, 1 lieutenant en 1.ᵉʳ, 1 lieutenant en 2.ᵉ, un sergent-major, 4 sergens, 1 caporal-fourrier, 8 caporaux, 120 mineurs et sapeurs, 2 tambours. Total 140 hommes.

L'armement, la solde, les masses et autres détails d'administration de ces compagnies seront les mêmes que pour les compagnies de canonniers vétérans (1), et leur conseil d'administration sera composé conformément à l'art. 13 du décret du 21 décembre 1808 (2).

_____

(1) La masse d'habillement doit être la même que celle des sapeurs en activité. Lettre du 5 août 1813. G.
(2) Page 612 du vol. II. — Les dispositions que contient ce décret n'ont point été sanctionnées par l'ordonnance du 18 mai 1814, *num. suivant ;* par conséquent, on pense qu'elles se trouvent révoquées.

N.º 828.

Ordonnance du Roi concernant l'organisation du corps des vétérans.

Au château des Tuileries, le 18 mai 1814.

(*Nota.*) Les dispositions de cette ordonnance abrogent une partie de celles du décret du 10 juillet 1810, *num.* 320, p. 612 du vol II.

ART. 1.er LES bataillons et compagnies de vétérans actuellement existans formeront cent compagnies, savoir :
10 compagnies de sous-officiers, 80 de fusiliers, 10 de canonniers.

2. Chacune de ces compagnies sera organisée ainsi qu'il suit (1) :
Capitaine de 1.re classe 1, de 2.e 1 ; lieutenant de 1.re classe 1, de 2.e 1 ; sergent-major 1, sergens 3, caporal-fourrier 1, caporaux 6, vétérans 103, tambours 2.
Total 120.

3. La solde des compagnies de vétérans sera réglée de la manière suivante, savoir (2).

4. Il y aura deux enfans de troupe par compagnie, pris parmi ceux des sous-officiers et soldats.

5. Les masses de boulangerie d'hôpitaux, d'étapes, de chauffage, d'habillement et d'entretien, etc. seront les mêmes que celles précédemment réglées pour les vétérans.

6. Les officiers, sous-officiers et soldats qui ne seront pas compris dans l'organisation des compagnies de vétérans, seront admis à la retraite à laquelle leurs services leur donnent droit.

7. Ceux des chefs de bataillon qui ne seraient pas reconnus susceptibles d'une pension, et qui pourraient encore servir, jouiront du traitement de non-activité, jusqu'à ce qu'ils obtiennent de l'emploi : les autres officiers, les sous-officiers, caporaux et tambours qui se trouveront dans le même cas, seront placés à la suite des compagnies, et recevront la solde d'activité attribuée à leur grade, jusqu'à ce qu'ils soient admis à faire partie de l'effectif.

---

(1) Voy. le *num.* 1025, relativement à la composition du conseil d'administration de ces compagnies.
(2) Voyez le tarif, numéro 66.

RÉCOMPENSES. — DEUXIÈME SECTION.

§. 5.ᵉ — *Camps de vétérans.*

~~~~~~~~~~~~~~~~~~~~~

N.º 829.

Ordonnance du Roi qui accorde aux officiers, sous-officiers et soldats des deux camps de vétérans, rentrés dans leurs anciens foyers, un double-ment de la solde de retraite dont ils jouissent, et aux veuves et orphelins de ces militaires, une pension qui sera fixée conformément à l'ordonnance royale du 27 août 1814.

Au château des Tuileries, le 2 décembre 1814.

LOUIS, etc.

Voulant donner une marque de notre sollicitude et de notre bienveillance aux vétérans des camps de Julliers et d'Alexandrie, ainsi qu'aux familles de ces militaires, qui, par l'effet des événemens de la guerre, ont été dépossédés des terres domaniales qui leur avaient été concédées (1), avons ordonné et ordonnons ce qui suit :

ART. 1.ᵉʳ Il est accordé aux officiers, sous-officiers et soldats des deux camps rentrés dans leurs anciens foyers, un doublement de la solde de retraite dont ils jouissent, et aux veuves et orphelins de ceux décédés dans ces établissemens, une pension qui sera fixée conformément à notre ordonnance du 27 août dernier ; à raison des grades qu'avaient ces militaires.

2. Chacun des sous-officiers et soldats recevra en outre, dans le lieu de sa nouvelle résidence, un secours une fois payé de cinquante francs, et chaque femme et chaque enfant, un secours de vingt-cinq francs.

_____

(1) *Voy.* les *numéros* 322 et 323, vol. II, 2.ᵉ partie.

CHAPITRE NEUVIÈME.

RANGS ET PRÉSÉANCES.

N.º 830.

Avis du conseil d'état sur une question relative aux convocations pour les cérémonies publiques, du 23 janvier 1814.

Le conseil d'état, qui, d'après le renvoi ordonné par le gouvernement, a entendu le rapport des sections réunies de législation et de l'intérieur sur celui du grand-juge ministre de la justice, concernant la question de savoir si la convocation pour les cérémonies publiques doit être faite par le fonctionnaire auquel les ordres du gouvernement ont été adressés, et qui est chargé d'ordonner les mesures d'exécution, ou si ladite convocation doit être faite par le fonctionnaire auquel la préséance est due aux termes de l'art. 1.er du décret du 24 messidor an 12 (1) ;

Vu également le rapport du ministre de l'intérieur, du 12 de ce mois ;

Considérant que l'exécution des ordres du gouvernement ne peut être confiée qu'aux agens qui les reçoivent ;

Que le droit de préséance n'emporte point le droit de convocation ;

Qu'il peut appartenir à un fonctionnaire résidant passagèrement dans le lieu de la cérémonie, et n'ayant ni la connaissance des individus à convoquer, ni les moyens d'effectuer la convocation ; que l'usage généralement suivi confirme cette doctrine,

Est d'avis,

Que la convocation pour les cérémonies doit être faite, dans les départemens, par les préfets, ou sous-préfets, ou les maires, quand les ordres sont adressés à l'autorité civile, en remplissant les formes prescrites par l'article 6 du décret du 24

---

(1) Page 625 du vol. II, 2.e partie.

messidor an 12, en se concertant avec le fonctionnaire le plus éminent en dignité, et non par le fonctionnaire qui doit jouir du droit de préséance dans la cérémonie ordonnée ;

Et que le présent soit inséré au bulletin des lois.

N.º 831.

Circul. sur le rang que doivent occuper les troupes dans les revues, aux parades et aux cérémonies publiques.

Du 20 janvier 1815.

(*Nota.*) Cette circulaire fixe un des points de la législation qui n'avait point été formellement décidé ni par le réglement du 24 messidor an 12 (*voy. le tit. 2 de ce réglement, pag.* 629 *du vol. II*), ni par la loi du 10 juillet 1791, *pag.* 677 *du même volume.* Il paraît en résulter que les dispositions de l'article 4, tit. 2, du réglement qu'on vient de citer, sont susceptibles d'être modifiées en ce qui concerne le rang des troupes aux processions.

MESSIEURS, je suis informé qu'il s'est élevé, dans quelques places, des discussions sur le rang que doivent occuper les troupes du corps royal de l'artillerie, dans les revues, parades et cérémonies publiques, où elles se trouvent avec celles des autres armes.

La décision du 29 brumaire an 6, qui accorde à l'artillerie à pied la droite de l'infanterie (1), et à l'artillerie à cheval la droite de la cavalerie, doit recevoir sa pleine et entière exécution (2).

Je vous invite, en conséquence, à vous y conformer, sauf les modifications ci-après indiquées :

1.º *Les corps royaux des grenadiers et chasseurs à pied de*

---

(1) Cette décision portait aussi que les troupes du génie seraient placées immédiatement après l'artillerie.

(2) Une décision ministérielle du 21 août 1816, portant que dans toutes les réunions de troupes, l'artillerie à pied, l'artillerie à cheval et le train d'artillerie se placeraient au centre de la ligne à la gauche de l'infanterie et à la droite de la cavalerie, avait donné lieu de penser que celle du 29 brumaire an 6 était révoquée ; mais il résulte de l'explication donnée par celle du 11 septembre suivant, que ces corps ne doivent être placés au centre, que lorsque l'artillerie marche avec ses pièces, et que dans le cas contraire elle prend la droite de l'infanterie ; l'artillerie à cheval la droite de la cavalerie, et le train se place à la gauche de toute la ligne.

France auront la droite sur les régimens à pied du corps royal de l'artillerie (1) ;

2.° *Les corps royaux des cuirassiers, dragons, chasseurs et lanciers de France, auront également la droite sur les régimens d'artillerie à cheval* (2) ;

3.° Les escadrons du train d'artillerie auront la gauche de toutes les troupes de cavalerie (3).

---

(1) Ces corps n'existent plus : aujourd'hui les gardes-du-corps et cent-suisses prennent la droite sur la cavalerie et sur l'infanterie de la garde royale, qui prend celle de toutes les autres troupes, pag. 73, *art.* 6, et p. 102, *art* 8.

(2) Voy. la note précédente.

(3) Lorsque les *gardes nationales* servent avec les troupes de ligne, elles prennent la droite sur ces dernières, *art.* 35 *de la loi du* 10 *juillet* 1791, pag. 677 du vol. II. -- Il en est de même des troupes du corps de la *gendarmerie* ; *voy.* la page 53 de ce suppl., art. 12. -- Les *compagnies départementales* prennent la gauche des troupes de ligne, *idem* p. 272, art. 26. -- Voy. aussi la loi du 10 juillet, précédemment citée, sur le rang que prennent entr'eux les régimens d'infanterie française et étrangère, et sur les troupes qui se rencontrent lorsqu'elles sont en route. La pag. 249 du vol. I, *art* 19.

CHAPITRE DIXIÈME.

PLACES DE GUERRE,

FORTIFICATIONS, TRAVAUX ET BATIMENS MILIT., LOGEMENT ET CASERNEMENT.

N.º 832.

Circulaire de Louis XIV, sur la défense des places.

Du 6 avril 1705.

MONSIEUR,

QUELQUE satisfaction que j'aie de la belle et vigoureuse défense qui a été faite dans celles de mes places fortes qui ont été assiégées depuis cette guerre, et bien que ceux qui y commandaient se soient distingués, en soutenant pendant plus de deux mois leurs dehors, ce que n'ont point fait les commandans des places ennemies, lesquelles ont été assiégées par mes armes; cependant, comme j'estime que les corps des places peuvent être défendus aussi long-temps que les dehors, et que c'est sur ce principe que, dès le règne du feu Roi, mon très-honoré seigneur et père, il a été enjoint à tous gouverneurs de places de guerre, par une clause expresse, qui s'est toujours depuis insérée dans leurs provisions, de ne point se rendre, à moins qu'il n'y ait brèche considérable au corps de la place, et qu'après y avoir soutenu plusieurs assauts; j'ai jugé à propos de renouveler les mêmes ordres à tous les commandans de mes places.

C'est pourquoi je vous écris cette lettre, pour vous dire qu'au cas que la place que vous commandez vienne à être assiégée par les ennemis, mon intention est que vous ne la rendiez point, à moins qu'il n'y ait brèche considérable au corps d'icelle, et qu'après y avoir soutenu au moins un assaut (1); et ne doutant pas que vous ne vous conformiez, avec tout le zèle que vous avez fait paraître en toutes oc-

___

(1) Ces dispositions ont été renouvelées par un grand nombre d'actes que l'on a publiés depuis que cette lettre a été écrite. Voyez le *numéro* 365, p. 705 du vol. II.

casions pour mon service, à ce que je vous prescris par la présente, je ne vous la ferai plus expresse ni plus longue, que pour prier Dieu qu'il vous ait, Monsieur, en sa sainte et digne garde.

N.º 833.

Décision du conseil exécutif provisoire, contenant des mesures générales de défense pour les places.

Du 1.ᵉʳ septembre 1792.

On ne laissera dans les places couvertes par les armées, que les hommes de guerre incapables de marcher en campagne.

Les généraux feront d'avance les dispositions nécessaires pour jeter dans ces places des garnisons suffisantes, dès le moment où les armées, par leurs mouvemens, cesseront de les couvrir.

On retranchera, en maçonnerie, toutes les gorges des bastions, de manière qu'elles ne puissent être forcées qu'en faisant un logement propre à recevoir du canon : on suivra, pour cet ouvrage, une méthode simple, et qui n'exigera pas plus de huit jours pour son exécution.

Les commandans des armées défendront, sous peine de mort, de se rendre avant que le bastion soit pris, et le canon placé pour battre le mur de retranchement.

S'il manque de matériaux dans les places pour construire lesdits retranchemens, et qu'on ne puisse pas en tirer du dehors, on s'en procurera en démolissant quelques maisons.

Toutes maisons démolies pour la défense ou pour l'attaque de l'ennemi, ou par incendie et bombardement, seront payées, par la nation, au prix de la plus forte estimation.

On fera blinder, dans toutes les places, l'hôpital, et un espace suffisant pour abriter les deux tiers de la garnison. Par garnison, on entend également tout citoyen ou habitant qui se sera dévoué à la défense de la ville.

Si le bois manque, on fera pour le bois ce qui est dit ci-dessus pour les matériaux.

On permettra, dans tous les cas et dans tous les temps, aux femmes, aux enfans, aux infirmes et aux vieillards de sortir des places.

On fera exécuter rigoureusement, et sur-le-champ, le décret de l'assemblée nationale, qui punit de mort toute personne qui parlera de se rendre avant que la défense indiquée ci-dessus ait été exécutée dans sa totalité.

Les commandans des places donneront communication de

la présente instruction aux corps administratifs et municipaux, auxquels l'envoi en sera néanmoins fait par le ministre de l'intérieur.

N.° 834.

Circulaire relative à la conservation des bâtimens et effets militaires.

Du 25 vendémiaire an 8.

L'UNE des causes principales de toutes les dégradations qui se font aux bâtimens et aux effets militaires, se trouve dans les mouvemens inopinés des troupes : les généraux, les commandans des places et les chefs des corps doivent prévenir, le plutôt possible, les chefs du génie et les commissaires des guerres, de l'arrivée et du départ des troupes, et ne jamais ordonner de mutation, d'un bâtiment à l'autre, qu'après s'être concertés avec eux ; ils doivent aussi rappeler aux chefs de corps que, dans ces différens cas, il est nécessaire de charger, soit le quartier-maître, soit un autre officier ou sous-officier, de constater l'état des bâtimens et des effets militaires, et de payer les dégradations commises par la troupe (1).

N.° 835.

Instruction du ministre de la guerre sur l'application de l'art. 3 du décret du 9 décembre 1811, concernant les bâtisses et les clôtures autour des places de guerre.

Du 31 juillet 1812.

(*Nota.*) CETTE instruct. a pour but d'assurer l'exécution des mesures prescrites par les réglemens militaires, à l'égard des constructions qui peuvent être élevées autour des places de guerre et postes militaires ; elle se rattache principalement au décret du 9 décembre 1811 (*num.* 332, p. 765 du vol. II), dont l'art. 3 porte, que l'on appliquera aux restaurations et réparations des bâtimens, clôtures et autres constructions existant dans le rayon kilométrique des places de guerre, les dispositions des art. 1 et 2 du même décret, sur les constructions nouvelles. *sauf les modifications qui seraient reconnues n'être pas contraires à la défense.*

---

(1) Ces mesures sont prescrites par un grand nombre de dispositions, et, entre autres, par les titres 3 et 4 du règlement du 30 thermidor an 2, p. 711 *du vol.* II.

Les mesures qu'elle contient sont dans les attributions spéciales des directeurs et sous-directeurs des fortifications et des chefs du génie : on en trouvera le texte dans le recueil des lois, décrets et ordonnances, rédigé par ordre du ministère, pour le service des états-majors des places, et faisant suite au décret du 24 décembre 1811, *num.* 46, volume I.

On trouvera aussi sur le même recueil l'instruction émanée du même ministère le 4 décembre 1812, sur l'application du même décret du 9 décembre 1811, en ce qui concerne les bâtisses et clôtures qui avoisinent, 1.º les fortins, redoutes et autres ouvrages dans le rayon des places de guerre, ou liés à leur défense ; 2.º les fortins, redoutes et batteries de côte.

N.º 836.

Décret relatif au mode d'exécution de l'art. 2 du décret du 25 mars 1811, en tant qu'il comprend dans la dotat. de l'hôtel des inval. les produits des terrains des fortific. des places et postes de guerre, et les terrains des fortific. de vieilles places et postes de guerre abandonnés et mis hors de service.

Du 22 décembre 1812.

Vu notre décret du 25 mars 1811 (1), dont l'article 2 est ainsi conçu :

« La dotation des invalides sera composée des revenus ci-
» après :

» 1.º etc.

» 8.º De tous les *produits* quelconques des *terrains* des for-
» tifications des places et postes de guerre ;

» 9.º Des *terrains* des fortifications de toutes les vieilles places
» et postes de guerre, qui seraient abandonnés et mis hors
» de service. »

Considérant que pour déterminer l'effet de cette dotation dans ses rapports avec la défense et les travaux des places fortes, la sûreté des établissemens qu'elles renferment, le service et la police des fortifications, il importe, dans l'intérêt combiné du ministère de la guerre et l'hôtel des invalides,

1.º De préciser les droits de simple *usufruit conditionnel* et de *propriété* qui sont dévolus à l'hôtel, selon que les immeubles de la dotation dépendent d'une place *conservée* ou *supprimée* ;

---

(1) *Numéro* 316, pag. 601 du vol. II, 2.º partie.

2.° De fixer aussi, quant à la perception des *valeurs locatives* et à l'emploi des *valeurs foncières*, le nouveau mode de gestion dont nous avons donné l'expectative par l'article 9 de notre décret du 25 mars;

Notre conseil d'état entendu,

Nous avons décrété et décrétons ce qui suit :

Art. 1.er Dans les places et postes de guerre *conservés* à l'entretien ou hors d'entretien, notre ministre de la guerre reste exclusivement chargé, conformément à la loi du 10 juillet 1791 (1), de la désignation des terrains des fortifications susceptibles d'être affermés, sans inconvénient pour le service militaire, au profit de l'hôtel des invalides, auquel nous en avons attribué les produits, seulement, par notre décret du 25 mars 1811.

Les baux desdits terrains continueront d'être passés par l'autorité militaire, sur adjudication à l'enchère, ou par expertises contradictoires, selon les cas prévus, et suivant le mode d'affermage qui a été prescrit par le réglement ministériel du 15 fructidor an 9, en exécution des articles 12, 13, 14, 15 et 18, titre 1.er de la même loi (1).

2. La perception des revenus des terrains des places et postes conservés, est directement confiée aux receveurs des domaines, sous la surveillance des inspecteurs et des directeurs de département.

Les receveurs sont chargés de poursuivre le recouvrement des produits et de payer les dépenses, de tenir compte aux fermiers des indemnités qui leur seraient accordées pour cause de non-jouissance, par décisions spéciales de notre ministre de la guerre, notifiées suivant l'usage auxdits receveurs par les directeurs de fortifications, et de verser le restant aux caisses des receveurs généraux et particuliers des contributions, pour le compte de l'hôtel, sous la déduction d'une remise de cinq pour cent liquidée sur le produit *brut* de la recette *réelle*, savoir : deux pour cent au receveur, un pour cent à l'inspecteur, et deux pour cent au directeur.

3. Les receveurs et les directeurs des domaines seront solidairement garans et responsables envers l'hôtel, des *non-valeurs* qui proviendraient de leur négligence, à défaut pur et simple de paiement de la part des fermiers et de leurs cautions, contre lesquels ils n'auraient pas exercé de poursuite en temps utile.

Les receveurs restent chargés aussi de rendre, dans la forme actuellement prescrite, des comptes semestriels de leur gestion, qui seront transmis directement, par les directeurs, au conseil d'administration des invalides.

---

(1) Voy. le *numéro* 333, pag. 663 du *même* vol.

4. Les terrains des fortifications des anciennes places et postes qui seraient abandonnés, seront remis, par notre ministre de la guerre, à notre ministre des finances, qui en fera faire la vente par la caisse d'amortissement dans les formes d'usage, afin que les capitaux provenant de l'aliénation soient convertis en rentes sur l'état, au profit de l'hôtel.

Le cahier des charges contiendra les conditions de sûreté, de salubrité ou d'utilité générale auxquelles les acquéreurs devront être assujettis dans la démolition ou dans l'exploitation des fortifications aliénées. Ce cahier sera communiqué, à cet effet, à nos ministres de la guerre et de l'intérieur.

5. Sont exceptés toutefois des dispositions de l'article précédent, les portions des ouvrages ou des terrains militaires des places et postes abandonnés, auxquels nous aurions jugé ou nous jugerions à propos de donner une autre destination, soit pour des travaux ou des établissemens publics, soit en faveur des villes, pour assurer la perception des octrois, ou pour la formation de quelques établissemens communaux, civils ou militaires ; sauf le cas néanmoins où les concessions n'étant pas entièrement gratuites, la caisse d'amortissement aurait alors à en percevoir le prix pour le compte de l'hôtel.

6. Ne sont pas compris dans la dotation des invalides les produits réels ou présumés des pavillons, casernes, écuries, magasins et autres bâtimens qui sont occupés comme *logemens militaires*, ou qui sont loués accidentellement, en partie ou en totalité, dans les villes fortifiées ou non fortifiées, lorsque l'absence des garnisons permet d'autoriser ces locations, dont la durée est essentiellement subordonnée aux besoins réels du casernement et du service des troupes.

Les produits desdites locations seront appliqués à l'entretien de ces établissemens (1).

---

(1) Les baux à loyer de ces bâtimens seront passés par le commissaire des guerres, en présence de l'autorité civile, conform. aux dispos. du réglement du 15 fruct. an 9, à l'except. que les prix de locat. seront versés dans la caisse de l'entrepreneur ou du gérant des travaux militaires, et que le paiement ne s'en fera que par semestre au 1.er janv. et au 1.er juil. de chaque année. Les locatair. pourr., suiv. les cas, être immédiatement chargés par les condit. de leurs baux, des frais d'entret. et même de certaines réparations d'urg. utiles aux bâtim. et dont le montant, dûment fixé par une expertise préal., entrera en déduct. des prix des locat.

Les produits de ces locat. devant être exclusiv. affectés à l'entret. des bâtim. militaires, seront portés comme *fonds remis* dans les mémoires apostillés ; et les baux devr. touj. être passés séparém. de ceux des terrains et autres parties de la fortific., afin de ne point cumul. dans la percept. deux produits dont la destin. est absolum. distincte.
Circul. du 29 *janv.* 1813. G.

N.º 837.

Décret relatif à l'exécution des travaux d'entretien et de réparation des Ponts-dormans et des Ponts-levis établis sur des parties de route qui traversent les fortifications.

Du 31 janvier 1813.

Vu notre décret du 4 août 1811, relatif aux travaux des parties de routes qui traversent les fortifications;

Notre conseil d'état entendu, etc.

Art. 1.er Les travaux d'entretien et de réparations des ponts-dormans et des ponts-levis établis pour la défense des places, ou situés sur des canaux de défense ou sur des fossés d'inondation dans les parties de route qui traversent les fortifications, et désignés au décret précité du 4 août 1811 (1), sous le nom de *ponts militaires*, resteront, comme par le passé, à la charge du ministère de la guerre, et seront exécutés par les officiers du génie.

2. Les ponts-dormans et les ponts-levis établis sur des rivières ou canaux de navigation, pour la continuation de la route, et non pour la défense d'une place, et situés sur des parties de routes traversant les fortifications, sont mis à la charge des ponts et chaussées : les travaux seront exécutés par les ingénieurs civils, conformément à ce qui est prescrit par notre décret du 4 août 1811, dont toutes les dispositions sont maintenues.

3. Les ingénieurs militaires et civils s'entendront, d'ici au 1.er mai, pour déterminer d'une manière positive ce qui appartiendra à l'une ou à l'autre administration ; leur travail sera soumis aux ministres de l'intérieur et de la guerre, pour être par eux approuvé.

_____

(1) *Num.* 349, vol. II, 2.e partie, p. 753.

N.º 838.

Circul. sur le mode d'administration des bâtimens militaires, appartenant aux communes ou à l'état dans les villes non fortifiées.

Du 20 juin 1814.

(*Nota.*) Par suite des dispositions que contient cette circul. plusieurs des articles des décrets des 23 avril 1810 et 16 sept. 1811, *num.* 347 et 350, vol. II, se trouvent rapportés : il en est de même à l'égard de l'instruction générale du 10 août 1813, que par ce motif on n'a point placée dans ce supplément.

MESSIEURS, le nouvel ordre des choses exigeant qu'on lie entre elles, pour assurer la marche de l'administration, les dispositions des ordonnances royales avec celles des lois et réglemens qui sont maintenus, je dois vous rappeler que, d'après l'article 4 du décret du 23 avril 1810, portant donation aux villes, des casernes et autres bâtimens militaires, à charge d'entretien et de destination, il avait été établi, dans le service des travaux du casernement, une distinction dont il est résulté que MM. les officiers du génie, qui étaient alors la plupart aux armées, ne pouvant conserver la direction de ces travaux que dans les places et postes de guerre, MM. les ingénieurs des ponts et chaussées en ont été chargés dans les villes de l'intérieur, et les architectes dans les grandes villes.

C'est sur cette distinction qu'ont dû être basées en partie les instructions qui vous ont été adressées respectivement par les ministères de la guerre et de l'intérieur, jusqu'à l'émission du décret réglementaire du 16 septembre 1811, qui a fixé le mode d'administration et de surveillance mixte dont le principe avait été posé par le décret du 23 avril 1810, et par les décrets spéciaux de concession rendus subséquemment. Enfin l'instruction générale du 10 août 1813, concertée entre les deux ministères, n'étant qu'une conséquence du décret du 16 septembre, a eu aussi pour objet, en déterminant leurs attributions respectives, de préciser les résultats de la distinction ci-dessus mentionnée dans toutes les relations de service des fonctionnaires et agens qui étaient appelés à concourir à l'exécution de ce même décret.

Mais, attendu que l'état de paix permet de rendre aux officiers du corps royal du génie toutes les fonctions dont ils étaient précédemment pourvus, et que, suivant l'article 1.ᵉʳ de l'ordonnance du Roi du 12 mai dernier sur l'organisation de ce corps (1), MM. les officiers du génie, indépendamment des autres attributions qui leur sont dévolues, restent exclusivement chargés de la direction des travaux d'entretien et d'augmentation du casernement dans les places et postes de guerre, ainsi que dans les départemens de l'intérieur, il s'en suit que MM. les ingénieurs civils et les architectes n'ont plus à intervenir, en aucune manière, dans la direction des travaux du casernement des villes non fortifiées, puisque la disposition finale de l'art. 4 du décret du 23 avril 1810 se trouve abrogée, et que toutes les mesures d'exécution prescrites en conséquence, tant par le décret du 16 septembre, que par l'instruction ministérielle du 10 août, doivent être considérées comme nulles et non avenues. Ces mesures sont celles qui s'appliquent spécialement, ou qui, dans l'instruction du 10 août 1813, se rapportent aux exceptions établies par les articles 28, 29, 32, 35, 37, 38, 39, 40 et 41 (tit. 3) du décret du 16 septembre 1811, dont les autres dispositions doivent continuer d'être suivies exactement, selon le mode d'application déterminé par l'instruction précitée, pour tout ce qui est relatif au service des travaux des bâtimens militaires appartenant aux communes ou à l'état, dans les villes de guerre ou dans les garnisons de l'intérieur.

Il n'est rien changé non plus aux lois et réglemens qui exigent le concours de MM. les commissaires ordonnateurs et ordinaires des guerres, pour arrêter et régulariser la comptabilité des travaux de bâtimens militaires dont l'état supporte la dépense, ainsi que dans toutes les dispositions relatives à la police des établissemens militaires et à l'assiette du logement des troupes, suivant ce qui est prévu par l'article 29 de l'instruction déjà citée.

D'après ce qui précède, j'autorise MM. les directeurs des fortifications à reprendre dès à présent par eux-mêmes, et à faire reprendre par MM. les commandans et chefs du génie qui sont sous leurs ordres la direction exclusive et la surveillance immédiate de tous les travaux des bâtimens et établissemens militaires, à l'instar de ce qui s'était pratiqué jusqu'au 23 avril 1810, et en suivant, pour la démarcation de leurs directions, l'extrait du tableau ci-joint, qui en détermine la circonscription.

Je charge MM. les directeurs de correspondre avec MM. les préfets, pour toutes les parties du service du casernement qui nécessitent l'intervention de ces magistrats, quand les villes en font la dépense ; et je leur recommande de se faire remettre, tant par MM. les ordonnateurs que par MM.

_____

(1) Numéro 755, page 216.

les ingénieurs en chef des ponts et chaussées, les plans, mémoires et autres documens relatifs aux travaux faits et à faire, ou qui ne seraient même que projetés, dans les villes de l'intérieur qui sont ou ne sont point chargées de leur casernement.

N.º 839.

Circul. relative aux communications qui doivent être faites aux command. milit. des plans et mémoires relatifs aux places de guerre.

Du 2 février 1815.

(*Nota.*) Les disposit. que contient cette circul. abrogent les art. 85 , 86 et 87 du décret du 24 décembre 1811 , p. 426 du vol. I.

Messieurs, le Roi s'étant fait représenter le décret du 24 décembre 1811, sur l'organisation et le service des officiers des états-majors des places, Sa Majesté a reconnu que les dispositions des art. 86 et 87 de ce décret (1), relatives à la remise des plans et mémoires militaires, devaient subir quelques modifications, afin d'écarter des moyens d'exécution prescrits par ces art., ce qu'ils peuvent avoir de préjudiciable à la sûreté des places et à la défense des frontières.

Sa Majesté a considéré, en effet, que les anciennes ordonnances prescrivaient formellement que la communication des plans et mémoires, de situation ou de défense, se fît toujours *sans déplacement* (2), attendu que, dans tous les temps, la prudence et la raison d'état n'ont point permis de laisser multiplier les documens de cette espèce.

Le Roi a remarqué aussi,

1.º Que les anciennes ordonnances, bien qu'elles soient expressément rappelées dans l'art. 87, ne pouvaient néanmoins se concilier avec la disposition de cet art., qui a pour but de faire effectuer la *remise* et le *dépôt* au secrétariat de la place, des plans et mémoires dont il s'agit (3);

---

(1) Page 426 *du vol. I.*

(2) Voy. l'art. 20 de l'ordonnance du 31 décembre 1776 , *numéro* 118, page 221 du vol. II.

(3) Toutefois, peut-être, serait-il convenable que le commandant d'une place eût en son pouvoir quelques documens qui pussent le mettre à même de connaître le poste dont le commandement lui est confié : sauf

2.° Que cette mesure avait d'ailleurs l'inconvénient de détruire, quant à la *divulgation*, toute espèce de responsabilité, puisqu'il est de fait qu'en l'étendant à des officiers de différentes armes, elle ne peut plus offrir la même garantie que présente la réunion des archives militaires de défense dans un seul et même dépôt, dont les officiers de génie sont alors seuls *responsables*.

C'est d'après ces motifs, messieurs, que le Roi, par décision du 20 janvier dernier, a prononcé la révocation des art. 86 et 87 du décret du 24 décembre 1811, en m'autorisant à vous faire connaître que, jusqu'à l'émission d'un réglement général sur le service des places, Sa Majesté a ordonné que la communication des plans, mémoires de défense et autres semblables documens, aurait lieu selon ce qui est prescrit par les deux articles ci-après :

Art. 1.er Les commandans d'armes pourront prendre connaissance des plans et mémoires concernant la place qu'ils commandent respectivement et la frontière voisine, dans les cabinets des officiers du génie chargés en chef du service, mais sans pouvoir *déplacer* ces plans et mémoires, et sans qu'il puisse en être *délivré copie*.

2. Les officiers du génie chargés en chef du service dans les places de guerre, seront tenus de se rendre chez les gouverneurs et lieutenans-généraux commandant en chef dans les divisions militaires, lors de leur tournée, et chez le commandant supérieur de la place *en état de siége*, avec les plans et mémoires, toutes les fois qu'ils en auront reçu d'eux la réquisition par écrit.

Comme il importe, d'après ces dispositions, de faire rentrer au dépôt des archives des fortifications de chaque place, les plans et mémoires qui peuvent avoir déjà été remis à MM. les officiers-généraux et supérieurs des états-majors de division et de place, je leur recommande d'en faire sur-le-champ la remise à MM. les commandans du génie ; et je charge *spécialement* MM. les directeurs des fortifications de faire constater cette remise par des procès-verbaux signés de MM. les commandans d'armes, les chefs du génie et les secrétaires archivistes des places : MM. les directeurs restent

---

à attacher, à ce dépôt, la même responsabilité qui pèse sur les officiers de l'artillerie et du génie. Il est défendu à ces officiers de communiquer les plans et mémoires concernant les places de guerre, sous peine d'être cassés. *Voy. les p.* 93 et 229 du vol. II, art. 41, 59 et 60 : l'art. 81 du code pénal décrété en 1810, prononce contre ce crime la peine capitale, et la confiscation des biens (voy. la p. 471 du vol. II, note 4). — Cette dernière peine est abolie par l'art. 66 de la Charte constitutionnelle.

chargés aussi de me transmettre les expéditions de ces procès-verbaux.

Je vous invite, messieurs, à vous conformer à l'exécution de cette circulaire, que je transmets à MM. les gouverneurs, et dont MM. les lieutenans-généraux et les directeurs des fortifications voudront bien m'accuser réception.

N.º 840.

Ordonnance du Roi sur la recomposition de la commission mixte des travaux publics.

Du 27 février 1815.

(*Nota.*) Cette ordonnance est devenue inutile par suite des dispositions de celle du 18 septembre 1816, *num.* 845.

N.º 841.

Instruction sur la défense et sur la démolition des ponts en campagne.

Du 11 mai 1815.

(*Nota.*) On se contentera d'indiquer cette instruction, dont les dispositions intéressent l'art de la guerre plutôt que la législation de l'armée. — Il en est ainsi des deux suivantes qui ont paru à la même époque.

N.º 842.

Instruction sur la manière de rétablir les ponts pour le passage des troupes et de l'artillerie.

Du 11 mai 1815.

(*Nota.*) Voy. l'observation faite à l'égard du *numéro* précédent.

N.º 843.

Instruction pour la défense des villes ouvertes et des villages.

Du 11 mai 1815.

(*Nota.*) Voy. *idem, idem.*

N.º 844.

Circulaire relative à l'indemnité de logement, et aux dispositions qui doivent être suivies par les commissaires des guerres, pour faire connaître les officiers qui n'ont point droit à cette indemnité.

Du 20 mai 1816.

MONSIEUR, j'ai eu plusieurs fois lieu de remarquer que, dans des places où il existe des pavillons non occupés, l'on faisait figurer, dans les revues dressées pour indemnité de logement, des officiers qui se trouvaient dans ces mêmes places ; cependant l'art. 47 du réglement qui fait suite à la loi du 23 mai 1792, est formel à cet égard (1). La circulaire qui complète ce réglement, en rappelant encore ces dispositions d'une manière précise, trace à MM. les commissaires des guerres la marche qu'ils doivent suivre pour prévenir les abus qui peuvent s'introduire dans cette partie (2).

MM. les officiers ne peuvent avoir droit à l'indemnité cumulative de logement et d'ameublement, que lorsqu'il n'existe point de pavillons, ou que ces pavillons ne sont point en état d'être habités, ce qui doit être constaté par un certificat de l'officier du génie ; mais ils doivent toujours occuper les logemens qui leur sont destinés, quand bien même il n'existerait point de fournitures d'officiers dans la fixation, sauf à leur

(1) Voy. la p. 702 du vol II, 2.ᵉ partie.
(2) Voy. aussi, à ce sujet, la p. 685 du même vol., art. 12 ; l'art. 9 du décret du 23 mai 1792 (n.º 334) dispose en outre que les commissaires des guerres sont personnellement responsables de tout logement en argent, dont ils auraient attesté *ou ordonnancé* le paiement, lorsqu'il y aura dans la place des bâtimens vacans, destinés au logement des officiers et fonctionnaires militaires.

allouer l'indemnité particulière d'ameublement, au moyen de laquelle ils doivent se procurer eux-mêmes des meubles.

MM. les commissaires des guerres doivent, en conséquence, en transmettant à MM. les inspecteurs et sous-inspecteurs aux revues le certificat de l'officier du génie, leur faire connaître, par un état détaillé et nominatif, quels sont les officiers qui, ayant dû occuper les pavillons, n'ont droit qu'à l'indemnité d'ameublement, et quels sont ceux qui, n'ayant pu y être logés, ont droit à la double indemnité (1).

N.º 845.

Ordonnance du Roi relative à la composition de la commission mixte des travaux publics.

Du 18 septembre 1816.

(*Nota.*) Cette ordonnance abroge ou rend inutile le décret qui avait été publié le 22 décembre 1812 sur cette matière (journ. milit. , page 218) ainsi que l'ordon. du 27 février 1815. (Bullet. 84, 5.ᵉ série.)

LOUIS, etc.

Sur le compte qui nous a été rendu que la suppression des emplois de premier inspecteur-général du génie, et du conseiller d'état chargé des travaux maritimes, ainsi que la réduction du nombre des inspecteurs-généraux, membres du comité des fortifications, opérées par nos ordonnances des 21 mai 1814, 17 juillet et 22 septembre 1815, exigent qu'il soit apporté des modifications à la composition de la commission mixte des travaux publics, dont ces fonctionnaires étaient, les uns, membres permanens, et les autres, désignés par nos ministres respectifs ;

Nous nous sommes convaincus que le but de l'institution de cette commission a été de faire concourir à l'examen et à la discussion de tous les projets de travaux publics qui peuvent intéresser à la fois les services militaire, civil et maritime, les divers ingénieurs attachés à ces trois départemens, afin que ce concert pût amener des moyens de conciliation dans les cas d'opposition de vues et d'intérêts publics entre

---

(1) Ces mesures ont été prescrites par plusieurs dispositions, et, entre autres, par l'instruction du 1.ᵉʳ septem. 1810. Voy. la p. 315 du vol. 4, art. 37. -- Les commissaires des guerres ne peuvent connaître que les noms des officiers qui sont logés dans les bâtimens militaires meublés ou non meublés ; et c'est l'état de ces officiers qu'ils doivent adresser aux membres du corps de l'inspection.

les divers services, ou présenter, de part et d'autre, tous les motifs qui pourraient éclairer les décision à provoquer par nos ministres dans les cas de contestation, et enfin de donner dans l'admission de tout projet quelconque de travaux publics mixtes, la garantie qu'ils sont adoptés dans les considérations les plus déterminantes des vrais intérêts de l'état.

Nous avons considéré, en outre, que les discussions de cette commission ne peuvent, par leur nature, emporter aucune décision, et qu'elles n'ont pour résultat que de présenter à nos ministres, l'opinion mûrie et débattue des membres qui la composent, sur des projets qui intéressent à la fois divers services et qui ont déjà subi un ex. men préliminaire dans le comité des fortifications et dans le conseil des ponts et chaussées.

Nous étant fait représenter le décret du 22 décembre 1812 et notre ordonnance du 27 février 1815, qu'il nous a paru convenable de réunir en une seule et même ordonnance, avec les modifications devenues nécessaires,

Nous avons ordonné et ordonnons ce qui suit :

Art. 1.er La commission mixte des travaux publics sera composée, 1.º d'un officier-général du corps royal du génie, membre du comité des fortifications, désigné par notre ministre secrétaire d'état de la guerre ;

2.º D'un inspecteur-général membre du conseil des ponts et chaussées, désigné par notre ministre secrétaire d'état de l'intérieur ;

3.º D'un inspecteur-général des ponts et chaussées, attaché au département de la marine, et qui sera désigné par notre ministre secrétaire d'état de ce département ;

4.º De deux secrétaires du conseil des ponts et chaussées et du comité des fortifications.

2. La commission mixte se réunira d'après la demande de celui des conseils ou comité qui aura des projets à présenter à son examen, et sur l'avis qui en sera donné par leurs présidens respectifs.

Les discussions pourront avoir lieu soit par les membres composant la commission, soit, concurremment avec eux, par des rapporteurs envoyés *ad hoc* par les comités et conseils respectifs.

3. Un secrétaire archiviste, choisi par la commission mixte, sera chargé de la réception et du renvoi des dossiers, de la rédaction des procès-verbaux de ses séances, de la tenue des registres, de l'expédition du travail, et de la conservation des minutes et papiers.

Il sera pris parmi les officiers du corps royal du génie, ou parmi les ingénieurs des ponts et chaussées.

Notre ministre de la guerre désignera un local pour la tenue des séances de la commission mixte et le dépôt de ses papiers.

4. Les travaux mixtes du génie, des ponts et chaussées et de la marine, seront concertés sur les lieux entre les directeurs ou ingénieurs en chef des divers services (1).

Ce concert s'établira dès l'époque de la rédaction primitive des projets ; et les ingénieurs n'attendront point, pour entrer en conférence, qu'ils en aient reçu l'ordre ou l'invitation : l'initiative, à cet égard, leur appartient de droit et par devoir.

Ils rédigeront et signeront conjointement les procès-verbaux de leurs conférences, contenant, avec les développemens convenables, leurs avis communs ou leurs opinions respectives.

Ils annexeront les plans nécessaires, arrêtés et signés de la même manière que le procès-verbal.

Ces procès-verbaux et plans seront faits et signés au nombre d'exemplaires suffisant pour qu'il en soit adressé un par chaque chef de service au ministère du département auquel il ressort.

5. Ces procès-verbaux et plans, avec les pièces à l'appui, seront envoyés au comité des fortifications, au conseil général des ponts et chaussées, à l'inspection générale des travaux maritimes.

Les délibérations de ces conseil et comité seront ensuite portées, avec les pièces, à la discussion de la commission mixte, par l'un des membres de cette commission, ainsi qu'il est prescrit à l'article 2.

6. Le résultat des discussions de la commission mixte sera adressé par elle à nos ministres respectifs ; et dans le cas où cette commission n'aurait pu concilier les intérêts des divers services, les projets seront mis sous nos yeux, pour qu'il y soit pourvu par une décision spéciale (2).

----

(1) Conformément aux décrets du 13 fructidor an 13, et du 4 août 1811, num. 345 et 349, pag. 748 et 753 du vol. II.

(2) Conformément aux décrets des 20 février et 20 juin 18.0, dont voici les dispositions les plus essentielles. « Les ministres de la » guerre et de l'intérieur, formeront une commission mixte d'officiers » du génie et d'ingénieurs, pour examiner et discuter les projets, » devis et détails des travaux compris dans le rayon des places fortes. » Nous nous réservons de statuer sur l'avis de cette commission, et » sur les rapports que nous feront nos deux ministres. Décret du 20 » février 1810, art. 19.

» Le budget des canaux, des rivières navig., des routes et en gé- » néral des grands travaux publics qui traversent les places de guerre, » leur rayon ou la frontière, sera arrêté, tous les ans, dans un » conseil d'administration, auquel seront appelés nos ministres de » l'intérieur, de la guerre, *le premier inspecteur-général du génie* et » le *directeur-général* des ponts et chaussées.

» Le budget des travaux maritimes relatifs à la défense des côtes, » ports, rades, mouillages, ou qui traversent les fortific. et le rayon

7. Chaque année nos ministres de l'intérieur et de la marine donneront connaissance au ministre de la guerre, de tous les projets de construction ou démolition nouvelle dépendant de leurs départemens, qu'ils se proposeraient de faire exécuter dans les limites militaires fixées sur une carte qui leur sera adressée à cet effet par notre ministre secrétaire d'état au département de la guerre; et aucuns travaux, excepté ceux de réparation et entretien, ne pourront être exécutés dans l'étendue de ces limites, qu'autant qu'ils auront été jugés sans inconvénient pour la défense du territoire.

8. De même notre ministre de la guerre donnera connaissance au département de l'intérieur et à celui de la marine, des travaux militaires qui pourraient intéresser l'un ou l'autre de ces départemens.

9. Aucun plan ni mémoire relatif aux travaux publics du ressort de la commission mixte, ne pourra être publié ni imprimé sans l'autorisation de notre ministre de la guerre.

10. Toutes les dispositions prescrites par les décrets, ordonnances et réglemens rendus sur cette matière, sont abrogées et cesseront de recevoir leur exécution.

» des places de guerre et forts de la côte, sera arrêté dans ce même
» conseil auquel assistera le ministre de la marine.
» La commission mixte créée par notre décret du o février 1810,
» pour l'examen des projets des canaux, étendra cet examen à tous
» les projets dont il est question dans l'article précédent, et il y
» sera joint, pour les trav. maritimes, les officiers et ingénieurs que
» désignera notre ministre de la marine. Décret du 20 juin 1810,
» art. 1 et 2.

CHAPITRE ONZIÈME.

OBJETS DIVERS.

PREMIÈRE SECTION.

MILITAIRES CONSIDÉRÉS SOUS LE RAPPORT DE LEURS RELATIONS CIVILES.

N.º 846.

ACTES DE DÉCÈS DES MILIT. REVÊTUS DE TITRES.

Tout acte de décès, d'un militaire revêtu de l'un des titres spécifiés par les statuts du 1.ᵉʳ mars 1808 (1), doit être notifié, dans le mois, au procureur-général du sceau des titres, par le chef de l'état-major de chaque division d'armée de terre et de mer, ou par le chef de l'état-major-général. Cette connaissance, du décès des titulaires, n'a pas seulement pour objet le droit de recours que doit exercer le domaine extraordinaire, en cas d'extinction de la descendance masculine des donataires (1), mais encore de mettre à même l'intendant-général du domaine extraordinaire de faire connaître à Sa Majesté, celles des dotations dont elle recouvre le droit de disposer, etc. *Circulaire du* 16 *février* 1813. G.

N.º 847.

DÉCÈS DES MILITAIRES.

L'instruction du 15 novembre 1809 porte que l'on doit recevoir les déclarations des prisonniers de guerre rentrant, sur le

---

(1) Ces dispositions sont une conséquence de celles de l'art. 76 du décret du 1.ᵉ mars 1808. (*Bulletin des lois, num* 186, 4.ᵉ *série.* , La même notification doit être faite par les maires , par les procureurs-généraux, etc. Art. 12 du décret du 4 mai 1809, *journ. milit.*, vol. 41, p. 124.

sort des individus en activité avec eux, et de la mort desquels ils pourraient avoir été témoins. *Voy.* la p. 803 du volume II.

Une décision du 6 sept. 1813, rappelée dans la circulaire du 19 juillet 1814, porte que toutes les fois qu'il se présentera trois témoins du décès d'un militaire ou d'un employé, l'officier remplissant les fonctions d'officier de l'état civil, ne devra point alors dresser un simple procès-verbal, mais bien rédiger l'acte de mort dans les formes usitées et voulues par la loi; et il doit en adresser, dans les dix jours, une expédition à l'officier de l'état-civil du dernier domicile du décédé, et une seconde au ministre de la guerre.

N.º 848.

MARIAGE DES SOUS-OFFICIERS ET SOLDATS.

Les circulaires des 23 septembre 1814, et 1.er février 1815, défendent expressément aux maires de marier les militaires rentrés dans leurs foyers, et qui ne seraient point porteurs d'un congé absolu ou de réforme de leurs corps (1). Ces congés doivent faire connaître s'ils ne sont pas mariés. *Voy.* le num. 26, p. 89 du vol I.

N.º 849.

Loi portant que le délai accordé par l'article 2 de la loi du 6 brumaire an 5 est prorogé en faveur des militaires et autres citoyens attachés aux armées, qui ne seraient point encore rentrés en France.

Du 21 décembre 1814.

(*Nota.*) Les dispositions de cette loi se rattachent à celle qui est portée sous le *num.* 357, pag. 769 du vol. II, 2.e partie.

Louis, par la grâce de Dieu, etc.

Le terme fixé pour l'expiration des délais que la loi du 6 brumaire an 5 accorde aux français au service et employés dans les armées, est enfin arrivé, relativement à ceux qui ser-

_____

(1) *Voy.* la p. 787 du vol. II, 2.e partie.

vaient sur le continent, puisque la paix générale est conclue depuis six mois.

Nous n'avons pu voir néanmoins sans inquiétude, que les délais après lesquels toute surséance devait cesser deviendra ent illusoires à l'égard des militaires et employés que le sort des armes, ou des événemens qu'il avait été impossible de prévoir, ont conduits loin de leur patrie, et que dans un laps de temps aussi court il leur serait impossible de revenir en France et de mettre ordre à leurs affaires.

A quoi voulant pourvoir, nous avons proposé, les chambres ont adopté, nous avons ordonné et ordonnons ce qui suit:

Art. 1.er Le délai accordé par l'article 2 de la loi du 6 brumaire an 5 est prorogé jusqu'au premier avril prochain, en faveur des militaires et autres citoyens attachés aux armées, qui ne seront pas rentrés en France au moment de la promulgation de la présente loi (1).

2. Les cours et tribunaux pourront accorder tel nouveau délai qui leur paraîtra convenable en faveur de ceux desdits militaires et autres individus attachés aux armées, qui, n'étant pas rentrés en France le 1.er avril prochain, justifieront en avoir été empêchés par maladie ou par tout autre motif légitime.

3. Pendant le délai ci-dessus, les créanciers pourront faire tous actes conservatoires.

La présente loi, discutée, délibérée et adoptée, etc.

N.º 850.

Mesures d'exécution arrêtées par le ministre de la guerre le 10 août 1808, pour l'exécution du décret du 16 juin de la même année, concernant le mariage des militaires en activité de service.

(*Nota.*) Ces dispositions font suite à l'instruct. du 15 novem. 1809, *num.* 364, p. 776 du vol. II.

1.º Les généraux de division adresseront directement leurs demandes au ministre, en l'instruisant du nom et du domicile de la personne qu'ils désirent épouser; ils donneront des renseignemens sur l'état des parens.

---

(1) On pense que les disposit. de la loi du 6 brum. an 5, ont été en vigueur jusques au traité de paix de 1815, et que les délais de faveur portés par l'article 2, n'ont dû courir qu'à dater du 20 novembre de la même année.

2.° Les généraux de brigade, les officiers de l'état-major ou sans troupe, les colonels, les inspecteurs et sous-inspecteurs aux revues (1) remettront leur demande à leur supérieur immédiat, qui la fera parvenir avec son avis, en suivant la hiérarchie des grades, au commandant en chef de l'armée, du corps d'armée ou de la division territoriale ; et, celui-ci, la transmettra au ministre de la guerre, avec son avis, d'après les renseignemens qu'il aura dû prendre sur la famille, la réputation et la fortune de la personne indiquée.

3.° Tous les officiers des corps (2) remettront leur demande au colonel, ou, en son absence, au commandant du régiment, en suivant également la hiérarchie des grades ; et cet officier supérieur, après avoir pris des renseignemens (3), renverra le tout au ministre avec son avis (4).

N.° 851.

Ordonnance du Roi concernant la délivrance des certificats de vie aux rentiers viagers et pensionnaires de l'état, domiciliés dans les colonies ou servant dans les armées françaises.

Du 24 janvier 1816.

ART. 1.er LES certificats de vie des rentiers viagers et des pensionnaires de l'état, domiciliés dans nos colonies, seront dé-

---

(1) Les commissaires des guerres, les officiers réformés ou en non activité. *Circul.* du 15 février 1815.

(2) Les officiers de santé de toutes classes.

(3) Chaque demande doit être faite par l'officier lui-même ; elle doit être accompagnée d'un certificat des autorités du lieu du domicile de la future, constatant d'une manière précise l'état de ses parens, le sien, la dot qu'elle reçoit, et la fortune à laquelle elle peut prétendre. Si cette personne exerçait un commerce en détail, elle devrait prendre, par écrit, l'engagement d'y renoncer, et cet engagement serait également joint à la demande.

Toutes ces pièces doivent parvenir au colonel, en suivant la hiérarchie des grades ; et, celui-ci, après avoir fait prendre les renseignemens qu'il aura jugé nécessaires, transmet le tout au ministre de la guerre, avec son avis sur les convenances du mariage projeté. *Circul.* du 15 février 1815.

On doit y joindre les actes qui constatent le consentement des parens des futurs, dans l'ordre où il est requis par les différens art. du code civil (voy. ces art. à la p. 784 du vol. II), ou au moins une copie dûment légalisée de ces actes. *Circulaire* du..... 1815.

(4) *Les officiers retirés dans leurs foyers, qui ne sont plus dans le cas d'être*

livrés par les notaires, à la charge par ceux-ci de se conformer aux dispositions du décret du 21 avril 1806 et au modèle ci-annexé.

2. Les certificats de vie des militaires servant dans nos armées, qui jouissent de rentes viagères ou de pensions, ou sur la tête desquels reposent des rentes viagères, continueront à être délivrés par les conseils d'administration des corps, ou officiers en remplissant les fonctions, pour les militaires en troupe ; et par les inspecteurs ou sous-inspecteurs aux revues, pour les officiers sans troupe et les employés des armées, en se conformant au modèle ci-joint.

Modèle de certificat à délivrer aux militaires et employés des armées.

Nous membres composant le conseil d'administration du
(ou) je soussigné, commandant un détachement du
(ou) je soussigné, inspecteur (ou) sous-inspecteur aux revues, certif.
que (mettre les noms, prénoms et profession), né à
département de　　　　　le　　　　　suivant son acte de naissance qu'il nous a représenté, jouissant d'une pension sur l'état, de　　　　　inscrite n.°　　　　　(ou) sur la tête duquel existe une rente viagère de　　　　　n.°　　　　　est vivant, pour s'être présenté cejourd'hui devant nous (a).

En foi de quoi nous avons délivré le présent, qu'il a signé avec nous (1)

---

appelés au service, sont dispensés de remplir ces formalit. Les gén. commandant les arrondissemens milit. doivent leur délivrer des certificats constatant qu'ils peuvent se marier sans l'autorisation du ministre. *Circul. du 4 mai 1816.*

(a) Pour les certificats à délivrer aux pensionnaires, il faut ajouter la déclaration suivante ;

Lequel　m'a déclaré (ou) nous a déclaré que depuis l'obtention de la pension ci-dessus désignée, il n'a joui d'aucune autre pension ni d'aucun traitement d'activité.

Pour les pensions provenant de solde de retraite, ajouter : aucun traitement d'activité militaire.

(1) L'ordonnance du 24 janvier ne décide point si ces certificats doivent être délivrés sur du papier timbré. Un décret du 21 août 1806, portait que les certificats de vie pour recev. des rentes ou pensions sur l'état devaient être délivrés exclusivem. par les notaires certificateurs et sur du papier du timbre de 25 cent.

Cependant puisque l'ordonnance du 24 janvier autorise les officiers du corps de l'inspection et les conseils d'administration à les délivrer, il est évident que la formalité du timbre n'est pas de rigueur.

En général, tous les certificats de vie, extraits d'actes de l'état civil, etc., que délivrent ces fonctionnaires ou administrat. sont toujours dressés sur du papier libre, et nous ne connaissons aucune disposition qui les soumette à la formalité du timbre.

L'art. 64 de la loi du 28 fructidor an 7 (pag. 575 du vol. II), porte que tous certificats, toutes pièces justificatives, exigés pour

N.º 852.

Circul. sur les renseignemens qui sont demandés par des agens d'affaires, quant au sort des militaires.

Du 27 juillet 1816.

L<small>E</small> ministre informé que des agens d'affaires s'adressaient aux corps pour obtenir des renseignemens sur le sort des militaires, et qu'ils mettaient ensuite un prix excessif à ces renseignemens qui, pour la plupart, étaient jugés insuffisans par les tribunaux, et voulant détruire un abus aussi ruineux pour les familles,

A décidé que toute demande faite par ces agens, pour obtenir tel acte, destiné à constater l'existence ou le décès des militaires, serait considérée comme non avenue, si elle n'était accompagnée d'un pouvoir spécial de l'individu qui sollicite ces renseignemens.

N.º 853.

Loi relative au moyen de constater le sort des militaires absens.

Du 13 janvier 1817.

A<small>RT.</small> 1.er L<small>ORSQU</small>'<small>UN</small> militaire ou un marin en activité pendant les guerres qui ont eu lieu depuis le 21 avril 1792 jusqu'au traité de paix du 20 novembre 1815, aura cessé de paraître,

toucher le paiement de la solde de retraite pourront être expédiés sur *papier libre.*

Une décision particul. du min. des financ., du 27 octobre 1807, exempte de la formalité du timbre, les extraits de naissance et de mariage, et les certificats de non divorce, que doivent produire les veuves et les enfans de militaires, pour obtenir des pensions ou secours du gouvernement; pourvu toutefois que leur destination soit expressément mentionnée dans la délivrance qu'en font les officiers publics ou les maires.

Ce n'est que lorsque ces actes et certificats, ainsi que ceux délivrés par les inspecteurs, commiss. des guerres et conseils des corps, doivent être produits devant les tribunaux, que la formalité du timbre et celle de l'enregistrement deviennent nécessaires.

avant cette dernière époque, à son corps et au lieu de son domicile ou de sa résidence ses héritiers présomptifs ou son épouse pourront dès à présent se pourvoir au tribunal de son dernier domicile, soit pour faire déclarer son absence, soit pour faire constater son décès, soit pour l'une de ces fins au défaut de l'autre.

2. Leur requête (1) et les pièces justificatives seront communiquées au procureur du Roi, et par lui adressées au ministre de la justice, qui les transmettra au ministre de la guerre ou au ministre de la marine, selon que l'individu appartiendra au service de terre ou à celui de mer, et rendra publique la demande, ainsi qu'il est prescrit à l'égard des jugemens d'absence, par l'article 118 du code civil.

3 La requête, les extraits d'actes, pièces et renseignemens recueillis au ministère de la guerre ou de la marine, sur l'individu dénommé dans ladite requête, seront renvoyés, par l'intermédiaire du ministre de la justice, au procureur du Roi.

Si l'acte de décès a été transmis au procureur du Roi, il en fera immédiatement le renvoi à l'officier de l'état civil, qui sera tenu de se conformer à l'art. 98 du code civil.

Le procureur du Roi remettra le surplus des pièces au greffe, après en avoir prévenu l'avoué des parties requérantes, et, à défaut d'acte de décès, il donnera ses conclusions.

4. Sur le vu du tout, le tribunal prononcera.

S'il résulte des pièces et renseignemens fournis par le ministre que l'individu existe, la demande sera rejetée.

S'il y a lieu seulement de présumer son existence, l'instruction pourra être ajournée pendant un délai qui n'excédera pas une année.

Le tribunal pourra aussi ordonner les enquêtes prescrites par l'article 116 du code civil, pour confirmer les présomptions d'absence résultant desdites pièces et renseignemens.

Enfin, l'absence pourra être déclarée, ou sans autre instruction, ou après ajournement et enquêtes, s'il est prouvé que l'individu a disparu sans qu'on ait eu de ses nouvelles, savoir : depuis deux ans, quand le corps, le détachement ou

_____

(1) Seront relatés dans ladite requête, autant que faire se pourra, les nom, prénoms et surnoms du militaire ou employé aux armées, ceux de ses père et mère, le lieu et la date de sa naissance, les lieux de son dernier domicile ou de sa dernière résidence; les noms et numéro du corps dans lequel il servait, ou l'indication de l'état-major et de la partie de l'administration auxquels il était attaché; l'époque de son entrée au service; celle à laquelle il a cessé de donner directement de ses nouvelles; les timbres et dates des dernières lettres qu'il aura adressées, ou dans lesquelles il aurait été question de lui; enfin les autres renseignemens quelconques que les requérans auraient pu se procurer. Toutes pièces justificatives seront jointes. *Ordonn. du 3 juillet 1816, art. 2.*

l'équipage dont il faisait partie, servait en Europe ; et depuis quatre ans, quand le corps, le détachement ou l'équipage se trouvait hors de l'Europe.

5. La preuve testimoniale du décès pourra être ordonnée, conformément à l'article 46 du code civil, s'il est prouvé, soit par l'attestation du ministre de la guerre ou de la marine, soit par toute autre voie légale, qu'il n'y a pas eu de registres, ou qu'ils ont été perdus ou détruits en tout ou en partie, ou que leur tenue a éprouvé des interruptions.

Dans le cas du présent article, il sera procédé aux enquêtes, contradictoirement avec le procureur du Roi.

6. Dans aucun cas, le jugement définitif portant déclaration d'absence ou de décès ne pourra intervenir qu'après le délai d'un an, à compter de l'annonce officielle prescrite par l'article 2.

7. Lorsqu'il s'agira de déclarer l'absence ou de constater en justice le décès des personnes mentionnées en l'art. 1.ᵉʳ de la présente loi, les jugemens contiendront uniquement les conclusions, le sommaire des motifs et le dispositif, sans que la requête puisse y être insérée. Les parties pourront même se faire délivrer par simple extrait le dispositif des jugemens interlocutoires ; et s'il y a lieu à enquête, elles seront mises en minute sous les yeux des juges.

8. Le procureur du Roi et les parties requérantes pourront interjeter appel des jugemens, soit interlocutoires, soit définitifs.

L'appel du procureur du Roi, sera dans le délai d'un mois à dater du jugement, signifié à la partie au domicile de son avoué.

Les appels seront portés à l'audience sur simple acte et sans aucune procédure.

9. Dans le cas d'absence déclarée en vertu de la présente loi, si le présumé absent a laissé une procuration, l'envoi en possession provisoire sous caution pourra être demandé, sans attendre le délai prescrit par les articles 121 et 122 du code civil ; mais à la charge de restituer en cas de retour, sous les déductions de droit, la totalité des fruits perçus pendant les dix premières années de l'absence.

Les parties requérantes qui posséderont des immeubles reconnus suffisans pour répondre de la valeur des objets susceptibles de restitution en cas de retour, pourront être admises par le tribunal à se cautionner sur leurs propres biens.

10. Feront preuve en justice, dans les cas prévus par la présente loi, les registres et actes de décès des militaires, tenus conformément aux articles 88 et suivans du code civil (1), bien que lesdits militaires soient décédés sur le territoire fran-

_____

(1) Voy. l'instruct. du 15 novemb. 1809, pag. 778 du vol. II.

çais, s'ils faisaient partie des corps ou détachemens d'une armée-active ou de la garnison d'une ville assiégée.

11. Si les héritiers présomptifs ou l'épouse négligent d'user du bénéfice de la présente loi, les créanciers ou autres personnes intéressées pourront, un mois après l'interpellation qu'ils seront tenus de leur faire signifier, se pourvoir eux-mêmes en déclaration d'absence ou de décès.

12. Les dispositions de la présente loi sont applicables à l'absence ou au décès de toutes les personnes inscrites aux bureaux des classes de la marine, à celles attachées par brevets ou commissions au service de santé, aux services administratifs des armées de terre et de mer, ou portés sur les contrôles réguliers des administrations militaires.

Elles pourront être appliquées par nos tribunaux à l'absence et au décès des domestiques, vivandiers et autres personnes à la suite des armées, s'il résulte des rôles d'équipage, des pièces produites et des registres de police, permissions, passe-ports, feuilles de route et autres registres déposés aux ministères de la guerre et de la marine, ou dans les bureaux en dépendans, des preuves et documens suffisans sur la profession desdites personnes et sur leur sort.

13. Les dispositions du code civil relatives aux absens, auxquelles il n'est pas dérogé par la présente loi, continueront d'être exécutées (1).

La présente loi, discutée, délibérée et adoptée, etc.

---

(1) Il sera bien de consulter aussi, sur les moyens que l'on doit prendre pour faire constater le décès ou l'absence des militaires, l'ordonnance du 3 juillet 1816, dont nous venons de rapporter un des articles. (*Bullet.* n.° 97 ; *journ. milit* 1816, 2.e *partie*, pag. 1.re) — Voyez aussi, sur les preuves admissibles pour constater le décès des militaires, l'avis du 17 germinal an 13, p. 773 du vol. II, 2.e partie.

CHAPITRE ONZIÈME.

DEUXIÈME SECTION.

CORRESPONDANCE.

N.º 854.

Circulaire relative aux vaguemestres des corps.

Du 4 mai 1815 (1).

MESSIEURS, d'après le réglement du 31 août 1809 (2), sur le service des postes, le vaguemestre de chaque corps de troupe doit avoir deux registres cotés et paraphés par le sous-inspecteur aux revues ayant la police du corps.

L'un de ces registres est destiné à recevoir, 1.º l'inscription des articles d'argent et des lettres chargées qui sont adressés aux militaires; 2.º l'indication, par le directeur du bureau de poste, du jour où il a payé l'article ou remis le chargement; et 3.º l'acquit du destinataire.

L'autre registre est destiné à recevoir l'inscription des articles et lettres à charger et à déposer aux bureaux de poste de la part des militaires : il doit servir à indiquer le nom de l'expéditeur, celui du destinataire, les bureaux d'expédition et de destination, et la somme ou la lettre remise au vaguemestre pour être déposée ou chargée.

Jusqu'à présent, messieurs, il n'a été pris aucune mesure pour empêcher la dispersion de ces registres, et il est possible que les vaguemestres n'aient pas l'attention de les conserver, quoiqu'il soit de leur intérêt de le faire, pour être toujours en état de justifier de la régularité de leur gestion.

Voulant remplir la lacune que présente à cet égard le réglement du 31 août 1809, j'ai arrêté les dispositions suivantes:

1.º Les registres des vaguemestres qui, étant entièrement remplis, seraient restés dans leurs mains ou dans celles de tout autre militaire, seront clos et arrêtés, *ne varietur*, par

---

(1) Les dispositions que contient cette circul. sont applicables aux facteurs nommés par les conseils d'administration des régimens. Voy. le num. 336, p. 811 du vol. II.

(2) Ce réglement n'a point été placé dans le recueil.

les sous-inspecteurs aux revues ayant la police des corps, et déposés dans les bureaux des conseils d'administration.

2.° Ce dépôt sera constaté par une déclaration que chaque conseil d'administration m'adressera, et qui devra faire mention des époques de l'ouverture et de la clôture de chacun des registres déposés.

Cette déclaration sera conçue ainsi qu'il suit :

En exécution de la circulaire du ministre de la guerre, en date du   le conseil d'administration du régiment de   a reçu en dépôt

Un registre commencé le
Et fini le
Un registre commencé le
Et fini le

3.° Les registres courans des vaguemestres, qu'ils soient remplis ou non, seront de même clos, arrêtés et déposés, à la fin de chaque trimestre, dans les bureaux des conseils d'administration. Les articles demeurés en souffrance seront reportés sur le registre du trimestre suivant et en tête de ce registre, et l'on devra mentionner le numéro de ce nouvel enregistrement en marge de l'enregistrement qui existera sur l'ancien registre. Ces registres seront composés du nombre de feuillets présumés pouvoir être employés pendant l'espace de trois mois, sauf à en ajouter en cas d'insuffisance.

4.° Les directeurs, et les employés des postes autorisés par eux, pourront compulser, au besoin, les registres en dépôt et ceux qui appartiendraient au service commun, et même en tirer extrait ou copies certifiées ; ce droit s'étendra à tous les registres qui, en cas de perte de la comptabilité des agens des postes, pourraient servir à les suppléer.

5.° Le titre de la cinquième colonne du registre (modèle K), que prescrit le réglement des postes, lequel titre est ainsi conçu : *dates des reconnaissances*, sera changé en celui-ci, *dates des envois par les bureaux de dépôt.*

6.° Les chargemens et articles qui doivent être rendus au bureau des postes, dans les cas prévus par l'article 77 du réglement, le seront dorénavant sur états contenant les désignations indiquées dans les huit premières colonnes et dans la dixième et dernière du modèle K.

Je vous invite, messieurs, à tenir la main à ce que les vaguemestres se conforment exactement aux dispositions ci-dessus.

Je vous recommande en même temps de veiller à ce que, suivant l'article 80 du réglement des postes, l'officier, membre du conseil d'administration (1), qui est chargé de vérifier,

---

(1) Le major d'après l'article 335 du nouveau réglement sur le service intérieur.

toutes les semaines, les registres des vaguemestres, s'acquitte ponctuellement de ce soin, dont le but est de conserver les intérêts des militaires.

N.º 855.

Circulaire qui prescrit aux autorités militaires et administratives de remettre à la poste, pour y être taxées, toutes les lettres étrangères au service de la guerre.

Du 24 février 1817.

Le ministre informé des abus qui ont lieu journellement, relativement aux lettres et paquets qui circulent sous le couvert et le contre-seing des autorités militaires et des fonctionnaires dépendant du département de la guerre, recommande expressément aux commandans et administrateurs militaires de ne plus recevoir, tant sous le contre-seing du ministère de la guerre, que sous la franchise du service militaire en général, d'autres paquets que ceux qui sont relatifs au service de la guerre ; et leur enjoint de remettre à la poste, pour y être taxées, toutes les lettres qui seraient étrangères à leur service, et qui pourraient leur être adressées en fraude (1).

CHAPITRE ONZIÈME.

OBJETS DIVERS.

TROISIÈME SECTION.

ÉCOLES MILITAIRES.

(*Nota.*) Cette section, dans la division adoptée pour le recueil, était subdivisée en cinq §.ᵉˢ qui traitaient du prytanée militaire, de l'école

---

(1) Voy. l'art. 20 du réglement du 27 prairial an 8, *pag.* 813 du vol. II, sur les mesures qui peuvent être prises par les préposés des postes dans le cas de suspicion de fraude.

polytechnique, de l'école spéciale militaire, de l'école spéciale de cavalerie et des écoles vétérinaires.

On croit devoir supprimer dans ce supplément la subdivision que l'on avait précédemment faite, attendu que plusieurs de ces établissemens ont subi des changemens (Le prytanée militaire de la Flèche, *voy. le num.* 857, est rétabli au même lieu sur l'ancien pied; et il doit servir d'école préparatoire à l'école militaire de Paris. — L'école militaire spéciale de St.-Cyr et l'école spéciale de cavalerie établie à St.-Germain, sont également supprimées; *voy. le même num.* Elles doivent être remplacées par une école royale militaire, auxquelles celle de la Flèche et une seconde école provisoirement formée à St.-Cyr, voy. *l'art.* 6 *du num.* 858, servent d'écoles préparatoires), et que les ordonnances relatives aux nouvelles écoles contiennent des dispositions et sur les unes et sur les autres.

A ces établissemens il faut joindre :

1.º L'école polytechnique, voy. *le num.* 862.

2.º Les écoles vétérinaires, *idem le num.* 856.

3.º L'école d'instruction des troupes à cheval, *idem le num.* 860.

4.º Les écoles régimentaires de l'artillerie et du génie : les règles qui sont relatives à ces établissemens sont placées dans les 4.e et 5.e sections du chapitre 5.

5.º L'école d'application de l'artillerie et du génie, voy. l'arrêté du 12 vendémiaire an 11, *num.* 103 vol. II.

N.º 856.

Décret sur l'enseignement et sur l'exercice de l'art vétérinaire.

Du 15 janvier 1813.

(*Nota.*) Les trois premiers titres de ce décret, ne sont pas d'un intérêt direct pour les militaires; nous avons cru pouvoir, en conséquence, supprimer la plupart des articles qu'ils contiennent. Voy. *le journ. milit., vol* 47, *pag.* 3.

Les titres suivans sont essentiels à connaître par les autorités administratives et par les corps des troupes à cheval, auxquels ils ont été notifiés par une circul. du 6 juin 1813, A.

Les dispositions que contiennent ces derniers titres, abrogent celles de l'arrêté du 24 prairial an 11, et rendent inutiles celles du réglem. du 12 fructidor an 12, *num.* 376 et 377, pag. 838 du vol. II.

Art. 1.er LES écoles vétérinaires sont portées au nombre de cinq, et divisées en deux classes.

L'école d'Alfort seule est l'école de première classe; les écoles de Lyon, *de Turin, d'Aix-la-Chapelle et de Zutphen, département de l'Issel-Supérieur,* sont écoles de seconde classe. Notre ministre de l'intérieur fera la circonscription des départemens appelés à fournir des élèves dans chacune de ces écoles.

5. L'enseignement dans nos écoles vétérinaires a pour objet de former des maréchaux vétérinaires et des médecins vétérinaires. Il se divise en deux cours : le premier cours, commun à toutes les écoles, comprend, 1.° la grammaire ; 2.° l'anatomie et l'extérieur des animaux ; 3.° la botanique, pharmacie et matière médicale vétérinaire ; 4.° la maréchalerie, forge et jurisprudence vétérinaire ; 5.° Le traitement des animaux malades. Le second cours, réservé à l'école d'Alfort, comprend, 1.° l'économie rurale, les haras, l'éducation des animaux domestiques ; 2.° la zoologie ; 3.° la physique et la chimie appliquées aux maladies des animaux. Cette division de l'enseignement peut être modifiée par notre ministre de l'intérieur, si de nouvelles méthodes, les progrès de l'art et de l'expérience en font sentir l'utilité, mais sans que le nombre des professeurs puisse être augmenté.

6. La première partie d'enseignement désignée dans l'article précédent, formera le cours nécessaire pour obtenir le brevet de maréchal vétérinaire ; ce cours sera de trois ans. La seconde partie d'enseignement désignée dans l'article précédent, formera le cours nécessaire pour obtenir le brevet de médecin vétérinaire ; ce cours sera de deux années.

12. Les places de professeurs seront données au concours : les règles de ce concours seront déterminées par notre ministre de l'intérieur, qui fixera également le nombre des séances annuelles du jury d'examen.

13. A la fin de chaque cours, ce jury délivrera les brevets aux élèves sortans, soit à titre de maréchaux vétérinaires, soit à titre de médecins vétérinaires : ce brevet sera signé par le directeur de l'école, président du jury, et par deux professeurs, les plus anciens de ceux qui auront assisté au jury d'examen. Si l'inspecteur-général est présent, il présidera de droit le jury. Notre ministre de l'intérieur nous soumettra la rétribution attachée à chaque délivrance de brevet ; et il déterminera, au profit desdites écoles, l'emploi à faire des sommes qui proviendront de ces rétributions.

23. Nul ne peut être admis dans nos écoles vétérinaires, s'il n'est âgé de seize à vingt-cinq ans ; s'il ne sait bien lire et écrire ; s'il ne possède les élémens de la grammaire française ; s'il n'a les dispositions physiques et morales nécessaires pour faire des progrès dans l'art auquel il se destine ; enfin, s'il ne justifie d'un apprentissage relatif à la ferrure du cheval.

24. Les élèves reçus gratuitement, comme ceux reçus à leurs frais, sont tenus de se procurer le trousseau, les livres élémentaires et les instrumens indiqués dans le réglement particulier de l'école.

TITRE IV.

Des vétérinaires militaires.

§. Ier *Des Élèves.*

§. Ier *Des Élèves.*

27. Il sera réservé, dans chaque école, vingt places gratuites pour les élèves destinés à être vétérinaires dans nos troupes : ils seront nommés par nous sur la présentation de notre *ministre-directeur.*

28. Ces places seront aux frais de l'administration de la guerre, et seront données, 1.° aux fils de vétérinaires en activité ou retirés avec pension ; 2.° aux fils de cavaliers maréchaux-ferrans ; 3.° aux enfans de troupes à cheval.

29. Ils contracteront l'engagement de servir dix ans dans nos régimens de troupes à cheval ou bataillons du train.

30. Ils rempliront les conditions de l'art. 23 sur l'admission des élèves : l'art. 19 ne leur est point applicable.

31. Les trousseaux, les livres élémentaires et les instrumens leur seront fournis au compte de l'administration de la guerre.

32. Quant à leur instruction, il n'y aura d'exigé que le cours de trois ans fixé pour former les maréchaux vétérinaires. Cependant nous permettons que ceux de nos élèves militaires qui annonceraient des dispositions particulières, puissent être présentés à notre ministre de l'intérieur, parmi les candidats pour le second cours : s'ils sont admis, ils seront susceptibles de recevoir le brevet de médecin vétérinaire.

33. Les élèves qui n'auront pas satisfait aux examens, ceux qui seraient renvoyés de l'école pour incapacité, mauvaise volonté ou indiscipline, seront incorporés comme cavaliers ou maréchaux-ferrans (1).

§. II. *Des inspecteurs.*

34. Il y aura, selon le besoin, sous les ordres de notre *ministre-directeur de l'administration* de la guerre, des vétérinaires inspecteurs pris parmi les médecins vétérinaires, les professeurs de nos écoles vétérinaires, et les vétérinaires aujourd'hui en activité de service dans nos troupes à cheval : à l'avenir, ils seront pris parmi les médecins vétérinaires.

35. Leur traitement sera de deux mille francs. Leur logement, dans les cas prévus par les réglemens, sera de quatre

---

(1) Une circulaire du 1 décembre 1812, A, porte à l'égard des enfans de troupe des corps de cavalerie, admis aux places d'élèves militaires entretenus aux frais du gouvernement, que les dépenses faites par l'état pour le trousseau de ces enfans qui, après le délai nécessaire aux épreuves, seraient reconnus n'avoir pu réunir, au moment où ils ont été choisis, les conditions exigées pour l'admission, seront mises au compte des conseils qui auront nommé ces enfans.

cents francs, et l'indemnité de route de trois francs : en temps
de guerre, ils auront droit à deux rations de fourrages.

36. Leur uniforme sera celui des professeurs des écoles
vétérinaires.

37. A l'avenir, les places qui vaqueront dans la première
classe des inspecteurs, seront remplies par des inspecteurs
de seconde classe ; et ceux-ci seront remplacés par des vétérinaires brevetés médecins.

38. En temps de guerre, ils seront chargés en chef du service vétérinaire des grands parcs d'artillerie, du génie et des
équipages, des dépôts généraux de chevaux pour les troupes
à cheval, et autres grands établissemens permanens ou temporaires formés pour le service général de l'armée.

39. En temps de paix, les vétérinaires-inspecteurs pourront
être placés près des dépôts qui seraient formés pour la réception des remontes. Ils seront également employés, par
notre ministre-*directeur*, à faire des tournées pour s'assurer
de la manière dont nos chevaux de troupes sont soignés et
traités par les vétérinaires des corps, reconnaître la salubrité
ou l'insalubrité des écuries des différens quartiers de cavalerie,
et proposer toutes les mesures sanitaires propres au bon entretien et à la conservation des chevaux.

§. III. *Des vétérinaires dans les corps.*

40. Il y aura, dans chacun de nos régimens de troupes à
cheval et bataillons du train, un maréchal vétérinaire en premier et un maréchal vétérinaire en second. Ceux qui s'y trouvent prendront ces dénominations ; le plus ancien celle de
maréchal vétérinaire en premier (1) ; s'il y en a trois, le
troisième sera maréchal vétérinaire surnuméraire (2).

41. Lorsqu'il vaquera une place de maréchal vétérinaire en
premier, notre ministre-directeur, sur la présentation du
conseil d'administration, nommera, soit le vétérinaire en second du régiment ou bataillon, soit tout autre vétérinaire en
second (3).

---

(1) En suite de nouvelles dispositions, les maréchaux vétérinaires conserveront le rang que leur attribue leur nomination. Circ. du 2 juillet
1813, A.

(2) Au moment où ce décret a été publié, il y avait, dans les corps
de cavalerie, des artistes vétérinaires dont le traitement était de
100 francs par mois (voy. le *num.* 72, vol. II, pag. 29), et des
aides vétérinaires ayant un traitement annuel de 600 fr. (*Décret* du
24 *décembre* 1812, journ. milit., pag. 224.) Ces militaires doivent
actuellement être traités d'après les dispositions du décret du 15 juin
1813. Voy. le tarif, *num.* 67. -- D'après les dernières ordonnances
d'organisation, plusieurs des corps de cavalerie n'ont qu'un seul maréchal vétérinaire. Voy. *la 4.ᵉ et la 5.ᵉ sect. du chap.* 5.

(3) Les conseils observeront, néanmoins, qu'aucun vétérinaire ne doit

42. Les places de maréchaux vétérinaires en second seront données aux élèves militaires qui auront achevé leurs cours; elles le seront par numéro d'ordre, en raison du mérite, sur les listes formées par le jury d'examen.

A défaut de vacance, les élèves seront surnuméraires, et attendront leur placement dans le grade et la solde de maréchal-des-logis; mais ils seront les premiers placés sur toutes les troupes à cheval et bataillons du train.

Les élèves du second cours, dès l'instant où ils le commenceront, compteront comme vétérinaires surnuméraires, et dateront de là pour le rang et la solde progressive.

Avant dix ans de service, les titulaires ou surnuméraires qui ne montreraient pas assez de capacité pour leur emploi, rentreront dans les rangs comme sous-officiers. Ceux qui mériteront de le perdre pour inconduite, rentreront dans les rangs comme soldats; s'ils ont plus de dix ans de service, ils seront renvoyés. Dans l'un et l'autre cas, le ministre-directeur prononcera sur le rapport du colonel.

43. Les maréchaux vétérinaires seront employés en temps de guerre, le premier aux escadrons, le second au dépôt. En paix, si le régiment est séparé, le vétérinaire en premier sera attaché à la portion du corps la plus considérable : si le régiment est réuni, le conseil d'administration leur partagera le service et traitera avec chacun d'eux. Ils seront tenus d'agir de concert pour toutes les opérations où le concours de deux vétérinaires est utile; et, dans ce cas, le vétérinaire en premier les dirigera.

Les maréchaux vétérinaires surnuméraires, en temps de paix, compteront dans les cadres; en temps de guerre, ils seront hors des cadres et en plus.

A défaut de vétérinaires surnuméraires, les régimens sont autorisés à choisir, pour y suppléer, un ou deux maréchaux-des-logis, brigadiers, cavaliers ou maréchaux-ferrans. Ils feront partie des cadres dans les corps sur le pied de paix, et seront en plus dans ceux sur le pied de guerre. Ils recevront, tant qu'il sera utile de les employer comme vétérinaires, la solde du grade immédiatement au-dessus du leur (1).

---

cesser ses fonctions sans l'autorisation du ministre, et que, dans le cas où l'un d'eux serait jugé hors d'état de continuer son service, la proposition de sa réforme, appuyée de la décision de l'inspecteur-général d'armes, doit être adressée au ministère pour être soumise à son approbation. *Circul.* du 2 juillet 1813, A.

(1) Les corps qui croiront nécessaire de prendre ainsi des hommes de troupe, auront à rendre compte au ministre de la situation de leur service vétérinaire, et des choix qu'ils auront faits : les motifs de ces choix doivent être fondés sur les services et sur les connaissances que peut donner la pratique. Le ministre fera connaître sa décision

44. Le maréchal vétérinaire en premier portera les galons de maréchal-des-logis-chef, et aura rang après les adjudans, avec l'habillement décrété le 7 février dernier (1).

Le maréchal vétérinaire en second aura rang après les maréchaux-des-logis-chefs; et portera les galons de maréchal-des-logis ordinaire, avec le même habillement que le vétérinaire en premier (1).

Les vétérinaires surnuméraires porteront l'habit des maréchaux-des-logis ordinaires, et prendront parmi eux leur rang d'ancienneté, à dater de leur arrivée au corps.

45. La solde des maréchaux-vétérinaires sera fixée ainsi qu'il suit (2).

Le temps que les maréchaux vétérinaires en premier auront passé comme maréchaux vétérinaires en second ou surnuméraires, leur sera compté pour les faire jouir de cette solde graduée. Il en sera de même des maréchaux vétérinaires en second, pour le temps qu'ils auront passé dans le surnumérariat.

Sous le rapport des autres prestations, et dans les différentes positions, les maréchaux vétérinaires en premier seront traités sur le même pied que les adjudans, et les maréchaux vétérinaires en second, comme les maréchaux-des-logis-chefs.

Les surnuméraires seront en tout traités selon leur grade militaire.

La retraite des maréchaux vétérinaires en premier, en second et surnuméraires, sera réglée au prorata de leur solde et de leurs services.

46. Les traitemens fixés par l'article précédent courront du 1.ᵉʳ juillet 1813.

47. Nos régimens de troupes à cheval cesseront d'envoyer aux écoles vétérinaires les officiers ou sous-officiers que notre arrêté du 24 prairial an 11 les autorisait à y détacher, pour y acquérir les connaissances de l'hippiatrique. Ceux qui s'y trouvent, rejoindront leur corps immédiatement après la publication du présent décret (3).

48. Les décrets antérieurs contraires au présent sont rapportés.

---

aux corps ; circul. du 2 juillet 1813, A. — Les conseils doivent continuer à adresser au ministère, au commencement de chaque année, le contrôle de leurs maréchaux vétérinaires ; voy. la note de la pag. 838 du vol. II, 2.ᵉ partie.

(1) Voy. le *numéro* 483, pag. 304 du vol. III : ce décret se trouve abrogé à peu près en entier par les actes qui depuis ont été rendus sur cette matière : ces actes ne font néanmoins aucune mention particulière des maréchaux vétérinaires. — Une circul. du 2 sept. 1813, A. (journ. milit., pag. 139), contenait aussi quelques dispositions sur le remplacement des effets des maréch. vétérin.

(2) Voy. le tarif, *num.* 67.

(3) Voy. la note placée au-dessous du titre de ce *numéro.*

N.º 857.

*Ordonnance du Roi qui rétablit l'école royale mili-
taire créée par l'édit du mois de janvier 1751 (1).*

Du 30 juillet 1814.

LOUIS, par la grâce de Dieu, etc.

Art. 1.ᵉʳ Les trois écoles militaires actuellement existantes
sous la dénomination de l'*école militaire de Saint-Cyr*, de
l'*école militaire de Saint-Germain*, et de *prytanée militaire de
la Flèche*, sont supprimées.

2. L'école royale militaire créée par l'édit du mois de
janvier 1751 sera rétablie, avec les modifications que les circonstances exigent, et qui nous seront proposées ultérieurement
par notre ministre de la guerre.

3. Cette école sera établie le plutôt qu'il sera possible, à
Paris, dans les bâtimens de l'ancienne école militaire.

En attendant, elle sera placée dans le local qu'occupe en
ce moment l'école de Saint-Cyr.

4. Tous les élèves qui font partie de l'école de Saint-Cyr
et de celle de Saint-Germain, seront maintenus dans la nouvelle école, et y jouiront des mêmes avantages.

5. L'école royale et militaire de la Flèche sera également
rétablie sur l'ancien pied, sauf les changemens nécessaires ;
elle servira d'école préparatoire à l'école militaire de Paris.

6. Notre ministre de la guerre fera rédiger un réglement
général sur la composition de l'état-major et du corps en-
seignant dans l'école royale militaire et l'école de la Flèche,
sur le nombre d'élèves qui sera reçu dans ces deux maisons,
sur les études, la police, la discipline et l'administration.

Ce réglement sera soumis à notre approbation ; voulant par-
là faire connaître l'intérêt particulier que nous portons à ces
deux établissemens, et les soins qu'il est dans notre intention
de donner à leur prospérité.

---

(1) Voy. les observations que nous avons faites sur les écoles militaires,
pag. 822 du vol. II. — L'édit de 1751 se trouve inséré dans le code
militaire de Briquet, vol. 8, pag. 280.

N.º 858.

Ordonnance du Roi portant organisation des écoles royales militaires.

Du 23 septembre 1814.

LOUIS, etc.

Art. 1.ᵉʳ Le nombre des élèves qui seront reçus dans les écoles royales militaires, en vertu de notre ordonnance du 30 juillet, pourra être porté jusqu'à mille, savoir :

Six cents à l'école de la Flèche ;

Quatre cents à l'école de Saint-Cyr.

2. Ils seront élevés aux frais de l'état. Néanmoins les jeunes gens qui sont en ce moment aux écoles de Saint-Cyr et de la Flèche, en qualité d'élèves pensionnaires, continueront à y payer leurs pensions ; nous réservant d'admettre par la suite aux nouvelles écoles, comme élèves aux frais de leurs familles, des enfans qui n'auront pas des droits suffisans pour obtenir des places gratuites.

3. Il sera pourvu aux dépenses sur les fonds mis à la disposition de notre ministre de la guerre, jusqu'à ce qu'une dotation spéciale ait été affectée aux deux écoles (1).

4. Les élèves seront nommés par nous sur la présentation de notre ministre de la guerre.

5. Ils seront admis à l'école de la Flèche dès l'âge de huit ans ; ils y resteront jusqu'à quinze : à cet âge ils passeront à l'école de Saint-Cyr pour achever leurs études.

6. Aucun élève ne sera reçu à l'école de Saint-Cyr s'il n'a d'abord été élevé à celle de la Flèche, nous réservant de faire à cette règle générale les exceptions que des cas particuliers nous paraîtraient mériter (2).

---

(1) Voy. l'ordonn. du 12 décembre 1814, *num.* 821, portant le rétablissement de dotations spéciales en faveur de l'hôtel royal des invalides, des écoles militaires et de l'ordre de St.-Louis.

(2) Une *ordonnance* du 6 juillet 1815, porte que l'école royale militaire de St.-Cyr, sera momentanément dissoute ; une 2.ᵉ ordonnance du 6 septembre suivant, arrête qu'il sera établi à St.-Cyr, dans le local qu'elle occupait, une seconde école préparatoire, dont l'organisation et le régime seront les mêmes qu'à l'école royale militaire de la Flèche, et tels qu'ils ont été prescrits par l'ordonnance du 23 septembre 1814.

Il résulte de la circul. qui a été adressée par le ministre de la guerre le 13 octobre 1815, aux préfets des départemens, que S. M. ne voulant pas s'écarter des dispositions de sa première ordonnance du 23 septembre 1814, qui exige que tous les élèves des écoles militaires

7. Pour être susceptible d'obtenir une place d'élève, il faudra :

Que le candidat ait plus de huit ans et moins de dix (les enfans orphelins de père et de mère pourront être présentés jusqu'à l'âge de treize ans) ;

Qu'il n'ait aucune infirmité, et ne soit ni estropié, ni contrefait ;

Qu'il sache lire et écrire ;

Que les parens justifient qu'ils sont hors d'état de pourvoir aux frais d'éducation de leurs enfans.

Notre intention est que, parmi les candidats qui rempliront toutes les conditions requises, on choisisse de préférence ceux qui seront orphelins de père et de mère ; ceux dont le père aura été tué sur le champ de bataille ou sera mort de ses blessures ; et, successivement, ceux à qui la position de leurs familles rendra des secours plus nécessaires pour faire leur éducation.

8. A l'école de la Flèche, on enseignera aux élèves les langues anciennes, les élémens des mathématiques, de l'histoire et de la géographie ; on leur apprendra le dessin, et on les exercera à l'école du soldat et à celle de peloton.

9. A l'école de Saint-Cyr, on leur fera continuer l'étude des mathématiques, de l'histoire et de la géographie ; ils feront un cours de belles-lettres ; ils apprendront l'allemand, l'anglais, l'italien, le dessin de la carte, l'école de bataillon et celle d'escadron, la fortification, les principales manœuvres d'artillerie, l'escrime, la natation.

10. Tous les élèves indistinctement iront au manége : ceux qui devront être placés dans des régimens de troupes à cheval, suivront un cours particulier plus complet.

11. Les élèves resteront trois ans à l'école de Saint-Cyr ; ils seront ensuite placés comme sous-lieutenans dans l'infanterie ou la cavalerie.

12. Les écoles royales et militaires ne fourniront point d'élèves pour l'artillerie ni pour le génie ; ces deux armes ayant des écoles spéciales qui continueront à être alimentées par les élèves de l'école polytechnique.

13. Les services militaires des élèves leur seront comptés à dater du jour de leur entrée à l'école de Saint-Cyr.

---

aient fait leur éducation première à la Flèche, a reconnu que cette seule école ne pourrait suffire aux remplacemens, et qu'elle a en conséquence créé, par une ordonnance du 6 septembre, une seconde école préparatoire, dont l'organisation et le régime seront les mêmes qu'à celle de la Flèche ; et que cette nouvelle école sera établie à St.-Cyr.

Voy. l'instruction ci-après, relative aux familles qui désirent faire admettre leurs enfans aux écoles royales militaires.

14. Un lieutenant-général sera chargé, sous l'autorité du ministre de la guerre, du gouvernement de l'école de Saint-Cyr ; il aura en même temps l'inspection de l'école de la Flèche.

15. Un maréchal-de-camp commandera l'école de Saint-Cyr, sous les ordres du gouverneur.

Il y aura, en outre, à cette école (1).

17. Indépendamment des directeurs des études, il y aura deux inspecteurs des études, l'un pour les lettres, l'autre pour les sciences, qui se rendront deux fois par an à chacune des écoles ; ils examineront les élèves, les méthodes d'enseignement, et en rendront compte directement au ministre de la guerre.

Les élèves ne pourront passer de l'école de la Flèche à celle de Saint-Cyr, et de celle de Saint-Cyr dans les régimens, qu'après avoir été examinés par les inspecteurs des études, et jugés suffisamment instruits.

18. Un commissaire des guerres sera attaché à chaque école.

Le ministre de la guerre désignera l'inspecteur, le sous-inspecteur ou l'adjoint qui sera chargé de passer les revues.

31. Les commissaires des guerres veilleront à ce que tout ce qui est relatif aux détails de l'administration s'exécute d'après ce qui sera ordonné par les réglemens, les délibérations du conseil, et les ordres particuliers du ministre de la guerre.

Ils vérifieront et ordonneront toutes les dépenses avant qu'elles soient ordonnancées par l'intendant ou par l'administrateur.

34. Au commencement de chaque année, il sera tenu à Saint-Cyr un grand conseil d'administration, qui sera présidé par notre ministre de la guerre.

A ce conseil, le gouverneur de l'école de Saint-Cyr présentera le compte général des recettes et dépenses qui auront été faites à l'école pendant l'année précédente ; il remettra l'état des sommes présumées nécessaires pour le service de l'année, soit pour les dépenses ordinaires, soit pour les dépenses extraordinaires ; il appuiera cet état des plans et devis des réparations et des travaux à faire pour constructions nouvelles, de l'état des objets de mobilier à acheter ou à vendre, et de l'inventaire général du mobilier.

_____

(1) Nous avons cru pouvoir nous dispenser de placer ici les articles 15, 16, 19, 20, 21, 22, 23, 24, 25, 26, 27, 28, 29, 30, 32 et 33, qui ne sont point essentiels à connaître par les militaires. Ces art. traitent des officiers qui seront entretenus à l'école pour la police des élèves et pour leur instruction milit. ; des professeurs, du régime et de l'administration intérieure de l'école. *Voir le bulletin des lois, num.* 49, 7.ᵉ *série.*

Le commandant de l'école de la Flèche fournira les mêmes états.

Après avoir examiné les comptes et les divers états qui lui seront soumis, le grand conseil arrêtera le budget de l'année, et les changemens ou les améliorations à faire dans le mode d'administration.

On s'occupera aussi, dans le grand conseil, de l'instruction et des moyens de perfectionner l'enseignement.

35. Le grand conseil sera composé,

Du ministre de la guerre,

Du gouverneur,

Du commandant de l'école de Saint-Cyr,

De deux officiers-généraux qui seront désignés par le ministre de la guerre,

Des deux inspecteurs des études,

Du directeur des études de l'école de Saint-Cyr,

Et d'un commissaire-ordonnateur des guerres, désigné par le ministre.

Le secrétaire-archiviste remplira les fonctions de secrétaire.

36. L'intendant et le trésorier de l'école de Saint-Cyr, l'administrateur et le directeur des études de l'école de la Flèche, et les commissaires des guerres des deux écoles, pourront être appelés au grand conseil d'administration pour donner des renseignemens; mais ils n'y auront pas voix délibérative.

37. Notre ministre de la guerre déterminera par des réglemens de police et d'administration, les mesures d'exécution qui n'ont pas été prescrites par la présente ordonnance, de l'exécution de laquelle il est chargé.

N.° 859.

Ordonnance du Roi contenant réglement pour l'admission d'élèves pensionnaires dans les écoles royales militaires de Saint-Cyr et de la Flèche.

Du 18 novembre 1814.

LOUIS, par la grâce de Dieu, etc.

Nous avons ordonné et ordonnons ce qui suit :

Art. 1.er Il sera admis dans les écoles royales militaires de Saint-Cyr et de la Flèche, des élèves pour lesquels leurs familles paieront une pension.

2. Ces élèves seront nommés par nous, sur la présentation de notre ministre de la guerre, comme les élèves du gouvernement.

3. Ils devront remplir les conditions exigées par les arti-

cles 6 et 7 de notre ordonnance du 23 septembre dernier, pour l'âge, l'instruction et la bonne constitution.

4. Le nombre des élèves pensionnaires ne pourra excéder, dans chaque école, la moitié du nombre des élèves gratuits admis ; de manière qu'il y ait toujours les deux tiers des élèves aux frais de l'état, et un tiers seulement aux frais des familles.

5. Le prix de la pension est fixé à quinze cents francs par an pour l'école de Saint-Cyr, et douze cents francs pour l'école de la Flèche.

6. Cette fixation n'est applicable qu'aux élèves qui seront admis en vertu de la présente ordonnance : ceux qui sont déjà aux écoles, continueront à ne payer que le prix de la pension précédemment fixé à douze cents francs pour l'école de Saint-Cyr, et à huit cents francs pour celle de la Flèche.

N.º 860.

Ordonnance du Roi, portant établissement à Saumur, d'une école d'instruction pour les troupes à cheval.

Du 23 décembre 1814.

(*Nota.*) Une semblable école d'instruction avait été créée par la loi du 16 fructidor an 4 (journ. milit., vol. 14, pag. 33) ; le régime de cette école avait subi diverses modifications par suite de la loi du 23 floréal an 6, et des arrêtés des 18 nivôse an 7, 27 vendém. an 9 et 14 ventôse an 11 (même journ., vol. 17, pag. 914 ; suppl., vol. 6, pag. 388 ; vol. 22, pag. 324, et vol. 26, pag. 386) : la suppression en fut ordonnée par un décret du

ART. 1.ᵉʳ IL sera établi à Saumur une école d'instruction des troupes à cheval.

Notre ministre de la guerre prescrira de suite les dispositions nécessaires pour que cette école soit ouverte le 1.ᵉʳ mars prochain.

2. Cette école est destinée à former des instructeurs pour tous les corps de cavalerie.

A cet effet, chacun des *corps royaux à cheval* (1) et des régimens de carabiniers, de cuirassiers, de dragons, de *lanciers*, de chasseurs, de hussards et d'artillerie légère, enverra à l'école quatre élèves ;

Les escadrons du train d'artillerie et ceux des équipages militaires enverront deux élèves ;

La compagnie du train du génie en enverra un.

---

(1) Des corps à cheval de la garde royale. *Circul. du* 19 *mars* 1816.

3. Néanmoins notre ministre de la guerre pourra augmenter ou diminuer ce nombre, d'après la demande des chefs de corps, lorsque les inspecteurs-généraux se seront assurés et lui auront fait connaître qu'une augmentation est indispensable, ou qu'une réduction ne peut avoir aucun inconvénient.

4. La moitié des élèves sera prise parmi les lieutenans ou les sous-lieutenans ; l'autre moitié, parmi les maréchaux-des-logis ou les brigadiers (1).

5. Les élèves devront avoir au moins dix-huit ans, et pas plus de trente ; être d'une bonne conformation, et montrer des dispositions et du goût pour l'équitation et le service militaire.

Avant leur départ du corps, ils contracteront l'engagement d'y revenir, pour exercer pendant deux ans au moins l'emploi d'instructeur.

6. La première fois, la désignation des élèves sera faite par les chefs des corps ; mais à l'avenir ils ne feront que présenter les sujets aux inspecteurs-généraux d'armes, qui, après les avoir examinés, en feront passer la liste au ministre de la guerre, avec leur avis, pour qu'il les appelle à l'école quand il y aura des places vacantes.

7. Le commandant de l'école désignera au ministre de la guerre, les élèves qui, après trois mois de séjour à l'école, n'auraient pas montré les dispositions nécessaires pour de-

---

(1) Une circul. adressée aux chefs des corps de cavalerie, le 30 déc. 1814, contient, relativement à l'exécution de cette ordonnance, quelques dispositions qu'il est utile de connaître.

Le choix des officiers ne doit point être fait parmi ceux qui auront droit à un avancement trop prochain ; ce qui pourrait les autoriser à demander de quitter l'école, pour rentrer au régiment ou pour passer dans un autre corps : les sous-officiers doivent être habillés à neuf ; on doit leur fournir les meilleurs chev. du régim. également équipés à neuf.

A l'avenir les mémoires de proposition, dressés suiv. le modèle annexé à cette *circul.*, doivent être remis à l'inspecteur-général d'armes, qui les transmet au ministre avec les comptes de son inspection. On doit choisir autant de suppléans que le régim. aura d'élèves à envoyer, en en prenant la moitié parmi les offic., et l'autre moitié parmi les sous-officiers.

Les élèves ne pourront se rendre à l'école, qu'après que l'on aura reçu pour eux un ordre d'admission, conforme au modèle num. 2, annexé à la même circulaire.

On doit adresser le montant de la masse de linge et chauss., de chaque sous-officier, au conseil d'administration de l'école d'instruct., chargé de faire réparer ou remplacer les effets de petit équipement.

Les chefs des corps doivent être très-sévères sur les choix qu'ils auront à faire, et ne doivent pas perdre de vue que les élèves seront renvoyés après trois mois de séjour à l'école, s'ils n'annoncent pas des disposit. ou si leur conduite n'est pas régulière.

venir de bons instructeurs, ou qui n'auraient pas tenu une conduite régulière : le ministre pourra , sur les rapports du commandant, ordonner que ces élèves soient renvoyés à leurs corps et remplacés à l'école.

8. Les inspecteurs-généraux d'armes feront connaître au ministre de la guerre , lors de leurs inspections dans les corps, les élèves qui auront le mieux rempli les fonctions d'instructeurs, et pourront les proposer soit pour de l'avancement, soit pour des gratifications.

9. Les élèves officiers ameneront à l'école leurs chevaux ; les élèves sous-officiers viendront avec des chevaux du régiment ; ils s'en serviront pour les exercices militaires et les manœuvres.

10. Indépendamment des chevaux de troupe amenés par les élèves , il sera attaché à l'école le nombre de chevaux de manége qui sera jugé nécessaire, et que fixera le ministre de la guerre.

11. Les élèves porteront à l'école l'uniforme du régiment auquel ils appartiennent.

Avant le départ des sous-officiers pour se rendre à l'école, il leur sera fourni par les corps un habillement neuf complet (1).

12. L'école sera commandée par un lieutenant-général, ayant sous ses ordres ,

Un colonel ,
Deux chefs d'escadron ,
Six capitaines.

Ces officiers seront nommés par nous, sur la présentation du ministre de la guerre.

L'un des chefs d'escadron et trois capitaines seront choisis parmi les officiers qui auront servi dans la grosse cavalerie ; les autres seront choisis parmi les officiers de troupes légères.

Il sera de plus attaché à l'école,

Un quartier-maître , un chirurgien-major , deux écuyers , deux sous-écuyers , un professeur d'hippiatrique , un artiste vétérinaire , un conservateur de bâtimens , un garde-magasin , deux trompettes , un maître sellier , un maître éperonnier , deux piqueurs , trois maréchaux-ferrans.

---

(1) On enverra en outre, par régiment, un cavalier qui sera chargé de panser les chevaux des officiers et sous-officiers de son régiment. Ce caval. n'amènera point de cheval à l'école ; il laissera ses armes au régiment et n'apportera que son sabre ; on suivra pour sa masse et pour son habillement, les mêmes dispositions que pour les sous-officiers élèves ; il jouira pendant son séjour à l'école , où il ne doit être détaché que pour le temps qu'y passeront les élèves avec lesquels il sera venu , d'un supplém. de six fr. par mois qui lui seront payés par l'école. Le choix doit être fait par le chef du corps. *Circul. du 19 mars 1816.*

Et le nombre de palefreniers qui sera déterminé par le ministre de la guerre, à raison d'un pour quatre chevaux.

Tous seront nommés par le ministre de la guerre.

13. Les officiers et sous-officiers élèves seront traités à l'école, pour la solde, les indemnités, les fournitures et les masses, comme ils le seraient dans leurs régimens (1).

14. Le lieutenant-général-commandant, le colonel, les chefs d'escadron, les capitaines, le quartier-maître et le chirurgien-major, et les trompettes, recevront le traitement d'activité de leurs grades.

Ils jouiront en outre, à titre de supplément, du tiers de leur traitement.

Le lieutenant-général-commandant ne touchera point ce supplément ; il lui sera alloué un traitement extraordinaire particulier.

15. Les appointemens des fonctionnaires civils et agens sont fixés ainsi qu'il suit :

Écuyer 4,000 francs ; sous-écuyer 2,500 francs ; professeur d'hippiatrique 3,000 francs ; artiste vétérinaire 2,000 francs ; conservateur des bâtimens 2,400 francs ; garde-magasin 1,200 francs ; maître sellier 1,200 francs ; maître éperonnier 1,200 francs ; piqueur 1,200 francs ; maréchal-ferrant 1,000 francs ; palefrenier 800 francs.

Ils n'auront droit à aucun supplément.

16. Les fonds nécessaires pour le paiement des appointemens des fonctionnaires et agens, et du traitement extraordinaire du lieutenant-général-commandant, pour la nourriture des chevaux de manége, leur remplacement, l'entretien des effets de sellerie, les réparations à l'habillement des élèves sous-officiers, l'habillement des trompettes, et les frais de bureau et autres, seront pris sur le fonds de la dotation des

---

(1) Chaque sous-officier élève de l'école de Saumur, sans distinction de grade ni d'arme, recevra par mois, à compter du 1.er mars 1817, un supplément de 20 fr. Ce supplém. ne sera payé que pour les journées de présence à l'école ; il sera à la charge des corps qui le prendront sur le produit de la vente des fumiers ; et dans le cas où ce produit serait insuffisant (ce qui sera prouvé par le moyen d'un état indiquant le nombre des chevaux du régim. et d'un second état présentant la situation de la masse et le détail des recettes et dépenses pendant les douze mois qui auront précédé l'époque à laquelle la demande sera faite ; états sur lesquels les sous-inspecteurs feront connaître leur opinion), sur des fonds particuliers qui seront accordés par le ministre.

Les fonds en seront adressés au conseil d'administrat. de l'école et remis aux sous-officiers qui seront tenus de se pourvoir à leurs frais de bottes molles à l'écuyère, de chapeaux, de cravaches, de l'ordon. sur la cavalerie, de papier, etc., pour les cours, et en outre de fournir au salaire de cuisiniers, à la locat. des ustens. et du linge de cuisine, et aux réparat. à faire à leur habillem. *Circul. du* 28 *févr.* 1817.

invalides, des écoles militaires et de l'ordre de Saint-Louis, d'après le budget qui sera arrêté chaque année par le ministre de la guerre.

17. La solde des militaires et le supplément qui leur est accordé par l'article 14, seront acquittés sur les fonds de la solde.

18. L'administration de l'école sera confiée à un conseil qui sera composé,

Du lieutenant-général-commandant,

Du colonel,

D'un capitaine.

Le quartier-maître sera secrétaire du conseil, sans voix délibérative.

19. Le ministre de la guerre déterminera, par un réglement particulier, le mode d'instruction qui sera suivi à l'école, et et les heures d'exercice.

N.° 861.

Instruction pour les familles qui désirent faire admettre leurs enfans aux écoles royales militaires.

Du........ 1815.

Il y a dans ce moment deux écoles : l'une est établie dans le collége royal de la Flèche, l'autre est placée dans l'ancienne maison royale de Saint-Cyr, près Versailles.

Dans ces deux écoles, les élèves seront reçus dès l'âge de huit ans ; ils y restent jusqu'à quinze ans : lorsqu'ils auront atteint cet âge, ils passeront à une troisième école pour achever leurs études. Le cours complet sera de trois ans à cette dernière école (1) ; elle n'est point encore formée.

Aucun élève ne pourra être reçu à la grande école, s'il n'a d'abord été élevé à celle de la Flèche ou à celle de Saint-Cyr.

Aux deux écoles préparatoires, on enseigne aux élèves les langues anciennes, les élémens des mathématiques, de l'histoire et de la géographie ; on leur apprend le dessin ; on les exerce à l'école du soldat et à celle de peloton.

A la grande école, on leur fera continuer l'étude des mathématiques, de l'histoire et de la géographie ; ils feront un

---

(1) L'école de Saint-Cyr a été momentanément dissoute. Voy. la note de l'art. 6 du *numéro* 858, p. 421.

cours de belles-lettres ; ils apprendront l'allemand, l'anglais, l'italien, le dessin de la carte, l'école de bataillon et celle d'escadron, la fortification, les principales manœuvres d'artillerie, l'escrime, la natation. Tous les élèves indistinctement iront au manége.

A la fin de leurs études, les élèves seront susceptibles d'être placés, avec le grade de sous-lieutenant, dans les régimens d'infanterie ou de cavalerie.

Les élèves qui, après avoir terminé leurs études à l'école de la Flèche ou à celle de Saint-Cyr, sont destinés par leurs familles à une carrière autre que celle des armes, peuvent se retirer de cette école, sur la demande que leurs parens adressent au ministre de la guerre.

Les élèves sont admis aux frais du gouvernement, ou aux frais de leurs familles.

Pour l'école de la Flèche et celle de Saint-Cyr, ils doivent,

1.º Avoir plus de huit ans, et moins de dix. (Les enfans orphelins de père et de mère peuvent être présentés jusqu'à l'âge de treize ans);

2.º N'être ni estropiés, ni contrefaits, et n'avoir aucune infirmité ;

3.º Savoir lire et écrire.

Les candidats pour les places d'élèves aux frais du gouvernement, doivent, de plus, être fils de parens qui soient hors d'état de pourvoir aux frais de leur éducation.

Les parens des candidats pour les places d'élèves aux frais de leurs familles, doivent justifier qu'ils ont une fortune suffisante pour payer la pension de leurs enfans. Cette pension est de 1200 fr. par an à l'école de la Flèche, et de 1500 fr. à celle de Saint-Cyr.

Les élèves admis à l'école de la Flèche ou à celle de St.-Cyr, aux frais du gouvernement, passeront en la même qualité à la grande école. Les élèves admis aux frais de leurs parens continueront à payer leurs pensions.

Les élèves du gouvernement et les élèves pensionnaires fournissent en entrant à l'école de la Flèche ou à celle de Saint-Cyr, un trousseau qui est entretenu et renouvelé aux frais de l'établissement ; ils n'en fourniront point un nouveau lorsqu'ils seront envoyés à la grande école.

Les parens qui désireront faire admettre leurs enfans aux écoles royales militaires, adresseront leur demande au ministre secrétaire d'état de la guerre.

Ils y joindront,

1.º L'acte de naissance de leur enfant ;

2.º Un certificat du médecin ou du chirurgien, légalisé par l'autorité du lieu, constatant que l'enfant n'a aucune infirmité, n'est ni estropié, ni contrefait.

Il faudra avoir soin d'y faire indiquer si l'enfant a eu la petite vérole naturelle, ou a été vacciné;

3.° Un certificat d'un instituteur tenant une maison publique d'instruction, ou d'un professeur attaché à une école quelconque, attestant que l'enfant sait lire et écrire.

Ce certificat sera aussi légalisé par une autorité du lieu.

4.° L'engagement de verser dans la caisse de l'école, au moment où ils y présenteront leur enfant, une somme de 600 fr. pour le prix de son trousseau.

Les parens qui demanderont une place aux frais du gouvernement, ajouteront à ces trois pièces un certificat dans lequel le maire de leur commune, le sous-préfet de leur arrondissement ou le préfet du département qu'ils habitent ordinairement, déclarera, sur l'attestation de deux témoins bien famés, qu'il est de notoriété publique qu'ils sont dans l'impossibilité absolue de faire élever leurs enfans. Si ce certificat n'est pas délivré par le préfet, il devra lui être soumis, pour qu'il confirme, s'il y a lieu, la déclaration du maire ou du sous-préfet. On n'aura aucun égard aux certificats qui ne seront pas revêtus de cette formalité (1).

Les parens des élèves présentés pour des places de pensionnaires, produiront un certificat de fortune, délivré par les mêmes autorités et soumis aux mêmes formalités; ils enverront également une note, signée d'eux, indiquant leur profession, et les emplois qu'ils ont exercés ou qu'ils exercent encore.

L'intention formelle de Sa Majesté étant que, parmi les candidats pour les places d'élèves du gouvernement qui rempliront toutes les conditions requises, on choisisse de préférence, d'abord ceux qui sont orphelins de père et de mère, ensuite ceux dont le père aura été tué sur le champ de bataille ou sera mort de ses blessures, puis successivement ceux à qui la position de leurs familles rendra des secours plus nécessaires pour faire leur éducation : les parens auront l'attention de faire connaître, dans leur demande, la position dans laquelle se trouve l'enfant.

S'il est orphelin de père et de mère, ils le justifieront en donnant l'acte de décès du père et celui de la mère.

Si le père a été tué sur le champ de bataille ou est mort de ses blessures, ils fourniront son acte de décès et les cer-

_____

(1) Une circul. ministérielle du 14 décembre 1814 appelle toute l'attention des préf. sur l'accomplissement de cette formalité, afin que les intentions de S. M. ne soient point éludées, et qu'en admettant des enfans dont les familles auraient des ressources suffisantes pour leur éducation, on ne soit pas exposé à priver des bienfaits du gouvernement ceux qui, sans secours, seraient réduits à ne recevoir aucune instruction.

tificats qui prouveront qu'il est mort sur le champ de bataille ou par suite des blessures qu'il a reçues.

Si le père existe, et qu'il soit au service ou qu'il y ait été, il produira l'état de ses services, visé par une autorité ; s'il n'a pas servi, mais que ses ancêtres aient servi, il enverra une note de leurs service assez détaillée pour que la vérification puisse en être faite dans les archives du départ. de la guerre.

Quelle que soit la position de l'enfant pour lequel on réclamera une place d'élève aux frais du gouvernement, les parens ne devront pas négliger d'indiquer (s'ils ont plusieurs enfans), leur nombre, leur sexe, leur âge, les faveurs qu'ils ont obtenues pour eux du gouvernement, les emplois qu'ils occupent, s'ils sont déjà en âge de remplir quelque place.

Tous les renseignemens que l'on demande aux familles sont essentiels; on ne saurait trop leur recommander , pour leur propre intérêt, de n'en omettre aucun, puisqu'ils peuvent servir à faire placer leurs enfans dans un rang plus avantageux sur les listes qui seront mises sous les yeux de Sa Majesté.

Un dernier renseignement que l'on invite les familles à donner, c'est de dire , dans leur demande, si les enfans qu'elles présentent ont été élevés dans la maison paternelle, ou ont été mis dans des pensions particulières ou écoles publiques, en désignant les écoles ou pensions.

N.º 862.

Ordonnance du Roi portant réorganisation de l'école polytechnique.

Du 4 sept. 1816. (Bulletin des lois , num. 112.)

(*Nota.*) Les dispositions de cette ordonnance rendent inutiles celles de la loi du 25 frimaire au 8 , num. 373 , pag. 824 du vol. II. On a cru pouvoir se borner à en placer, dans ce supplément, les articles qui pouvaient être essentiels à connaître par les militaires qui se destinent à suivre les études dont l'école polytechnique est l'objet, et les diverses carrières auxquelles cette école sert de préparation.

ART. 1.er L'ÉCOLE royale polytechnique sera désormais sous la protection de notre bien-aimé neveu le Duc d'Angoulême.

2. Le but général de ladite école sera de répandre l'instruction des sciences mathématiques, physiques, chimiques et des arts graphiques.

Son but spécial sera de former des élèves pour nos écoles royales du génie militaire et de l'artillerie de terre et de mer, des ponts et chaussées, des mines, du génie maritime, des ingénieurs-géographes, des poudres et salpêtres, et pour les

antres services publics qui exigeraient des connaissances analogues.

3. L'admission des élèves de l'école royale polytechnique,
leur classement et leur sortie pour entrer, s'il y a lieu, dans
les services publics désignés en l'article 2, résulteront d'exa
mens dont les règles seront prescrites par la présente ordonnance.

4. Les candidats pour ladite école devront être âgés au moins
de seize ans, et au plus de vingt (1).

5. Les élèves seront partagés en deux divisions : la première
sera composée des élèves qui seront reconnus avoir terminé
les études de la seconde division, la seconde sera composée
des élèves nouvellement admis, et de ceux qui ne seront pas
encore parvenus à la première division.

6. La durée du cours complet d'instruction dans ladite école
sera de deux années ; cependant les élèves pourront y rester
trois ans, dans le cas prévu par l'article 5, mais jamais plus
long-temps.

7. Les élèves de l'école royale polytechnique vivront sous
un régime commun, dans le local qui est et demeure affecté
à cette destination ; ils seront vêtus uniformément ; ils seront
soumis à un réglement spécial ; le tout sans appareil militaire, et ainsi qu'il sera ultérieurement ordonné.

8. Les parens ou répondans de chaque élève seront tenus
de payer pour lui une pension annuelle de mille francs, et
de subvenir aux frais de son habillement uniforme, ainsi que
des livres et autres moyens d'étude qui lui seront personel-
lement nécessaires : le surplus des dépenses de l'école sera
pris sur les fonds affectés par nous à l'établissement.

9. Seront dispensés du paiement annuel de la pension de
mille francs, vingt-quatre élèves en faveur desquels nous instituons un égal nombre de bourses, auxquelles nous nous
réservons de nommer, sur la proposition de nos ministres de
l'intérieur, de la guerre et de la marine.

Huit de ces bourses sont attribuées au département de l'intérieur, douze à celui de la guerre, quatre à celui de la marine.

18. Tous les ans, au 1.er août, il sera ouvert, tant à Paris
que dans les principales villes du royaume, un examen public
pour l'admission des élèves à l'école polytechnique. Cet examen aura lieu conformément à un programme qui sera publié,

---

(1) D'après l'article 6 de la loi du 25 frimaire an 8, tout français qui
avait fait deux campagnes de guerre, ou un service militaire pendant
3 ans, pouvait être admis aux examens jusqu'à l'âge de 26 ans ;
l'arrêté du 12 germinal et celui du 18 fructidor an 11, portent que
les sous-officiers ou soldats d'artillerie ou des régimens du génie,
peuvent également concourir jusques à l'âge de 30 ans. *Voyez les
pages* 148, 254 et 825 du vol. II.

au moins deux mois avant l'examen, par notre ministre de l'intérieur, sur la proposition du conseil général de perfectionnement : l'examen sera terminé le 15 septembre.

19. Trois examinateurs pour l'admission à l'école seront choisis, soit parmi les membres de l'académie royale des sciences, soit parmi les personnes que le conseil général de perfectionnement aura désignées. Leur nomination nous sera proposée par notre ministre de la guerre, après qu'ils auront été agréés par notre ministre de l'intérieur.

20. Leurs fonctions seront incompatibles avec celles de professeur ou de répétiteur de l'école polytechnique, ainsi qu'avec les fonctions de professeur, instituteur ou directeur de tout établissement d'instruction publique, dans lequel on formerait des candidats pour ladite école.

21. Tout candidat pour l'école polytechnique devra,

1.° Présenter un certificat des autorités du lieu de son domicile, prouvant qu'il est digne d'y être admis sous le rapport des principes religieux, du dévouement au Roi, et de la bonne conduite ; 2.° prouver, soit qu'il a eu la petite vérole, soit qu'il a été vacciné ; 3.° posséder, outre les connaissances mathématiques et de dessin exigées par le programme, des connaissances littéraires, dont il fera preuve sous les yeux de l'examinateur, en traduisant un morceau d'un auteur latin de la force de ceux qu'on explique en rhétorique, et en traitant par écrit un sujet donné de composition.

22. Tout candidat, se destinant à un service public, devra n'être affecté d'aucune infirmité qui le rendrait peu propre à ce service, et réunir les qualités physiques qui conviendront à sa destination.

23. Il sera tenu de déclarer à l'examinateur, 1.° s'il se destine à un service public ; 2.° à quel service il se destine de préférence, et suivant quel ordre son choix se porterait sur les autres services publics, à défaut de place dans celui qu'il aurait préféré. Sa déclaration sera insérée au procès-verbal de l'examinateur.

24. Ceux des candidats qui se proposeront d'entrer à l'école seulement pour y puiser l'instruction, et sans se destiner préalablement à un service public, jouiront de cette faculté, en se conformant du reste à toutes les dispositions de la présente ordonnance.

Si, devenus élèves de l'école, ces mêmes sujets veulent concourir pour être placés dans les services publics, ils seront encore reçus à faire la déclaration susmentionnée ; mais alors ils ne pourront concourir pour les places qu'avec les élèves admis dans l'année même pendant laquelle leur dite déclaration aura lieu.

26. Chaque élève, à la fin de l'année qu'il aura passée dans la seconde ou dans la première division mentionnée en

l'article 5, subira trois examens : le premier, pour les parties mathématiques ; le second, pour la géométrie descriptive et le dessin ; le troisième, pour la physique et la chimie ; le tout conformément aux programmes qui seront arrêtés par notre ministre de l'intérieur, sur la proposition du conseil général de perfectionnement.

27. L'examen des élèves de la deuxième division aura pour objet de les faire passer dans la première ; ceux qui ne seront pas jugés capables d'être admis dans la première, pourront rester dans la seconde division pendant l'année suivante, après laquelle ils se retireront de l'école, si, par suite d'un nouvel examen, ils n'ont pas mérité de passer dans la première.

28. L'examen des élèves de la première division aura pour objet leur admission, s'il y a lieu, dans les écoles de service public.

Cet examen sera ouvert tous les ans à l'école polytechnique, vers le 1.ᵉʳ août ; il sera fait publiquement, et nos ministres, sous les ordres desquels sont rangées les écoles d'application, désigneront les fonctionnaires qui doivent y assister.

31. Tous les ans, vers le 1.ᵉʳ octobre au plus tard, il sera formé à Paris un jury pour l'admission à l'école polytechnique des candidats examinés dans le mois précédent. Ce jury, présidé par le pair de France auquel sera attribuée la présidence des conseils supérieurs de l'école, sera composé, en outre, de deux examinateurs de mathématiques et de trois examinateurs d'admission.

Ce jury dressera la liste, par ordre de mérite, de tous les candidats jugés en état d'être reçus à l'école ; et il la présentera à notre ministre de l'intérieur, qui fera expédier les lettres d'admission suivant l'ordre de cette liste, en raison du nombre des places à remplir dans les services publics, et du nombre des candidats admis sans destination déterminée.

Toute lettre d'admission fera mention expresse du numéro d'ordre obtenu par le candidat auquel elle sera délivrée. Si le candidat ne s'est pas destiné à un service public, la même lettre rappellera qu'il n'aura pas la faculté de concourir pour les places avec les élèves admis en même temps que lui.

34. Les cours d'enseignement qui auront lieu dans l'école polytechnique sont réglés ainsi qu'il suit :

Il sera fait chaque année, 1.º deux cours d'analise et de mécanique, pour chacun desquels il y aura un professeur et un répétiteur ;

2.º Un cours de géométrie descriptive, dont le professeur enseignera aussi ce qui concerne la perspective, les ombres et les machines : un répétiteur sera attaché à ce cours ;

3.º Un cours d'analise appliquée à la géométrie des courbes et à la géométrie des trois dimensions, fait par un professeur qui enseignera aussi la partie théorique de la géodésie, et l'arithmétique sociale : il y aura pour ce cours un répétiteur ;

4.º Un cours de physique, auquel seront attachés un professeur et un répétiteur ;

5.º Deux cours de chimie et de manipulations chimiques, pour chacun desquels il y aura un professeur et un répétiteur ;

6.º Un cours d'architecture, pour lequel il y aura un professeur secondé comme il sera dit ci-après ;

7.º Un cours de dessin, auquel seront attachés un professeur dirigeant cette partie de l'enseignement, deux maîtres pour le dessin de la figure et du paysage, deux maîtres pour le dessin graphique et le lavis, dont l'un secondera le professeur d'architecture ; un maître pour le dessin de la carte ;

8.º Un cours de grammaire, belles-lettres, histoire et morale, pour lequel il y aura un professeur.

35. L'ordre à établir pour ces divers cours et pour les études des élèves, sera déterminé, au moyen des programmes annuels, par le conseil de perfectionnement.

CHAPITRE ONZIÈME.

OBJETS DIVERS.

QUATRIÈME SECTION.

GARDE NATIONALE.

(*Nota.*) Voyez ce qui a été observé sur le régime des gardes nationales, à la p. 841 du vol. II. — Toutefois, la division de cette portion de la force publique en trois bans, dont il est question dans les mêmes observations, doit aujourd'hui cesser, attendu qu'elle n'est point rappelée dans les actes qui ont paru depuis le sénatus-consulte du 13 mars 1812, *numéro* 384.

Voy., à ce sujet, l'ordonnance du 16 juillet 1814, et celle du 17 juillet 1816, *num.* 866 et 870 : la première de ces deux ordonnances porte, que les gardes nationales du royaume seront divisées en gardes urbaines et rurales, et qu'elles ne pourront être déplacées que pour les cas et dans les formes qui seront déterminées par une loi ; néanmoins, jusqu'à ce que cette loi ait été rendue, les actes antérieurs, relatifs aux cas pour lesquels la garde nationale peut être requise, soit pour un service intérieur, soit pour un service d'activité militaire, continuent d'être en vigueur : Voy. le tit. 1.er du *num.* 870.

N.º 863.

Décret portant réglement sur l'organisation de la garde nationale.

Du 5 avril 1813.

(Nota.) On a cru pouvoir supprimer de ce décret les art. 1, 2, 4, 5, 6, 8, 9, 10, 11, 12, 13, 14, 15, 16, 18, 19, 21, 22, 23, 24, 25, 54 et suivans, jusqu'à la fin, comme se trouvant reproduits dans les ordonnances de Sa Majesté, ou comme n'étant particuliers qu'à la levée des gardes nationales qui a été ordonnée à l'époque où il a paru ; et même plusieurs de ceux que nous avons placés ne doivent être considérés que comme ne devant servir que de simple renseignement.

TITRE 1.er

SECTION 1.re

De l'organisation de la garde nationale dans les arrondissemens.

ART. 3. LES grenadiers et les chasseurs seront choisis parmi les hommes de vingt à quarante ans.

SECTION 2.

De la formation des contrôles généraux.

7. Tous les ans, au mois de janvier, les listes communales seront revues ; on y inscrira les habitans qui ont complété leur vingtième année, et qui n'ont point été appelés aux armées comme *conscrits*, ainsi que ceux qui auraient nouvellement acquis leur domicile dans la commune.

On raiera les habitans qui auront complété leur soixantième année, les morts, et ceux qui auraient changé de domicile (1).

SECTION 3.

De la formation des légions et des cohortes.

17. Les sous-officiers seront nommés, savoir ; les sergens, par le chef de cohorte, sur la présentation du capitaine, sauf l'approbation du chef de légion, ou, à son défaut, du préfet ;

---

(1) Voy. l'art. 23 et le titre 3 du *num.* 870.

et les caporaux, par le capitaine, sauf l'approbation du chef de cohorte (1).

20. Lorsque ces compagnies seront formées, les hommes qui les composent recevront le numéro d'ordre qui sera déterminé amiablement entre eux. Si, dans le délai de vingt-quatre heures, cet ordre n'a point été arrêté, il sera réglé par le sort.

TITRE 2.

Du service de la garde nationale dans les arrondissemens.

26. Tous les ans, les contrôles des compagnies de grenadiers et de chasseurs seront revus. On remplacera les hommes manquant dans lesdites compagnies, suivant le mode indiqué à l'article précédent, de manière que les compagnies soient toujours au complet.

27. Les règles et l'organisation du service de la force mise temporairement en activité, seront d'ailleurs les mêmes que celles du service militaire.

TITRE 3.

Des remplacemens.

28. On pourra se faire remplacer pour le service de la garde nationale, soit dans les compagnies de grenadiers ou de chasseurs, soit dans la force temporairement mise en activité.

29. Pour les compagnies de grenadiers et de chasseurs, le remplaçant ne pourra être pris que dans le même arrondissement de sous-préfecture.

30. Pour la force temporairement mise en activité, le remplaçant pourra être choisi dans tous les départemens de l'arrondissement.

31. Tout remplaçant devra être agréé par le conseil d'organisation ; et si le remplacement dans la force active a lieu sous les armes, *par le sénateur*.

32. Les remplaçans pour la force active auront plus de vingt-trois ans et moins de quarante.

Tout homme qui se fera remplacer pour le contingent à la force mise en activité, versera une somme de 120 francs à la caisse du receveur-général de son département, soit que le remplacement ait eu lieu au moment où ce contingent est fourni, soit qu'il ait eu lieu dans les compagnies de grenadiers et de chasseurs (2).

---

(1) Les sous-officiers sont nommés par le préfet, sur la présentation de l'inspecteur, et sur l'avis des sous-préfets et commandans d'arrondissemens.

(2) Ces disposit. ne sont point reproduites dans les dern. ordon. du Roi.

33. Les récépissés de ces versemens seront visés à la préfecture du département du remplacé : tout remplacé qui n'exhiberait pas ce récépissé avec son congé de remplacement, pourra être poursuivi comme déserteur (1).

34. Le remplacé répondra de son remplaçant pendant tout le temps de la durée du service auquel le remplacé était tenu (1).

TITRE 4.
De la discipline.

35. Le service d'activité militaire que fait la garde nationale l'assimile à la troupe de ligne pour le traitement, les honneurs et les récompenses, ainsi que pour la discipline.

36. Néanmoins, pour le cas de désertion, le conseil de guerre pourra ne condamner qu'à trois mois de prison ; et en cas de récidive, condamner à semblable peine et à être mis, en sortant de prison, à la disposition du ministre de la guerre (2).

37. Les peines de discipline, pour le service intérieur, sont les arrêts ou la prison pour un mois au plus, suivant l'exigence des cas ; ces punitions seront appliquées par le conseil de discipline qui sera établi dans chaque arrondissement de sous-préfecture (2).

38. En service militaire actif, les punitions pour les fautes de discipline ou de service seront toutes appliquées comme dans la ligne.

39. Il n'y aura qu'un conseil de discipline dans chaque sous-préfecture ; il sera composé d'un chef de légion, et, à défaut, d'un chef de cohorte, président ; d'un capitaine, d'un lieutenant, d'un sous-lieutenant, d'un sergent, d'un caporal et d'un garde national.

Ces membres seront choisis et désignés par le *sénateur commandant*.

40. Le conseil de discipline s'assemblera par ordre *du sénateur* ou du préfet. Il ne délibérera que sur l'application des punitions ci-dessus indiquées. Ses décisions seront au besoin exécutées par l'intervention de l'autorité administrative.

41. Indépendamment de ces peines pour faute de discipline, toutes les fois qu'un homme inscrit sur les contrôles généraux se refusera à obtempérer aux ordres qui lui seront donnés, le préfet pourra le déclarer premier à marcher comme simple grenadier ou chasseur, et même lui interdire la faculté de se faire remplacer.

42. Toutes les fois que le service aura été suspendu par

---

(1) Voy. la note précédente.
(2) Voy. le titre 4 du *num.* 870.

l'accomplissement d'une peine, le temps de la suspension ne sera point compté dans la durée du service obligé dans la force active.

TITRE 5.
Des dépenses.

43. Les dépenses de la garde nationale, à la charge des départemens, se composent, 1.º pour le service intérieur, des appointemens des adjudans, de l'achat des drapeaux, des frais de registres, papiers, contrôles et tous frais extraordinaires de bureau occasionnés par l'organisation des levées et les détails de la garde nationale (1);

2.º Pour le service d'activité, de la première mise de l'habillement.

44. Les préfets sont chargés de la comptabilité de tous les frais de la garde nationale en service intérieur ; ils ordonnanceront ces frais, soit sur les états des dépenses dressés par les sous-préfets pour les dépenses d'administration, soit sur ceux dressés par les commandans de cohortes, et visés par les chefs de légion, pour la solde et les indemnités de service.

45. L'indemnité de service intérieur sera, pour chaque adjudant-major de légion, de 1,200 fr. ; et pour chaque adjudant de cohorte, de 800 fr. par an, y compris les menus frais de bureau pour les uns et les autres.

46. La solde des tambours des compagnies de grenadiers et de chasseurs est fixée à 146 fr. 40 cent. par an.

47. La première mise de l'habillement pour les gardes nationales qui formeront le contingent de la force active, se fera en nature par ceux des hommes pour lesquels le préfet aura déterminé qu'ils doivent s'habiller et s'équiper à leurs frais ; pour tous les autres, au moyen d'une somme de 137 fr. 22 cent. que le préfet fera verser à la caisse du conseil d'administration du corps de la force active.

48. L'habillement ne se renouvellera point aux renouvellemens des contingens ; il devra avoir la même durée que pour les troupes de ligne.

49. Les dépenses ci-dessus seront ordonnancées par les préfets et payées par les receveurs-généraux des départemens ; l'avance en sera faite, si le cas le requiert, sur le produit des deux centimes de non-valeurs.

50. Les receveurs-généraux tiendront un compte séparé de ces dépenses.

51. Elles seront définitivement imputées sur le produit des

---

(1) Voy., relativement aux dispositions qui sont l'objet de ce titre, le numéro 870 bis.

versemens faits par les remplacés, dont le receveur-général tiendra de même un compte séparé. Lesdits comptes seront arrêtés tous les ans au 1.ᵉʳ janvier.

52. Si ces dépenses excèdent le produit des sommes versées par les remplacés, l'imputation définitive de l'excédant sera faite sur les fonds des dépenses imprévues, ou sur les restans libres des autres fonds affectés aux dépenses variables de chaque département.

53. Si les fonds versés par les remplacés excèdent les dépenses, nous nous réservons de disposer de ces excédans, selon que nous le déterminerons pour l'utilité du service de la garde nationale.

N.º 864.

Circul. relative au traitement des gardes nationales en activité de service, A.

Du 15 mai 1813.

Messieurs, je vous ai adressé, sous la date du 1.ᵉʳ mai courant, une circulaire qui avait pour objet de vous faire connaître les divers traitemens à la charge de l'administration de la guerre, qui doivent être alloués, d'après le décret du cinq avril dernier (1), aux contingens dont se doit composer la force active de la garde nationale, c'est-à-dire, aux compagnies de grenadiers et de chasseurs qui, par le même décret, ont été mises temporairement en activité de service. Lorsque cette circulaire a été rédigée, j'ignorais l'existence d'un autre décret que Sa Majesté a rendu le 8 avril, lequel porte que ces compagnies seront réunies en cohortes fortes chacune de six cents hommes, et qu'il en sera formé dix régimens, dont chacun sera composé, ou de deux, ou de trois, ou de quatre cohortes. Ce décret nécessitant quelques modifications à ma circulaire du 1.ᵉʳ mai, j'ai décidé, Messieurs, que cette circulaire serait considérée comme non avenue, et qu'elle serait remplacée par les dispositions suivantes :

Les régimens de gardes nationales, dont la formation est prescrite par le décret du huit avril 1813, devront recevoir, au compte de l'administration de la guerre, *dans les même cas* et sur le même pied que les troupes de la ligne,

Les rations de vivres,

---

(1) Voy. le *numéro* précédent.

Le traitement de malades dans les hôpitaux,
Le logement chez l'habitant ou dans les casernes,
La paille de couchage,
Les effets et ustensiles de campement,
Le chauffage et l'éclairage dans les corps-de-garde autres que ceux affectés à la police intérieure des corps.

Ils recevront de plus, 1.° en station, les rations de chauffage en nature suivant le tarif du 30 juin 1810 (1);

2.° En route, les fournitures de convois militaires en nature, d'après la fixation déterminée par le réglement du 9 décembre 1805 (2), et en considérant une cohorte comme un bataillon, sans toutefois qu'ils puissent y prétendre pour les détachemens dont la force sera au-dessous de vingt-cinq hommes.

Les officiers desdits régimens qui, à raison de leur grade ou de leur âge, doivent être montés, recevront les rations de fourrages en nature, sur le même pied et dans les mêmes cas que les officiers d'infanterie de ligne des mêmes grades.

Les officiers, sous-officiers et soldats, lorsqu'ils voyageront isolément, auront également droit, dans les mêmes cas et sur le même pied que les militaires de la ligne, à l'indemnité de route, à l'indemnité représentative du cheval de selle, ou aux moyens de transport en nature.

Dans la même position, les sous-officiers et soldats pourront recevoir des effets de linge et chaussure, mais à la charge de retenue sur leur solde, conformément aux articles 131, 132, 133, 134 et 135 du réglement du 25 germinal an 13 (3).

―――――――――――――――――

(1) Tarif, *numéro* 48.
(2) *Numéro* 497, pag. 358 du vol. III.
(3) *Numéro* 537, vol. IV. — Voy. encore sur le traitement des gardes nationales, la *circul.* du 27 *vendém.* an 14, *numéro* 383, pag. 852, du vol. II; et celle du 24 mai 1813 (*journ. milit.*, vol. 48, p. 119), particulière aux corps qui furent levés en 1813.

En général ces gardes, lorsqu'elles sont mises en activité de service militaire, reçoivent le même traitem. que l'infanterie de ligne, sauf quelques modifications que l'on indique ordinairement dans les instructions qui sont données pour ces cas particuliers.

Indépendamment de ces dispositions, une *circul.* du 7 sept. 1815 (*journ. milit.*, vol. 52, pag. 354), autorisait les officiers-généraux à confier le service des places fortes aux gardes nation. *urbaines* (voy. l'art. 1.er *du numéro* 866), et elle avait décidé que pour les indemniser de ce service extraordinaire, les sous-officiers, caporaux et gardes nationaux, recevraient, pour chaque jour de garde de 24 heures, une ration de pain et la portion de solde affectée pour les troupes de ligne à la masse d'ordinaire, qui se compose de 15 centimes.

La fourn. du pain devait être faite sur un état d'effect. par poste, déliv. et certif. par le lieut. de Roi et visé par le commiss. des guer.: le command. de chaque poste devait donner son récépissé des rations fournies. A la fin de chaque mois ces récépissés devaient être résumés

Les régimens de la garde nationale active, Messieurs, auront droit à ces divers traitemens, à commencer du jour où les contingens dont ils doivent être formés seront réunis aux chefs-lieux de sous-préfecture ; et les hommes qui auront été remplacés dans ces régimens, conformément à l'article 25 du décret du 5 avril, pourront y prétendre jusqu'au jour de leur rentrée dans leurs foyers.

Le mode de paiement ou de fourniture, et le mode de régularisation, devront être les mêmes que pour les troupes de la ligne, et conséquemment les revues seront centralisées par régiment ; mais je recommande expressément à MM. les inspecteurs aux revues et commissaires des guerres, de veiller à ce que les pièces comptables, relatives à ces traitemens, présentent toujours la désignation du régiment, de la cohorte et de la compagnie auxquelles les parties prenantes appartiendront. L'oubli de ces formalités donnerait lieu à des rejets que je serais obligé de faire supporter par les fonctionnaires qui auraient signé lesdites pièces.

Je recommande aussi à MM. les inspecteurs aux revues de veiller à ce que les régimens composant la force active de la garde nationale, ainsi que ceux de leurs détachemens qui s'administreront eux-mêmes, tiennent une comptabilité pour ceux desdits traitemens qui en sont susceptibles, à l'instar des corps et détachemens des troupes de la ligne. Cette comptabilité devra être vérifiée et arrêtée ainsi qu'il est prescrit par les réglemens.

Les dépenses en frais de bureau auxquelles elle pourrait donner lieu, seront acquittées sur les produits d'une masse d'entretien, qui, d'après les instructions que doit arrêter Son Excellence le ministre de la guerre, sera payée sur les fonds de son département, et qui sera affectée, non-seulement aux dépenses de cette nature, mais encore aux frais de traitement

---

dans un bon total, certif. par le garde-magas., signé par le lieut. de Roi, vérifié et arrêté par le commiss. des guerres.

L'avance des 15 cent. devait être faite par les maires sur les fonds communaux, sur un double de l'état dressé pour la fourniture du pain, visé et vérif. par le sous-inspect. aux rev. ; à la fin de chaque 15.ᵉ ce dernier fonct. devait remettre au maire des états à solder par le payeur, en échange des premiers qui restaient entre ses mains après avoir été annulés.

A la fin de chaque mois, le sous-inspecteur devait établir une revue de régularisation au titre de la garde nationale urbaine de la place, tant pour la solde que pour les subsistances.

Nous avons cru devoir analiser ces dispositions, parce qu'elles peuvent encore être quelquefois mises à exécution. Toutefois une *circul.* du 14 mars 1817, porte que ce traitement cessera d'être accordé, à dater du 1.ᵉʳ mai, dans les places des pays occupés par l'armée alliée ; et immédiatement partout ailleurs.

et de médicamens pour les maladies légères, et généralement
à toutes celles des dépenses de réparation pour l'habillement,
l'équipement et l'armement, qui, d'après les réglemens militaires, ne doivent pas rester à la charge du soldat.

N.º 865.

Décret royal qui nomme S. A. R. Monsieur, Cte
d'Artois, Colonel-gén. de toutes les gardes nation.
de France.

Du 13 mai 1814.

LOUIS, par la grâce de Dieu, etc.

Art. 1.er Notre bien-aimé frère Monsieur, comte d'Artois,
est nommé colonel-général de toutes les gardes nationales de
France.

N.º 866.

Ordonnance du Roi concernant l'organisation des
gardes nationales du royaume.

Du 16 juillet 1814.

ART. 1.er LES gardes nationales du royaume sont toutes sédentaires et divisées en gardes urbaines et rurales ; composées, les premières, des cohortes formées dans le villes ; les
secondes, des cohortes formées dans les campagnes.

Aucune garde urbaine ne pourra être déplacée de la ville,
et aucune garde rurale ne pourra être déplacée du canton,
que pour les cas et dans les formes qui seront déterminées
par une loi.

2. Les gardes nationales, en ce qui concerne la simple
exécution des lois et réglemens sur le personnel, le service
ordinaire, l'instruction et la discipline dans le service, res-
sortiront à notre bien-aimé frère Monsieur, Comte d'Artois,
colonel-général, qui statuera sur les objets autres que ceux
qui exigent notre décision, et qui continueront de nous être
soumis par lui, ou, d'après ses ordres, par le ministre d'état
major-général.

3. Les gardes nationales, en ce qui concerne la simple
exécution des lois sur la formation des listes, la comptabilité,
et sur les réquisitions de service extraordinaire, en cas de

trouble ou à défaut de garnison, continueront de ressortir aux maires, sous-préfets et préfets, et à notre ministre secrétaire d'état au département de l'intérieur, sauf communication au ministre d'état major-général.

4. Les projets de lois, d'ordonnances et de réglemens généraux, seront préparés par le ministre d'état major-général, soumis à l'approbation du Prince colonel-général, et remis à notre ministre secrétaire d'état au département de l'intérieur, pour être, s'il y a lieu et suivant leur nature, approuvés par notredit ministre, ou par nous en notre conseil, ou présentés au corps législatif.

Les projets sur lesquels notre ministre secrétaire d'état au département de l'intérieur aurait cru devoir prendre l'initiative, seront par lui communiqués au ministre d'état major-général, qui les soumettra au Prince colonel-général, et les remettra à notredit ministre avec ses observations.

N.º 867.

Ordonnance du Roi portant création d'un comité près de S. A. R. Monsieur, et sous sa présidence, à l'effet de s'occuper, d'après ses ordres et ses instructions, des détails relatifs aux attributions accordées au colonel-général des gardes nationales du Royaume par l'ordon. du 16 juillet 1814.

Du 18 novembre 1815.

Art. 1.ᵉʳ Il y aura près de notre bien-aimé frère Monsieur, et sous sa présidence immédiate, en remplacement de l'état-major-général des gardes nationales du royaume, un comité composé de trois inspecteurs-généraux des gardes nationales; il s'occupera, d'après ses ordres et ses instructions, des détails relatifs aux attributions accordées au colonel-général, en vertu de notre ordonnance du 16 juillet 1814 (1).

Un secrétaire-rédacteur sera attaché à ce comité; les fonctions desdits inspecteurs seront honoraires; ils n'auront droit à une indemnité que dans le cas où notre bien-aimé frère, de concert avec notre ministre secrétaire d'état de l'intérieur, jugera convenable de leur conférer une mission relative au service des gardes nationales.

2. Toutes dispositions de nos ordonnances précédentes con-

---

(1) Numéro précédent.

cernant les gardes nationales du royaume qui seraient en opposition avec les présentes, sont et demeurent supprimées, excepté celles qui sont relatives à la formation actuelle de l'état-major de la garde nationale de Paris et du département de la Seine.

Il n'est rien changé non plus aux rapports directs du commandant en chef de la garde nationale de Paris et du département de la Seine avec le Prince colonel-général.

N.º 868.

Ordonnance du Roi concernant le personnel, le service ordinaire et extraordinaire, l'instruction et la discipline des gardes nationales du royaume.

A Paris, le 27 décembre 1815.

LOUIS, par la grâce de Dieu, etc.

Vu les dispositions non abrogées des lois et réglemens sur les gardes nationales;

Vu spécialement les lois des 10 juillet et 14 octobre 1791; et le sénatus-consulte du 24 septembre 1805 (2 vendémiaire an XIV) (1) en ce qui concerne l'organisation des gardes nationales, la nomination de leurs officiers, leur service, et leurs rapports avec les autorités civiles et militaires;

Vu les arrêtés et décrets rendus en exécution desdites lois et sénatus-consulte, et notamment le décret du 24 décembre 1811 (2), en ce qui concerne le service des gardes nationales dans les places;

Vu nos ordonnances des 13 mai et 16 juillet 1814, et du 18 novembre 1815, dans les dispositions qui instituent l'office du colonel-général des gardes nationales, déterminent ses rapports avec notre ministre secrétaire d'état de l'intérieur, et portent que les objets qui exigent notre décision, continueront de nous être soumis sur leur proposition, etc.

CHAPITRE I.er
Du personnel.

Art. 1.er Les officiers des gardes nationales seront nommés par nous, en notre conseil, sur la présentation de notre bien-

(1) *Numéros* 333 et 379, vol. II, 2.e partie.
(2) *Numéro* 46, p. 406 du vol. I.

aimé frère Monsieur, colonel-général, d'après les listes des candidats, arrêtées de concert avec notre ministre secrétaire d'état de l'intérieur, dans les formes ci-après déterminées.

2. Lorsqu'il y aura lieu de remplacer les inspecteurs-généraux et le secrétaire du comité, créés et nommés par nos ordonnances des 18 et 21 novembre dernier, les listes des candidats seront établies directement par notre bien-aimé frère, conjointement avec notre ministre de l'intérieur.

3. Il y aura dans chaque préfecture un inspecteur des gardes nationales du département.

Il sera choisi sur une liste de candidats dressée par le préfet, ou sur une liste supplémentaire, si notre bien-aimé frère et notre ministre de l'intérieur jugent à propos de la demander.

D'après ces listes, notre bien-aimé frère, de concert avec notre ministre, arrêtera les présentations à nous faire, conformément à l'art. 1.ᵉʳ

4. Pour tous les grades inférieurs au sien, l'inspecteur du département dressera une liste de candidats en double expédition, remettra l'une au préfet, et adressera l'autre au Prince colonel-général.

Le préfet joindra à cette liste ses apostilles ou une liste supplémentaire, et adressera le tout à notre ministre de l'intérieur.

Sur ces listes, notre bien-aimé frère, de concert avec notre ministre, arrêtera l'état des nominations à nous présenter.

5. Nos ordonnances de nomination seront contre-signées, suivant l'usage, par notre ministre secrétaire d'état de l'intérieur.

D'après lesdites ordonnances, les brevets seront délivrés en notre nom, par notre bien-aimé frère le Prince colonel-général.

6. Les formes prescrites ci-dessus pour les nominations seront suivies pour les autres parties du personnel.

CHAPITRE 2.

Du service ordinaire, de l'instruction et de la discipline.

Le Prince colonel-général, de concert avec notre ministre de l'intérieur, nous soumettra, en notre conseil, les projets de réglement et les autres objets concernant le service ordinaire, l'instruction et la discipline, qui exigent notre décision ou notre approbation.

8. Réciproquement, et pour mettre une entière unité dans la direction des gardes nationales, notre ministre de l'intérieur concertera avec notre bien-aimé frère les réglemens d'organisation et d'administration, spécialement dans les points qui touchent au service, à l'instruction ou à la discipline.

9. Le comité créé par notre ordonnance du 18 novembre dernier, sous la présidence du Prince colonel-général, donnera son avis sur tous les objets qui lui seront renvoyés ou communiqués par le Prince ou par notre ministre de l'intérieur.

10. La personne qui sera chargée en chef (au ministère) du détail des gardes nationales, aura l'entrée au comité toutes les fois qu'elle aura à y faire une communication du ministre ; elle y sera invitée toutes les fois qu'on y discutera des objets qui intéresseront le ministère.

11. Les inspecteurs-généraux, d'après le renvoi du Prince, feront l'examen préparatoire des affaires, les rapporteront au comité, et en suivront l'exécution.

Le comité entendu, le Prince décidera, en ce qui le concerne, ou arrêtera le travail à présenter. Sa décision sera consignée sur un registre à ce destiné.

Le secrétaire tiendra la plume au comité, en gardera les registres et papiers, en dirigera le bureau. Il surveillera les dépenses, le local, le mobilier, et en suivra la comptabilité.

12. Le secrétaire du comité contre-signera les brevets et toutes les expéditions ou dépêches signées du Prince colonel-général. Il rédigera toutes les autres au nom du Prince, et les signera par son ordre.

Toutes les dépêches du dehors, en demande ou réponse, seront adressées au Prince colonel-général.

13. Dans les préfectures, les inspecteurs de département dirigeront, sous les ordres et d'après les instructions du Prince, mais de concert avec le préfet, le service ordinaire, l'instruction et la discipline.

Réciproquement le préfet se concertera avec l'inspecteur sur tous les points où l'organisation et l'administration des gardes nationales touchent au service de l'inspection.

En cas de dissentiment, ou si l'objet exige la décision de l'autorité supérieure, le préfet en référera au ministre, et l'inspecteur au Prince.

En cas d'urgence, le préfet, comme magistrat, décidera, et l'inspecteur déférera à sa réquisition provisoirement, et sauf la décision définitive de l'autorité supérieure, d'après les comptes rendus.

14. Dans le service ordinaire, l'inspecteur du département pourra toujours, de concert avec le préfet, et après en avoir prévenu le sous-préfet et le maire, passer la revue des gardes nationales, mais sans déplacer les gardes urbaines de la commune, ni les gardes rurales du canton.

Lorsque le préfet assistera à la revue, ou la requerra, pour faire, comme magistrat, l'inspection des armes ou effets appartenant à l'état, au département et aux communes, ou pour toute autre inspection administrative, l'inspecteur du département conservera le commandement et l'inspection militaire; mais il fera rendre au magistrat tous les honneurs qui lui sont dus, l'accompagnera et le fera respecter dans l'exercice de ses fonctions.

CHAPITRE 3.
Du service extraordinaire.

15. Hors les cas d'urgence, les gardes nationales ne peuvent être requises, pour un service extraordinaire, que d'après nos ordres transmis aux préfets par notre ministre secrétaire d'état de l'intérieur.

En cas d'urgence, les préfets, les sous-préfets et les maires peuvent faire ces réquisitions d'office, ou sur la demande des commandans militaires; mais à la charge d'en rendre compte sur-le-champ, les préfets à notre ministre de l'intérieur, et les commandans militaires à notre ministre de la guerre (1).

Hors les cas où, par la loi du 10 juillet 1791 et le décret du 24 décembre 1811 (2), les gardes nationales passent de droit sous leurs ordres, les commandans militaires ne peuvent les requérir d'aucun service que par l'intermédiaire des magistrats.

16. Le Prince colonel-général sera prévenu, par notre ministre de l'intérieur, des réquisitions adressées d'après nos ordres, et l'inspecteur du département lui rendra compte des réquisitions faites sur les lieux et d'urgence.

17. Lorsque les réquisitions de service extraordinaire seront faites directement par notre ministre de l'intérieur ou par les préfets, sous-préfets et maires, pour un objet purement civil, hors des places de guerre et sans aucune intervention de l'autorité militaire et des troupes de ligne, l'inspecteur du département, et les autres chefs des gardes nationales seront chargés de l'exécution, conformément aux règles prescrites par la loi du 14 octobre 1791, et par l'instruction du 2 mai 1799 (13 floréal an VII) (3).

18. Lorsque les réquisitions de service extraordinaire, adressées aux gardes nationales par notre ministre de l'intérieur, ou en cas d'urgence par les magistrats, auront lieu sur la demande de notre ministre de la guerre ou des commandans militaires, soit pour suppléer ou seconder la garnison des places fortes, soit pour faire un service extérieur, conjointement avec les troupes de ligne, le rang, le commandement et les autres rapports de service continueront d'être déterminés d'après les règles établies, pour les divers états des

---

(1) *Voy. le nota* de la p. 841 du vol. II.
(2) Voy. le titre 3 du *num.* 333, p. 763 du vol. II, et le *num.* 46, vol. I.
(3) Journ. milit., vol. 19, p. 832.

places ou les divers cas de service, par les titres 3 de la loi
du 10 juillet 1791 et du décret du 24 décembre 1811.

CHAPITRE 4.

Dispositions générales.

19. Dans le département de la Seine, les fonctions attribuées par la présente ordonnance aux inspecteurs-généraux ou
de département seront remplies par le commandant en chef
de la garde nationale parisienne, qui conservera ses rapports
actuels avec le Prince colonel-général.

Il n'est rien changé d'ailleurs aux réglemens actuels de ladite garde.

N.º 869.

*Ordonnance du Roi relative à l'uniforme des gardes
nationales dans les villes où des raisons d'économie ne permettraient pas d'adopter ou de conserver
l'uniforme déterminé par les réglemens.*

A Paris, le 11 janvier 1816.

LOUIS, par la grâce de Dieu, etc.

ART. 1.ᵉʳ Dans les villes et cantons où des raisons d'économie ne permettront pas d'adopter ou de conserver l'uniforme
déterminé par les anciens réglemens, celui de la garde à pied
est et demeure déterminé comme il suit :

Habit bleu-de-roi, doublé de même, boutonné sur le devant de neuf gros boutons, recouvrant entièrement le gilet ;
les poches dans les plis ; collet droit, évasé de manière à ne pas
gêner les mouvemens du cou ; paremens ronds, boutonnés
en dessous de deux petits boutons ; liséré rouge, au collet,
aux paremens et sur les bords extérieurs ; deux boutons à la
taille ; retroussis agrafés, portant, pour les grenadiers, des
grenades ; pour les chasseurs, des cors de chasse ; et pour
les fusiliers, des fleurs-de-lis de même couleur que le liséré ;
épaulettes en laine rouge pour les grenadiers, en laine verte
et rouge pour les chasseurs, et vert uni pour les fusiliers ;

En été, pantalon large de toile blanche couvrant la che-
ville et demi-guêtres de toile blanche, le tout sans bande ni
liséré ;

En hiver, pantalon bleu de drap, casimir ou tricot de même
coupe, bottes ou demi-guêtres noires de même étoffe, le
tout sans bande ni liséré ; les bottes ou demi-guêtres sous le
pantalon.

La coiffure des grenadiers et chasseurs, dans les départemens où il est admissible, sera le bonnet de poil ou de crin,

avec plaque aux deux LL croisés surmontés d'une couronne, pour les grenadiers seulement.

Pour les fusiliers, dans tous les départemens, et pour les grenadiers, dans ceux où le bonnet de poil ou de crin n'est point admissible, la coiffure sera le schakos arrondi au sommet, avec visière et couvre-nuque, et chenille en crin, ayant sur le devant une plaque portant une grenade pour les grenadiers, un cor pour les chasseurs, une fleur-de-lis pour les fusiliers.

Le plumet ou le pompon seront rouges pour les grenadiers, rouges et verts pour les chasseurs, verts pour les fusiliers. Le plumet ne sera adopté que pour la grande tenue, et dans les compagnies où tout le monde en pourra faire la dépense.

La buffleterie sera, autant que possible, en cuir blanc verni: néanmoins la buffleterie en cuir noir et verni sera admise partout où des motifs d'économie obligeront de l'adopter.

Le bouton uniforme sera, pour toute la garde à pied, en métal blanc, portant la fleur-de-lis sur fond sablé, avec ces mots autour : *Gardes nationales de France.*

2. L'uniforme des autres corps de la garde nationale, tels que la garde à cheval, les canonniers et sapeurs volontaires, sera déterminé dans tous ses détails par notre bien-aimé frère Monsieur, de concert avec notre ministre de l'intérieur, en prenant pour base l'uniforme de la garde à pied, et les différences établies dans la coupe et dans les accessoires pour les chasseurs, canonniers et sapeurs de la ligne.

3. Toutes les marques distinctives des grades qui sont en or dans l'état-major, l'infanterie de ligne, les chasseurs à cheval, les canonniers et sapeurs de l'armée, seront en argent dans les gardes nationales.

D'après cette base et d'après celles qui sont établies pour les divers grades et emplois par l'ordonnance du 23 septem. 1815, notre bien-aimé frère, de concert avec notre ministre de l'intérieur, déterminera l'uniforme et les marques distinctives des officiers-généraux et d'état-major, des officiers et sous-officiers des diverses armes.

4. Des modèles de toutes les parties de l'uniforme, approuvés par notre bien-aimé frère, de concert avec notre ministre de l'intérieur, seront déposés au comité des inspecteurs-généraux, et communiqués aux inspecteurs des départemens, qui tiendront la main à ce que l'application en soit uniforme.

5. Dans les villes et cantons où il existe déjà des uniformes, sans qu'ils aient été généralement adoptés, les inspecteurs prendront ou proposeront, de concert avec les préfets, les mesures convenables pour ramener le plutôt possible l'uniforme et ses accessoires aux règles de la présente ordonnance.

Dans ces mesures, ils s'attacheront d'abord à faire abandonner les uniformes purement arbitraires, et qui tendent,
soit à augmenter les dépenses, soit à établir des distinctions
préjudiciables à la paix et à la bonne intelligence entre les divers corps de même arme.

6. Le présent réglement n'est point applicable à la garde
nationale de Paris, dont les réglemens sur l'uniforme continueront d'être exécutés (1).

N.º 870.

Ordonnance contenant de nouvelles dispositions relatives à la garde nation. du Royaume.

Du 17 juillet 1816.

LOUIS, etc.

1. La garde nationale ne pourra être organisée ni mise
en activité, recevoir une organisation nouvelle ou définitive,
que dans les lieux où nous jugerons à propos de l'ordonner.

2. Nos ordonnances désigneront les départemens, arrondissemens, cantons ou communes dans lesquels la garde nationale devra être organisée, les cadres qu'elle devra y former,
et l'époque à laquelle elle fera le service.

3. Tous les français de vingt à soixante ans, imposés ou
fils d'imposés aux rôles des contributions directes, sont soumis au service de la garde nationale dans les lieux de leur
domicile, sauf les exceptions dont il sera parlé ci-après ; toutefois les personnes âgées de plus de cinquante ans, ne pourront être commandées que pour le service sédentaire.

4. L'inspecteur des gardes nationales du département a l'inspection de toute la garde nationale. Ses fonctions sont les
mêmes à cet égard que celles des inspecteurs d'armes à l'égard
de nos troupes de ligne. Il pourra avoir en outre le commandement immédiat de la garde nationale de l'arrondissement
du chef-lieu, et, en cette qualité, il y fera exécuter les réquisitions du service extraordinaire du préfet, et y dirigera
le service ordinaire, sous l'autorité administrative de ce magistrat.

5. Dans chacun des autres arrondissemens, le commandant
de la garde nationale de cet arrondissement fera exécuter
les réquisitions de service extraordinaire qui lui seront adressées par le sous-préfet, et dirigera, sous l'autorité adminis-

(1) On trouve sur le guide des gardes nationales de France, imprimé en
1816, diverses instructions données par Son Altesse royale *Monsieur*,
sur cette ordonnance.

trative de ce magistrat, le service ordinaire des gardes nationales de l'arrondissement (1).

6. Dans chaque commune où la garde nationale sera organisée, il y aura un commandant de la garde communale, qui en aura le commandement immédiat, tant qu'elle restera dans l'état sédentaire, sur le territoire et pour le service de la commune.

Le commandant de la garde communale fera exécuter les réquisitions de service extraordinaire qui lui seront adressées par le maire, et dirigera, sous l'autorité administrative de ce magistrat, le service ordinaire de ladite garde (1).

7. Tous les officiers des gardes nationales du royaume, sont nommés par nous, dans les formes prescrites par notre ordonnance du 27 décembre 1815 (2).

La durée de leurs fonctions sera de cinq années.

8. Il ne pourra y avoir dans la garde nationale aucun grade sans emploi.

9. Les différens corps de la garde nationale ne peuvent, sous aucun prétexte, correspondre entr'eux, ni se réunir pour voter des adresses ou prendre aucune espèce de délibération.

10. Les commandans des différens corps de la garde nationale ne doivent faire d'ordre du jour que pour ce qui est relatif au service ordinaire : aucun ordre du jour ne peut être imprimé s'il ne porte l'approbation du préfet.

Ces commandans ne peuvent, dans aucun cas, faire ni proclamations ni adresses.

11. Les gardes nationales ne pourront passer du service sédentaire au service d'activité militaire, que par notre ordre, si ce n'est dans le cas de révolte ou d'invasion, et suivant

---

(1) Les *cadres communaux* comprennent les cadres de toutes armes, qui sont organisés sur le territoire d'une même commune, et leur réunion compose la garde *communale*.

Les *cadres de canton* ne diffèrent pas des cadres de la garde communale dans les communes composées d'un ou de plusieurs cantons. Mais dans les cantons composés de plusieurs communes, les cadres de même arme, organisés sur le territoire de ces communes, doivent être réunis en cadres supérieurs, qui auront pour territoire celui du canton, et la réunion de ces cadres formera la *garde cantonnale*, qui peut, dans les limites du canton, être associée à un même service, sans sortir de l'état sédentaire.

Les *cadres d'arrondissement* sont formés, par la réunion en cadres supérieurs, des cadres de même arme organisés dans les divers cantons. Mais ils ne peuvent être rassemblés, et les élémens dont ils sont composés ne peuvent être déplacés de leurs cantons respectifs, qu'en vertu d'une réquisition de service extraordin., dans les cas prévus par les lois et rappelés par les ordonnances. *Inst. du 31 août 1816*, art. 5.

(2) *Numéro* 868.

le mode déterminé par les lois, les ordonnances et les réglemens.

12. La garde nationale sédentaire ne peut être requise que
pour un service d'activité militaire, que lorsqu'il y a insuffisance de la gendarmerie, des compagnies départementales,
des troupes de ligne et autres corps soldés.

13. Les gardes nationales ne peuvent ni prendre les armes,
ni s'assembler sans l'ordre des chefs, qui ne peuvent le donner
que sur une réquisition ou autorisation écrite, émanée de
l'autorité administrative.

14. Il ne pourra être attaché d'artillerie à un corps quelconque de la garde nationale, que dans le cas où il serait
requis pour un service d'activité militaire; et, en ce cas,
l'artillerie sera fournie par nos arsenaux, pour y rentrer après
que le service aura cessé.

15. Nul ne peut avoir un commandement de garde nationale dans plus d'un arrondissement.

16. Nul ne peut avoir un commandement actif dans les
armées de terre ou de mer ou autre corps soldé, et un commandement dans la garde nationale.

Cette disposition ne peut s'appliquer au cas où la garde
nationale passe de droit sous l'autorité des commandans militaires, en vertu des lois et réglemens.

TITRE II.

Formation des listes et contrôles.

17. Les citoyens qui sont, en vertu de l'article 3, soumis
au service de la garde nationale, seront inscrits sur des listes
ou registres matricules, par des conseils de recensement formés
ainsi qu'il est dit ci-après.

18. Ces conseils seront, dans les grandes communes, composés du maire, qui en aura la présidence, et de quatre à
six notables, nommés par le préfet, et choisis parmi les membres du conseil municipal.

Il y aura, à Paris, autant de conseils de recensement que
d'arrondissemens municipaux.

19. Dans les petites communes, le préfet pourra ne former
qu'un conseil de recensement pour plusieurs d'entr'elles. Les
maires en feront partie de droit : le préfet désignera parmi
eux le président.

20. Les maires remettront au conseil de recensement un état
nominatif de tous les citoyens domiciliés sur le territoire de
leur commune, et, à Paris, dans chaque arrondissement municipal. Cet état contiendra leur nom, prénoms, âge, demeure, profession, et mentionnera s'ils sont imposés ou fils
d'imposés à un rôle de contributions directes. Le conseil,
sur le vu de cet état, et d'après les autres renseignemens qu'il

se sera procurés, formera par commune les registres matricules de la garde nationale.

21. Les listes seront divisées en deux chapitres : l'un formera le contrôle ordinaire, et l'autre le contrôle de réserve.

Le contrôle ordinaire comprendra tous les citoyens que le
conseil de recensement jugera pouvoir concourir au service
habituel.

Le contrôle de réserve comprendra tous les citoyens pour
qui ce service serait une charge trop onéreuse, et qui ne
devront être requis que dans des circonstances extraordinaires.

22. Les cadres ne seront formés que sur les contrôles ordinaires.

Les citoyens inscrits au contrôle de réserve seront répartis
à la suite de ces cadres pour y être incorporés au besoin.

23. Ne seront inscrits sur aucun desdits contrôles,

1.° Les ecclésiastiques ;

2.° Les ministres des différens cultes ;

3.° Les militaires des armées de terre et de mer en activité de service ; ceux qui sont à la disposition des ministres de la guerre et de
la marine ; les administrateurs ou agens commissionnés du service de
terre ou de mer, également en activité de service ;

4.° Les officiers, sous-officiers et soldats des compagnies départementales et autres corps soldés ;

5.° Les préposés des douanes en service actif.

24. Ne pourront être inscrits sur aucun desdits contrôles ;

Les concierges des maisons d'arrêt ;

Les geoliers, guichetiers et autres agens subalternes de justice et de police ;

Les domestiques et serviteurs à gages attachés au service de
la maison ou à la personne du maître.

25. Sont exclus du service de la garde nationale les individus qui sont privés de l'exercice des droits politiques ou
des droits civils, conformément aux lois.

TITRE III.
Exemptions et dispenses.

26. Sont incompatibles avec le service de la garde nationale
les fonctions des magistrats investis du droit de la requérir,
tels que

Nos ministres secrétaires d'état ; les sous-secrétaires d'état ; les préfets,
sous-préfets, maires et adjoints ; les présidens, juges d'instruction de
nos cours et tribunaux ; nos procureurs et leurs substituts ; les prévôts
et leurs assesseurs ; les juges de paix et leurs suppléans ; les lieutenans
et commissaires de police ;

27. Peuvent se dispenser du service de la garde nationale :

Les pairs de France et les membres de la chambre des députés ; les
ministres d'état ; les membres de notre conseil privé et de notre conseil
d'état ; les militaires de tout grade en retraite ; les membres des cours
et tribunaux, non-mentionnés à l'article précédent ; les greffiers des
tribunaux et des justices de paix ; les directeurs-généraux ; les secrétaires-généraux des ministres ; les conseillers et secrétaires-généraux de

préfecture ; les inspecteurs-généraux des études ; les recteurs et inspecteurs d'académies ; les chefs et professeurs des colléges et établissemens royaux d'enseignement ; les premiers commis des finances et les chefs de division des ministères.

28. Peuvent se dispenser du service personnel les personnes au-dessus de cinquante ans ; mais, en ce cas, elles seront soumises à une indemnité, si, d'après leur fortune, elles sont jugées pouvoir la supporter.

Sont dispensées de tout service les personnes qu'une infirmité mettrait hors d'état de faire ce service, sans néanmoins que ces personnes puissent être assujetties à l'indemnité.

29. Toutes les fois qu'un service public exigera d'autres dispenses, elles ne pourront être que temporaires et seront accordées par décision spéciale du préfet, en conseil de préfecture, sur l'avis de l'inspecteur.

TITRE IV.
Dispositions générales.

30. Dans le service ordinaire, les remplacemens ou échanges de tour de service ne peuvent avoir lieu qu'entre des gardes nationaux de la même compagnie, ou entre proches parens, savoir : le père pour le fils, le frère pour le frère, l'oncle pour le neveu, et réciproquement.

31. Les opérations des conseils de recensement devront être revêtues de l'approbation du préfet, et pourront être modifiées par lui, sur l'avis des sous-préfets et des maires.

32. Les sous-préfets prononceront, sauf le recours au préfet, et après avoir pris l'avis des maires, sur toutes les réclamations individuelles auxquelles les opérations des conseils de recensement auraient donné lieu. En cas de recours, le préfet statuera en conseil de préfecture.

Si les réclamations sont présentées lorsque la garde nationale sera en activité, le commandant de l'arrondissement sera consulté par le sous-préfet, et, en cas de recours, l'inspecteur par le préfet.

33. Les préfets, en conseil de préfecture, régleront, chaque année, le taux de l'indemnité de service.

34. Cette indemnité sera perçue par le receveur municipal sur l'extrait du rôle de dispenses ; les sommes perçues resteront dans la caisse dudit receveur, pour y former un fonds spécial affecté aux dépenses de la garde nationale, et dont l'emploi sera réglé par le préfet, sur l'avis de l'inspecteur.

35. Les fautes ou délits des gardes nationaux, à raison du service, seront jugés par un conseil de discipline.

Les peines seront, selon la gravité des cas, les arrêts, qui ne pourront excéder cinq jours ; l'amende, qui ne pourra excéder cinquante francs ; la détention, qui ne pourra excéder trois jours.

La peine de la détention pourra être commuée, à la demande du prévenu, en une amende plus ou moins forte, mais qui ne pourra excéder vingt francs par jour de détention. Les conseils de discipline pourront néanmoins, suivant la gravité des cas, prononcer la détention sans commutation.

36. Toutes les dispositions des lois, décrets, ordonnances et réglemens, qui ne sont point abrogées par la présente ordonnance, continueront d'être exécutées (1).

_____

(1) On trouve dans le *guide des gardes nationales* de France, ouvrage imprimé en 1816, une instruct. sous la date du 31 juillet 1816, relative à cette ordonnance. Nous avons cru pouvoir nous dispenser de la placer dans ce recueil, parce que les dispositions qu'elle contient ne sont essentielles à connaître que par les magistrats civils et par les officiers supérieurs des gardes nationales. Il en est de même de celle qui a été donnée le 31 août 1816, par S. A. R le Prince colonel-général, aux inspecteurs de département, dans le but de fixer les règles d'encadrement qui découlent des ordonnances de 1814, 1815 et 1816, et de l'instruct. du 31 juillet; et la composition numérique, ou le type des légions et des cadres inférieurs dont nous allons donner une esquisse qui peut être suffisante pour les commandans militaires.

La *garde nationale à pied* est organisée en légions, bataillons, compagnies, pelotons, sections et escouades. Ces cadres ne peuvent être au-dessous du *minimum* déterminé pour chacun par le chap. 2 de l'instr. Chaque cadre pourra varier entre son *minimum* et le *minimum* du cadre immédiatement supérieur.

Escouade de fusil., *minimum* 9 hom., 1 capor. et 8 fusil. - *Section*, minim. 19 hom., savoir : 1 sergent et 2 esc. - *Peloton*, minim. 40 hom., sav. : 1 s.-lieut., 1 fourr. et 2 sect.

La *compagn.* sera divisée en 2 pelot., 4 sect. et 8 escouad., form. ensemb. au *minim.* un effect. de 83 hom., savoir : capit. 1, lieut. 1, sous-lieut. 2, serg.-maj. 1, sergens 4, fourr. 1, capor. 8, fusil. 64, tamb. 1 ; *total* 83.

Escouade de grenad. ou de chass., 7 hom., 1 capor. et 6 gardes. *Sect.*, minim 15 hom., sav. : le serg. et 2 esc. - Le *peloton*, minim. 32 hom., sav. : 1 s.-lieut., 1 fourr. et 2 sect.

La *compagn.* sera divisée en deux pelot., 4 sect., 8 esc., formant au *minim.*, un effectif de 67 hom., savoir : *capit.* 1, lieut. 1, s.-lieut. 2, serg.-major 1, serg. 4, fourr. 1, capor. 8, gardes 48 ; *total* 67.

Le *bataillon* sera composé d'un état-major et de plusieurs comp. ; l'*état-major* sera formé comme il suit : chef de bat. 1, adjud.-maj. 1, offic.-rapport. du conseil de discipl. 1, secrét. *id.* 1, chirurg.-aide-major 1, adjud.-s.-offic. 1, tamb.-maître 1, *total* 7.

La *légion* des gardes à pied sera composée d'un état-maj. et de plusieurs bataill. - L'état-major sera composé comme il suit, savoir : colonel 1, lieut.-colon. 1, major 1, porte-drap. 1, capit.-rapp. du cons. supér. de discipl. et secrét. 2, offic.-pay. 1, secrét. du cons. d'administr. 1, chirurg.-maj. 1, tamb.-major 1 ; *total* 10. 1 aumon. lorsqu'il sera possible. - Chaque légion pourra avoir un corps de musique et de sapeurs-charpentiers. Les sapeurs formeront une escouade au moins de cinq hommes, capor. compris, et une section

N.º 870. (*Bis.*)

Instruction du ministre de l'intérieur sur les dépenses de la garde nationale.

Du 12 août 1816. (*Extrait.*)

Les dépenses des gardes nationales sont de deux espèces, savoir :

Celles qui peuvent entrer dans les budgets des communes et celles que les départemens sont dans le cas de faire.

La *première classe* comprend la solde des tambours, l'entretien des armes dans certains cas, le chauffage, l'éclairage et l'entretien des postes habituellement maintenus aux frais des municipalités, les frais de registres, papier, contrôles et billets de garde nécessaires pour le service de la garde communale (*tous ces frais sont annuels*), l'achat des drapeaux et des caisses, le renouvellement d'habillement et d'équipement des tambours (*dépenses qui ne sont pas annuelles*).

La *deuxième classe* se compose, 1.º des dépenses qui peuvent être proposées et allouées pour l'état-major d'inspection et les états-majors d'arrondissemens, lesquelles ne doivent comprendre que des frais d'impressions, de papiers et autres menus frais de bureau ; 2.º des dépenses qui seraient ordonnées directement par les préfets pour déplacemens de la garde nationale, en cas de réquisition de service extraordinaire.

On doit déterminer les limites que les autorités locales ne devront point dépasser, afin que leurs propositions ne soient pas rejetées lors de l'examen des budgets.

Les décrets des 12 novembre 1806 et 5 avril 1813 (*numéros* 381 et 863, vol. II et V) ont fixé la solde des tambours des compagnies de grenadiers

---

au plus de 11 hom. serg. comp. Le serg. et les capor. porteront la hache comme les sapeurs.

Les *cadres de la garde à cheval* seront formés en légions, escadrons, compagnies, pelotons, sections et brigades, en suivant dans des proportions inférieures les bases ci-dessus indiquées. Le *minimum* de la brigade est de 4 gardes et 1 brig. ; celui de la sect. est de 1 maréchal-des-logis et de 2 brigades ; celui du peloton est de 1 s.-lieut. ; 1 fourr. et 2 sections ; celui de la compagnie est de 51 homm, sav. ; 1 capit., 1 lieut., 2 sous-lieutenans, 1 maréch.-des-log.-chef, 4 maréch.-des-logis, 1 fourr., 8 brig., 32 gardes et 1 trompette. -- L'*escadron* comme le bataill. est composé d'un état-major et de plusieurs comp. -- La *légion* est composée d'un état-major et de plusieurs escadrons.

Les *compagnies de canonn.* sont organisées comme celles des grenadiers dans l'état ordin., elles font partie de la légion pour le service, la discipl., l'administr., les exercices et manœuvres. Elles n'en sont détachées que dans le cas où, aux termes de l'article 14 de l'ordonn. du 17 juillet, il leur serait attaché de bouches à feu, et dans celui où elles seraient requises pour seconder ou suppléer les canonn. de la ligne dans le service d'artillerie de la place.

Les *sapeurs-pompiers* ne sont exempts du service ordin. de la g. à pied, qu'à défaut ou en cas d'insuffisance des corps soldés de sapeurs-pompiers pour le service ordinaire des incendies.

et de chasseurs à 146 fr. 40 cent. par an. Dans quelques grandes villes cette fixation peut être insuffisante ; on doit se régler approximativement, à ce sujet, sur la garde nationale de Paris, dont les tambours n'ont droit qu'à 18 fr. 25 cent. par mois, sur lesquels on leur fait une retenue, pour former la masse d'habillement.

La solde du tambour-major ou tambour-maître, peut être le double de celle des tambours.

L'entretien des armes doit s'entendre seulement de la réparation des fusils que l'on confie, pendant le temps du service, aux gardes des compagnies non habillées ; les grenadiers et chasseurs doivent s'armer et s'entretenir à leurs dépens.

Ce que l'on juge convenable de porter dans les budgets, pour les adjudans de cohortes ou de légions, doit y être compris sous le titre d'*indemnité annuelle, et non de traitement fixe* : cette indemnité ne peut dépasser 1200 fr. pour chaque adjudant-major de légion, et 800 fr. pour chaque adjudant de cohorte, y compris tous frais de bureau ; *art. 38 et 45 du décret du 12 novem. 1806 et 5 avril 1813.* (On présume qu'il est ici question des majors actuels de légion et des adjudans-majors de bataillon.)

A l'exception de ces deux emplois, tous ceux d'officiers de gardes nationales sont purement honoraires, et ne comportent aucun traitement ou indemnité personnelle.

La dépense qui résulte de la musique sera portée au budget, si elle est jugée nécessaire d'après l'examen du conseil municipal.

Les ressources applicables aux dépenses municipales de la garde nationale consistent, 1.º dans les offres que font quelquefois les corps de cette garde ; 2.º dans le produit des indemnités (art. 28, 33 et 34 du *num.* 870) ; 3.º dans celui des amendes (id. art. 35) ; 4.º enfin, et, en cas d'insuffisance de ces premiers produits, dans les revenus communaux. Par conséquent, on ne doit former ni masse, ni caisse de la garde nationale, par voie de contributions, cotisations, souscriptions, etc.

Quant aux dépenses d'états-majors, et s'il n'a été alloué une somme au budget du département, l'inspecteur indique, jusqu'à concurrence de cette somme, qui n'excédera jamais 3000 f., ce qu'il croira nécessaire pour acquitter les frais de bureau, tant de l'état-major d'inspection, que des états-majors d'arrondissemens.

Les frais occasionnés par un déplacement de gardes nationales peuvent être payés sur les fonds des dépenses imprévues du département, avec l'autorisation du ministre de l'intérieur.

Toutes les dépenses indiquées dans cette instruction doivent être discutées par les conseils municipaux et le conseil-général, dans leur session annuelle. Il est essentiel de leur faire connaître qu'ils sont entièrement libres de ne point charger les communes et le département de frais qui ne leur paraîtraient pas d'une utilité indispensable.

CINQUIÈME SECTION.

DISPOSITIONS DIVERSES.

N.° 871.

Ordonnance du Roi qui enjoint aux militaires français de tout grade qui ont pris du service à l'étranger, sans autorisation spéciale de Sa Majesté, de rentrer en France avant le 15 avril 1815, et d'y justifier de leur retour dans les formes prescrites.

Au château des Tuileries, le 16 décembre 1814.

(*Nota.*) Des dispositions semblables à celles que prescrit cette ordonnance, résultaient du décret du 6 avril 1809, *num.* 396, p. 881 du vol. II : un arrêt du conseil d'état du Roi, daté du 19 juin 1814 (bullet. n.° 21 de la 5.e série) a néanmoins annulé tous les jugemens rendus en vertu du même décret, et qui prononcent des peines contre des individus nés ou réputés français, qui étaient au service de S. M. l'Empereur d'Autriche, et de Sa Majesté prussienne.

ART. 1.er LES militaires français de tout grade qui ont pris du service à l'étranger sans notre autorisation spéciale, sont tenus de rentrer en France avant le 15 avril prochain, et d'y justifier de leur retour dans les formes prescrites ci-après ; faute de quoi, ils perdront leur qualité de Français, conformément au code civil, sans préjudice néanmoins des peines prononcées par le code pénal, s'ils portaient les armes contre la France (1).

2. Pour justifier de leur retour, ils seront tenus de se présenter devant nos procureurs royaux des tribunaux de première instance du lieu de leur domicile, et d'y requérir acte de leur présence, lequel acte sera transcrit au greffe.

(1) Une ordonnance du 8 décembre 1815 (bullet. 54 de la 7.e série) porte que les militaires qui seront rentrés postérieurement au 15 avril devront se pourvoir, avant le 1.er mars 1816, pour se faire relever de la déchéance qu'ils auront encourue ; et que le ministre de la guerre pourra proposer à Sa Majesté d'admettre dans l'armée française, avec le grade dont ils seront jugés susceptibles, ceux de ces officiers qui se seraient rendus dignes de cette faveur par leur conduite et par leurs services. Ce délai a été de nouveau prorogé jusques au 1.er mars 1817. (Ordon. du 6 mars 1816, bulletin n.° 72.)

N.º 872.

Circulaire relative à la conservation dans les archives des différentes autorités, des collections de lois et réglemens adressés par le ministère de la guerre.

Du 23 mai 1816.

Messieurs, le ministre de la guerre fournit, depuis long-temps, aux corps et aux administrateurs militaires, les lois et réglemens d'administration publique qu'ils ont besoin de connaître en raison de leurs fonctions. Quoiqu'il soit vrai que depuis l'établissement régulier de ce service, les corps aient été dissous ou amalgamés plusieurs fois ; que beaucoup d'administrateurs militaires aient aussi successivement été changés ou remplacés, je n'en vois pas moins avec surprise que de nouvelles demandes de collections de lois et réglemens me soient journellement adressées : elles me font présumer que, jusqu'à ce jour, les corps et les agens de l'administration n'ont pas exactement fait la remise des collections primitives qu'ils ont reçues de mes bureaux, et que beaucoup d'entre eux les auront emportées, en les considérant, sans doute de bonne foi, comme leur propriété personnelle.

Il importe, Messieurs, de mettre un terme à un abus aussi nuisible au bien du service du Roi, qu'onéreux à l'état par sa trop grande fréquence. Dans le but de fixer, à l'avenir, les collections de lois et de réglemens dans les lieux où elles doivent toujours se trouver, et de lever enfin les doutes que l'on pourrait avoir sur leur propriété, j'ai décidé que tous les envois de cette nature qui vous seraient faits désormais par le bureau des lois et archives de mon ministère, recevraient une estampille particulière aux armes de France.

Je vous charge, en conséquence, Messieurs, de vouloir bien veiller à la conservation des collections de lois, réglemens, circulaires, etc., qui peuvent, dès à présent, se trouver à votre disposition, et de celles qui vous parviendront par la suite. Dans le cas où vous seriez remplacés, où vous changeriez de résidences, etc., vous devez en faire exactement la remise à vos successeurs respectifs, qui m'adresseront un double des inventaires dressés à cet effet, et au bas desquels ils apposeront leurs récépissés. Je vous préviens que je rendrai responsables du prix de ces objets, les corps et les administrateurs militaires qui ne se conformeraient pas strictement à cette disposition de la présente circulaire (1).

_____

(1) Ces dispositions sont prescrites par la loi du 28 nivôse an 3, *num.* 400.

N.º 873.

Ordonnance du Roi relative à la délivrance des permis de port d'armes.

Du 17 juillet 1816.

(*Nota.*) Voy. le *num.* 397 , p. 882 du vol. II, dont cette ordonnance modifie les dispositions en ce qui concerne les membres de la légion d'honneur.

ART. 1.ᵉʳ LA faculté accordée, par les décrets des 22 mars 1811 et 12 mars 1813, aux personnes décorées des ordres français, qui existaient alors, de ne payer qu'un fr. fixe pour l'obtention du permis de port d'armes, laquelle faculté a été étendue par notre ordonnance du 9 septembre 1814 aux chevaliers de notre ordre royal et militaire de Saint-Louis, est et demeure supprimée; en conséquence, le droit de quinze fr., fixé par l'article 70 de la loi du 28 avril dernier, sera payé indistinctement par tous ceux qui seront dans le cas de se pourvoir de ces permis.

2. La gratification de trois francs, précédemment accordée à tout gendarme, garde-champêtre ou forestier, qui constate des contraventions aux lois et réglemens sur la chasse, est portée à cinq francs.

---

p. 4 du vol. III, et par la circ. du 15 fructidor an 5, *numéro* 389, p. 871 du vol. II.

Les observations que nous avons faites au sujet de ce dernier acte, et dans lesquelles nous avons dit qu'il serait peut-être convenable de fixer d'une manière plus précise le mode de conservation des lois, etc.; s'appliquent aussi à la circ. du 23 mai.

Ne pourrait-on pas, par exemple, ordonner que tous les actes qui seraient transmis aux autorités fussent inscrits et analisés sur un registre particulier qui serait adressé, chaque année, à l'inspecteur divisionnaire, par les sous-inspecteurs aux revues, et à l'ordonnateur, par les commissaires des guerres, pour que ces fonctionnaires supérieurs eussent à s'assurer que ces dispositions sont ponctuellement exécutées.

Ce registre, exactement tenu, faciliterait la connaissance des actes de la législation militaire aux autorités qui sont chargées de les faire exécuter, outre qu'il en arrêterait la dispersion.

N.º 874.

Ordonnance du Roi qui détermine l'âge auquel es enfans de troupe pourront être employés en qualité de tambours ou trompettes.

Du 18 décembre 1816.

Art. 1.ᵉʳ A dater de ce jour, les enfans de troupe pourront être employés dans les corps en qualité de tambours ou trompettes, dès l'âge de 14 ans (1).

2. Toutes les dispositions contraires aux présentes sont et demeureront rapportées.

N.º 875.

Ordonnance du Roi concernant la promulgation des lois et des ordonnances.

Du 27 novembre 1816.

(*Nota.*) Cette ordonnance remplace l'avis du conseil d'état du 25 prairial an 13, sur l'époque à dater de laquelle les décrets étaient obligatoires. (*Numéro* 393, pag. 878 du vol. II.)

Louis, par la grâce de Dieu, etc.

L'article 1.ᵉʳ du code civil déclare que les lois sont exécutoires en vertu de la promulgation que nous en faisons, et du moment où cette promulgation peut être connue : mais l'article n'ayant point expliqué ce qui constitue la promulgation, il s'est élevé des doutes qui, jusqu'à présent, ont été diversement résolus.

Le plus souvent on a regardé la promulgation comme résultant de la sanction que nous avions donnée aux lois, et on les a exécutées, pour le département de notre résidence royale, un jour après celui où notre seing avait fixé leur date, et pour les autres départemens, dans le délai déterminé, d'après cette époque, par l'arrêté du 25 thermidor an 11 (13 juillet 1803).

---

(1) Cette ordonnance abroge le 2.ᵉ §. de l'art. 10 de *l'arrêté du 7 thermidor an 8*, *numéro* 390, vol. II ; on peut inférer des dispositions qu'elle contient, et du 1.ᵉʳ §. de l'art. que nous venons de citer, que les enfans de troupe parvenus à l'âge de 14 ans, et employés comme musiciens, tambours ou trompettes, peuvent en recevoir la solde sans contracter d'enrôlement volontaire, puisque cet enrôlement n'est permis qu'à l'âge de 16 ans (art. 7 du *numéro* 673) ; mais qu'ils doivent s'enrôler lorsqu'ils sont parvenus à cet âge. Art. 9 du *numéro* 390.

Quelquefois on n'a déduit la promulgation que de l'insertion des lois au bulletin, et de son arrivée au chef-lieu du département de notre résidence. C'est l'interprétation, quoique la plus récente, que nous avons jugé à propos d'adopter dans nos ordonnances des 29 mai et 11 juin derniers, comme établissant davantage la publicité des lois.

Mais, pour prévenir tout doute à cet égard et établir une règle uniforme, nous avons, par la présente, sur le rapport de notre amé et féal chevalier, chancelier de France, le sieur Dambray, commandeur de nos ordres, et de l'avis de notre conseil, déclaré, ordonné, déclarons et ordonnons.

Art. 1.er A l'avenir, la promulgation des lois et de nos ordonnances résultera de leur insertion au bulletin officiel (1).

2. Elle sera réputée connue, conformément à l'article du code civil, un jour après que le bulletin des lois aura été reçu de l'imprimerie royale par notre chancelier ministre de la justice, lequel constatera sur un registre l'époque de la réception.

3. Les lois et ordonnances seront exécutoires dans chacun des autres départemens du Royaume, après l'expiration du même délai augmenté d'autant de jours qu'il y aura de fois dix myriamètres (environ vingt lieues anciennes), entre la ville où la promulgation en aura été faite et le chef-lieu de chaque département, suivant le tableau annexé à l'arrêté du 25 thermidor an 11 ou 13 juillet 1803.

4. Néanmoins, dans les cas et les lieux où nous jugerons convenable de hâter l'exécution, les lois et ordonnances seront censées publiées et seront exécutoires du jour qu'elles seront parvenues au préfet, qui en constatera la réception sur un registre (2).

---

(1) Jusques à présent les lois et les ordonnances relatives à l'armée, n'ont été mises à exécution qu'après la notification qui en est faite par le secrétaire d'état de la guerre ; et les autorités supérieures, militaires et administratives ne se sont point crues en droit de les faire observer du moment où le bulletin des lois leur est officiellement adressé et avant cette notification. Il serait essentiel que ce point de la législation militaire fût fixé autrement que par l'usage.

(2) Les préfets prendront incontinent un arrêté par lequel ils ordonneront que lesdites lois et ordonnances seront imprimées et affichées par-tout où besoin sera ; et ces actes seront exécutés à compter du jour de la publication faite par suite de ces dispositions ; *ordonn. du 18 janvier 1817, bullet. num. 134.*

FIN DU CINQUIÈME VOLUME.